NAPOLÉON III

DU MÊME AUTEUR

Histoire Sociale des États-Unis de 1865 à 1914, Centre de documentation universitaire, 1960.

Étude comparée des mouvements révolutionnaires en Europe en 1830, 1840 et 1870-1871, Paris, Centre de documentation universitaire, 1960.

1848-1941, en collaboration avec M. Bonnefous, J. Rudel, Bordas, 1961, (classe de 1re).

Le catholicisme en Europe de 1814 à 1878, Paris, Centre de documentation universitaire, 1962.

La garde nationale (1814-1871), Plon, 1964.

Problèmes politiques et constitutionnels du Second Empire, Centre de documentation universitaire, 1964.

Le libéralisme en France de 1814 à 1848, doctrine et mouvement, Centre de documentation universitaire, 1966.

Les conseillers généraux en 1870, étude statistique d'un personnel politique, en collaboration avec A. Prost et R. Gossez, PUF, 1967.

La IIe République (1848-1851), Paris, Calmann-Lévy, 1968.

La politique intérieure de la IIIe République (1871-1914), Centre de documentation universitaire, 1968.

Le temps des révolutions (1715-1870), en collaboration avec J. Bouillon, A.-J. Tudesq, J. Rudel.

Les libéraux français (1814-1876), Aubier-Montaigne, 1985.

Louis Girard

NAPOLÉON III

Fayard

341874

9

22/3018200

PREMIÈRE PARTIE

I

La jeunesse (1808-1830)

Charles Louis Napoléon Bonaparte, troisième enfant de
Louis Bonaparte et d'Hortense de Beauharnais, est né à
Paris, rue Cerutti (actuelle rue Laffitte), au n° 17, dans un
hôtel aujourd'hui disparu. C'était le 20 avril 1808. Le jeune
prince était le premier membre de la famille impériale né
depuis la proclamation de l'Empire en 1804 ; aussi l'archi-
chancelier Cambacérès était-il présent. Mais son père et
l'Empereur étaient absents. L'emploi du temps du souverain fit reporter le baptême au 5 novembre 1810, l'enfant
ayant été ondoyé par le cardinal du Belloy ; le baptême fut
solennel, célébré dans la chapelle du palais de Fontainebleau. L'Empereur était le parrain, l'impératrice Marie-
Louise la marraine, le cardinal Fesch officiait. Mais le père
était toujours absent.

Cette absence témoignait de l'échec d'un mariage voulu
par l'Empereur pour rapprocher les Beauharnais et les
Bonaparte. Louis avait été un frère préféré. Hortense était
l'aimable fille de Joséphine ; née en 1783, elle avait le charme
de sa mère. En 1802, on pouvait penser que de cette union
naîtraient les futurs héritiers de Napoléon : le sénatus-
consulte du 28 floréal an XII (18 mai 1804) réservait la
succession à Joseph (qui n'avait que des filles) et à Louis. Le
jeune couple devait avoir trois garçons. Napoléon Charles,
né le 10 octobre 1802, Napoléon Louis, du 11 octobre 1804,
enfin Louis Napoléon. Pourtant le mariage fut un désastre.
Louis Bonaparte, né en 1778, devint dès les premières

années du siècle un valétudinaire presque impotent et son caractère s'aigrit ; il devait désormais se montrer bizarre, fantasque, quinteux, soupçonneux. Très vite Hortense se sépara en fait de ce maniaque qui convenait si peu à son caractère sensible. Lorsque Louis devint roi de Hollande, en 1805, la reine Hortense parut peu dans ses États. D'ailleurs, son mari devait abdiquer en juillet 1810 ; brouillé avec son frère, abandonnant toutes ses dignités, il allait vivre en particulier en Bohême. Le fils aîné de cette union mal assortie, Napoléon Charles, devait mourir en mai 1807 à quatre ans. Ce deuil provoqua un rapprochement très temporaire des deux époux au cours d'un voyage aux Pyrénées, et c'est de cette brève rencontre que sera issu Louis Napoléon, né ainsi dix-neuf jours avant terme. Par la suite, la rupture devint définitive. Hortense n'avait pas trente ans. De 1810 à 1817 se situe sa liaison avec Charles de Flahaut, brillant officier de l'état-major impérial, liaison dont allait naître, en 1811, Morny, demi-frère de Louis-Napoléon.

Dès la naissance de Louis-Napoléon, le roi Louis assura qu'il n'était pas son père ; puis les commérages de Cour, puis les pamphlets anglais en répandirent le bruit. Plus tard, les ennemis politiques de Napoléon III devaient reprendre le thème avec persévérance : l'héritier de l'Empereur n'était pas un Bonaparte. Si bien qu'un mémorialiste non engagé comme Maxime Du Camp attribue sans sourciller la paternité de l'Empereur à l'amiral hollandais Verhuell qui ne saurait prétendre à cet honneur. Les historiens ont examiné tour à tour les chances de chaque homme ayant vécu peu ou prou dans l'entourage de la reine au cours de ce voyage aux Pyrénées : le frère de l'amiral Verhuell qui était diplomate, le jeune Decazes, futur président du Conseil, l'écuyer Bylandt, jusqu'au préfet du département qu'Hortense visiblement cherchait à semer. Le plus troublant serait Bylandt, visiteur assidu de la reine pendant son exil et qui fit plus tard des pèlerinages dans la région de Cauterets. La faiblesse de la reine pour Flahaut fait prendre en compte les soupçons maniaques de son époux. Enfin Napoléon III n'évoque pas physiquement son oncle. Ses traits sont ceux des Beauharnais. Sa douceur taciturne, son flegme sont éloignés de la véhémence des Bonaparte. Toutefois des contemporains qui ont bien connu le roi Louis assurent que Louis-Napoléon tenait de lui plusieurs traits du visage. Un bâtard de Louis Bonaparte aurait ressemblé à Napoléon III. Aujourd'hui, les historiens montrent plus de défiance qu'un Frédéric Masson, que le zèle bonapartiste entraînait à des certitudes excessives. Une « certaine gêne » n'est pas dissipée. Toutefois, de toutes les hypothèses, la plus vraisemblable est encore celle de la paternité du roi Louis. D'ailleurs dans l'entourage d'Hortense, on n'a pas douté de l'origine de son fils ; c'était le cas de Flahaut. Le roi Louis, après 1815 et jusqu'à sa mort, a changé de sentiment et joué son rôle de père lointain, prêcheur mais, à sa manière, affectionné.

Louis-Napoléon a donc passé ses premières années sans père, vivant avec Hortense à Paris et à Saint-Leu ou avec Joséphine à Malmaison. Les mémoires des femmes de la reine de Hollande décrivent un enfant aimant, généreux, et aussi doux, timide, renfermé. Il n'avait que six ans en 1814 et les souvenirs de ce premier temps de sa vie durent être incertains. Toutefois, il était né dans le clan des nantis. Sa mère, après sa séparation définitive d'avec Louis, demeurait la reine Hortense avec quelque 2 millions de revenus, un train princier en service d'honneur et en domestiques. Louis-Napoléon est né prince et le restera toute sa vie, simple dans ses goûts, mais accoutumé néanmoins à être le chef d'un groupe. Toutefois, son frère aîné Napoléon-Louis passait avant lui dans l'ordre de succession et, après la naissance du roi de Rome, alors qu'il avait trois ans, il ne fit plus figure d'héritier.

Il avait six ans lorsque s'écroula l'édifice dont dépendait sa fortune. Ici, on doit bien remarquer que la reine Hortense, dans cette période difficile, réussit fort bien sa conversion. Malgré le choc de la mort inopinée de sa mère (Joséphine mourut le 29 mai 1814), elle sut habilement faire sa paix particulière avec la monarchie restaurée. Le tsar Alexandre, vainqueur de Napoléon, prodigua ses bonnes grâces à Joséphine et à sa fille et leur facilita la transition. Hortense devint duchesse de Saint-Leu avec un apanage de 400 000 francs de revenus (qu'elle ne devait pas toucher

parce que Louis XVIII dut s'enfuir avant le règlement).
Son attitude n'avait donc pas été celle de la fidélité. Elle
avait rapidement changé de bienfaiteur. Comprit-elle ce que
cette volte-face avait de déplaisant ? Les événements
s'étaient précipités. Elle avait saisi l'issue inespérée qui
s'offrait. Son mari, en même temps, l'assignait pour obtenir
la garde de son fils aîné, et un jugement du 7 mars 1815
l'obligeait à remettre sous trois mois la garde de Napoléon-
Louis à son père. Malheurs publics et privés l'atteignaient
en même temps.

Le retour de l'île d'Elbe la prit au dépourvu. Lorsqu'elle
se présenta aux Tuileries, Napoléon lui remontra sévère-
ment l'inconvenance de sa conduite. Mais il n'en était plus à
repousser une adhésion, et puis la présence d'Hortense et de
ses filles permettait de pallier l'absence sinistre de Marie-
Louise et du roi de Rome. La ci-devant duchesse de Saint-
Leu devint la princesse Hortense ; elle joua à l'Élysée et
bientôt à Malmaison le rôle de maîtresse de maison ; peut-
être aidait-elle Napoléon à évoquer le souvenir de Joséphine... Louis, seul des frères de l'Empereur, refusait de
venir le rejoindre tant qu'il ne l'aurait pas autorisé à divor-
cer. Hortense demandait aussi le divorce et la garde de son
fils aîné. Les deux enfants vinrent voir Napoléon à l'Élysée.
Louis-Napoléon se rappela toujours que l'Empereur l'avait
un jour porté à la fenêtre pour lui montrer la parade des
troupes au Carrousel. On accordera une moindre confiance
à la parole impériale : « Embrassez cet enfant, maréchal !
Peut-être sera-il un jour l'espoir de ma race. » Elle a une
couleur Second Empire prononcée. Toutefois, la confiance
n'était guère assurée. Avant de gagner Malmaison, Hortense mit ses enfants à l'abri chez une marchande de bas du
boulevard Montmartre ; c'était après l'abdication de l'Empereur. Les jours difficiles avaient commencé.

La mère et le fils avaient vécu les Cent Jours dans une
certaine intimité avec l'Empereur, et le salon d'Hortense
avait servi de rendez-vous aux bonapartistes. Bref, l'ex-
reine était compromise et son attitude de la première Restauration était oubliée par les vainqueurs. Ou plutôt c'était
à leur tour de s'indigner des palinodies d'Hortense. Le tsar

écrira à Eugène, frère de l'ex-reine de Hollande : « Il n'y a qu'une voix sur la part qu'elle a prise aux malheureux événements » ; la reine allait se trouver incluse dans la réprobation qui frappa les Bonaparte. Au ban de l'Europe, elle et ses fils allaient vivre en exil, en quête d'une résidence où l'on consentirait à les recevoir, sous la surveillance de la police.

Certes, on conserve encore quelques formes ; c'est l'exil d'une reine qui voyage avec un cortège d'une quinzaine de personnes et plusieurs voitures. Reste que le 17 juillet 1815, elle quitte Paris sur l'injonction du préfet de police Decazes (parfois attribué comme père à Louis-Napoléon). Un jeune officier autrichien l'accompagne, chargé à la fois de sa surveillance et de sa protection. Genève lui ayant refusé le séjour dans une maison de campagne qu'elle tient de sa mère, elle se réfugie pendant quelques mois à Aix-les-Bains où Flahaut viendra la rejoindre ; ce sera leur dernière période de vie commune. Flahaut, également compromis, devra partir bientôt ; d'ailleurs une lettre a prouvé à la reine l'infidélité de son amant. En novembre 1815, sa caravane traverse la Suisse et gagne Constance, ville atteinte le 7 décembre. Sur son parcours, Hortense a été suivie par la surveillance policière des vainqueurs ; chaque représentant de Louis XVIII s'efforce de la repousser vers le pays voisin. Le grand-duc de Bade ne l'autorise à résider à Constance que temporairement. On peut penser quelle impression firent ces vicissitudes sur l'enfant de sept à huit ans qu'était Louis-Napoléon. Il était des vaincus de Waterloo et en subissait les conséquences. Il restait prince, mais devenait aussi un paria. A Aix, en exécution du jugement, Louis avait fait prendre son aîné Napoléon-Louis qui devait désormais vivre avec lui. Depuis octobre 1815, Hortense se trouve seule avec son fils cadet. Une intimité se resserre, qui durera jusqu'à sa mort. Flahaut éloigné, puis bientôt marié en Angleterre, Louis-Napoléon, dans le malheur, est la seule ressource de sa mère. C'est elle qui fera de lui ce qu'il est devenu.

Au cours de l'année 1816, Hortense s'installe dans l'exil. Elle sait grouper autour d'elle quelques parents et alliés fixés en Allemagne au temps de la Confédération du Rhin : la grande-duchesse Stéphanie de Bade, la princesse de Hohenzollern-Sigmaringen visitent la petite Cour dans sa résidence provisoire. Mais c'est le prince Eugène, frère d'Hortense, qui sera le véritable intercesseur auprès des puissances. Eugène est riche ; gendre du roi de Bavière Maximilien-Joseph, il a su, sans excès de fidélité envers Napoléon, se concilier les bonnes grâces de Metternich et du tsar Alexandre ; ses enfants noueront de brillantes alliances. Il plaide la cause de sa sœur auprès de Louis qui donne un million à sa femme. Le tsar achète les tableaux d'Hortense pour une somme comparable. Avec l'héritage de Joséphine, la reine va posséder un capital de plus de 3 millions lui assurant quelque 120 000 francs de revenu. Pour la dotation promise par Louis XVIII, elle n'en verra jamais la couleur en dépit de la persévérance avec laquelle elle en poursuivra le paiement. Grâce à son gendre, Maximilien-Joseph se montre accueillant. En 1817, Hortense achète une maison à Augsbourg et un domaine près de Constance, mais en terre suisse, dans le canton de Thurgovie, à Arenenberg. Elle y effectue des travaux, agrandit, embellit le modeste château bien situé au bord du lac de Constance. Arenenberg sera sa résidence définitive, la maison de famille de Louis-Napoléon.

L'installation assurée, il faut songer à l'éducation de l'enfant. Elle est d'abord confiée au chapelain de la reine, l'abbé Bertrand qui vient du pensionnat Campan. L'aimable homme semble avoir été peu propre à cette délicate mission, faute de méthode et d'énergie. Le roi Louis, tout en cherchant vainement à faire annuler son mariage en Cour de Rome, fut effrayé de l'ignorance de son fils cadet et en prit prétexte pour menacer de le reprendre. Il ne contestait plus sa paternité, lorsqu'il s'agissait de tracasser sa femme... Il résidait en Italie, se fixera bientôt à Florence et rêvait de remariage tout en s'adonnant à la littérature. Pour parer au danger, Hortense chercha un précepteur capable de suppléer le bon abbé. Le général Drouot, le « sage de la Grande Armée », déclina l'honneur. Par relations, on trouva Philippe Le Bas. Le jeune homme, âgé de vingt-cinq ans en 1820, avait été militaire, professeur à Sainte-Barbe, fonctionnaire à la préfecture de la Seine. Fils du conventionnel ami de Robespierre et d'une demoiselle Duplay, il était républicain, franc-maçon, austère et ombrageux. On aurait pu penser que ce pedigree plairait peu à la bien-pensante Hortense, mais le candidat convenable ne devait pas être facile à trouver. D'autre part, la reine, à Constance, était entrée en relations avec des conventionnels exilés. Le malheur commun créait des liens, ainsi s'esquissait l'alliance entre républicains et bonapartistes.

Le Bas devait arriver à Arenenberg en juin 1820 et le quittera en 1827. Il dirigera l'éducation de Louis-Napoléon de douze à dix-neuf ans. Aussi effrayé de la faiblesse de son élève qu'aurait pu l'être son père, il se mit et le mit résolument au travail. L'enfant allait progresser de façon satisfaisante. Depuis 1820, il suit pendant quatre ans comme externe les cours d'un collège, puis du gymnasium d'Augsbourg. Sur 94 élèves, il est d'abord 54e et finira 24e. Ses notes louent son caractère plus que ses connaissances ; en somme, un élève moyen, mais qui a dû apprendre l'allemand, langue qu'il n'oubliera pas. Des connaissances réelles, mais incomplètes. L'enfant est sensible, émotif, nerveux. La nouvelle de la mort de l'Empereur, en 1821, l'affecte profondément ; il est fier de son nom et déjà soucieux de se montrer digne de son origine. Il y mit sa persévérance de « doux entêté » comme le dit sa mère. Avec l'aide de professionnels, celle-ci lui apprend le dessin et la musique, pour lesquels elle a un talent distingué. Louis-Napoléon n'est pas artiste, mais il saura toujours crayonner. En dépit de sa petite taille, il est bon cavalier, sait nager, tirer, faire de l'escrime. En somme, pour une éducation de prince, le résultat n'est pas mauvais.

Et il y aura surtout l'imprégnation des propos d'Hortense sur la politique. La reine écrit ses Mémoires entre 1816 et 1820, pour se défendre contre ses détracteurs, mais aussi pour témoigner. Consciente du patrimoine que son nom représente pour son fils, elle lui transmet la tradition vivante d'une époque encore toute proche, que la littéra-

ture issue de Sainte-Hélène prolonge en la transfigurant.
Et d'abord le *Mémorial* de Las Cases. Hortense est nourrie
du romanesque troubadour, d'un idéal d'honneur et de
chevalerie romantique. Elle l'illustre par sa célèbre romance
Partant pour la Syrie. Ce trait, elle le transmet à son fils.
Mais à côté de cet idéal de noblesse, elle possède un
machiavélisme ingénu, issu de l'expérience d'une femme
qui a dû s'adapter au monde tel qu'il est et entend y préparer ses enfants. Parfois, elle envisage pour eux une existence obscure de gentilshommes terriens ; le plus souvent
elle entend les préparer à la carrière de princes nés pour
commander aux hommes et y trouver les moyens d'une vie
brillante. Mais de princes qui ne peuvent trouver leur voie
que dans la démocratie : « Les Bonaparte doivent se rappeler que toute puissance leur vient de la volonté populaire ;
ils doivent en attendre l'expression et s'y conformer, leur
fût-elle contraire. » Et encore : « Si c'est le peuple qui souffre, montrez-vous comme étant, ainsi que lui, des opprimés ; faites entendre qu'il n'a de salut que par vous. En un
mot, le rôle des Bonaparte est de se poser en amis de tout le
monde. [...] A tout moment, soyez prêts, jusqu'à ce que
vous puissiez vous-mêmes préparer les événements. Ne
rebutez personne, sans vous donner absolument à personne. Accueillez tout le monde, même les curieux, les
hommes à projets, les conseillers, tout cela sert... Surveillez
toujours l'horizon... Soyez un peu partout, toujours pru-
dents, toujours libres et ne vous montrez ouvertement qu'à
l'heure opportune. » L'aimable femme, toujours « en quête
de plaisirs et d'amours » se révèle une politique résolument
cynique. Mélange que l'on retrouvera chez son fils bien-
aimé, avec sa sensibilité et sa rouerie conjuguées.

On mentionne aussi chez le fils une ardeur sensuelle qui
se manifestera de bonne heure pour ne plus se calmer et
qui trouve chez la mère une sympathie compréhensive,
sauf lorsqu'elle peut compromettre l'avenir par des projets
de mariage incompatibles avec la carrière espérée.

Louis-Napoléon a quinze ans en 1823 lorsque Hortense
quitte Augsbourg pour se partager entre Arenenberg et
l'Italie où elle passera les hivers jusqu'à 1831 ; alors les

équipées politiques de ses fils lui en rendront le séjour impossible. A quarante ans, la reine redoute la rudesse de l'hiver suisse et rêve au soleil de la péninsule. Par ailleurs, le roi Maximilien-Joseph vieillit, la santé d'Eugène inspire des craintes. Il meurt en 1824. Sans renouer avec son époux, Hortense songe à se rapprocher des Bonaparte, presque tous réfugiés à Rome. Enfin Louis-Napoléon profitera de l'occasion pour voir son père et son frère aîné, plus âgé que lui de quatre ans et qui épousera une des ses cousines, fille de Joseph. Une période nouvelle s'ouvre pour le jeune homme. Les hivers italiens avec leurs distractions mondaines sont peu propices aux études. Le Bas s'en désespère. Mais l'élève s'émancipe avec le temps, et, en 1827, le précepteur quitte la maison de la reine. Il a donné au jeune prince ce qu'il pouvait lui apporter. Il est remarquable que LouisNapoléon cesse tout rapport avec Le Bas. Lui si reconnaissant, si fidèle au souvenir, marque ici une exception. Curieusement il noue avec le précepteur de son frère, l'avocat Vieillard, une amitié qui durera autant que la vie de ce dernier. Lui fallait-il une note de dévouement personnel proche de l'esprit de Cour ? Ou Le Bas l'avait-il lassé par une rigueur susceptible qui n'était plus de saison ?

Toujours est-il qu'à Rome, Louis-Napoléon retrouve le milieu Bonaparte sur lequel règne Madame Mère, assistée du cardinal Fesch. Lucien, prince romain, a une nombreuse famille. Jérôme et les siens arrivent de Trieste en 1823. Pauline, princesse Borghèse par son mariage, et qui mourra en 1825, s'était aussi retirée dans sa belle villa romaine. Restent à l'écart Louis à Florence et Joseph aux États-Unis. Louis-Napoléon dans la péninsule s'initie à la langue italienne, admire les dames romaines, fait la connaissance de deux hommes qui resteront ses amis, le docteur Conneau, fils d'une Italienne et secrétaire du roi Louis, et le jeune comte Francesco Arese. Tous deux sont de fougueux patriotes italiens, rêvant d'affranchir leur pays de la domination autrichienne, et de rétablir un régime analogue à celui sous lequel l'Italie napoléonienne avait vécu, et sont peu favorables donc au pouvoir temporel du pape. Louis-Napoléon est gagné à ces idées qui sont celles de son aîné.

Comment ne pas épouser la cause populaire, celle des vaincus de Waterloo, lorsque l'on s'appelle Bonaparte ? Nombreux sont alors les jeunes libéraux italiens affiliés aux sociétés secrètes, en particulier aux *carbonari*. S'il est admis que son frère aîné a été initié à la société, Louis-Napoléon serait resté en dehors. Longtemps, à son époque, on a cru à son affiliation. Mais plus tard jamais les *carbonari* ne lui reprocheront une défection, ce qu'ils n'auraient sans doute pas manqué s'ils avaient eu des raisons de le faire. Toutefois, le jeune homme vivait dans le milieu des sociétés secrètes ; qu'il ait été un sympathisant, un compagnon de route ne fait aucun doute. Comment, en effet, satisfaire le besoin d'agir et de se faire connaître qui le possède dès ses vingt ans ? Il songe à aller servir les Grecs insurgés, puis au moins à combattre les Turcs dans l'armée russe. Mais Madame Letizia et le roi Louis s'opposent à ce qu'il fasse figure de *condottiere* dans des rangs étrangers. Alors, pour s'initier au métier militaire, il ne lui reste qu'une possibilité. Comme il réside en Suisse, il va se faire admettre au camp de Thoune où se forment l'artillerie et le génie hélvétiques sous le commandement du colonel Dufour, ancien officier de la Grande Armée. Après quelques difficultés, il est admis en juin 1830. C'est là que lui parvient la grande nouvelle : Paris a chassé Charles X. La révision des traités de 1815 a commencé.

II

Les débuts d'un conspirateur
(1830-1835)

La réaction des deux fils de Louis, comme celle de tous les Bonaparte, est la même à la nouvelle de la révolution parisienne : « La France est enfin libre ; l'exil est fini, la patrie est ouverte ; n'importe comment, nous la servirons. » Sentiment de libération ; la carrière est désormais ouverte aux ambitions. Va-t-on proclamer Napoléon II ? Une descendante d'Elisa, la comtesse Camerata, se risque à prendre contact avec l'Aiglon, sans résultats. Puis la loi du 11 septembre 1830 maintient la proscription des Bonaparte. Désormais la haine de Louis-Philippe va dominer les jeunes de la famille. Il est l'usurpateur qui a saisi la couronne sans consulter la nation, faisant écarter ses rivaux par une coterie de députés, ses complices. L'orléanisme sera le grand rival du bonapartisme. Entre blancs et rouges, il est l'autre régime bleu, l'autre régime tricolore. Hortense partage la déception générale : « Cette proscription prononcée dans les temps malheureux était triste sans doute, mais c'était par des ennemis. Renouvelée par ceux qu'on croyait des amis, cela frappe droit au cœur. » Et encore : « Ce n'était pas à nous à ne pas reconnaître les droits d'un peuple à se choisir un souverain, mais la France aurait dû ouvrir les bras à ceux qui depuis quinze ans partageaient son abaissement et ses souffrances. » La déception des Bonaparte égale celle des républicains. Mais il y a plus ; dans la Révolution, les républicains ont figuré au premier rang, joué un rôle, pris une option. Les Bonaparte, au moment décisif, ont été absents :

conséquence de l'exil, conséquence aussi de la quasi-captivité, de l'effacement du chef de famille, le duc de Reichstadt qui est à Vienne. Joseph protestera par une lettre tardive, qui ne sera pas même lue à la Chambre des Députés, contre le fait qu'on ait oublié d'en appeler au peuple souverain. Pour les fils de Louis, la lutte contre l'état de choses créé par la défaite de 1815 ne peut toujours pas être menée en France, leur patrie. Reste l'Italie, où ils s'allient aux conspirateurs, aux insurgés. Autre face du même combat. Leur nom conserve son prestige. Une opportunité pourrait se présenter pour eux d'exercer un commandement, peut-être de régner, en tout cas d'en appeler du sort injuste qui a provoqué une révolution française dont ils ont été absents.

Louis-Napoléon entre dans un complot assez peu sérieux fomenté à Rome contre le pouvoir temporel du pape : il se promène à cheval dans la Ville Éternelle avec un tapis de selle tricolore. La police pontificale l'expulse au début de 1831, l'empêchant ainsi de participer à la bagarre du 12 février. Hortense cachera dans sa résidence deux insurgés en fuite, et Louis-Napoléon rejoint son frère à Florence. Les deux jeunes gens s'exaltent de concert. Un soulèvement se prépare en Romagne où le gouvernement pontifical est faible et impopulaire. L'un des chefs du mouvement est le colonel Armandi qui fut un temps précepteur de Napoléon-Louis ; c'est par son intermédiaire que les deux frères rejoignent, à l'insu de leurs parents, les bandes armées d'insurgés. Louis-Napoléon écrit à sa mère : « Le nom que nous portons nous oblige à secourir les peuples malheureux qui nous appellent. » Pendant quelques jours, ils vont parcourir la campagne, enlevant des villages. Les difficultés de la situation apparaissent bientôt. Pour les Autrichiens, les deux frères sont des exilés en rupture de ban qui risquent d'être incarcérés ou même fusillés s'ils tombent en leur pouvoir. D'autre part, les insurgés ne peuvent espérer réussir qu'avec l'appui de la France de Louis-Philippe, mais le gouvernement français n'agira pas en faveur d'un mouvement bonapartiste. Les chefs doivent donc se séparer des jeunes gens. Ces derniers ne demeurent pas moins dans une situation critique vis-à-vis des Autrichiens, et la famille

Bonaparte les désavoue. Leurs aventures les dérangent dans un confortable exil. En fait, Hortense et Jérôme devront renoncer à résider à Rome. Louis est aux cent coups, troublé dans ses occupations littéraires, partagé entre l'inquiétude paternelle et la rage de voir son autorité ignorée. Il s'en concerte avec Hortense qui, munie d'un passeport britannique obtenu en Toscane, part pour la Romagne à la rencontre de ses fils accompagnée d'une jeune dame d'honneur, Valérie Masuyer.

Le 10 mars 1831, la reine quitte Florence. A Pesaro, elle rejoint enfin Louis-Napoléon pour apprendre son malheur. L'aîné des deux frères, après s'être trouvé un peu abandonné à Forli, a été frappé par l'épidémie de rougeole et est mort dans les bras de son frère. Une tradition, sans doute controversée, voudrait qu'il ait été tué d'un coup de feu, ce que niera toujours Louis-Napoléon... Ce dernier, d'ailleurs, est également malade. Hortense cherche un refuge à Ancône dans un *palazzo* que son frère Eugène a conservé en Italie ; elle espère pouvoir prendre passage sur un vaisseau du port. Mais les Autrichiens arrivent. Leur état-major s'installe dans le palais même où Hortense et son malade se sont abrités ; le général loge même dans une pièce contiguë à la leur, au point que Louis-Napoléon doit étouffer sa toux de son mieux. Naturellement, Hortense a dû se charger par surcroît d'un jeune conspirateur en fuite, Zappi.

Finalement, munie d'une autorisation, la reine peut quitter quand même Ancône, avec son fils et Zappi, sur le devant de sa voiture, déguisés en domestiques. Où aller ? Hortense a conçu un projet plein d'audace. Elle a un passeport pour Livourne, d'où elle est censée gagner Malte et l'Angleterre. L'idée lui vient de gagner la France par la Toscane et Gênes en faisant passer sa petite troupe pour un groupe d'Anglais. Alors commence le 3 avril une extraordinaire odyssée évoquant à la fois *la Chartreuse de Parme* et les romans d'Alexandre Dumas. Louis-Napoléon doit mettre pied à terre pour traverser les villes afin de n'être pas reconnu. Des touristes anglais, croyant rencontrer des compatriotes, essaient de nouer conversation avec les fugi-

tifs. Ces derniers — toujours camouflés en dame anglaise et
sa suite puisqu'ils sont proscrits — traversent la France et
atteignent Paris le 23 avril après trois semaines d'un voyage
éprouvant. A peine installée dans un hôtel de la rue de la
Paix, la reine prend contact avec un de ses amis, aide de
camp de Louis-Philippe, le général d'Houdetot, à qui elle
demande d'avertir le roi. Suit une rencontre secrète avec le
roi des Français et l'ancienne reine de Hollande dans la
chambre que d'Houdetot occupe aux Tuileries. Louis-
Philippe est pris au dépourvu : lors des Cent Jours, Hortense a fait attribuer de confortables pensions à sa mère et à
sa tante. D'ailleurs il est humain et, faute de secourir les
insurgés italiens, il a une occasion de se racheter à bon
compte. Il fermera les yeux sur son séjour, à condition qu'il
soit bref, et laisse même espérer, dans un avenir indéterminé, le rappel de la loi d'exil et un règlement du fameux
arriéré du duché de Saint-Leu. De son côté, le président
du Conseil, Casimir Périer, vient voir la reine à son hôtel.
Le gouvernement a hâte de voir décamper ces hôtes compromettants. Mais Louis-Napoléon argue de sa maladie
pour prolonger le séjour — il est d'ailleurs réellement
malade. Sa rougeole ne l'empêche pas de demander à servir
en France, ce qui est impossible, car il lui faudrait arborer
un nom d'emprunt. A tout le moins suit-il de sa fenêtre, le
5 mai, dixième anniversaire de la mort de l'Empereur, la
marche des nombreux cortèges venus en pèlerinage à la
colonne Vendôme. Il s'exalte de cette ferveur napoléonienne qui répond à ses sentiments. Il n'oubliera pas ce
témoignage qui le renforce dans ses convictions. Mais le
gouvernement de Juillet redoute précisément ce contact
avec la foule, et dès le 6, les voyageurs doivent partir pour
l'Angleterre après treize jours passés à Paris. Ils débar-
quent à Douvres, sous la pluie. Le 12 ils sont à Londres.
Louis-Napoléon se fait l'interprète du groupe. Possédant
déjà l'allemand et l'italien, il se familiarisera rapidement
avec la langue anglaise.
    Ce premier séjour dure trois mois, le temps d'obtenir des
passeports pour rentrer par la France et de rétablir des
santés éprouvées par une odyssée effectuée à travers des

nuées de sbires et d'espions. Le temps aussi pour Louis-
Napoléon de prendre contact avec divers conspirateurs d'un
aloi variable qui veulent l'entraîner à tenter en France une
aventure analogue à celle que risquera en faveur des légitimistes la duchesse de Berry l'année suivante ou à prendre la
tête d'une expédition pour secourir les insurgés polonais. Le
jeune prince ne se montre pas insensible aux propositions de
ces aventuriers qui en veulent aussi à sa bourse. Mais Valérie
Masuyer, trésorière du voyage, défend l'argent de la reine,
d'autant que la vie est chère à Londres. Louis-Napoléon
écrit aussi aux journaux de Paris pour démentir que sa mère
soit venue poser sa candidature au nouveau trône de Belgique. Loin de nourrir des projets d'ambition, il ne rêve que
de servir sa patrie ; il aurait lutté pour la liberté des nations
étrangères, « glorieux Belges ou immortels Polonais », s'il
n'avait craint de créer des incidents diplomatiques.

Hortense, adroitement, se fait des relations dans la
société de Londres, sans grande difficulté, car les Bonaparte font figure de vedettes suscitant la curiosité et même
le snobisme. Elle ne sera pourtant pas fâchée d'éloigner son
fils de Londres en gagnant la ville d'eau de Tunbridge
Wells, où le jeune homme se mettra au service des beautés
britanniques. L'ambassade de France, dirigée par le vieux
Talleyrand, suit avec un zèle soupçonneux les démarches
de ces exilés qui lui paraissent de redoutables intrigants.
En tout cas, ce ne sont pas seulement de paisibles touristes
affairés à découvrir le pays, et l'on songe à eux dès que se
noue quelque intrigue dynastique ou quelque complot
dirigé vers le continent. Mais on exagère : Hortense renonce
à passer au retour par la capitale parce que son fils lui a
déclaré : « Si nous allons à Paris et si je vois sabrer le peuple
devant moi, certainement je ne résisterai pas à aller me
mettre de son côté. » Le jeune homme de vingt-trois ans
brûle de se battre pour une cause populaire et de montrer
quelle force un Bonaparte peut apporter à cette cause.
D'autant que la mort de son aîné l'a mis au premier plan.
Les enfants de Jérôme sont trop jeunes et le duc de Reichstadt semble décidément enfermé dans son personnage de
prince de la Maison de Habsbourg. Les comploteurs le

sentent, qui sollicitent Louis-Napoléon sans être nettement éconduits.

Le 7 août 1831, munis d'un passeport régulier, la reine et
sa suite quittèrent Londres et regagnèrent Arenenberg à
petites journées en visitant la France. Ils avaient visité Fontainebleau à l'aller; au retour, ils passèrent à Chantilly,
Mortefontaine, Saint-Denis, Rueil. Louis-Napoléon faisait
connaissance avec ce pays qu'il avait oublié depuis son
enfance. Il entretenait avec bonheur les gens dans les cafés
ou les boutiques avant de regagner sa résidence d'exil.

De retour sur le lac de Constance, les travaux et les jours
d'Arenenberg se tissent à nouveau. Louis-Napoléon passe
l'hiver 1831-1832 au camp de Thounes; en avril 1832, il
devient citoyen de la commune de Salenstein dont dépend le
château. Le canton de Thurgovie lui donnera le droit de
bourgeoisie. Non content de courtiser les petites paysannes,
il participe aux activités charitables et éducatives du voisinage. Il sera même sur le point d'obtenir un mandat politique. De son côté, Hortense sait attirer d'assez nombreux
visiteurs : princesses de Bade et de Hohenzollern, son ancien
écuyer hollandais Bylandt, le Strasbourgeois Coulmann,
l'érudit Bûchon, l'avocat et diplomate Mocquard, futur chef
du cabinet de Napoléon III, le peintre Cottreau qui vit dans
la maison sur le pied d'une intimité qui donnera à jaser. De
ces visiteurs émergent Alexandre Dumas et surtout Chateaubriand qui suit Madame Récamier. Le vieil enchanteur
entretient sa nostalgie en contemplant les oiseaux blancs
volant sur le fond gris du lac, ce qui ne l'empêche pas
d'adresser des madrigaux à la maîtresse de maison. Les
invités logent souvent au château voisin transformé en pension de famille par l'ancienne dame de compagnie de la
reine, Louise Cochelet, mariée à un vieux soldat de l'Empire, le commandant Parquin. Ce dernier figurera au premier rang des futures équipées de Louis-Napoléon. Cette
sociabilité fait partie de la vie de château traditionnelle, elle
protège de l'ennui d'un exil rural. Mais on attend des hôtes
qu'ils se souviennent, parlent ou écrivent en France.

Les projets d'avenir subsistent en effet. Un ami italien,
bien entendu conspirateur en fuite, le jeune comte Arese,

est le compagnon du prince. Milanais, il évoque pour les visiteurs le souvenir des dramatiques événements italiens. Le 22 juillet 1832, voici que meurt le duc de Reichstadt. Désormais, après son oncle Joseph et son père, Louis-Napoléon est le chef des Bonaparte de sa génération, l'héritier de l'Empereur, depuis la mort prématurée de son aîné. Son comportement change vis-à-vis des étrangers. Portant à sa cravate un petit aigle en diamants tenant dans ses serres un tonnerre de rubis, passant le premier aux portes, il affecte une réserve silencieuse, se fait appeler : « mon prince ».

Metternich, éclairé par l'aventure italienne, est sans illusion : « Le jeune Louis Bonaparte est engagé dans la trame des sectes.[...] Le jour du décès du duc de Reichstadt, il se regardera comme appelé à la tête de la République. » Un supplément aux Mémoires de la reine, le *Fragment de 1831*, achevé en décembre 1832, montre combien la pensée d'Hortense s'est précisée au contact de son fils. Depuis la Révolution, deux partis en Europe aspirent au pouvoir et semblent irréconciliables. Seul Napoléon a réussi à imposer un compromis entre l'aristocratie et le peuple. Le souvenir de l'Empereur demeure vivant, mais sa place reste à prendre. Le nom de Napoléon seul porte avec lui le principe d'égalité, d'ordre et d'indépendance nationale. On lui reproche d'avoir attenté à la liberté, mais le peuple ne s'intéresse pas à une liberté qui ne profite qu'à ses ennemis. L'Empereur n'a créé une aristocratie sauvegardant les bienfaits de la Révolution comme des droits nationaux que pour détruire l'ancienne noblesse, récompenser le mérite et l'empêcher ainsi de rallier le camp de l'ennemi. Peut-être Louis-Napoléon a-t-il collaboré avec elle dans cette dernière rédaction ? Elle avait l'habitude de se faire aider, qu'il s'agît de poésie, de musique ou de peinture ; pourquoi pas dans cette œuvre allant dans le sens de leur commune ambition ?

De son côté, Louis-Napoléon, qui s'est déjà essayé à écrire aux journaux, entamait une longue carrière de publiciste. Sa première œuvre, les *Rêveries politiques*, date de 1832. On prit soin de la faire lire à Chateaubriand lors de son passage à Arenenberg, et le vieux René exprima son sentiment avec diplomatie. Il s'agit, en fait, d'une dissertation d'étudiant, d'une quinzaine de pages, qui ne retient l'attention que par l'avenir de son auteur. Toutefois, celui-ci ne l'a pas négligée quand il a recueilli ses œuvres en 1869 pour le centenaire de la naissance de Napoléon. Ce texte a été rédigé avant la mort de l'Aiglon. On y note l'influence de Montesquieu, une classification des régimes — naturellement peu flatteuse pour la Restauration et surtout pour la Monarchie de Juillet —, un tableau emphatique et sombre de l'Europe présente où s'affrontent peuples et rois, et une évocation de la France où « l'esprit de doctrine » s'effraie d'une anarchie qui n'est point à craindre ou d'une guerre « que nous ne pouvions redouter ». Que veut la civilisation ? Non pas une greffe « sur un tronc que les siècles ont pourri », mais « le génie d'un Napoléon ou la volonté d'une Convention [...], une main forte qui abatte le despotisme de la servitude avec le despotisme de la liberté. » L'union des deux mouvements populaires — Napoléon II et la République —, éloignera le spectre de la Terreur et du despotisme. Pour assurer l'indépendance nationale, le gouvernement doit avoir une armée sans qu'on crie à la tyrannie, et armer la nation sans être renversé. D'ailleurs, si le peuple peut « concourir aux élections », la liberté est assurée. « On voit que mes principes, conclut l'auteur, sont entièrement républicains. » Ses principes, seulement... Pour repousser l'invasion étrangère, pour éviter la discorde civile, une monarchie qui procure les avantages de la République sans ses inconvénients est préférable. « La meilleure des Républiques » viendrait à l'esprit si la formule n'avait été confisquée (avec tant d'autres choses) par Louis-Philippe, le rival détesté. Qui n'adhérerait à un idéal politique « fort sans despotisme, libre sans anarchie, indépendant sans conquêtes » ? Louis-Napoléon esquisse un schéma constitutionnel : un empereur détient le pouvoir exécutif, un corps législatif composé de deux assemblées possède le pouvoir délibératif et le peuple a le pouvoir électif et de sanction. Le corps législatif est élu au suffrage universel, mais les modalités ne sont pas précisées. A l'avènement d'un nouvel empereur, la sanction populaire est nécessaire ; en cas de refus, le corps législatif propose un autre candidat. La responsabilité du gouvernement devant le corps législatif n'est pas envisagée : grâce à ce mode de désignation du souverain, le jeune auteur se flatte d'éluder les conflits inhérents à la monarchie élective et les explosions populaires contre une hérédité totale. Louis-Napoléon propose ce projet dans lequel s'inscrit en filigrane le principat napoléonien ; lorsque la parole lui sera rendue, le peuple décidera. L'auteur convie, autour de l'autel de la patrie républicaine, « napoléonistes », légitimistes selon Chateaubriand et même, à la rigueur, les orléanistes s'ils ne sont pas complices des « meurtres de la Pologne, de l'Italie et des patriotes français ». Ce travail s'achève sur une perspective idyllique : donner aux nations « leurs nationalités et les institutions qu'elles réclament. [...] Alors tous les peuples seront frères, et ils s'embrasseront à la face de la tyrannie détrônée, de la terre consolée et de l'humanité satisfaite »...

L'occasion s'offre bientôt au jeune homme de grandir son personnage. Le roi Joseph, chef de famille depuis la mort de l'Aiglon, a en effet quitté les États-Unis, où il menait la vie large d'un gentilhomme campagnard, pour s'établir à Londres afin d'y surveiller les intérêts de la dynastie et a convié ses frères à une conférence politique. Lucien répond à la convocation, mais Louis, impotent, ne peut faire le voyage ; ses frères acceptent que son fils le représente. Voici donc Louis-Napoléon participant à la négociation bien qu'il ne soit pas sur pied d'égalité ; Joseph a été roi, Lucien a présidé de grandes assemblées. Lui n'a à son actif que l'aventure italienne, mal vue de ses oncles, qui le suspectent, hésitant à tout lui dire. Arrivé à Londres à la mi-novembre 1832, Louis-Napoléon en partira courant mai 1833. Ce deuxième séjour anglais d'à peu près six mois ne sera pas entièrement occupé par les conversations de famille. Arese l'accompagne et aussi Achille Murat. Les amis assistent à l'ouverture de la session parlementaire, participent à des mondanités, font un voyage à Liverpool. La conférence de famille comporte aussi des colloques avec des représentants des républicains. En ces années 1830 la tactique est sinon l'union, du moins un front commun entre bonapartistes et républicains. Des patriotes polonais et italiens réfugiés à Londres se mêlent aussi aux conversations.

Louis-Napoléon est exaspéré par l'attitude de ses oncles : ils craignent de se compromettre, et leur politique se borne à attendre passivement les opportunités. Ces opportunités, le jeune prince voudrait les susciter. C'est ainsi que, sans leur approbation, il fait en Belgique un voyage pour rencontrer des émissaires de La Fayette. « Ce dernier voyage, écrira Joseph à Louis, a été entrepris malgré moi. J'aurais désiré que Louis fût moins en relations avec Paris et les jeunes gens qui l'encombrent parfois. » Et d'évoquer « les intrigues des comploteurs qui abondent dans cette immense Babylone. A son âge, il est vraiment difficile de ne pas être dupé quelquefois. » Loin du calme helvétique, Louis-Napoléon s'exalte dans ce climat d'intrigues. Les oncles, après son départ, mettent au point un projet de constitution : l'exécutif serait confié soit à un directoire élu pour dix ans ou à vie, soit à un empereur qui désignerait son successeur. Mais ce successeur ne pourrait appartenir à sa famille et aucun parent du souverain ne pourrait détenir un commandement supérieur. Le texte n'avait rien qui pût convenir à leur neveu.

Rentré à Arenenberg, Louis-Napoléon se remet au travail : il rédige un manuel d'artillerie destiné en principe aux officiers suisses. Cette étude dépasse alors son expérience et l'accapare jusqu'en 1834. Elle le fait connaître de la presse militaire française où Armand Carrel lui consacre un article courtois. A côté de ce travail essentiel, *les Considérations politiques et militaires sur la Suisse,* parues en 1833, apparaissent comme accessoires. D'ailleurs, ici encore l'écrivain militaire reparaît, étudiant la manière de fondre les contingents cantonaux en une armée nationale. Le bourgeois de Thurgovie parle aussi politique. Les cantons ne sont-ils pas en révolution, à la recherche d'institutions qui leur donneront plus d'unité ? Parlant de la Suisse, l'auteur songe souvent à la France, « son pays ». Il ne cache pas sa préférence pour la centralisation, nécessaire à un pouvoir national, et préconise en Suisse le renforcement du pouvoir fédéral, garantie d'indépendance, tout en reconnaissant que la médiation du Premier Consul en 1801 n'allait pas dans ce sens. Mais, assure-t-il, utilisant le sophisme relaté par le *Mémorial*, il s'agissait d'un état provisoire. L'Angleterre abaissée, la Russie vaincue, la régénération de l'Europe napoléonienne se fût accomplie sur le principe de nationalités indépendantes autour d'une France libérale. Louis-Napoléon pense que si le peuple doit décider en dernier ressort, il est incapable de délibérer. C'est « à la partie éclairée de la nation » qu'il revient d'établir les propositions sur lesquelles le suffrage universel, privé d'initiative, se prononcera. Enfin, la neutralité helvétique paraît au prince une pure fiction : les cantons ne pourraient demeurer à l'écart d'un conflit généralisé. Il leur faut s'allier à la France qui défendra leur liberté : « La France est à la tête de la chaîne, et du salut de Paris dépend le salut des libertés de l'Europe entière. » En conclusion, l'auteur souhaite à la confédération de se montrer digne « de ce grand nom de République dont nous n'avons eu jusqu'ici que de si imparfaits modèles ».

Ces premiers écrits manifestent déjà quelques tendances de la pensée du futur empereur : un goût pour les gouvernements autoritaires de crise, un penchant pour l'unité et la centralisation dans le sens des principes de 89 dont le destin se confond avec celui de la France et de la civilisation. L'indépendance nationale passe avant la liberté politique qui doit être étendue à tous, mais dans un domaine de délégation et de sanction ; la véritable vie politique ne concernant que « la partie éclairée » de la nation. Les questions économiques ne sont pas traitées, les problèmes sociaux n'apparaissent que sous le couvert de la politique. Le jeune homme marque, en toute occasion, une hostilité méprisante pour les doctrinaires et pour la monarchie constitutionnelle. Il est persuadé que la royauté citoyenne ira rejoindre la branche aînée des Bourbons. Quant à la République, elle n'est pas viable ; alors sonnera l'heure des Bonaparte : la sienne. Eux seuls peuvent faire vivre un régime moderne inspiré des principes de la Révolution, la démocratie dans l'ordre et l'indépendance.

Tant d'efforts ne pouvaient manquer de recevoir une récompense. En 1834, Louis-Napoléon est nommé capitaine dans le régiment d'artillerie de Berne. Après cette promotion, il écrit à Hortense : « Tout cela me prouve que mon nom ne trouvera de sympathie que là où règne la démocratie. [...] Tant que le suffrage universel ne sera pas une loi fondamentale de l'État, la représentation nationale ne sera que la représentation d'intérêts particuliers, les députés ne seront mandataires que d'une classe et la chambre n'aura ni dignité ni influence. » Il appuie les radicaux suisses, se précipite en 1834 à Genève chez James Fazy dans l'espoir de participer à l'émeute de Lyon. Il arrive trop tard, mais l'intention est significative. Il a trouvé sa voie et ne s'en laissera pas détourner.

En 1834, Louis-Napoléon a vingt-six ans. Hortense, sans le contrarier dans ses desseins politiques, voudrait les concilier avec une vie plus bourgeoise. Elle ne s'alarme pas de ses amourettes, mais n'aime pas le voir s'enticher d'une beauté du voisinage, une Madame Saunier, jeune veuve d'un planteur de l'île Maurice. Le désir de l'éloigner a été l'une des raisons d'Hortense pour l'envoyer à Londres en 1832. Les années passant, elle se préoccupe d'un établissement pour lui. « Je ne désire plus que de vous garder avec moi, lui écrit-elle à Londres, de vous voir marié à une bonne petite femme, jeune, bien élevée, que vous pourriez façonner à votre caractère et qui soignerait vos petits enfants. [...] Ceux qui me croient ambitieuse ne savent pas combien je les plains d'acheter si cher le pouvoir qu'ils croient que je regrette. Les seules choses dont j'ai besoin sont vous et le soleil. » Comme il est naturel, des projets sont esquissés concernant, par exemple, Marie de Bade. Plus poussée est la négociation avec la fille du général Arrighi, duc de Padoue. La jeune personne, outre ses qualités personnelles, est riche, ce que la reine apprécie, car avec ses 120 000 francs de revenus, elle a peine à tenir son rang. Mais l'éventuel beau-père se méfie, à juste titre, des capacités financières du futur et ne consentirait à donner qu'une rente au lieu d'un capital. Louis-Napoléon, qui n'est pas épris, abandonne. Il est aussi question d'une union avec Doña Marie, la jeune reine du

Portugal apparentée aux Beauharnais. Le projet est encore écarté. « Mon père a prouvé par un grand exemple combien la patrie est préférable à un trône étranger. Pour moi, je laisserai faire le temps. Persuadé que le grand nom que je porte ne sera pas toujours un titre d'exclusion aux yeux de mes compatriotes, puisqu'il leur rappelle quinze années de gloire, j'attends avec calme, dans un pays hospitalier et libre, que le peuple rappelle dans son sein ceux qu'en 1815 exilèrent douze cent mille étrangers. Cet espoir de servir un jour la France, comme citoyen et comme soldat, fortifie mon âme et vaut à mes yeux tous les trônes du monde. » En 1835, une nouvelle opportunité se présente : Napoléon Ier a exprimé le souhait que les Bonaparte se marient entre eux, et Jérôme, le plus jeune frère de l'Empereur, a justement une fille de quinze ans, Mathilde. L'ex-roi de Westphalie, depuis 1815, a vécu essentiellement des subventions de son beau-père le roi de Wurtemberg et du tsar, allié aux Wurtemberg. Il a, de surcroît, dépensé par avance sa part de l'héritage de Madame Mère. Il vient de perdre sa femme Catherine, ce qui l'a privé du plus clair de ses ressources. A cinquante ans, libertin impénitent, il accepterait de se défaire honorablement de sa fille et séjourne à Arenenberg avec elle. La fraîche carnation, la coquetterie de Mathilde semblent conquérir Louis-Napoléon et le mariage paraît sur le point de se conclure. Jérôme déjà a acheté — à crédit — un château voisin d'Arenenberg pour le jeune couple. Mais Hortense ne peut à elle seule faire vivre un ménage... Joseph, sondé par Jérôme, demeure inerte. Enfin le roi Louis, toujours incommode, intervient pour empêcher son fils de se mettre dans le besoin : « T'associant à un oncle brillant de qualités et de tous les dons de l'esprit, mais qui malheureusement dépenserait promptement toute une liste civile, s'il en avait encore, et même plusieurs. » Le roi de Wurtemberg, de son côté, désapprouve cette union avec un *carbonaro* (ce qui montre la réputation du jeune prince dans le monde des souverains). Ces questions financières faisaient traîner la conclusion de l'affaire lorsque d'autres préoccupations vinrent la faire échouer.

Depuis ses vingt ans Louis-Napoléon avait toujours été recherché par les milieux de mécontents et de conspirateurs divers qu'il n'avait cessé d'encourager, conformément d'ailleurs aux recommandations maternelles. Des fanatiques aux escrocs, personne n'était éconduit ; un sûr instinct les faisait frapper à la porte du château. En 1835, un certain Persigny entra dans la société du prince. Ils sont du même âge. Le comte Fialin de Persigny (c'est ce que portent ses cartes de visite) a des origines et un passé obscurs. Entré dans l'armée, il n'a pu y rester, s'est lancé dans la bohème du journalisme. Comme d'autres ont découvert le saint-simonisme ou le fouriérisme, le bonapartisme a été son chemin de Damas, et il a fondé la *Revue de l'Occident français* qui n'aura qu'un seul numéro. « En cette impériale idée résident la tradition tant cherchée du XVIIIᵉ siècle, la vraie loi du monde moderne et tout le symbole des nationalités occidentales. [...] Le temps est venu d'annoncer par toute la terre européenne cet évangile impérial qui n'a point encore eu d'apostolat. » Persigny est d'abord allé voir Joseph, puisqu'il n'est pas de bonapartisme sans Bonaparte, et ce dernier l'a éconduit. Alors il se tourne vers Louis-Napoléon auprès duquel il a peut-être été introduit par le poète napoléonien Belmontet. En dépit de ses manières étranges, le disciple est accueilli avec enthousiasme. Les deux jeunes gens s'exaltent de compagnie, relisant la littérature de Sainte-Hélène et les historiens de l'époque, Thibaudeau, Bignon, Thiers et Mignet. Point sot mais fantasque, tout du premier mouvement, Persigny pousse certainement son maître à tenter la fortune, à provoquer l'occasion au lieu de l'attendre. Ses encouragements sont presque inutiles. En réalité, depuis 1831 Louis-Napoléon n'a jamais cessé de songer à l'action. Persigny l'a au mieux aidé à sauter le pas. Le coup de Strasbourg est décidé.

III

Premiers coups, premiers échecs :
Strasbourg (30 octobre 1836)

La ferveur napoléonienne des deux amis n'est pas un cas isolé. Le climat est tel en France depuis 1830 qu'un voyageur tombé de Sirius pourrait croire la dynastie des Bonaparte restaurée. La victoire populaire de Juillet demeure étroitement associée à la légende napoléonienne. Longtemps proscrite dans ses expressions, cette dernière s'épanouit en un rituel. Rituel dont, bon gré mal gré, Louis-Philippe se fait le grand prêtre. Insigne entreprise de récupération : Napoléon sans sa famille. Ce qui convient assez au nouveau monde officiel qui a trouvé des places avantageuses dans le régime. Mais il est incontestable qu'en dehors des importants, des nantis, le souvenir de l'Empereur, associé à la cause du peuple, fait désormais l'objet d'un culte fervent. Certes, 1836 est une année napoléonienne avec l'achèvement de l'Arc de l'Étoile, les expositions d'Horace Vernet, de Charlet, de Grandville, mais guère plus que les autres : le courant est continu. Il n'est pas étonnant que Louis-Napoléon ait pensé qu'il était possible de réinsérer les Bonaparte dans cette France napoléonienne. Vingt ans la séparaient de la fin du règne du grand Empereur, mort depuis quinze ans seulement. C'était encore de l'histoire contemporaine.

Le coup de Strasbourg devait être une réédition du retour de l'île d'Elbe. En ralliant l'importante garnison de cette place de guerre, se rendre maître de la ville, puis marcher sur Paris en rassemblant soldats, gardes nationales et peuple.

De toute façon, le fait d'être maître de Strasbourg, « le testament de l'empereur Napoléon d'une main, l'épée d'Austerlitz de l'autre », annoncerait au monde que l'Empereur avait un héritier. Il fallait au préalable former une petite bande de complices dont Persigny constituait la première recrue, et aussi Parquin, le vieux de la vieille, époux de Louise Cochelet. Mais il y avait encore de jeunes officiers en activité tel Laity, lointain parent des Beauharnais, enthousiastes, têtes brûlées ou étourneaux ; le régime de Juillet n'était pas encore bien assis et le loyalisme d'une partie de l'armée, si près des Trois Glorieuses, était variable. Enfin les conspirations avaient été nombreuses au cours des années précédentes et avaient laissé sur la place un personnel d'aventuriers ; ainsi le marquis de Gricourt, d'abord légitimiste et mêlé aux aventures de la duchesse de Berry, puis passé à la cause impériale. « Renommé par ses duels heureux et ses bonnes fortunes » il sera, comme Laity, sénateur du Second Empire (désormais existe entre le chef et les membres de la bande une solidarité qui ne se dénouera jamais). Enfin, chaque membre s'efforce de recruter des adhérents. Aux portes de Strasbourg, Bade, la grande ville d'eaux, de jeux et de plaisirs offre un terrain choisi. Disposant d'un pavillon prêté par Stéphanie de Bade, sa parente, Louis-Napoléon reçoit largement les officiers de la métropole alsacienne. Il dépensera 6 000 francs en un mois, ce qui pose un problème aux finances de sa mère et vient s'ajouter aux dettes qu'il a déjà. Enfin, on reçoit beaucoup à Arenenberg. Ignorant, sans doute, tous les projets de son fils, Hortense voit bien quel but il poursuit, en conformité d'ailleurs avec ses propres préceptes. Le Strasbourgeois Coulmann évoque un de ces déjeuners à Bade pour le 15 août 1834 — jour de la Saint-Napoléon — où les officiers convives tinrent des propos assez compromettants.

La préparation de Strasbourg dura donc plusieurs années, si bien qu'il n'y a guère de solution de continuité entre l'aventure italienne et celle qui suit. On devait souvent s'en tenir aux discours, écouter, témoigner de la sympathie, exprimer de l'intérêt pour les livres de l'amphitryon ; s'il avait réussi, on se serait rallié à sa cause sans répugnance. De là à participer à un *pronunciamiento*, il y avait une marge. Le hasard fit bien les choses, mais Persigny et son maître surent le mettre en œuvre. A cinquante-deux ans, le colonel Vaudrey, commandant l'un des régiments d'artillerie à Strasbourg, était mécontent de son sort et savait qu'il ne serait pas général. Le duc d'Orléans, prince héritier, ne l'avait pas pris parmi ses aides de camp, et sa demande d'une bourse pour l'un de ses fils avait été rejetée. En même temps, le vieux soldat était galant et poursuivait de ses assiduités une cantatrice entendue à Bade, Mme Gordon. Cette dernière était, en dépit du nom anglais de son mari, très bonapartiste. Elle avait peut-être eu une intrigue avec le prince ; en tout cas, elle le connaissait. La conquête de l'artiste devint le prix de l'adhésion au complot. C'était une chance, car le général Voirol, commandant la place de Strasbourg, pressenti, avait fait la sourde oreille bien que son aide-de-camp fût le beau-frère de Valérie Masuyer, dame d'honneur d'Hortense et mémorialiste de sa petite Cour. Il s'était borné à avertir le ministre de la Guerre, sans rien dire au préfet du Bas-Rhin. L'adhésion de Vaudrey, chef du régiment où Bonaparte avait servi à Toulon, fournissait le levier désiré. Des sympathies plus ou moins prononcées et étendues étaient assurées dans les régiments de la garnison et aussi dans la population. La ville était politiquement opposante, patriote de gauche. Des proclamations avaient été préparées, à l'armée avec un appel à se rendre digne de la gloire passée, à la population, trahie par un régime méprisé : « Fier de mon origine populaire, fort de quatre millions de votes qui me destinaient au trône, je m'avance devant vous comme représentant de la souveraineté du peuple. [...] Voyez l'aigle, emblème de gloire, symbole de liberté, et choisissez. »

Le 25 octobre, Louis-Napoléon quitta sa mère, prétextant une partie de chasse au cours de laquelle il rencontrerait des amis politiques. Hortense vit certainement que quelque chose se préparait puisqu'elle lui donna l'anneau de mariage de Napoléon et de Joséphine, que l'Empereur lui avait remis en quittant Malmaison en 1815. Muni de ce talisman et porteur du passeport d'un officier alsacien en garnison à Fontainebleau dans le régiment de Morny, le prince entra à

Strasbourg où l'attendaient ses complices. Notons que Morny semble être resté étranger au complot. Sous le Second Empire, Oppermann, comme tous les conspirateurs de Strasbourg, devait recevoir une situation à la Cour. Le détail événementiel du coup a souvent été raconté. L'affaire s'est déroulée le 30 octobre 1836, entre 6 et 8 heures du matin, sous un ciel sombre parsemé de flocons de neige. Louis-Napoléon était déterminé, mais sans prestance physique dans l'uniforme indûment revêtu. La bande formant son état-major s'était costumée : Parquin en général, Persigny et Gricourt en capitaines. L'étrange mascarade groupée autour du drapeau à l'aigle arrive au quartier d'artillerie où Vaudrey a mis son régiment sous les armes. Détail sordide : 60 francs ont été distribués par batterie. Louis-Napoléon prodigue les promesses de grades et de décorations. Puis le régiment sort dans la ville pour gagner le régiment d'infanterie pendant que, selon la technique mise en œuvre en 1812 par Malet, certains officiers vont arrêter le préfet et le général Voirol. Mais ce dernier refuse énergiquement de se rallier au mouvement et s'échappe de l'hôtel du commandement. Les artilleurs s'entassent dans une petite rue qui donne accès à la caserne d'infanterie. Surtout, les fantassins obéissent à leurs officiers et résistent énergiquement. Le prince est arrêté avec son « état-major » ; Persigny s'est esquivé.

La tentative échoua donc presque dès le début. Pourtant le défilé des artilleurs derrière l'aigle dans les rues de la ville avait été bien accueilli, la population semblait sympathiser. Il ne faudrait pas conclure de l'issue rapide de l'affaire que les chances étaient inexistantes. La preuve en serait l'alarme ressentie à Paris, dans la famille royale et au gouvernement, lorsque l'annonce des événements fut interrompue par la météorologie qui empêcha le télégraphe aérien de fonctionner jusqu'au bout. On ignorait l'issue, et tout l'état-major du régime passa la nuit dans l'anxiété jusqu'à l'arrivée, le lendemain, du beau-frère de Valérie Masuyer, envoyé par le général Voirol. L'inquiétude des dignitaires montre que la tentative de Louis-Napoléon n'était pas une aventure burlesque à traiter par le mépris. Leur embarras devant la sanction à prendre l'atteste également. Un procès risquait d'être embarrassant dans l'état de l'opinion.

De son côté, dès qu'elle eut reçu la lettre où son fils, arrêté, lui narrait toute l'affaire, Hortense agit avec décision, retrouvant, pour sauver son fils, son énergie de 1831. En ces heures critiques, elle abandonnait toute mièvrerie romantique. Elle écrivit au roi pour lui demander qu'il « soit libre de quitter l'Europe et qu'il ne soit plus en butte aux entraînements, auxquels, à son âge, il est bien difficile de ne pas succomber » — le prince était tout de même âgé de vingt-huit ans ! Le 5 novembre, accompagnée de sa lectrice Mme Salvage, elle arrivait dans la banlieue parisienne, à Viry, chez la duchesse de Raguse. Elle connaissait depuis le temps de l'Empire le président du Conseil Molé. Elle écrivit donc à ces deux personnages influents pour leur demander que Louis-Napoléon fût mis en liberté avec un passeport pour l'Amérique où elle irait « avec bonheur [s]'exiler avec lui ». Lorsqu'elle regagna la Suisse, après une semaine à Viry elle était rassurée. Le roi et ses ministres avaient adopté la solution qu'elle implorait. Sans autre forme de procès, le prince allait être conduit à Lorient pour être embarqué sur un vaisseau de guerre qui se dirigerait vers les États-Unis. Élégante façon de se tirer d'embarras.

Tandis que le principal coupable échappait ainsi à la justice, ses complices, au nombre de treize, furent traduits devant les assises. Sept seulement comparurent, dont Parquin, Laity, Gricourt, Vaudrey et Mme Gordon qui devint l'attraction du procès. L'affaire fut jugée en janvier 1837, tandis que le prince voguait sur l'Atlantique et que Persigny était contumace. Les journaux républicains et même légitimistes s'étaient évertués à sauver les prévenus du ridicule. Les jurés alsaciens prononcèrent un acquittement général ! Le verdict fut accueilli par les acclamations populaires ; on offrit aux complices de Louis-Napoléon des sérénades et de petites fêtes où l'esprit opposant des Strasbourgeois s'exprima sans détour. L'affaire se terminait sur un affront au gouvernement et même au régime. En revanche, la famille Bonaparte désavoua avec colère l'initiative de Louis-Napoléon, craignant qu'elle n'apporte du trouble dans leur

tranquille existence d'émigrés décoratifs. Le roi Louis en
profita pour supprimer la pension de son fils ; Hortense fut
la seule à le défendre, rappelant à ses oncles que Louis-
Napoléon, étant donné son âge, croyait devoir à sa famille
de revendiquer pour le peuple les droits que ce dernier avait
accordés aux Bonaparte — formule alambiquée pour
demander le pouvoir au nom du peuple.

Louis-Napoléon, avant d'être envoyé aux États-Unis,
avait fait connaissance avec la prison, qui deviendra sa
résidence pendant une longue période de sa vie. Il en profita
pour adresser un manifeste à Odilon Barrot, chef de l'opposition parlementaire. Il y exposa une fois de plus les droits de
la famille qu'il représentait. L'aigle était le « seul drapeau
qui puisse rallier tous les partis, parce qu'il est le drapeau de
la France et non celui d'une faction. [...] L'empereur Napoléon tenait son pouvoir du peuple français. Quatre fois son
autorité reçoit la consécration populaire ; en 1804, l'hérédité
de la famille de l'Empereur fut reconnue par quatre millions
de voix ; depuis le peuple n'a plus été consulté. [...] Comme
l'aîné des neveux de Napoléon, je puis donc me considérer
comme le représentant de l'élection populaire ; je ne dirais
pas de l'Empire parce que depuis vingt-trois ans les idées et
les besoins de la France ont dû changer. Mais son principe
ne peut être annulé par des faits ; il ne peut l'être que par un
autres principe. Ce ne sont pas les douze cent mille étrangers
de 1815, ce n'est pas la Chambre des 221 de 1830 qui
peuvent rendre nul le principe de l'élection de 1804 ». Supériorité du plébiscite sur tout autre mode de désignation pour
créer une légitimité contre laquelle aucun fait ne peut s'inscrire : seul un plébiscite peut changer ce qu'un plébiscite
précédent a établi.

« L'aîné des neveux » de l'Empereur faisait bon marché
de son oncle Joseph, et l'on conçoit la fureur de ce dernier
— sans parler de celle de Louis et même de Lucien. Au
moins Louis-Napoléon avait-il clairement exposé la justifi-
cation de son acte. L'Empire était le seul régime légitime,
mais il était aussi le meilleur : « Le système napoléonien
consiste à faire marcher la civilisation sans discorde et sans
excès, à donner l'élan aux idées en développant les intérêts

matériels, à raffermir le pouvoir en le rendant respectable, à discipliner les masses d'après leurs facultés intellectuelles, enfin à réunir autour de l'autel de la patrie les Français de tous les partis en leur donnant pour mobiles l'honneur et la gloire. » De son côté, Persigny, réfugié en Angleterre, précisait que le prince ne s'était pas déclaré empereur, mais avait voulu rendre au peuple ses droits souverains ignorés. Le coup de Strasbourg servait déjà d'appui aux manifestes et justifications.

Ayant traversé la France sous bonne garde, Louis-Napoléon se retrouva à Lorient embarqué, le 21 novembre 1836, sur la frégate *Andromède*. Il n'avait cessé de demander à comparaître avec ses compagnons et n'avait pris aucun engagement pour l'avenir. Avant qu'il monte à bord, le sous-préfet de la ville lui avait remis 16 000 francs, mais le prince devait toujours assurer qu'on lui avait confisqué lors de son arrestation une somme bien supérieure. Bien qu'il tînt à n'avoir pour la monarchie de Louis-Philippe ni gratitude ni engagement et qu'il précisât bien qu'on ne pouvait gracier quelqu'un qui n'avait pas été condamné, Louis-Napoléon ne pouvait se dissimuler que le roi avait pris sur lui une hypothèque morale, ce qui le dépitait... Il partait pour une croisière de quatre mois. L'*Andromède* fut d'abord remorquée pendant vingt-quatre heures, puis dut affronter la tempête. Le vaisseau passa le mois de janvier 1837 en rade de Rio de Janeiro ; enfin, quittant les eaux brésiliennes, il se dirigea vers la côte des États-Unis. Le 30 mars, le prince fut débarqué à Norfolk. Après avoir offert à déjeuner aux officiers du bord, il arriva le 3 avril à New York. Son domestique Thélin, ses amis Arese et Gricourt l'attendaient. Les deux frères Murat vivaient aux États-Unis ainsi que le fils de Lucien, Pierre Bonaparte, dont la réputation était déjà médiocre. Enfin son nom lui ouvrait toutes les portes. Il projetait un voyage à travers l'Union lorsque de graves nouvelles de sa mère qu'il avait dès le début dissuadée de venir le rejoindre lui parvinrent. Atteinte d'un cancer, elle lui annonçait une prochaine opération et lui envoyait sa bénédiction. Cette lettre, il la conservera toute sa vie dans son portefeuille. Début juin, les familiers de la petite Cour

d'Arenenberg lui demandaient de revenir au plus vite. Le
12 juin, il quittait New York pour débarquer à Liverpool le
9 juillet et arriver à Londres le lendemain. Il connaissait
donc les États-Unis, mais son séjour — un peu plus de deux
mois — avait été bref, et les Américains ne l'avaient pas
conquis. Il leur reprochait leur goût des intérêts matériels
qui heurtait ses sentiments chevaleresques. Il est significatif
que la vie dans une grande république lui ait au total déplu.
Il n'aimera jamais les Yankees.

A son arrivée à Londres, il reçut une lettre fort sèche de
Joseph, qui partit incontinent à la campagne pour ne pas le
voir. Louis-Napoléon se heurtait encore à la conspiration
des oncles, conspiration qu'il pensait menée par Lucien.
Toutes ses cousines lui avaient écrit en Amérique, à l'exception de l'oublieuse Mathilde qui suivait sans réticence les
consignes de son père. Le projet d'union avec la fille de
Jérôme était abandonné. Seul le jeune Napoléon-Jérôme,
frère de Mathilde, prenait le parti de son cousin ; cette fibre
bonapartiste devait lui être comptée pour beaucoup. Le
pauvre Louis-Napoléon se plaignait d'être le paria de l'Europe et de sa famille. Et cela, pour avoir levé un moment le
drapeau d'Austerlitz dans une ville de France et s'être offert
en sacrifice à la mémoire du prisonnier de Sainte-Hélène !
Ces doléances trahissaient quelque naïveté... Au moins
avait-il été accueilli à Londres par le fidèle Persigny, et les
visiteurs ne lui manquaient pas. Il comptait plus que jamais
dans la grande famille des conspirateurs européens. Parmi
les visiteurs, on notera un jeune Français, le futur général
Fleury ; ayant dilapidé son patrimoine, il séjournait à Londres, cherchant fortune, et fut présenté par Persigny.

Ces fréquentations n'étaient pas de nature à valoir au
prince un passeport. Surveillé par l'ambassade de France
qui avait mis la police anglaise en mouvement, rejeté par les
légations européennes, il était fort embarrassé. Sa mère lui
écrivait : « Le canton dit que tu es citoyen et qu'une fois
arrivé, personne n'a le droit de te renvoyer. » Quant au
gouvernement français, il « te laissera tranquille, mais on ne
te donnera aucune autorisation, parce qu'on voudra en tout
cas conserver le moyen de te faire partir si tu effrayes ».

Encore fallait-il avoir un passeport quelconque. Comme il lui était impossible d'en obtenir sous son nom, le prince finit par se procurer des papiers américains sous un faux nom. Semant sans grandes difficultés la police britannique, il s'embarqua alors pour Rotterdam le 31 juillet. Ce troisième séjour (ou plutôt passage) en Angleterre avait duré trois semaines. Remontant le Rhin jusqu'à Mannheim puis prenant des diligences, il atteignit Arenenberg le soir du 4 août. Désormais, il se consacra à sa mère mourante qui expira dans ses bras le 5 octobre 1837. Un des derniers visiteurs au château avait été le comte Walewski, le fils de la Polonaise et de l'Empereur. Les funérailles furent célébrées au milieu d'un grand concours de peuple ; Hortense avait su, en vingt ans, se faire aimer dans son refuge d'exilée. Son corps fut ramené à Rueil et inhumé dans l'église, à côté de celui de Joséphine ; Flahaut et Morny assistaient au service, mais Louis-Napoléon restait exilé. Nul doute qu'il ne ressentît son isolement. La petite Cour s'était dispersée, munie de pensions. Le prince passa l'hiver dans le château de Gottlieben que Jérôme avait acheté lors des fiançailles de son neveu avec Mathilde et qu'Hortense avait acquis après la rupture. L'héritage de la reine était grevé par des pensions à servir à sa maison ; toutefois Louis-Napoléon héritait d'un capital de plus de 3 millions assurant 120 000 francs de revenus, de quoi vivre honorablement, sans souci, s'il eût accepté, à l'imitation des autres membres de la famille, un exil confortable en attendant des opportunités.

Mais tel n'était pas son dessein, et il poursuivit sans relâche la réalisation de son projet. Louis-Philippe ayant pris sur lui une hypothèque morale en renonçant à le poursuivre, Louis-Napoléon décida de provoquer le gouvernement français afin de susciter contre lui des sanctions. Il se sentirait et se déclarerait alors libéré de toute obligation morale. Un des acquittés du coup de Strasbourg, le lieutenant Laity, fit paraître, tiré à dix mille exemplaires, une *Relation historique des événements du 30 octobre 1836* où il se proposait de corriger les assertions de la propagande gouvernementale. Il est plus que probable que Louis-Napoléon en surveilla la rédaction et en paya l'édition. La brochure marquait la reprise de la campagne du manifeste. Laity était visiblement le porte-parole de son maître : « La France est démocratique, mais elle n'est pas républicaine ; or j'entends par démocratie le gouvernement d'un seul par la volonté de tous et par république le gouvernement de plusieurs obéissant à un système. La France veut des institutions nationales comme représentant de ses droits ; un homme ou une famille comme représentant de ses intérêts, c'est-à-dire qu'elle veut de la république ses principes populaires, plus la stabilité de l'Empire, sa dignité nationale, son ordre et sa prospérité intérieure, moins ses conquêtes. » Et encore : « Le parti est nulle part, mais la cause est partout. » Il aurait peut-être été plus habile de laisser la brochure faire une brève carrière... Le cabinet Molé, dès le début de l'année 1838, avait officiellement demandé au gouvernement helvétique l'expulsion du prince et s'était heurté à un refus très net. L'affaire Laity ne pouvait que le mettre en fureur. Après l'indulgence, le ministre de Louis-Philippe allait essayer la force. Laity était sous leur main tandis que Louis-Napoléon jouait dans son canton au notable suisse. La brochure fut saisie, son auteur arrêté et traduit devant la Chambre des Pairs, juridiction politique suprême. Le modeste lieutenant fut condamné à cinq ans de prison, à une lourde amende et mis à vie sous la surveillance de la police. Puis l'expulsion du prince Louis fut demandée très énergiquement au gouvernement suisse. Ce dernier usa des atermoiements que rendait possible sa structure fédérale. Si bien qu'en septembre 1838, un corps de troupes françaises fut concentré à la frontière du Jura. Son chef, dans un ordre du jour, se répandit en menaces contre « nos turbulents voisins ». Louis-Napoléon allait-il causer un conflit franco-suisse ? Ayant laissé s'envenimer les choses, il annonça son désir de quitter spontanément le pays pour prévenir un différend dont la Suisse pourrait être victime, ce qui permit au gouvernement de Berne de déclarer l'incident clos sans avoir cédé. Louis-Napoléon avait utilisé au maximum ce conflit pour sa publicité. Toute l'Europe avait parlé de lui, et il avait permis à son pays d'adoption de remporter une victoire morale. Comme il l'écrira plus tard, « je fis publier la brochure Laity non seulement pour me défendre, mais pour donner un prétexte de me faire renvoyer de Suisse. Cela ne manqua pas, et l'hostilité du gouvernement me rendit mon indépendance morale que j'avais pour ainsi dire perdue par ma mise en liberté forcée ».

Le 14 octobre 1838, muni d'un passeport britannique, cette fois à son nom, le prince quitta Arenenberg qu'il ne devait plus revoir qu'en touriste. Par la Rhénanie, il gagna l'Angleterre dont il savait d'expérience qu'elle était le refuge le plus sûr. Tout le long du voyage, il fut acclamé par les radicaux allemands ; ce succès montrait combien il avait exploité avec astuce des circonstances dont il n'était pas toujours l'auteur. Le 25 octobre, il arrivait à Londres. Une petite bande dirigée par Persigny lui faisait suite. Il cherchait Outre-Manche moins un abri d'exilé qu'une base de départ pour un nouveau coup dirigé vers la France.

IV

Premiers coups, premiers échecs :
Boulogne (5 août 1840)

On pourra se demander si Louis-Napoléon était moins dangereux pour la Monarchie de Juillet à Londres qu'il ne l'était en Suisse. Depuis la mort de sa mère, sa situation a changé. Il va s'installer officiellement pour ainsi dire dans la position de prétendant, et ses ressources le lui permettent. Dès son arrivée dans la capitale anglaise, l'ambassade de France est aux cent coups, mais le gouvernement britannique refuse de limiter la liberté du nouveau résident ; le différend franco-suisse l'a rendu presque célèbre. Les passants s'assemblent devant son hôtel. Visite-t-il avec son entourage la Banque d'Angleterre, le gouverneur en personne lui en fait les honneurs. Le lord-maire le salue lorsqu'il regarde passer son cortège. Après avoir passé l'hiver 1838-1839 dans la ville d'eaux de Leamington Spa où il participe à une brillante vie de société, il visite le Lancashire et Birmingham, partout reçu en hôte de distinction.

De retour à Londres en février, il s'installe dans une belle résidence ayant vue sur Saint James'Park et dont le salon est un véritable musée napoléonien. Sa maison comprend dix-sept personnes, sept chevaux, plusieurs voitures aux portières timbrées de l'aigle impériale. Un remarquable cuisinier lui permet de recevoir. Persigny dirige cette lourde maison. Il n'est pas seul : Vaudrey l'a rejoint. Le docteur Conneau qui, après avoir été un fidèle d'Hortense le sera jusqu'au bout de son fils, est arrivé. Enfin, comptent désormais parmi les fidèles deux anciens officiers : Bouffet-

Montauban, colonel qui tourne à l'aventurier, alléguant son dévouement passé au prince Eugène, et le commandant de Mésonan. Mis d'office à la retraite, ce dernier a protesté dans les journaux, et Louis-Napoléon lui a écrit pour lui exprimer sa sympathie : ce trait montre combien il est à l'affût des moindres circonstances pouvant lui gagner un adhérent et grossir sa bande. Pour le moment, ces familiers constituent une petite cour nécessaire à un prince, et surtout à un prétendant. Depuis la mort de son frère, en 1831, Louis-Napoléon signe Napoléon-Louis ou même Napoléon. Il ne reprendra son véritable prénom que pour son élection à la présidence de la République. A l'Opéra, il occupe la loge la plus en vue après celle de la reine. Persigny et Bouffet-Montauban se tiennent debout derrière lui. A Hyde Park il monte des chevaux de race, accompagné de Persigny. L'ambassadeur de France, Guizot, assure son gouvernement « qu'au sortir du parc et de l'Opéra, le prince et son parti rentrent dans une vie assez obscure et oisive » — deux épithètes excessives.

Louis-Napoléon sans doute n'avait pas de rapports avec le monde officiel, les tories n'aimant pas les dynasties révolutionnaires et les whigs au pouvoir ne pouvant encourager un prétendant. Pourtant, en mars 1839, le commandant de l'arsenal de Woolwich invita le prince, expert en artillerie à visiter l'établissement. Celui-ci vint avec sa suite, fut reçu avec le protocole réservé aux princes des maisons régnantes et passa la garnison en revue. Louis-Napoléon devint aussi l'un des membres les plus en vue du salon de lady Blessington, un salon surtout littéraire il est vrai, où il rencontrait le comte Alfred d'Orsay qui devint son ami, Disraeli qui devait le portraiturer dans l'un de ses romans, Bulwer qui admirait sa foi en son destin. S'étant mis sur le pied d'un « lion », il lui fallait répondre aux invitations des hôtesses de la société londonienne. Au cours de ces réceptions, il fit la connaissance de la fille d'un entrepreneur de travaux publics, Emily Rowles, dont la mère était espagnole. Louis-Napoléon devint l'ami de la jeune fille au point que le bruit de fiançailles courut dans le monde. Trait curieux, Emily résidait dans la banlieue de Londres, à Chislehurst, qui serait plus

tard la résidence d'exil de Napoléon III. Enfin le prince
rendit visite à de nombreux savants, satisfaisant son goût
pour la technique et les inventions. On ne peut donc dire
qu'il ait mené une existence obscure au cours de ces vingt
mois passés en Grande-Bretagne de novembre 1838 à
août 1840. Plutôt vedette qu'homme intégré dans la société
sans doute, il ne fut pas ignoré ! Sa participation au fameux
tournoi d'Eglinton au cours de l'été 1839 en témoigne. Un
jeune lord écossais avait mis sur pied cette étonnante reconstitution à laquelle participaient de nombreux jeunes gens de
la noblesse : déguisé en chevalier du XVe siècle, Louis-
Napoléon fut distingué tant dans les joutes que dans les bals
et banquets qui entourèrent les faits d'armes. Au banquet, il
fut assis à la table d'honneur. Après les fêtes, contrariées par
une pluie tenace, le prince fut l'hôte de nombreux châteaux
écossais dont il impressionna les maîtres par sa conviction de
devenir un jour empereur des Français.

Sa vie n'était pas non plus oisive. Certes ses activités
mondaines faisaient partie de son personnage de prince et de
prétendant, et l'on peut penser qu'il s'y plaisait, bien que
son flegme y fût parfois un peu taciturne. Mais la vie mondaine fut toujours pour lui, en même temps qu'un moyen,
l'écran derrière lequel il dissimulait ses autres activités. En
réalité, il se tenait de son mieux en contact avec la France,
recevant et écrivant de nombreuses lettres, lisant tout ce
qui paraissait, à commencer par les journaux, constituant
des dossiers. Son ami Panizzi, conservateur du British
Museum, tenait à sa disposition un bureau de la bibliothèque où il lisait assidûment. Persigny, avec sans doute quelque exagération, assurait que son maître travaillait de
6 heures du matin à midi, sans compter quelques heures
après son dîner.

Enfin Louis-Napoléon recommençait à écrire ; à vrai dire,
avait-il jamais complètement cessé ? Pour lui, l'écriture était
une forme d'action, essentielle à la propagande. Il s'efforçait
aussi de se constituer en France une presse. Sans résultat
bien tangible, semble-t-il. *Le Commerce* dirigé par Mocquard — qui venait de quitter l'administration — et par
Mauguin ne trouva pas son public ; il en fut de même du

Capitole en dépit d'une rédaction intéressante avec des hommes comme Paul Merruau, futur secrétaire général d'Haussmann puis conseiller d'État. Pour ce dernier, il est vrai, Crouy-Chanel semble avoir surtout cherché à extorquer des fonds au prince. On mentionne souvent deux clubs : celui des *Culottes de peau* avec le général Piat et quelques futurs complices de Boulogne et celui des *Cotillons* où figurent en premier rang Mme Salvage, l'ancienne lectrice de la reine Hortense, et Mme Gordon, l'« héroïne » de Strasbourg. En fait l'immense vague napoléonienne qui submergeait la France ne souleva pas le radeau de Louis-Napoléon. Sans se décourager, le prince décida alors de paraître autre chose qu'un dandy ou qu'un « hussard aventureux ». Il écrivit *Des idées napoléoniennes*, qui parut en juillet 1839 ; c'est son œuvre la plus notable. Elle expose ses idées à trente ans.

C'est la plus notable, car elle comporte un exposé d'ensemble fondé sur une documentation, un exposé des idées qui ont dirigé l'action du premier empereur. Idées dont l'intérêt survit à leur auteur. L'ensemble est puisé dans la littérature de Sainte-Hélène et surtout dans le *Mémorial* auquel le prince ajoute peu de choses de son cru. C'est donc le Napoléon d'Hortense et de l'opposition à la Restauration, des « patriotes » de 1830. C'est à la lumière des idées nationales et libérales qui ont causé sa perte que l'Empereur, entreprenant une récupération, se présente en initiateur du siècle à ses débuts. Sa chute fut pour la société européenne un désastre qu'on peut réparer en reprenant son programme. Pour Louis-Napoléon, l'Histoire a un sens ; les sociétés humaines progressent en vertu d'une loi naturelle. Mais ce progrès doit lutter sans cesse contre des passions désorganisatrices, inhérentes à la nature humaine, qui prennent des formes spécifiques à chaque nation et à chaque époque. Le guide de l'organisme social à travers ces crises, son « moteur bienfaisant » est le gouvernement. Aucune forme gouvernementale n'est en soi préférable aux autres : élection, hérédité ont toujours coexisté. Le meilleur gouvernement est celui qui, répondant aux besoins de l'époque, « emploie les moyens nécessaires pour frayer une route à la

civilisation ». Plus rapide et plus complet, le héros législateur et guerrier (César, Charlemagne) sait reconnaître les
nécessités de son époque et les faire triompher. La chaîne
des fondateurs représente « les bornes milliaires du progrès
dans l'Histoire ». Au passage, l'auteur note qu'un système
héréditaire garantit mieux l'intégrité nationale (ainsi les rois
de France comparés aux souverains élus du Saint Empire
germanique). En 1839, deux gouvernements répondent à
leur mission, celui des États-Unis et celui de l'Empire russe.
Entre les « deux colosses », la vieille Europe, prise dans ses
querelles nationales et sociales est semblable à un volcan qui
se consume dans son cratère ; c'est que la France n'est plus
au service de la civilisation comme au temps de Napoléon
qui a été le dernier héros fondateur ; la Révolution a achevé
la destruction du système féodal et religieux de Charlemagne. Elle a été une époque de transition entre deux
systèmes (une époque « critique », diraient les saint-simoniens), période de dissolution et de chaos où mûrissent les
germes de l'ère à venir. De ces germes, Napoléon opère une
synthèse, dégage les résultats significatifs de la Révolution,
qu'il sauve en la propageant à l'Europe entière. « Il des-
souilla la Révolution, affermit les rois et ennoblit les peuples » ; cette phrase du *Mémorial* reprise par Persigny dans
l'unique numéro de sa *Revue de l'Occident français* résume la
transaction napoléonienne ; donner à la Révolution un
caractère légal afin qu'elle puisse être légitimée par le droit
public de l'Europe, trouver une voie moyenne où l'on peut
avancer sans secousses et sans réactions.

Comment définir le message de la Révolution ? La fin
des castes, l'égalité en droit ouvrant la voie aux capacités.
Mais cette égalité a coexisté avec le rétablissement de la
monarchie et celui d'une noblesse. Et notre auteur de répliquer qu'il n'était pas facile de transformer une vieille
monarchie en république et que la guerre imposait une
autorité unique et vigoureuse. L'Empereur, fondant son
autorité sur les intérêts nouveaux, a remplacé l'arbitraire par
la loi, « loi forte, souvent dure, mais égale pour tous ». Il
conserve la centralisation naissante de l'Ancien Régime,
mais reçoit de la Révolution une unification faisant de la

nation un ensemble compact « capable à la fois de résister à l'Europe et de supporter *plus tard** la liberté ». Après Mirabeau et avant Tocqueville, Louis-Napoléon mesure l'accroissement du pouvoir gouvernemental apporté par la Révolution. Il n'y avait plus qu'une vaste démocratie, soumise à une dictature. Pour s'assurer des appuis, l'Empereur institue une noblesse, ossature de la hiérarchie sociale nouvelle, mais accessible à tous. Louis-Napoléon adopte cette idée qu'une aristocratie se passe mieux de chef qu'une démocratie. La France révolutionnaire n'avait plus qu'une noblesse de façade, et le rôle tutélaire des intérêts sociaux assumé par une aristocratie ne pouvait plus être assumé que par une famille héréditaire. Dans ce cas, pourquoi créer une noblesse ? La monarchie napoléonienne n'était que le décor d'une aventure personnelle suscitée par les circonstances et destinée à finir dès que ces circonstances auraient changé.

Or, en 1839, elles ont changé. Le gouvernement personnel semble archaïque ; l'aspiration à la liberté s'incarne maintenant dans les formes parlementaires. Louis-Napoléon doit donc à toute force présenter le héros de sa race en précurseur de la liberté, à laquelle il aurait toujours songé, songé si longtemps que sa chute survint avant qu'il ait pu l'instaurer. L'affirmation, empruntée au *Mémorial*, étonne : les contemporains n'avaient pas vu l'Empereur si libéral ! La Révolution, d'ailleurs, n'avait pas établi la liberté et Napoléon ne pouvait donc pas l'avoir confisquée. Mais le neveu veut faire de l'Empereur l'initiateur à la liberté. Il lui faut donc reprendre la théorie du « couronnement de l'édifice » : Napoléon a voulu la liberté comme l'égalité, mais il lui fallait d'abord établir les conditions de son exercice paisible et sûr, susciter de nouvelles mœurs, déposer dans toutes les institutions un germe de perfectionnement futur ; au sortir de la Révolution une période de décompression pouvait être nécessaire et tant que l'Empereur tint la situation en main, il ne fut pas question de libéralisation : « Dans un état démocratique comme était la France, l'organisation administrative avait plus d'impor-

---

* Nous soulignons.

tance que dans tout autre, car elle domine jusqu'à un certain
point l'organisation politique. » Le chef détenant seul la
légitimité, il agit par des fonctionnaires dont l'époque impériale a été l'ère par excellence.

Pour les besoins de sa thèse, Louis-Napoléon manifeste
une grande défiance à l'égard des institutions étrangères qui
ne peuvent que dégénérer en terroir français. Défiance que
l'Empereur n'a pas manifesté en 1815, l'Acte additionnel
reprenant à peu près la Charte. Bien entendu, les institutions
de l'an X lui paraissent une combinaison idéale de suffrage
universel et d'organisation hiérarchique ; c'est la solution
des problèmes politiques d'une démocratie, et elle eût été
perfectionnée à la paix générale — hypothèse gratuite : le
maître, détenant seul par plébiscite le pouvoir héréditaire,
était le seul représentant du peuple dont il incarnait la
majorité. Il est vain de travestir en émules d'un vrai parlement ces assemblées sans indépendance. Comme la Révolution, l'Empire n'a pas créé d'institutions politiques durables.

Envisageant les relations avec l'Europe, Louis-Napoléon
n'exprime pas d'idées moins discutables. L'antagonisme
franco-anglais provient de ce que chaque nation a méconnu
le caractère vraiment national de l'autre. Ne pouvant
convaincre, Napoléon devait imposer sa domination à l'Europe et fut près d'y réussir, n'était l'hiver de 1812. Une
explication sophistiquée, tirée du *Mémorial* comme tous les
thèmes du livre, affirme que l'Empereur considérait comme
provisoires les annexions de pays conquis et la constitution
de royaumes confiés à ses frères. Après sa victoire finale, il se
réservait de réorganiser l'Europe sur des critères nationaux.
En attendant, il régénérait le continent, étendant hors de
France le régime social de la Révolution. Ici une objection
admise par l'auteur : « On n'aime pas plus, au-delà du Rhin,
les gouvernements inspirés par nous que nous n'aimons
ceux que les étrangers nous imposent. » Finalement l'Europe entière s'est soulevée contre le héros au nom de la
nationalité et de la liberté. Il serait impossible de proposer
l'idée napoléonienne au XIXe siècle si elle avait méconnu les
idées nationales et libérales qui vont le dominer. Louis-
Napoléon, prenant appui sur le préambule de l'Acte addi-

tionnel de 1815 et surtout sur le *Mémorial*, trace alors une esquisse de l'Europe voulue par l'Empereur victorieux. Faisant passer le continent de l'état de nature à l'état social (au sens où l'entendaient les Lumières), il aurait formé une confédération européenne où les nations, longtemps opposées entre elles par de véritables guerres civiles, auraient vécu réconciliées. La Sainte-Alliance est, d'ailleurs, une idée « volée » à Napoléon et dénaturée par les rois qui ont ainsi « rouvert le gouffre des révolutions » que Napoléon voulait combler. On a eu l'alliance des rois contre les peuples à laquelle répond l'alliance des peuples contre les rois. Napoléon, lui, voulait l'alliance des peuples *par* les rois : sa médiation ouvrait une voie moyenne, une transaction entre l'Ancien et le Nouveau Régime. En réalité, l'Empereur a méconnu l'aspiration nationale, même s'il a facilité le passage de l'Allemagne, de l'Italie, de la Suisse vers une plus grande unité. Mais l'Europe a refusé l'hégémonie française.

Enfin, à Sainte-Hélène, Napoléon a toujours affirmé qu'une fois son œuvre accomplie, il serait revenu au régime constitutionnel avec contrôle des assemblées et liberté de la presse. L'épisode des Cent Jours a été trop bref pour permettre de trancher. Qu'aurait fait Napoléon vainqueur à Waterloo ? Ses réflexes n'étaient pas libéraux, il ne concevait guère d'opposition légale. Louis-Napoléon sur ce point n'apporte rien de sérieux : ainsi, la liberté de la presse n'eût servi qu'à « mettre en évidence la grandeur des conceptions de Napoléon » ; alors, à quoi bon une presse libre ?

En fait, l'édifice, prétend le neveu, a été renversé avant son « couronnement » ; l'Empereur est allé trop vite car il a voulu en dix ans faire l'ouvrage de plusieurs siècles. Étrange assertion, reprise une fois encore à Las Cases et non à un propos impérial, mais qui permet de montrer que la chute ne fut pas due à une erreur de conception, mais au manque de temps. Le temps ayant passé, il est possible de reprendre l'œuvre interrompue depuis un quart de siècle, non par la volonté nationale mais « par les armées étrangères qui ont arraché Napoléon à la France ». Sans se prévaloir du plébiscite de 1804, Louis-Napoléon demande que la parole soit rendue au peuple. Telle est bien en effet la conclusion : les idées de Napoléon lui survivent, tout comme le christianisme naît et triomphe après la mort de Jésus. Peuples et souverains ont mesuré la faute commise en se soulevant contre l'Empereur et ne désirent plus que la reprise de son œuvre.

Dans les dernières lignes, une affirmation inattendue, capitale, surprend le lecteur : « L'idée napoléonienne n'est point une idée de guerre, mais une idée sociale, industrielle, commerciale et humanitaire. » L'ouvrage certes s'est évertué à montrer Napoléon législateur et promoteur de la civilisation autant que grand capitaine pour lequel la guerre ne fut qu'un moyen inéluctable, mais temporaire. Pourtant, Napoléon saint-simonien ? Cet anachronisme tend à montrer que l'idée napoléonienne est féconde pour une période de paix. L'ouvrage de Louis-Napoléon, fut, semble-t-il, bien accueilli. Sans prendre au sérieux l'assertion de Lamartine parlant de 100 000 exemplaires, les *Idées* furent trois fois rééditées en quelques mois et traduites en six langues. Ce ne fut donc pas un échec, même si l'auteur en avait libéralement distribué. Il s'agissait certes d'un livre de propagande, mais Louis-Napoléon pensait ce qu'il écrivait. On estimera qu'il était dangereux de fonder ses idées sur des sophismes et des faits controuvés, et cela comportait des dangers évidents pour l'avenir.

De son côté, Persigny publia anonymement au début de 1840 *Lettres de Londres-Visite au prince Louis*. Plaçant ses propos dans la bouche d'un Français de passage dans la capitale anglaise, il y prédisait le prochain affaissement de la Monarchie de Juillet d'où surgirait la solution napoléonienne. L'Europe, l'Angleterre elle-même mesuraient l'étendue de la faute commise en renversant l'Empereur, qui seul « pouvait empêcher de se rouvrir le gouffre des révolutions qu'il avait fermé ». En replaçant les Bourbons sur le trône, les vainqueurs croyaient affaiblir la France mais n'ont réussi qu'à la rendre révolutionnaire. Ce qu'ils veulent désormais, c'est la voir à nouveau gouvernable, ce qui est le secret napoléonien. De gauche, le « napoléonisme » ici s'offre aux conservateurs pour apaiser leurs effrois. Citant l'abbé de Vertot, Persigny présente à ses lecteurs le nouvel Octave du

César des temps modernes... Les *Lettres* sont en même temps un reportage sur le prince dont elles assurent qu'il est physiquement le sosie de son oncle ! Elles le décrivent voué à sa tâche, supportant sans faiblir un labeur écrasant, méprisant le luxe, avec une touche d'élégance militaire. Persigny faisait bonne mesure.

Cette activité de publiciste eut du moins pour résultat immédiat de réconcilier les Bonaparte avec Louis-Napoléon, et son père se montra aimable et même affectueux. Depuis 1830, on parlait périodiquement en France de faire revenir de Sainte-Hélène les « cendres » de l'Empereur (c'était le terme impropre et consacré). Dès 1838, le roi Louis (il est vrai débarrassé de sa femme) écrivait à son fils que, dans cette éventualité il serait, étant donné son âge, le seul membre de la famille indiqué pour accompagner les restes mortels de Napoléon, du moins jusqu'aux frontières françaises. Cette idée un peu étrange montrait bien qu'il avait évolué envers Louis-Napoléon. De même, Joseph revint d'Amérique à la fin de 1839 pour un séjour en Angleterre, il accueillit aimablement son neveu. Jérôme eut la même attitude lorsqu'à son tour il vint à Londres voir son frère. Quant à Lucien dont l'hostilité semble avoir été la plus prononcée (est-ce pour cette raison que ses descendants seront toujours en moindre faveur à la Cour de Napoléon III ?), il devait mourir en 1840.

Le gouvernement français, de son côté, n'oubliait pas le jeune prétendant et avait même réussi à gagner un membre de son entourage. En février 1840, il envoya à Londres un fils naturel de Napoléon Ier, le comte Léon ; besogneux, le personnage était à sa solde et ne reculait devant aucune manœuvre. Insultant Louis-Napoléon, qu'il appelait « mon petit cousin », il le provoqua en duel. Louis-Napoléon, pouvait être tué ou obligé de quitter l'Angleterre pour infraction à la loi interdisant le duel. En fait, la police survint en temps voulu et empêcha la rencontre. Après cet incident, en signe d'entente, ses oncles tinrent à paraître au spectacle aux côtés de Louis-Napoléon.

Les trois princes se montrèrent également solidaires au sujet du retour des Cendres. La question ayant été agitée en vain pendant de longues années, le gouvernement Thiers, peu assuré de sa majorité parlementaire, avait imaginé de passer aux actes. Il obtint sans difficulté l'agrément du cabinet britannique puis, en mai 1840, la Chambre des députés vota avec enthousiasme un crédit spécial, sur la proposition du ministre de l'Intérieur, Rémusat. Le ministre avait qualifié Napoléon de « souverain légitime », ce qui pouvait paraître conforme aux prétentions des Bonaparte tout en permettant au gouvernement de Juillet d'en tirer un profit politique. Le général Bertrand, compagnon de la captivité de Sainte-Hélène, remit au roi l'épée de Napoléon dont il avait hérité : l'arme devait être déposée auprès du tombeau. Mais la démarche présentait le roi en successeur légitime de l'Empereur, et Joseph Bonaparte émit une protestation, soutenue par son neveu dans les colonnes du *Times*. « L'épée d'Austerlitz ne devrait jamais se trouver en des mains ennemies ; elle doit rester où elle peut être tenue au jour du danger pour la gloire de la France. [...] Priver les héritiers de l'Empereur de l'unique héritage que le sort leur a laissé ; donner à un bénéficiaire de Waterloo les armes du vaincu, c'est trahir les devoirs les plus sacrés, c'est forcer les opprimés à dire un jour aux oppresseurs : " Rendez-nous ce que vous avez usurpé ". Bien que minime en soi, l'incident mettait en question le droit du roi-citoyen à se poser en héritier de « toutes les gloires de la France ».

Au cours de cette année 1840, les manifestes bonapartistes se succédèrent. D'abord *l'Idée napoléonienne* que Napoléon III placera en tête de l'édition de ses œuvres en 1869 et qui reprend le thème du rassemblement national des partis que seul l'impérialisme peut réaliser : « Depuis Clovis jusqu'à Louis XVI et jusqu'à la Convention, je suis solidaire de tout ce qui s'est fait en France. » En regard, il dénonce les tares de la Monarchie de Juillet : excès d'individualisme, exploitation des ouvriers par les bourgeois sous couleur de liberté, politique de paix à tout prix. Ce ne sont pas seulement les cendres, mais les idées de l'Empereur qu'il faut ramener : ces idées seules et non les théories de rhéteurs de collège permettront de concilier « les droits du peuple et les principes d'autorité » en disciplinant la démocratie, en l'organisant en vue de l'avènement de la liberté. *L'Avenir des idées impériales*, paru en 1840 chez Charpentier, n'a pas été recueilli dans les œuvres complètes. La part de Persigny y fut-elle trop grande pour que son maître pût en revendiquer la paternité ? L'antiparlementarisme sommaire du texte, son exaltation sans nuances de l'autorité, son éloge de la guerre (« les campagnes de l'Empereur furent les plus économiques en hommes et en matériel de toutes les campagnes connues ») n'étaient-elles plus de mise en 1869 ? Ils reflètent le climat trouble de l'été 1840, où le pays semblait dériver vers la guerre et les conflits sociaux.

Ces manifestes violents préparaient un climat favorable à un nouveau coup, car Louis-Napoléon était dominé par le besoin d'agir. Lorsque le roi Joseph quitta l'Angleterre le 1ᵉʳ août 1840, il ignorait le projet. Au moins depuis l'été 1839, de concert avec Persigny, le jeune prince préparait une descente en France, cette fois à partir de Lille et des places fortes du Nord. L'armée, ralliée, lui ayant ouvert la route de Paris, il convoquerait un congrès national composé de toutes les illustrations du pays, sans distinction d'opinion, nommerait le maréchal Clauzel commandant de l'armée, Thiers chef du gouvernement provisoire et ferait finalement approuver par la nation les propositions du congrès. Il mettrait en avant devant le congrès les droits de Joseph, mais il demeurait implicite que seul le vœu national conférerait sa sanction aux Bonaparte. « Si alors un parti quelconque eût levé la tête pour attaquer l'œuvre du peuple, je l'aurais exterminé sans pitié ; mais en même temps, [...] j'aurais tendu la main à tous les hommes du parti vaincu qui eussent voulu servir la France. » Propos d'avenir que le prince devait répéter au lendemain du coup d'État du 2 décembre.

Le projet fut longuement préparé. Des envoyés avaient pris contact avec des personnalités sans doute assez nombreuses. Ainsi, Mésonan rencontra le général Magnan qui commandait à Lille. Ce dernier écouta des propositions d'argent et de promotion, sans y répondre, mais sans les dénoncer. Il semble qu'il en ait été de même avec Clauzel, et sans doute avec d'autres comme le colonel Husson, commandant le régiment en garnison à Saint-Omer, qui sera fait sous l'Empire sénateur sans motif évident. Mais de là à des adhésions fermes, il y avait loin. On était obligé de se contenter de ces sondages équivoques. Le coup était donc projeté bien avant que Rémusat eût, le 12 mai, annoncé le retour des Cendres. Il va sans dire que la grande nouvelle ne pouvait que conforter le prétendant, de même que le grave conflit diplomatique qui, à partir de juillet, allait opposer une France isolée à une Europe coalisée.

Dès le moi de mai, les plans étaient précis. Le point visé était Boulogne-sur-Mer. La garnison avait un effectif modeste : quelque deux cent cinquante hommes commandés par un capitaine. On était loin de la place de Strasbourg. Le prince s'était assuré le concours du lieutenant Aladenize, qui appartenait au régiment cantonné à Saint-Omer et à Boulogne. Une fois maître de Boulogne, était-il possible d'aller plus loin ? Louis-Napoléon le crut. Il avait reconstitué sa bande. Des recrues nouvelles s'y étaient jointes : Laborde, un ancien de l'île d'Elbe, le général de Montholon, l'un des compagnons de Napoléon à Sainte-Hélène, mais qui avait fait de mauvaises affaires. En outre, on avait racolé d'anciens soldats, des domestiques au chômage, un ramassis franco-polonais bariolé. Ces hommes d'ailleurs ignoraient où on les menait. Seuls Persigny, Orsi —l'homme chargé des finances du prince —, Conneau et le fidèle domestique Thélin étaient au courant. Le groupe, au total, comptait cinquante-six membres. Il est possible qu'une des raisons de la date choisie ait été que le prince voyait le bout de ses ressources financières. Par l'intermédiaire d'Orsi, il avait emprunté 20 000 livres sterling, soit 500 000 francs. L'affaire avait été conclue avec un fonctionnaire concussionnaire de la Trésorerie et un courtier de Bourse marron, son complice. Des fusils avaient été achetés à Birmingham et des uniformes à Paris, auxquels Conneau avait cousu des boutons commandés à Londres. Sur une presse à main avaient été imprimées des proclamations annonçant le renversement de Louis-Philippe, la dissolution de la Chambre et la nomination de Thiers à la tête du gouvernement provisoire.

Un vapeur fut loué, prétendument pour une croisière.

Le 4 août, on chargea à bord deux voitures, neuf chevaux, deux malles d'uniformes, des armes, des ballots de proclamation et des vivres. Puis, descendant la rivière, le bateau embarqua les conjurés par petits groupes. Au cours d'une de ces escales, Parquin acheta, en plus de ses cigares, un aigle vivant qui fut attaché au mât. Le 5 août, les passagers, au complet, prirent la mer. Le gouvernement français ne savait pas où se ferait le coup, mais il savait par son indicateur que quelque chose se préparait.

L'affaire dura un peu plus de trois heures. A 5 heures du matin, des chaloupes débarquèrent le commando à Wimereux. Aladenize et trois autres complices l'attendaient. Ce devait être une étrange mascarade qui avança vers Boulogne, aigle en tête, le long de la mer. Il y eut d'abord une explication délicate avec une patrouille de douaniers, puis ce fut l'arrivée dans la ville encore endormie et stupéfaite à son réveil ! Aladenize conduisit le cortège à la caserne et fit rassembler la troupe. Une scène confuse se déroule : le prince, d'abord, prodigue aux troupiers ahuris discours enflammés (mais était-il bon orateur ?), promesses d'argent, de promotions, de décorations — lorsqu'arrive le capitaine commandant le détachement qui rétablit la situation. Louis-Napoléon, dans son affolement, tire alors un coup de pistolet qui blesse un soldat. Il faut quitter la caserne au plus vite, le coup ayant manqué. Après avoir en vain tenté d'occuper le château dont les portes résistent, le groupe se dirige hors de la ville vers la colonne commémorant le camp de la Grande Armée. Soldats, gendarmes, gardes nationaux sont à ses trousses. Bientôt c'est la fuite vers les chaloupes. Les gardes nationaux tirent sans ménagement sur les conjurés qui pataugent dans l'eau. L'un d'eux se noie, un autre est tué, Louis-Napoléon, trempé, manque d'être blessé. Le vapeur est loin, vers le port de Boulogne. Il ne reste plus qu'à se rendre.

Après une équipée sans prestige, à 8 heures passées, tout était terminé. Le coup avait manqué. Il avait manqué et la petite note militaire qui avait relevé le coup de Strasbourg lui faisait défaut. On était loin du retour de l'île d'Elbe ! Le

cadre très limité de l'action, l'échec auprès de la troupe, les
déguisements en uniformes auxquels les conjurés n'avaient
pas droit, les moyens sordides employés pour détourner les
soldats de leur devoir, tout cela rendait misérable, absurde,
cette tentative à laquelle Louis-Napoléon avait consacré
tant de temps, d'argent et d'efforts. Sans qu'il eût perdu
(sauf très brièvement) son sang-froid, sa situation était
mauvaise. Lui et ses complices étaient à nouveau dans la
main du gouvernement qu'ils avaient voulu détruire. Il
n'était plus possible à ce dernier d'user d'une dédaigneuse
indulgence. La Chambre des Pairs fut chargée de débarrasser le régime d'un entêté que sa persévérance rendait dangereux. Mais il s'agissait décidément d'un accusé encombrant.
La Chambre était peuplée d'hommes ralliés sans réticence à
la Monarchie de Juillet et bien décidés à finir leur carrière
sous ce régime. La plupart d'entre eux avaient aussi servi
l'Empire ; ce qui pouvait leur poser un délicat cas de
conscience.

De Boulogne, le prince avait été dirigé sur Ham où il passa
quelques jours, le temps de faire connaissance avec sa future
prison, puis fut transféré à Paris à la Conciergerie. Il devait y
passer deux mois et y reçut peu de visites. Mme Cornu, née
Lacroix, fille d'une femme de chambre de la reine Hortense,
mariée à un peintre de moyenne renommée, fut l'une des
rares personnes à lui manifester de la fidélité. Le prince avait
choisi pour défenseurs Berryer, légitimiste, Marie, républicain, Ferdinand Barrot, frère d'Odilon, Jules Favre. D'autres encore assuraient la défense puisque cette fois Louis-
Napoléon comparaissait avec ses complices. Le procès se
déroula au palais du Luxembourg du 28 septembre au
6 octobre. Vingt et un accusés seulement avaient été retenus.
Louis-Napoléon, habit noir et gants blancs, la plaque de la
Légion d'honneur sur l'habit, paraissait étriqué. Son manque de prestance physique s'accentuait dans ce cadre. Pourtant il fit bonne contenance et présenta sa défense en termes
heureux : « Je représente devant vous un principe, une
cause, une défaite. Le principe, c'est la souveraineté du
peuple, la cause, celle de l'Empire ; la défaite, Waterloo. Le
principe, vous l'avez reconnu ; la cause, vous l'avez servie ; la

défaite, vous voulez la venger. [...] Dans la lutte qui s'ouvre, il n'y a qu'un vainqueur et un vaincu. Si vous êtes les hommes du vainqueur, je n'ai pas de justice à attendre de vous et ne veux pas de votre générosité. » Persigny entama un discours-manifeste que le président ne lui permit pas d'achever (mais qui fut publié dans *le Capitole* du 4 octobre 1840). Il y célébrait l'idée napoléonienne, expression la plus sublime de la Révolution française, « qui du sein de la démocratie la plus agitée fit surgir l'autorité la plus gigantesque, qui remplaça une aristocratie de huit siècles par une hiérarchie démocratique accessible à tous les mérites, à toutes les vertus, la plus grande organisation sociale que les hommes aient conçue ». Elle voulait assurer les plus grandes libertés, mais n'en accordait la jouissance complète qu'après les avoir étayées de solides institutions, associant ainsi les doctrines de liberté aux doctrines d'autorité. Les deux parties se disputaient la qualité d'héritier légitime de la Révolution. L'accusation revendiquant pour la monarchie une exclusivité, Berryer s'efforça de mettre ses prétentions à néant. L'arrêt fut rendu le 6 octobre. Sur 312 pairs, 160 s'abstinrent sous une forme ou une autre, 152, donc un peu moins de la moitié de la Chambre, se prononcèrent, ce qui trahissait quelque gêne. Pour Louis-Napoléon, une peine nouvelle fut édictée : « emprisonnement perpétuel dans une forteresse située sur le territoire continental du royaume ». Aladenize fut condamné à la déportation à vie ; Persigny, Montholon, Parquin, Lombard à vingt ans de détention et les autres à des peines variant de deux à quinze ans de prison. Il y eut quatre acquittements. Le procès n'avait pas causé une profonde sensation car au même moment, celui de Mme Lafarge monopolisait presque toute l'attention du public. Une inconnue subsiste : quel était, parmi les accusés, l'indicateur de police ? A. Dansette penche pour Montholon parce que sa captivité fut relativement douce et qu'il ne fut pas fait sénateur par Napoléon III. On en est réduit à des conjectures : après tout, Montholon demeura en prison aussi longtemps que son maître.

Le contraste était frappant entre l'émotion soulevée par le

proche retour des Cendres et l'indifférence de l'opinion au moment où les condamnés prenaient le chemin des prisons d'État. D'ailleurs, Persigny excepté, leur groupe se caractérisait par la médiocrité. Guizot avait raison : « Des officiers vieillis, des femmes passionnées, mais sans situation dans le monde, d'anciens fonctionnaires sans emploi, des mécontents épars » ne faisaient pas un parti sérieux. Apparemment, le prétendant et sa bande étaient victimes d'une catastrophe définitive.

V
L'université de Ham
(1840-1848)

Le 9 octobre 1840, Louis-Napoléon, à trente-deux ans, entrait au fort de Ham, prisonnier à perpétuité. Le 15 décembre, le retour des Cendres suscitait en France une grande passion. L'intérêt porté à l'Empereur ne se reportait pas sur sa famille ni sur son neveu. Celui-ci le ressentait avec amertume : « Sire, vous revenez dans votre capitale, et le peuple en foule salue votre retour ; mais moi, du fond de mon cachot, je ne puis apercevoir qu'un rayon du soleil qui éclaire vos funérailles. » Certes, il ne crut jamais à la perpétuité de sa détention et attendit toujours un changement politique qui le libérerait sans qu'il fût obligé de désavouer sa cause. Sa captivité ne durera pas tout à fait six années, jusqu'à l'évasion du 26 mai 1846 et sa prison sera relativement confortable, mais ce n'en est pas moins la prison. Le registre d'écrou donne le signalement de Louis-Napoléon à cette époque. Taille : 1, 70 m, yeux gris, cheveux châtains, moustache blonde, teint pâle, tête enfoncée dans les épaules, dos voûté, lèvres épaisses.

Située dans la Somme, dans un pays d'eaux et de marais, la forteresse de Ham, détruite par les Allemands en 1917, datait pour l'essentiel du XVᵉ siècle. Elle venait de servir de prison aux ministres de Charles X. Louis-Napoléon fut logé dans un bâtiment de la cour, assez fruste et de dimensions moyennes, au premier étage qu'il partageait avec Conneau. Montholon occupait un local du rez-de-chaussée. Le prince avait deux pièces carrelées munies de grandes fenêtres ; en

juin 1842, il eut une salle de bains. Sa prison était ornée de
portraits de Napoléon et d'Hortense. Surtout, des rayonnages emplis de livres et de collections de journaux garnissaient presque entièrement les murs.

Servis par la cantine, les repas devaient être abondants si
l'on se refère au prix de pension : 7 francs par jour. Le
prisonnier n'était pas seul. Son domestique Thélin l'avait
accompagné sans être condamné. Dès le printemps 1841, ce
dernier put entrer et sortir librement. Son cher Conneau et
Montholon formaient sa société quotidienne. Le commandant du fort faisait souvent le quatrième aux jeux qui
aidaient les captifs à passer les soirées. Montholon avait
obtenu la permission de recevoir presque à demeure une
Écossaise qu'il finit par épouser (faveur qui contribua à le
faire soupçonner d'avoir été l'indicateur lors de l'affaire de
Boulogne). Louis-Napoléon, à son tour, ne tarde pas à
demander une présence féminine pour adoucir sa détention.
L'administration lui accorda d'engager comme lingère Éléonore (ou Alexandrine) Vergeot, fille d'un tisserand du lieu,
qui devait lui donner deux garçons, preuve du caractère de
leurs relations au cours des années de Ham.

Le prince pouvait correspondre, écrire et publier, recevoir des visites. Certains venaient, poussés par la curiosité
ou la sympathie, tels ses amis britanniques. D'autres passaient, comme Alexandre Dumas ou Louis Blanc, ce dernier
sans doute en quête d'une documentation historique. Il y
avait des visiteurs réguliers, souvent de la région. Le curé de
Ham venait dire la messe et offrir les consolations de la
religion ; il fut plus tard attaché à l'Aumonerie de la Cour
impériale. En 1841, Louis-Napoléon fit ses Pâques. Ses
infortunes le rendaient accessible aux préoccupations religieuses. C'est sans doute à cette époque qu'il écrivit une
paraphrase du *Credo*, témoignage unique dans son œuvre. Il
avait pu aménager un petit laboratoire où, avec l'aide du
pharmacien de Ham, il se livrait à des expériences de physique et de chimie. On ne s'étonnera pas que, expert de
l'artillerie, il ait rédigé en 1841 une note sur les amorces
fulminantes, mais il écrivit aussi un mémoire sur les piles
électriques adressé à l'Académie des Sciences et reçu avec

courtoisie par l'illustre compagnie. Un grand propriétaire
du voisinage, Fouquier d'Hérouël, devint également un
visiteur régulier. Hortense Cornu se dévoua à nouveau ;
empruntant et faisant parvenir les ouvrages de la Bibliothèque royale, jouant le rôle de secrétaire du captif, elle fit sept
fois le voyage. Enfin, l'ex-conjuré de Strasbourg, Laity, se
rendait assidûment à Ham. Au total, le prince recevait deux
ou trois visiteurs par mois, parmi lesquels des hommes
d'affaires gérant sa fortune. Sa famille, en revanche, semblait l'avoir abandonné. Son père se manifesta vers la fin de
la captivité, peu avant sa mort. On ne peut dire qu'il ait
secouru son fils dans l'infortune. Le seul parent dont il eut
des nouvelles autrement que par les journaux fut Napoléon,
fils de Jérôme, son cadet de quatorze ans. Les lettres du
prince témoignent de son affection pour son jeune cousin. Il
lui écrivait le 11 février 1841 : « Avant de partir de Londres,
prévoyant toutes les chances, j'avais fait un testament par
lequel je te laissais, comme à mon seul héritier, tout ce qui
m'appartenait. » Le 16 juillet 1845 : « Tu es le seul de ma
famille que j'aime comme un frère. Tu es le seul capable de
porter dignement, comme j'ai tâché de le faire, le grand nom
que le hasard nous a donné. » Les liens ainsi formés dans
l'infortune ne se rompirent jamais... Les rapports avec ceux
qui l'entouraient semblent avoir été courtois. Le prisonnier
offrait des étrennes à ses geôliers, le pain bénit à la paroisse,
des médailles aux enfants de l'école. Les soldats de la garnison manifestaient plus ou moins nettement leur sympathie.
On les relevait périodiquement pour empêcher cette sympathie de devenir agissante. Le prisonnier était aux aguets du
moindre témoignage venu du militaire et s'en exagérait sans
doute la portée comme lorsqu'il écrivait à son cousin en
juillet 1842 qu'un régiment de passage lui avait témoigné
son intérêt d'une façon « si peu équivoque » qu'on avait cru
un moment qu'il allait emporter d'assaut la citadelle. Le
prince était le centre d'intérêt du fort dont la vie était morne,
et il n'est pas étonnant que des troupiers désireux de montrer de l'indépendance aient de temps en temps poussé le cri
de « Vive Napoléon ! » On complétera le tableau en men-
tionnant que le prince se distrayait en cultivant un petit

jardin sur les remparts ou en montant à cheval dans la cour — jusqu'à ce que la gêne financière le contraigne à se défaire de sa monture.

Quant à son attitude à Ham, il la résume en février 1841 pour son cousin Napoléon-Jérôme : « Je passe mon temps à étudier, à réfléchir et à espérer. Je ne regrette d'ailleurs rien de ce que j'ai fait. »

Cette longue période où la jeunesse fait place à la maturité, Louis-Napoléon va la consacrer à l'écriture. Avec une incessante correspondance, c'est le seul moyen de se rappeler au souvenir de ses contemporains et d'occuper les jours. Il reçoit de son ami Vieillard, l'ancien précepteur de son frère, et surtout d'Hortense Cornu les livres indispensables. Son goût de la technique et du militaire (il portait souvent une capote et une coiffure analogues à celle des soldats) l'incite à poursuivre ses *Études sur le passé et l'avenir de l'artillerie* dont il aura terminé les deux premiers volumes lors de son évasion ; ils seront publiés en 1846 et 1851. Les volumes suivants, rédigés par le colonel Favé d'après ses notes, paraîtront alors qu'il sera empereur. L'ouvrage a une réelle valeur. Mais le captif publie d'abord en 1841 *Fragments historiques : 1688 et 1830*. C'est une banderille plantée sur le roi. Les historiens orléanistes comparaient inlassablement la révolution de Juillet à la révolution anglaise de 1688. Malicieusement, Louis-Napoléon note que Guillaume d'Orange est resté fidèle à l'esprit de la révolution qui l'a placé sur le trône. Peut-on en dire autant du roi des Français ? Sa manière « d'user des caractères qui, mieux employés, eussent fait de grands citoyens » rappelle plutôt Charles II Stuart. Et de citer le Chateaubriand des *Mélanges historiques* : « Un de ces princes tout exprès créés pour remplir les espaces vides qui, dans l'ordre politique, séparent souvent la cause de l'effet. » L'ensemble constitue une adroite machine de guerre.

Après cette mise en train, le prisonnier rêvera d'entreprendre une étude sur Charlemagne ; l'empereur d'Occident exerce sur lui, comme sur son oncle, une véritable fascination. N'a-t-il pas établi le système féodal et religieux ayant servi de « transition » entre la société romaine et celle qui se forme depuis 1789 ? Une conscience plus exacte de ses possibilités lui fait pourtant abandonner ce projet. Faute d'avoir (en dépit de ses tentatives) un journal parisien à lui, il adresse des articles au *Progrès du Pas-de-Calais* de Degeorge et au *Guetteur de Saint-Quentin* de Calixte Souplet. Républicain modéré, ce dernier est fils d'un soldat de l'Empire. Degeorge, de la même nuance, a naguère participé à Londres aux négociations des républicains avec les Bonaparte. Ce sont deux opposants, point mécontents d'assurer à leurs modestes gazettes la collaboration d'une personnalité notoire, même si des sigles dissimulent de façon transparente son identité. Les articles de 1843-1844, repris dans les œuvres de Napoléon III, répètent les thèmes habituels ; la souveraineté populaire implique l'organisation de la démocratie selon l'égalité en droit et le mérite, chacun ayant ainsi sa place, ses droits et ses devoirs dans la nouvelle hiérarchie sociale. Les hommes sont ce que les institutions les font, pourvu que les institutions soient conformes au degré de développement atteint par la civilisation. L'organisation permet de faire du suffrage universel, au lieu d'une cause d'agitation et de bouleversement, un facteur de stabilité. Il suffit de discipliner les masses. A cette époque, le prince se prononce pour un suffrage universel à deux degrés : le peuple entier formera la base du système, mais les degrés éviteront le vote direct des masses, trop souvent dicté par l'entraînement ou les préjugés.

D'autres articles traitent du fonctionnement de la Chambre des députés. Pour favoriser d'utiles discussions d'affaires aux dépens des débats théâtraux chers aux ténors de la politique, que chacun parle de sa place, « sans emphase et sans apparat », comme à Westminster. Louis-Napoléon souhaite également que, comme sous l'Empire, chaque ministère soit dirigé par un technicien, au lieu de faire passer un député d'un portefeuille à l'autre sans souci de sa compétence. Pourquoi le ministre de la Guerre démissionnerait-il parce qu'un projet sur les sucres a été repoussé ? Le président du Conseil suffirait comme orateur politique et lui seul

s'en irait à l'issue d'un vote négatif. Ce « ministre de la
Parole » annonce le ministre d'État de 1863, avocat du gouvernement devant les Chambres, tout comme la suppression
de la tribune au Palais-Bourbon, effective entre 1852 et
1867. A l'extérieur, notre auteur apprécie peu les colonies,
« onéreuses en temps de paix, désastreuses en temps de
guerre », Algérie et Guyane exceptées. Un mémoire inédit
retrouvé par A. Dansette prévoit toutefois, outre l'annexion
des Baléares (sans doute relais vers l'Algérie), des « comp-
toirs » en Amérique. En Europe, la rive gauche du Rhin
ferait retour à la France, cependant que les nationalités
allemandes et italiennes doivent être satisfaites et que la
Pologne doit retrouver son indépendance. Plutôt que de
publier ce schéma, Louis-Napoléon préfère insister sur la
société des États européens qui aurait suivi la réalisation du
« grand dessein » d'Henri IV après sa victoire définitive sur
l'Espagne, le Béarnais préfigurant ici Napoléon. Au total, le
prince journaliste reproche au régime de Juillet de vivoter
au jour le jour, sans affronter les questions essentielles :
droits politiques des citoyens, organisation militaire par la
substitution du service national à la garde nationale, enfin
« l'organisation que réclament impérieusement les classes
ouvrières ».

Ces préoccupations sociales sont nouvelles. Le dandy
avait visité de nombreuses usines anglaises, et son intérêt
pour la technique s'y était donné libre cours. Il était trop
informé des problèmes débattus Outre-Manche pour ignorer les conséquences sociales de la croissance industrielle.
Vieillard lui avait fait connaître les grands textes saint-
simoniens. Ces questions n'avaient pourtant pas jusque-là
tenu une grande place dans ses écrits. *Des idées napoléoniennes*, célébrant le développement industriel sous l'Empire, se borne à noter qu'il donne du travail et combat la
mendicité. C'est pendant la captivité qu'il manifeste un
intérêt nouveau pour l'économique et le social. Il lit Adam
Smith, J.-B. Say, *l'Organisation du travail* de Louis Blanc.
Hortense Cornu l'abonne à *l'Atelier*, publié par une élite

ouvrière. Très sensible au climat du moment, le prisonnier sent que la démocratie devient sociale, que c'est par ce biais qu'il convient de faire passer le message napoléonien. Louis Blanc, lors de sa visite, est frappé de son intuition des questions sociales ; cherchant à lancer un journal, il écrira au journaliste Peauger : « Fonder un journal d'extrême gauche, qui allie aux idées démocratiques les souvenirs de l'Empire. »

Il ne manquait plus au prisonnier que l'occasion pour pénétrer dans ces domaines. Fouquier d'Herouël la lui procura. Né en 1784, ce grand propriétaire, fils d'un membre de l'Assemblée constituante, avait quitté l'armée pour se consacrer à l'agriculture. Ayant fondé dans l'Aisne, non loin de Ham, une sucrerie prospère, il était maire de son village d'Hérouël, conseiller général, président du Comice agricole de Saint-Quentin et membre du Conseil général de l'agriculture et du commerce. Il songeait à la députation, mais c'est seulement en 1849 qu'il fut élu comme représentant du parti de l'ordre. Il fut parmi les plus assidus des visiteurs locaux du prince et sans doute l'un des plus intéressants. Il devait plus tard adhérer au coup d'État, devint membre de la Commission consultative et l'un des premiers sénateurs (mais il mourut quelques semaines plus tard, en 1852). Fouquier était donc un notable agronome. Or la question des sucres provoquait une controverse à laquelle il était intéressé au premier chef. Depuis 1830, l'industrie de la betterave sucrière, implantée modestement lors du Blocus continental, connaissait un rapide essor ; tout comme la consommation du sucre en général, favorisée par une baisse continue, plus forte sur le marché mondial qu'en France. Aussi le gouvernement, appuyé par les intérêts des ports, tenait-il à ne pas exclure les sucres étrangers du marché national. Le grand concurrent du sucre de betterave était le sucre des colonies françaises ; les colons invoquaient le pacte colonial et l'intérêt de la marine pour conserver un quasi-monopole. L'État, qui avait d'abord soumis à l'impôt l'industrie sucrière de la métropole (libre jusqu'alors) — envisageait de la supprimer contre indemnité. Dans les régions concernées et dans les cercles politiques, la polémique était ardente. C'est pourquoi Fouquier suggéra au prisonnier d'écrire pour la défense du sucre de betterave.

La question était spéciale, mais on fournirait la documentation à l'écrivain. Il serait édité par les soins du groupe de pression sucrier qui adresserait l'ouvrage aux membres des deux Chambres et des Conseils généraux. C'était une occasion d'apparaître sous un aspect nouveau, d'intéresser peut-être le personnel politique, en tout cas de se rappeler à l'oublieuse opinion en prenant appui sur des intérêts puissants. La brochure est claire, substantielle. L'auteur ne manque pas d'y glisser des critiques du régime et des allusions louangeuses à la politique impériale. La solution préconisée est naturellement la liberté de subsister et de croître pour le sucre métropolitain, d'exporter à l'étranger sous pavillon français pour les colonies et d'instaurer le régime de l'échelle mobile pour l'introduction des sucres étrangers. Le prince préconise donc l'abolition du pacte colonial pour les Iles, mais en métropole prend position en faveur du travail national, comme Fouquier le souhaitait. Aux partisans du libéralisme économique qui envisagent d'abord le bas prix de la marchandise pour le consommateur, il oppose la nécessité de donner du travail. « Protéger le consommateur aux dépens du travail intérieur, c'est favoriser la classe aisée au détriment de la classe indigente, car la production, c'est la vie du pauvre, le pain de l'ouvrier, la richesse du pays. L'intérêt du consommateur, au contraire, oblige le fabricant à devenir oppresseur. Pour dominer la concurrence et livrer ses produits au plus bas prix possible, il faut qu'il maintienne des millions d'individus dans la misère, qu'il réduise journellement les salaires, qu'il emploie de préférence les femmes et les enfants et laisse sans occupation l'homme valide qui ne sait que faire de sa force et de sa jeunesse. » En Angleterre, le vil prix de la marchandise découle du vil prix du travail. Les progrès de la consommation se paient d'un malaise social. Le commerce extérieur n'est qu'un effet du travail national. La France ne doit pas devenir semblable à ces États américains où les douanes sont l'unique revenu du Trésor.

Le premier élément de prospérité, c'est l'agriculture, qui forme la population « saine, vigoureuse, morale » des campagnes. L'industrie « repose trop souvent sur des bases éphémères » ; elle développe les intelligences, mais crée une population affligée de tares physiques et morales. Le fabricant peut priver de pain ses vassaux en les licenciant, et l'industrie peut être aisément accaparée. Il faut donc encourager son essor tout en protégeant les bras qu'elle emploie. C'est le problème de l'organisation du travail que seul un gouvernement peut résoudre. Louis-Napoléon compare alors l'industrie urbaine de l'Angleterre, ravagée par les crises de débouchés, à l'industrie suisse, dépendant elle aussi du commerce extérieur. Mais en Suisse, l'industrie est disséminée sur tout le territoire : « Même dans les villes, ce sont les habitants de la campagne qui viennent le matin dans les ateliers, et qui le soir retournent dans leur village. Aussi, lorsqu'une calamité vient affliger l'industrie, ils souffrent sans doute, mais ils retrouvent au moins dans les champs un abri et une occupation. » En France, l'industrie du sucre de betterave retient les ouvriers dans les campagnes, les occupe dans les plus mauvais mois de l'année, dissémine les centres de travail au lieu de les rassembler au même endroit. Fille de l'Empire, elle résoud ce grand problème des sociétés modernes : organiser et moraliser le travail.

L'Analyse de la question des sucres où l'auteur témoigne de ses préoccupations sociales date de 1842. L'avant-propos de l'Extinction du paupérisme a été rédigé en mai 1844 ; l'ouvrage a d'abord paru en une série d'articles dans le Progrès du Pas-de-Calais avant d'être édité en brochure par Degeorge, ce qui peut expliquer la brièveté des chapitres et celle de l'ensemble, une cinquantaine de pages. Louis Blanc, il est vrai, en consacra moins à son plan de réforme de l'économie. L'époque s'en tient aux principes. La parenté entre Louis Blanc et Louis-Napoléon est ici évidente : l'industrie dévore ses enfants et ne vit que de leur mort. « Le commerce intérieur souffre, parce que l'industrie, produisant trop en comparaison de la faible rétribution qu'elle donne au travail, et l'agriculture ne produisant pas assez, la nation se trouve composée de producteurs qui ne peuvent pas vendre, et de consommateurs qui ne peuvent pas acheter ; le manque d'équilibre de la situation contraint le gou-

vernement, ici comme en Angleterre, d'aller chercher en
Chine quelques *milliers* de consommateurs, en présence de
millions de Français ou d'Anglais qui sont dénués de tout, et
qui, s'ils pouvaient acheter de quoi se nourrir et se vêtir
convenablement, créeraient un mouvement commercial
bien plus considérable que les traités les plus avantageux. »
« Compter sur la Caisse d'Épargne est dérisoire ; qui n'a pas
de quoi vivre n'a pas de quoi épargner. » Ici encore Louis-
Napoléon est d'accord avec Louis Blanc. L'intervention de
l'État s'impose donc, sous la forme d'une loi et d'une importante mise de fonds ; bien utilisé, l'impôt est le meilleur des
placements.

Mais là le prince se distingue de Louis Blanc. Comme la
plupart de ses devanciers, ce dernier considère les métiers
traditionnels, les corps d'états plus que la grande industrie,
encore peu développée, ou que les industries rurales. Les
campagnes lui sont étrangères. Louis-Napoléon, au contraire, les place au centre de son système. Sa solution
consiste à maintenir la grande exploitation menacée par le
démembrement des grandes propriétés en rappelant à la
terre les bouches inutiles des cités : à donner aux ouvriers
une place dans la société « par l'association, l'éducation, la
discipline ». Cette solution réserve à son auteur une place
dans la galerie des utopistes avec son idée qu'un seul projet
peut transformer la société, les prévisions chiffrées ouvrant
de fabuleuses perspectives. Le goût de Louis-Napoléon
pour les innovations techniques s'y déploie bien qu'il ne soit
pas agronome, lacune fâcheuse quand il s'agit de fonder des
colonies agricoles.

Fouquier d'Hérouël pouvait le soutenir de sa compétence ; dans la documentation fournie pour le travail sur les
sucres, se trouvait en particulier la récente *Statistique agricole de la France*, publiée en 1840 par le gouvernement. En
dépit de faiblesses dues aux incertitudes des moyens d'enquête, ce travail n'en marquait pas moins un important
progrès de l'information. La préface du ministre Gouin
exposait des notions traditionnelles et discutables ; dans un
pays toujours exposé à de redoutables disettes, le remède
paraissait consister dans l'extension des cultures plutôt que

dans un progrès de la productivité. Louis-Napoléon partageait ces vues ; en même temps, il déplorait que le recul (plus
limité qu'il ne semble le croire) de la grande propriété
favorisât le progrès d'une paysannerie parcellaire dont le
labeur routinier était moins productif que celui d'agrariens
tels que son ami Fouquier. Mais ce développement de la
petite propriété n'était-il pas la conséquence de la Révolution, et la condition d'existence de la démocratie politique ?
Des colonies agricoles défrichant les terres incultes créeraient les conditions de la grande culture sans ses inconvénients sociaux : la terre louée, puis achetée aux propriétaires
de domaines incultes appartiendrait à une association
ouvrière dont « tous les ouvriers pauvres seraient membres
sans être personnellement propriétaires ». Il s'agissait donc
d'une corporation contrôlée par l'État qui lui conférait
l'existence légale et fournissait l'investissement initial. Ces
colonies agricoles seraient réservées aux paysans sans terre
(sans que ce point fût explicite) et offriraient un refuge
momentané aux chômeurs de l'industrie en cas de crise.
Comme toutes les communautés conçues par les réforma-
teurs sociaux, ces colonies fourniraient non seulement du
travail et la subsistance, mais assureraient l'assistance aux
invalides et aux vieillards, l'instruction et la formation reli-
gieuse aux enfants. Louis-Napoléon les compare aux monas-
tères médiévaux, îlots de civilisation au sein d'une société
barbare.

L'essentiel des idées réside sans doute dans les modalités
de l'organisation. Organisation est un terme cher au prince :
organiser les masses pour les instruire et les moraliser, pour
les rendre capables de formuler leurs volontés ; les discipliner pour les éclairer sur leurs propres intérêts. Entre les
masses et le pouvoir, Louis-Napoléon place une catégorie
intermédiaire pour faire relais : les prudhommes, vrais sous-
officiers élus par les ouvriers qui les prennent dans leurs
rangs à raison d'un sur dix, aussi bien pour l'industrie privée
que pour les colonies agricoles, dès qu'une entreprise
emploie plus de dix ouvriers — cas moins fréquent alors
qu'aujourd'hui. Ces prudhommes reçoivent double paie.
L'égalité se limite à l'égalité en droit : droit d'élire, droit

d'être élu. De même, ouvriers et prudhommes élisent les
directeurs techniques, le gouverneur étant désigné par la
réunion des directeurs et des prudhommes. C'est donc une
hiérarchie d'élus dont la durée du mandat n'est pas précisée.
Seul le Conseil général du département peut casser des élus
pour incapacité.

L'autre idée est celle du réservoir ou déversoir. Les colonies absorbent le trop-plein de l'industrie privée, quitte à le
restituer lorsque la conjoncture est meilleure. Bien entendu,
l'ouvrier rentrera dans l'industrie lorsque le salaire offert
par celle-ci sera supérieur à la paie des colonies agricoles, qui
jouerait ainsi le rôle d'un salaire minimum garanti. Ennemi
des concentrations industrielles urbaines, Louis-Napoléon
s'enchante du retour à la terre que constitue ce passage par
ses colonies. Louis Blanc concevait ses ateliers par métiers.
Au contraire, le prince voue au défrichage des gens de tous
métiers, et même des métiers d'art. D'ailleurs, les prudhommes étant les régulateurs de l'échange continuel entre
l'industrie et l'association, il faut que leurs décisions soient
sans appel, sans quoi le fonctionnement est enrayé. L'ouvrier a échangé sa liberté contre sa sécurité. C'est donc bien
une organisation militaire qu'esquisse Louis-Napoléon.
Avant de devenir un phalanstère modèle, la colonie sera
d'abord un camp de pionniers à la discipline sévère, dont le
niveau de vie sera calqué sur celui des soldats. Viendra
ensuite le temps des bénéfices indéfinis sans qu'on puisse
écarter l'idée d'une vie rude, monotone, écrasante. L'industrie privée, quant à elle, conserve sa liberté, et, au prix de
300 millions, l'État constitue l'association en un vaste atelier
national dont seuls les propriétaires des terrains incultes
perdent la disposition. Mais ce défrichement à outrance des
terres les moins douées est-il favorable à la conservation du
milieu naturel ? Ces terres sont-elles productives ? Le projet
tient-il compte des aléas inhérents à la vie agricole ? Aucune
réalisation du projet ne semble avoir jamais été tentée. Si les
saints-simoniens voulaient occuper l'armée en temps de
paix à de grands travaux d'équipement, c'est une armée
pacifique que rêve de constituer l'auteur de *l'Extinction*.
L'organisation des ateliers nationaux parisiens de 1848, avec

leurs brigadiers élus, touchant une haute paie, évoque la hiérarchie des prudhommes ; on sait qu'ils se montrèrent incapables d'assumer leur fonction. Le climat du moment a pu tout gâter. Il est pourtant malaisé de croire que l'association était le germe d'une nouvelle Icarie.

Le prisonnier de Ham était à la fois un visionnaire et un calculateur plein d'astuce. Parlant de son utopie à Hortense Cornu, il disait : « Je crois que rien ne me fera autant de bien. » Il atteignit son but. Sans toutefois bouleverser le public, la brochure connut une fois encore un réel succès : trois éditions dès 1844, six en tout. En 1845, Temblaire commença une édition des œuvres du prince. Les socialistes saluèrent cet auteur ouvert à leurs préoccupations et lui accordèrent une mention honorable. Louis Blanc, en 1840, était venu passer trois jours avec lui. Il fut intéressé par ses vues sociales sans être trop heurté par son goût de l'autorité. George Sand fut généreuse : « Parlez-nous souvent, noble captif, de délivrance et d'émancipation. Le peuple est comme vous dans les fers ; et le Napoléon d'aujourd'hui personnifie les chagrins du peuple comme l'autre a incarné sa gloire. » Parent un peu éloigné, il était, tout de même, de la famille socialiste, c'est bien ce qu'il cherchait. Lorsqu'en 1848 il entra dans la lutte électorale, il fut souvent qualifié d'auteur de *l'Extinction du paupérisme*. On lui en sut gré, même si, le plus souvent, on aurait bien été embarrassé d'exposer le contenu de l'ouvrage. Louis-Napoléon avait ajouté une corde sociale à sa lyre et s'était acquis une place parmi les précurseurs de 1848. Les critiques postérieurs montrèrent moins d'indulgence. Émile Ollivier qualifiait l'association de « pauvre remède ». Simpson estime que l'ouvrage ne vaut pas sa réputation ; George Duveau apprécie en ce Bonaparte un émule de Louis Blanc « plus décidé, plus militaire ». En tout cas, le titre, avec son anglicisme, a survécu jusqu'à nous. L'intuition de son auteur l'avait sur ce point bien servi.

Encore qu'elle ait paru après l'évasion, on joindra à ces œuvres de captivité la brochure sur un canal transocéanique

à travers le Nicaragua. Dès 1842, les gouvernants de cet État
d'Amérique centrale avaient demandé au prince de former
une compagnie. Des démarches avaient été entreprises pour
sa libération. L'opportunité n'était pas à négliger. Les
pourparlers n'aboutirent pas, mais Louis-Napoléon s'était
documenté, avait rédigé des notes d'où naîtra la brochure.
Une fois encore, le nouveau promoteur utilise bien sa
documentation. Voulant faire du Nicaragua l'équivalent de
ce que furent dans l'histoire Constantinople et Venise, il
faut lui procurer des capitaux, mais aussi de la main-
d'œuvre venue d'Europe en détournant l'immigration des
États-Unis. Contre l'achat d'une action de 250 francs,
l'émigrant trouverait à son arrivée une terre, une habitation,
un outillage et se libérerait en dix ans vis-à-vis de la compagnie. Cette dernière vendrait les terres données en subvention par l'État et le pays se peuplerait. Le lecteur retient
quelques idées intéressantes notées au passage : « L'Angleterre ne peut que se réjouir de voir l'Amérique centrale
devenir un État florissant et considérable, qui rétablira
l'équilibre du pouvoir en créant dans l'Amérique espagnole
un nouveau centre d'activité industrielle assez puissant pour
faire naître un grand sentiment de nationalité et pour empêcher, en soutenant le Mexique, de nouveaux empiétements
du côté du Nord. » Sur un tel sujet, des accents saint-
simoniens sont de rigueur : « Les grands hommes ont, par
leurs guerres, mêlé les différentes races et laissé quelques-
uns de ces impérissables monuments tels que l'aplanisse-
ment des montagnes, le percement des forêts, la canalisation
des rivières, monuments qui, en facilitant les communica-
tions, tendent à rapprocher et à réunir les individus et les
peuples. La guerre et le commerce ont civilisé le monde. La
guerre a fait son temps ; le commerce poursuit aujourd'hui
ses conquêtes. Donnons-lui une nouvelle route. »

En somme, le captif a bien utilisé ce qu'il appellera son
« université de Ham ». Quant à ses réflexions, une lettre
importante à Vieillard de juin 1842 fait le point : « J'ai écrit
en 1832 une brochure sur la Suisse pour gagner d'abord
dans l'opinion de ceux avec lesquels j'étais obligé de vivre.

Ensuite je me suis appliqué, pendant près de trois ans, à un ouvrage d'artillerie que je sentais être au-dessus de mes forces, afin d'acquérir par là quelques cœurs dans l'armée et de prouver que, si je ne commandais pas, j'avais au moins les connaissances requises pour commander. J'arrivai par ce moyen à Strasbourg. Depuis, je fis publier la brochure Laity non seulement pour me défendre, mais pour donner un prétexte de me faire renvoyer de Suisse. Cela ne manqua pas, et l'hostilité du gouvernement me rendit mon indépendance morale que j'avais pour ainsi dire perdue par ma mise en liberté forcée. A Londres, je publiai contre l'avis de tous les *Idées napoléoniennes* afin de formuler les idées politiques du parti et de prouver que je n'étais pas seulement un hussard aventureux. Par les journaux, je tentai de préparer les esprits à l'événement de Boulogne. Que reste-t-il de tous ces enchaînements de petits faits et de cruelles peines ? Une chose immense pour moi. En 1833, l'Empereur et son fils étaient morts. Il n'y avait plus d'héritier de la cause impériale. La France n'en connaissait plus aucun. [...] Pour le peuple, la ligne était rompue. [...] J'ai rattaché le fil, je me suis ressuscité de moi-même et avec mes propres forces, et je suis aujourd'hui à vingt lieues de Paris une épée de Damoclès pour le gouvernement. » Le 17 février 1844, il écrira encore au journaliste Peauger : « Les partis républicains et légitimistes ne gagnent pas, l'orléanisme perd ; il y a une masse flottante qui se ralliera à quelque chose et à quelqu'un. »

Peut-il rétablir l'Empire ? Il le souhaite assurément ; croyant une république durable impossible, l'Empire lui paraît le régime normal d'une démocratie en France. Mais il est peut-être sincère lorsqu'il écrit, le 3 mars 1844, à Peauger : « Le rôle de libérateur suffisait à mon ambition, et je n'étais pas assez fou pour avoir la prétention de fonder une dynastie sur un sol jonché de tous les débris des dynasties passées. » Il renversait, puis laissait le peuple opter. En 1844 encore, il concède à Lamartine que le 18 Brumaire fut une révolution brutale et en désapprouve le principe. Il est maintenant l'unique représentant du principe impérial. Lucien mort en 1840, Joseph en 1844, Jérôme ne songe plus qu'à faire sa paix avec Louis-Philippe pour revenir en France. Est-il prestigieux, populaire ? Ce serait beaucoup dire bien que le public connaisse désormais son existence. Il a beaucoup tenté de correspondre, envoyé ses livres, mais rien de sérieux ne semble en être résulté. Ainsi les réponses de Béranger ou de George Sand ne dépassent pas la courtoisie banale. Pourtant Elias Regnault estime que c'est au cours des années de Ham que le prétendant a réellement pénétré dans le domaine de la politique. Auparavant, il ne la concevait qu'à travers des séditions de caserne. Désormais il connaît quelques hommes politiques, même si leurs relations n'ont rien d'intime : Odilon Barrot, Louis Blanc, Lamartine. Ces relations pourraient prendre plus d'ampleur si le roi tombait, si la nation avait la parole.

Louis-Napoléon se trouve dans une situation financière inextricable. Au décès de sa mère, il était riche. Le coup de Boulogne a coûté cher, le procès également. Enfin, les pensions et secours qu'il verse aux anciens serviteurs de la reine mais surtout aux complices de ses tentatives épuisent son revenu. « Les pensions que je paie sont au-dessus de l'état de ma fortune », écrit-il à Mme Cornu en 1842. Il évalue son déficit annuel à une centaine de milliers de francs ! Arenenberg sera vendu 68 000 francs. Il vend aussi son cheval. C'est de cette époque que date un traité extravagant avec le riche et fantasque duc détrôné de Brunswick : les deux parties s'engagent à s'aider mutuellement, Louis-Napoléon à restaurer le duc, Brunswick à « rétablir la France dans le plein exercice de la souveraineté nationale dont elle fut privée en 1830 et de la faire choisir librement la forme de gouvernement sous lequel elle voudrait vivre ». En attendant, le prince veut emprunter au duc 150 000 francs. Son cousin Napoléon-Jérôme (qui dispose de la succession de sa mère) lui prête aussi une forte somme. Le prisonnier essaie de tirer quelque argent d'antiquités et de souvenirs historiques qu'il se trouve détenir — à l'exception des objets venant de l'Empereur. Sans grand succès. C'est décidément un homme à la fortune obérée.

Sa santé non plus n'est pas satisfaisante. Le climat de la région et sans doute l'humidité de son logement lui causent des rhumatismes tenaces qui le feront légèrement boiter. L'Américain Wikoff, qui le visite en 1845, lui trouve une mine inquiétante. « Il avait beaucoup maigri et paraissait d'une pâleur maladive ; sa contenance était bien différente de l'allure gaie, martiale qui était la sienne à Londres. » Son moral baissa en 1845. Il était toujours convaincu de réunir un jour sur son nom tous les partisans de la souveraineté du peuple, mais il lui fallait bien reconnaître que le terme pouvait n'être pas très proche. Il l'avouait dans ses lettres à Napoléon-Jérôme. Ainsi le 24 août 1845 : « Aujourd'hui il n'y a rien à faire. La nation dort et dormira encore long-temps. Quoi qu'on en ait dit, j'avais pris le seul moyen capable de la réveiller, car c'est avec l'armée seule qu'on pouvait tenter de faire quelque chose. J'ai échoué bien malheureusement. Je ne peux ni ne veux recommencer et j'attends avec résignation un meilleur avenir. » Et le 27 octobre : « Il n'y a plus en France que chaudières et locomotives qui attirent l'attention. Il est vrai qu'elles écla-tent souvent. »

Dès lors, il devait chercher à sortir de prison par ses propres moyens. Son père vieillissait en Italie, toujours malade. L'ex-roi manifestait enfin des sentiments paternels à l'égard du seul enfant qui lui restât. Louis-Napoléon semble avoir nourri vis-à-vis de son père des sentiments respectueux longtemps mal payés de retour. Mais ce père le reliait à la famille Bonaparte. Il était essentiel que tout se passât convenablement à sa mort. Le captif entama avec le gouvernement une longue et complexe négociation. Il obtiendrait le droit de sortir de Ham, sans renier quoi que ce fût de ses opinions, pour assister son père mourant pendant quelques mois. Puis il irait au Nicaragua, ou même regagne-rait sa prison ; il en donnait sa parole d'honneur. Les minis-tres du roi estimaient qu'une telle permission équivalait à une grâce. Ils l'auraient peut-être accordée, à condition que le prisonnier la sollicitât formellement. Ce à quoi il se refu-sait. Au début de 1846, il devint évident que l'idée d'une sortie sous conditions n'avait pas d'avenir. Alors il se décida à risquer l'évasion. Le 15 mai 1846, il fit part à Conneau (et non à Montholon) de sa décision et, le 25, réussissait à quitter Ham après un séjour de près de six années.

Quelques ouvriers effectuaient des réparations dans la forteresse. Le prince rasa ses moustaches et sa barbe, prit une perruque et des habits d'ouvriers procurés par Thélin (qui pouvait sortir et rentrer à volonté). Peut-être même aurait-il finalement emprunté les vêtements d'un jeune ouvrier nommé Pinguet, dit Badinguet, ce qui justifierait le surnom assez énigmatique qui fit fortune sous l'Empire. Avec la complicité du docteur Conneau, il s'était rendu invisible sous prétexte de prendre médecine. Une planche sur l'épaule pour écarter les curieux, il descendit l'escalier de son bâtiment, traversa les cours, franchit l'enceinte, puis rencontra Thélin qui l'attendait avec une voiture. Des détails pittoresques agrémentèrent le déroulement de cette évasion célèbre ; ainsi la pipe en terre qui s'échappa de la bouche du fugitif pour se briser sur le sol et dont il prit le temps de ramasser les morceaux, ou l'officier du contrôle qui lisait une lettre. Toujours est-il que Louis-Napoléon avait bien saisi sa chance ; il avait montré son goût du risque une fois sa décision prise, qualités qu'il possédait comme cavalier et dont il étendit la manifestation à d'autres domaines. Ce rêveur romantique était aussi un homme d'action.

Au début de l'après-midi, les deux hommes prenaient à Valenciennes le train pour la Belgique. Le 27 mai, ils arrivaient à Londres avec Ham, le chien du prince. Louis-Napoléon s'inscrivit à l'hôtel sous le nom de comte d'Arenenberg. Le soir il dînait chez Lady Blessington avec le comte d'Orsay et écrivait sans tarder pour les journaux un récit de son évasion adressé à Degeorge, l'éditeur du *Progrès du Pas-de-Calais*. Cette missive terminait sa collaboration au journal.

Désireux tout d'abord d'obtenir un passeport pour aller voir le roi Louis en Toscane, il écrivit à l'ambassadeur de France pour l'informer de ses intentions et l'assurer que s'il s'était évadé de sa prison, ce n'était pas pour figurer sur la scène politique ou pour troubler la paix de l'Europe, mais seulement « pour remplir un devoir sacré ». En fait, toutes ses démarches pour se rendre à Florence furent vaines. L'Autriche de Metternich était aussi implacable que la France de Guizot. Seul le gouvernement britannique, une fois encore, acceptait sa présence. Louis Bonaparte s'éteignit à Livourne le 25 juillet 1846, sans avoir revu son fils. Après un certain temps, il devait être inhumé en 1847 en France, à Saint-Leu près de Paris, village dont il avait longtemps porté le nom. De vieux soldats de Napoléon formaient une garde d'honneur. Son fils était, bien entendu, absent. A tout le moins le roi léguait-il à son dernier enfant ses biens fonciers italiens, ses propres décorations et les souvenirs personnels de l'Empereur son frère, le tout avec les expressions d'une tendresse paternelle qu'il avait exprimée durant une assez longue vie (il avait soixante-huit ans) de façon intermittente.

Cette nouvelle période londonienne durera de mai 1846 à septembre 1848, soit plus de deux ans. Elle sera coupée par un long séjour d'hiver à Bath où le prince prendra les eaux pour rétablir sa santé altérée. Il reçoit pendant une semaine Hortense Cornu et son mari, leur fait visiter la campagne anglaise. Son cousin Napoléon-Jérôme passe avec lui l'hiver 1846-1847 et reviendra en août 1847. Louis-Napoléon est en intimité avec ce jeune homme de vingt-quatre ans. Il lui fait part de ses velléités de mariage. Ainsi le 28 avril 1847 : « C'est bien triste de penser que ni toi ni moi nous n'avons pas d'enfants. Il n'y aura plus de Bonaparte que la mauvaise branche de Lucien. Aussi voudrais-je bien me marier. De Dresde il n'y a plus eu aucune réponse. Cette dame est vraiment extraordinaire. » Quelle est cette dame, on ne sait. En tout cas, le jeune cousin joue le rôle de confident. Au début de 1847, Louis-Napoléon s'installe dans ses meubles à King Street, Saint James. La maison est simple, mais située dans un voisinage élégant. Son locataire est enchanté de retrouver ses meubles, ses livres, ses collections, qu'il n'avait pas vus depuis sept ans. Il est admis à plusieurs clubs et y paraît souvent, la société l'invite toujours dans les châteaux d'Angleterre et d'Écosse. Il chasse à courre, assiste aux courses, aux régates, se plonge avec délices dans une vie mondaine dont il a longtemps été privé. Encore qu'il n'ait jamais été un grand amateur d'opéra, il suit les représentations de Jenny Lind, de Taglioni et de Grisi. C'est surtout le théâtre de Saint James, voisin de son domicile, dont il suit les pièces françaises. A cette occasion, il fait la connaissance de Rachel qu'il admire, noue avec elle une intrigue amoureuse qui aurait pris fin parce que l'actrice le trompait avec son cousin Napoléon-Jérôme. Enfin le prince est toujours considéré comme un hôte honoré dans les milieux de l'armée, en particulier chez les artilleurs de Woolwich. Le traducteur anglais de l'*Histoire du Consulat de l'Empire* de Thiers, Forbes Campbell, lui communique les épreuves de son travail ; il lui fait aussi visiter les bureaux du *Times* où les journalistes sont enchantés de constater que leur hôte n'est pas seulement un dandy.

C'est à cette époque que Louis-Napoléon allait faire la connaissance de Miss Howard. De modeste extraction, Elizabeth Anne Harryet joignait à une beauté classique des qualités d'esprit certaines. Lorsque le prince la rencontra, elle avait à peu près vingt-quatre ans. Sortie de la prostitution par le monde du cheval et des courses, elle avait été richement entretenue par le major Martyn, des Life Guards, qui avait assuré sa fortune. Elle avait désormais la position d'une courtisane en vue dont les hommes de la noblesse fréquentaient le salon. Ses manières étaient parfaites et elle arborait les dehors de la respectabilité qui convenaient désormais à sa richesse. Elle tomba amoureuse de Louis-Napoléon dont elle allait partager la vie jusqu'à son mariage en 1853. Elle lui rendit certainement de nombreux et importants services d'argent, mais surtout elle allait lui assurer une intimité dévouée et confiante en dépit des infidélités passagères qu'il commit. En somme, Louis-Napoléon, au début de 1848, demeurait au ban du continent européen — la Suisse exceptée —, le seul pays qui l'accueillît avec honneur était l'Angleterre et, tout en se voulant Français, il vivait en fait en Anglais, n'ayant, depuis ses lointaines années d'enfance, connu sa patrie qu'en prison.

Les années de ce dernier séjour londonien furent moins actives et moins fécondes que les précédentes. C'est d'abord qu'il était embarrassé par les soucis d'argent. L'héritage de son père arriva à point pour le sauver du naufrage financier. Représentant un capital de quelque 3 millions, il lui avait permis de combler son déficit et d'envisager de nouvelles dépenses. Ainsi, lorsque Conneau eut purgé sa peine de prison, il lui acheta une clientèle médicale de plus de 20 000 francs. Utilisant les services de son frère de lait Bure qui gérait sa fortune avec honnêteté, il utilisa son nouveau capital comme gage de nouveaux emprunts, usant de son crédit auprès de grandes banques comme Baring ou Rothschild et aussi d'établissements de moindre rang. A vrai dire, ses finances étaient en déficit permanent; il vivait à crédit, d'expédient en expédient. L'héritage paternel était survenu à temps, mais en 1848 il était sérieusement écorné.

Cela peut expliquer que le prince en ces années n'agisse guère. Une autre raison serait que ses complices sont encore en prison; lui seul s'est évadé. Les moyens lui manquent, alors que sa santé a été ébranlée par la captivité. Au cours de l'été 1847, il prend contact avec des hommes de loi et des financiers de la City pour mettre sur pied une compagnie du Nicaragua. Mais l'époque est peu favorable, et le projet n'aboutit pas; son promoteur n'était pas appelé à la gloire d'un Lesseps; la politique le reprend dès l'année suivante.

Au cours de ces années, il dicte à son secrétaire, Briffault, le récit de sa captivité et de son évasion, *The prisoner of Ham*, qui parut en Angleterre pour des motifs aisés à comprendre. Il polémique dans le *Times* avec le *Journal des Débats* pour se défendre d'avoir donné sa parole au roi de rester en Amérique en 1837. Tout cela est secondaire. Il ne prépare aucun coup, faute d'argent peut-être et d'équipe de rechange. Il a promis à l'ambassadeur de France de ne pas conspirer, mais il semble aussi que sa stratégie ait changé. Désormais il se considère comme chef de la famille Bonaparte d'après les lois de l'Empire. De plus, en septembre 1847, son oncle Jérôme obtient de Louis-Philippe, pour lui et les siens, le droit de revenir en France avec l'espoir d'une pairie et d'une pension de 100 000 francs; espoir bientôt déçu puisqu'on est à la veille de la chute du régime.

Sûr de son droit, Louis-Napoléon s'est fait connaître par

l'écrit et par l'action. Un peu las peut-être, il décide d'attendre une occasion favorable, sans prendre de risques qui
compromettraient sa situation. Mais il continue d'afficher
une confiance imperturbable. Il déclare à Wikoff : « Je suis
résigné ; j'attends les événements. » Comme sa cousine, la
marquise de Douglas, lui demande après son évasion s'il va
abandonner ses ambitions, il lui répond : « Ma chère cousine, je ne m'appartiens pas. J'appartiens à mon nom et à
mon pays. C'est parce que ma fortune m'a deux fois trahi
que ma destinée approche de son accomplissement. » Il vit
sur un pied moins brillant qu'en 1839, mais demeure un
prétendant modèle. Ses amis britanniques, séduits par son
calme, sa gentillesse, n'en reviendront pas d'être invités aux
Tuileries lorsqu'il gouvernera la France. Ils trouvent à ce
charmant homme des côtés maniaques. Mais n'a-t-il pas
toujours sur lui, avec la dernière lettre de sa mère, une lettre
de l'Empereur à Hortense : « J'espère qu'il grandira pour se
rendre digne des destinées qui l'attendent. »

VI

De Londres à l'Élysée (1848)

La révolution de février 1848 prit tout le monde au dépourvu, même ceux qui l'avaient annoncée. Louis-Napoléon était du nombre; il avait toujours dénoncé la monarchie «d'août 1830» et demandé l'appel au peuple, unique souverain. Louis-Philippe, n'ayant su ni concéder, ni réprimer, fuyait à son tour en Angleterre. Quelques jours plus tard, toute l'Europe était en révolution à l'exception de la Russie et de la Grande-Bretagne, pourtant secouée par les revendications chartistes. La République, proclamée à Paris, donnait le suffrage universel direct — pour les hommes seulement il est vrai. Plus que n'avait revendiqué le prétendant. Pour lui, c'était l'occasion tant attendue, sans qu'il y fût pour rien. «Marie, dit-il à sa cousine la marquise de Douglas, je vais à Londres, et de là à Paris, la République est proclamée. Je dois être son maître.» La cousine de sourire: «Vous rêvez comme d'habitude.» Effectivement, les Bonaparte étaient convaincus d'avoir manqué leur chance en étant absents en 1830.

A Paris, en février 1848, en dépit de quelques rares cris isolés, le peuple en révolution ne se livra à aucune manifestation en faveur du prince Louis. Pourtant il semble qu'il ait reçu un courrier important lui demandant d'agir. Il partit le 27 février, accompagné d'Orsi et de Thélin. Le lendemain, après avoir dormi dans le train, ils étaient à Paris, ayant dû, en traversant la capitale, remettre en place le pavé d'une barricade à titre de péage. La révolution avait libéré les

prisonniers du coup de Boulogne, Persigny en tête. Sans
tarder, Louis-Napoléon adressa au gouvernement provisoire une lettre annonçant sa présence et son adhésion à la
République. Cette adhésion, parmi une foule d'autres, dut
paraître suspecte. Le proscrit était bien pressé de venir jouer
un rôle. Point n'était besoin de cet embarras supplémentaire. Lamartine l'invita même à quitter le territoire français
où le gouvernement ne l'avait pas appelé. La déception dut
être violente pour l'intéressé.

Il n'était pas en force et ne pouvait que s'incliner. Il
annonça donc sa retraite pour montrer la pureté de ses
intentions et son patriotisme. Le 2 mars, il touchait à nouveau le sol anglais. Ses relations avec le gouvernement républicain commençaient mal. Il devait être prudent. Il est vrai
que la chute du roi avait eu, entre autres avantages, celui de
le libérer de ses promesses faites, après son évasion, de se
tenir tranquille. Il se procura des fonds, empruntant de
diverses sources une somme d'au moins 600 000 francs,
mettant même en gage des souvenirs napoléoniens. Des
proclamations au peuple, à l'armée, à différentes villes
furent rédigées. Pourtant, le 10 avril, au moment où Londres redoutait une immense manifestation chartiste, il se fit
inscrire comme *special constable* et patrouilla près de Trafal-
gar Square en compagnie de trois gentlemen volontaires
comme lui. Il se serait borné à conduire au violon une
femme ivre, mais cette attitude prit une valeur de symbole.
Le prétendant se rangeait dans le parti de l'ordre contre
une manifestation révolutionnaire. Connu en France, le
geste devait être apprécié diversement au cours des mois
suivants.

Bien entendu, son attention se tournait surtout vers la
France où tant de faits décisifs se produisaient sans qu'il pût
intervenir. Ses amis avaient rallié quelques partisans fer-
vents et décidés dirigés par Persigny et Laity. Ferrère, un
ancien banquier, et le général Piat servaient de caution au
groupe qui avait son siège rue d'Hauteville. Vieillard et ses
amis, comme l'archiviste Chabrier, pouvaient rendre service. Sans grands moyens ni notoriété, ils formaient toujours une secte plus qu'un parti. Le nouveau personnel

gouvernemental n'estimait pas le prétendant plus que ne l'avait fait l'ancien. Enfin, la sagesse de Louis-Napoléon provenait peut-être de sa crainte de se trouver dans la même situation qu'en 1830. Son incursion à Paris lui avait montré qu'il frôlait le danger ; on pouvait soutenir qu'il demeurait proscrit. Il semble avoir consulté Odilon Barrot. L'ancien chef de la gauche dynastique était finalement lui aussi un vaincu de Février, mais, parmi les vaincus, le plus proche des vainqueurs. Toujours est-il que Louis-Napoléon ne fut pas candidat aux élections d'avril, alors que tout Français un peu distingué essayait de l'être. Persigny et Vaudrey se présentèrent et échouèrent obscurément. Pourtant un effort de propagande se dessinait et dut bien faire naître quelque espoir. Le 11 mai, le prince écrivait à Vieillard : « Tant que la société française ne sera pas rassise, tant que la constitution ne sera pas fixée, je sais que ma position en France sera très difficile et même très dangereuse pour moi. » Il mesurait le changement dans sa position par rapport aux républicains. Naguère, unis contre le roi, ils étaient désormais concurrents. Au contraire, les royalistes pourraient s'intéresser à lui, sans pour autant avoir confiance. Louis attendait que la situation devînt plus claire et persistait dans son attitude d'abstention civique. Cependant, trois Bonaparte furent élus et admis à siéger : le cousin Napoléon-Jérôme, Pierre Bonaparte, le fils de Lucien, un personnage pourtant peu attachant, et Lucien Murat. Cela montrait le prestige du nom auprès des électeurs.

Il pouvait sembler étrange que le chef de la famille restât à l'écart. C'est pourquoi Louis-Napoléon laissa poser sa candidature. Pour tâter le terrain, sans appui de la presse, appuyé par de petites affiches manuscrites. Il dut pourtant y avoir une propagande efficace de bouche à oreille puisque le prince fut élu le 4 juin. Dans la Seine, il était cinquième, devancé de peu par Victor Hugo, distancé de loin par Caussidière, Changarnier et Thiers. C'était un succès sans être un triomphe. Mais le même jour, il était également élu par la Corse, l'Yonne, la Charente-Inférieure. Dès sa première tentative, il apparaissait comme favori du suffrage universel, et son élection provoqua une certaine sensation. Le 8 juin, à la lecture des résultats, des manifestations se produisent sur son nom aux cris de *Vive l'Empereur* et *A bas la République* ! Quelques jours après, une foule attendait, place de la Concorde, l'arrivée du nouveau député. Un régiment à Troyes aurait crié : *Vive Napoléon* ! Dès lors la propagande se mit en marche : journaux, portraits et biographies de Louis-Napoléon, processions sur les boulevards scandant *Poléon nous l'aurons* sur l'air des *Lampions*.

Tout cela alarme la Commission exécutive qui dirige le gouvernement. Lamartine et le ministre de la Guerre Cavaignac se proposent d'arrêter le nouvel élu si les manifestations prennent de l'ampleur ; au besoin, celles-ci pourraient même servir de prétexte. Dès son entrée en scène, Louis Bonaparte ne paraît pas un élu comme les autres. Les ouvriers du Luxembourg, militants socialistes élus des corps de métier et ceux des ateliers nationaux, chômeurs mal occupés aux frais de l'État, ont été nombreux à voter pour lui. Son nom est acclamé en même temps que ceux de Barbès et de Louis Blanc. Le prétendant, à Paris, passe pour l'un des chefs de la démocratie sociale. Comme l'écrira Rémusat, « ses liaisons étaient plus dans le parti ultra-démocratique que dans le nôtre » (c'est-à-dire la droite conservatrice). Une question se pose : l'élu est exilé, mais cet exil a été infligé par Louis-Philippe, lui-même exilé maintenant. La révolution et, en tout cas, la volonté des électeurs n'ont-elles pas annulé la mesure ? Le 7 juin, l'Assemblée a voté une loi contre les attroupements. Du 10 au 13 juin, Lamartine tente d'exploiter l'effervescence. Le neveu de Napoléon va-t-il débarquer d'Angleterre comme s'il revenait d'Égypte ou de l'île d'Elbe ? Certains de ses partisans réclament déjà son élection à la tête de l'État. L'Assemblée va-t-elle ratifier l'élection du 4 juin ? Contre la Commission exécutive sans autorité auprès des représentants, elle décide d'admettre Louis Bonaparte, grâce aux voix de droite. A gauche, malgré les efforts de Louis Blanc, beaucoup ont voté contre lui. La Commission exécutive ne s'en trouve pas moins mise en minorité. Le 15, une lettre assez hautaine du prétendant est lue devant les représentants. Le mot de République n'y figure pas ; en revanche, la phrase : « Si le peuple m'impose des devoirs, je saurai les remplir ; mais je désavoue tous ceux qui me prêteraient des intentions ambitieuses que je n'ai pas » soulève une tempête parlementaire. Louis-Napoléon est-il venu secrètement à Paris ? En tout cas, il réagit vite : le lendemain, « non sans de vifs regrets », il adresse sa démission. On est le 16 juin, à la veille de la grande insurrection qui changera le cours de la révolution de 1848. Beaucoup accuseront sans preuve le prétendant d'avoir fomenté le soulèvement. Il est certain que des napoléoniens figurèrent parmi les insurgés. Mais le mouvement, par son ampleur, dépassait de beaucoup les possibilités du prince qui d'ailleurs ne l'avait pas mieux prévu que beaucoup de ses contemporains. Toutefois sa démission le dispensait de se prononcer dans le conflit opposant l'Assemblée au peuple de Paris. Dans la terrible épreuve où tant d'hommes allaient s'user, lui ne se compromit pas.

Il paraît toujours, à Londres, au parc et à l'Opéra. On le voit, son chien Ham sur les talons, entrer chez son libraire où il va lire les journaux de Paris. Il aurait assuré que Cavaignac, vainqueur des journées de Juin, lui a déblayé la route. Mais les péripéties qui ont suivi son élection sont de nature à l'inciter à la prudence. Le 16 août, il écrit à son ancien protecteur, le général Dufour : « J'ai la ferme conviction qu'avant de pouvoir établir quelque chose de solide, il faut laisser aux utopies et aux passions le temps de s'user. » Quelle qu'ait été la part de la crainte ou du calcul politique, la prudente absence de Louis-Napoléon — absence relative puisqu'on continue à parler de lui — aura d'excellents résultats. A l'écart des luttes où s'use le personnel politique dans des circonstances difficiles, il persiste à se déclarer dévoué au nouveau régime. Il avertit Persigny : « Aucun de vos discours ne doit faire croire à une ambition autre de ma part que celle de servir mon pays suivant l'ordre des choses établi. » Étant bien entendu que si le peuple lui « imposait d'autres devoirs », il ne se déroberait pas. Étrange mélange d'idéalisme et de fourberie !

Les événements allaient se précipiter. Sous le gouvernement de Cavaignac, l'Assemblée poursuivait sa tâche de Constituante. La discussion publique occupa les mois de septembre et d'octobre. Quand des élections partielles eurent lieu les 4 et 5 septembre, Louis-Napoléon, après beaucoup d'hésitations, se décida à poser sa candidature. Les quatre départements qui l'avaient déjà élu renouvelèrent leur suffrage et la Moselle vint s'ajouter à eux. Dans la Seine, il arriva en tête, avec plus de 100 000 voix. Il n'était plus question de discuter l'admission du prince à l'assemblée. C'eût été nier le suffrage universel. Louis-Napoléon arriva à Paris le 24 septembre. Il s'installa dans deux étages de l'hôtel du Rhin, place Vendôme, face à la colonne. A la fin du mois, il prit séance à l'Assemblée avec une petite allocution où la République était remerciée de lui avoir rouvert la patrie et où il manifestait un loyalisme insoupçonnable. Il ne fallait pas moins que ces assertions pour lui concilier ses collègues réticents. Il était loin de représenter le député moyen. Sans ascendant physique, il était médiocre orateur, s'exprimant avec l'accent insolite d'un Français de l'étranger. Aussi bien on eut peu l'occasion de s'en apercevoir : non seulement il ne parlait pas, mais votait le moins possible pour ne pas se compromettre. Au total, il venait rarement au Palais-Bourbon où il siégeait à gauche, à côté de Vieillard, sans lier conversation avec ses collègues. On sentait qu'il ne se plaisait pas dans l'Assemblée qui le lui rendait bien. En revanche, il était parmi les premiers à toucher son indemnité parlementaire de 25 francs par jour. Pourtant, ce personnage insignifiant en apparence détenait un pouvoir certain attesté par ses élections multiples. Dès le début d'octobre, il était un candidat possible à la présidence de la République.

La difficulté rencontrée par la première République avait été celle de l'organisation d'un pouvoir exécutif. Après des siècles de monarchie, on concevait mal un exécutif collectif. Ceux de la Révolution française n'avaient pas laissé un bon souvenir ; tyranniques ou débiles, ils avaient ouvert la voie à la monarchie rénovée de Napoléon. Il fallait donc un président, comme aux États-Unis. Comme, précisément, le gouvernement provisoire, puis la Commission exécutive qui avait pris sa suite avaient créé d'innombrables mécontents, l'opinion, lasse des pouvoirs faibles, voulait un président doté de pouvoirs considérables. Le pays souhaitait être gouverné. La Commission de Constitution, où siégeaient des hommes éminents comme Odilon Barrot ou Tocqueville, préconisait un président puissant, élu pour quatre ans. Responsable (on ne savait devant qui), celui-ci ne pourrait dissoudre l'Assemblée législative mais nommait et révoquait ses ministres qui, encore qu'ils eussent entrée à l'Assemblée et formassent un conseil, n'en apparaissaient pas moins comme ses principaux conseillers. Pour éviter une trop grande influence du président, la commission proposait que ce dernier, au terme de son mandat de quatre ans, ne fût pas immédiatement rééligible. Les constituants pensaient à un chef du pouvoir exécutif analogue à Cavaignac qui gouvernait d'accord avec l'Assemblée, estimant qu'il avait besoin de la confiance de sa majorité. Le problème, c'était le mode d'élection du président. La commission envisageait le suffrage universel, seul capable de conférer prestige et autorité à l'élu. Mais il serait sans doute malaisé de trouver un candidat capable de polariser sur sa personne les votes de la nation. Un système mixte fut finalement choisi sur proposition de Tocqueville. Un candidat ne serait élu que s'il obtenait la moitié des suffrages plus un — la majorité absolue. A défaut, l'Assemblée se prononcerait parmi les candidats. Sur 9 millions d'électeurs, on pouvait prévoir qu'aucun candidat ne réunirait sur son nom plus de 4 millions de voix. La procédure normale reviendrait donc à laisser le choix à l'Assemblée tout en rendant hommage au suffrage universel — étant précisé que pour être élu, il faudrait avoir emporté 2 millions de voix.

S'opposa à la thèse de la commission l'amendement Grévy proposant de faire élire carrément le président par l'Assemblée seule. Soutenu par le futur président de la République, modéré mais ferme dans son loyalisme, il envisageait le statu quo : pas de président, mais un chef de l'exécutif toujours responsable devant l'Assemblée, donc toujours révocable et élu sans limite de temps, comme l'était le général Cavaignac — on voulait un pouvoir fort. L'amendement fut repoussé par 648 voix contre 158. La désignation par l'Assemblée — qui assurément n'aurait pas élu Louis Bonaparte — fut écartée après une belle intervention de

Lamartine. Il est possible que le poète ait été poussé par des préoccupations personnelles, mais il voulait surtout éviter une démocratie sans le peuple, indifférente aux électeurs. Il sentait combien la République avait déçu la nation.

La route était ouverte aux ambitions du prince. Il allait pourtant devoir surmonter un ultime obstacle. Le 9 octobre, un amendement Thouret proposait d'interdire la candidature aux membres de familles ayant régné sur la France. C'était l'expression directe des défiances suscitées par Louis-Napoléon Bonaparte. Provoqué, ce dernier ne pouvait se dispenser de monter à la tribune pour jouer sa dernière carte. Pris à l'improviste, il protesta contre ce nom de prétendant qu'on lui jetait sans cesse à la tête, mais de façon si piteuse que l'Assemblée accepta avec dédain que l'amendement fût retiré : son piètre comportement avait sauvé le futur candidat. Deux jours plus tard, la loi de proscription de 1832 frappant les Bonaparte était abolie. Le 12 octobre, Louis-Napoléon annonça sa candidature à la présidence de la République, ce qui ne surprit personne. Le moment qu'il avait si longtemps annoncé, celui où le peuple aurait la parole pour élire librement son gouvernement, était arrivé. Il avait quarante ans.

Dès la fin d'octobre, l'opinion ne s'intéressa plus qu'à l'élection présidentielle, bien que la constitution n'eût été votée que le 4 novembre. Être candidat était une entreprise malaisée. Neuf millions d'électeurs, en grande partie illettrés et étrangers à toute idée politique, étaient difficiles à toucher. Ils ne lisaient pas les journaux, ignoraient les personnalités. La gauche républicaine choisit Ledru-Rollin et organisa la *Solidarité républicaine* pour soutenir sa candidature. Mais l'ancien membre du gouvernement provisoire faisait désormais figure d'homme de parti plutôt que de personnalité nationale. La province le considérait souvent comme un personnage redoutable et les socialistes, lui reprochant de n'être pas des leurs, recommandaient l'abstention ou poussaient la candidature de Raspail. Lamartine était plus démonétisé encore ; il n'avait plus de prestige que dans quelques milieux intellectuels. Le général Cavaignac avait pour lui d'être en place, chef du pouvoir exécutif ;

l'homme était énergique, d'une loyauté éprouvée. En ses mains, la République n'était pas en danger. Il inspirait confiance à de nombreux militaires et notables des milieux d'affaires. Il avait rallié au régime un groupe de « républicains du lendemain », issus du personnel de la Monarchie de Juillet ; Rémusat, Dufaure, Tocqueville comptèrent sur lui pour acclimater une République née de façon si soudaine que les Français pour la plupart n'y pensaient même pas au début de l'année 1848. Mais il lui aurait fallu gagner sur sa droite pour compenser les répugnances de l'extrême gauche vis-à-vis du vainqueur de l'insurrection de Juin, et pour parfaire son image de candidat national. Lui faisait également défaut ce prestige que confère un grand talent.

La droite, c'est-à-dire ceux qui avaient vu sans enthousiasme ou avec frayeur l'avènement de la République, tous les partisans de la monarchie censitaire étaient fort embarrassés. Les personnalités « considérables » abondaient dans leurs rangs : militaires comme Bugeaud ou Changarnier, anciens présidents du Conseil comme Thiers ou Molé — à défaut de Guizot désarçonné par la révolution de Février. Mais outre qu'il était inconvenant de placer à la tête de la République une notoriété du régime déchu, aucune de ces vedettes n'était populaire ou même connue du corps électoral. On réalisait qu'il n'était pas commode de prendre la stature d'une personnalité nationale et populaire. Il faudrait sans doute soutenir la candidature d'une personnalité étrangère à la tendance, mais capable de collaborer avec elle pendant quatre ans. Cavaignac était acceptable, il faudrait seulement obtenir de lui des garanties. Exclusif dans ses convictions républicaines, le général atteignit vite la limite de ses concessions et ne gagna l'appui que d'une partie du clergé et des légitimistes du Midi et de l'Ouest ; ces derniers, indéracinables dans leurs fiefs, ne voulaient voter pour aucun prétendant. A ce titre, Louis Bonaparte ne leur convenait pas. Ils acceptaient le général comme un moindre mal, à titre d'expédient transitoire.

En revanche, le prince prêta une oreille attentive aux exigences de la droite catholique. Sans aucunement désavouer son passé patriote et socialisant, il se posait en cham-

pion de la réconciliation nationale et de l'union des classes.
Aux chefs du parti catholique, il promettait, tout en « n'aimant pas les couvents », la liberté de l'enseignement secondaire. Enfin, tous les mécontents, ceux qui ne se résignaient
pas à devenir des « républicains du lendemain » et rêvaient
d'une réaction contre l'œuvre accompli depuis Février
mettaient leurs espérances en lui. Leurs chefs, les Thiers, les
Molé n'avaient aucune confiance et d'ailleurs peu d'estime
pour lui. Un Rémusat, partisan de Cavaignac, mais intime
de Thiers, donne le ton : « On ne voyait en lui qu'un conspirateur absurde, un émigré d'un nouveau genre, un dandy
vieillot et dissipateur, et rien dans ses manières n'était fait
pour en donner une autre idée. [...] On savait en gros qu'il
avait publié plusieurs écrits assez peu sensés. » Un homme
d'une autre espèce...

Ces sentiments étaient réciproques. Poli, attentif, déférent, conciliant, Louis-Napoléon voyait qu'il avait contre
lui le parti républicain : extrémiste avec Ledru-Rollin et
Raspail, modéré avec Cavaignac et même Lamartine. Il
n'avait donc aucune raison de rebuter ces conservateurs
restés monarchistes qui venaient lui proposer un marché.
Une fois élu, il aviserait. Mais ce qu'il faut voir, c'est que le
ralliement de Thiers, de Molé, de Montalembert à sa candidature n'était pas à ses yeux et ne fut pas en réalité le facteur
décisif, car ces hommes n'avaient guère d'action sur le suffrage universel. Ils rallièrent la candidature de Bonaparte
lorsqu'ils comprirent qu'elle allait triompher. Ils lui apportèrent un appoint dont il est malaisé de préciser l'importance, mais qui n'influa pas sur le résultat de l'élection.
Persigny, factotum électoral du prince, en tirait la leçon :
« Une fois que nous avons montré aux classes bourgeoises
que le nom de Louis-Napoléon Bonaparte est une force aux
yeux des masses, il n'est pas difficile de leur faire comprendre que cette force sera employée au profit de l'ordre, de la
famille, de la propriété. » Ce sont déjà les termes dont usera
plus tard Louis Bonaparte parlant au royaliste Rességuier :
« Seul je dispose des vraies forces du pays, et seul je pourrais
donner à la droite la popularité qui lui manque car les classes
élevées ne comprennent pas le peuple. Aussi ne sont-elles

pas comprises par lui, et de là tous nos malheurs. » Se plaçant au-dessus des partis, le prince parlait d'union nationale sous son égide. Il prenait d'ailleurs des engagements rassurants : « Je ne suis pas un ambitieux qui rêve tantôt l'Empire et la guerre, tantôt l'application de théories subversives. [...] Je mettrai mon honneur à laisser au bout de quatre ans à mon successeur le pouvoir affermi, la liberté intacte. » Ces assertions irritaient George Sand qui exprimait la pensée des républicains : « M. Louis Bonaparte, ennemi par système et par conviction de la forme républicaine, n'a point le droit de se porter à la candidature de la présidence. Qu'il ait la franchise de s'avouer prétendant et la France verra si elle veut rétablir la monarchie au profit de la famille Bonaparte. » Le candidat avait placardé des affiches où son portrait était entouré d'anciennes lettres de Louis Blanc, de Béranger et de George Sand. Il faisait flèche de tout bois afin de récupérer des voix républicaines. Mais George Sand, tout en s'opposant à la manœuvre, reconnaissait que le candidat Bonaparte avait pour lui « tous les paysans », c'est-à-dire, à cette époque, la majorité de la nation. S'il était personnellement inconnu malgré ses efforts, son nom était peut-être le seul connu et populaire chez tous les Français. Mais aussi, homme nouveau, il représentait le désaveu de tout ce qui s'était passé depuis Février, sans être suspect de vouloir restaurer la royauté. Son nom, illustre et en l'occurrence inédit, allait servir à regrouper une immense coalition de mécontents de toute espèce. Paysans victimes des bas prix des récoltes et furieux d'une augmentation de près de moitié des impôts directs, boutiquiers faillis ou dans le marasme, ouvriers sans travail déçus par la République, entrepreneurs sans commandes, bourgeois ruinés ou craignant de l'être formaient, pour reprendre un terme cher à la propagande bonapartiste, des masses hétérogènes mais coagulées par la rancune et l'espoir.

Le candidat Bonaparte se donnait du mal. Il prodiguait les affiches le recommandant de divers bords, mais disposait de moins de journaux que Cavaignac ; c'est un domaine où l'appui des conservateurs dut lui être bénéfique. A l'hôtel du

Rhin, Mocquard, son futur chef de cabinet, avait bien organisé son secrétariat. Cet ancien secrétaire d'Hortense, après
avoir tâté de la diplomatie et de l'administration, était
devenu journaliste et trouva sa voie définitive au service du
prince. Le chef d'escadron Fleury, trente-trois ans en 1848,
cherchait un patron. Fils de famille décavé, il s'était engagé
et avait fait carrière grâce à Yusuf et Lamoricière dans
l'armée d'Algérie ; il avait une belle allure militaire et de
brillants états de service. En 1837 à Londres, Persigny
l'avait présenté à Louis-Napoléon à son retour d'Amérique.
Il aurait suivi le duc d'Aumale, jeune gouverneur de l'Algérie, sans la révolution de Février. A une réception donnée
par Cavaignac, un général de sa connaissance lui dit :
« Quelle chance vous avez eu de ne pas avoir été officier
d'ordonnance du prince ! Le rôle des Orléans est fini et
l'avenir est à présent au prince Louis-Napoléon. Il va être
nommé député, et, avant deux mois, vous le verrez devenir
président de la République. » Fleury fut adressé par le
comité électoral du prince Louis à l'hôtel du Rhin et rencontra le candidat. En dehors d'Edgar Ney, fils du maréchal, le
prince n'avait autour de lui, jugeait-il, que de « vieux débris
inconnus ou discrédités ». L'expression était dure, mais
reflétait bien la médiocrité de l'entourage dans son ensemble. Séduit par le jeune officier, le candidat en fit incontinent son compagnon, son garde du corps armé d'un revolver
et d'une canne à épée et son secrétaire militaire. Il se prome-
nait avec lui dans Paris, au bois de Boulogne, à pied ou à
cheval. Fleury lui parlait de l'énorme courrier — plusieurs
milliers de lettres — reçu par le candidat et auquel le secrétariat répondait ; Fleury était chargé de la correspondance
militaire. Louis-Napoléon s'efforçait aussi de faire des
connaissances dans le personnel politique et rencontra ainsi
Proudhon et Hugo qui ont relaté l'entrevue, mais aussi
beaucoup d'autres. Il rendait visite aux soldats (qui étaient
électeurs) dans les casernes et recevait le plus souvent un
accueil enthousiaste. Devant lui, un passage de troupes se
transformait en défilé ! Fleury notait que la plupart des
officiers tenaient pour Cavaignac, mais que la troupe était
pour Louis-Napoléon. Ce dernier, d'ailleurs, découvrait la

capitale au cours de ses démarches. Ainsi, lorsqu'il rendit
visite à Hugo, la place des Vosges l'impressionna-t-elle...
L'ancien conspirateur se souvenait qu'il devait se méfier et
changea souvent de domicile pour la nuit jusqu'au moment
où il pénétra à l'Élysée.

Très tôt avant l'élection, fixée au 10 décembre 1848, la
classe politique sut que la victoire de Louis-Napoléon était
certaine. Maxime Du Camp raconte que le cousin Napoléon-
Jérôme (lui-même représentant d'une gauche prononcée)
étant venu se plaindre de ce que des affiches de Louis-
Napoléon avaient été arrachées, le préfet de police, en le
reconduisant, lui avoua que peu importaient quelques
affiches ; le prince serait vainqueur avec une majorité écrasante. Fleury s'entendait déjà avec le Garde-Meuble pour
l'aménagement de l'Élysée, retenait une partie des serviteurs de l'ancienne maison du roi, songeait même à acheter à
Cavaignac des chevaux et un coupé à la princesse de Lieven,
le tout pour n'être pas pris au dépourvu...

Le vote était impatiemment attendu, car il devait mettre
fin au « provisoire ». Le résultat fut conforme aux pronos-
tics. Contre Ledru-Rollin, imposé par la révolution et
Cavaignac imposé par l'Assemblée, le pays élut le neveu de
Napoléon Ier. En dépit de la saison, le temps était beau. Sept
millions et demi d'électeurs, soit 76 % des inscrits, votèrent.
Un peu moins qu'en avril, mais beaucoup d'élections
s'étaient déjà échelonnées au cours de l'année et la date était
peu favorable. Pour que l'élection ne revînt pas à l'Assemblée, le vainqueur, on l'a vu, devait avoir au moins 2 millions
de suffrages et la majorité absolue soit 3 750 000 voix. Louis-
Napoléon en eut 5 millions et demi ; Cavaignac pas même un
million et demi. L'échec de Ledru-Rollin était surprenant
(370 000 suffrages), alors que Thiers croyait possible qu'il
enlevât 2 à 3 millions de voix. Raspail (37 000 voix) et
Lamartine (17 000) ne comptaient pas. Cavaignac suivait
dans leur disgrâce les hommes de Février ; il avait obtenu un
succès d'estime, mais l'adhésion populaire lui avait évidemment fait défaut. Paradoxalement, il n'avait emporté
que quatre départements où les légitimistes étaient forts
(Bouches-du-Rhône, Var, Finistère, Morbihan) ; leur con-

cours n'avait pas dû être étranger à ce succès local, mais c'était plutôt l'expression d'une défiance à l'égard de Louis-Napoléon. Cavaignac avait groupé un gros million de votes populaires et bourgeois acquis désormais de façon stable à une République modérée. C'était là l'unique progrès de la République, qui ne se confondait pas encore avec le suffrage universel ; l'idée progressait moins vite que la démocratie. Maurice Agulhon a remarqué aussi que les voix de Cavaignac étaient denses surtout à la périphérie du territoire. Mais quel que fût l'intérêt de ses résultats le général pâlissait devant le triomphe de son rival.

A une époque où les paysans formaient les trois quarts de la population, un succès national signifiait d'abord l'adhésion de la paysannerie. Les républicains leur avaient manifesté peu d'intérêt et en étaient punis. Mais le peuple des villes, à commencer par celui de Paris, avait lui aussi largement voté pour Louis Bonaparte : l'effondrement de Ledru-Rollin, l'insignifiance de Raspail le prouvaient avec éloquence. Quant à la bourgeoisie, ses gros bataillons avaient rallié la candidature du prince. L'ensemble représentait bien un vote de réaction confiée à un homme. Louis-Napoléon voyait se produire ce qu'il attendait depuis vingt ans. Et cela pour vingt ans. La nation, consultée librement, avait plébiscité l'héritier de la dynastie des Napoléons qui ne pouvait y voir que la confirmation de ses idées. Le gouvernement de la République était une nouvelle fois confié à un empereur. Ce pays où il résidait depuis moins de trois mois se confiait à lui. Était-ce dû au caractère inédit du suffrage universel ? Sans aucun doute, dans la mesure où l'élu n'avait rien fait et ne pouvait se recommander que de son nom. Mais c'était aussi un vote de conjoncture. La révolution de Février, « révolution surprise », avait plongé la nation dans un trouble tel que, désespérant de tout remède classique, elle n'espérait plus qu'en un sauveur miraculeux.

Le président n'était d'ailleurs pas tout-puissant dans la République. Ses pouvoirs étaient tout de même limités et surtout limités à quatre ans — à trois ans même pour la première présidence —, et il ne pouvait être immédiatement réélu. Enfin, en signe de défiance à l'égard d'un succès

possible de Louis Bonaparte, l'Assemblée, quoique ayant
aboli tout serment politique, l'avait maintenu pour le seul
président qui, à son entrée en charge, devait jurer fidélité à la
constitution. Or s'il n'est pas certain qu'il ait pensé devenir
empereur dès son investiture, on peut en revanche tenir
pour assuré qu'il était bien décidé à se maintenir au pouvoir.
Sans doute, au début, espérait-il une révision légale de la
constitution qui lui permettrait de demeurer en charge sans
enfreindre son serment. Persigny, avec sa franchise brutale,
lui conseillait, par un message, de demander, avant de prendre tout engagement, que le constitution soit ratifiée par le
peuple ; à cette occasion, il serait possible de faire modifier
les articles gênants. Lors de la discussion constitutionnelle,
un amendement dans ce sens n'avait recueilli que 44 voix
(dont celles de Hugo et de Montalembert).

Parlementarisme et doctrine plébiscitaire se heurtaient
déjà, l'Assemblée n'admettait de vote populaire que pour
déléguer le pouvoir. Si Louis-Napoléon avait suivi Persigny, une crise se serait ouverte d'emblée, lourde de risques
pour le président élu mais non investi. Ce dernier ne suivit
pas le conseil de son confident. Mais il se condamnait à
obtenir une révision légale ou à ne se maintenir que par un
coup d'État, étant bien entendu qu'il n'abandonnerait plus
de son plein gré le pouvoir que la constitution de la République lui avait conféré. Ses partisans parleront du « piège »
tendu en exigeant le serment de lui seul, mais il faut souli-
gner qu'il n'était nullement gênant pour un président décidé
à respecter la constitution. Louis-Napoléon marchait vers
un but inavoué, à l'abri de déclarations mensongères. Il ne
trompait d'ailleurs personne dans la classe politique. Le
malaise apparut dès l'origine lors de la cérémonie d'investiture. Les résultats proclamés, le président (appelé « citoyen »
par le président de l'Assemblée Marrast), prêta serment,
renforça celui-ci d'une allocution, alla serrer la main de
Cavaignac qui s'y prêta de mauvaise grâce et, au cri de
« Vive la République » proféré par les représentants, partit
dans la nuit pour l'Élysée. Un détachement de cavaliers
escortait sa voiture. Le questeur Lacrosse, fils d'un officier
de l'Empire, accompagnait le prince. Fleury et Edgar Ney

galopaient aux portières. L'essentiel avait été assuré par Fleury. Un dîner « sans recherche, mais bien servi » réunit des convives parmi lesquels se trouvaient Persigny, Vaudrey, Laity. Les complices avaient été à la peine, ils se trouvaient à l'honneur. De tout cela, Louis-Napoléon n'avait jamais douté.

DEUXIÈME PARTIE

I

Le ministère de la captivité
(jusqu'au 31 octobre 1849)

Pour Louis-Napoléon, la difficulté se situait après le succès. Comme le constatait Persigny, il avait un pouvoir énorme, mais se trouvait inconnu dans un pays qu'il ne connaissait pas. C'est dans cette situation insolite qu'il lui fallait former un ministère. L'élection l'avait opposé à tous les républicains et à la majorité de l'Assemblée. Il songea à faire appel à Lamartine. L'idée était intéressante. Mais le poète était désabusé et le renvoya à Tocqueville ou à Odilon Barrot. Ici Thiers entra en scène. Comme l'écrit Rémusat, l'ancien ministre de Louis-Philippe avait un peu tardivement soutenu la candidature du prince ; il courait au secours de la victoire et toutes les démarches du « vibrion » avaient bien apporté 50 000 mille voix au vainqueur ! Il était plaisant de le voir faire la mouche du coche si l'on se rappelait qu'en 1840, président du Conseil, il avait fait arrêter et juger Louis-Napoléon. Il l'avait maintenant pris sous sa protection.

Le soir de l'élection, le prince dînait chez Thiers, place Saint-Georges, avec le prince Napoléon, la princesse Mathilde, Vieillard, Molé, Changarnier. Le lendemain, l'élu invitait son hôte de la veille avec « ces dames » (Mme Thiers, sa mère Mme Dosne et sa sœur) à l'hôtel du Rhin. Cette lune de miel n'allait pas sans arrière-pensées. Thiers prenait le prince pour un « crétin » qu'on mènerait en lui procurant de l'argent et des femmes. Il fallait donc l'utiliser comme un homme de paille avant de le remplacer au terme de son mandat. Peu soucieux de se commettre avec un aussi piètre personnage, il déclina donc l'honneur de former un ministère où entreraient toutes les vedettes du parti conservateur et se borna à s'entremettre pour constituer un cabinet de doublures que dirigerait Odilon Barrot. Le prince, de son côté, devait plus tard dire à Ollivier : « Ce fut un malheur pour moi de n'avoir pu débuter par un ministère républicain et d'avoir été obligé de me confier aux hommes de la rue de Poitiers. » (Le local où se réunissaient les conservateurs était situé dans cette rue de la rive gauche).

Mais sur les républicains, il ne fallait pas compter. Dès le début, Louis-Napoléon les eut contre lui. A défaut, Odilon Barrot, honnête, aimable et au besoin courageux présentait cet avantage d'être le plus à gauche des conservateurs. Ancien chef de l'opposition dynastique dans les chambres de la Monarchie de Juillet, il avait, en pleine révolution, été choisi par Louis-Philippe comme président du Conseil, désignation que les événements avaient rendue platonique. Il allait prendre sa revanche, mais rien n'indiquait mieux que cette nomination combien la révolution avait reculé : le ministère Barrot aurait pu être un cabinet de la Monarchie de Juillet. Dans la coulisse, Thiers et Molé le conseilleraient et le surveilleraient. Un seul des nouveaux ministres, Bixio, était un républicain modéré : il partit bientôt. Une personnalité attirait également l'attention : Falloux, l'un des chefs du « parti catholique », eut l'Instruction publique et les Cultes ; il se proposait de réaliser la liberté de l'enseignement secondaire et n'avait accepté le poste que pressé par ses amis ecclésiastiques. Il avait connu Persigny en Angleterre, et ce dernier assure qu'il le fit choisir pour contrarier Thiers qu'il détestait. Falloux, objet d'attentions particulières du président qui désirait l'appui des catholiques, n'en était pas pour autant dévoué à sa personne et à sa politique. Pour compléter « l'encerclement », le pouvoir militaire (si important en cette période troublée) était détenu par le général Changarnier, commandant de la Garde nationale et de la division de Paris. Il dominait le ministre de la Guerre et se donnait des airs de protecteur vis-à-vis du président dont la constitution disait qu'il « disposait de la force armée » sans « jamais pouvoir la commander en personne ». A Lyon, le maréchal Bugeaud, chef de l'armée d'Italie, appartenait à la tendance réactionnaire.

Louis-Napoléon se trouvait « détenir une force immense dans une complète solitude » ; force lui était de s'insérer dans un système qui lui était étranger et où ses tendances ne pouvaient s'exprimer. L'expression de la volonté nationale que constituait son élection ne pouvait se traduire dans l'action gouvernementale parce qu'il se heurtait aux partis hostiles ou protecteurs et compromettants. Il ne pouvait les utiliser et n'avait pas de parti qui lui fût propre. Le danger était que son élection triomphale apparût, à l'usage, comme une colossale méprise. Une volonté de réaction mais non de restauration l'avait imposé à la classe politique ; comment ne pas la trahir en laissant s'installer au pouvoir sous son nom la coalition réactionnaire ? La campagne électorale avait suscité de nombreuses caricatures représentant Louis-Napoléon sous divers aspects également peu flatteurs : un imbécile affublé de la défroque de son oncle, qui lui était trop grande ; une sorte de polichinelle à l'accent germanique, nanti d'un nez et de moustaches importants, qui ne comprenait rien aux conseils qu'on lui prodiguait pour faire figure. « Rien n'est changé en France, il n'y a qu'un Suisse de plus », un Suisse qui, visitant les Invalides, ne voulait pas partir sans avoir vu l'invalide à la tête de bois !

Beaucoup plus nuancés, cela va sans dire, les conservateurs libéraux, parlementaires jusqu'aux moelles, considéraient ce président tombé du suffrage universel comme un être insolite, d'une autre race. Deux portraits tracés par deux hommes éminents de ce groupe en témoignent. Tocqueville écrivait à la fin de la IIe République : « Il se croyait fermement l'homme de la destinée et l'homme nécessaire. [...] S'il avait une sorte d'adoration abstraite pour le peuple, il ressentait très peu de goût pour la liberté. Le trait caractéristique et fondamental de son esprit, en matière politique, était la haine et le mépris des assemblées. Le régime de la monarchie constitutionnelle lui paraissait plus insupportable que celui même de la République. [...] Lui-même, à

travers ses bonnes manières, laissait percer quelque chose
qui sentait l'aventurier et le prince de hasard. [...] Il désirait,
avant tout, rencontrer le dévouement à sa personne et à sa
cause ; le mérite le gênait pour peu qu'il fût indépendant. Il
lui fallait des croyants en son étoile et des adorateurs de sa
fortune. » Rédigeant ses Mémoires sous l'Empire, alors que
Napoléon III avait accumulé les succès, voici Rémusat : « Je
ne doutais pas qu'une fois président, il n'entrât tôt ou tard
en lutte avec la légalité constitutionnelle et ne tentât de
renverser, ou tout au moins de transformer la République
par un coup d'État. [...] Il lui manque tant des qualités d'un
homme de mérite ordinaire, jugement, instruction, conversation, expérience, tout cela chez lui est sujet à tant de
lacunes qu'on est prompt à le classer au-dessous du médiocre. Mais cet idiot est doué d'une faculté rare et puissante,
celle de mettre du sien dans les choses humaines. [...] Sa
présence a changé le cours de l'histoire. [...] Celui qui fait
intervenir son imagination dans les affaires du monde et
produit ou modifie des événements en vertu de sa fantaisie
possède je ne sais quel don de hardiesse ou de force qui le tire
de la foule et le met au rang des personnages historiques. »
Rémusat tient compte des résultats obtenus, Tocqueville
voit l'homme en 1849. Tous deux cependant expriment bien
l'étonnement des parlementaires devant une personnalité si
différente de la leur par sa formation, ses méthodes, son
système de valeurs. Ils sont perplexes, oscillant entre le
mépris et la reconnaissance, réticente, de ses dons. Quant à
Daniel Stern (pseudonyme de la comtesse d'Agoult), historien de 1848, il a discerné chez lui « cet idéal de dictature
révolutionnaire qu'une démocratie encore inculte, tumul-
tueuse, irrationnelle et passionnée préfère aux gouvernements libéraux ». Mais Louis-Napoléon entendait mettre
cet idéal révolutionnaire au service d'une rénovation de
l'ordre établi.

Dans ces conditions, la collaboration du président avec
ses ministres ne pouvait être satisfaisante. Il ne les avait pas
choisis vraiment, à l'exception peut-être de Falloux. Odilon
Barrot et ses collègues regardaient cet homme de quarante
ans comme un aimable hurluberlu. Ils préparaient leurs

décisions entre eux et se bornaient en Conseil à exposer au
président les motifs de leur détermination. Ils ne pouvaient
s'empêcher de sourire lorsqu'il arrivait vêtu d'un pantalon
d'uniforme militaire. Le regard morne, l'air absent, il risquait un « ne vous semble-t-il pas ? », proposait la réalisation de colonies agricoles ou l'amnistie des déportés de Juin,
propositions qui détonnaient dans le cours régulier des
affaires. Ce rêveur avait soudain des initiatives brutales.
Ainsi avait-il demandé, dès le début de sa présidence, les
dossiers d'archives sur les conspirations de Strasbourg et
Boulogne, exigence qui provoqua la démission du ministre
de l'Intérieur ; mais il obtint gain de cause et sut peut-être
qui l'avait trahi. Ayant obtenu ce qu'il voulait, il redevint
conciliant et morne.

Les affaires d'Italie allaient provoquer un nouvel éclair
d'autorité. Les révolutions de 1848 avaient d'abord secoué
la domination autrichienne sur la péninsule. Pie IX, élu en
1846, bien qu'ayant commencé des réformes libérales dans
le gouvernement temporel de ses États, avait refusé de
s'associer à une guerre de libération contre l'Autriche.
Débordé par les révolutionnaires, il avait dû fuir et chercher
refuge dans le royaume de Naples, et une république
romaine avait été proclamée sous l'impulsion de Mazzini et
Garibaldi. En ce même automne 1848, les Autrichiens
avaient défait l'armée piémontaise du roi Charles-Albert et
menaçaient de replacer l'Italie sous leur contrôle. Cavaignac
s'était borné à empêcher par une intervention diplomatique
l'écrasement du Piémont et à offrir à Pie IX un asile en
France (offre qui fut d'ailleurs négligée). Arrivés au pouvoir
sous le couvert de Louis Bonaparte, les conservateurs
étaient bien décidés à empêcher l'Autriche de régler à sa
guise le sort de l'Italie, et sur ce point, tous les Français
étaient d'accord avec eux. Où l'unanimité cessait, c'était sur
l'attitude à prendre vis-à-vis de la question romaine. La
gauche de Ledru-Rollin voulait que l'armée française sou-
tînt la République romaine alors que les conservateurs — ou
plutôt les réactionnaires — exigeaient la restauration de
Pie IX dans son pouvoir temporel. Ce serait le signe que la
France passait dans le camp de la contre-révolution. Candi-

dat, le président avait promis au parti catholique le rétablissement du pouvoir temporel. Restait à en préciser les
moyens et les modalités. La constitution de 1848 proclamant que la République française n'emploierait jamais ses
forces contre la liberté d'aucun peuple, il fallut trouver un
moyen terme : un corps expéditionnaire de 14 000 hommes
fut débarqué à Civitavecchia, port des États romains sur la
mer Tyrrhénienne, et devançant les Autrichiens, il se plaça
entre eux et Rome. En même temps, la diplomatie française
devait réconcilier le pape et ses sujets. Le programme était
d'autant plus difficile à réaliser que la plupart des chefs de la
République romaine, champions d'une Italie républicaine
et unifiée, n'étaient pas romains. Le corps d'armée français,
ne sachant clairement s'il venait en ami ou en ennemi,
s'avança vers Rome et fut repoussé. Il y avait eu hostilités et
échec des Français. Le président, sans consulter ses ministres, adressa au général Oudinot, chef de l'expédition, une
lettre rendue publique : « Notre honneur militaire est
engagé ; je ne souffrirai pas qu'il reçoive une atteinte »
(8 mai). Une politique belliqueuse se substituait ainsi à
l'attitude louvoyante du ministère. Sur l'affaire de Rome,
Louis-Napoléon se séparait carrément de ses ministres.
Sans doute ne courait-il guère de risque, adoptant l'attitude
la plus radicale de ses protecteurs de la droite. Mais la
majorité de l'Assemblée constituante, qui vivait ses derniers
jours, était républicaine et assurément plus circonspecte, ce
dont les ministres devaient tenir compte. Éloigné de ces
contingences, Louis-Napoléon se posait en champion de
l'honneur national...

Cependant la vie s'organisait à l'Élysée. Le président était
qualifié « Altesse et Monseigneur » et ses armoiries étaient
peintes sur sa calèche : le protocole était déjà monarchique.
Tout cela s'insérait assez étrangement dans une constitution
républicaine. Mérimée, faisant la connaissance du président
à une réception du ministère, le décrit : « Petit, une tête faite
pour un corps beaucoup plus grand, l'air très gentleman, un
accent presque étranger sans qu'on puisse lui assigner une
origine. Il parle fort peu, et ce qu'il dit est convenable, mais
il ne fait pas de frais. Il a les manières d'un légitime, *cold-*

distant and self-conscious. » Déjà l'embryon d'une Cour d'allure essentiellement militaire était perceptible. Même Persigny avait été transformé en colonel d'état-major de la Garde nationale ; il était chargé des relations avec le monde politique et l'Assemblée. Toulongeon, qui connaissait le monde légitimiste, dressait les listes d'invitation. Bacciochi, neveu d'Élisa, sœur de l'Empereur, accueilli à l'Élysée, se voyait chargé de l'organisation des fêtes et des représentations théâtrales, Ney organisait de « modestes chasses » à Marly et Saint-Cloud. Fleury, officier d'ordonnance, jouait le rôle de maître de maison veillant aux équipages, à la tenue de toutes choses dans le palais, en somme un combiné de grand écuyer et de grand maréchal. En plus, il avait organisé un bureau militaire où se concentrait toute la correspondance issue de l'armée arrivée au cabinet du président. Chaque lettre, même d'un simple soldat, recevait une réponse. L'officier d'ordonnance s'établissait ainsi en position d'intermédiaire entre le prince et l'armée, par-dessus la tête du ministre. On cherchait à susciter des dévouements à la personne de Louis-Napoléon. Vaudrey avait une position officielle de gouverneur du palais ; le vieux soldat accumulait les bévues, mais la reconnaissance du président le maintenait en place. La petite équipe se retrouvait entre elle aux écuries qui ne contenaient guère plus d'une dizaine de chevaux. Rue Montaigne, elles étaient le domaine de Fleury. Ou bien le président réunissait ses collaborateurs chez Miss Howard. L'Anglaise avait suivi Napoléon en France. Ses sentiments, mais aussi son concours financier lui donnaient des titres à sa reconnaissance. Établie près du palais, c'est chez elle que le prince s'était créé une intimité. Presque chaque jour, il montait à cheval avec elle au Bois de Boulogne. Miss Howard prenait ainsi position de Pompadour de la présidence et d'hôtesse de l'entourage.

Un nouveau personnage pénétra dès janvier 1849 à l'Élysée. Né en 1811, Morny était le fruit de la liaison de Flahaut et de la reine Hortense. Il semble que la reine l'ait rencontré dès 1829 ; en tout cas, elle ne cessa jamais de le suivre dans son enfance et sa jeunesse. C'est seulement à la mort d'Hortense que Louis-Napoléon aurait appris l'existence de ce

demi-frère illégitime. Ils n'avaient eu jusque-là aucun rapport. Morny, bien en Cour aux Tuileries sous Louis-
Philippe, avait commencé une carrière militaire vite abandonnée pour les affaires et la politique. Sa maîtresse Fanny
Le Hon, d'une riche famille d'hommes d'affaires belges,
l'avait largement aidé. Jeune député conservateur du Puy-
de-Dôme où il possédait une sucrerie, il faisait figure depuis
1842 de futur ministre lorsque la révolution de Février
anéantit sa situation politique et le ruina. Il résidait la plupart du temps à Londres, auprès de Flahaut, marié en
Angleterre, et essayait de vendre sa collection de tableaux.
Les créanciers le harcelaient. Déconcerté, il chercha sa voie,
eut des velléités de passer au légitimisme. Il croyait, comme
beaucoup, à l'élection du prince, mais pensait qu'à l'épreuve
il se montrerait inférieur à sa situation. Pourtant sa position
était trop critique pour qu'il pût négliger la chance offerte
par l'ascension de son demi-frère. Le loyalisme vis-à-vis des
Orléans ne le retenait pas et il trouvait honteuse leur
conduite en Février. Il entra donc en contact avec le président par Bacciochi. En janvier 1849, une longue entrevue
réunit les deux hommes de 10 heures du soir à 1 heure du
matin. De prime abord, ils ne se plurent guère. Morny
trouva Louis « imbu de préjugés, de faux systèmes, de
défiance. Il avait les idées qu'on prend naturellement dans
un exil prolongé, une espèce de libéralisme sentimental
naturel aux proscrits, mais avec lequel on ne conduit pas
longtemps un gouvernement. Son entourage se composait
d'une collection de niais ayant passé leur vie dans l'opposition ou en prison ». La bande de Strasbourg et de Boulogne
ressemblait peu au monde dans lequel Morny cherchait ses
relations et avait acquis son expérience. De son côté, Louis-
Napoléon trouva à son demi-frère un « caractère envahis-
sant ». Le président écoutait avec intérêt tous les conseils,
mais, s'il tenait compte de certains, détestait paraître avoir
subi la moindre influence. « Il n'aimait surtout pas que
personne revendiquât le droit d'auteur. » Pourtant, dès le
mois d'avril, Morny voyait le président tous les jours et
devint sans doute son conseiller le plus écouté. Vedette du
monde et de la politique, des élégances et du sport, il ne

pouvait demeurer dans la situation difficile où l'avait plongé
la révolution. Dès le début ou presque il conseilla au président un coup de force qui lui donnerait pleins pouvoirs.
Mais le prince ne montrait pas de hâte et entendait choisir
son moment.

Il y avait chez lui un fond de négligence, d'apathie. Lanjuinais, qui fut son ministre en 1849, le trouvait « déplora-
blement paresseux ». Levé à dix heures, traînant jusqu'à
midi, au Conseil de treize à quinze heures, puis se promenant et dînant chez miss Howard. Son amour du plaisir
freinait son ambition. L'Élysée joua vite un rôle dominant
dans la vie mondaine et sociale de Paris. Au début, le cadre
était assez disparate. Rapportant dans *Choses vues* ses
impressions du premier dîner privé offert au palais, Hugo
traduit son sentiment d'une improvisation dans un meublé.
La résidence prit figure lorsque tapis et tentures fanés,
lustres et appliques ternis eurent été remplacés. Le président recevait deux fois par semaine. Le lundi, on dansait. Le
personnel politique venait ; Louis-Napoléon était aimable
avec Thiers et conduisait « ses dames » au buffet. Les républicains étaient absents, mais les légitimistes, longtemps
sevrés sous Louis-Philippe des plaisirs de la Cour, étaient
nombreux dans les salons de l'Élysée. Le corps diplomatique et les étrangers de qualité séjournant à Paris voulaient
aussi y paraître. Les notes du général de Castellane et de
l'Autrichien Apponyi relatent, pour chaque soirée, le ton de
la réception et le nom des vedettes du jour. Une maîtresse de
maison manquait bien un peu, mais la cousine Mathilde en
tenait volontiers la place. L'ex-fiancée d'Arenenberg, libérée d'une union avantageuse mais éprouvante avec le Russe
Demidoff, l'un des hommes les plus riches d'Europe, vivait
en liaison avec le « Beau Batave » Nieuwerkerke, sculpteur
amateur et arriviste consommé. Mathilde aimait se retrouver princesse dans le palais national. Son frère Napoléon-
Jérôme commençait à décevoir l'affection de son cousin. Il
avait été nommé ambassadeur à Madrid, mais l'imprudence
de ses propos caustiques allait contraindre à le rappeler
presque aussitôt. A tout le moins, le vieux roi Jérôme avait
abandonné Louis-Philippe pour rallier son neveu. Ce der-

nier, tout en reconnaissant que ce n'était pas facile, allait obtenir de ses ministres une cascade de faveurs pour le vieux libertin promu gouverneur des Invalides et maréchal de France ! On ne ferait jamais trop pour le dernier frère vivant de Napoléon Ier. La révolution avait tellement anéanti toute vie mondaine que la société — aussi bien que le commerce — se réjouissait de cette renaissance d'une Cour et en savait gré au président.

Elle pouvait d'autant plus lui en être reconnaissante que Louis-Napoléon, comme à l'ordinaire, était en pleine crise financière. Il était au plus bas lorsqu'il entra à l'Élysée et son traitement de 600 000 francs se révéla totalement insuffisant pour le train assumé ; et six cents mille autres francs durent lui être alloués pour frais de représentation. Ils devaient être également insuffisants. Les finances de la présidence furent un gouffre que ne parvenaient pas à combler les subsides supplémentaires arrachés à l'Assemblée.

La pensée de Louis-Napoléon au gouvernement était simple : « La sécurité d'abord, ensuite les améliorations. Rapprocher tous les anciens partis, les réunir, les réconcilier, tel doit être le but de nos efforts. C'est la mission attachée au grand nom que nous portons » (au prince Napoléon, le 10 avril 1849). Ce programme, aurait pensé Morny, était quelque peu utopique. Le premier acte politique du nouveau président avait été de passer, le 24 décembre, une grande revue de la Garde nationale et de la garnison de Paris. Mérimée en donne un commentaire précis. La revue se passa « fort en douceur ». Louis-Napoléon, au grand déplaisir de Thiers (qui craignait, devenu lui-même président, de ne pouvoir l'imiter) avait revêtu l'uniforme de général de la Garde nationale. Aucun incident notable à l'exception d'un cerf-volant en forme d'aigle. La garnison avait défense de crier. La Garde nationale rassemblait quelque 45 000 hommes. Les légions de banlieue crièrent : *Vive Napoléon*, les légions du centre de la capitale : *Vive la République* ; la légion du quartier Mouffetard et l'artillerie, traditionnellement à gauche, avaient ajouté *sociale*. La garde mobile criait peu (un quart : *Vive la République*, un huitième *Vive Napoléon*). Le président serait rentré tout déconfit des

nombreux cris de *Vive la République* qui visiblement prenaient déjà un sens d'opposition.

Le seul pouvoir républicain subsistant était l'Assemblée.
Les événements avaient tourné contre son attente puisqu'elle n'aurait assurément pas élu Louis-Napoléon. La
présence du prince à l'Élysée signifiait son désaveu devant
l'opinion et en somme l'échec de la République à laquelle un
nouvel ordre de choses se substituait. Mais une assemblée
ne prononce pas volontiers elle-même son arrêt de mort, et
la Constituante seule pouvait fixer un terme à son mandat.
Pour subsister, elle avançait la nécessité d'achever sa tâche
en complétant la constitution par des lois organiques. En
tout état de cause, il était peu démocratique de prolonger
une assemblée qui n'avait nullement démérité, mais qui se
trouvait désavouée. Un conflit s'engagea sur ce point au
cours du mois de janvier 1849 entre les républicains et la
droite, dont le président était le prisonnier. Les droites ne
voulaient pas que l'Assemblée votât ces lois organiques dont
les projets étaient trop républicains pour leur goût. Le
ministère supprimait des clubs, suspendait des municipali-
tés, changeait les préfets et préparait la dissolution de la
garde mobile, recrutée en février parmi les jeunes chômeurs
et très à gauche. La lutte culmina le 29 janvier. Mis en
minorité à plusieurs reprises, Barrot, contrairement aux
usages parlementaires, resta au pouvoir en se prévalant de
l'autorité du président qui lui promit son appui. Devant des
démonstrations houleuses autour du Palais-Bourbon,
Changarnier réagit. La nuit précédente, une cinquantaine
de militants de la gauche avaient été arrêtés. Un déploie-
ment menaçant de troupes entoura l'Assemblée sans que le
président de cette dernière ait même été informé. A une
esquisse de démonstration révolutionnaire répondait une
ébauche de coup d'État. L'Assemblée, après d'obscures
tractations avec les ministres, capitula et vota, à cinq voix de
majorité, sa prochaine séparation. Dans la majorité de l'opinion, elle était impopulaire ; le président, au contraire,
ayant traversé Paris à cheval, de l'Élysée à l'Arsenal, fut très
acclamé. Des conciliabules s'étaient tenus. Thiers et les
chefs conservateurs, Morny, avaient discuté d'un coup

d'État contre l'Assemblée, mais Louis-Napoléon avait refusé. Il avait le temps devant lui et ne voulait pas faire un coup à demi avec les conservateurs et à leur profit. En tout cas, le conflit de janvier 1849 l'avait mis à même d'affirmer son autorité sur ses ministres qui avaient dû faire appel à lui contre la majorité parlementaire et enfin de se débarrasser de cette Assemblée qui ne lui était pas favorable.

La suivante, la législative dont la désignation était fixée au 13 mai 1849, lui serait-elle plus propice ? Les conservateurs, rendus confiants par l'élection présidentielle de décembre précédent, préparèrent la campagne. Avec la législative se mettrait en place l'autre pouvoir prévu par la constitution. Le suffrage universel arbitrerait le conflit entre les républicains et le président. Cette fois, l'issue serait légale. Les conservateurs formaient une coalition assez disparate qui s'intitulait « Union libérale » mais qui a conservé l'appellation de « Parti de l'ordre ». Peu de républicains modérés y vinrent et beaucoup n'y restèrent pas. Son siège était rue de Poitiers. D'anciens parlementaires de la Monarchie de Juillet l'inspiraient : Broglie, Molé, Thiers, Rémusat, Montalembert étaient du comité directeur et les membres étaient d'anciens orléanistes, des légitimistes, des militants du « parti catholique ». Tous ces hommes se réclamaient en théorie d'un idéal politique opposé à la République dont l'application aurait montré les divergences. Pratiquement, ils comprenaient que la République était le régime qui les divisait le moins. Le tout était de s'y trouver au pouvoir. On demanda au président de désigner deux membres du comité ; il choisit Persigny et le général Piat, chef de son comité électoral. Persigny se déclara favorable à l'Empire et à la fusion des partis existants sous la direction du président. Il n'y avait pas de parti bonapartiste avant le 10 décembre et il ne s'agissait pas d'en créer un. En réalité, à côté des fidèles des « anciens partis » se forma un parti officieux mais bien réel « de l'Élysée » qui voulait avant tout maintenir le président au pouvoir et lui faisait confiance pour arrêter la guerre sociale entre les « rouges » et le reste de la population. Persigny rêvait, pour préparer les élections, de révoquer massivement les préfets et les fonctionnaires et de les remplacer par des fidèles de Louis-Napoléon. Pourtant, les ministres de Barrot n'avaient pas boudé la besogne, mais il s'agissait du parti de l'ordre plutôt que du parti de l'Élysée. Persigny parlait d'élections « misérablement préparées » par le ministre Léon Faucher, qui créeraient un divorce entre l'administration et les populations. Évidemment, à l'Élysée, on avait d'autres méthodes à l'esprit.

Beaucoup d'électeurs, croyant appuyer la politique du président, élurent des monarchistes camouflés en républicains du lendemain. En fait, toute une partie de l'électorat, soit par détestation de la révolution de Février, soit par docilité aux autorités sociales — ou les deux — vota pour le parti de l'ordre. Sur 750 sièges, ce dernier en remporta 450 : une large majorité absolue. Les républicains modérés — parfois républicains du lendemain sincèrement ralliés — n'avaient qu'une soixantaine de sièges alors qu'ils détenaient la majorité dans la précédente Assemblée. En revanche, la gauche démocrate socialiste de Ledru-Rollin remporta 2 368 000 suffrages, soit 900 000 de moins seulement que le parti de l'ordre, alors qu'en décembre 1848 l'écart entre Louis-Napoléon et Cavaignac avait atteint 4 millions. Les « démocsocs » comptaient quelque 210 élus. Paris s'était partagé, mais dans seize départements, la liste démocrate-socialiste était passée en totalité. Ledru-Rollin était élu cinq fois, cumulant sur son nom plus de 700 000 voix. De l'Alsace à la Provence, au nord et à l'ouest du Massif Central, les populations rurales avaient voté pour les rouges. Les conservateurs avaient cru parfaire leur victoire, mais il leur fallait envisager une lutte longue et incertaine. Leur triomphe en fut gâté et ils ne prêtèrent attention qu'aux progrès de leurs adversaires. D'autant que les votes de l'armée, largement rouges, n'avaient rien qui pût les rassurer.

A vrai dire, aucun des partis ne se résignait à une action purement parlementaire. Depuis le début de la présidence de Louis-Napoléon, on attendait la solution des difficultés de l'insurrection et du coup d'État. A la veille des élections, le président avait envoyé Persigny chez le maréchal Bugeaud, commandant l'armée d'Italie à Lyon. Dans les pays de la Saône et du Rhône, les élections s'étaient faites au cri de « A bas les Blancs ! » A Lyon, l'argent avait disparu, on ne pouvait plus changer un billet de banque. Si toute la France avait voté comme la région, Bugeaud avait mission de marcher sur Paris. Finalement, les rouges étant minoritaires, le mouvement fut contremandé. De son côté Ledru-Rollin, croyant que l'armée lui était favorable et surtout pressé par ses frères de la République romaine de les sauver en changeant le gouvernement de la France, voulut au moins faire pression sur le pouvoir.

Dans la nouvelle majorité, on comptait Persigny, élu dans la Loire, et Morny, réélu dans le Puy-de-Dôme ; cela permit à ses créanciers de saisir son indemnité, mais l'aide des riches Mosselmann, la famille de son amie Fanny, lui permit de subsister. Une nouvelle majorité aurait pu impliquer un nouveau ministère. Le remaniement ne se révéla pourtant pas aisé. Le président avait écrit à Barrot : « Il faut choisir des hommes dévoués à ma personne. [...] Il faut destituer la plupart des agents que M. Dufaure (sous Cavaignac) a nommés. Il faut enfin réveiller partout le souvenir non de l'Empire, mais de l'Empereur, car c'est le seul sentiment au moyen duquel on peut lutter contre les idées subversives. » Barrot fit revenir Dufaure ! Ce dernier voulut s'appuyer sur Rémusat ou Tocqueville ; Tocqueville se laissa convaincre. le ministère accentua sa couleur centriste. Avant les élections, il était plus à droite que la majorité de la Constituante ; à présent, il se situait plus à gauche. Ces républicains du lendemain archimodérés se proposaient de « maintenir quelque temps » la République dans une ligne modérément conservatrice. Tocqueville et ses collègues étaient résignés à faire leur possible pour perpétuer Louis-Napoléon au pouvoir, jusqu'au coup d'État exclu, par une révision légale de la Constitution. Pourtant Persigny et Morny trouvaient les ministres incapables d'agir et en même temps désireux que le prince ne puisse rien faire que par leur intermédiaire.

La question romaine fut l'occasion du nouvel affrontement. Sûr de l'approbation de la majorité, le président ayant donné l'ordre d'attaquer Rome, Ledru-Rollin déposa le 12 juin 1849 une motion d'accusation contre lui et contre ses ministres. L'article 110 de la constitution confiait sa défense « à la garde et au patriotisme de tous les Français » ; la même constitution proclamait que la République n'userait jamais de la force contre la liberté d'aucun peuple. L'attaque contre la République romaine justifiait donc une manifestation pour la défense de la constitution, « même par les armes ». Le président répondit par une proclamation qui reprenait le mot célèbre : « Il est temps que les bons se rassurent et que les méchants tremblent. » A Paris, la journée du 13 juin se résuma en une grosse manifestation sur les boulevards, colonne coupée en tronçons par l'irruption des troupes de Changarnier. Ledru-Rollin et ses amis, réfugiés au Conservatoire des Arts et Métiers, s'enfuirent en Angleterre où les attendait un long exil. L'affaire, à demi sérieuse à Paris, fut beaucoup plus grave à Lyon. Par leurs imprudentes initiatives, les démocrates socialistes avaient permis de déclencher le mécanisme de l'état de siège et des poursuites contre les hommes et les journaux. Changarnier faisait alors crier *Vive Napoléon* à ses soldats. C'était devenu le cri des loyalistes ; *Vive la République* était laissé à des insurgés en puissance. Après le 13 juin encore, des conciliabules se tinrent. Les chefs de la majorité se joignaient à son entourage pour conseiller au président la révision de la constitution grâce à un coup de force. L'opinion persistait à croire à un coup d'État imminent. L'armée française entra à Rome le 13 juillet, Pie IX fut restauré. La République française jouait ainsi sa partie dans la contre-révolution. Persigny trouvait que les ministres avaient été mous et aurait voulu que l'on profitât de l'occasion pour éliminer de l'Assemblée non une trentaine, mais tous les Montagnards ! Louis-Napoléon se trouvait pris entre une coterie de partisans du coup d'État brutal et de la répression radicale et une tendance qui voulait une révision légale. Celle-ci comprenait non seulement ses ministres, mais des hommes notoires comme Broglie et Molé. Enfin beaucoup de représentants commençaient à rallier le parti de l'Élysée.

L'été survenant, le président profita des « moindres occasions de quitter le milieu étouffant où il se sentait claquemuré », comme disait Persigny, pour visiter les provinces, écouter leurs doléances et leur parler. Ses courts voyages de l'été 1849 lui firent visiter Chartres, la Somme, Nantes, Angers, Saumur et Tours. Partout il remporta de grands succès, particulièrement dans la Somme où Amiens lui ménagea un triomphe. A Ham, il fit son *mea culpa* et proclama la nécessité du respect de la loi. A Tours, 1er août, il s'efforça de calmer l'opinion : « Les lois que nous avons peuvent être plus ou moins défectueuses ; mais elles sont susceptibles de perfectionnements. Confiez-vous donc à l'avenir, sans songer ni aux coups d'État, ni aux insurrections. Les coups d'État n'ont aucun prétexte, les insurrections n'ont aucune chance de succès. » Ces paroles fermes et dignes adressées à une nation lasse, avide de repos et de stabilité obtenaient un vif succès. Le président apparaissait comme l'arbitre défendant une voie moyenne au milieu des tentatives de révolution et de réaction, la voie où la République n'avait su s'engager.

En même temps, la politique extérieure lui permettait d'agir. Persigny fut envoyé en Allemagne en septembre-octobre. En six semaines, il visita Hanovre, Berlin, Dresde, Munich et Vienne. L'Autriche et la Prusse s'opposaient, se disputant la prépondérance en Allemagne dans une réorganisation que les révolutions de 1848 avaient rendue inévitable. Le tsar Nicolas Ier s'efforçait de maintenir la paix entre elles au nom de l'idéal monarchique. Louis-Napoléon envoyait son compagnon comme envoyé personnel, car les diplomates appartenaient tous aux anciens partis, et aucune confiance n'existait entre le président et eux. Persigny avait pour mission de prendre contact avec les gouvernements allemands, de leur exposer la situation de son prince et leur montrer combien Louis-Napoléon était un facteur d'ordre en France et en Europe. Les masses l'appuyaient contre les partis, il incarnait le sentiment national, seule force capable de triompher des passions révolutionnaires. Il fallait donc le traiter avec respect, puisque l'attaquer serait compromettre l'ordre social européen. La présidence ne durerait pas quatre ans, c'est un nouvel ordre de choses qu'elle inaugurait. En dépit de son ton hâbleur qui tranchait avec la circonspection d'usage chez les diplomates, Persigny fut écouté avec attention. Il incitait les potentats germaniques à équilibrer Saint-Pétersbourg par Paris et à dénoncer ainsi l'entente traditionnelle des trois Cours du Nord (Russie, Autriche et Prusse) formée contre la France révolutionnaire. Non que Louis-Napoléon renonçât aux idées de la Révolution, mais comme son oncle, il les voulait dans l'ordre.

Les affaires d'Italie étaient, dans l'immédiat, plus pressantes. La majorité des Français approuvait sans doute l'occupation de Rome et la restauration du gouvernement pontifical, mais pour eux cette restauration ne devait pas donner le signal d'une réaction vengeresse opérée sous la protection des trois couleurs. Pourtant Pie IX, avant de rentrer dans ses États, prescrivait ou laissait faire une politique contre-révolutionnaire analogue à celle qui aurait pu résulter d'une occupation autrichienne. Il était désormais gagné aux doctrines antilibérales et savait pouvoir compter en France sur le « parti catholique » et d'une façon générale sur le parti de l'ordre pour faire pression sur le gouvernement. Aussi négligeait-il les avertissements diplomatiques de la France. Barrot et Tocqueville, ministre des Affaires étrangères, auraient souhaité des réformes et des mesures de clémence de la part du Souverain Pontife, mais estimaient devoir suivre la majorité de l'Assemblée dirigée par Thiers qui soutenait Pie IX pour maintenir sa cohésion.

Mécontent de cette orientation le président décida de faire connaître son désaccord en envoyant à son ami le colonel Ney, qui faisait partie du corps d'occupation, une lettre qui, sous son aspect intime : « Mon cher Edgar », était en réalité un manifeste destiné à la publication. Il savait que la majorité des officiers était de son avis. Il songeait aussi à l'opinion italienne autant qu'à celle de la France. La lettre fut publiée d'abord en Italie, puis dans la presse française. Ses termes étaient nets : « La République française n'a pas envoyé une armée à Rome pour y étouffer la liberté italienne. [...] Je résume ainsi le rétablissement du pouvoir temporel du pape : amnistie générale, sécularisation de l'administration, code Napoléon et gouvernement libéral » (18 août 1849). Le document fit sensation. Non que son contenu fût bien neuf puisque le président reprenait les desiderata des gouvernements de Louis-Philippe. Il faudrait ajouter qu'il obtint aussi peu de résultats, avec cette circonstance aggravante que désormais le gouvernement pontifical vivait sous la protection des soldats français. On ne pouvait évacuer Rome sans provoquer une crise parlementaire en France, et les cardinaux chargés d'administrer la ville le savaient bien. Le président avait besoin du parti catholique et ne pouvait le mécontenter sérieusement. A tout le moins avait-il tenu à se démarquer. Il avait officieusement communiqué la lettre à ses ministres après son envoi. Mais la publication changeait tout. Falloux, représentant des intérêts catholiques au ministère, ne pouvait que démissionner, et Barrot était dans l'embarras, car la lettre était approuvée par la gauche et condamnée par la droite sur laquelle il s'appuyait. A l'Assemblée, il dut affronter un débat difficile. Thiers, au nom de la majorité, défendit la politique contre-révolutionnaire de Pie IX, sans même citer la lettre du président qu'il semblait considérer comme un facteur négligeable. Barrot ne défendit pas non plus la politique de la lettre à Edgar Ney ; il ne songea qu'à conserver la majorité à force de concessions. Mais la majorité l'abandonnait. Découragé, il proposa alors à Thiers et à Molé de prendre le ministère ; ils déclinèrent une fois encore la proposition. Lorsque Barrot rapporta ses entretiens au président, ce dernier lui répliqua que, lui, n'aurait jamais confié un portefeuille à Thiers, même si celui-ci l'avait désiré. Louis-Napoléon avait essayé de gouverner avec le parti de l'ordre, mais il n'entendait pas lui être subordonné. Il se résolut donc à renvoyer Barrot et prépara en sous-main la formation d'un ministère composé d'hommes à lui, qui lui devraient tout et seraient ses fidèles collaborateurs.

Le 31 octobre 1849, Barrot, qui venait pourtant de reconquérir la majorité à l'Assemblée, fut soudain renvoyé avec une décoration, ce qui le surprit péniblement, d'autant que son frère Ferdinand était au nombre des nouveaux ministres. La présidence du Conseil disparaissait ; Louis-Napoléon dirigerait directement les ministres. Ces derniers étaient des hommes nouveaux. Le général d'Hautpoul était bien un ancien pair de France, mais Achille Fould, dont le frère dirigeait une grande maison de banque, était le financier de confiance de Louis-Napoléon auquel il rendait des services d'argent. Compétent, ayant la confiance des milieux d'affaires, cet homme déjà connu allait devenir l'un des adjoints favoris du président. Morny avait indiqué Rouher et Parieu, deux avocats rivaux au barreau de Riom, eux aussi promis à une brillante carrière sous le Second Empire. Avec le trio Rouher-Parieu-Fould, le personnel du régime faisait son apparition. Louis-Napoléon montra la signification de ce changement de personnel en affirmant « la nécessité d'une direction unique et ferme, et d'une politique nettement formulée. [...] A peine les dangers de la rue étaient-ils passés qu'on a vu les anciens partis relever leurs drapeaux. [...] Au milieu de cette confusion, la France, inquiète parce qu'elle ne voit pas de direction, cherche la main, la volonté de l'élu du 10 décembre. Or cette volonté ne peut être sentie que s'il y a communauté d'idées, de vues, de convictions, entre le président et ses ministres et si l'Assemblée elle-même s'associe à la pensée nationale dont l'élection du pouvoir exécutif à été l'expression. Tout un système a triomphé au 10 décembre, car le nom de Napoléon est à lui seul un programme ; il veut dire à l'intérieur ordre, autorité, religion, bien-être du peuple, à l'extérieur dignité nationale. C'est cette politique, inaugurée par mon élection, que je veux faire triompher avec l'appui de l'Assemblée nationale et du peuple. » Ce programme montrait que le président rejetait désormais l'autorité de ses tuteurs de la droite et entendait gouverner par lui-même avec des hommes choisis par lui. Une période s'achevait où il avait dû employer le personnel que les conservateurs lui fournissaient. Désormais il avait sa propre équipe. L'Assemblée elle-même était conviée à s'associer à sa politique ; lui donnerait l'impulsion au centre de tous les pouvoirs. C'était un renversement complet de ce qu'attendaient les auteurs de la constitution. L'origine de ce changement d'équilibre résidait dans le caractère plébiscitaire de l'élection présidentielle, qui avait déséquilibré tout le système pour lui substituer un ordre de choses entièrement nouveau.

A l'occasion de cette crise ministérielle, Victor Hugo acheva de passer dans les rangs de la gauche. En 1848, le poète, pair de France créé par Louis-Philippe, avait résisté aux avances de Lamartine. Élu en juin à l'Assemblée, juste devant Louis-Napoléon Bonaparte, il avait siégé parmi les conservateurs. Lors de l'élection présidentielle, il était dans la presse un des partisans du prince, qui lui en avait témoigné une vive reconnaissance. Mais à l'Assemblée, ses rapports avec le parti de l'ordre étaient devenus moins bons. Il aurait voulu une large politique sociale et s'attristait de voir une réaction aveugle combattre les projets de réformes du catholique Armand de Melun. Enfin, sur la question romaine, sa position était proche de celle de Louis-Napoléon, mais il n'avait pas été soutenu par Barrot. Son amour-propre était vif, il était peu maniable et se fit des ennemis. Lorsque le prince constitua son ministère du 31 octobre, il aurait fort bien pu lui donner un portefeuille. Peut-être le président craignit-il l'éclat d'une personnalité encombrante. Hugo fut oublié, et cela acheva de le faire changer de bord. On peut présumer que ce ne fut pour Louis-Napoléon qu'un détail entre tous ceux qui tissaient sa vie. Pourtant il n'avait pas su s'attacher un poète qui allait lui survivre. L'évolution de Victor Hugo est au nombre des échecs de Louis-Napoléon.

II

Louis-Napoléon entre royalistes et républicains

Après avoir secoué la tutelle des chefs du parti de l'ordre, que l'on commença à surnommer les Burgraves (d'après le drame de Hugo), le président se montra prudent. Chaque pas fut suivi d'une période d'accalmie. Après tout, les nouveaux ministres ne différaient guère des précédents par leurs idées sociales. Ils ne faisaient pas tache dans le parti de l'ordre, qu'ils ne pouvaient inquiéter que par leur allégeance personnelle à Louis-Napoléon. C'est en mars 1850, Parieu étant ministre, que fut votée la loi sur l'enseignement secondaire ; elle plaçait l'Université sous la tutelle des conservateurs. Louis-Napoléon payait ainsi sa dette aux hommes politiques et à l'électorat catholique. Encore qu'il assistât assez fréquemment à la messe, le neveu de l'auteur du Concordat ne pouvait passer pour un homme pieux ou religieux, mais il voulait résolument l'appui de l'Église, quitte à ne pas se placer sous sa tutelle comme le montrait la lettre à Edgar Ney. Il allait ainsi rendre hostiles à son gouvernement beaucoup d'intellectuels effrayés des progrès du « cléricalisme » et de l'enseignement des écoles catholiques. Ses concessions au parti de l'ordre le situaient plus à droite peut-être qu'il ne le voulait. En fait, son équipe réalisait les objectifs du parti de l'ordre.

Une autre occasion montra à l'opinion combien le gouvernement du président glissait à droite. Après le 13 juin, Ledru-Rollin et ses lieutenants avaient été poursuivis,

condamnés et privés de leurs sièges à l'Assemblée ; trente
représentants, dont trois à Paris, devaient être élus pour les
remplacer. Le 10 mars 1850 fut la date fixée pour cette
épreuve décisive qui montrerait s'il y avait recul de la
gauche. En dépit des entraves apportées à leur campagne
électorale, les démocrates ne perdirent que dix sièges sur
trente. A Paris, leurs trois candidats furent élus bien groupés : Carnot, dont la candidature était une protestation
contre la loi Falloux, le socialiste Vidal, collaborateur de
Louis Blanc et De Flotte, insurgé de Juin gracié, devan-
çaient les candidats du parti de l'ordre parmi lesquels le
général de Lahitte, l'un des ministres du président. La
coalition entre la bourgeoisie et le peuple qui avait fait la
révolution de Juillet s'était reformée pour défendre la
République menacée par la réaction. Le 28 avril, à une
élection partielle à Paris, Eugène Sue, candidat des Montagnards, triomphait de Leclerc, garde national en Juin ; le
parti de l'ordre en fut bouleversé. L'idée d'un coup d'État
opéré de concert entre les chefs de la majorité de l'Assemblée et le président reprit faveur. Le suffrage universel serait
supprimé, une Chambre haute établie. Si une insurrection
se produisait, Changarnier l'écraserait. En somme, une pré-
figuration du 2 décembre, mais avec le concours de l'Assemblée. Pour sa part, le président bénéficierait d'une prolongation de pouvoirs ou du droit d'être réélu. Ici, les
Burgraves cessèrent d'être d'accord. Les légitimistes, avec
Berryer, n'entendaient pas travailler à une restauration
bonapartiste. De son côté, Louis Bonaparte hésitait à se
compromettre avec des hommes dont il lui faudrait peut-
être se séparer à l'avenir. Il demanda le maintien de la
constitution, mais laissa agir Thiers et ses amis. Le résultat
fut une loi sévère sur les clubs, une autre rétablissant pour la
presse les conditions antérieures à la révolution, mais surtout une loi électorale (31 mai 1850).

L'exercice du suffrage universel était marqué, depuis
avril 1848, par une abstention croissante. En décembre, les
abstentionnistes formaient déjà un quart du corps électoral ;
en mai 1849, ils représentaient un tiers. Dans quelques
grandes villes, à Paris surtout, la mise à jour des listes était

difficile, et leur valeur incertaine. Une commission extra-parlementaire fut alors formée par la majorité de l'Assemblée. Un projet fut prêt en deux ou trois jours qui, sans abolir le suffrage universel, parvenait au même résultat en posant des conditions de durée de présence au même domicile. Presque 3 millions d'électeurs furent radiés sur moins de 10 millions. Les éliminés étaient loin d'être tous aux rouges — des électeurs légitimistes ou napoléoniens disparurent également des contrôles —, mais c'était tout de même la tendance démocrate-socialiste qui était touchée. Elle se trouvait pour ainsi dire exclue de la cité légale par un détour hypocrite. Émile Ollivier qualifia cette opération de « Fructidor de la nouvelle République » par allusion aux coups de force désordonnés des gouvernements du Directoire. Louis-Napoléon laissa faire et même favorisa la manœuvre, qui privait l'ennemi commun de moyen d'action légale. Il remplaça même son ministre de l'Intérieur par un nouveau venu, Baroche, grand avocat devenu procureur général, qui conserva dans ses nouvelles fonctions l'esprit de sa charge précédente. Homme de la réaction, il devint l'un des hommes de confiance du président. Ainsi se constitua le trio Fould-Rouher-Baroche qui devait longtemps diriger l'administration du Second Empire.

Louis-Napoléon dit un jour à Hortense Cornu : « Quand l'Assemblée sera au-dessus du précipice, je couperai la corde ». Finalement, il avait écarté l'idée d'un coup de force en association avec les Burgraves. Quoiqu'il en eût, il s'était compromis avec eux, ce qui ne pouvait lui plaire beaucoup. Le suffrage populaire faisait partie de ses principes. La loi lui retirait ses électeurs. Enfin, la constitution exigeait 2 millions de voix en faveur de l'élu à la présidence, faute de quoi c'était l'Assemblée qui faisait l'élection ; 2 millions font le tiers de 6, alors qu'en 1848 ils ne représentaient que le cinquième des inscrits. Il aurait donc fallu spécifier que la nouvelle loi électorale ne concernait pas l'élection présidentielle, ce qui était étrange. De toute manière, Louis-Napoléon était convaincu d'emporter l'élection à une majorité considérable. Sa mission était même d'enlever leur prépondérance aux rouges grâce au drapeau de l'idée napoléonienne. La loi électorale demeurait à ses yeux temporaire et toute de circonstance. Dans l'été 1850, les républicains n'avaient de chances ni par l'insurrection ni par l'élection. Le régime était aux mains de leurs adversaires. L'affermissement définitif de la République paraissait peu probable ; elle était réduite à l'état de régime de transition.

Les républicains se replièrent alors sur eux-mêmes, organisant des sociétés secrètes, se confinant dans l'abstention en attendant l'année 1852 où l'Assemblée et le président seraient renouvelés. Quant à la majorité, elle se disloqua. Elle s'était unie contre l'ennemi commun. Dès qu'il fallut remplacer ce qui existait, les divergences et mêmes les oppositions se firent jour. Légitimistes et orléanistes, séparés, n'avaient pas de force suffisante. L'idée naquit après la mort de Louis-Philippe (août 1850) de réconcilier branche aînée et branche cadette puisque, le comte de Chambord étant sans enfant, les Orléans seraient ses héritiers. La « fusion monarchique » fut pourtant plus malaisée que prévu. Derrière les susceptibilités personnelles de Chambord, il y avait le conflit entre la France d'Ancien Régime et celle issue de la Révolution. Le prétendant déjà éludait suffrage universel et régime parlementaire. Les légitimistes hétérodoxes, qui voulaient confier au vote populaire le soin de choisir le régime futur, désavoués par Chambord, passèrent souvent au parti de l'Élysée. Des orléanistes déçus firent de même. Les partisans du président se multipliaient avec les échecs des négociations entre royalistes. Au sein du parti de l'ordre, Thiers, Rémusat et leurs amis étaient maintenant isolés entre républicains, royalistes de diverses obédiences et partisans de l'Élysée. Le grand parti de l'ordre n'avait guère duré qu'un an.

Louis-Napoléon mit à profit cette évolution pour demander une augmentation de son traitement. 1849 avait vu doubler ce dernier, porté à 1 200 000 francs. Cette fois-ci, il réclamait 2 400 000 francs. La commission de l'Assemblée réduisit cette exigence à 1 600 000 francs pour frais de représentation, et un député du parti de l'Élysée proposa de transiger pour 2 160 000 francs. La proposition, grâce à l'appui protecteur de Changarnier, passa à 21 voix de majorité, ce qui n'était guère flatteur pour le président. La petite Cour de l'Élysée coûtait trop cher, et il y avait l'arriéré des dettes antérieures. Bref, le président vivait comme un fils de famille endetté, attendant l'héritage qui lui permettrait de dépenser enfin sans compter. Pour des raisons financières également, il lui fallait stabiliser sa position. Falloux résume bien la situation vue par un royaliste : « Le prince Louis Bonaparte semblait se fatiguer du rôle de président de la République et laissait clairement entrevoir des desseins nouveaux. A partir de ce jour, la question n'était plus posée entre la république et la monarchie. Elle se posait inévitablement entre la monarchie vraie et la monarchie fausse. [...] Je considérai que le suprême péril, c'était non plus la république, moralement discréditée et numériquement vaincue, mais le césarisme, aux mains d'un prince d'autant plus dangereux qu'il ne connaissait le danger de rien et qu'il gardait, au sein même du pouvoir, les audaces inconscientes d'un esprit incurablement aventurier. »

Coïncidant avec les « pèlerinages » royalistes à Wiesbaden ou à Twickenham, se succédèrent, au cours de l'été de 1850, de longs voyages présidentiels en France. Jusqu'alors, grâce au chemin de fer, ils s'étaient limités à un ou deux jours, mais ce furent désormais de longs périples. En juillet, il y eut le voyage dans l'Est, sans compter une incursion à Saint-Quentin. Dans cette dernière ville, Louis-Napoléon prononça les paroles fameuses : « Mes amis les plus sincères, les plus dévoués ne sont pas dans les palais, ils sont sous le chaume ; ils ne sont pas sous les lambris dorés, ils sont dans les ateliers et dans les campagnes. » Le déplacement dans l'Est (de Lyon à Strasbourg par la Bourgogne et la Comté) affrontait, non sans crânerie, des populations où les républicains étaient nombreux et lui ménagèrent des cris de *Vive la République* et même quelques bousculades. Avec habileté et fermeté, le président sut se tirer d'affaire et se posa dans ses discours en défenseur de la République. Ainsi à Lyon : « Je ne reconnais à personne le droit de se dire son représentant plus que moi » — ce qui pouvait être un défi aux chefs de la Montagne. Mais les campagnes l'acclamaient toujours. En septembre, ce fut le tour de la Normandie. Là, les opinions conservatrices dominaient et le voyage fut sans problème. Encouragé par le climat favorable, Louis-Napoléon multiplia les allusions à une évolution future. Ainsi à Caen : « Si des jours orageux devaient reparaître et que le peuple veuille imposer un nouveau fardeau au chef du gouvernement, ce chef, à son tour, serait bien coupable de déserter cette haute mission ». A Cherbourg : « Plus je parcours la France et plus je m'aperçois qu'on attend beaucoup du gouvernement. Rien de plus naturel que la manifestation de ces vœux. Elle ne frappe pas, croyez-le bien, une oreille inattentive, mais à mon tour je dois vous dire : ces résultats tant désirés ne s'obtiendront que si vous me donnez le moyen de les accomplir, et ce moyen est tout entier dans votre concours à fortifier le pouvoir et à écarter le danger de l'avenir. » L'allusion concernait les vœux que cinquante Conseils généraux venaient, après avoir été pressentis, d'émettre en faveur d'une révision constitutionnelle permettant la réélection du président. La question était désormais claire. Face à l'hostilité des républicains, face à la prise de position des royalistes, le président se posait en mainteneur de l'état des choses existant pourvu qu'un changement constitutionnel lui permît de faire constater que le peuple voulait son maintien au pouvoir : ni monarchie ni république des républicains, une adaptation de l'ordre nouveau issu de 1848. Mais sans reconnaître ce qu'on devait à la révolution, que Rouher à l'Assemblée venait, en juillet, de qualifier de « catastrophe » sous les cris d'indignation des républicains.

A l'automne de 1850 ce fut le tour des grandes revues. L'armée jouait un grand rôle dans la République. On comptait sur elle pour vaincre les insurrections longtemps menaçantes, et le prestige des grands chefs militaires s'en était trouvé grandi. La garde mobile, dissoute en 1849, et la Garde nationale, largement épurée, plaçaient le soldat au premier plan de la cité pour défendre l'ordre. En 1850, le grand chef militaire était le général Changarnier, dont la réputation s'était faite en Algérie. Il faisait partie de la pléiade des « Africains » accourus au secours de la République, mais lui n'était pas républicain, pas même du lendemain. La mort de Bugeaud, enlevé par le choléra en 1849, et

la défaite politique de Cavaignac, de Bedeau et Charras le
mirent en évidence après l'élection présidentielle. Seul
Lamoricière, sur les instances de Fleury, avait accepté une
mission diplomatique à Saint-Pétersbourg, mais il avait
démissionné après le 31 octobre. Changarnier avait reçu le
commandement réuni de la division de Paris et de la Garde
nationale — ce qui d'ailleurs n'était pas très réglementaire.
Son succès du 13 juin avait porté sa réputation de dompteur
d'émeutes à son comble. Mérimée, par exemple, écrivait à
son amie Mme de Montijo : « Nous sommes d'ailleurs parfaitement tranquilles moyennant Changarnier et ses soixante
mille hommes. » Pommadé, précieux tout en usant le cas
échéant du vocabulaire le plus grossier, c'était certainement
un chef de valeur qui inspirait confiance ou crainte au
public.

Ses rapports avec le président furent d'abord des plus
cordiaux. Le général affectait de comprendre la volonté de
Louis-Napoléon de restaurer l'Empire, il l'encourageait à
un coup audacieux. Le prince laissant tomber ses allusions,
il se refroidit à son égard et se rapprocha des milieux royalistes au point de tomber sous leur influence. Lorsqu'au
cours de l'été 1850 ceux-ci se séparèrent du président, la
position du général devint difficile. Son commandement
semblait faire de lui l'arbitre éventuel d'un conflit politique
entre le président et l'Assemblée. Un peu gêné par sa situation et par les flatteries de son entourage, Changarnier
accentua le ton de protection railleur qu'il affectait envers le
président. Ce dernier avait résolu la question de ses rapports
avec les Burgraves civils ; restait le problème des chefs militaires. A l'élection présidentielle, la majorité des officiers
avait voté pour Cavaignac : il lui fallait se créer un parti dans
l'armée comme dans le monde politique. Le prince était
décidé à s'affranchir de la protection encombrante et peu
sûre du général. En droit, rien de plus aisé : disposant de la
force armée sans pouvoir la commander en personne, il
nommait aux emplois militaires comme aux emplois civils.
Il pouvait donc d'un trait de plume enlever son commandement à Changarnier, à condition qu'un ministre de la
Guerre consentît à contresigner la mesure. Or, elle provo-

querait une tempête politique. Et le président seul garan-
tirait-il aussi bien l'ordre qu'avec Changarnier ? Qu'on pût
poser la question était un outrage pour lui.

Dès le mois de juin, les invités savaient combien les deux
hommes, sous des apparences cordiales, se défiaient l'un de
l'autre. Un correspondant parisien avertissait le général de
Castellane : « La première occasion qui se présentera sera
avidement saisie par le président. Une des choses qui ont le
plus indisposé le président contre Changarnier, c'est que
dans ses ordres du jour, il ne parle jamais de lui. » Et
Castellane de commenter, le 8 août 1850 : « Le général
Changarnier a tort de dire un grand mal du président, et
encore devant assez de monde pour que cela soit répété. Je
crains que le général Changarnier ne soit étourdi par le
pouvoir. Élevé en très peu de temps au pinacle par l'énergie
qu'il a déployée dans des circonstances graves, il croit trop à
la durée de sa puissance. Il a une grande influence sur
l'Assemblée, cela est vrai ; il croit que s'il y a une nouvelle
élection présidentielle, personne ne réunissant le nombre de
suffrages exigé, ce sera à l'Assemblée à choisir parmi les
candidats, et qu'alors il sera indubitablement élu. Je ne crois
pas [...] à une seconde élection présidentielle. » Louis-
Napoléon n'avait pas secoué la tutelle des hommes politiques « considérables » pour rester dans la dépendance d'un
général. Il n'attendait plus que l'occasion d'agir.

Depuis son accession à la magistrature suprême, il avait
continué sa politique de prévenances envers l'armée commencée pendant sa campagne électorale. Il offrait de grands
dîners militaires où officiers et sous-officiers étaient conviés.
Les revues de Saint-Maur et de Satory, suivies par un
brillant public qui comprenait la future impératrice, se ter-
minaient par un casse-croûte. Les journaux détaillèrent le
saucisson de la troupe et le poulet froid des officiers. Fleury,
de son côté, ne perdait pas son temps et cultivait les relations
utiles. Ce fut une revue à Satory, le 10 octobre 1850, qui créa
l'incident dont la crise allait sortir. Depuis la révolution de
Février, la troupe criait sous les armes pour manifester son
loyalisme. *Vive Napoléon* avait remplacé *Vive la République*
abandonné aux opposants. Changarnier lui-même, au début

de la présidence, avait encouragé ces acclamations. Une fois
le général passé à la majorité de l'Assemblée, il s'avisa qu'il
était peu conforme à la discipline de crier sous les armes et
prescrivit de défiler en silence. A Satory, l'infanterie passa
donc sans mot dire, et cette « muette » fut d'autant plus
remarquée que les cavaliers poussèrent le cri accoutumé,
certains allant jusqu'à clamer : *Vive l'Empereur*. Changarnier, qui pouvait mesurer ainsi la baisse de son influence, se
plaignit à la commission de permanence de l'Assemblée, qui
était en vacances jusqu'au début de novembre. La commission fut embarrassée de voir se rompre le front de l'ordre.
Les conservateurs trouvaient commode de maintenir le
compromis en cours. Le président d'ailleurs s'était borné à
nommer le général d'infanterie — un protégé de Changarnier — à un commandement supérieur ; sur son refus, il
l'avait mis à la retraite. Loin de plier, Changarnier perdit
alors toute prudence et affirma, à la tribune de l'Assemblée,
le 2 janvier 1851, que le président de cette dernière avait le
droit de requérir des troupes. La menace était directe :
Changarnier pouvait recevoir le commandement de la
troupe requise et arrêter le président pendant que la majorité de l'Assemblée le mettait en accusation. Il accentuait le
conflit entre l'Assemblée et le président, ce qui faisait écrire
au ministre Baroche : « A mesure que le conflit s'aggrave
entre le président et l'Assemblée, on s'habitue à penser qu'il
se résoudra par un coup de force ».

Le 3 janvier, Louis-Napoléon annonce à ses ministres
qu'il va révoquer le général. Affolés par cette déclaration de
guerre à la majorité de l'Assemblée, plusieurs d'entre eux,
dont celui de la Guerre, démissionnent alors. Le prince fait à
Barrot un appel qui n'aboutit pas, celui-ci étant pris entre
les royalistes et les partisans de l'Élysée. Louis-Napoléon
négocie sans résultat avec les chefs de la droite, de Thiers à
Berryer. Alors il menace de constituer « un ministère
d'hommes dévoués et presque inconnus » ; on pense à Persigny qui court Paris à la recherche d'un général consentant à
contresigner la révocation. Dans les couloirs de l'Assemblée, l'ami du prince menace les Burgraves d'une guerre
civile mettant en péril leurs hôtels et leurs châteaux. La

confusion est à son comble. Finalement on s'assure le concours du général Regnault de Saint-Jean-d'Angély qui consent à signer, et les autres ministres reviennent. Les Burgraves ont craint une entente entre le président et la gauche. Le 9 janvier, est signé le décret qui met fin au cumul des deux commandements, dont chacun est confié à un nouvel officier. Fleury en personne va porter la lettre de révocation à Changarnier qui dort encore et qui se borne à remarquer : « Votre président a une singulière façon de reconnaître mes services. »

L'Assemblée sentit l'importance de la mesure. Mais après tout, elle était légale. Les républicains ne regrettaient pas le général. Thiers seul regroupa ses amis ; hostile à la constitution, il ne l'était pas, en fin de compte, à la République. Le petit homme espérait confusément qu'elle satisferait son ambition ; il méprisait Louis Bonaparte, tout en comprenant peut-être qu'il avait été dupé par lui. Le 10 janvier, le lendemain de la révocation, Rémusat, ami de Thiers, interpella le gouvernement, demandant la constitution d'une commission, et fut approuvé à une majorité de 57 voix. Les républicains modérés étaient venus au secours du centre gauche, mais les Montagnards étaient restés à l'écart, n'ayant pas de raison de préférer Thiers au président. L'Assemblée était en vérité très divisée. Beaucoup de ses membres n'osaient déjà plus s'opposer à Louis-Napoléon. Le rapporteur de la commission, Lanjuinais, proposa de blâmer la révocation du général et de proclamer qu'il emportait les regrets de l'Assemblée, mais Thiers prononça un discours fameux : « Si l'Assemblée faiblit, au lieu de deux pouvoirs, il n'y en aura plus qu'un ; le mot viendra quand on voudra, *l'Empire est fait.* » A vrai dire, l'Assemblée ne pouvait rien de plus. Parmi les députés du rang, à droite, beaucoup craignaient que le président, mécontent, ne prenne appui sur les républicains. Le ministère fut d'ailleurs mis en minorité : 417 voix contre 286. La droite s'était divisée, et les républicains avaient la majorité. Comme il ne pouvait ni ne voulait sans doute pas aller si loin, Louis-Napoléon, sacrifiant aisément ses ministres, forma un ministère de transition composé de conservateurs sans grand relief et ne soulevant pas l'hostilité. C'était un ministère extra-parlementaire, d'affaires, où on remarquait les généraux Vaillant et Randon : avec Magne et Rouher, ils devaient marquer dans le personnel du Second Empire. Persigny resta en coulisse, car sa violence impulsive faisait peur. Le décret de révocation de Changarnier n'était pourtant pas abrogé. Le cap dangereux était passé, Louis-Napoléon s'était affranchi de son tuteur militaire et avait affirmé son autorité. Sa démarche était de nature à lui gagner les dévouements dans l'armée. Il était désormais le vrai chef de l'État. L'Assemblée ne pouvait s'opposer à lui tant qu'il restait dans des attributions constitutionnelles.

Le temps passait. Déjà approchait le printemps de 1852 où prendrait fin le mandat du président. Il lui importait donc d'utiliser l'autorité conquise pour obtenir, par une révision légale, le droit d'être immédiatement réélu, objectif sur lequel Louis-Napoléon n'avait jamais varié. Il était bien décidé à conserver ce pouvoir miraculeusement obtenu en décembre 1848. Il n'avait jamais cessé d'y penser. La carrière de la constituante s'étant trouvée abrégée, il se trouvait que le mandat de la législative prendrait fin au cours du mois de mai 1852. Or ce même mois verrait le terme du mandat présidentiel. Il y aurait donc en même temps une Assemblée et un président élus, mais pas encore entrés en fonction, une Assemblée et un président sortant, et un bref interrègne assuré par le vice-président Boulay de la Meurthe, parfaitement honorable, mais sans autorité politique. A vrai dire, une telle situation ne paraîtrait pas épouvantable à nos contemporains. Qu'elle ait semblé telle à l'époque montre bien à quel point la République était peu stabilisée.

Elle ne l'était pas parce que la guerre sociale n'avait cessé de couver. La lutte de classes, des villes avait gagné les campagnes dès la fin de 1849. Petits et gros s'affrontaient, surtout dans les départements de l'Est, du Midi et du Centre. La répression méthodique entreprise depuis 1850 et même commencée par l'élection présidentielle, la suppression du suffrage universel et les prises de position de journaux républicains et d'associations de gauche avaient contribué à enfoncer la résistance dans la clandestinité. Privée de ses grands chefs parlementaires, la tendance démocrate socialiste rassemblait ses militants sous la houlette de meneurs de bourg ou de village. Les sociétés secrètes, avec leurs rites d'initiation, leur cérémonial, leurs chansons, leurs propos annonçaient la revanche précisément pour 1852. Alors, les exclus du suffrage voteraient quand même, et l'élection serait suivie d'une révolution où la guillotine jouerait son rôle. On parlait de listes de proscriptions. On s'abstenait aux élections partielles, attendant la date fatidique célébrée par une chanson de Pierre Dupont : *Viens en déployant ta lumière, mille huit cent cinquante-deux*. Le représentant Joly écrivait à un ami en mai 1851 : « C'est en 1852 seulement que la lutte doit s'ouvrir. On devra alors voter, la constitution à la main, s'organiser pour cela, non pas pour forcer la porte du collège et se retirer ensuite paisiblement chez soi, mais marcher en corps sur le chef-lieu du département et y proclamer de nouveau la révolution triomphant de ses ennemis. » Les affaires, qui avaient repris par à-coups, s'arrêtaient à nouveau. Les partisans de Louis Bonaparte exploitaient ces épouvantes. Eugène Ténot, écrivain républicain, devait rappeler sous l'Empire : « Si les chefs parlementaires de la droite se préoccupaient des empiétements du président, il est incontestable que la masse de leurs adhérents ne voyait le péril que dans le triomphe des rouges en 1852. Les conservateurs, en province, se sentaient débordés ; plus que jamais, ils demandaient un sauveur. » Romieu, journaliste aux gages de l'Élysée, en remettait dans le *Spectre rouge* et annonçait la déroute du libéralisme, du constitutionnalisme bourgeois, le sauvetage de l'ordre par le sabre : « Le rôle du chef est simple. Prendre d'une main ferme la dictature absolue, et se substituer à tous les textes qui nous ont gouverné depuis soixante ans. »

Si l'on examinait les chances des candidats à l'élection présidentielle de 1852, il est remarquable que la plupart du temps la conclusion était identique : la réélection, légale ou non, de Louis-Napoléon. C'était l'avis de Mérimée dès l'automne de 1850, sans parler de Castellane écrivant le 8 août de la même année : « Je ne crois pas pour mon compte à une seconde élection présidentielle ; mais si cela arrive, comme la nation n'est pas le moins du monde républicaine, ce sera un prince qu'elle choisira ». De fait, comme l'avaient bien senti les constituants, la nation sortait de siècles monarchiques et ne concevait guère qu'un président en uniforme — prince ou général. Dans cette perspective, les républicains manquaient d'un candidat valable : Ledru-Rollin n'était qu'un candidat de défi. Les légitimistes de principe ne pouvaient guère voter pour un républicain. Restaient les libéraux ralliés ou résignés à la République pour des motifs d'opportunité. Thiers était le chef de ce « bataillon » où se groupaient des chefs parlementaires comme Dufaure, Rémusat, Duvergier de Hauranne. Aucun d'eux n'aurait eu de chances comme candidat. L'idée leur vint alors de poser la candidature de l'aîné des fils de Louis-Philippe, le prince de Joinville. Ce dernier, le marin de la famille, était libéral, décoratif, même si la perspective d'opposer un prince à un autre pour sauver la République pouvait paraître étrange. S'il avait réussi, Joinville se serait trouvé dans une situation analogue à celle de Louis-Napoléon. Il avait cependant moins d'ambitions et d'arrière-pensées. Mais sans être un inconnu, il n'avait pas une popularité analogue à celle de Louis-Napoléon. En fin de compte, aucun candidat n'existait qui pût être opposé au président en exercice. Il faut bien se pénétrer de cette idée pour comprendre ses succès ultérieurs. Les rouges étaient forts, nombreux certes, mais au total nettement minoritaires. Le reste était constitué de coteries politiques sans adhésion populaire massive. Le légitimiste du rang acceptait fort bien Louis-Napoléon en attendant. Il avait pris l'habitude de l'attente, la « fusion monarchique » n'avançait pas et l'on s'était aperçu qu'il n'y avait pas assez de royalistes en France pour soutenir deux branches concurrentes.

La conclusion était que le moyen le plus sûr pour supprimer l'« échéance de 1852 » était la réélection légale ou la prolongation du mandat de Louis-Napoléon par une révision constitutionnelle. Cette révision, les républicains unanimes l'écartaient dans la mesure précisément où elle déjouait leurs espoirs de revanche. Thiers et son bataillon adoptaient le même parti, non seulement parce que les ambitions de son chef se trouvaient reportées indéfiniment par un principat de Bonaparte, mais aussi parce qu'ils étaient attachés à une vie publique régie par des règles constitutionnelles dont le cadre ne pouvait être dépassé : une république « État de droit ». Les légitimistes acceptaient l'idée d'une révision totale qui poserait la question d'une restauration. Il y avait surtout, outre le parti de l'Élysée, déjà puissant — plus du tiers de l'Assemblée —, un groupe important, dépris déjà de toute obédience monarchiste mais pour qui la République n'était qu'un expédient. Le duc de Broglie, l'ancien président du Conseil de la Monarchie de Juillet, était l'inspirateur de cette formation à laquelle Tocqueville s'était rallié.

Tout le monde, même Thiers, convenait donc que Louis-Napoléon serait réélu, légalement ou non. N'était-il pas plus réaliste de réviser la constitution en conférant au président, par exemple, un mandat de dix ans ? Constatant que l'Assemblée ne pouvait guère lutter contre le président, Tocqueville espérait éviter une dictature en légalisant les projets de Louis-Napoléon.

Sans grand sens d'opportunité, le prince choisit ce moment pour demander un nouveau supplément de traitement : 1 800 000 francs. Devant cette requête étonnante (mais l'intéressé ne pouvait sans doute pas attendre), un mouvement d'indignation secoua l'Assemblée. On parlait d'une Cour, de 40 chevaux, de 171 employés. Le train de vie modeste d'un président américain était bien dépassé. C'est Montalembert, organe du parti de l'Élysée, qui se fit l'avocat du président. Lui seul était l'espoir de l'ordre puisque les espérances des royalistes étaient vaines : il était normal qu'on eût un roi pour quatre ans. Il fallait le traiter en conséquence, puisque la royauté s'effaçait. Néanmoins la demande fut repoussée par 396 voix contre 294 ; ce dernier chiffre montrait quelle force avait pris le parti du président, même lorsqu'il était minoritaire. Louis-Napoléon n'insista pas, écarta l'idée d'une souscription à son profit, réduisit son train de vie avec ostentation et emprunta un demi-million au général espagnol Narvaez, époux d'une parente de l'impératrice Joséphine. De même, son ministère de transition démissionna. Une confuse crise ministérielle s'ensuivit. Louis-Napoléon voulait la révision et le rappel de la loi électorale. Mais ce rappel n'était exigé que par les républicains auxquels se joignaient quelques légitimistes. Tous les conservateurs, ceux de l'Élysée comme ceux de Thiers, tenaient au maintien de la loi de 1850. Le président avait fait appel à Barrot, mais Thiers parvint à entraver ses démarches. Au sein de la défunte majorité, ceux qui voulaient la guerre au président (Thiers à leur tête), et ceux qui, avec Broglie, préféraient une politique de conciliation et d'apaisement s'opposaient maintenant. Finalement le ministère fut formé le 11 avril 1851. On eût dit une reconstitution du ministère du 31 octobre : Rouher, Fould, Baroche faisaient leur rentrée ; mais Léon Faucher, ex-rapporteur de la loi électorale, défendrait son œuvre avec conviction. Maintien de la loi électorale et révision étaient les deux points saillants du programme du nouveau ministère. Le 31 mai 1851, au nom de 233 représentants, Broglie déposa la demande de révision constitutionnelle. C'était une tentative pour concilier les ambitions du président avec l'entente des deux pouvoirs. Comme il l'écrivait à Montalembert, Louis-Napoléon comptait sur le sentiment populaire pour sortir par un vote pacifique de la crise de 1852. Dans cette éventualité, l'Assemblée se bornerait à ratifier une élection illégale. Il valait mieux rendre à l'avance légale la réélection qui de toute manière aurait lieu. Le rappel de la loi électorale aurait dû accompagner la révision. Or son maintien devenait la condition de cette dernière.

Et puis la révision n'était pas chose aisée. « Trois délibérations consécutives, prises chacune à un mois d'intervalle et aux trois quarts des suffrages exprimés » étaient nécessaires, avec un minimum de 500 votants. Dans l'hypothèse d'une adoption de la révision, l'Assemblée qui l'avait émise était dissoute par le fait même et une Assemblée de révision, élue pour trois mois, voterait les modifications nécessaires. Cette Assemblée de révision serait-elle élue selon la loi électorale de 1850 ou au suffrage universel ? Si elle était élue par une minorité, ses décisions pourraient être contestées. Enfin, les légitimistes insistaient pour que la révision fût totale, c'est-à-dire pour que le principe de la République fût remis en question. C'était donner au projet une coloration aventureuse. La vraie difficulté était qu'une majorité existait pour la révision, mais pas la majorité constitutionnelle des trois quarts. Le quart étant de 187, il y avait déjà quelque 250 républicains, sans compter les amis de Thiers et quelques légitimistes hétérodoxes. Comme on ne voulait pas proclamer la révision acquise par une majorité inférieure à celle exigée par la constitution, la tentative de révision revenait en fait à simplement faire preuve de bonne volonté.

La commission préparant le projet dont Tocqueville fut rapporteur reçut une avalanche de pétitions. Les plus nombreuses demandaient la prolongation du mandat du président, les autres le rétablissement du suffrage universel. Louis-Napoléon résolut d'appuyer la campagne révisionniste. Il prononça, le 1er juin, à Dijon, un discours qui provoqua une sensation considérable, répondant au dépôt, la veille, du projet de révision : « La France ne veut ni le retour à l'Ancien Régime, quelle que soit la forme qui le déguise, ni l'essai d'utopies funestes et impraticables. C'est parce que je suis l'adversaire de l'un et de l'autre qu'elle a placé sa confiance en moi. [...] Si mon gouvernement n'a pas vu se réaliser toutes les améliorations qu'il avait en vue, il faut s'en prendre aux manœuvres des factions. Depuis trois ans, on a pu remarquer que j'ai toujours été secondé par l'Assemblée quand il s'est agi de combattre le désordre par des mesures de répression. Mais lorsque j'ai voulu faire le bien, améliorer le sort des populations, elle m'a refusé son concours [...] Une nouvelle phase de notre ère politique commence. D'un bout à l'autre de la France, des pétitions se signent pour demander la révision de la constitution. Si la France reconnaît qu'on n'a pas eu le droit de disposer d'elle, sans elle, la France n'a qu'à le dire, mon énergie et mon courage ne lui manqueront pas. Quels que soient les devoirs que le pays m'impose, il me trouvera décidé à faire sa volonté. [...] La France ne périra pas dans mes mains. » Les termes exacts du discours sont, comme il arrive souvent avec les orateurs, inconnus ; le président de l'Assemblée, Dupin, manifesta immédiatement sa désapprobation. Léon Faucher, représentant de l'Assemblée dans le ministère, prit soin de faire paraître une version édulcorée dans le *Moniteur*, journal officiel du temps. Les autres journaux rapportèrent le discours en termes différents. Mais le sens général demeurait partout le même : dénonciation du conservatisme de l'Assemblée, revendication d'une voie moyenne, dénonciation du parlementarisme et des factions, appel au peuple pour un avenir indéterminé. La menace apparaissait sous les protestations de dévouement au pays. Changarnier crut bon de répondre au discours de Dijon, de la tribune de l'Assemblée : « A en croire certains hommes, l'armée serait prête, dans un moment d'enthousiasme, à porter la main sur les lois du pays et à changer la forme du gouvernement... Dans cette voie fatale, on n'entraînerait pas un bataillon, pas une compagnie, pas une escouade, et on trouverait devant soi les chefs que ces soldats sont habitués à suivre sur le chemin du devoir et de l'honneur. Mandataires de la France, délibérez en paix. » Ce mouvement oratoire montrait combien la crainte d'un coup d'État militaire était déjà répandue et combien peu de gens croyaient à une solution légale.

Le 8 juillet, favorable à la révision, Tocqueville déposa son rapport. Tout en reconnaissant les faiblesses de la constitution, il avouait que le vrai motif des partisans de la révision était d'éviter une élection illégale en 1852. Le 19 janvier, l'Assemblée passa au vote : 446 voix pour la révision, 278 contre, ce qui montre la force du camp opposé à Louis-Napoléon dans l'Assemblée. On était loin de la majorité constitutionnelle de 543 voix, mais la majorité atteinte était déjà importante, attestant combien grossissait le parti de la conciliation avec le président : il avait la majorité de l'Assemblée. Comme le remarque Émile Ollivier, il n'était pas normal qu'il fallût pour réviser la constitution une majorité plus forte que pour la voter. Toute issue légale était exclue. Les républicains, Thiers et ses amis avaient voulu enfermer Louis-Napoléon dans la constitution comme ils l'avaient fait jadis pour Charles X. Mais la différence était dans la popularité du président. Ollivier avait raison d'écrire : « Un coup d'État du pouvoir n'est possible que

lorsqu'il est déjà accompli dans la volonté générale » (à
condition de critiquer cette notion obscure de volonté générale assez abstraite et complexe).

Louis-Napoléon aurait, de beaucoup, préféré une prolongation légale de ses pouvoirs. Il ne voulait la devoir à
aucun parti. Mais la solution légale étant impossible, il se
résolut au coup d'État. L'Assemblée partit en vacances le
10 août, jusqu'au 4 novembre. Le 15 août, le général Saint-
Arnaud arrivait à Paris pour y commander une division.
Fleury au début de l'année avait fait une tournée de recrutement en Algérie. Dans l'armée, peu d'officiers étaient
attachés à la République, mais la plupart, tels Pélissier,
Randon, Castellane, s'ils étaient prêts à se rallier à un nouveau régime, répugnaient à se faire les agents du changement. Il restait à trouver un chef qui endosserait la responsabilité de l'ordre décisif, les autres se réfugiant dans la
doctrine de l'obéissance passive. Fleury avait trouvé Bosquet, et avait déjà fait affaire avec Saint-Arnaud. Ce dernier
avait des dons de commandement, une belle allure, le goût
d'une vie large et des côtés d'aventurier. Fils d'un préfet
d'Empire, il avait vécu une jeunesse orageuse où il s'était
plus ou moins déclassé. Rentré dans l'armée, il était encore
lieutenant aux abords de la quarantaine. La guerre d'Algérie
le révéla à lui-même et aux autres. Général de brigade en
1848, il fit piètre figure pendant la révolution, ce qui provoqua sa détestation de la République. Avide d'avancement, il
n'était encore que général de brigade : le gouvernement lui
avait organisé une expédition en Petite Kabylie pour avoir
un motif de le nommer divisionnaire. Les chefs de corps
furent triés dans la capitale. Depuis juin 1848, chaque officier avait étudié le quartier où il devait opérer en cas
d'émeute, et la manœuvre à exécuter était prévue dans le
détail.

Depuis le début de l'année 1851, on ne parlait plus que de
coup d'État comme solution aux difficultés politiques.
Coup d'État de la majorité de l'Assemblée réquisitionnant
un corps d'armée, le plaçant sous le commandement de
Changarnier, puis mise en accusation du président de la
République qui serait « conduit à Vincennes ». Ou — ver-

sion la plus probable — coup d'État du président : le Palais-Bourbon occupé par des soldats, les murs couverts d'affiches blanches déclarant l'Assemblée dissoute, les chefs de la majorité arrêtés ou en fuite. A l'arrivée de Saint-Arnaud, les projets étaient déjà prêts, la date choisie : le 17 ou le 22 septembre. A Saint-Cloud, Louis-Napoléon avait réuni Morny, Persigny, Rouher et le préfet de police Carlier. Ce dernier, depuis le début de la présidence, menait avec énergie l'œuvre de réaction dans Paris. Les collaborateurs militaires étaient choisis : Magnan, commandant de l'armée de Paris, perpétuel besogneux mais non dépourvu d'énergie, était du complot. L'Assemblée étant en vacances, peu d'arrestations seraient nécessaires parmi les membres de la commission de permanence. Paris occupé par la troupe, l'Assemblée serait déclarée dissoute, le suffrage universel rétabli, une présidence décennale et un sénat organisés, un plébiscite conférant la ratification populaire. La veille du coup, Morny et Saint-Arnaud deviendraient ministres de l'Intérieur et de la Guerre. Surpris en vacances, les députés conservateurs n'auraient sans doute pu que s'incliner. Les démocrates se seraient trouvés isolés. Enfin l'occupation d'un palais législatif vide rendait l'attentat moins visible.

Carlier eût préféré un coup d'État accompli en accord avec la majorité. Il fit trop de confidences. Surtout, Saint-Arnaud, après avoir pris quelques jours de vacances et de réflexion, demanda le 6 septembre à reprendre sa liberté. Le président, pris de court, fut sévère pour le complice défaillant, puis on s'expliqua : le général craignait que les représentants, dispersés dans leurs circonscriptions, n'organisent de nombreuses résistances locales difficiles à vaincre. Au contraire, en agissant en cours de session, on pouvait d'un seul coup de filet mettre la main sur tous les chefs parlementaires. Il fallut en passer par les conditions de cet auxiliaire indispensable et surseoir à l'opération. Louis-Napoléon voulut en profiter pour mettre au point une manœuvre préliminaire : reprendre la révision, cette fois en demandant l'abrogation de la loi électorale de 1850, c'est-à-dire le rétablissement du suffrage universel, ce qui devait plaire aux républicains. On conciliait ainsi les deux revendications

exprimées par les pétitions qui arrivaient à Paris. Mais Léon
Faucher, voulant le maintien de la loi, démissionna. Une
crise ministérielle de près de trois semaines s'ensuivit. C'est
seulement le 27 octobre, à la veille de la rentrée de l'Assemblée, qu'un ministère sans grande signification, comprenant
seulement trois représentants, fut mis sur pied ; seul le
nouveau titulaire de la Guerre, Saint-Arnaud, attirait l'attention. De plus, Carlier cédait la préfecture de police à
Maupas. Ce dernier, préfet de combat à Toulouse, s'était
attiré une mauvaise affaire avec les magistrats, qui dénon-
çaient ses provocations, et en avait appelé à Louis-Napoléon
qui l'avait secouru. Morny, préféré à Persigny, restait dans
une ombre relative avant de s'installer au ministère de l'Intérieur. Quand l'Assemblée reprit ses séances le 4 novembre, il lui restait moins d'un mois d'existence. Rémusat
devait écrire qu'une « attaque prochaine et préméditée était
certaine ». Il n'était pas seul à penser de la sorte. Étrange
climat que celui où la guerre intestine semblait la seule issue
aux difficultés d'une situation...

En proposant l'abrogation de la loi électorale, Louis-
Napoléon avait pris une initiative agréable aux républicains,
ce qui ne lui était pas arrivé depuis longtemps. Les droites
commencèrent alors à soupçonner un rapprochement entre
lui et la gauche. Certains de leurs membres cherchèrent le
moyen d'y parer ; d'autres, affolés par cette division des
forces de l'ordre, préféraient capituler pour conserver les
bonnes grâces du prince. Ce dernier pouvait être satisfait de
l'effet obtenu. L'abrogation de la loi ne pouvait que lui
agréer parce qu'il n'avait jamais rien redouté du suffrage
universel, certain d'y puiser sa force. En fait, la loi fut
maintenue, bien qu'il ne s'en soit fallu que de sept voix au
vote du 12 novembre. Mais elle en sortait frappée à mort.
Louis-Napoléon n'avait donc pas manœuvré en vain. Les
bulletins républicains s'étaient mêlés à ceux des fidèles de
l'Élysée.

La confusion régnait dans les partis ; on allait le voir lors
de la discussion de la « proposition des questeurs », arme
ultime de l'Assemblée contre un éventuel coup de force. La
proposition vint en discussion le 17 novembre. Quelques

explications sont nécessaires pour en élucider la teneur. Un décret de la Constituante du 11 mai 1848, inséré dans le règlement de l'Assemblée, donnait au président de l'Assemblée le droit de requérir directement la troupe, sans passer par l'intermédiaire du ministre de la Guerre. Cavaignac, puis Changarnier avaient protesté contre cette disposition jugée néfaste pour la hiérarchie militaire. Si bien que le règlement de la législative ne le mentionnait plus, et que Changarnier avait fait arracher le décret affiché dans les casernes. Tout cela datait du temps où Louis-Napoléon paraissait collaborer avec l'Assemblée. Les choses avaient changé avec le renvoi de Changarnier. La majorité, craignant un coup du président contre elle, les questeurs avaient proposé de transformer en loi le décret contesté ou oublié. C'était d'ailleurs le moyen de donner vie à l'article 92 de la constitution : « L'Assemblée [...] fixe l'importance des forces militaires établies pour sa sûreté et elle en dispose. » En cas de conflit, l'armée, face à des ordres contradictoires, risquait de se diviser et de devenir un facteur de guerre civile. Pour que la réquisition du président de l'Assemblée passât par-dessus les ordres du ministre, il aurait fallu une Assemblée unie et prestigieuse, populaire, ce qui n'était pas le cas de la Législative. Dans le groupe de Thiers, ennemi du président, l'idée fut certainement agitée, en cas d'initiative de l'Élysée, de requérir l'armée, de la placer sous le commandement de Changarnier, d'en finir avec le président Bonaparte en le mettant en accusation et en le destituant. En tout cas, votée, la mesure plaçait les chefs militaires dans une position embarrassante.

Si la proposition était votée, Louis-Napoléon avait décidé de sauter le pas. Le Palais-Bourbon serait entouré de troupes, des proclamations annonçant la dissolution et l'appel au peuple affichées. « On garderait prisonniers au palais législatif les députés qui voudraient mourir sur leurs bancs, on laisserait sortir ceux qui préféreraient aller vivre chez eux, sauf à les arrêter plus tard à leur domicile s'ils changeaient d'avis. » Face à Saint-Arnaud, d'une tribune, Maupas et le général Magnan attendaient un signe. Le ministre de la Guerre, pressé de questions embarrassantes, se contredit, puis finalement quitta la séance, suivi de Morny et des deux autres complices. Rémusat écrit : « Il était tard, la séance prit un aspect sinistre. » Devant la division des conservateurs, la décision dépendait des républicains. Certains modérés, comme Grévy ou Charras, rejoignirent le bataillon de Thiers, mais la grande majorité d'entre eux se défiaient au moins autant de la droite que de Louis-Napoléon. Ils craignaient d'être dupes en prêtant la main à un complot royaliste. Un de leurs orateurs, Michel de Bourges, prononça des paroles restées célèbres : « L'armée est à nous, et je vous défie, [...] si le pouvoir militaire tombait dans vos mains, de faire un choix qui fasse qu'aucun soldat vienne ici pour vous contre le peuple. Non, il n'y a point de danger, et s'il y avait du danger, il y a aussi une sentinelle invisible qui vous garde ; cette sentinelle [...] c'est le peuple. » Une fois encore, les votes de la plupart des républicains se mêlaient à ceux des conservateurs soutenant le président. Par 408 voix contre 300, la proposition des questeurs fut donc repoussée. Louis-Napoléon dit alors : « Cela vaut peut-être mieux ainsi », et contremanda ses dispositions.

Car l'échéance de 1852 avait beau se rapprocher, le président remettait toujours l'épreuve décisive. Il la reporta au 20, puis au 25 novembre et finalement choisit le 2 décembre 1851. Après tout, il pouvait encore reculer de quelques mois. Mais la tension psychologique croissait. Cassagnac, sur ordre du président, dénonçait dans le *Constitutionnel* du docteur Véron le complot orléaniste de Changarnier et de Thiers. De fait, ce dernier préparait une candidature du prince de Joinville. Les choses semblaient n'avoir pas encore pris forme, et il n'était pas sûr qu'elles y arrivent. Les princes d'Orléans, Joinville et Aumale, préparaient-ils, comme l'ont pensé divers auteurs, de Palmerston et de Maxime Du Camp à Adrien Dansette, un *pronunciamiento* dans le nord de la France, à partir du département de la Somme, mouvement que le coup d'État aurait devancé ? Il est certain qu'il y eut des projets ; étaient-ils avancés ? En tous cas, Louis-Napoléon peut bien y avoir cru. Sa détestation des orléanistes l'y portait. Ou a-t-il estimé habile de paraître y croire ? En tout cas, c'était désormais entre lui et le groupe Thiers-Changarnier la guerre inexpiable ; ils s'opposaient sur toutes les questions, alors que les pourparlers avec Molé, Montalembert, Daru se poursuivirent jusqu'à la fin novembre pour une révision possible — et inconstitutionnelle, à la majorité simple, avec présidence décennale, deux assemblées et appel au peuple. Tant qu'à prendre le risque d'un coup d'État, mieux valait sans doute s'en réserver le bénéfice exclusif. Les républicains avaient voté dans le même sens que le parti de l'Élysée, mais imaginer une alliance des républicains avec le président pour faire le coup d'État était irréaliste : ils ne pouvaient briser la constitution pour pérenniser au pouvoir un prince. Enfin, la préparation psychologique de l'armée ne pouvait être indéfiniment prolongée. Un projet de loi a pu contribuer à fixer définitivement la date du coup. Une loi organique sur la responsabilité du président et de ses ministres (qui aurait dû être votée par la Constituante sans sa disparition brusquée) était à l'ordre du jour de l'Assemblée. Le débat pouvait aboutir à un texte embarrassant pour le président.

On pense aussi aux besoins d'argent chroniques de Louis-Napoléon. La situation de son crédit a pu hâter l'échéance. Le coup d'État nécessitait-il beaucoup d'argent ? Il devait être exécuté principalement aux dépens du budget, dans l'opération même et ensuite dans les promotions et nominations des bénéficiaires. Il est possible que des sommes aient été versées aux principaux exécutants, au cas où, l'affaire tournant mal, ils perdaient leurs places et devraient fuir. On ne possède que des bribes de comptes : en 1852, 814 000 francs furent remboursés à la banque Baring, mais c'était peut-être le règlement d'un ancien découvert. Miss Howard prêta 200 000 francs : elle avait l'habitude de subventionner son amant ; les 33 000 francs prêtés par la marquise Campana, amie de jeunesse en Angleterre, n'allaient pas très loin et encore moins les 4 000 francs prêtés par la cousine Mathilde. Les beaux travaux d'Alain Plessis ont démenti la légende de la Banque de France finançant le coup d'État. Fleury assure que le président ne disposait au comptant que de 50 000 francs qu'il utilisa pour acheter du pain et du vin aux troupes afin qu'elles n'aient pas besoin d'être ravitaillées par le peuple : l'idée d'une soldatesque gorgée d'or doit aussi être écartée. Les complices du coup d'État se sont payés largement, mais pas de cette manière.

Le choix du 2 décembre, date anniversaire du couronnement de Napoléon Ier (1804), puis d'Austerlitz (1805), relève de la symbolique bonapartiste. C'est de la part du neveu une sorte d'acte de « foi », mais aussi un appel au napoléonisme latent de l'opinion. On peut s'étonner que les adversaires de Louis-Napoléon n'aient pas pris garde à cette commémoration. Depuis la fin de novembre, un apaisement s'était produit dans le climat politique. On voyait venir la « trêve des confiseurs » avec les fêtes et on pensait que le président, vainqueur dans l'affaire des questeurs, resterait tranquille jusqu'aux premiers jours de l'année 1852. Charras, dit Victor Hugo, « déchargeait ses pistolets ». C'est presque une loi que les hommes sont toujours surpris par les événements qu'ils ont prévu. Ce fut le cas avec le coup du 2 décembre. On pourrait en faire une anthologie. Entre cent exemples, choisissons celui de George Sand. Elle réside alors à Paris. Le 1er décembre, Etienne Arago, déjeunant avec elle, lui dit : « Si le président ne fait pas bien vite un coup d'État, il n'entend pas son affaire, car pour le moment, rien ne serait si facile. » Le soir, elle va au cirque avec sa fille et son ami Manceau. Rentrant chez eux, ils passent devant l'Élysée : « La massive porte cochère était fermée, comme toujours la nuit. Une sentinelle unique montait la garde. Rien n'était éclairé dans le palais, les rues étaient silencieuses ». « Ce n'est pas encore pour demain », dit George en riant. Et pour la première fois depuis son arrivée à Paris, elle dormira profondément jusqu'au matin. Dans la nuit d'hiver, Paris imitera l'écrivain.

Le Rubicon
(2 décembre 1851)

Le coup d'État fut évoqué par des publicistes bonapartistes tels Cassagnac. Eugène Ténot, en historien calme et précis, apporta la contre-partie républicaine. Mais pour saisir le retentissement de l'événement dans les consciences, rien ne vaut sans doute l'*Histoire d'un crime*, de Victor Hugo, tardive — elle fut publiée au temps du 16 mai 1877 —, peu crédible dans l'ensemble mais, par la couleur et le relief, digne de l'admirable mémorialiste de *Choses vues*.

Il y eut d'abord au soir du 1er décembre, après la réception de routine à l'Élysée, la réunion des exécutants : Morny, Saint-Arnaud, Maupas avec Louis-Napoléon et son chef de cabinet Mocquard. Le président ouvre le dossier *Rubicon* où il a rassemblé les consignes. Tout est prêt. Dès le 26 novembre, Magnan a tenu une réunion secrète avec vingt généraux. Dans la nuit, l'aide de camp Béville porte à l'Imprimerie nationale les « affiches blanches » qui annonceront le coup à la population. Si le directeur est de connivence, les ouvriers sont républicains, et la composition doit être faite par fragments. L'Imprimerie, de toute façon, est cernée par la troupe. Une fois prêtes, les affiches sont portées, vers 4 heures, à la préfecture de police. Vers 6 heures et demie, les afficheurs de la préfecture accompagnés d'agents de police placardent dans la ville obscure l'annonce de l'événement.

Sans constituer un ministère complet, le président nomme

Morny ministre de l'Intérieur. Dès 6 heures, Fleury voit
Louis-Napoléon pantalonné et éperonné, en robe de chambre, prenant son café avec un calme imperturbable. Il
admire sa sérénité. Son maître alors lui tend la main, elle est
brûlante. A la préfecture, depuis 3 heures, Maupas prépare
les arrestations préventives de tous ceux dont on présume
qu'ils pourraient faire obstacle à l'opération et voit séparément les commissaires qui doivent y procéder. De 6 à
7 heures, 78 arrestations sont opérées, surprenant les intéressés dans leur sommeil. Quatorze représentants, dont les
militaires Cavaignac, Lamoricière, Bedeau, Charras et
Changarnier et parmi les civils, Thiers et quelques Montagnards : Greppo, Miot, Nadaud. Les autres sont des militants de l'extrême gauche républicaine. Enfin le Palais-
Bourbon ; il est gardé par un bataillon, mais le colonel du
régiment, Espinasse, est du complot. Vers 5 heures et
demie, par la porte des femmes de ménage, il pénètre dans le
palais avec le reste de son unité, arrête deux questeurs (Baze
et le général Le Flô) ainsi que le commandant militaire du
palais, laissant dormir le président de l'Assemblée, Dupin,
dont les conjurés méprisent le caractère versatile. Saint-
Arnaud n'a fait sortir qu'un tiers de ses forces pour laisser
reposer le reste, en réserve. Pourtant les contemporains
auront le sentiment que la ville est couverte de troupes. Des
soldats sont massés sur les Champs-Élysées, le quai d'Orsay, le Carrousel. Une brigade est postée à l'Hôtel de Ville ;
les boulevards sont surveillés. A 7 heures, Morny arrive à
son ministère et, désinvolte, informe son prédécesseur
effaré des changements survenus. A cette heure, le plan
Rubicon est exécuté.

   C'est l'heure où les domestiques et les ouvriers sortent
dans la rue où policiers et soldats les ont précédés. Sur les
murs, les fameuses affiches blanches devant lesquelles on
s'attroupe. Il y a trois textes. D'abord un décret, contresigné
de Morny, donne la substance du coup d'État : l'Assemblée
nationale est dissoute ainsi que le Conseil d'État, la loi
électorale de 1850 est abrogée, le suffrage universel rétabli.
Le peuple français est convoqué « dans ses comices » pour
voter du 14 au 21 décembre. Enfin, la division militaire de

Paris est mise en état de siège. Juridiquement, les deux premières mesures constituent le coup d'État parce que le président ne peut dissoudre l'Assemblée, ni abroger une loi de sa propre autorité. Enfin la mise en état de siège n'est guère en harmonie avec la convocation du peuple dans ses comices. Deux proclamations exposent ensuite les raisons du président.

La première s'adresse au peuple. Malgré le « patriotisme de trois cents de ses membres » [le parti de l'Élysée], l'Assemblée est devenue un « foyer de complots ». D'où sa dissolution et l'appel au peuple : « Aujourd'hui que le pacte fondamental n'est plus respecté de ceux-là même qui l'invoquent sans cesse et que les hommes qui ont déjà perdu deux monarchies [allusion à Thiers et aux monarchistes constitutionnels] veulent me lier les mains afin de renverser la République, mon devoir est de déjouer leurs perfides projets, de maintenir la République et de sauver le pays en invoquant le jugement solennel du seul souverain que je reconnaisse en France, le peuple. Je fais donc appel à la nation tout entière. [...] Si vous avez encore confiance en moi, donnez-moi les moyens d'accomplir la grande mission que je tiens de vous. Cette mission consiste à fermer l'ère des révolutions en satisfaisant les besoins légitimes du peuple et en le protégeant contre les passions subversives. Elle consiste surtout à créer des institutions qui survivent aux hommes et qui soient enfin des fondations sur lesquelles on puisse asseoir quelque chose de durable. » Contre « l'instabilité du pouvoir et la prépondérance d'une seule Assemblée », le président propose à la nation les bases d'une constitution qui s'inspire de celle de l'an VIII : un chef responsable nommé pour dix ans, un Corps législatif élu au suffrage universel, votant les lois et l'impôt, « une seconde Assemblée, pouvoir pondérateur, gardien du pacte fondamental et des libertés publiques » qui continue celle du Premier Empire. Pour conclure, le président se réclame de « la France régénérée par la révolution de 1789 et organisée par l'Empereur ». Ce texte montre Louis-Napoléon attaquant le parti de Thiers qui a voulu l'enfermer dans la constitution ou l'envoyer à Vincennes. A cette coterie parlementaire, il oppose la confiance populaire qu'il sollicite par un plébiscite au nom des institutions impériales. Deux nouveautés par rapport à celles-ci : la présidence décennale, déjà proposée par Broglie et les partisans de la révision, et surtout le suffrage universel pour élire le Corps législatif. Louis-Napoléon, depuis 1848, en est un champion convaincu, sans limitation aucune — il s'agit bien entendu du seul suffrage masculin.

La troisième affiche est une proclamation à l'armée. « Élite de la nation », celle-ci a été traitée en vaincue en 1830 et en 1848. Le président l'invite à réprimer toute tentative contre « la première loi du pays, la souveraineté nationale, dont je suis le légitime représentant. [...] L'Assemblée a essayé d'attenter à l'autorité que je tiens de la nation entière ; elle a cessé d'exister. » L'armée est donc conviée à défendre la légalité menacée qu'il représente.

Ces textes sont habiles. Louis-Napoléon se place sur la défensive. L'Assemblée n'est pas populaire. Sa majorité ni sa minorité n'ont montré un grand respect de la constitution, ne songeant qu'au coup de force ou à l'insurrection. La proclamation à l'armée montre seulement la prétention du président à incarner exclusivement la souveraineté nationale, ce qui n'était certainement pas l'esprit de la constitution. Mais nul doute que le rétablissement du suffrage universel ne fasse passer des esprits simples sur bien des choses. La République subsiste ; un bon tour est joué à la droite. Dans les souvenirs des contemporains, on voit les ouvriers parisiens très calmes après la lecture des affiches. Comme les imprimeries sont gardées, seuls peuvent paraître les journaux favorables à l'Élysée. Emile Ollivier, alors jeune avocat, raconte que, lisant les affiches au coin de la rue de Beaune et du quai, il rencontre Proudhon ; le penseur socialiste lui explique que le peuple ne bougera pas, inquiet des complots monarchiques et satisfait de la restauration du suffrage universel. La Révolution est en l'occurrence du côté du président. Poursuivant son périple, Ollivier longe les boulevards et gagne la Bastille et le faubourg Saint-Antoine. Sur les boulevards, une foule agitée crie : « Vive la constitution », mais on n'y compte pas une blouse pour dix habits. A partir de la porte Saint-Martin, c'est l'inverse. La foule est calme. « Au faubourg » de nombreux ouvriers en tenue de travail, une miche sous le bras ou le compas dans la poche et groupés autour des affiches, « sont plutôt approbateurs ». La seule mesure qui les heurte est que le vote doit avoir lieu sur registre, donc en public. Mesure que le président, mieux informé, devra rapporter.

En juin 48, 800 forgerons et ferronniers du chemin de fer du Nord s'étaient presque tous soulevés ; le 2 décembre, un seul manque. Les ouvriers étaient au travail, les boutiques étaient ouvertes. Persigny et Fleury allèrent dans la matinée visiter les troupes ; le dernier décrit Paris comme « très agité et soumis à des influences diverses. Les satisfaits comme d'habitude étaient moins démonstratifs que les opposants ». Dès 10 h 30, la haute cour de justice, réunie au Palais de Justice pour constater la violation de la constitution, fut dispersée ; un officier parti aux nouvelles avec deux cavaliers, fut, au coin du boulevard, jeté à bas de son cheval et revint couvert de sang. Louis-Napoléon, à la fin de la matinée, décida de se montrer. Un cortège d'officiers (dont plusieurs survivants du Premier Empire) allait l'accompagner. Le roi Jérôme apparut pour servir de caution à son neveu. C'était d'autant mieux venu que son fils Napoléon-Jérôme, brouillé avec Louis-Napoléon depuis les premiers temps de la présidence, se rangeait parmi les adversaires du coup d'État.

De l'Élysée, le prince gagna le quai d'Orsay, puis revint par les Tuileries. L'accueil de la troupe fut excellent, celui des civils plus nuancé, avec quelques cris de *Vive la République* ! Dans la journée, peu de gens vinrent s'inscrire à l'Élysée. Rouher et Fould protestèrent auprès de l'Imprimerie nationale parce que leur signature était reproduite au bas de certaines mesures. L'après-midi, Fleury, à la tête d'une brigade de cavalerie, parcourut les boulevards jusqu'à la Bastille. Il se proposait de voir si Louis-Napoléon, comme il en manifestait l'intention, pourrait sortir encore une fois. Les nouvelles, sans être alarmantes, étaient contradictoires. Une foule énorme couvrait le boulevard. Elle n'était pas menaçante, mais semblait prête à faire cause commune avec les journalistes et les « habits noirs » établis dans les cafés et aux fenêtres des restaurants, de la Madeleine à la rue Montmartre. Plus loin, sur les boulevards Saint-Denis et Saint-Martin, des « meneurs » s'efforçaient de soulever la population. La foule pénétrait jusque dans les escadrons pour crier *Vive la République* ! A la hauteur de la porte Saint-Denis, une balle frappa Fleury à la tête. Il ne devait reparaître à l'Élysée que le 4 au matin.

Les choses n'allaient pas toutes seules. Il y eut l'attitude de 220 députés, presque tous de la droite, qui protestèrent contre le coup d'État : pour donner une proportion, l'Assemblée comptait 750 membres et 16 étaient déjà arrêtés. Il y avait aussi les membres de la gauche, agissant ailleurs. Des représentants avaient d'abord tenté de se réunir au Palais-Bourbon d'où la troupe les chassa, puis chez Odilon Barrot, chez Daru. Ils se rassemblèrent finalement vers 11 heures du matin dans la salle des mariages de la mairie du Xe arrondissement d'alors (celui du faubourg Saint-Germain) sise à la Croix-Rouge. Le royaliste Benoist d'Azy présidait, Berryer animait la réunion. Les représentants se déclarèrent en séance et prirent des mesures légalement valables : déchéance du président, appel à la Garde nationale et à l'armée, commandement conféré au général Oudinot — l'un des rares officiers représentants à n'être pas arrêté. Ils savaient que leur démarche n'avait qu'une valeur symbolique. Un maigre atttroupement écouta Berryer parlant aux fenêtres mais ne se laissa pas entraîner. La Garde nationale ne vint pas. En revanche, l'armée vint prêter main-forte au commissaire de police. Les représentants tinrent à être arrêtés : leur colonne, par deux, encadrée par la troupe, fut conduite à la caserne d'Orsay, puis des voitures cellulaires (étant donné leur nombre, on n'avait pas trouvé d'autres véhicules) les conduisirent en prison. A l'exception des Montagnards et de quelques libéraux, ils furent libérés après un ou deux jours d'une captivité symbolique. On a raillé leur attitude. Elle eut pourtant son importance, car elle montra qu'en dehors d'une extrême gauche aisément insurrectionnelle, beaucoup de représentants condamnaient publiquement l'attentat aux lois sans en appeler à la révolution.

Presque tous devaient persister dans l'abstention ou dans l'opposition sous l'Empire : l'adhésion de la bourgeoisie était donc loin d'être générale. Plus tard, ils eurent leur niche dans la galerie des résistants à l'Empire. De même, sans s'associer à l'insurrection, quelques maires et adjoints d'arrondissement démissionnèrent. Quant à la Garde nationale, elle ne devait pas sortir : si elle le faisait, comment distinguer les adhérents des opposants ? Seule l'armée devait paraître et occuper la capitale par surprise. Le bourgeois de Paris n'aimait pas cette incursion dans son domaine, et sa réserve était visible.

La résistance armée est-elle possible ? Il faut penser que depuis juin 1848, les arrestations de militants, les désarmements de la Garde nationale et des citoyens sont allés bon train. De ce point de vue, le 2 décembre achève une longue série. George Sand, sur sa rive gauche, constate : « Rien ! Un silence de mort, d'imbécilité ou de terreur. » Pas un cri, pas un rassemblement. Mais le soir dans le théâtre où on joue sa pièce, il n'y a que 300 spectateurs. Pourtant, quelques dizaines de réprésentants de gauche, poursuivis par la police d'une maison à l'autre, essaient d'appeler le peuple aux armes. Parmi eux Carnot, Victor Hugo, Schoelcher, Jules Favre. Mérimée, rentrant chez lui, écrit à une amie : « Il me semble qu'on livre la dernière bataille, mais qui la gagnera ? [...] La mine de Paris me rappelle le 24 février ; seulement les soldats font peur aux bourgeois. Les militaires disent qu'ils sont sûrs du succès. »

Le lendemain 3 décembre, le temps est toujours sombre et pluvieux. Les troupes reprennent leurs positions de la veille. Le comité de résistance républicain essaie avec un succès limité de soulever le peuple. Le représentant Baudin est tué sur une barricade du faubourg Saint-Antoine. Sur le moment, sa mort ne cause guère de sensation. Vers midi, au Quartier Latin, une « armée d'agents de police » matraque les étudiants qui manifestent depuis la veille. Au faubourg Saint-Marceau (rive gauche), au faubourg Saint-Antoine et dans le quartier des Halles, une opposition se dessine, et des barricades sont construites. Les sociétés secrètes appliquent une tactique de harcèlement. Saint-Arnaud fait alors afficher, vers 3 heures, une proclamation dénonçant ceux qui combattent « l'élu de la nation » et qui incarnent les passions antisociales : « Tout individu pris construisant ou défendant une barricade ou les armes à la main sera fusillé. » Pourtant, les escarmouches harcelant la troupe se poursuivent jusqu'à la nuit. La résistance a repris espoir. Sur les boulevards, la cavalerie a chargé pour disperser les rassemblements. Le troisième jour a été fatal au gouvernement en 1830 et 1848. La journée du 3 n'a pas été plus favorable au président. Il n'arrive pas à constituer un ministère complet. Une commission consultative de 80 membres — nommés par lui, souvent sans leur accord — demeure sur le papier. D'ailleurs Montalembert en est le seul membre vraiment notable, et plusieurs des personnalités désignées, une fois averties, se désistent. A vrai dire, dans ces journées décisives, on ne sait guère ce que fait Louis-Napoléon. Il reste à l'Élysée et voit peu de monde. En ce qui le concerne, les dés sont jetés. Les responsabilités reviennent aux exécutants. Maupas s'oppose à Morny : il voudrait prévenir l'émeute en occupant la ville, ce qui suppose la dispersion de la troupe et son maintien au milieu de la population et sous son influence. Morny au contraire, d'accord avec les militaires, reprend la tactique de Cavaignac en juin 1848 : laisser la résistance se dessiner ; pendant ce temps garder la troupe au repos dans les casernes. Et seulement à l'heure choisie, la porter en masse sur l'objectif pour une lutte sans merci.

Le jeudi 4, l'agitation recommence avec le jour. Des Halles au boulevard des barricades s'élèvent librement. Sur les boulevards, la foule est nombreuse. Les « gants jaunes » — entendez les membres des clubs ou les clients des grands cafés — applaudissent les insurgés ; les ouvriers se rassemblent. Les insurgés ne sont guère plus de 1500 : la troupe en viendra à bout. Aucune comparaison avec le soulèvement de juin 1848 ; l'armée n'a affaire qu'à de quasi-professionnels des barricades. Il faut empêcher l'union de la bourgeoisie avec ces combattants. Avant 2 heures, 30 000 soldats marchent dans la ville. Une division occupe la rive gauche ; le reste dessine, par le nord et le sud, une attaque concentrique sur le quartier des rues Saint-Denis et Saint-Martin. L'affaire sera rude rue Saint-Denis. Sur les boulevards, la troupe s'entasse. Les curieux, au milieu desquels se dissimulent les manifestants, coudoient les soldats sur les contre-allées, au coin des rues adjacentes ; les fenêtres sont occupées par des spectateurs, comme s'il s'agissait de regarder une parade. Les cris hostiles fusent, et le combat s'engage à quelques centaines de mètres, à l'entrée de la rue Saint-Denis. Y a-t-il eu des balles perdues ou le tir d'un provocateur ? Les militaires attestent qu'au moins un des leurs fut touché, le trompette du général Canrobert. En tout cas, ce fut le signal d'une fusillade panique, sans ordres. Dans le désarroi, on tira même le canon ! Puis des maisons furent fouillées à la baïonnette. Les Goncourt voient les soldats « giboyer au passant » dans les rues adjacentes, la peur fait passer la Seine à certains. Le jeune Dabot voit des fuyards jusque sous le passage de l'Institut !

La disproportion entre les pertes de l'armée et celle des civils fut certainement considérable. Combien y eut-il de victimes dans la population ? *Le Moniteur* admit plus tard 380 tués — la plupart sur les boulevards — comprenant quelques femmes ; le chiffre doit être proche de la réalité qui vraisemblablement restera toujours inconnue. A l'Élysée, on craignit un soulèvement général et on envisagea un instant la constitution d'un réduit central où les auteurs du coup d'État se seraient défendus jusqu'au bout. La victoire assez prompte sur les barricades du centre rendit le projet inutile. Les derniers défenseurs furent passés par les armes dans la nuit. Terrifiés par la fusillade, les curieux et les manifestants avaient disparu. Aucun soulèvement d'ensemble de la ville ne répondit au massacre du boulevard Montmartre. Au contraire, les consignes de résistance furent levées. Le 5 décembre, Canrobert, qui s'attendait à un combat difficile boulevard Rochechouart, ne rencontra rien devant lui. L'armée avait eu 26 tués et 184 blessés. La ville était terrifiée. En même temps, beaucoup de Parisiens qui, tels les Goncourt, étaient assez indifférents à la politique, gardèrent la colère au cœur d'avoir été ainsi traités. En fait, la violence de la répression avait sans doute dépassé de beaucoup la résistance qui demeura limitée.

Mais celle-ci prit une tout autre dimension en province. Si les grandes villes ne bougèrent pas, de nombreuses campagnes se soulevèrent en une Vendée républicaine. Vingt-sept départements du Centre et surtout du Midi, en particulier du Midi rhodanien, languedocien et provençal furent touchés. Les paysans, encadrés par des bourgeois républicains, se formèrent en colonnes et marchèrent, piètrement armés, vers les sous-préfectures ou les préfectures. Seule Digne fut prise et occupée quelques jours. Mais l'ampleur du soulèvement montrait la force numérique du parti républicain qui avait, en trois ans, encadré la masse paysanne. La défaite subie à Paris tua, toutefois, dans l'œuf la plupart de ces mouvements. Le gouvernement les utilisa pour donner à son initiative un aspect de « défense sociale » qui lui manquait à Paris. Dans la capitale, le coup d'État s'était présenté comme une défense de la République contre un complot orléaniste de l'Assemblée. En province, il y avait les rouges et les blancs. Le gouvernement assura qu'il réprimait la jacquerie préparée pour 1852. Il n'était pas faux qu'une organisation avait été mise sur pied en vue de l'échéance de 1852, mais elle était rudimentaire et n'eut, contrairement aux affirmations officielles, rien d'une jacquerie. Ce fut plutôt un soulèvement tumultueux avec quelques meurtres, des prises d'otages. Lancé pour la défense de la constitution, le mouvement, en réalité, faisait référence à une République idéale bien différente de la République réelle et opposée à la domination d'un parti et d'une classe.

Ces soulèvements furent réprimés en quelques jours. Leur véritable nature demeura mal connue et fut caricaturée par la propagande officielle : ils servirent plutôt, dans l'immédiat, la cause de Louis-Napoléon. Beaucoup de légitimistes et de libéraux qui n'auraient pas accepté la violence faite à leurs représentants se rallièrent, bon gré mal gré, devant la frayeur causée par ces actions. Tel Mérimée : « Nos rouges ont reçu une râclée solide et les badauds quelques éclaboussures qui les obligeront à l'avenir à se tenir tranquilles chez eux. [...] On reçoit de partout des nouvelles rassurantes, si ce n'est de Digne. [...] Il me semble que si l'on avait laissé grandir cet enfant, il en aurait fait de belles en

1852. » Les mouvements populaires donnèrent un prétexte
à une effrayante répression. Après la dispersion des colonnes de paysans, commença une chasse à l'homme, avec son
cortège de dénonciations et d'exécutions sommaires. Puis,
jusqu'en janvier 1852, ce furent des arrestations massives
non seulement dans les départements soulevés, mais sur
tout le territoire. Les militants républicains furent arrêtés
ou inquiétés. Le chiffre des arrestations pour la France
dépassa 26 000. Des commissions mixtes, composées dans
chaque département du préfet, du général et d'un magistrat
(on renonçait donc à l'indépendance de la justice) classèrent
hâtivement les gens arrêtés en catégories (conseil de guerre,
correctionnelle, bagne à Cayenne, déportation ou exil, surveillance de la police). 11 609 furent libérés, mais 9 530
furent envoyés en Algérie, 2 804 furent internés et 5 108
furent placés sous la surveillance de la police. Les généraux
arrêtés au 2 décembre, Thiers, les questeurs, cinq orléanistes, dont Rémusat, et quelque 70 représentants républicains furent exilés. Parmi eux, Victor Hugo, Edgar Quinet,
Pierre Leroux, Raspail, Nadaud et Perdiguier. Émile Ollivier, dont le père échappa de justesse à Cayenne pour partir
en exil, parle de « saturnales de vengeance [...]. Quand on
n'a pas été témoin d'une réaction de la peur, on a peine à s'en
figurer l'impétuosité et l'aveuglement ». La peur joua un
rôle essentiel. Les rouges avaient fait peur et on le leur faisait
payer sans mesure. Le représentant Buffet, des Vosges,
avait été un opposant modéré au coup d'État. Lorsqu'il
revint chez lui, il se trouva en porte-à-faux. Un cultivateur
aisé, qui avait subi les avanies de quelques mauvais sujets,
de lui répondre : « On dit que nous avons perdu toutes nos
libertés, je commence seulement à me trouver libre. » Guizot félicitait Morny : « Nous n'avons pas su garder le gouvernement libre. Sachons supporter le pouvoir nécessaire ;
il a aujourd'hui une mission de flagellation, d'expiation, de
répression de l'anarchie que nul autre que lui ne saurait
accomplir. » Montalembert et le journaliste catholique
Louis Veuillot en venaient à dénoncer 1789, la Révolution
française. Une « Montagne blanche » se déchaînait contre le
libéralisme.

Devant cette réaction, beaucoup d'universitaires refusèrent le serment que l'on demandait à tous les fonctionnaires — alors même que le président venait de parjurer le sien. Certains passèrent à l'étranger; d'autres, surtout, formèrent une émigration de l'intérieur attentive aux imprécations de Hugo ou de Quinet. L'Université, surveillée, tracassée, se considéra largement comme « captive en Bonapartie ». La répression traitait l'intelligence en suspecte.

Le plébiscite par lequel la nation devait répondre à l'appel que le président lui faisait eut lieu en pleine terreur. Seuls les journaux favorables au coup d'État pouvaient paraître : il n'était pas question de faire acte d'opposant en pleine proscription. L'armée vota sur registre: elle donna 37 359 *non* et 3 626 abstentions contre 308 290 *oui*, mais près d'un tiers des marins votèrent *non*. Le futur maréchal de Mac-Mahon finit par voter *oui* après un fort débat de conscience. Le futur général du Barail, sans enthousiasme, finit par voter *oui* parce que l'Empire serait hostile aux traités de 1815. Pour les civils le gouvernement avait renoncé (le 5 décembre) au vote sur registre. Le 20 décembre, la France vota donc au scrutin secret. 7 471 431 *oui* dominaient 641 351 *non*, dont la Seine fournissait presque le tiers. Les abstentions n'étaient pas comptées; elles avoisinaient 1 400 000. Leur mobile était évidemment divers; beaucoup devaient constituer un signe d'opposition. A Paris, il y eut, outre 3 000 bulletins nuls, plus de 80 000 *non* contre près de 133 000 *oui* ; s'il y avait eu 75 000 abstentions, plus de la moitié des Parisiens auraient été opposants ; mais le secrétaire général de la préfecture de la Seine, Merruau, affirme que la liste électorale, hâtivement rétablie, comportait une foule d'erreurs. En tout cas, l'opposition était plus forte dans les villes, moins faciles à encadrer. Dans les départements soulevés, elle se montrait presque inexistante. La répression faisait table rase.

George Sand, qui avait joué dans les premiers temps le rôle de muse de la révolution, s'était fort assagie après les journées de Juin. De Nohant, elle observait, désolée, les événements. Elle écrivait au révolutionnaire italien Maz-

zini : « Il y a eu terreur et calomnie avec excès, mais le peuple
eût voté sans cela comme il a voté. En 1852, ce 1852 rêvé par
les républicains comme le terme de leurs désirs et le signal
d'une révolution terrible, la déception eût été bien autrement épouvantable. Le peuple eût résisté à la loi du suffrage
restreint et voté envers et contre tout, mais pour qui ? Pour
Napoléon » (23 mai 1852). Il s'agit d'un témoignage indivi-
duel, mais l'opinion moyenne corroborait celle de la roman-
cière. La ligne inaugurée le 10 décembre 1848 demeurait
l'axe de la politique française.

Depuis le coup d'État, bien loin d'opérer une synthèse
des différentes tendances politiques, Louis-Napoléon s'était
trouvé emporté par le parti de l'ordre dont il assumait les
vengeances. Il devait plus tard dire à Daru : « Je ne pouvais
agir autrement. » Sa victoire fut le signal d'une véritable
terreur blanche qui le faisait apparaître comme un despote
sanguinaire. On était loin d'une réconciliation nationale ! Le
président sentit sans doute le danger. En mars-avril 1852, il
envoya trois commissaires pour revoir les condamnations
des commissions mixtes. Les trois envoyés eurent des atti-
tudes bien différentes : le général Canrobert prononça
727 grâces ou commutations, le général Espinasse s'arrêta à
300 alors que le conseiller d'État Quentin-Bauchart monta
jusqu'à 3 441. Les amis de George Sand étaient arrêtés ou
inquiétés, elle-même fut menacée. Elle était connue de
Louis-Napoléon, avait échangé avec lui quelques lettres au
temps de la captivité à Ham. Elle lui écrivit : « Votre rigueur
s'est appesantie sur tous ceux qui prennent, qui acceptent
ou qui subissent le titre de républicains socialistes. » Consi-
dérant le président comme un « génie socialiste », lui rappelant sa propre incarcération, elle lui demanda une audience.
Peut-être heureux de reprendre contact avec une personnalité républicaine, celui-ci la reçut le 29 janvier 1853. Il
l'écouta longuement, lui témoigna la plus grande estime
pour son caractère bien qu'elle lui ait assuré qu'elle restait
« aussi républicaine, aussi communiste qu'il m'avait connue
et que je ne changerai jamais. [...] J'ai vu une larme, une
vraie larme dans cet œil froid, et il m'a tendu les deux mains
tout d'un coup en disant : " Ah ! c'est vrai, mais ce n'est pas

moi. [...] Demandez tout ce que vous voudrez pour qui vous voudrez. ” George en profita et obtint des mesures favorables pour ses amis. De même, le prince Napoléon-Jérôme, le Bonaparte de gauche, fut écouté en la circonstance et obtint des grâces. D'ailleurs, on sollicitait beaucoup les hommes en place et assez souvent avec succès. Un des envoyés du président en 1852, Espinasse, protestait parce qu'au lieu de suivre les avis de l'administration locale, le président accordait des grâces de Paris : « Les vrais chefs de l'anarchie en ont seuls profité, parce qu'eux seuls ont pu se faire recommander. [...] Les grâces sont souvent accordées à Paris sur les demandes des vieux partis pour qui c'est un moyen de conserver une influence qui leur échappe ». En même temps, les républicains avaient leurs ultras qui accusaient Georges Sand de compromission avec le pouvoir illégitime issu du coup d'État. Proudhon avait espéré que la dictature de Louis-Napoléon avancerait la révolution. Lui aussi trouvait les chefs républicains « blagueurs », peu sérieux. Il espérait un dictateur social. Ses espoirs furent déçus dès la fin de 1852. Il n'en resta qu'un livre : *La Révolution sociale démontrée par le coup d'État du 2 décembre*. Au début de 1853, il ne restait que 6 153 condamnés de la répression de 1851. Puis le chiffre baissa régulièrement par des mesures de grâce souvent précédées d'un engagement de ne plus militer ou d'une reconnaissance du régime.

Le coup d'État, à court terme, a totalement réussi. Il a fait peur aux adversaires de Louis-Napoléon, et ce sentiment de crainte, élément du prestige politique, a duré presque jusqu'à la fin du règne de l'Empereur. Plus tard, on s'étonnera que cet homme courtois, bonhomme même, ait pu s'environner de sinistres lueurs. Cet élément de prestige a pourtant aussi été source de haines inexpiables qui ne désarmeront jamais. Les exécutants du coup, Morny surtout, ont certainement fait plus qu'il n' était nécessaire, et l'effet s'est fait sentir plus de dix ans ; il ne peut se comparer qu'aux conséquences de la défaite de la Commune.

Otage du parti de l'ordre et aux mains de complices sans pitié, Louis-Napoléon, pour reprendre les termes du général du Barail, n'a pas fait tout ce qu'il voulait et n'a pas voulu tout ce qu'il a fait — comme sans doute les politiques en général. Il ne voulait pas une répression aussi poussée et il a manqué le ralliement des républicains, ce que son oncle avait au total réussi. Le 18 Brumaire n'avait pas été sanglant comme le 2 décembre. De cette terreur, le régime portera toujours la marque. Il n'a pas fait ce qu'il a voulu. Il avait rêvé d'une fusion des partis sous un pouvoir national. Cette fusion fut réalisée dans la masse de la nation ; c'est sur elle que le nouvel Empire prit appui. Les cadres des partis demeurèrent à l'écart. Les « anciens partis » subsistèrent. Il est même remarquable que les ralliements à la politique du président furent opérés *avant* le coup d'État, guère après. Comme si l'événement avait créé une brèche infranchissable...

La IIe République avait donné le suffrage universel mais n'avait su établir le régime, peut-être parce que les républicains étaient trop peu nombreux. Et puis, comme le remarquait George Sand, pour les partis de cette République, la fin justifiait les moyens. Lorsque les moyens ont la préséance sur le reste, c'est le règne du libéralisme. Selon la remarque d'Adrien Dansette, « le mépris avoué ou secret de la légalité domine constamment l'histoire de ce régime dont le culte du droit et de la loi inspiraient les créateurs ». Cette République avait un centre trop faible : le groupe Cavaignac était trop étroit, celui de Thiers se rallia tardivement et demeura suspect. C'est Louis-Napoléon qui finalement tenait lieu de centre de gravité entre les partis exaspérés. Serait-il descendu du pouvoir en 1852, il laissait le pays au bord de la guerre civile. Son intérêt personnel, finalement, coïncidait avec celui du gros du pays. Mais il s'est heurté à l'espoir que la République avait fait naître dans certains milieux et aussi aux traditions libérales. Les milieux évolués politiquement, non pas tous il est vrai, souvent lui ont été hostiles. Après tout, il a été un des derniers à abandonner la légalité, et ses adversaires n'avaient souvent rien à lui envier. Il se flattait d'ailleurs de reprendre à chaque tendance ce qu'elle avait de meilleur : à l'extrême gauche, le bien-être du peuple, à tous l'aspiration à une plus grande dignité nationale, enfin au centre et à la droite l'idée d'une liberté octroyée à terme après la disparition des partis devenus « anciens ».

TROISIÈME PARTIE

I

Le prince-président
(2 décembre 1851-2 décembre 1852)

Le 18 avril 1852, Mérimée écrivait à la comtesse de Montijo : « Nous nous accoutumons petit à petit à la tranquillité dont la monotonie n'est troublée que par des revues ou des séances de l'Académie. Ceux qui ont vu Paris il y a quatre ans se demandent s'ils sont dans la même ville ou si ce sont les mêmes gens qu'ils voient. » Combien pensaient comme lui ! Chez tous ceux qui n'étaient pas embrigadés dans un parti, la lassitude était générale ; on appréciait le repos.

Le régime prit tout de suite une couleur monarchique. Le président signait *Louis-Napoléon* et était régulièrement appelé *Son Altesse Impériale*. Ses embarras financiers avaient disparu avec le coup d'État. Il disposa bientôt d'une liste civile de 12 millions. Disparu le temps où l'Assemblée lui chipotait un malheureux crédit ! Une Cour s'organisa ; les fidèles étaient confirmés dans leurs charges, dans un cadre plus large : Vaudrey, gouverneur du palais (en dépit de sa gaucherie, compensée par le sous-gouverneur Lepic), Bacciochi, introducteur des ambassadeurs, Fleury, premier écuyer, Edgar Ney, capitaine des chasses, passèrent de l'Élysée aux Tuileries. La Maison militaire comprenait dix officiers, dont sept généraux. Le docteur Conneau recevait les solliciteurs de secours, le fidèle Thélin avait la garde de la cassette princière. Bure, frère de lait de l'Empereur dont la mère appartenait à la Maison de la reine Hortense, devint intendant général. Sous ce titre, il continua de gérer la fortune de Louis-Napoléon, tâche qui lui revint toujours. Progressivement, le prince s'installa aux Tuileries. D'abord pour des solennités, des bals luxueux, puis de façon permanente.

Dans ce climat nouveau, Miss Howard faisait problème. Jusqu'alors, dans sa demeure de la rue du Cirque proche de l'Élysée et connue des seuls intimes, elle avait gardé une relative discrétion. A peine si, accompagnant le prince dans ses voyages, son logement avait provoqué des difficultés, la pruderie bourgeoise s'étonnant d'un tel billet de logement. Désormais, elle envisageait d'avoir un rang, avec un appartement au château de Saint-Cloud, une place officielle aux revues. Son apparition à un grand bal des Tuileries fit scandale. Son passé de courtisane, son imparfaite connaissance de la langue française la rendaient gênante. Le prince lui devait beaucoup, au sens le plus matériel du terme. Elle avait mis sa grande fortune à sa disposition. Des négociations épineuses commencèrent pour lui rendre le capital prêté, puis l'augmenter de quelques millions, aux frais des contribuables. Pourvue d'une terre, elle devint comtesse de Beauregard, puis après réclamation de la famille de ce nom, comtesse de Béchevet. En octobre 1852, le prince s'installa à Saint-Cloud, sans elle. En même temps, on envisagea le mariage de Louis-Napoléon — un mariage princier, bien entendu. Des pourparlers furent entamés avec la famille de Caroline Wasa; la jeune princesse appartenait à la dynastie suédoise détrônée. Elle était surtout petite-fille de Stéphanie de Bade, une Beauharnais. Mais l'avenir de Louis-Napoléon ne paraissait pas encore très assuré : Fleury, envoyé à Darmstadt en juin 1852 pour rencontrer le père de Caroline, n'aboutit pas dans sa mission; les Habsbourg étaient défavorables. Caroline, plus tard, devint reine de Saxe.

Les fêtes prenaient une allure dynastique. Le 5 mai 1852, il y eut un service funèbre à Notre-Dame pour l'anniversaire de la mort de Napoléon Ier; le même mois, distribution des aigles à l'armée au Champ-de-Mars; les soldats crièrent

« Vive l'Empereur ! » Le 15 août, la Saint-Napoléon fut célébrée officiellement : Paris était illuminé, partout des N couronnés et des aigles dessinés par la lumière du gaz. Une aigle immense dominait l'Arc de l'Étoile. Le nom de Napoléon, son souvenir associé à la célébration du prince-président était partout. Le code civil s'appelait code Napoléon. L'effigie du prince était sur les monnaies et les timbres-poste. Étrange république ! Qu'y aurait-il de plus dans une monarchie ? Rien d'étonnant à ce que les souvenirs de la république ne soient plus commémorés, que la devise : « Égalité, Liberté, Fraternité » disparaisse des monuments.

La nouvelle constitution montrait bien qu'on était entré dans une ère nouvelle. Louis-Napoléon en avait tracé le schéma dans sa proclamation du 2 décembre. Recevant, le 31 du même mois, les résultats du plébiscite, il prononça quelques paroles significatives : le suffrage universel venait de l'« absoudre » ; il reconnaissait donc avoir péché. « Sorti de la légalité pour rentrer dans le droit », il considérait avoir préféré l'esprit à la lettre. Un moraliste aurait pu répliquer que, si la constitution de 1848 ne lui agréait pas, il aurait dû n'être pas candidat ou exposer plus loyalement le caractère de sa candidature, comme le souhaitait Persigny. En fait, la difficulté demeurait et devait s'accroître lorsque le régime s'affaiblirait ; Louis-Napoléon devait toujours en garder une pénible conscience. La constitution fut préparée par une commission restreinte composée de Persigny, de Flahaut — le père de Morny —, des juristes Mesnard, Troplong et Rouher. Le prince avait donné le cadre ; Rouher rédigea l'ensemble qui fut promulgué le 14 janvier 1852.

L'esprit général est celui d'un pouvoir personnel appuyé sur le suffrage universel. Mais un suffrage universel opposé au parlementarisme. Le plébiscite délègue en fait l'exercice pour dix ans de la souveraineté nationale au président, durée déjà envisagée par le duc de Broglie et par les Burgraves lors de leurs projets de révision. Dans les silences du texte, rien ne s'oppose à une éventuelle réélection. Explicitement qualifié de prince, Louis-Napoléon reçoit le serment de fidélité de tous les fonctionnaires publics et des députés (ce qui est étrange, si peu de temps après le coup d'État). La justice se

rend en son nom. Il peut mettre à sa guise une partie du
territoire en état de siège. Enfin, le pouvoir exécutif lui
revient en totalité : il déclare la guerre, négocie les traités de
paix, d'alliance ou de commerce, nomme et révoque tous les
fonctionnaires civils et militaires, y compris les ministres.
Les autres institutions ne sont que des « moyens » de son
gouvernement et non des pouvoirs séparés. Ne formant pas
une équipe solidaire, les ministres sont seulement les chefs
hiérarchiques d'une administration.

Les institutions sont expressément reprises du Consulat ;
Louis-Napoléon, notant que l'organisation administrative
de cette époque subsiste en 1852, pense qu'il est naturel de
reprendre également son organisation politique : Sénat,
Conseil d'État, Corps législatif — le Tribunat ayant été
supprimé en 1807. Le Sénat comprend à l'origine 80 et ne
pourra dépasser 150 membres nommés à vie, donc inamo-
vibles, ce qui devrait assurer leur indépendance. Le roi
Jérôme (qui en est le premier président), son fils Napoléon-
Jérôme, les cardinaux, maréchaux, amiraux en sont membres de droit. Louis-Napoléon nomme les autres. Il nomme
également le bureau de cette assemblée dont les séances ne
sont pas publiques. Comme l'ancienne Chambre des Pairs,
le Sénat siège au palais du Luxembourg. Son rôle devrait
être considérable. Composé en principe d'« illustrations », il
examine si les projets de loi présentés par le gouvernement
et votés par le Corps législatif ne portent pas atteinte « à la
constitution, à la religion, à la morale, à la liberté des cultes,
à la liberté individuelle, à l'égalité des citoyens devant la loi,
à l'inviolabilité de la magistrature » et ne compromettent pas
la défense du territoire. Il reçoit des pétitions et peut provoquer l'annulation des décisions administratives inconstitu-
tionnelles. Il peut encore poser les bases de « projets de loi »
d'une grande importance. Surtout, par des sénatus-consultes, il propose des compléments ou des modifications à la
constitution. Au total, un rôle impressionnant : l'assemblée
est gardienne de la constitution et des libertés. Comme sous
le Premier Empire, elle manquera à son rôle.

Le Conseil d'État comprend de 40 à 50 membres nommés
et révoqués par le prince. Il demeure le tribunal administra-

tif suprême, assiste le président dans l'exercice du pouvoir réglementaire et la préparation des décrets. Sur l'initiative d'un ministre qui suit l'impulsion du prince, il met en forme les projets de lois. Puis trois conseillers, désignés par le président comme commissaires du gouvernement, vont défendre le projet devant le Corps législatif.

Le Corps législatif, composé à l'origine de 275 députés, discute et vote les projets présentés par le ministre d'État, organe de liaison entre les institutions, et défendus par les conseillers d'État commissaires du gouvernement. Ses membres votent donc le budget. Élus au suffrage universel, ils ne représentent pas la nation, seulement les intérêts de leurs électeurs, d'où leur titre. Le Corps législatif, dans l'esprit de la constitution, ne saurait constituer un contre-pouvoir à celui du prince. Les conseillers d'État admettent, modifient ou repoussent les amendements présentés par les députés ; ces derniers ne peuvent donc que voter ou repousser le projet en bloc. Les crédits budgétaires sont votés par ministère, la ventilation ultérieure étant assurée par décrets. Le bureau de la Chambre est nommé par le prince parmi les députés — qui ne font pas leur règlement. Enfin le Corps législatif est confiné dans la tâche qui lui a été définie ; les ministres ne peuvent être députés et ne paraissent pas dans son enceinte. Il n'est donc pas question de contrôler la politique du gouvernement. Le prince-président détient seul l'initiative des lois et leur promulgation finale ; il s'assure les deux extrémités du circuit législatif. Il en est de même pour les sénatus-consultes. Le chef de l'exécutif détient donc une partie décisive du pouvoir législatif. C'est vraiment le chef de l'État.

La constitution vise à amoindrir le pouvoir des députés. Peu nombreuse, surveillée par un président qu'elle n'a pas choisi, l'Assemblée ne dispose même plus de la tribune. Selon les idées du prince et à l'imitation du Parlement de Westminster, chacun parle de sa place. Le banc des commissaires du gouvernement occupe l'emplacement de la tribune. Les députés ont réintégré l'hémicycle du Palais-Bourbon, abandonné par les Assemblées nombreuses de la IIᵉ République pour une salle provisoire édifiée dans la cour

du palais. Mais les joutes parlementaires des chambres de
Louis-Philippe n'ont plus cours. Le régime attend des
députés qu'ils se comportent comme un grand Conseil
général. Aussi bien l'échelle des rémunérations marque la
hiérarchie des assemblées. Certains sénateurs pourront
bénéficier d'un traitement dont le maximum est fixé à
30 000 francs ; chaque conseiller d'État en touche 25 000.
Les députés, eux, ne reçoivent rien.

A son frontispice, la constitution de 1852 reconnaît et
proclame les principes de 1789, ceux de le Révolution française, et ce au profond dépit de Veuillot et de la « Montagne
blanche ». Contre les beaux esprits de la réaction, le prince
continue de se déclarer l'héritier véritable de la Révolution.
Même s'il combat l'esprit de révolution et vise à clore l'ère
des révolutions. C'est la tradition de son oncle. C'est aussi
celle des doctrinaires parlementaires libéraux. Il est bleu
entre les blancs et les rouges. Mais ses moyens diffèrent de
ceux des doctrinaires.

En somme, la constitution organise le pouvoir personnel
d'un homme, l'héritier de Napoléon. Pouvoir qui serait
absolu, n'était le suffrage universel. Par ses origines, le
Corps législatif peut seul freiner les volontés du prince. Le
suffrage universel peut lui conférer l'indépendance ; mais en
cas de conflit, la constitution donne au prince le droit de
dissolution. La lutte est inégale. Le suffrage universel,
encore neuf, supprimé de fait depuis 1850, reparaît pour
conférer au président, par le plébiscite, une autorité presque
illimitée, une délégation complète. Le plébiscite ne saurait
être fréquent ; il est réservé aux occasions solennelles où le
président pose au peuple une question pour vérifier sa popularité. En l'absence de plébiscite, ce sont les élections au
Corps législatif qui, tous les six ans, ou plus souvent en cas
de dissolution, en tiendront lieu. Le régime se place donc
sous la dépendance du suffrage universel. Son avenir
dépend de lui.

Du début de janvier à la fin de mars 1852, le prince-
président, seul pouvoir existant, légifère sous la forme de
décrets, décrets dictatoriaux ; on dirait aujourd'hui décrets-
lois. Inutile de préciser qu'ils sont nombreux. Louis-

Napoléon utilise la vacance de la légalité. Deux décrets vont provoquer une crise politique. Ils sont relatifs aux biens de la famille d'Orléans (23 janvier). Le premier interdit aux princes d'avoir des biens en France, l'autre nationalise la fortune donnée par le roi des Français à ses enfants avant son accession au trône. Décision arbitraire, attentatoire à la propriété sous des arguties juridiques (la fortune des rois n'était jadis pas distincte de celle de l'État). Pourquoi ce décret qui laisse le peuple indifférent mais suscite dans la bourgeoisie un énorme scandale ? On parle du « premier vol de l'aigle » et on souligne que Louis-Napoléon n'aurait apporté à l'État que des dettes. Pour faire passer la mesure, cette fructueuse aubaine est répartie entre les sociétés de secours mutuels, les logements ouvriers, les institutions de crédit foncier, la Caisse des desservants ecclésiastiques infirmes et la Légion d'honneur. La réaction montre combien la dynastie d'Orléans demeure présente dans la sensibilité bourgeoise. Quatre ministres démissionnent ; Rouher, Fould, Magne et surtout Morny. Le départ de l'organisateur du coup d'État, si près de l'événement, fait sensation. Comme ses collègues, il est lié aux Orléans par l'origine de sa carrière. Son entente avec son demi-frère n'est plus étroite. Il a trop fait valoir son rôle, son influence et se trouve en disgrâce. Au Conseil d'État, une minorité combat les décrets. Le prince-président persévère envers et contre tout. La mesure peut avoir un côté démagogique, mais la vraie cause est politique. Peut-être Louis-Napoléon a-t-il cru à un coup de force orléaniste préludant à une candidature Joinville à la présidence ? Peut-être, tout simplement, a-t-il voulu briser l'autre tendance bleue, la concurrente, et montrer qu'il faudrait choisir entre lui et eux. Intense, la crise sera éphémère et les démissionnaires, à l'exception de Morny, retrouveront vite des places dans le régime.

Dans la quantité des décrets dictatoriaux, beaucoup répriment ou réorganisent. Ainsi la Garde nationale subsiste, mais squelettique, avec des effectifs sélectionnés ; le peuple en armes devient une force de parade. Les associations ouvrières, en fait des coopératives de production, sont presque toutes dissoutes. En revanche subsistent et sont favorisées les sociétés de secours mutuels si elles acceptent le patronage des membres honoraires qui les subventionnent, du maire et du curé. Déjà apparaît la préoccupation du prince : promouvoir le bien-être du peuple mais ne pas tolérer de sociétés de résistance sous couvert d'œuvres sociales. Le « parti catholique » — du moins ceux de ses chefs qui ont accepté le coup d'État ou qui, comme Montalembert, s'en sont fait les ardents champions —, essaie d'utiliser la conjoncture. Il obtient que les congrégations de femmes soient autorisées par simple décret. Ses ambitions vont plus loin : il veut que le clergé soit admis à diriger un système d'assistance publique parallèle à celui de l'État. Il cherche aussi à détruire ou du moins à se subordonner l'Université, déjà placée sous le contrôle du clergé par la loi Falloux. Enfin, de vieilles revendications reparaissent, mises en avant par la Cour de Rome : l'abrogation des articles organiques datant du Consulat et limitant la liberté de l'Église, ou l'obligation du mariage religieux. Le prince écarte ces prétentions : il veut une Université étroitement soumise à son gouvernement, et indépendante de l'Église.

D'une importance particulière fut le décret du 17 février sur la presse. Depuis la révolution de 1848 qui avait connu la liberté totale, le régime de la presse revenait progressivement au régime de la Monarchie de Juillet : cautionnement, droits de timbre et de poste sur chaque exemplaire, pour rendre plus malaisée la création d'un journal, enfin procès correctionnels pour juger les infractions à cette législation. Le coup d'État avait été marqué par la suppression d'une partie de la presse. Le décret dictatorial reprit en les aggravant les conditions de cautionnement, de timbre et de répression par les tribunaux correctionnels ; il exigea aussi pour toute création — ou lors de changements dans l'administration ou la rédaction — une autorisation préalable de l'administration. C'est Persigny qui aurait eu l'idée d'avertissements donnés par la direction de la librairie. Après trois avertissements, le journal pouvait être suspendu pour deux mois. De toute façon, un décret pouvait toujours le supprimer. La censure n'existait pas, mais l'administration aidait les journalistes à s'autocensurer. Le régime des avertissements ne s'appliquait qu'aux journaux politiques ; beaucoup plus libre, la « petite presse » pullulait. Mais les quelques titres politiques subsistant à Paris — quelque sept ou huit organes — durent faire preuve d'une prudente diplomatie. Ce fut surtout vrai du *Journal des Débats*, libéral centre gauche, et du *Siècle*, le journal démocrate et anticlérical, très lu chez les marchands de vin. Jusqu'à 1860, la grande presse, très surveillée, montra une réserve prononcée pour le régime.

Un décret dictatorial du 2 février précisa le régime électoral. Persigny, qui avait remplacé Morny au ministère de l'Intérieur, en était le responsable. Tout homme de vingt et un ans comptant six mois de domicile était électeur. L'élection se faisait au scrutin d'arrondissement, à deux tours ; il fallait au premier tour le quart des inscrits et la majorité absolue des votants, au deuxième tour, la majorité relative pour être élu. On votait deux jours de suite — disposition qui datait de la république. La constitution proscrivait le scrutin de liste, celui de la république, réputé plus propre à mettre en valeur les grandes orientations politiques. Comme on voulait peu de députés, on abandonna les anciens arrondissements du vote censitaire et on décida qu'il y aurait un député pour 35 000 électeurs ou fractions restantes de plus de 25 000. Ainsi obtint-on dans le cadre d'un département de grandes circonscriptions où il était difficile à un notable de se faire connaître. On évitait les « bourgs pourris », et aussi les votes du scrutin de liste où un inconnu pouvait se faire élire sur sa couleur politique. A l'expérience, le gouvernement — en tout cas Persigny —, regretta d'avoir maintenu le deuxième tour, favorable aux coalitions d'adversaires. On connaissait encore mal le fonctionnement du suffrage universel, et on crut que la candidature officielle suffirait à tout.

La candidature officielle est, pourrait-on dire, aussi vieille que les élections. Elle avait fleuri sous la monarchie constitutionnelle dans le cadre réduit du suffrage censitaire. En 1848, les commissaires de la République s'étaient souvent fait élire. Il n'était donc pas étonnant que le gouvernement du prince-président fît connaître le candidat dont l'élection lui paraissait souhaitable. Le problème était d'agir à l'échelle du suffrage universel, de faire voyant. Le candidat officiel devint le candidat de l'administration en ce sens que toute la machine de l'État était engagée dans son soutien, des directeurs départementaux aux gendarmes et aux cantonniers : elle se transformait en agent électoral. La constitution donnant au gouvernement la nomination des maires, ces derniers et leurs collaborateurs, à l'incitation du préfet, entraient dans la lutte, affichant les professions de foi, distribuant les bulletins, faisant la propagande orale. Le candidat officiel n'avait rien à organiser, l'administration se chargeait de tout. Face à lui, ses concurrents, sans presse libre, sans réunions électorales, étaient placés en situation d'infériorité. Pour triompher, il leur fallait s'adresser à un milieu social particulièrement propice : soit à une paysannerie soumise aux grands propriétaires (à condition que ces derniers fussent opposants), soit à un milieu ouvrier urbain. Faute de quoi, il arrivait difficilement même à faire connaître sa candidature, en particulier en milieu rural, c'est-à-dire auprès des trois quarts de la population.

Les fraudes furent sans doute nombreuses dans les villages. La pression sociale suffisait presque toujours : on donnait le bulletin plié, sans enveloppe, au président du bureau, toujours favorable au gouvernement ; il était quelquefois remis à l'entrée du bureau de vote et des observateurs suivaient l'électeur des yeux jusqu'à l'urne. A la vérité, pour beaucoup, le vote constituait une formalité sans intérêt à laquelle il fallait se plier pour plaire aux autorités et dont on se dispensait lorsqu'on le pouvait sans se faire repérer par le maire, le garde champêtre ou le percepteur. Le suffrage universel, devançant les mœurs de la majorité de la nation, était encore dans l'enfance. Mais si primitif qu'il fût, il fallait lui présenter des candidats attrayants. Assez souvent, ce furent des personnalités parachutées de Paris, relations du prince ou de sa Cour, beaux noms de la noblesse d'Empire, financiers influents. En majorité, les officiels étaient du cru. On ne pouvait guère les choisir dans le personnel des régimes précédents. Une célèbre circulaire de Morny esquissa le portrait du candidat idéal : « Quand un homme a fait sa fortune par le travail, l'industrie ou l'agriculture, a amélioré le sort de ses ouvriers, a fait un noble usage de son bien, il est préférable à ce qu'on est convenu d'appeler un homme politique, car il apportera à la confection des lois un esprit pratique et secondera le gouvernement dans son œuvre de pacification et de réédification. » Un patron social qui s'est fait lui-même, un patron bienfaisant ; on entend ici comme un écho de la parole de Guizot : « Enrichissez-vous par le travail et l'économie ». De tels hommes ne se trouvent pas toujours ; souvent, ils sont peu désireux d'entrer en politique, sans indemnité parlementaire. Alors il faut bien chercher des notables qui, même non militants, ont des opinions politiques. Pourvu qu'ils se rallient et fassent profiter le régime de leur surface sociale et de leurs relations, le préfet les recommande à Persigny qui accepte en général le choix de son subordonné. C'est que les bonapartistes historiques sont relativement rares, et souvent de petit niveau. La nouvelle classe politique de Louis-Napoléon sera largement composée des ralliés des partis de la monarchie censitaire ; non pas des chefs, mais des seconds rôles ou des hommes du rang.

Les élections de février 1852 furent en réalité une affaire plus considérable qu'il ne paraît. Les opposants déclarés étant assez peu nombreux, le gros problème était d'éviter les abstentions massives. En 1849, elles avaient atteint un tiers des inscrits. En 1852, elles furent de 37 %. Mais dans beaucoup de villes, elles dépassent ce pourcentage : 75 % à Saint-Étienne, 77 % à Lille, 81 % à Vierzon. Les candidats officiels enlevèrent finalement 83 % des votes, mais seulement ceux de 53 % des inscrits. Les oppositions se concentrèrent dans un cinquième des circonscriptions où elles recueillirent plus de la moitié de leurs voix. A Paris, où le vote était libre, Carnot et Cavaignac furent élus et à Lyon Hénon. Ces succès républicains montrèrent quel rôle, dans les grandes villes, jouait la propagande de bouche à oreille ; un milieu social cohérent, trop nombreux pour être surveillé, défiait toute tentative d'encadrement de la part du pouvoir. Les trois élus, pour ne pas prêter serment à un régime qu'ils considéraient comme illégitime, refusèrent de siéger. Ils allaient d'ailleurs être, lors d'élections complémentaires, remplacés par des officiels, la discorde s'étant introduite parmi les républicains. Finalement le Corps législatif de 1852 ne comprit que trois opposants déclarés, des légitimistes ancrés dans leurs fiefs. Mais la Chambre avait plus d'un quart de députés qui, ralliés, étaient néanmoins fort indépendants et déterminés à discuter tous les projets qui ne leur conviendraient pas. C'était, dès l'origine, la semence d'un Empire libéral parmi les candidats officiels. Leur représentant le plus prestigieux était Montalembert. Celui-ci, rallié au président par haine de la révolution, n'en restait pas moins parlementaire libéral. Peut-être regrettait-il le peu de succès de ses instances pour enlever, à la faveur de la dictature, de nouveaux privilèges pour l'Église. Morny était aussi en évidence parmi les nouveaux élus. Il avait, depuis sa démission du ministère, refusé le Sénat et une ambassade. Élu à Clermont-Ferrand et à Ambert sans être candidat officiel, il retrouvait sa situation politique en Auvergne et espérait que le prince allait le nommer président du Corps législatif. Son espoir fut déçu. Le président, redoutant les liaisons de son demi-frère avec les milieux orléanistes, ne voulut pas d'une nomination qui pourrait donner confiance à ces derniers. Il choisit Billault, élu de l'Ariège, ancien député de l'opposition sous Louis-Philippe, puis rallié au président en bleu de l'Ouest.

La session, de trois mois, s'ouvrit le 29 mars. Les trois « moyens » du gouvernement existant désormais, la période dictatoriale prenait fin. Le prince reçut la Chambre aux Tuileries, dans la salle des maréchaux, pour ouvrir la session. Les séances manquaient d'éclat. La presse n'en pouvait rendre compte qu'en reproduisant un compte-rendu officiel rédigé par la présidence. Montalembert tenta pourtant de constituer un groupe d'indépendants. Lorsque le prince vint assister à l'une des dernières séances de la session, le 22 juin, le grand orateur catholique prononça un discours qui marquait sa rupture. Soulignant l'abaissement de la Chambre qui aboutirait à la suppression de tout contrôle, il dénonça la réduction du pouvoir législatif à une sorte de « Conseil général ». La quasi-totalité de la Chambre n'était pourtant pas disposée à le suivre aussi loin. Sentant quelle profonde défaite venait de subir le parlementarisme, les députés étaient résignés à la prudence — ce qui ne voulait pas dire inertie. Une cinquantaine d'entre eux ne cessèrent de blâmer les dépenses en matière de travaux et défendirent les tarifs douaniers au point que le ministre d'État, au terme de la session, adressa un rappel à l'ordre à la Chambre. Dans l'entourage du prince, le mécontentement était vif. Persigny criait : « Le parlementarisme relève la tête. Montalembert est un serpent, mais je l'écraserai. » On envisagea même une dissolution suivie d'une suppression du suffrage universel. Un retour au suffrage censitaire était-il prudent, alors que la force du prince était dans les masses, la bourgeoisie demeurant peu dévouée ? Et comment concilier le plébiscite avec un retour au suffrage restreint ? Le suffrage universel subsista donc, du moins à titre temporaire, espéraient certains.

Après la réussite du coup d'État, Morny écrivit à son amie Fanny Le Hon : « Vous avez misé sur le bon cheval. Nous allons connaître vous et moi une prospérité dont vous ne soupçonnez pas l'ampleur. » La prévision était exacte, et pas seulement pour le demi-frère du président. Le coup d'État allait être suivi d'une phase de croissance presque sans précédent. Maupas, qui n'aimait pas Morny, expliquait le mécanisme de ce boom en disant que 1848 avait mis fin à la période prospère du règne de Louis-Philippe (elle avait même pris fin un peu avant la révolution et la crise en constituait une des causes). Cette révolution avait été un désastre pour l'économie française en croissance. L'élection du 10 décembre avait fait espérer des jours meilleurs, mais la présidence devait prendre fin en 1852. « Les capitaux, pour une notable partie, restaient improductifs plutôt que d'affronter les périls d'une secousse gouvernementale dont on ne pouvait calculer la portée. Il se faisait comme une sorte de réserve au profit de l'avenir, un véritable amoncellement de richesses prêt à se répandre sur le pays le jour où la sécurité deviendrait complète. » L'élan suscité dans les années quarante du siècle et brisé par le cyclone de 1848 reprendrait.

En profiteraient les générations nombreuses nées sous la
Restauration et épargnées par les guerres. Enfin, les découvertes récentes d'or en Californie et en Australie allaient
augmenter brutalement le stock d'or mondial et modifier la
conjoncture qui passa à la hausse des prix. La conjoncture
politique, également renversée en France, permit de profiter des données favorables de la conjoncture générale.

Louis-Napoléon n'est ni économiste, ni financier. Il a
réfléchi à ces questions et s'est formé un certain nombre de
convictions dont témoignent ses écrits antérieurs. Tout
d'abord, c'est en économie un libéral. Il a vu l'Angleterre
victorienne et pense que l'initiative individuelle doit être
libre. Il n'y a pas de raison pour faire faire à l'État ce que
l'individu fait aussi bien ou mieux. Mais l'État, contrairement aux vues des libéraux extrémistes, n'est pas un
« ulcère », il a un rôle d'impulsion et de régulation générales
à jouer. L'impôt — ici il reprend un mot de son ennemi
Rémusat — est le meilleur des placements. Et ce n'est pas à
Louis-Napoléon qu'il faut apprendre les miracles du crédit !
Il juxtapose la tradition napoléonienne interventionniste et
étatiste au libéralisme économique dont les tenants n'aiment
pas l'Empereur. A des administrations bourgeoises qui
valent surtout par des vertus de prudence et d'économie,
Louis-Napoléon va prôner la dépense pourvu qu'elle soit
productive : le revenu fera supporter sans effort le remboursement du capital initial. Son ami et ministre Persigny
développera une théorie semblable. Au lieu de faire des
travaux avec le revenu, utiliser ce revenu pour gage d'emprunts qui, multipliant les capitaux disponibles, permettront d'amortir le capital emprunté. L'avantage politique,
c'est de multiplier les réalisations rapides, de frapper
d'étonnement les populations. Le règne de Louis-Napoléon
devient ainsi une succession de prodiges qui fondent le
prestige du dirigeant. La raison en est un investissement
massif et une dette à long terme qui mettent en valeur la
stabilité politique retrouvée. Une dépense ajournée n'est
pas forcément un bénéfice. Une telle politique est un pari
sur l'avenir, elle réussit tant que l'avenir paraît assuré, que
règne la confiance. Ses opposants, les financiers tradition

nels — et parmi eux il faut compter Fould et Magne, les deux ministres des Finances de Napoléon III — veulent faire face à toutes les éventualités et restreignent les perspectives d'avenir.

Bien qu'il ait eu contre lui la sagesse bourgeoise, Louis-Napoléon s'est trouvé porté par une conjoncture exceptionnelle, et les réalisations de son règne vont stupéfier ses contemporains. Un passage des souvenirs de Merruau, haut fonctionnaire de la préfecture de la Seine, caractérise bien les changements causés par l'avènement du nouveau régime : « L'Hôtel de Ville voyait sa garnison reprendre le chemin des casernes et la politique rendre à l'administration sa place légitime. Ce n'étaient plus des bandes d'insurgés qui parcouraient la ville, mais des escouades de maçons, de charpentiers, d'ouvriers de toute sorte allant à leurs travaux ; si l'on remuait les pavés, c'était non pour les entasser en barricades, mais pour faire circuler sous les rues l'eau et le gaz ; les maisons n'étaient plus menacées par le canon ou l'incendie, mais par l'indemnité féconde de l'expropriation. » Avec l'essor des investissements, retardé artificiellement par la crise politique et sociale, la Bourse s'oriente à la hausse ; les plans de grands travaux sortent des cartons. Ce climat enthousiasme les saint-simoniens. Les survivants de l'école de 1830, sans renoncer absolument à leurs vues sociales, sont devenus essentiellement des promoteurs de grands travaux par une réforme du crédit et par un enseignement technique rénové. Ils ont déjà coopéré à la première phase d'expansion sous la Monarchie de Juillet et sentent que le nouveau maître peut reprendre et pousser cette mise en place de l'équipement national et cette croissance qui sont leur premier objectif. Leur ralliement ne tarde guère. Un régime autoritaire ne les gêne pas pourvu qu'il soit fécond en résultats ; ils n'ont jamais été libéraux. Le Père Enfantin, le négociant lyonnais Arlès-Dufour, l'économiste Michel Chevalier, une pléiade d'ingénieurs et de journalistes vont soutenir le président. Mais ces saint-simoniens ne sont qu'un ferment dans la masse des gens d'affaires. Les plus conservateurs demeurent dans l'expectative. La « haute banque » traditionnelle, retranchée dans les vieilles maisons et à la Banque de France, ne s'est ralliée, avec prudence, qu'après le coup d'État ; la banque Fould, à cet égard, n'est pas typique. James de Rothschild, très lié au milieu royaliste restera sur la réserve vis-à-vis du prince. Deux de ses adjoints, les frères Émile et Isaac Péreire, saint-simoniens, eux, vont tout de suite saisir les possibilités offertes par le nouveau pouvoir. Louis-Napoléon, de son côté, veut utiliser le climat d'euphorie consécutif au coup d'État pour réaliser ou au moins engager une transformation de la France. Il souhaite, en somme, reprendre l'œuvre interrompue de la Monarchie de Juillet dans deux domaines principaux : la construction du réseau de chemin de fer et la promotion d'un urbanisme moderne. Dès son arrivée à la présidence, il s'est passionné en particulier pour la trans- formation de Paris trop longtemps retardée. Il a vu en Angleterre ce qu'on pouvait faire sur ce point et entend porter la France au niveau de ses voisins d'Outre-Manche.

Dès le début de 1852, il agit en ce sens. La réunion du Louvre aux Tuileries par l'édification d'un palais gigantes- que, l'achèvement de la rue de Rivoli et l'amorce d'une grande voie perpendiculaire qui sera le boulevard Sébasto- pol, la rue des Écoles (pour satisfaire la rive gauche), enfin la transformation des Halles sont poussées avec vigueur.

Pour les chemins de fer, les décrets pleuvent. L'État ne peut pas donner de subvention importante. Il prolonge les concessions jusqu'à quatre-vingt-dix-neuf ans, ce qui donne aux compagnies concessionnaires plus de temps pour amortir leurs emprunts. Enfin le régime favorise les fusions des compagnies ; la compagnie nouvelle, plus puissante, peut construire davantage et exploiter ses lignes dans de meilleures conditions. Louis-Napoléon ne veut pas d'une fusion générale aboutissant à un monopole national, mais il se sent fort et ne s'effraie pas de la constitution de grandes puissances capitalistes drainant l'argent des épargnants ; quitte, au besoin, à les opposer les unes aux autres. Le premier succès du régime, dès le 5 janvier 1852, fut la concession de la ligne Paris-Lyon. L'État avait dû prendre la suite d'une compagnie déconfite par la révolution et poursuivait lentement les travaux. La concession était retardée par les rivalités entre groupes capitalistes. Or la compagnie nouvelle de Paris-Lyon réunissait les différents groupes financiers dans une véritable union nationale. C'était comme un hommage de la finance au prince-président qui, dans ce domaine réalisait son idéal de l'union des partis, au moins temporairement. En juin, à l'incitation de Paulin Talabot, Lyon-Avignon et Avignon-Marseille fusionnaient. Ainsi s'esquissait la grande ligne Paris-Marseille par Lyon qui sera achevée en 1855. Toutes ces opérations impliquaient une reprise de la métallurgie et des constructions mécaniques qui étaient longtemps restées languissantes.

A la base de cette reprise, il y a la confiance retrouvée en l'avenir, la hausse prodigieuse de la Bourse et le mouvement de l'épargne achetant les titres d'emprunts et les actions des compagnies de chemin de fer. Ce mouvement devait être passager et devait normalement s'émousser avec le temps. La baisse suivit la hausse, comme l'avaient prévu James de Rothschild et beaucoup de chefs des maisons de la haute banque. Or le prince avait besoin de prolonger la hausse, de la rendre permanente. Son pouvoir se fondait sur ce mouvement. Persigny et Morny cherchaient un moyen. D'autre part, comme le Premier Consul avait fondé la Banque de France, il ne serait pas mauvais que son neveu attachât son nom à une création comparable. En septembre 1852, l'idée d'un Crédit mobilier, mise en avant par les frères Péreire, fut bien accueillie en haut lieu. Il s'agissait d'une banque qui, regroupant des épargnes à elle confiées par le grand public, atteindrait une puissance financière sans précédent. Elle utiliserait ces capitaux pour créer des compagnies dans les branches les plus diverses (chemins de fer, bâtiments, services urbains) et pour placer les emprunts des États. Pratiquant la méthode des fusions, les arbitrant, le Crédit mobilier mélangeait crédits médiocres et premiers crédits et rendait ainsi possible de multiples créations. Les Péreire voulaient ainsi prolonger et rendre permanent l'essor de créations consécutif au coup d'État. Faisant appel non plus à des capitalistes avertis mais au « suffrage universel » des capitaux, ils se proposaient de substituer pratiquement leurs

actions et leurs obligations aux autres valeurs, de constituer
une gigantesque holding de l'économie française. A cette
imagination saint-simonienne, le pouvoir acquiesça. Morny
était dans l'affaire — il était dans beaucoup d'affaires puisqu'il aurait gagné 6 millions dans l'année ! A l'incitation du
gouvernement, même les vieilles maisons de banque parti-
cipèrent à la création du Crédit mobilier. Seul James de
Rothschild resta à l'écart, conservant son indépendance
vis-à-vis du pouvoir. Le budget avait vu son montant augmenter, mais tout cela était financé par l'appel au crédit
justifié par la hausse des cours. Louis-Napoléon, qu'il le
voulût ou non, se trouvait désormais lié au succès d'une
politique financière. Cette politique financière allait assurer
la construction du réseau des chemins de fer et la transformation des villes. La politique des travaux publics caractérise le régime et constitue l'un de ses moteurs.

Le nouveau Consulat était un succès. Fallait-il en profiter
pour restaurer l'Empire ? Le mimétisme historique l'impliquait. Louis-Napoléon se voulait l'héritier de l'Empereur ;
il n'eût pas été logique de s'arrêter à mi-chemin. La présidence décennale pouvait aisément être transformée en présidence à vie — ce qui n'était guère en accord avec la théorie
de la responsabilité du président. Comment concilier l'hérédité avec cette responsabilité, sinon en postulant un
mariage mystique entre la nation et les Bonaparte ? Notion
qui convenait bien au moment, mais qui pouvait se révéler
gênante dans un avenir indéterminé. Plutôt que l'hérédité
en faveur d'un célibataire de quarante-quatre ans, le droit de
présenter son successeur, reconnu par la constitution de
1852, n'était-il pas préférable ? Louis-Napoléon semble
bien avoir hésité, songeant peut-être à ses serments à la
République. Ouvrant la session du Corps législatif, il avait
dit : « Conservons la république ; elle ne menace personne,
elle peut rassurer tout le monde. » C'était, sous une autre
forme, la devise : « Le régime qui nous divise le moins. »
Face aux partisans d'un retour à l'Empire et à ses splendeurs

dont Persigny avait pris la tête, le président hésitait, voulant ne rien faire qui fût contraire au vœu de la nation.

Comme toujours, Louis-Napoléon eut recours aux voyages pour discerner les tendances de l'opinion. C'est ainsi que Mérimée, en juillet, le vit revenir de Strasbourg où il avait inauguré le chemin de fer allant de Paris à la capitale alsacienne : « Les soldats ne criaient pas, mais les officiers et les bourgeois criaient à tue-tête. Le curé de la Madeleine est venu complimenter le président et l'encenser en bas de son escalier. » Un grand voyage dans le Centre et le Midi fut ensuite décidé pour septembre-octobre. Persigny ne se tenait plus : le président se cantonnait dans la république comme il s'était cantonné dans la constitution. Il fallait l'en faire sortir. Si on attendait que le nouveau gouvernement prît son cours, tout deviendrait impossible. Le ministre proposa donc au Conseil que, pendant le voyage, l'administration « se mît à la tête du sentiment napoléonien ». Ses collègues s'indignèrent, mais il n'en prit pas moins ses dispositions pour que Louis-Napoléon, au cours de son voyage, rencontrât partout cris de triomphe, banderoles, acclamations réclamant l'Empire. A Roanne, le prince fit un accueil glacial à son ministre. Il n'aimait pas qu'on pesât sur sa décision. A Lyon, il semblait vouloir refuser l'Empire : on avait peu crié : « Vive l'Empereur ». Dans la vallée du Rhône, de Valence à Avignon, l'exubérance populaire changea son humeur. A Marseille, il posa significativement les premières pierres de la cathédrale et du palais de la Chambre de commerce. L'accueil du Languedoc fut, si c'était possible, plus chaleureux encore, si bien qu'à Bordeaux, la décision du prince était prise. Il la fit connaître dans un discours célèbre, prononcé le 9 octobre à la Chambre de commerce, après le lancement d'un navire baptisé *Louis-Napoléon*.

Le préfet Haussmann et son ingénieur Alphand avaient organisé une magnifique réception. Le prince choisit cette circonstance pour publier un véritable manifeste : « Jamais peuple n'a témoigné d'une manière plus directe, plus spontanée, plus unanime la volonté de s'affranchir des préoccupations de l'avenir, en consolidant dans la même main un pouvoir qui lui est sympathique. [...] Il sait qu'en 1852 la société courait à sa perte, parce que chaque parti se consolait d'avance du naufrage général par l'espoir de planter son drapeau sur les débris qui pourraient surnager. Il me sait gré d'avoir sauvé le vaisseau en arborant seulement le drapeau de la France. [...] La France semble vouloir revenir à l'Empire. [...] Par esprit de défiance, certaines personnes se disent : l'Empire, c'est la guerre. Moi je dis : l'Empire, c'est la paix. [...] J'en conviens, cependant, j'ai comme l'Empereur, bien des conquêtes à faire. Je veux, comme lui, concourir à la conciliation les partis dissidents et ramener dans le courant du grand fleuve populaire les dérivations hostiles qui vont se perdre sans profit pour personne... Nous avons d'immenses territoires incultes à défricher, des routes à ouvrir, des ports à creuser, des rivières à rendre navigables, des canaux à terminer, notre réseau de chemins de fer à compléter. Nous avons, en face de Marseille, un vaste royaume à assimiler à la France. [...] Nous avons partout enfin des ruines à relever, de faux dieux à abattre, des vérités à faire triompher. [...] Vous tous qui voulez comme moi le bien de notre patrie, vous êtes mes soldats. » L'appel au progrès matériel et moral dans l'union nationale avait des accents saint-simoniens. Morny montrait l'autre face de la situation : « Nous allons droit à l'Empire. [...] Ce pays est tellement fatigué des révolutions que tout ce qu'il demande aujourd'hui, c'est un beau despotisme. Il est servi à souhait » (27 septembre). Et de spéculer sur les chemins de fer, les terrains et toutes les valeurs imaginables.

Le retour de Bordeaux n'avait plus grande importance. Au passage à Amboise, le prince libéra Abd-el-Kader, retenu captif malgré les engagements pris. L'action manifestait le côté chevaleresque de son caractère, car ses conseillers ne l'avaient pas poussé. Au terme de ce périple accompli en chemin de fer et en bateau à vapeur, Louis-Napoléon retrouva Paris le 16 octobre. Les grands corps de l'État l'attendaient au « débarcadère » du chemin de fer d'Orléans. Le prince embrassa Napoléon-Jérôme et Morny — deux réconciliations — puis gagna les Tuileries par les boulevards. L'accueil de Paris avait été minutieusement préparé. Comme en province, des arcs de triomphe célébraient

Napoléon III, qui n'avaient pas été préparés sans conseil. Tous les ouvriers de la ville étaient mobilisés, portant bannières et drapeaux. Les dames des Halles et marchés avaient été pareillement réquisitionnées. Après cette entrée triomphale, les cris de *Vive l'Empereur* ! au Français ou à l'Opéra lorsque le prince entrait dans sa loge apparaissent comme des épisodes mineurs. Il ne restait plus qu'à mettre le Sénat en mouvement.

Persigny ne s'est-il pas flatté d'avoir forcé la main à son maître et à la nation ? A la vérité, la France ne voulait pas fortement la restauration de l'Empire. Elle voulait la consolidation du pouvoir qui s'était instauré et ne voyait pas de raison pour s'opposer à ce qu'on lui présentait comme son désir. Peut-être la réalisation dépassait-elle toutefois un peu ses vœux. Les délibérations du Sénat mirent seulement en évidence la révolte de l'Assemblée à l'idée de désigner le prince Napoléon-Jérôme comme héritier de l'Empereur célibataire. Louis-Napoléon lui-même semble avoir hésité : son cousin lui avait donné peu de motifs de satisfaction, mais il fut finalement admis, ainsi que son père, à l'hérédité, avec qualité de prince français, après la descendance légitime ou adoptive de l'Empereur. L'adoption était limitée aux descendants des frères de l'Empereur. A vrai dire, on n'avait guère de choix. Les autres Bonaparte faisaient partie de la famille civile, reconnue, mais non appelée à l'hérédité. Le sénatus-consulte du 7 novembre fut soumis à plébiscite le 21 du même mois. 7 824 000 *oui* contre 253 000 *non* ratifièrent la proposition. Il y avait un peu plus de 2 millions d'abstentions, principalement dans l'Ouest ou le Midi. L'Empire était « rétabli », Louis-Napoléon Bonaparte devenait empereur des Français sous le nom de Napoléon III. Il ne s'agissait donc pas de l'hérédité dynastique des Bonaparte où Joseph, puis Louis avaient été chefs de la famille entre le duc de Reichstadt et Louis-Napoléon, mais de la succession des Bonaparte investis légalement par les pouvoirs qualifiés en France — encore qu'on pût discuter cette qualité à Napoléon II. Et puis le nombre trois faisait la dynastie plus ancienne.

De façon significative, le nouvel empereur tint à ce que ce

fût le Corps législatif, issu comme lui du suffrage universel,
qui, publiant les résultats du plébiscite, fît ressortir toute la
légitimité du nouveau pouvoir. Dans la nuit du 1er au
2 décembre 1852, le président Billault, à la tête de
200 voitures escortées par des cavaliers portant des torches,
se rendit au palais de Saint-Cloud. Dans le grand salon, les
membres de tous les pouvoirs de l'État étaient réunis. Billault fut le premier à appeler Louis-Napoléon « Sire » au
début de son discours : « Tout en gardant un fier souvenir
des grandes choses de la guerre, la nation espère surtout en
vous pour les grandes choses de la paix. Vous ayant déjà vu à
l'œuvre, elle attend de vous un gouvernement résolu,
rapide, fécond. Pour vous y aider, elle vous entoure de
toutes ses sympathies, elle se livre à vous tout entière :
prenez donc, Sire, prenez des mains de la France cette
glorieuse couronne qu'elle vous offre. Jamais aucun front
royal n'en aura porté de plus légitime ni de plus populaire. »
Napoléon III répliqua : « Mon règne ne date pas de 1815, il
date de ce moment même où vous venez de me faire connaître les volontés de la nation. » Ce qui semblait bien placer
la désignation du suffrage universel avant l'hérédité et faisait ressortir l'ambiguïté du sénatus-consulte qui combi-
nait les deux. Les destins étaient accomplis. Pour rehausser
la solennité, les décorations s'abattirent en pluie ; Saint-
Arnaud, Magnan et Castellane furent faits maréchaux de
France, ce qui était audacieux. En contrepartie, de nombreux condamnés politiques furent graciés et des avertissements à la presse annulés.

Napoléon III avait songé à se faire sacrer par le pape
Pie IX ; celui-ci ne régnait-il pas sous la protection des
armes de la France ? Ce qui tendrait à faire croire que le
retour à l'Empire était inéluctable, c'est que, dès l'été de
1852, des négociations avaient été ouvertes et poursuivies à
cette fin. D'emblée le souverain pontife fut réticent, mettant
comme condition ces concessions à l'Église que le prince-
président avait refusées à Montalembert et à ses amis. Pourquoi accorder à Napoléon III ce qu'il n'avait fait pour aucun
souverain ? On proposa à Louis-Napoléon de venir se faire
couronner à Rome, comme Charlemagne. Mais c'était trop

différent du couronnement de Napoléon Ier. L'intéressé
répondit par une allusion à son rôle dans les conspirations
romaines de 1830. Finalement rien ne devait se faire. Le
nouveau César dut se contenter de l'encens du clergé français, qui ne lui fut pas ménagé !

Dans un domaine plus matériel, un sénatus-consulte
régla la liste civile de l'Empereur. Le prince-président recevait 12 millions : Fould proposa de reconduire cette somme,
et l'Empereur acquiesça. Persigny sursauta : c'était 13 millions de moins que les Bourbons, et 6 de moins que Louis-
Philippe. Il ne voulait pas d'un empire bourgeois, mais
d'une monarchie mécène et fastueuse, émule des rois d'Ancien Régime. Louis XVI, en 1789, avait 25 millions. Persigny prit sur lui de dire au président du Sénat, le magistrat
Troplong, que l'Empereur voulait cette somme, qui fut
votée sans difficulté. Napoléon, surpris, se tut. Il devait dire
plus tard à son ami que, arrivant juste à boucler ses comptes,
il n'aurait pas pu se satisfaire de moins de la moitié. Le
montant de la liste civile ne devait plus varier pendant le
règne. Napoléon III profita de la circonstance pour régler
quelques difficultés devenues apparentes au cours de la
session du Corps législatif. Les oppositions avaient porté sur
trois points : le vote du budget, le droit de modifier les tarifs
douaniers et de décider l'exécution de grands travaux
publics. Un sénatus-consulte du 25 décembre 1852 conféra
à l'Empereur le droit de modifier par décret les tarifs douaniers et d'engager de grands travaux. Le budget serait
désormais voté par ministère, ce qui était schématique : le
gouvernement, par décrets, pouvait procéder à des vire-
ments d'un chapitre à l'autre du budget d'un ministère et
même ouvrir des crédits supplémentaires et extraordinaires que le Corps législatif régulariserait après coup. En
compensation, les députés reçurent une indemnité de
2 500 francs par mois de session — laquelle ne dépassait
guère trois mois. Il est vrai que tous les sénateurs en rece-
vaient désormais 30 000. Montalembert s'indignait de voir
les corps politiques salariés ; quelques députés partagè-
rent sans doute ces sentiments. La diminution des prérogatives de la Chambre fut plus généralement ressentie. A

l'ombre du plébiscite, une opposition n'était pas concevable.

Puisque l'Empire héréditaire était rétabli, que la perspective d'un Napoléon-Jérôme en situation d'héritier soulevait la colère du personnel impérial et qu'on ne voyait personne d'autre qui, dans la famille Bonaparte, eût la personnalité d'un futur souverain, il devenait urgent que l'Empereur se mariât. Les ministres et l'entourage étaient divisés : une princesse européenne, ou une Française de condition privée ? Après Caroline Wasa, des pourparlers furent entamés avec la famille d'une nièce de la reine Victoria, Adélaïde de Hohenlohe-Langenburg. En dépit des efforts de l'ambassade de Londres, l'affaire traîna et finalement la jeune princesse rejeta la demande. Mais en ce mois de décembre 1852, l'Empereur n'avait d'yeux que pour une Espagnole de vingt-six ans, Eugénie de Montijo, comtesse de Teba. A Fontainebleau, puis à Compiègne, Eugénie et sa mère étaient toujours invitées et mises en évidence. Pour les gens de la Cour, il était amoureux de sa beauté et désirait en faire sa maîtresse. C'était assez inconséquent, au moment où il venait d'éloigner miss Howard moyennant presque 6 millions et où il sollicitait la main de la princesse Adélaïde. La jeune Espagnole résistait sans difficulté à son soupirant de quarante-quatre ans ; le désir du souverain s'en exaspérait. La faveur de la belle Eugénie multipliait les jalousies et les propos acerbes. Elle gagnait aux loteries de Compiègne des bijoux de prix comme, en décembre, un trèfle d'émeraudes entouré de diamants. La Cour se partageait en amis et ennemis, ces derniers les plus nombreux. A un bal du 12 janvier 1853 aux Tuileries, la femme d'un ministre lui fit brutalement quitter une banquette réservée. Outrée, Eugénie annonça à l'Empereur son départ pour l'Italie. Elle ne pouvait supporter d'autre affront. Alors, amoureux comme un jeune homme, Napoléon écrivit sa demande en mariage.

Dans l'embarras de contracter une union princière, il avait cédé à son penchant. Épouser une Française eût été s'engager dans les divisions de notre société. Peut-être ne réfléchit-il guère. Tout le monde fut surpris. Le 22 janvier, Napoléon III annonça son prochain mariage aux grands corps de l'État en montrant qu'il le laissait libre vis-à-vis des

Français comme des dynasties étrangères : « J'ai préféré une femme que j'aime et que je respecte à une femme inconnue dont l'alliance aurait eu des avantages mêlés de sacrifices. » Il prenait vis-à-vis de l'Europe position de parvenu, « titre glorieux lorsqu'on parvient par le libre suffrage d'un grand peuple ». Avec moins de bonheur, il assurait que la nouvelle impératrice ferait revivre les vertus de Joséphine ; l'aimable créole aurait peut-être souri de l'éloge... La comtesse de Montijo et sa fille étaient logées à l'Élysée, où Napoléon venait dîner chaque soir. La fiancée eut le geste heureux de refuser la parure de diamants que lui offrait la ville de Paris et d'en consacrer la valeur à un asile d'orphelins. Au reste, les fiançailles furent très brèves, puisque le mariage civil eut lieu le 29 janvier aux Tuileries, en présence de tous les dignitaires. Fould, ministre d'État, était officier d'État civil. Une heure de fastidieux concert termina la cérémonie. Le mariage religieux eut lieu le lendemain. Paris était pavoisé : partout des transparents, des sapins enrubannés de tricolore. Les délégations se pressaient sur le parcours, la rue de Rivoli était garnie de tribunes. Le protocole s'était inspiré du mariage de Napoléon et de Marie-Louise. Fleury avait loué des chevaux à Londres, remis en état les voitures de Charles X. Le régiment des Guides formait la principale escorte. A midi, le cortège quitta les Tuileries pour Notre-Dame, suivant la rue de Rivoli toute neuve. L'armée et la Garde nationale formaient la haie. Au son des cloches, des canons, des clairons et des tambours, la grande parade mit une heure pour gagner la cathédrale. Le temps était beau en dépit de la saison. Il y eut au total plus de curiosité que d'applaudissements de la rue. Arrivant sur le parvis de Notre-Dame, Eugénie, se tournant vers la foule, lui adressa une de ses révérences qui devaient devenir célèbres et déclencha en retour les acclamations. Le pape, pressenti, ne s'était pas dérangé. Après la cérémonie, le cortège reprit le quai pour regagner les Tuileries où furent reçues des délégations. Puis les mariés gagnèrent Saint-Cloud où un dîner fut servi avant qu'ils ne se séparent de leur service d'honneur qui ne savait comment prendre congé. A l'occasion du mariage, près de 3 000 grâces furent prononcées.

Il ne resta que 1 200 personnes expulsées ou déportées.

La nouvelle impératrice était âgée de vingt-six ou vingt-sept ans, étant née à Grenade en 1826 ou en 1825. Son père, cadet de grande famille, avait, sous le Premier Empire, pris le parti de la France et servi dans notre armée. Il avait été mutilé de guerre, borgne et manchot, de surplus disgracié par la réaction qui, en Espagne, avait suivi la défaite de la France. Il avait épousé la fille d'un négociant en vins, consul des États-Unis à Malaga, marié à une noble espagnole, William Kirkpatrick. Manuela Kirkpatrick lui avait donné deux filles, Pacca et Eugenia. Mi-Écossaise, mi-Wallonne par son ascendance, la mère de la future impératrice était intelligente, cultivée, mais aussi remuante, intrigante. En 1830, elle avait fait la connaissance de Mérimée qui arrivait en Espagne et devait rester son ami fidèle. En 1834, son mari, en héritant de son frère aîné, devint un grand seigneur. Cette même année, tandis qu'il se confinait dans sa maison de Grenade, Manuela et ses deux filles gagnèrent Paris. Elles devaient y séjourner jusqu'en 1839. Par Mérimée, elles entrèrent en relation avec les Delessert et les Castellane qui les présentèrent dans la société parisienne. Il introduisit encore chez les dames Montijo son ami Beyle qui enchantait les très jeunes filles par ses récits du temps de Napoléon. Pacca, l'aînée, était pâle et brune, Eugénie très blanche, avec des cheveux d'un blond roux. Les deux Espagnoles firent ainsi la conquête de deux grands écrivains français... Leur père mourut en mars 1839, et il fallut regagner l'Espagne. En 1847, la comtesse de Montijo devint dame d'honneur de la reine Isabelle, puis, pendant trois mois, sa camerera major avant que des difficultés interrompent cette carrière de Cour. Elle reprit alors sa vie cosmopolite d'hôtels des capitales et des villes d'eaux. Son aînée avait épousé le duc d'Albe, un mariage brillant ! Eugénie n'imita pas sa sœur bien que les prétendants ne lui aient pas manqué ; rien n'aboutit. Peut-être un amour malheureux la déçut-elle. Sa mère, douée, était intrigante, dépensière, chargée de dettes malgré sa fortune. Eugénie, prenant des années, s'habillait plutôt comme une femme que comme une jeune fille ; peut-être ne lui était-il plus très facile de trouver un parti en dépit de sa beauté. Ces dames revinrent à Paris en 1849. Elles connaissaient Bacciochi et furent invitées à l'Élysée et chez la princesse Mathilde. Le prince remarqua Eugénie. On la voyait à cheval suivre les revues de Satory ; elle manifestait de l'enthousiasme pour la cause de Louis-Napoléon. Après un tour en Espagne, puis à Spa et Wiesbaden, les dames Montijo revinrent à Paris au printemps de 1851 et s'installèrent place Vendôme. Alors commencèrent les péripéties qui devaient conduire Eugenia — au nom désormais francisé — par Fontainebleau, Compiègne et l'Élysée, jusqu'aux Tuileries. Moins de deux mois après le mariage, la comtesse de Montijo, ses dettes dûment payées, repartait pour l'Espagne. Seul Mérimée, décidément l'ami de la famille, l'accompagna jusqu'à Poitiers...

Cette union avait d'abord surpris le public. Eugénie ne pouvait être populaire. Pourtant, sa beauté, son élégance firent rapidement d'elle une vedette. Elle suscitait curiosité et admiration plus que ne l'aurait fait peut-être une princesse d'ancienne Maison. L'union de ces « deux existences errantes », selon le terme de Ferdinand Bac, fut de ce point de vue heureuse. Elle achevait de frapper le public d'étonnement devant tant d'événements inattendus et finalement propices. On reprendra, pour conclure, un passage d'Augustin Filon : « Ce second coup d'État, qui faisait presque oublier le premier en donnant aux conversations un autre élément, ce trône décerné comme un prix de beauté, [...] à la fois charme d'une très ancienne chose et prestige d'une chose très nouvelle. C'était comme une féerie dans un décor qui allait rajeunir toutes ses splendeurs. »

Napoléon III,
sa famille et son entourage

L'Empereur, en 1853, a quarante-cinq ans. Son règne commence à l'âge où finissait celui de son oncle. Dès 1856, il paraît engraissé, vieilli. Un médecin qui l'a bien vu, le docteur Barthez, esquisse son portrait : petit, les jambes très courtes, les épaules larges, la figure forte et longue, avec un nez saillant, de petits yeux bleu clair. Il marche lentement, les pieds en dehors, le corps incliné sur le côté gauche. Napoléon III est franchement laid, mais plaît. Un sourire bienveillant, un peu rare, éclaire sa physionomie impassible.

L'homme est sensible, timide, avec une tendance au repliement sur soi, quelques mots insignifiants rompant des silences prolongés. Avec parfois de soudains éclairs d'expansion. Il a horreur « des phrases ». Mérimée note qu'il ne dit « rien d'appris ». Dans l'intimité, avec un entourage qui lui plaît, il est simple, gai, et rit de peu. Bon, généreux, délicat, il n'est pas embarrassé et n'embarrasse personne, sans laisser oublier son rang. En somme, un personnage d'une aimable bonhomie qui contraste avec le souverain immobile et ennuyé, sur la défiance, vu par Rémusat et Tocqueville. Curieux d'inventions nouvelles, de technique et d'érudition, il a un côté inventeur. Sa personnalité comporte d'autres aspects. Comme sa mère et sa grand-mère Joséphine, il est toujours « en quête de plaisirs et d'amours » ; son cœur, dit sa parente Stéphanie de Tascher, est « aussi volage que tendre ». On parlera « d'ardeur des Iles » ; lui évoque « ses petites distractions ». Les femmes jouent un grand rôle dans sa vie, les passantes aussi bien que celles dont l'Histoire a retenu le nom. Elles sont trop nombreuses pour qu'aucune prenne de l'influence, et la façade est bien gardée. Il est possible que ces excès aient contribué au déclin physique du souverain.

Ces dehors, peu originaux après tout, cachent une imagination redoutable. Napoléon a un côté « beau Dunois » ; il aime l'honneur, la gloire. Surtout il nourrit en secret des projets grandioses, romanesques, et ne se contente pas de les rêver, mais veut les réaliser. Très autoritaire et exclusif, après une longue méditation, il passe à l'action. S'il rencontre un obstacle, il recule — temporairement —, et reprend plus tard sa tentative. Il n'est pas religieux au sens littéral du terme, mais il assiste à la messe, que ce soit pendant son séjour en Angleterre, à Ham, à l'Élysée ou aux Tuileries. Avant son mariage, il communie, et fera ses Pâques pendant son règne. Il a la conviction d'être destiné par les puissances supérieures à une mission : accomplir le destin de sa race ; sur ce point, il ne composera jamais. Sa bravoure s'accompagne d'un fatalisme parfois superstitieux. Il a, en dernière analyse, le sentiment d'être voué à faire l'Histoire.

L'Impératrice, à travers les vicissitudes d'un ménage orageux, est la femme qui, après sa mère, l'a le mieux connu, partageant sa vie quotidienne jusqu'à sa mort. On la décrit de taille moyenne, bien prise, avec de larges épaules et une gorge avantageuse qu'elle aime décolleter. Les cheveux blonds roux, la peau fine et transparente, les yeux bleu-gris un peu rapprochés de la racine du nez complètent une beauté à laquelle rendent hommage ceux qui l'ont approchée. Elle peint au crayon noir ses sourcils et ses yeux, ce qui surprend les contemporains. On lui trouve encore plus de grâce que de beauté. Les portraits ne donnent pas une idée exacte de sa vitalité. Elle s'abandonne à toutes les impressions du moment, passionnée, parlant haut d'une voix rude, avec un accent étranger. Il lui faut des jeux, des promenades, des amusements pour satisfaire le besoin d'activité qui l'anime et qui coexiste avec une tristesse subite dans son intimité. Nature mobile et passionnée, l'Impératrice est catholique comme une Espagnole, avec des préjugés intangibles. Pourtant pas de prêtres dans l'entourage de cette cléricale, à l'exception du voyant Mgr Bauer, israélite hongrois converti qu'elle a rencontré dans les Pyrénées avant son mariage. Et elle gardera toute sa vie son amitié à Mérimée, athée et anticlérical. Eugénie s'est toujours intéressée à la politique, et d'abord avec sa mère. Ensuite, elle questionne, s'informe et, malgré son ignorance (hormis les langues et les exercices physiques, elle ne savait pas grand-chose), elle acquiert les connaissances nécessaires à sa nouvelle condition. Lorsqu'en 1859, elle devient régente tandis que l'Empereur est en Italie, la voici introduite dans le milieu des décideurs politiques. Elle ne le quittera plus et jouera son rôle. Lorsqu'en 1866, la santé de son mari décline, elle estime qu'en cas de disparition du souverain, régente, elle devra sauver la couronne de son fils. Désormais, elle a presque un parti. Son influence s'exercera toujours dans le sens du conservatisme, de l'autorité et du catholicisme. Pour se rendre digne de son rôle futur, elle lit et converse beaucoup. Vers 1865, l'âge venant, elle a paré aux lacunes de sa formation et ne ressemble guère à la jolie femme futile du début du règne.

Pendant longtemps, elle sentit péniblement la gêne de sa position, la perte de son indépendance. Après son mariage, elle avait demandé à l'actrice Rachel des leçons de maintien. Elle allait chez elle, ce qui n'était pas convenable, puis la fit venir aux Tuileries. Un petit cercle s'était formé où l'on bavardait ferme ; l'Empereur — qui avait bien connu Rachel en Angleterre — mit fin à ces entretiens. De même, il lui fallut cesser ses sorties à pied, accompagnée d'une dame. On conçoit qu'elle ait appelé les Tuileries « une belle prison ». Dès le début, elle avait pris son parti des dangers inhérents à sa position nouvelle ; « sans quoi, disait-elle à Mérimée, nous ne dormirions plus ». Pourtant elle ajoutait : « Jamais je ne sors de ce palais sans me demander si j'y rentrerai vivante. » Elle n'avait pas vraiment aimé l'Empereur, mais lui savait gré de l'avoir élevée à sa hauteur et partageait avec lui une certaine conception de l'honneur et de la grandeur. Pourtant, elle n'avait pas la mentalité d'une princesse de race. Les femmes des vieilles monarchies, curieuses de sa beauté et de son élégance, la trouvaient « ni impératrice, ni princesse, mais juste une femme charmante et comme il faut », une femme du monde accomplie. Futile dans son amour des parures et des fêtes, donnant parfois son amitié à des femmes qui ne la méritaient pas, surveillant trop peu ses propos, elle sut rester au-dessus de tout soupçon dans une Cour où la vertu ne régnait pas exclusivement. Passés les premiers mois, l'Empereur reprit en effet sa carrière de vieux libertin. Elle le ressentit vivement. Froide de tempérament, physiologiquement peu apte à la maternité, en revanche savante en l'art de faire des scènes à son impérial époux, elle mena son ménage cahin-caha. Après certaines rencontres fâcheuses, Eugénie fit des voyages qui avaient un air de fugue : 1860, en Écosse, 1864, en Allemagne à Schwalbach. Après 1865, toute entente conjugale cessa. L'Impératrice vécut pour son fils. C'est seulement le désastre de 1870 qui provoqua la réconciliation des époux.

On assure que dans une de leurs fréquentes discussions, le prince Napoléon, fils du roi Jérôme, ayant dit à Napoléon III : « L'Empereur, mais vous n'avez rien de lui », le souverain aurait répliqué : « J'ai sa famille. » Dans une monarchie, un reflet de la majesté tombe sur chacun des parents du prince régnant. A vrai dire, l'Empereur, en 1852, avait limité la qualité de prince français au roi Jérôme et à ses enfants. Eux seuls bénéficiaient d'un siège au Sénat et d'une dotation fixée au budget ; Jérôme avait même été le premier président de cette assemblée, charge dont il s'était vite démis lorsque celle-ci avait manifesté son hostilité envers son fils Napoléon-Jérôme. Né en 1784, le dernier frère de Napoléon Ier avait soixante-huit ans lors du rétablissement de l'Empire ; la présidence l'avait déjà bien pourvu, l'Empire en rajouta : déjà maréchal de France et gouverneur des Invalides, il reçut le Palais-Royal en résidence. Aimable libertin à peine corrigé par l'âge, toujours amoureux de femmes, de restaurants et de théâtres, il avait vécu de son illustre parenté. Il continua, mangeant sa dotation en conscience. Napoléon III honorait en lui un survivant de la grande époque. Il lui savait gré d'être venu au 2 décembre partager son sort, mais il était sans illusions sur la capacité du personnage dont il lui arrivait de sourire tout en l'accablant de marques de respect. Viel-Castel, aigre mémorialiste, écrivait : « Le vieux drôle royal ne marche et n'agit qu'à coup d'argent. » C'était sommaire, point inexact. Sa vie durant, le « joyeux roi » avait été magnifique et besogneux. Au moins ses funérailles en 1860 furent-elles l'une des grandes parades du règne.

Son fils Napoléon-Jérôme, le prince Napoléon, ou encore Plonplon, d'un surnom qu'on lui avait donné dès son enfance, était un personnage d'une autre dimension. Grand, et massif, de par son ascendance wurtembergeoise, il avait le masque napoléonien. Né en 1822, il avait quinze ans de moins que son cousin. A trente ans, en 1852, on conçoit qu'il ait pris au sérieux sa situation d'héritier et ait vivement ressenti en 1856 la naissance du prince impérial qui au moins ajournait ses espérances. Plonplon était à coup sûr intelligent et même brillant, mais d'une intelligence critique qui le rendait peu propre à l'action. Fantasque et mobile, il avait peu de persévérance, emporté par une impulsion première qui l'abandonnait bientôt. Véhément, d'une éloquence très Bonaparte, il était plus à l'aise dans une assemblée politique plus qu'à la tête d'une administration. Alors que Napoléon III était soucieux de ménager les transitions, lui ne rêvait que de ruptures. Démocrate et anticlérical, il avait, sous la république, siégé à gauche et désapprouvé le coup d'État. Il était en même temps napoléonien convaincu, rêvant d'un État où autorité et libertés se conjugueraient harmonieusement, une sorte de IIIe République avec un empereur. Napoléon III s'était réconcilié avec lui en 1852 ; le prince y trouvait d'ailleurs un avantage substantiel. Plus tard, l'Empereur lui confia des commandements militaires en Crimée et en Italie et l'essaya au ministère de l'Algérie et des Colonies. Après s'être bien comporté à l'Alma, le prince abandonna son commandement au cours de l'hiver devant

Sébastopol, ce qui permit à ses nombreux ennemis de le taxer de lâcheté. Il gênera le souverain par ses discours : il ne faut pas que le public croie que Napoléon-Jérôme exprime la pensée cachée de l'Empereur. Enfin, le prince, parfois aimable, se montre en général hostile à l'Impératrice qui le lui rend bien. Plonplon est impopulaire dans l'armée, dans le personnel politique, et n'a pas d'autorité dans l'opinion. Pris entre les conservateurs et les républicains, il règne au Palais-Royal sur un petit cénacle de bonapartistes de gauche et de réfugiés étrangers, car il est par excellence le soutien de la cause des nationalités.

On conçoit que Napoléon III ait été déçu par son cousin : dès 1855, il dit à la reine Victoria qu'il ne trouve pas d'appui chez lui. Doué, le prince se fait pire qu'il n'est, dit tout ce qui lui passe par la tête, raisonne sur tout. Le souverain finira par penser que c'est un esprit faux qu'il ne faut pas mettre aux affaires, et Napoléon-Jérôme sera relégué à quelques négociations diplomatiques secondaires, ou à la présidence du jury des expositions universelles. En vain demandera-t-il une position politique ou un commandement militaire, celui de la garde ou des escadres. Après 1860, le prince n'aura d'action politique que par ses discours — au Sénat notamment, puisqu'il en fait partie de droit —, mais c'est un sénateur plus écouté que suivi. Pourtant le prince Napoléon maintiendra toujours des relations orageuses mais somme toute étroites avec l'Empereur. Ils correspondent longuement jusqu'à la fin du règne et, en 1870, aux derniers moments, Napoléon-Jérôme assiste encore aux conseils du camp de Châlons. Influence des souvenirs de jeunesse à Arenenberg ? Sentiment de la supériorité de ce prince sur les autres Bonaparte ? Lorsque la politique s'oriente vers la cause des nationalités, le cousin est toujours un auxiliaire écouté. Napoléon tiendra à lui faire faire un mariage disproportionné par l'âge, mais prestigieux, avec la fille de Victor-Emmanuel. Cette union d'un Bonaparte avec une princesse de l'antique Maison de Savoie contribue à intégrer la famille aux dynasties européennes. Beaucoup plus jeune que son époux, la princesse Clotilde est une femme simple, pieuse, toute à ses devoirs et fière de sa lignée. Sans popularité dans

la nation ou à la Cour, elle est respectée. Le prince conservera ses habitudes de vieux garçon et sera un mari infidèle
dont les liaisons feront causer dans Paris. En revanche,
malgré ses foucades, il se montre un ami dévoué, ce qui lui
vaudra des défenseurs dans son petit cénacle.

La princesse Mathilde, sa sœur, est son aînée de deux ans.
Elle a comme lui la prestance des Wurtemberg, une beauté
imposante, et, sous sa brusquerie, le sens de l'amitié.
Comme son frère encore, elle entretient le culte de Napoléon Ier. Assidue à sa paroisse, elle se défie pourtant du
cléricalisme. Sa liberté d'esprit lui fait accueillir à Saint-
Gratien, sur le lac d'Enghien, ou dans son hôtel de la rue de
Courcelles, une petite cour de littérateurs et d'artistes.
Sainte-Beuve, Théophile Gautier, les Goncourt, Taine en
feront partie, comme le mémorialiste Viel-Castel. Ainsi
deviendra-t-elle une figure familière des lettres, du *Journal*
des Goncourt à la *Recherche du temps perdu* où Proust la fait
apparaître. Elle assume ainsi un rôle que le couple impérial
ne sait pas tenir. Il lui arrive de se rappeler ses jeunes années
à Arenenberg, alors qu'elle était la fiancée du prince Louis-
Napoléon. Fiançailles suivies après le coup de Strasbourg
d'un abandon ressenti par le futur Empereur. En 1840, son
père, toujours besogneux, fut heureux de lui faire épouser le
richissime russe Demidoff. Six ans après, la vie avec ce
brutal était devenue impossible à la jeune femme, et le tsar
lui obtint une séparation avantageuse : son mari devait lui
servir une rente de 200 000 francs, dont 40 000 pour le roi
Jérôme. A vingt-six ans, la jeune femme était libre. Elle
contracta alors une liaison avec un sculpteur amateur, fort
bel homme de surcroît, le comte de Nieuwerkerke, vint
bientôt dans ce « merveilleux Paris » auquel elle aspirait
depuis si longtemps. Elle joua à l'Élysée le rôle de maîtresse
de maison auquel miss Howard ne pouvait prétendre. Pensa-
t-elle à un remariage avec Louis ? Son passé avec Demidoff,
son présent avec « le beau Batave » en faisaient écarter
l'idée ; puis Eugénie vint. Mathilde vit sans plaisir le règne
de celle-ci commencer, cependant que la nouvelle Impératrice riait du « cousin » qu'elle lui donnait. La princesse
maintint avec la Cour des relations correctes, sans grande

intimité. Son genre artiste et mécène n'était pas celui qui prévalait aux Tuileries. Mais jusqu'au bout, les relations furent suivies entre descendants de Napoléon.

Elles le furent même dans le cas de Jérôme Patterson. Au temps de sa jeunesse agitée, alors qu'on essayait de faire de lui un amiral, le roi Jérôme, sans l'autorisation de son frère, avait contracté avec une Américaine, miss Patterson, un mariage légal, dont était né un enfant. Mais Napoléon, par décret de 1805, avait déclaré cette union non valable en France et donc le jeune garçon illégitime. Pourtant, Mme Patterson et son fils étaient reçus à Rome en 1821 par les Bonaparte, et Napoléon III voulut mettre fin à cette injustice. En 1854, les Patterson étaient à Paris : le père était accompagné de son fils, petit-fils du roi Jérôme. Un décret impérial leur permit d'ajouter Bonaparte à leur nom et ils recouvrèrent la nationalité française. Le père eut 70 000 francs de pension et le fils 30 000. Le fils fut fait sous-lieutenant de dragons et participa à la campagne de Crimée. On leur avait même offert un titre de duc de Sartène, mais le roi Jérôme avait demandé l'annulation du décret, à l'instigation de Plonplon, qui, du coup, voyait contester la légalité du second mariage du roi ! Un conseil de famille présidé par Fould se tint aux Tuileries en 1856 : Jérôme Patterson fut déclaré illégitime, mais conserva le droit de porter le nom de Bonaparte. Compromis qui laissa les deux parties insatisfaites. Les Patterson demeurèrent des marginaux.

Napoléon III, chef de la famille Bonaparte, tenait à en patronner tous les membres, sans oublier celle de Joséphine. C'est ainsi que les Tascher, oncle et cousins de Joséphine, acclimatés en Bavière à la suite du prince Eugène, quittèrent Munich dès que Louis-Napoléon devint président pour s'installer à l'Élysée. C'étaient des familiers d'Arenenberg. L'Empire restauré, ils suivirent le maître aux Tuileries. Le père devint grand maître et le fils premier chambellan de la maison de l'Impératrice ; la fille, Stéphanie, occupant une position peu définie qui lui permit de se faire la mémorialiste de la Cour. Parmi les autres descendants des Bonaparte, la branche de Joseph était éteinte ; restaient les Lucien, les

Bacciochi et les Murat. Les Bacciochi furent pensionnés ; un seul occupa à la Cour un rôle en vue et devint premier chambellan, chargé des spectacles, de la musique et messager galant de Jupiter. « Un bon enfant » sans prétentions qui était en général aimé. Les Murat, en revanche, furent en faveur : Lucien, son fils Joachim — le beau colonel des Guides —, marié à la fille du prince de Wagram, et surtout Anna Murat, future duchesse de Mouchy. Les grâces leur furent prodiguées sans qu'aucun service d'importance vînt les justifier. On disait que lorsqu'Eugénie fut présentée à Fontainebleau et à Compiègne, les Murat furent des rares courtisans à lui faire bon accueil. En tout cas, Anna fut seule vraiment intime avec l'Impératrice, qui considéra son mariage avec un Noailles comme un succès personnel...

Les descendants de Lucien Bonaparte furent accueillis, mais moins bien traités ; il est vrai qu'ils étaient nombreux et divers. A cette branche appartenait Charles-Lucien, naturaliste distingué, compromis par sa participation à la République romaine de 1848. Parmi ses huit enfants, on remarquait le cardinal Lucien Bonaparte et de nombreuses filles mariées presque toutes en Italie, mais en liaison — pécuniaire notamment — avec la Cour des Tuileries. Parmi elles, Charlotte, comtesse Primoli, et Julia, marquise de Roccagiovine ; la dernière tint à Paris bureau d'esprit, ce qui la mit en rivalité avec Stéphanie de Tascher et même avec la princesse Mathilde. Enfin il y avait les Bonaparte qu'on ne recevait pas à la Cour, même en les subventionnant. Ils appartenaient presque tous à la « mauvaise branche » de Lucien ; il y avait parmi eux des filles italianisées du roi Murat. Parmi ces ostracisés figure le trop fameux Pierre Bonaparte, qui cherchait à régulariser une obscure liaison (car même les membres de la famille civile ne pouvaient se marier sans autorisation impériale) et Marie-Laetitia Bonaparte-Wyse née en 1833, petite-fille de Lucien et fille d'un baronnet irlandais. S'étant jetée dans l'opposition au 2 décembre, elle fut expulsée de France où elle essaya de rentrer. Elle finit par épouser le Premier ministre italien Rattazi.

Le tableau pourrait être complété par la famille de l'Impératrice. La comtesse de Montijo, ses dettes payées, fut pratiquement expédiée en Espagne après le mariage : Eugénie n'obtint pour elle qu'un délai de deux mois. Par la suite, elle revint régulièrement, surtout à Saint-Cloud — c'était la campagne. Assistant aux solennités, elle n'y occupait aucun rang particulier. La duchesse d'Albe, sœur d'Eugénie, était traitée de même. Après sa mort précoce (1860), ses filles résidèrent souvent à la Cour. Napoléon III n'aimait pas trop ce qui pouvait rattacher Eugénie à sa patrie d'origine. Il n'aurait pas laissé se former au palais une camarilla espagnole. Une cousine de l'Impératrice, Sophie Paniega, un peu sur le retour, fut admise à la Cour ; elle devait épouser le vieux maréchal Pélissier.

L'Empereur, sur sa liste civile, accorde pour un peu moins d'un million et demi de pensions à sa famille, Jérôme et ses enfants étant à part et recevant une dotation hors la liste civile qui a varié de 2 200 000 francs à 1 500 000. La princesse Bacciochi reçoit annuellement 250 000 francs, les Murat presque 200 000 francs. Pierre Bonaparte 100 000 francs. Laetitia Bonaparte-Wyse doit se contenter, ainsi que sa sœur, de 24 000 francs, ce qui représente presque le traitement d'un sénateur. Enfin Napoléon III, parfois, fait présent d'un capital pour payer des dettes ou acheter un hôtel. Anna Murat reçoit ainsi 2 millions en 1866 à l'occasion de son mariage. La famille Murat, de 1852 à 1866, reçoit 4 362 000 francs.

La Cour de Napoléon III a laissé un souvenir prestigieux. Plus brillante que les précédentes, elle a coïncidé avec une période prospère de la société parisienne. Le milieu de la Cour impériale s'est constitué sous la Monarchie de Juillet après 1840. On prisait surtout la richesse, tout en affectant la distinction. Un « Tout-Paris » apparaissait : « Viveurs lettrés, épicuriens déjà mûrs, professeurs de la jeunesse blasée, tyrans ou parasites de l'Opéra, gentilshommes maquignons et brocanteurs, amateurs de dîners fins [...]. On jouissait en parvenu tout en affectant des prétentions aristocratiques. » Il eût été difficile de faire sortir d'une telle société une « Cour des Médicis ». La tonalité générale était celle d'une grande bourgeoisie. Pourtant, les princes de la « famille

civile » sont qualifiés d'Altesses, et — souvenir de la Confédération du Rhin — le roi de Wurtemberg, la reine des
Pays-Bas, l'ex-roi Louis Iᵉʳ de Bavière seront des familiers
de la Cour, tout comme Stéphanie de Bade qui meurt en
1860.

Comme les rois ses prédécesseurs et comme son oncle,
Napoléon III réside aux Tuileries. Le monarque doit être à
Paris ; sa Cour se tient dans la ville. Progressivement, le
souverain restaure le palais et achève la jonction avec le
Louvre, projet séculaire dont en quelques années il fait une
réalité. Une véritable cité impériale s'édifie au cœur de la
capitale, regroupant des ministères, des casernes, le télégraphe, en somme des organes de gouvernement. Les Tuileries elles-mêmes sont enfilade de salons et de galeries, selon
Stéphanie de Tascher, « d'une uniformité telle que, tout en
étant digne d'un palais princier et quoique meublé et
arrangé avec une véritable magnificence, on n'y trouve ni ce
confort ni cette diversité qui plaisent à l'œil et au goût ». Le
palais, surpeuplé, est occupé jusqu'aux combles, « garni
comme une ruche ». Il est desservi par des couloirs intérieurs éclairés jour et nuit par des lampes à pétrole ; des
escaliers en colimaçon font communiquer les étages, on
installera un calorifère pour les appartements impériaux.
Mais ailleurs pas de chauffage, et nulle part d'eau courante.
Les étages élevés sont parfois pestilentiels. Une foule de
porteurs d'eau et de bois, de feutiers dessert le château. En
revanche, le jardin est plus beau qu'il ne le sera plus tard. Le
pavillon de l'Horloge, occupé par la salle des maréchaux, est
au centre de l'édifice. Les souverains logent dans l'aile sud,
entre la Seine et le pavillon de l'Horloge. Napoléon occupe
le rez-de-chaussée côté jardin. Les appartements sont surtout remarquables par quelques tableaux. Dans sa chambre,
le fameux talisman de Charlemagne, porte-bonheur de la
dynastie, dans son bureau, le *Jules César* d'Ingres et un
grand plan de Paris. Ces pièces n'ont aucune prétention
esthétique. Elles sont surchauffées, et le souverain y fume
cigarette sur cigarette. Le prince impérial aura l'appartement parallèle côté cour, puis s'installera au pavillon de
Flore. L'Impératrice habite au-dessus de l'Empereur côté

jardin. Après des travaux sur la terrasse contiguë, elle occupe finalement une douzaine de pièces qui sont entièrement refaites. On célèbre trois salons décorés dans la tonalité d'un XVIIIe surchargé : salon vert des dames d'honneur, salon rose, où Chaplin a peint Eugénie en Flore, salon bleu où l'effigie des beautés de la Cour préside aux audiences de l'Impératrice. Le bureau d'Eugénie est rempli de bibelots ; là, elle écrit, reçoit des intimes. Le long de son appartement, côté cour du Carrousel, se succèdent salons et galeries de réceptions ; ainsi le vaste salon Louis XIV où les souverains déjeunent en tête à tête et la galerie de Diane, théâtre des dîners d'apparat.

C'est à Paris que l'Empereur prend contact avec les milieux dirigeants de la nation. Mais aux premiers beaux jours, dès le mois de mai, les souverains s'évadent du « grand meublé ». C'est Saint-Cloud, où l'on peut, grâce au parc, à ses ombrages et à ses eaux, mener la vie au grand air près de Paris, avec un protocole assoupli. En juin-juillet, la Cour passe à Fontainebleau avec quelques invités choisis. On renonce vite à y chasser, à cause de la chaleur : promenades en forêt, canotage sur l'étang forment l'essentiel des divertissements. L'Empereur tient à y résider en souvenir de Napoléon Ier. Le mois d'août est le temps des cures thermales : Plombières d'abord, puis Vichy et, à partir de 1856, celui du séjour au camp de Châlons. Il y reçoit l'armée, suit ses manœuvres et parfois en prend le commandement. A partir de 1856 encore, septembre est consacré à Biarritz. Napoléon III y fait construire pour Eugénie une grande villa sur les rochers dominant la mer, un édifice assez laid en dépit de sa simplicité, et dont la disparition n'est pas regrettable. Ici, l'intimité est plus accentuée qu'à Fontainebleau (encore qu'il faille parfois loger certains invités dans un château voisin) ; l'Empereur se détend, rit et plaisante. Eugénie entraîne dans des excursions en mer ou en montagne une cohorte d'hôtes qu'elle fatigue. On se livre à des farces de château, on danse, on chante. Napoléon lit à haute voix, chante en français ou en allemand, se mêle aux jeux. Parfois un étranger important survient. En arpentant la plage, l'Empereur se livre alors avec lui aux délices de la diplomatie secrète. Un bref retour à Saint-Cloud, puis il faut se trouver à Compiègne pour le 15 novembre, date de la Sainte-Eugénie. De 1856 à 1868, c'est l'âge d'or de Compiègne. Les souverains invitent non seulement leurs amis français et étrangers et des vedettes mondaines, mais aussi les notoriétés en chaque spécialité : savants, artistes, écrivains, médecins. Les « séries » hebdomadaires se succèdent pendant un mois. Un train spécial conduit les heureux élus, leurs domestiques et leurs bagages. Pour une semaine, une élégante emmène avec elle dix-huit cartons. Il faut loger tout ce beau monde jusqu'aux combles, en tenant compte des prétentions et des froissements d'amour-propre. Les repas sont le moment saillant de la journée. La chère est bonne et abondante quoique sans recherche particulière, car les souverains ne sont pas gourmets. Les vins, en revanche, sont excellents. Le problème est d'occuper le temps. Les excursions en forêt, les chasses à tir ou à courre (ces dernières suivies de « curées froides » au flambeau dans la cour du palais), le théâtre d'amateur (charades, tableaux vivants, comédies, revues) ou des représentations données par des acteurs venus de Paris y pourvoient. Les *Commentaires de César* de Philippe de Massa en 1865 sont un classique du genre. La princesse de Metternich, les beautés de la Cour s'y distinguent ; le jeune prince impérial de neuf ans débite quelques couplets. On ne s'amuse pas toujours. Suivre la chasse à courre en char à bancs dans le froid, sans rien voir, est monotone, et les excursions en forêt ou à Pierrefonds, d'une année à l'autre, ne changent guère. Les soirées sont longues, occupées par la danse ou des jeux de société, et les invités guettent le départ des souverains pour aller causer et fumer entre eux dans leurs chambres. Le vrai moment de la journée est le thé où l'impératrice convie quelques élus à s'entretenir avec elle.

La Cour regagne les Tuileries pour l'ouverture de la session législative vers la mi-décembre. Noël n'est pas fêté alors. C'est le Nouvel An qui ouvre la succession des dîners de cérémonie offerts à la famille, aux dignitaires civils et militaires, aux grands corps de l'État. On dîne aux Tuileries à 7 heures, un peu plus tard que le commun. Le service est rapide — trois quarts d'heure. Les convives mangent dans du ruolz, Napoléon ayant reculé devant le coût de l'argenterie. Les plats arrivent du sous-sol par un monte-charge, ils sont présentés sur la table, à la française, puis découpés et servis à la russe par le maître d'hôtel. On ne se sert soi-même qu'au dessert. Maîtres d'hôtel, l'épée au côté, valets de pied poudrés et galonnés d'or assurent le service autour du chef de la bouche. L'Impératrice a un valet noir. Après le dîner, Napoléon fait une patience ou s'entretient avec ses hôtes ; il est toujours d'une aimable simplicité. On ne joue pas, sauf aux échecs et au loto. Ici encore, lorsqu'un causeur n'anime pas les invités, dans le salon surchauffé, ces derniers sont heureux lorsque les souverains prennent congé un peu avant minuit. Les réceptions du Nouvel An sont interminables, aux Tuileries plus qu'ailleurs. Les chroniqueurs de la Cour ont gardé le souvenir du 2 janvier, où les dames présentées défilaient devant les souverains, faisaient deux révérences en grand manteau de Cour, aux accents de la marche du *Prophète*. Les familiers riaient de la gaucherie de beaucoup d'entre elles. Aussi le nombre des participants baissa-t-il avec les années. D'autant qu'elles n'en bénéficiaient pas pour autant d'invitations plus fréquentes.

De janvier au carême, trois ou quatre grands bals étaient donnés aux Tuileries. Six cents personnes étaient de tous les bals, mais à chacun 3 000 à 4 000 invitations étaient lancées. Ces fêtes remuaient des millions dans Paris. Les invités devaient être en culotte et bas de soie ; l'Empereur avait remis en usage cette tenue abandonnée après 1830 et lancée à nouveau au milieu du siècle dans les milieux élégants. Ceux qui avaient un uniforme étaient en grande tenue. Le coup d'œil était superbe dans la salle des maréchaux ou la galerie de Diane. On se pressait pour voir les souverains, au point de laisser peu de place aux danseurs. L'Impératrice dansa un peu jusqu'en 1860, date à laquelle elle renonça à ce plaisir, se contentant d'être contemplée par tous les regards. A cette occasion avaient lieu des présentations aux souverains. Les Français étaient introduits par le grand chambellan, les étrangers par leur ambassadeur. Une partie de la société française, celle des grands cercles, du Jockey Club par exemple, boudait les Tuileries, comme sous Louis-Philippe ; le faubourg Saint-Germain, dans son ensemble, demeurait légitimiste. Mais les étrangers de toute nationalité ambitionnaient d'être présentés et reçus : Anglais, bien entendu, mais aussi Allemands, Russes et surtout Américains des États-Unis. Ces derniers n'avaient rien de comparable chez eux ; en même temps, la Cour des Tuileries avait une étiquette moins rigide que les autres résidences souveraines. Les belles du Sud y étaient bien reçues. Des critiques remarquaient qu'une Cour ne devait pas ressembler au salon d'un grand hôtel, mais le rayonnement de Paris s'en trouvait accru. En tout cas, les vedettes de la Cour furent souvent des étrangères et d'abord, après 1859, l'amie d'Eugénie, la célèbre princesse Pauline de Metternich.

De grandes réceptions analogues à celles des Tuileries étaient données par les ministres ou les ambassadeurs. Ainsi, en mars 1853, le bal du Corps législatif, décoré de treilles d'or garnies de véritable lierre, avec fleurs et jets d'eau ; Mérimée, en culotte, s'y enrhume. Les réceptions à l'Hôtel de Ville sont très appréciées en dépit de la foule, car il n'y a pas l'étiquette gênante des Tuileries et le buffet y est, paraît-il, plus large. Pendant le carnaval, des bals costumés et masqués sont donnés d'abord par des ministres, puis par des dignitaires de la Cour aux Tuileries. L'Impératrice en donnera un dans l'hôtel de sa sœur, la duchesse d'Albe, aux Champs-Élysées. Au cours de ces fêtes, des gens du monde organisent des attractions, véritables parades où les jolies femmes participent à grands frais. Sous le masque, la société se repose de l'étiquette, à commencer par les souverains. On « intrigue » les invités. L'Empereur est tout de suite reconnu, mais ne s'en amuse pas moins. Des fortunes sont dépensées en déguisements, costumes de tous les temps et de tous les pays ; le goût éclectique de l'époque s'y donne libre cours. Le carême arrivé, les bals cessent et font place à la musique. Concerts de professionnels et aussi d'amateurs. L'Impératrice chante dans les soprani. La Semaine sainte est célébrée aux Tuileries par des concerts spirituels et des prédications. Le Jeudi saint, les souverains communient, seuls. Après Pâques, Eugénie organise ses lundis, petits bals intimes dans le salon bleu où finalement se retrouvent 400 à 500 personnes. Ces réunions, plus élégantes, sont très recherchées du *happy few* mondain.

Cette année de la Cour est interrompue par des deuils de plusieurs jours au décès des souverains et par la visite de ces mêmes souverains. Louis-Philippe avait été tenu à l'écart par la société des rois et l'avait vivement ressenti. A ses débuts, l'Empire risquait de connaître le même sort. Aussi fut-on heureux de la visite du duc et de la duchesse de Brabant, héritier de Belgique et fils du gendre de Louis-Philippe. Puis, pendant la guerre de Crimée, Victor-Emmanuel et surtout Victoria vinrent. Désormais les visites allaient se succéder à Paris (avec fêtes à Versailles) et à Compiègne. En attendant l'exposition de 1867 où il « pleuvra des rois », à commencer par le tsar et le roi de Prusse. A vrai dire, des quatre grands souverains d'Europe, Victoria vint dès 1855, le roi de Prusse en 1861 à Compiègne, le tsar et François-Joseph attendront 1867. La venue de moindres sires contribuait au prestige du régime et à celui de Paris. Les visiteurs importants étaient logés à l'Élysée, les autres au pavillon de Marsan.

On aurait pu organiser une Cour guère différente de celle de l'Élysée, mais le désir d'afficher le prestige du nouvel Empire et de distribuer des places en décidèrent autrement. La Cour fut un décalque à peine simplifié de la cour de Napoléon Ier dont on reprit l'étiquette. L'administration était dirigée par un ministre. Ce fut d'abord Achille Fould ; ce financier fit régner un ordre rigoureux dans les comptes, une fois passée l'époque du premier établissement. En 1860, Fould fut remplacé comme ministre de la Maison de l'Empereur par le maréchal Vaillant. Ce dernier était depuis l'origine grand maréchal du palais et comme tel maître de la Maison avec son indispensable adjoint, le général Rolin. Avec les préfets du palais et les maréchaux des logis il dirigeait tous les services domestiques comme la Bouche, l'Argenterie et l'indispensable Régie, providence des habitants du palais. Le maréchal était aussi le commandant militaire des Tuileries. A ce titre, il avait autorité sur la maison militaire de l'Empereur qui comprenait une dizaine d'aides de camp, officiers généraux ou supérieurs auxquels étaient adjoints autant d'officiers d'ordonnance. Ce cabinet militaire constituait en quelque sorte l'état-major particulier du souverain. Ses membres non seulement diffusaient ses ordres, mais étaient parfois chargés de missions d'information et de contrôle. Niel, Castelnau joueront, par exemple, le rôle de *missi dominici* impériaux auprès des chefs d'armée. Fleury organisera un véritable double du ministère de la Guerre afin de mesurer le dévouement politique des officiers ; à la longue, ces pratiques provoqueront jalousie et mécontentement. Enfin une petite armée garde la Cour et y rend les honneurs militaires. A l'origine, la mission a été confiée aux Guides, créés par la République de 1848, qui devinrent un régiment d'un millier de cavaliers ; leur colonel, Fleury, anglomane, les veut semblables aux horse-guards de Londres. Leurs chevaux, tous pareils, coûtent le double ou le triple des autres. L'Empereur contribue aux dépenses du mess qui ressemble plutôt à un cercle mondain, avec ses dîners hebdomadaires et sa musique dont font partie des professionnels de l'Opéra ou des Italiens. Le colonel sera Joachim Murat, bel homme et beau cavalier, époux de la très riche princesse de Wagram et d'ailleurs bien pensionné par Napoléon III. La jeunesse dorée se presse dans ce régiment. Le service des Guides est partagé avec la Garde impériale mise sur pied en 1854, d'abord modestement, puis devenue un vrai corps d'armée comprenant toutes les armes. Unité d'élite, la Garde manifeste « les idées de force militaire inséparables d'un gouvernement impérial ». Son régiment de 1 400 gendarmes est particulièrement destiné à la sûreté de la dynastie. En 1854 encore est créé le corps d'apparat des Cent-Gardes, géants à l'uniforme théâtral, se targuant d'une immobilité complète. On raconte qu'Eugénie donna un jour un soufflet à un de leurs factionnaires qui ne sourcilla pas. Partout des sentinelles et des gardes dans les résidences impériales. Jusqu'à 1858, un officier des Cent-Gardes couche devant la porte de la chambre impériale. Le Second Empire est inséparable de cet appareil militaire.

A côté de cette garde militaire, celle, moins visible, mais

omniprésente de la police. Chaque habitant du palais est espionné. Lors des réceptions, les policiers « friment » les invités, se mêlent à eux, côtoient les hauts personnages. Les souverains sont fatalistes ; la crainte d'un attentat est continuelle, et d'ailleurs justifiée.

Les services civils de la Maison de l'Empereur ne sont pas moins développés. Les chambellans — une dizaine — font les honneurs de la Cour. Le premier chambellan est Bacciochi, surintendant des spectacles ; leur service est dirigé par le duc de Bassano. Le grand maître des cérémonies, duc de Cambacérès, dirige le protocole, et le grand écuyer dirige le service des voitures et chevaux. C'est lui qui organise les cortèges et les voyages. Les écuries impériales entretiennent 300 chevaux ; en cas de besoin, Fleury, premier écuyer, en loue à Londres. Les équipages sont célèbres pour la qualité de leurs chevaux et leur élégance correcte. Edgar Ney réorganise la vénerie. La chasse à tir ou à courre reprend une grande importance dans la vie de Compiègne. Obtenir le « bouton » de l'équipage impérial est une faveur recherchée ; elle implique une invitation aux dîners de chasse du château. Une difficulté s'éleva lorsqu'il s'agit de nommer un grand écuyer et un grand veneur. Napoléon III voulait des noms célèbres de la noblesse d'Empire comme Cambacérès ou Bassano ; il souhaitait confier ces charges au duc de Vicence et au prince de Wagram dont les pères avaient occupé ces charges à la Cour du premier empereur. Mais les favoris, Fleury et Edgar Ney, refusèrent de leur être subordonnés. Pour la forme, deux maréchaux, Saint-Arnaud et Magnan, occupèrent les charges ; en 1866, Fleury et Ney, « premiers », passèrent à la dignité de grand écuyer et grand veneur...

L'Empereur enfin a sa chapelle où il entend la messe tous les dimanches : une messe basse relevée de musique. Après 1857, l'archevêque de Paris sera grand aumônier pour éviter un conflit de juridiction entre l'évêque de la Cour et celui de la capitale. Il y a encore le service de la musique, tant sacrée que profane, dirigé par Auber. Le service de santé, très fourni pourtant, ne semble pas être efficace. L'Empereur se soigne mal et mange les aliments qui lui sont défendus. En endossant l'uniforme de ce service de santé, son dentiste américain Evans se glissera, avec son accord, aux fêtes de la Cour. Plus efficaces sont les services des dons et secours dirigés par le docteur Conneau, l'ami de toujours, et celui de la cassette impériale, confié au fidèle Thélin ; enfin la trésorerie de la liste civile demeure confiée à Bure, qui épousera Alexandrine Vergeot, la compagne de Ham. D'une importance politique essentielle est le cabinet civil dirigé par Mocquard. Dans un gouvernement personnel, le cabinet est l'organe d'élaborations des décisions, des discours et des lettres du souverain. Enfin Mocquard renseigne discrètement les ministres sur les sentiments du maître à leur égard, avertit, encourage. Cet ancien familier de la reine Hortense, grand amateur de théâtre et de chevaux de trot, dans sa discrétion, est jusqu'à sa mort en 1864 un personnage important de l'Empire.

Lors du mariage, il a fallu constituer une Maison de l'Impératrice. Ce qui fut fait avec un certain luxe. Un grand maître, le comte de Tascher, une grande maîtresse, la princesse d'Essling, quelques chambellans et écuyers et surtout des dames du palais dont le nombre passera de sept à douze sous la dame d'honneur, duchesse de Bassano. Le choix de ces dames fut une véritable affaire d'État. La duchesse de Vicence accepterait-elle ? Elle déclina. Les élues furent des amies d'Eugénie et de sa sœur ou des représentants de la noblesse d'Empire, ainsi Mmes de Labédoyère et de La Poeze qui furent des figures marquantes de la Cour après 1856. Certaines étaient d'origine étrangère comme la baronne de Pierre, une Américaine, ou la marquise de Las Marismas, « la belle aux cheveux d'or », une Anglaise. Après 1860 apparurent quelques demoiselles d'honneur, en général des filles d'officiers décédés dont l'Impératrice assurait le sort, telles Marie de Larminat ou Mlle Bouvet qui devinrent chroniqueurs de la Cour. Le prince impérial eut aussi sa maison dirigée par des femmes d'officiers comme l'amirale Bruat.

C'est tout un monde de serviteurs qui est ainsi recruté. Le personnel domestique et subalterne est celui du temps de Louis-Philippe. La continuité administrative se manifeste ainsi avec éclat. Seuls quelques serviteurs comme Gamble, le piqueur impérial, recruté en Angleterre dans les années quarante ou la célèbre Pepa, camériste d'Eugénie, fidèle, avide et jalouse, arrivent avec leurs maîtres. Mais, par exemple, Alphonse Gautier, fonctionnaire de la liste civile de Louis-Philippe, aide à sa liquidation sous la République, devient l'adjoint de Fould dans la gestion de la liste civile impériale, secrétaire général et conseiller d'État. Pour les « charges d'honneur », un personnel nouveau les occupe. Devant la bouderie des anciennes familles qui formaient la Cour sous la Restauration, l'Empereur a placé certains compagnons de son existence aventureuse ; il a avant tout cherché les descendants de la noblesse d'Empire, puis des familles militaires. Le résultat, ce sera un personnel élégant, vivant, moderne qui recueillera les suffrages de la reine Victoria ou de la princesse de Metternich. Chambellans et dames du palais sont de service à deux une semaine sur six à Paris, un mois dans les châteaux d'été. Les grandes réceptions mobilisent tout le monde. Les grands officiers reçoivent 40 000 francs, sont sénateurs, logés, servis. Leurs revenus avoisinent les 100 000 francs ; les « premiers » en ont 30 000, autant qu'un sénateur. Dames du palais et chambellans, avec 12 000 francs, sont moins rémunérés, mais souvent chacun des époux occupe une charge de Cour. Très souvent, les chambellans sont députés, ce qui soulèvera des critiques. A la fin du règne, ils démissionnent pour conserver leur mandat. Il est vrai que les frais de vêtements, de train de vie étaient lourds pour ce personnel qui constituait la figuration d'une vie brillante.

Que coûtait la Cour ? Lors du rétablissement de l'Empire, on l'a vu, Napoléon a reçu 25 millions de liste civile auxquels s'ajoutent le revenu du domaine de la Couronne, quelque 7 millions. La Maison impériale peut donc compter sur 32 millions de revenus annuels. Dès 1853, existe un découvert de 7 millions qui ne sera jamais entièrement comblé ; ensuite règne un ordre rigoureux. La Cour coûte 8 millions par an ; les dépenses vont croissant, et 6 millions sont consacrés à des pensions et dons. Les souverains disposent à leur gré de 5 400 000 francs ; sur cette somme, l'Impératrice reçoit 1 200 000 francs. La Cour coûtait donc assez cher, mais, sous une forme ou une autre, chaque régime a sa Cour.

Les souverains d'ailleurs n'y restaient pas enfermés. Le matin, l'Impératrice allait visiter hôpitaux, prisons, œuvres de bienfaisance. Chacun de son côté, les deux époux se promenaient en voiture au bois de Boulogne. Il arrivait qu'ils fissent des emplettes dans un magasin élégant des boulevards. Chaque semaine, ils assistaient à un spectacle. L'Empereur se croyait obligé d'aller à l'Opéra, mais ses préférences allaient aux pièces qui font rire. L'Impératrice, elle, préférait s'émouvoir.

En dépit de l'étiquette, le ton était moins formaliste que celui de la plupart des Cours d'Europe. Les souverains étaient restés des gens du monde cherchant à se divertir et à divertir les autres. Eugénie était une animatrice, suscitant la curiosité admirative de l'opinion. Elle avait voulu grouper autour d'elle des femmes brillantes. Maxime Du Camp les décrit « blondes et poudrées, peu sévères, danseuses élégantes, amazones solides, sans esprit, ayant le bagout du monde ». Il y a du vrai sous la généralisation. Ces *cocodettes* furent admirées par les viveurs dont le ton trop libre était toléré par l'Impératrice avec une secrète complaisance. Pour certaines, ce n'était pas leur mari qui payait leurs toilettes ; sous des apparences de bon ton extérieur, on tolérait des scandales. Eugénie disait à Mérimée en 1863 : « Je ne veux pas voir de vieilles figures ici. Il faut une maison gaie, de la jeunesse. Il faut savoir danser quand on veut être bien reçu ici. » Mais on ne doit pas s'amuser trop dans une Cour : l'opposition s'indignait de la « fête impériale » et l'opinion était à la fois éblouie et scandalisée. La Cour de Napoléon III, en réalité, n'a pas corrompu la société : elle n'en fut sans doute que le reflet fidèle.

D'ailleurs s'y amusait-on tellement ? Des jalousies la ravageaient, et les ambitions. Malgré leur bonne grâce, les souverains gênaient. On était gai surtout après leur départ. Mérimée, ami fidèle d'Eugénie et courtisan assidu, raillait « la vie bucolique en chapeau haut de forme. [...] On mange trop, on se tient trop debout. » La cuisine de Fontainebleau le lassait : « Deux fois par jour des lapins rôtis ou des lapereaux sautés. Les sauces sont lourdes et ont toujours le même goût de vieille casserole. » Mme Baroche non plus ne s'amusait guère.

Pourtant cette Cour joua son rôle car elle fut une source de prestige pour le régime. L'Empereur voulait « étonner » les Français. Il y est parvenu et a en outre étonné l'Europe. L'Impératrice a suscité une légende, que perpétue le célèbre tableau de Winterhalter, où elle est entourée de la première promotion de ses dames d'honneur. Mérimée s'indignait *in petto* : « C'est un troupeau de lorettes dans un jardin avec des toilettes de Palmyre et de petites mines maniérées. Cela pourrait servir d'enseigne au bal Mabille. » Mais ce n'est pas cette opinion qui a prévalu ; le « Décaméron » est devenu un classique. A la vérité, après la Cour de vieillards de la Restauration et la Cour embourgeoisée du roi-citoyen, on n'avait rien vu de comparable depuis les temps de Versailles.

Ce faste fut un élément non négligeable du mouvement des affaires qui, dans une société encore peu démocratique, reposait sur le luxe d'une minorité. Eugénie pensait avec raison que la capitale attendait d'elle des fêtes. Elle a été un héraut de la mode de Paris. Si elle n'a pas lancé la crinoline, qui apparut dans les soirées dès 1849, elle l'a favorisée, comme elle a lancé la mode des fleurs artificielles et des robes follement ornées. Après 1860, le couturier Worth mit à la mode des robes moins amples et plus courtes. Mérimée notait en 1860 : « Dans un des derniers bals masqués, une femme a eu le courage de paraître en costume de 1806 sans crinoline et cela a produit un très grand effet. » Plus ou moins amples, ces toilettes valaient des fortunes. Une robe ordinaire chez un bon faiseur coûtait de 700 à 800 francs, une robe du soir 1 300 francs — c'était le gain annuel de plus d'une famille. On calculait qu'une journée de Compiègne coûtait chez certaines élégantes 10 000 francs. Aussi de nombreuses dames avaient-elles des petites couturières qui copiaient les modèles de la rue de la Paix et les hommes louaient-ils leur uniforme de gala. Réaction inévitable à une folie de dépenses. La Cour de Napoléon III n'a pas exercé de mécénat et n'a pas constitué un milieu protecteur des arts et de l'esprit : la vie mondaine et ses laborieuses futilités l'ont trop accaparée. Elle s'est passionnée pour les tables tournantes. Les souverains avaient le goût moyen de leur temps. Napoléon aimait Horace Vernet, Meissonier, Rosa Bonheur. L'impératrice s'intéressait à l'art décoratif en vogue, un pastiche du XVIIIe écrasé d'ornements. Les innovations littéraires ou artistiques ne leur doivent rien. Même sans son talent littéraire, Mérimée eût été en faveur. On ne voit guère qu'Octave Feuillet, romancier des gens du monde, qui ait connu la protection de l'Impératrice. Sans doute les grands noms des sciences, des lettres et des arts ont-ils été reçus à Compiègne, mais les invitations étaient préparées par les ministères. Stéphanie de Tascher pensait que « dans leur centres habituel et plus à l'aise, ils seraient charmants et pourraient montrer leur qualité d'esprit, ce qu'ils ne faisaient guère à Compiègne ». Quelques conférences de Pasteur ou de Fustel de Coulanges devant Eugénie et ses dames ne sont que des épisodes. La reine des Pays-Bas déplorait de ne rencontrer à la Cour aucun notable du monde intellectuel.

De même, l'influence politique de la Cour fut restreinte. Les favorites du maître, les « petites impératrices », furent trop nombreuses et passèrent trop vite pour qu'aucune eût du pouvoir. La comtesse Walewska servit parfois sans doute la carrière de son époux, sans que cela tirât beaucoup à conséquence. Les ministres « élégants » tels Walewski, Arrighi de Padoue, le maréchal Randon n'y gagnèrent pas un crédit particulier. La source du pouvoir était ailleurs, dans le suffrage universel. Ceux des fonctionnaires de Cour qui n'étaient pas sénateurs étaient encouragés à se faire élire députés, ce qui leur valait de solides jalousies au Corps législatif. Le seul dignitaire qui ait parfois fait figure de favori fut Fleury. Il ne fut qu'un conseiller écouté en certaines questions et à certaines époques. Jamais il n'a influencé la politique de son maître. Pourtant, comme milieu, la Cour a exercé sur les souverains une certaine attraction. Vouée au service de l'Empereur, elle a, dans l'ensemble, défendu la politique autoritaire qui lui avait donné naissance et ensuite combattu l'Empire libéral, ennemi de l'étiquette et partisan de la limitation du pouvoir du souverain.

A la différence de son oncle, le second Empereur n'avait pas à créer une société. Il la trouvait toute faite et n'avait plus qu'à la recevoir à sa Cour. Napoléon III, après avoir protégé les titres anciens, rêva par accès de créer une nouvelle noblesse obtenue avec les fonctions de l'Empire, mais ces improvisations heurtaient les sentiments démocratiques de plus en plus répandus. Morny et Persigny furent faits ducs, mais Fould déclina cet honneur. Il y eut aussi deux ducs militaires — Pélissier et Mac-Mahon —, et Cousin-Montauban fut fait comte de Palikao : quelques faveurs personnelles sans portée générale. L'Empereur n'a pas créé de « grandes existences » prenant place dans la mémoire nationale.

La Cour, d'ailleurs, a-t-elle, avec tout son prestige, influencé la société ? L'a-t-elle gagnée au régime ? Le duc de Conegliano, ex-chambellan, assure que le personnel de Cour ne se voyait pas en dehors du service et ne formait pas un milieu social. Et le général du Barail, indépendant, point hostile, traduit un sentiment répandu dans la société : « L'entourage immédiat des souverains interposait entre eux et le reste du monde une de ces barrières invisibles qu'on ne franchit jamais. Non que cet entourage fût impertinent. Il affectait, dans l'intérieur du château, pour les hôtes momentanés des maîtres, une amabilité dont la banalité se traduisait par ce fait qu'elle expirait au seuil de la porte. Société strictement fermée, ne s'ouvrant que de loin en loin à de rares élus et préférant, dans son exclusivisme jaloux, des étrangers même sans notoriété à des compatriotes qui l'eussent gênée, peut-être, par l'éclat de leur mérite. Vers 1865, on se lasse du brillant. Julie Roccagiovine remarque qu'une réaction se manifeste contre les charges de Cour. A la fin de son règne, l'Empereur songe d'ailleurs à se retirer à l'Élysée en conservant les Tuileries pour les grandes cérémonies. Dans les projets de restauration pour 1872, il est entendu que la Cour sera plus modeste. Dans les dernières années du régime, le monde de la ville et celui de la Cour ont progressivement opéré une sorte de fusion. Une

génération nouvelle est apparue ; la société presque entière a
adopté la Cour au moment où l'Empire décline.

Un chapitre sur la cour de Napoléon III ne serait pas
complet sans quelques médaillons consacrés aux femmes
qui y tinrent la vedette. La princesse Pauline de Metternich
d'abord. Elle avait vingt-trois ans lorsqu'elle fit connaissance des souverains à Biarritz en 1859. Ayant épousé trois
ans plus tôt son oncle Richard, elle était à la fois petite-fille
et belle-fille du célèbre chancelier autrichien. Son mari avait
été demandé comme ambassadeur auprès de Napoléon III.
Le couple fut bientôt sur le pied de l'amitié avec les souverains, et particulièrement Pauline auprès de l'Impératrice.
Laide, avec de la prestance et du charme, elle mêlait dans
une fantaisie un peu folle les caractères d'une grande dame
et ceux d'un gamin. Irréprochable, mais se plaisant aux
plaisanteries risquées, arbitre de la mode, sportive intrépide
aussi bien qu'animatrice à la verve primesautière, elle devint
à beaucoup d'égards la figure dominante auprès de l'Impératrice. Son influence sur celle-ci ne fut d'ailleurs pas toujours excellente, car elle encourageait son côté futile. Après
la princesse, Mélanie de Pourtalès, une blonde Alsacienne,
fut célébrée pour son élégance et sa beauté. Elle avait pour
émule la jeune marquise de Gallifet. Au contraire, la jeune
duchesse de Morny, d'origine russe, se tenait un peu à
l'écart, critiquant les coutumes françaises, affectant de parler sa langue maternelle avec ses compatriotes. Parmi ceux-
ci, il faut noter Mme Rimsky-Korsakov, qui fit sensation à la
Cour : elle fut l'un des plus beaux modèles de Winterhalter,
et Mérimée l'admirait infiniment. Elle a laissé un joli petit
roman, *Une saison à Paris*, où elle exprime son admiration
pour Paris, sa mode et ses souverains. Morny, paraît-il, avait
une collection des photographies des plus jolies femmes de
la Cour ; étaient-elles flattées d'y figurer ?

Enfin il faut dire un mot des « petites impératrices ».
Passé les premiers temps du mariage, elles furent nombreuses et le plus souvent obscures, bien qu'elles aient eu,
collectivement, de l'importance dans la vie de Napoléon III.

Il faut faire une place à la Castiglione qui sut s'édifier une légende. Cette jeune Italienne de dix-huit ans était mariée et mère lorsqu'elle arriva à Paris en 1856 pour chercher l'aventure. Elle n'en était pas à son coup d'essai, ayant déjà été distinguée par son roi, Victor-Emmanuel, lui aussi chaud ami des femmes. C'était une beauté brune, sculpturale, vivant dans l'orgueil et le culte de sa personne, un véritable Narcisse femelle. Pourtant la vie manquait à ce prix de beauté, et aussi le charme. Elle ne parlait qu'aux hommes et méprisait les femmes. Présentée à la Cour grâce à la princesse Mathilde, elle y remporta d'emblée un grand succès. Cavour, arrivé à Paris et constatant le triomphe de sa parente, forma le projet de la pousser dans l'intimité de l'Empereur pour servir sa politique. C'était en juin 1856 pendant la grossesse de l'Impératrice. Le projet réussit pleinement : au cours d'une fête de nuit à Villeneuve-l'Étang, près de Saint-Cloud, Napoléon III lui fit faire une promenade en barque dont on jasa. A l'automne suivant, l'Italienne fut invitée à Compiègne où l'Empereur lui prodigua des attentions voyantes, mais la belle, en tombant dans les ruines de Pierrefonds, se cassa le poignet et dut quitter la place, ayant soulevé contre elle une hostilité à peu près générale. L'hiver suivant, installée au 28 de l'avenue Montaigne, elle prit position de favorite ; Napoléon III lui fit cadeau de très beaux bijoux tandis que son mari se ruinait. La Castiglione parut au bal travesti des Affaires étrangères déguisée en dame de cœur : l'allusion fit sensation. Napoléon faisait de fréquentes visites avenue Montaigne. Le 4 avril 1857, il sortait de chez la dame à 3 heures du matin lorsqu'il fut attaqué par trois hommes que son cocher dispersa. Une prétendue bombe aurait été déposée sur un palier et un inconnu tué par un inspecteur corse. Attentat véritable, ou affaire montée par la police ? Toujours est-il que le silence fut fait sur l'affaire et que la Castiglione n'en souffrit pas. Aucun doute qu'elle n'envoyât des rapports au gouvernement piémontais. Étant donné ses limites, ils ne devaient pourtant pas apprendre grand-chose à Cavour qui avait à Paris des informateurs d'une autre classe. Mais on la trouva indiscrète, et au printemps de 1857, son intimité dangereuse avec le souverain tourna court. Puis elle quitta Paris. Elle devait y revenir en 1860, et pour long-temps. Elle réapparut en février 1863 à un bal travesti, costumée, très simplement, en reine d'Étrurie. Les invités montèrent sur des chaises pour mieux la voir lorsqu'elle fit son entrée après le départ des souverains. Mais elle avait une rivale en la personne de Mme Rimsky-Korsakov, déguisée en Salammbô, et le temps de ses triomphes était passé. Dès 1858, la nouvelle favorite fut la comtesse Marianne Walew-ska, une Florentine avisée qui sut à la fois aider la carrière de son mari, être la maîtresse de l'Empereur et l'amie de l'Im-pératrice. Après Marianne Walewska vint le tour de Mar-guerite Bellanger, une demi-mondaine assez vulgaire qui tint l'Empereur pendant deux ans. Elle n'avait aucune pré-tention politique, et c'était peut-être une des raisons de sa faveur. Toutefois, la liaison s'ébruita : on raconte qu'à Vichy, le chien de Marguerite, voyant passer l'Empereur, fit fête à ce familier de sa maîtresse. Napoléon III ayant eu une crise cardiaque à la suite d'une entrevue avec elle, l'Impéra-trice, accompagnée de Mocquard, se rendit chez la demoi-selle, pour lui faire des représentations. Le temps de Mar-guerite était passé, mais d'autres survinrent, quand la santé du souverain commença à se dégrader ; ainsi la belle Mercy-Argenteau dans les dernières années du règne. Lorsque Bacciochi mourut en 1865 après de bons et loyaux services, on disait sur le boulevard que son successeur, voulant faire du zèle, allait tuer l'Empereur. On comprend le détache-ment progressif d'Eugénie et les voyages d'Écosse et d'Al-lemagne qui lui permirent de manifester son indépendance. Partie des milieux de la Cour et de la politique, la vérité sur la vie sentimentale de Napoléon III se répandit dans Paris. Il ne semble pourtant pas qu'elle ait jamais été connue de la masse des électeurs, et c'était l'important. La famille impé-riale paraissait une famille modèle comme dans l'iconogra-phie officielle.

III
Le règne autoritaire
(1853-1857)

« Le lendemain des révolutions, la première des garanties pour un peuple ne consiste pas dans l'usage immodéré de la tribune et de la presse : elle est dans le droit de choisir le gouvernement qui lui convient. Or, la nation française a donné, peut-être pour la première fois au monde, le spectacle imposant d'un grand peuple votant en toute liberté la forme de son gouvernement. » Ouvrant la première session du Corps législatif, Napoléon constate que son régime a été salué par la quasi-unanimité de la nation ; même dans les classes « éclairées », l'Empire sera largement accepté, écrit Maupas, « comme celle des solutions monarchiques qui devait amener le moins de divisions dans le pays ». Dans une lettre célèbre adressée à son cousin Napoléon-Jérôme, le souverain résumait l'esprit du nouveau pouvoir : « Quand on porte notre nom et qu'on est à la tête du gouvernement, il y a deux choses à faire : satisfaire les intérêts des classes les plus nombreuses, se rattacher les classes élevées. » La forme absolue était admise par la majorité de l'opinion, mais à titre d'expédient provisoire. Napoléon lui-même avait toujours proposé pour idéal un couronnement libéral de l'édifice, plus ou moins proche des institutions anglaises pour lesquelles il professait une profonde admiration. Cette éventualité paraissait bien lointaine en 1853, car elle supposait une consolidation du régime et la quasi-disparition des partis d'opposition.

En fait, tout pouvoir émane de l'Empereur qui donne
l'impulsion première à l'appareil d'État. De là l'importance
de son cabinet où aboutissaient les informations venues de
toute l'administration et de toute la nation. Cet organisme
essentiel est mal connu parce que, hors quelques épaves, ses
archives ont disparu. Avec lui, le souverain préparait ses
discours, ses lettres programmes ; dans son sein étaient préparées les brochures officieuses qui dévoilaient la pensée
impériale sur un problème. A vrai dire, le cabinet avait sans
doute un travail de secrétariat. Après la disparition de Mocquard en 1864, on ne constate aucun changement dans les
documents émanant de l'Empereur. Jusque vers 1860,
Napoléon travaille assidûment. Il reçoit des rapports, les lit
et les annote, puis fait connaître sa décision. Le cabinet,
souvent, fait discrètement savoir à l'auteur le sentiment réel
du maître sur son travail. Mais le second Empereur n'a
jamais eu la puissance de travail du premier. Ne pouvant
tout connaître, tout contrôler, tout diriger, il doit donc en
fait déléguer une part de son pouvoir à des ministres dont
chacun est responsable devant lui de la marche d'une grande
administration. Ces ministres sont peu nombreux : une
dizaine. Ils tiennent autour d'une table. Outre les ministères
traditionnels datant de la Révolution ou même de l'Ancien
Régime, il y a le ministre sans portefeuille présidant le
Conseil d'État, le ministre d'État et de la Maison de l'Empereur qui assure la liaison entre les différents organes gouvernementaux tout en étant responsable de la Cour et des
Beaux-Arts, enfin le ministre de la Police créé après le coup
d'État : ce dernier est une reprise du Premier Empire. Son
titulaire, Maupas, le préfet de police du coup d'État, doit
faire savoir au souverain la vérité qu'on lui cache souvent. Il
dispose d'une hiérarchie de commissaires et d'inspecteurs
qui existe jusqu'au canton. Bientôt Maupas, plein de zèle,
voudra s'annexer la gendarmerie et se trouvera pris entre les
susceptibilités de la Guerre et celles de l'Intérieur. Le
ministre ne renonce pas à ses mauvaises habitudes d'utiliser
des agents provocateurs ; quand à sa surveillance des spéculations financières, elle gênait certains personnages, assurait-
il lui-même. Toujours est-il que, dès 1853, le ministère de la

Police disparaît définitivement et l'Empereur a alors recours à plusieurs services de police mal coordonnés. L'organisation de la police sera l'un des grands problèmes de cet État policier.

De par la constitution — et l'Empereur le rappellera inlassablement —, les ministres ne forment pas un cabinet parlementaire, n'ont aucune solidarité politique et même, en théorie, n'ont pas d'opinion politique sinon celle du maître. Très jaloux de son autorité, parfois tatillon, Napoléon III n'accepterait pas qu'un ministre se targuât d'une politique originale. Il est le seul homme politique du gouvernement. Les ministres ne sont que des instruments, et lorsqu'il change de politique, il trouve naturel que ses ministres en changent avec lui : ce ne sont que des exécutants, laborieux et habiles. En fait, un dîner hebdomadaire les réunit, mais il ne s'agit que d'une réunion amicale. Deux fois par semaine se tiennent des conseils sous la présidence de l'Empereur, qui fixe l'ordre du jour : après avoir fait un « tour de table », le plus souvent, il remet la décision ou prend une décision contraire à celle de la majorité du Conseil. Il s'agit de réunions d'information sans grande importance. L'essentiel est le travail du souverain avec chaque ministre, par écrit ou au cours d'entrevues. Dès le début, les affaires sont si nombreuses que Napoléon ne peut s'occuper de toutes. Il descend dans certains détails, mais d'autres lui échappent. Enfin, parce qu'il est le « spécialiste des idées générales », l'Empereur donne l'impression d'être supérieur à ses collaborateurs ; en réalité, il connaît mal les moyens de faire exécuter une décision. Il n'est pas juriste et n'est guère au fait des détails de l'administration et de ses procédures.

Ici les ministres reprennent l'avantage quand la machine administrative lui résiste ; c'est alors qu'il a recours à des moyens d'information parallèles. Dans la pratique, l'influence des ministres équilibre souvent et contrarie la sienne. De là son sentiment qu'il ne trouve pas d'hommes, et qu'il vaut encore mieux conserver ceux qu'il a. En fait, la plupart des ministres — une vingtaine en tout jusqu'à 1869 — font partie du personnel dès le début du règne. Jusqu'à

1860, deux ministres de l'Intérieur ressortent : Persigny, le compagnon d'aventure qui remplace Morny, organise les élections de 1852 et le deuxième plébiscite, met en place le personnel préfectoral. Nommé ambassadeur à Londres en 1854, il cède la place à Billault. Ce dernier, petit, vif, éloquent, est un avocat de talent devenu député et même un temps ministre de la Monarchie de Juillet. De l'opposition à Guizot, il est passé à la république, puis s'est franchement rallié à Napoléon. Breton de moyenne origine, bleu de l'Ouest, il attend de lui un gouvernement efficace et national, au-dessus des partis. Le souverain apprécie cet ancien parlementaire et lui confiera les plus hautes charges du gouvernement. Très proche de l'Empereur qui lui accorde sa confiance, Achille Fould, issu de la banque israélite, personnellement converti au protestantisme, est, depuis le temps de la présidence, l'homme de confiance dans les affaires d'argent. Dévoué à Napoléon III, c'est un financier traditionaliste, assez désinvolte vis-à-vis des « antiquailles napoléoniennes » chères à Persigny. Son idéal est un régime conservateur aux finances ordonnées, sans dépenses excessives. Lui aussi a débuté dans la vie politique comme député de la majorité de Guizot. L'autre financier du régime, le Périgourdin Magne, a été également élu député sous Guizot : souple et adroit, il restera au pouvoir pendant tout le règne. Baroche, encore un avocat élu en 1847 et ministre de Louis-Napoléon en 1850, organise la réaction souhaitée par le parti de l'ordre, puis, après le coup d'État, devient président du Conseil d'État. A ce titre, c'est lui qui, jusqu'en 1860, défend les projets de loi et la politique gouvernementale devant le Corps législatif. Rouher, avocat à Riom, député en 1848, a été fait par Morny un ministre du président dès l'année suivante. Au Conseil d'État, puis, à partir de 1855, au Commerce et aux Travaux Publics, Rouher apparaît d'abord comme un ministre technicien : c'est lui qui préside à l'achèvement rapide du réseau ferroviaire. D'autres ministres ont été arrêtés dans leur carrière par une mort précoce. Ainsi Bineau, aux Finances, mort en 1855, Ducos, à la Marine, disparu en 1855, Abbatucci, à la Justice, l'aîné de l'équipe, aimé du souverain, qui disparaît en 1857.

Parmi ces ministres des premières années émerge Fortoul, un Méridional, professeur de Faculté des lettres, qui, à l'Instruction publique, tyrannise l'Université, la modernise malgré elle et finalement sauve son existence. Son Journal pour les années 1855 et 1856 retrace la vie quotidienne d'un ministre de l'Empire autoritaire. Il sera remplacé par Rouland, magistrat gallican promis à une longue carrière ministérielle.

Des caractères communs se dégagent de ce groupe réduit. Presque tous ont vu le jour au début du siècle comme l'Empereur dont ils sont les contemporains — né en 1814, Rouher est le plus jeune. Au début de l'Empire, ils ont la cinquantaine. Aussi presque tous ont commencé leur vie politique sous la Monarchie de Juillet ; c'est dire qu'ils ont l'expérience de la vie parlementaire. Beaucoup viennent du barreau où ils ont fait une carrière distinguée et profitable. Leur formation est le plus souvent celle du juriste et du praticien. Ce sont essentiellement des hommes voués aux affaires et non des théoriciens ; Fortoul, qui est un homme de lettres, fait exception. On ne trouve point parmi eux de brillants publicistes comme l'étaient Thiers et Guizot. Ce ne sont point des idéologues, mais des débrouilleurs de dossiers, experts et laborieux. Persigny et quelques autres exceptés, ce sont essentiellement des bourgeois voués au travail de bureau et à la défense du gouvernement. Non pas des hommes d'État au sens propre. Ce qui leur fait défaut, c'est l'indépendance vis-à-vis du maître. Dans leur relative diversité, ils représentent assez bien toutes les nuances du ralliement à la fortune de Napoléon III, un échantillon des « classes éclairées » devenues napoléoniennes. Les élégances de la Cour les laissent froids. Hormis trois ou quatre, ils s'enferment dans leur travail et leur vie familiale (poussée souvent jusqu'au népotisme) et paraissent par obligation aux fêtes des Tuileries ou de Compiègne, en figurants. Leur récompense, c'est la confiance du maître, le plaisir du pouvoir, ce sont les décorations qui leur sont prodiguées et surtout l'argent. On cite Rouher qui, par cumuls successifs, est arrivé à toucher 260 000 francs par an. Normalement un ministre reçoit 40 000 francs auxquels s'ajoutent, lorsqu'il est sénateur, 30 000 francs. L'Empereur offre, en 1860, à Billault et à Magne un hôtel de 600 000 francs avec 100 000 francs de mobilier. Il est vrai qu'avant d'entrer dans la politique, le barreau rapportait à Baroche quelque 80 000 francs annuels et à Billault 50 000 francs ; aussi ce dernier avait-il décliné l'offre de devenir conseiller d'État, ce qui aurait diminué son revenu de moitié. Napoléon III payait aussi bien ses maréchaux civils que ses maréchaux militaires, suivant en cela l'exemple de son oncle. L'essentiel pour eux était sans doute l'action, la passion du pouvoir ; éloignés momentanément, ils ne s'en consolaient pas.

Parmi les moyens de gouvernement de l'Empereur, la constitution mentionne après les ministres le Conseil d'État (que nous connaissons mieux depuis le beau travail de Vincent Wright). Le souverain se réserve le droit de le présider. Outre le contentieux traditionnel, l'Assemblée a pour fonction de préparer les projets de lois présentés par les ministres et des commissaires pris en son sein les défendent devant le Corps législatif. Un projet issu des bureaux d'un ministère affronte donc d'abord la discussion du Conseil d'État. Sur quarante conseillers en fonction au 2 décembre, neuf seulement sont conservés. Pourtant ce ne sont, pas plus que les ministres, des hommes nouveaux. Vingt-quatre (plus de la moitié) ont déjà fait partie d'assemblées antérieures. Une compétence de juriste et d'administrateur est indispensable, qu'on n'acquiert que lentement ; aussi en moyenne les conseillers sont des hommes mûrs, issus de la bourgeoisie vouée aux professions libérales et à la fonction publique, au service de l'État plus peut-être qu'au service de l'Empereur, au service d'une idée du droit que c'est leur raison d'être de défendre. Comme le souverain — et c'est une preuve de son libéralisme — ne révoquera jamais un conseiller, l'indépendance du Conseil semble avoir été grande. En théorie, il veut exiger pourtant que les conseillers soient aussi peu indépendants que les ministres. En fait, ils n'hésitent pas à discuter le travail des ministres et même à tailler dans les idées de l'Empereur lorsque ce dernier montre un non-conformisme d'autodidacte. Napoléon III sent cette tutelle mais, conscient de son ignorance, n'ose pas recourir à un coup d'autorité. La plupart des conseillers d'État en eux-mêmes sont des hommes apolitiques, des conservateurs libéraux qui n'ont pas la même défiance envers les assemblées que le maître. C'est ce que les bonapartistes pur sang nomment « l'orléanisme ». Il est certain que cet état d'esprit est peu favorable à l'exercice d'un pouvoir absolu.

Enfin le rôle du Conseil ne sera pas exactement celui qu'avait prévu la constitution, et de moins en moins. La constitution l'érigeait en barrière, en écran, entre les ministres et le Corps législatif, mais bientôt les ministres cherchèrent à remédier à cette sorte de séparation des pouvoirs. Pour faire passer leurs projets ils se ménagèrent des appuis parmi les conseillers. De même, ils rencontrèrent officieusement les membres des commissions du Corps législatif ; tout cela pour neutraliser des oppositions éventuelles. Enfin, les conseillers commissaires du gouvernement devaient défendre les projets des ministres devant les députés. Les ministres trouvaient qu'ils étaient mal défendus et pensaient naturellement qu'ils assureraient mieux leur propre défense ; certains, il est vrai, n'étaient pas orateurs. Mais un conseiller riche d'expérience et de science n'en devenait pas pour autant propre à dominer le Corps législatif. Pratiquement toute la tâche retombait sur le président du Conseil d'État, Baroche, grand avocat, trop avocat peut-être. Peu de conseillers se révélèrent des débatteurs de premier rang. Le prestige du Conseil en souffrit, car il apparut progressivement comme une commission de fonctionnaires plus que comme un corps proprement politique. Le Conseil d'État a joué néanmoins un rôle essentiel.

On n'en saurait dire autant du Sénat qui paraît presque inutile, ce qui est grave, s'agissant du premier corps de l'État. S'il y a quelque exagération à le présenter comme la réunion des « illustrations » du pays, sa composition n'est pas inférieure à celle de la Chambre des Pairs qui l'a précédé au Palais du Luxembourg. D'ailleurs, ici encore, on retrouve inévitablement des membres des assemblées précédentes : en 1856, le Sénat comprend 46 anciens pairs, 28 anciens conseillers d'État, une vingtaine d'anciens députés ; plus du quart de l'Assemblée est formé de militaires ; le reste est composé de fonctionnaires parvenus au sommet de la hiérarchie mêlés à quelques chefs d'industrie et à quelques savants. L'Empereur a donné des places à des représentants de la noblesse d'Empire et même à quelques nobles d'Ancien Régime. On y voit Vieillard, l'ami de toujours, et Mérimée, l'ami d'Eugénie. Pour un ministre, l'entrée au Sénat est une consécration — puisqu'il ne peut être député — et une position de repli lorsque le souverain l'a remercié : une rente de 30 000 francs à vie est loin d'être à dédaigner. Sainte-Beuve attendra plusieurs années une nomination qui le libérera des corvées littéraires. Le Sénat apparaît aussi comme un havre aux députés menacés de n'être pas réélus. Il a une réelle importance sociale, mais son importance politique, au moins jusqu'à 1861, est décevante. Les séances ne sont pas publiques, les sénateurs sont presque tous des notoriétés dont la carrière a été couronnée par cette nomination : l'ambition, satisfaite, ne les pousse plus. Enfin on mesure l'indépendance que donne l'élection. Les sénateurs n'ont pas d'électeurs à qui complaire et seule la reconnaissance envers l'Empereur les anime. Peu familiarisés au début avec le contrôle constitutionnel, ils se laissent aller à discuter les projets de loi en eux-mêmes comme l'ancienne Chambre des Pairs et se font réprimander. Le *Moniteur* de 1856 publie ainsi un article inspiré par les Tuileries et qui leur reproche leur inertie : ils devraient freiner ou pousser le gouvernement, inspirer des projets de loi. On en est loin. Les sénatus-consultes sont peu nombreux et guère importants. On a le sentiment d'une grande machine qui ne fonctionne pas beaucoup. Il ne faudra rien moins que l'éloquence du prince Napoléon pour l'animer en 1861. L'exercice du droit de pétition soulève parfois des discussions intéressantes. Un ministre sénateur peut ainsi se faire entendre d'une assemblée.

Le Corps législatif, entre 1852 et 1857, a été en revanche traité avec quelque injustice. Il a souffert de la comparaison avec les Assemblées qui l'ont précédé et suivi. Son existence modeste a été dépréciée outre-mesure par Montalembert qui s'efforça, mais sans grand succès, d'y former une opposition politique et par les républicains qui, de l'exil, dénon-

çaient inlassablement l'asservissement du suffrage universel. En dehors de quatre ou cinq légitimistes, formée de
candidats officiels, consciente de l'impopularité du parlementarisme face à l'immense popularité de l'Empereur, la
Chambre ne songeait pas à faire de politique. D'ailleurs ses
débats ne trouvaient qu'un écho affaibli dans des comptes-
rendus non pas inexacts, mais atténués, rédigés par la présidence. Or le président était nommé par l'Empereur parmi
les députés. De 1852 à 1854, ce fut Billault, vieux parlementaire, qui présida le Corps législatif, et s'évertua à lui faire
accepter sa position diminuée. En juin 1854, il passa au
ministère de l'Intérieur et fut remplacé par Morny. Membre du Corps législatif depuis 1852, ce dernier avait également une ancienne expérience du Parlement. Il avait vainement désiré cette fonction en 1852 et eut la coquetterie de
se faire prier pour l'accepter deux ans plus tard. En dépit de
ses vices, de son rôle voyant dans de grandes affaires d'argent, l'autre fils de la reine Hortense avait une personnalité.
Bien qu'il suscitât la méfiance jalouse de son demi-frère, il
allait conserver la présidence de la Chambre jusqu'à sa mort
en 1865 et donner à la fonction un lustre inédit : « Plus
grand, plus élancé que [...] son maître, Morny était physiquement mieux partagé, mais il n'avait pas à un si haut degré
le don de charmer et de plaire. Son abord était agréable,
mais il manquait de naturel. » Ainsi Fleury le décrit-il, adulé
par un entourage de quémandeurs et d'hommes d'affaires.
Descendant par la main gauche de Talleyrand et de la reine
Hortense, il affichait sa filiation sans beaucoup de tact, au
point d'avoir fait craindre qu'il revendiquât son admission
dans la famille impériale puisqu'il était né en 1811, pendant
le mariage d'Hortense et du roi Louis. Ses profits scanda-
leux dans les affaires lui créaient une réputation discutée.
Mais l'homme avait du prestige. Son élégance, sa réputation
d'amateur de tableaux et de chevaux, ses bonnes fortunes,
son caractère de bourreau d'argent, dépensant avec largesse
ce qu'il gagnait, le souvenir aussi de son rôle décisif lors du
coup d'État, tout cela le mettait hors de pair et il conféra à sa
haute fonction un lustre nouveau. Point orateur — c'était
son côté faible —, il savait cependant flatter les députés en

donnant au Corps législatif une importance évoquant celle
des Chambres d'antan. Il aimait faire preuve de libéralisme :
« Les interpellations sont rayées du règlement. [...] Mais les
observations présentées avec tact, loyauté, dans un bon
esprit peuvent se produire. » Et lui-même profitait du rôle
donné à la Chambre.

A l'exception de Montalembert, le Corps législatif ne
comprend plus de *leaders* des Assemblées précédentes, mais
bien des seconds rôles s'y maintiennent, qui ont figuré dans
les Chambres antérieures ou rempli des fonctions locales.
Le renouvellement du personnel politique souhaité par
Morny et Persigny après le coup d'État est donc loin d'être
total. Membres de l'ancienne opposition ou soutiens de
Guizot, ou bien légitimistes ralliés sont plus nombreux que
les bonapartistes « purs », pas assez nombreux pour former
une majorité. On ne compte guère plus d'une quarantaine
d'hommes sans antécédents politiques et qui, de ce point de
vue, répondent au vœu des ministres. La composition
sociale rappelle celle des Chambres de la Monarchie de
Juillet, d'autant qu'à l'origine, le mandat était gratuit. Bien
que quelques personnalités de la noblesse d'Empire, quelques chambellans ou écuyers, tout comme le docteur
Conneau ou Granier de Cassagnac lui donnent un peu
d'éclat, la masse conserve la même tonalité. La présence
d'un quart de financiers ou industriels, proportion importante, est peut-être un signe des temps. Inversement, la disparition des intellectuels est quasi totale. Si, depuis la IIe République, un régime d'incompatibilités empêche l'élection
de fonctionnaires en exercice, un tiers des députés sont
d'anciens fonctionnaires civils ou militaires. Et un cinquième se qualifient propriétaires vivant de leurs revenus.
Le reste est formé de juristes. Au total, le changement
sociologique est bien moindre que ne semblerait l'indiquer
le changement d'orientation politique. La majorité des
députés, ralliée sans réticence au régime, est étrangère à
toute foi bonapartiste. Eloignés de toute pensée d'opposition politique, du moins tant que l'Empereur fera régner
l'ordre et la prospérité, ils conservent leur indépendance de
jugement et ne renoncent pas à leur fonction de contrôle. Ils

exercent celle-ci de deux manières ; et d'abord en présentant des amendements aux projets défendus par le Conseil d'État. Ici, ils se trouvent à la discrétion des commissaires du Conseil. Mais ces derniers ne peuvent vivre en hostilité avec la Chambre. Ainsi, dans la première session, 82 amendements sont-ils acceptés. C'est surtout lors du vote du budget que la commission nommée par les députés pour préparer le travail et qui, d'une année à l'autre, est pratiquement composée des mêmes membres, discute avec Baroche et ses conseillers d'État. Les « budgétaires » n'ont pratiquement aucun pouvoir ; ils lisent le budget et font leurs observations. C'est le début ignoré d'une opposition qui, avec les années, prendra de l'ampleur. Une fois la lutte pied à pied contre les dépenses entamée, elle ne cessera pas. Mais s'agit-il de voter, en 1854, un énorme emprunt de 250 millions pour la guerre de Crimée, la Chambre le vote à l'unanimité et accompagne son président chez l'Empereur. Pourtant, lorsque le gouvernement demande la levée de l'immunité de Montalembert, coupable d'avoir publié une brochure d'opposition, le pouvoir ne l'emporte que par 184 voix contre 151. Montalembert évoque à tort, avec son exagération coutumière, « l'incommensurable abaissement de cette première assemblée du Second Empire ».

En réalité, jusqu'à 1856 au moins, le facteur prépondérant, c'est l'extraordinaire prestige dont jouit Napoléon III. Les oppositions, désorganisées, sont réduites au silence. Elles sont surtout diminuées par l'abandon à un homme qu'on n'est pas loin de considérer comme providentiel et elles se discréditent par leurs excès même. L'Empereur jouit d'un extraordinaire capital de confiance. A cette époque, la constitution autoritaire ne fait qu'exprimer le sentiment de la majorité de la nation : tout repose sur la vie d'un homme qui approche de la cinquantaine. Et il n'existe pas de « parti bonapartiste ». Nous l'avons vu, les éléments d'un tel parti sont trop peu nombreux. Et surtout l'idée napoléonienne d'un rassemblement national autour de l'élu du suffrage universel exclut une telle notion — qui d'ailleurs ne signifie rien en ce temps. Les partis politiques naissent alors et n'ont pas atteint le développement que nous leur connaissons.

Pour conquérir et encadrer la nation, Napoléon III compte donc sur l'administration. Les fonctionnaires ont vu doubler leur nombre. A leur tête, le fonctionnaire politique, le préfet assisté de ses sous-préfets. Les préfets du Second Empire ont une légende, « préfets à poigne », qui font les élections et tiennent leur département sans faiblesse. Marcel Blanchard avait déjà soupçonné que cette légende pouvait bien être l'œuvre des républicains, fondée sur quelques individualités et quelques faits isolés. Puis est venu le travail de B. Le Clère et V. Wright sur le personnel préfectoral du Second Empire, qui donne l'analyse de ce groupe. Comme les autres corps, celui-ci procède des régimes antérieurs. Les préfets ayant été largement épurés par la réaction sous la IIe République, 14 seulement d'entre eux sur 87 ont été changés après le coup d'État : Napoléon III souhaitait qu'un préfet restât longtemps dans le même poste ; un tel vœu se heurtait à la nécessité de mouvements et d'avancement. En fait, si 24 préfets sont restés en place plus de dix ans, les autres, la majorité, ont souvent passé assez vite, sans parler de 52 révocations de 1854 à 1870. Les ministres surveillent minutieusement ces collaborateurs, et l'Empereur lui-même y prend grand intérêt. Les préfets sortent du même milieu social que les conseillers d'État ou les ministres, une bourgeoisie sérieuse vouée au service de l'État. Beaucoup sont Parisiens d'origine ; les Corses ne forment que 7 % de l'ensemble, moins que les hommes originaires du Puy-de-Dôme ou de la Dordogne (8 %). Ici se retrouve la clientèle de Morny, de Rouher et de Magne. A la vérité, comme les autres fonctionnaires, les préfets de l'Empire sont issus en majorité des régimes antérieurs, sous lesquels ils auraient fait carrière si ceux-ci avaient duré. Ils ne se distinguent pas de la moyenne des hauts fonctionnaires du régime parmi lesquels ils aspirent volontiers à se fondre au Conseil d'État, voire au Sénat. Une figure pittoresque a contribué à la légende, celle de Janvier de La Motte, préfet de l'Eure pendant douze ans. Truculent, retors, biaisant au besoin avec la légalité, discutant sur les champs de foire avec les paysans normands et présidant avec attendrissement le banquet des pompiers, ce personnage à la Maupassant, d'ailleurs de bonne bourgeoisie, avait un relief qui l'a rendu notoire. Aimé des électeurs, il enlève les scrutins ; sous la République, il finira d'ailleurs député de son département. Comme toutes les Françaises ne sont pas rousses, tous les préfets de l'Empire sont loin d'être des Janvier de La Motte. Alors d'où vient la légende ? D'abord, ils ont bénéficié d'une conjoncture politique favorable — l'enfance du suffrage universel — qui leur a permis, dans les campagnes, de triompher des rares opposants dispersés. En outre, le régime leur a confié une autorité tout de même nouvelle sur la presse, la sûreté même des citoyens, la distribution des faveurs, les nominations, et les subventions multiples dont dispose l'État. Un décret dictatorial du 25 mars 1852 a augmenté leurs pouvoirs et a fait d'eux les délégués de l'Empereur dans les départements — quitte à faire rapport aux ministres dont il ne cessent de dépendre. Ils nomment les maires des bourgs et des villages, les révoquent au besoin, ouvrent ou ferment les cabarets, « salons du peuple », avertissent les journaux, nomment et révoquent nombre de petits fonctionnaires, accordent les crédits pour une route, une école, une église. Le régime autoritaire a aussi voulu concentrer en eux ses pouvoirs et sa majesté, et leurs traitements ont été augmentés. Huit d'entre eux reçoivent 40 000 francs et dix-huit 30 000 francs — autant qu'un sénateur. De nombreuses préfectures sont reconstruites et offrent l'aspect d'un petit palais dont les opposants critiquent la somptuosité. Le préfet doit pourtant animer la vie sociale, recevoir les notables, faire bonne figure aux yeux de ses administrés. Son passage dans un bourg à l'occasion du conseil de révision ou du comice agricole doit être un événement.

Le préfet doit avant tout conquérir les notables comme la masse des électeurs, et s'il n'y arrive pas, les isoler dans une opposition impuissante, les neutraliser par le suffrage universel. Dans l'Ouest, on s'appuiera sur les bleus contre les légitimistes ; dans le Morvan, l'influence est laissée aux notables ralliés. Mais ces notables, devenus députés, conseillers généraux, sénateurs même, usent de l'influence renforcée dont ils disposent. Ils s'adressent directement aux ministres, voire à l'Empereur pour obtenir des faveurs. Un sénateur, maréchal de France, un ministre président de Conseil général concurrencent le préfet, le court-circuitent. C'est bien souvent, au contraire, lui qui devient le protégé, la créature de l'homme politique influent de son département. Selon Persigny, les notables obtiennent à Paris par relations ce que le préfet ne peut obtenir. Chaque ministre se constitue sa clientèle de notables politiques et l'unité du pouvoir disparaît puisqu'il n'y a pas de ministère au sens parlementaire du terme. « Après avoir protégé le député, c'était le préfet qui avait ensuite besoin de la protection de ce dernier. » Il devient son agent électoral. Et l'Empereur disparaît dans tout cela. Or, lui seul peut donner l'unité au gouvernement et l'autorité au préfet. Mais, dans les premières années du régime, on n'en est pas là. L'Empereur et son préfet dominent leurs créatures, les candidats officiels, et le prestige du délégué de l'Empereur est au plus haut.

Quelques corps seulement peuvent échapper à l'autorité de la préfecture. L'armée en premier. Le régime n'est pas un régime militaire, mais Napoléon III a flatté l'armée pour conquérir le pouvoir et demeure très attentif à garder le contact avec elle, à s'assurer son dévouement parce qu'elle reste l'ultime ressource de l'Empire. Il semble que, bien tenue par ses chefs, elle n'ait pas marchandé son adhésion. Le loyalisme des chefs de corps, qui se disputent la faveur du pouvoir, est certain. Dans l'artillerie et le génie, le ralliement n'est pas complet et la Garde suscite des jalousies, mais l'ensemble des militaires sait gré au souverain de la place donnée à l'armée au sein du régime et aussi de sa politique extérieure. Les guerres accélèrent l'avancement. A part, la gendarmerie ne se confond pas avec la police : en même temps qu'un moyen de maintien de l'ordre, elle constitue une source d'information précieuse sur l'esprit public. Les rapports du général de La Rüe, qui la commande, parviennent directement à l'Empereur. La Garde nationale réduite à l'état de squelette et formée d'éléments conformistes n'oblige plus l'armée à composer avec elle. L'armée a conscience d'être l'ultime soutien de l'Empire, même à l'intérieur.

Les magistrats, forts de leur prestige social, de leur tradition d'indépendance, appartiennent tous au parti de l'ordre.
Malgré des mises à la retraite après le coup d'État, on ne
peut pourtant pas dire que tous soient de chauds partisans
du régime. Les « anciens partis » conservent des sympathies
dans leurs rangs. Dans les parquets, les procureurs généraux
fournissent au pouvoir des moyens d'information complémentaires de ceux des préfets, de la police, de la gendarmerie, grâce à leurs rapports réguliers.

La presse domestiquée, l'Université surveillée de près, la
seule grande force d'opinion à rester libre est l'Église catholique — les réformés, dans leur ensemble, sans être persécu-
tés, ne seront pas favorisés par l'Empire. Depuis 1801, la
France vit sous le régime du Concordat. Les curés sont
placés sous l'autorité parfois despotique des évêques, et ces
derniers sont nommés par le pouvoir civil et institués par le
Saint-Siège. La majorité des évêques de l'Empire ayant été
nommés sous les régimes antérieurs, il importe au nouveau
gouvernement de s'assurer de leur concours actif. Seule
l'Église a un représentant presque dans chaque village.
Dans beaucoup de régions, pas dans toutes, son influence
demeure prépondérante, en particulier dans le monde rural.
Enfin, son autorité sur les classes dirigeantes a augmenté
depuis 1830. Restée réservée vis-à-vis de la Monarchie de
Juillet, l'Église a d'abord accueilli sans répugnance la République. Mais très vite, devant la menace du socialisme, le
clergé, dans sa grande majorité, est passé au parti de l'ordre
bien qu'un groupe de catholiques libéraux attachés au parlementarisme ait subsisté. La grande masse, même les
démocrates, s'est ralliée à Louis-Napoléon. Louis Veuillot,
avec son journal *l'Univers*, exprime la pensée de la majorité
du clergé. Hostile aux principes de 1789 et aux Lumières, il
mène la croisade pour un retour à une chrétienté. Même des
démocrates comme Maret rejoindront l'Empire pour des
raisons inverses, Napoléon étant l'élu du suffrage universel.
Dans l'ensemble, l'épiscopat et le clergé saluent avec
enthousiasme le régime issu du coup d'État. Napoléon III
apparaît comme le nouveau Constantin, le nouveau Cyrus.
Lui-même ne ménage pas ses efforts pour se concilier cette

force sociale : dans ses discours, il mentionne la nécessité de favoriser l'Église. Ainsi à Bordeaux : « Je veux conquérir à la religion, à la morale, à l'aisance, cette partie encore si nombreuse de la population qui, au milieu d'un pays de foi et de croyance, connaît à peine les préceptes du Christ. » Le souverain fait personnellement acte de catholique. Il favorise l'introduction de nouvelles congrégations. Sous le régime de la loi Falloux, votée sous sa présidence, les collèges catholiques d'enseignement secondaire se multiplient et concurrencent l'Université.

Il est vrai que l'Église de France est divisée. Le vieux gallicanisme, soumis à la double pression du pape et du gouvernement civil, perd du terrain au profit de l'ultramontanisme qui propage l'influence du Saint-Siège dans tous les domaines. Personnellement, l'Empereur est assez peu informé des questions religieuses. Il « n'aime pas les couvents », mais il reconnaît que la religion a plus d'influence que la philosophie. Il veut surtout, comme son oncle, diriger l'influence de l'Église vers l'Empire, en priver les légitimistes et se concilier les masses catholiques. En même temps, il ne voudrait pas être annexé par la « Montagne blanche » ultramontaine. La réaction consécutive au coup d'État a mis le régime largement aux mains des blancs catholiques. Le bonapartisme est foncièrement de gauche. Ainsi le préfet de police Pietri répond à Mocquard en 1854 à propos d'une association pour l'observation du dimanche : « Je suis persuadé que cette association est une mauvaise chose au point de vue politique, et que, loin de l'encourager, il ne faut rien négliger pour en arrêter les progrès et mettre obstacle à son organisation. C'est déjà trop d'avoir les sociétés de Saint Vincent de Paul, Saint François-Xavier et autres, sur lesquelles on n'ose pas trop porter la main et qui nous enlacent de toutes parts. De la nouvelle société pour l'observation du dimanche, à côté de quelques chrétiens qui veulent sanctifier le jour du repos, de quelques marchands enchantés de pouvoir aller à la campagne le dimanche, nous trouvons des meneurs s'efforçant de créer, sur tous les points de France, des centres d'action d'une propagande hostile au gouvernement impérial. » Le journal le Siècle, favorable au fond aux républicains, se borne à se proclamer démocrate et s'adonne avec délices à l'anticléricalisme voltairien : les « cléricaux » sollicitent alors du pouvoir tout-puissant sa suppression. En vain ; l'Empire se flatte de maintenir un équilibre, même si, en fait, il n'est plus respecté. *Le Siècle* continue à prospérer. Les classes populaires des villes le dévorent, il devient leur oracle. Quand la pression de *l'Univers* et de sa coterie se fait trop insistante, la direction de la librairie laisse *le Siècle* parler de l'Inquisition et de la Saint-Barthélemy, tout comme elle laisse Veuillot avoir une attitude en sens contraire. Une partie du clergé sent bien que cette alliance si étroite du trône et de l'autel peut n'être que passagère. Le suffrage universel a soudain conféré au curé une influence électorale qu'il n'avait pas avec le suffrage censitaire. Cette influence, le clergé la met volontiers au service de l'Empereur, en conservant son indépendance, à tout hasard. La correspondance de Veuillot montre que, passés deux ou trois ans, l'enthousiasme napoléonien se refroidit et se tempère de soupçons. Ce qui revient à dire que la volonté de rassemblement exprimée par Napoléon III trouve ses limites.

Au total, on constate que la volonté impériale se réfracte dans un milieu formé antérieurement. Elle l'aborde de biais et doit contourner certains obstacles, certaines inerties permanentes et invincibles. Au début, le facteur essentiel est le caractère charismatique de la personne du souverain, à la fois crainte, respectée et populaire. Une propagande sans contrepartie exalte par l'écrit ou l'image l'acte sauveur du 2 décembre, le prince qui a rendu l'ordre et la prospérité. Lui-même a beau se refuser à commémorer le coup d'État par un monument ou lors d'une fête annuelle, il se réfère inlassablement aux deux plébiscites. La vénération jadis ressentie pour la personne royale revit pour sa personne et sa famille.

Napoléon III continue la tradition des voyages présidentiels. En juin 1856, de graves inondations ayant dévasté les vallées de la Loire et du Rhône, il visite les sinistrés du

Sud-Est accompagné de Rouher, Fleury et Niel. Sa barque passe à hauteur du toit des fermes ; les rames parfois heurtent la cime des arbres fruitiers. Le souverain entre dans les villes en bateau, pénètre dans la mairie de Valence sur le dos d'un portefaix. En 1858, accompagné de l'Impératrice, c'est le grand voyage en Bretagne. Le couple remporte un vif succès dans cette région où longtemps l'alliance du trône et de l'autel a joué en faveur des légitimistes ; il passe à Sainte-Anne d'Auray, où l'on remarque la piété d'Eugénie, et Rennes est érigé en archevêché. Une Bretagne napoléonienne sort de ce voyage triomphal.

Parmi les fêtes dynastiques, la première est assurément la naissance du prince impérial, suivie de son baptême. L'Impératrice ne semblait guère apte à la maternité ; c'était pour cet Empire héréditaire une faiblesse que de n'avoir pour héritier que la personne discutée du prince Napoléon. Quel contraste avec la famille nombreuse de la reine Victoria ! Napoléon III faisait à la souveraine britannique confidence de ses soucis, lorsqu'elle lui disait qu'un jeune prince ne pourrait tenir sa place, il répliquait que cela faisait beaucoup pour l'imagination... C'est en octobre 1855 que la nouvelle de la grossesse fut officielle. Les Parisiens firent la queue pour admirer rue Vivienne la layette du bébé confectionnée par « une armée de lingères et de brodeuses ». Ils admirèrent à l'Hôtel de Ville le berceau d'une lourde somptuosité. Enfin, dans la nuit du 15 au 16 mars 1856, ce fut la naissance au terme d'un accouchement très difficile. Napoléon III manifesta une nervosité inhabituelle. La naissance assurée, il embrassa, un peu au hasard, cinq ou six personnes autour de lui, puis s'écria : « Je ne puis vous embrasser tous. » Le prince Napoléon, quant à lui, héritier déçu, fit une scène déplacée.

L'événement eut un retentissement extraordinaire : illuminations, drapeaux, Te Deum. Les souverains, outre l'habituelle distribution de pensions et de décorations, furent parrains et marraines des enfants légitimes nés le même jour en France. Pie IX, parrain du prince, envoya sa bénédiction par télégraphe. Deux jours plus tard, le prince fut ondoyé, à demi recouvert par le grand cordon de la Légion d'honneur passé en travers de sa robe. L'Empereur s'écriait : « Je me confie à la Providence en la voyant relever par un concours de circonstances extraordinaires tout ce qu'il lui avait plu d'abattre il y a quarante ans, comme si elle avait voulu vieillir par le martyre et la douleur une nouvelle dynastie sortie des rangs du peuple. » Le bébé avait sa nourrice, une robuste Bourbonnaise, une nurse du Yorkshire qui ne savait pas un mot de français, et une maison dirigée par l'amirale Bruat.

Le baptême eut lieu à Notre-Dame, le 14 juin 1856, et fut l'occasion d'une fête solennelle. Pie IX s'était contenté d'envoyer son légat — et la rose d'or à Eugénie. Un cortège somptueux parcourut la rue de Rivoli, noire de foule. Les souverains et le petit prince fermaient le lent cortège. Jamais la mère ne devait oublier ce moment exaltant. La cathédrale était recouverte d'un décor peint selon l'esprit du temps. Il y eut un moment d'enthousiasme lorsqu'aux cris de « Vive l'Empereur » Napoléon III éleva son fils dans ses bras. La foule avait envahi Paris. Zola dans *Son excellence Eugène Rougon* a laissé un tableau flamboyant du baptême vu par les spectateurs. La dynastie semblait fondée et tous les espoirs permis — espoirs encore fragiles —, c'étaient les belles années où l'avenir semblait ouvert.

IV
Économie et politique

Bien entendu, un régime autoritaire n'est pas tout. La solidité de l'Empire ne peut se comprendre sans la rénovation de larges secteurs de l'économie nationale, par la construction d'un réseau de chemins de fer, et sans la révolution dans l'urbanisme des grandes cités. Napoléon avait lu les saint-simoniens. Il avait vécu en Angleterre. Surtout, il était convaincu qu'un pouvoir personnel devait susciter de grands travaux qui donneraient du travail et finalement accroîtraient le bien-être des masses sur la fidélité desquelles se fondait le régime.

L'exemple anglais lui avait montré qu'il n'était plus possible, dans une civilisation où les échanges se multipliaient, de maintenir le régime douanier étroitement protectionniste qui était celui de la France depuis la Révolution. Il était résolu à affronter à sa manière, d'abord prudente, puis résolue, la résistance désespérée des industriels qui vivaient à l'abri de ce protectionnisme. Ainsi s'élargirait le cadre d'une économie où des transports plus rapides, plus massifs, feraient circuler les produits à longue distance. Il attendait de cette révolution économique une vie à bon marché, objet essentiel de ses espoirs.

De même, il projetait de transformer les villes et surtout Paris, capitale de l'Empire, dont il voulait faire la plus belle ville du monde, une véritable capitale morale du continent européen. Pour cela, il fallait non seulement construire de sompteux édifices, mais changer l'habitat en donnant à une agglomération repliée sur ses vieux quartiers comme une ville d'Orient l'air, la lumière, l'eau. Il rêvait de maisons ouvrières modernes, hygiéniques, à des prix en rapport avec les salaires. Ainsi reculeraient les épidémies qui restaient un des fléaux de la civilisation occidentale. Enfin, l'Empereur voulait agir vite pour montrer l'efficacité de son gouvernement, frapper les esprits au spectacle de véritables miracles.

Napoléon III, on l'a vu, n'était ni économiste ni financier ; il voulait des résultats et en donna les moyens aux hommes qui lui paraissaient propres à les obtenir. Il utilisa au mieux une conjoncture favorable. Depuis 1850, l'or californien et australien affluait en Europe et la balance française des paiements était positive. Une large partie de cet or entra en France. Il s'agissait de le mobiliser au profit des grandes entreprises par des emprunts. L'appel au crédit était à la base de toute l'œuvre, et l'épargne répondit. Ce fut l'époque des emprunts d'État pour financer les guerres, des emprunts des villes et des émissions d'obligations par les sociétés par actions. Les valeurs étaient pourtant d'un montant relativement minime : une obligation de chemins de fer rapportait un peu moins de 5 % ; avec une valeur nominale de 500 francs, elle était achetée moins cher. La rente, l'obligation de chemin de fer, l'emprunt de la Ville de Paris étaient les valeurs types qui prirent place dans une civilisation jusqu'alors presque exclusivement intéressée par les valeurs foncières. Mieux, les Français se laissèrent convaincre d'acheter des valeurs étrangères. L'épargne mobilière en France se serait placée pour un tiers dans les emprunts d'État, un tiers dans les valeurs de chemins de fer ; le dernier tiers aurait été consacré aux valeurs étrangères. La France exportait une partie de son argent, pour le meilleur ou pour le pire. L'épargne était attirée par des taux d'intérêt avantageux vers des affaires de solidité incertaine.

Pour cet énorme marché de valeurs mobilières, la Bourse de Paris connaît une expansion subite. Les grandes banques — maisons anciennes de la haute banque ou créations nouvelles comme le Crédit mobilier — drainent l'épargne pour les compagnies de chemins de fer. Après 1860 apparaîtront les banques de dépôt que nous connaissons aujourd'hui : Crédit industriel et commercial, Crédit lyonnais, Société générale, la Banque de France demeurant le pivot de tout le système. Le gouvernement est resté l'arbitre des émissions de valeurs en les autorisant ou en les interdisant. Ainsi, quand les Péreire rêvent d'émettre des obligations du Crédit mobilier, jamais le ministère des Finances ne les y autorisera. L'État a d'abord dépensé assez peu pour les travaux publics, laissant les compagnies emprunter pour payer leurs entreprises. Une avance rapide dans la construction des grandes lignes en est résulté. Les frères Péreire se rendaient agréables à l'Empire en prenant la concession des lignes moins productives, en suscitant la concurrence entre groupes financiers. Dès 1853, Paris est relié à l'Allemagne ; en 1855, la jonction de la capitale avec la Méditerranée est achevée ; en 1860, la frontière espagnole est atteinte. En 1853, Morny a accepté la présidence du Grand Central qui doit faire pénétrer la voie ferrée dans les hautes terres du Massif Central. Mais les travaux sont difficiles et coûteux. La spéculation pousse le titre du Grand Central bien au-dessus de sa valeur réelle : les Péreire, entrés dans l'affaire, veulent l'utiliser pour débloquer leur réseau du Midi, confiné entre Bordeaux et Sète, mais en 1857, le Grand Central est au bord de la faillite. Pour éviter un énorme scandale, Rouher, ministre des Travaux publics, négocie alors le partage de la concession entre les deux compagnies voisines de Paris-Orléans-Bordeaux et de Paris-Lyon-Méditerranée. C'est à cette occasion que l'on achève de définir les grands réseaux : ils seront six à se partager les voies ferrées jusqu'à la constitution de la S.N.C.F. La difficile répartition des dépouilles du Grand Central, scandaleusement surpayé, montre qu'à cette date une limite avait été atteinte. Les belles années étaient finies. Toutes les lignes n'étaient pas des Paris-Lyon, mais en six ans, le filet des grandes lignes innervant le territoire national avait été complété. L'Empire avait brillamment achevé ce que la Monarchie de juillet avait tant peiné à commencer. Il en tira le bénéfice matériel et moral.

En revanche, la protection douanière a la vie dure. Le

Corps législatif est presque entièrement acquis à sa défense : en 1856, un projet de loi visant à libéraliser le régime douanier à dû être retiré devant l'opposition de la Chambre. L'Empereur se contente alors d'accorder par décret des entrées de rails anglais pour hâter la construction des voies ferrées, la métallurgie française ne répondant pas assez vite aux commandes.

Napoléon III fera de la transformation de Paris une affaire personnelle. Comme pour les chemins de fer, l'affaire a été engagée sous Louis-Philippe, au moins en projet. Le préfet Rambuteau vient à peine de se mettre au travail lorsque la révolution de 1848 a tout interrompu. Dès son élection, Louis-Napoléon se passionne pour cette œuvre immense, le paradoxe étant qu'il ne connaît pas Paris ! (Il aura toujours dans son bureau un grand plan de la capitale, sur lequel sont dessinées les rues et les avenues projetées). Il réunit alors un petit comité, que nous connaissons mal, pour s'informer de l'état des questions. Il est conscient du fait que les chemins de fer vont changer la vie ; pour lui, les nouvelles portes de Paris seront les récentes gares de chemins de fer : il faut adapter le réseau des rues au trafic escompté. Il veut également transformer le bois de Boulogne en un second Hyde Park. Enfin, la croissance de la population est telle depuis 1830 qu'il faut prévoir de nouveaux quartiers et les relier au centre historique lui-même ouvert et rénové.

Bien entendu, Napoléon n'a pas le monopole de ces conceptions : les saint-simoniens les ont exposées sous la IIe République ; mais sa puissance lui permet de les réaliser rapidement et sur une plus grande échelle. Les premiers projets, engagés antérieurement, sont l'achèvement de la rue de Rivoli, arrêtée à hauteur du Palais-Royal, la construction du nouveau Louvre et la transformation des Halles, avec déjà la conception d'une grande voie Nord-Sud, de la gare de l'Est à la Cité, formant avec la rue de Rivoli la croisée de Paris rénové. Le problème est, comme toujours, celui du financement. Persigny revendique dans ses Mémoires la paternité de la théorie des dépenses productives, mais Napoléon III l'a lui-même exposée ainsi qu'on l'a vu plus haut. Le ministre de l'Intérieur voulait imposer cette pratique au préfet de la Seine, Berger, qui s'y refusait car il redoutait l'avenir. Le ministre obtint la révocation du préfet. Restait à le remplacer. Il raconte comment il fit venir les principaux préfets et se résolut à choisir Haussmann, en poste dans la Gironde ; celui-ci devint donc préfet de la Seine en 1853 et le resta jusqu'au début de 1870. L'homme avait de la carrure. Grand et fort, d'une vitalité débordante, plein de lui-même, sachant parler, écrire aussi bien qu'agir, Haussmann s'identifia à l'Empire. Il devint le collaborateur de Napoléon III pour la grande œuvre de Paris, travaillant directement avec le souverain, vrai ministre sans le titre (il en souffrait assez), mal avec les ministres successifs de l'Intérieur. Il accumula contre lui les rancunes de tous les intérêts lésés, bravant une légion d'ennemis, protégé par la faveur impériale qui ne se démentit pas. Intègre d'ailleurs : alors que tant d'irrégularités administratives se produisaient, il avait trop d'orgueil pour s'abaisser. Ce fut la chance de Napoléon III que de disposer d'un exécutant d'une telle qualité ; mais il sut également travailler avec lui et le soutenir.

Bien que l'augmentation de la population ait accru le produit de l'octroi, principale source de revenu de la Ville, il ne s'agissait pas d'alourdir les impôts des Parisiens. La transformation serait financée par les subventions de l'État, que le Corps législatif votait en gémissant, mais essentiellement par des emprunts de la Ville qui seront remboursés — après l'Empire — sur une longue période. L'entreprise justifiait ce coût et ne pouvait plus être retardée.

Symbole de cette ère nouvelle ouverte avec le pouvoir de Napoléon III, telle fut l'exposition universelle de Paris en 1855. L'idée était nouvelle d'une grande foire où les produits de toutes les nations viendraient s'offrir en concurrence aux spectateurs. C'était une occasion de comparer les inventions récentes, de montrer les progrès de la civilisation. Une première exposition ayant eu lieu à Londres en 1851, Paris devait se montrer l'émule de la capitale britannique. Un grand palais de l'Industrie s'édifia à l'emplacement des Grand et Petit Palais d'aujourd'hui. Les annexes s'allongeaient le long de la Seine. Le prince Napoléon était commissaire général. L'inauguration fut froide, bien qu'on fût au mois de mai. Les dames de la Cour devaient être en toilettes du soir ; or, dans la grande nef de verre, l'air était glacial ; l'Empereur était aussi un peu souffrant. Fortoul note : « La cérémonie a été horriblement froide et courte. Le prince Napoléon a lu un long discours tout à fait vide ; l'Empereur a fait une réponse brève qu'il n'a pas voulu qu'on entendît. Puis il a fait quelques pas et a laissé le public déconcerté qui est descendu de toutes parts pour voir nos habits brodés. » En juillet, la province et l'Angleterre envahissaient Paris vide de ses habitants. Le dimanche, il entrait 80 000 personnes à l'exposition qui, sans faire de bénéfices comparables à ceux de Londres, ne fut pourtant pas un fiasco. Les produits français rivalisaient avec ceux d'Outre-Manche et manifestaient leur qualité. C'était comme le bouquet d'une succession de réalisations étonnantes.

Si cette politique assurait le plein emploi, elle ménagea aussi des surprises moins agréables. D'abord la société parut soudain saisie du culte de l'argent. A l'argent lentement gagné par le travail et l'économie se substitua l'argent raflé en quelques mois dans des spéculations boursières. Morny donnait un fâcheux exemple, et l'opposition imaginait, à tort, que l'ensemble du personnel du régime était aussi corrompu que le demi-frère du souverain qui prenait de toutes mains. L'argent, gagné aisément, se dépensait de même. C'était l'époque de la « poudre aux yeux », des décorations prodiguées sur le mobilier et sur la toilette des femmes. Un luxe de parvenus devint l'idéal des classes aisées. Alarmé par cet état d'esprit, l'Empereur favorisa la création de pièces de théâtre critiquant ces abus et tenta de limiter l'invasion du luxe. Proudhon, de son côté, démonta le mécanisme des spéculations. Le mouvement ne s'en poursuivait pas moins. La Cour elle-même donnait l'exemple derrière l'Impératrice. C'est alors qu'on parlait de la « fête impériale », qu'il s'agît de la flétrir ou de l'envier. En même temps que le désir de jouissance, l'esprit de blague et d'irrespect gagnait ces même milieux. Il y avait plutôt un certain style parisien — luxe, profusion, grâces un peu banales — qu'un style nouvel Empire comme l'avait rêvé le souverain.

L'Empereur souhaitait aussi procurer au peuple, en même temps que du travail, une vie meilleur marché. En réalité, l'Empire connut la vie chère. De 1815 au coup d'État, une longue période de baisse des prix et de stagnation des salaires s'était étendue. Elle avait pris fin avec le nouveau pouvoir qui mit la nouvelle conjoncture à profit. En vingt ans, la masse monétaire doubla ; pendant le même laps de temps, comme le montrent les recherches de M. Lévy-Leboyer, la hausse des prix fut de l'ordre de 30 % soit 1,5 % l'an — ce qui nous paraît bien modeste mais surprit des gens accoutumés à une totale stabilité. Cette hausse ne fut pas uniformément répartie pendant le règne ; elle s'est principalement produite entre 1852 et 1857-1858 ; puis les prix, jusqu'en 1870, se sont stabilisés à un niveau supérieur. Il est possible que, dans les premières années, la hausse ait atteint 10 %. En raison des progrès techniques, les prix industriels ont moins monté relativement que les prix agricoles, qui ont connu une hausse de 66 %. Ce chiffre contribue à expliquer le loyalisme des paysans, du moins des paysans vendeurs qui représentaient l'élite des gens de la terre. En revanche, pour le peuple des villes, la hausse des salaires suivait difficilement celle de la vie et des loyers. Le souverain, inquiet, fit mener des enquêtes, elles ne purent que constater le phénomène. L'Empire, régime du plein emploi, ne fut donc pas celui de la vie à bon marché. Un peuple misérable existait à côté de celui à qui les salaires en hausse permettaient une vie meilleure. Pour les ouvriers âgés, les femmes seules, la subsistance continue d'être un problème bien que le progrès général soit indéniable malgré les à-coups et les difficultés quotidiennes — plus sensibles aux contemporains qu'à la postérité —, et une nouvelle économie est née, plus productive. Certes le choléra décime la population en 1854, 1853 et 1855 sont des années de très mauvaises récoltes et de pain cher comme en témoigne Mérimée le 28 novembre 1856 : « Les ouvriers se plaignent de la cherté des vivres et des logements, mais ils ne disent pas qu'ils ont autant d'ouvrage qu'ils en veulent et que leur journée se paie le double juste de ce qu'elle valait il y a dix ans. Le renchérissement de la vie matérielle n'est pas en proportion avec celui de la main-d'œuvre. Les gens très malheureux, ce sont les employés et les ouvrières qui font des chemises. Je n'ai guère de pitié que pour les femmes, mais j'en vois de pauvres vieilles qui me fendent le cœur. » Il y a donc de larges secteurs qui ne sont pas touchés par la croissance, mais la tendance économique est renforcée par l'effet du régime autoritaire, l'une portant l'autre. Après tout, l'époque de l'établissement des grandes lignes de chemin de fer marque partout une ère nouvelle.

Sur le plan politique, l'Empire autoritaire n'a pas anéanti les « anciens partis » ; leur permanence anime ce qui subsiste de politique intérieure. Les républicains, cantonnés, surveillés, conservent un noyau dur en dépit des répressions. Le nombre des exilés a sensiblement diminué à la suite des grâces successives, ce qui provoque l'amertume de ceux qui demeurent proscrits — c'est le terme qu'ils adoptent. Victor Hugo maintient le prestige de ce groupe, car les intrigues de Félix Pyat ou de Ledru-Rollin n'ont pas grande importance. Ce dernier forme avec l'Italien Mazzini et le Hongrois Kossuth une Internationale des proscrits qui s'efforce d'avoir une action. Louis Blanc se tient à l'écart et publie des livres d'histoire. A côté des déportés à la Guyane et en Algérie, les condamnés à résidence forcée sous le contrôle de la police dénoncent le sort malheureux des opposants à la population environnante. Beaucoup d'autres font leur paix avec le pouvoir pour vivre tranquilles. Cependant des sociétés secrètes subsistent, parfois en liaison épisodique avec les proscrits. La « Marianne » est restée célèbre : en 1855 ses meneurs font marcher de nuit sur Angers les ardoisiers de Trélazé. Au nombre de 500 à 600, avec un armement hétéroclite, ces pauvres gens tentent une sorte de réédition des mouvements de 1851. La troupe les disperse aisément et 80 d'entre eux sont traduits en cour d'assises. Le plus souvent, les sociétés secrètes préparent un attentat contre la vie de l'Empereur. Les projets réellement agités sont certainement moins nombreux que ceux dénoncés par la police, mais chaque année connaît une tentative. Les auteurs sont des

Français, mais souvent aussi des Italiens. Napoléon paie de la sorte son engagement de jeunesse au milieu des conspirateurs transalpins. Pour ces derniers, le vainqueur de la République romaine n'est qu'un apostat, un traître à abattre.

Les premiers attentats visent à assassiner le souverain lorsqu'il se rend aux courses ou à l'Opéra-Comique, ou bien à l'enlever alors qu'il visite une exposition d'horticulture. En 1854, une bombe est placée sous une voie du chemin de fer du Nord qu'il doit emprunter. Le 28 avril 1855, l'Italien Pianori tire deux coups de pistolet sur lui au moment où il passe à cheval aux Champs-Élysées pour gagner le bois de Boulogne. En juin 1857, le mazzinien Tibaldi est arrêté à Paris ; on trouve chez lui des armes et il correspond avec son chef. Mazzini et Ledru-Rollin — ce dernier sans grandes preuves — sont alors condamnés par contumace avec Tibaldi. Ces attentats répétés montrent combien les ennemis de l'Empire croient que le régime tient à la vie d'un homme et qu'un coup réussi sera la solution.

En dehors du monde obscur et désormais restreint des sociétés secrètes, les sympathisants républicains ne se manifestent qu'à l'occasion d'une élection. Les quartiers populaires de Paris, de Lyon et des villes industrielles conservent l'idéal d'un régime plus proche du peuple. Les mots d'ordre sont passés dans les cabarets, dans les ateliers, aux voisins de palier. C'est une organisation bien rodée contre laquelle la police demeure impuissante. La force des républicains vient aussi de ce que leur « parti » comprend des hommes de toutes les classes et de tous les milieux ; les intellectuels, les hommes des professions libérales — juristes, avocats, médecins — sont nombreux dans leurs rangs. Et, chose significative, il existe une jeunesse républicaine parmi les étudiants et les jeunes gens dont les espérances de carrière ont été brisées par le coup d'État ; c'est le cas de Jules Ferry, qui doit renoncer à tout emploi public. Enfin, subsiste le personnel de la IIᵉ République et du vieux parti. Les salons de Carnot, de Raynaud, de Mme d'Agoult, de Mme Hérold réunissent les jeunes espoirs de la république : avocats, écrivains, artistes indépendants. C'est une force pour un parti

que de pouvoir compter à la fois sur les ardoisiers de Trélazé, les paysans du Midi ou du Centre, les ouvriers des
villes et aussi les étudiants, des avocats célèbres, de grands
bourgeois, toute une élite intellectuelle et sociale. Une
nation républicaine existe bien, même sous l'Empire autoritaire. En revanche, ils sont divisés. Les proscrits, quoi qu'ils
en aient, se trouvent progressivement coupés de la vie en
France. Leurs positions absolues vieillissent avec le temps et
ils veulent qu'on abandonne une lutte à laquelle ils ne
peuvent plus participer. Assez semblable est au fond l'attitude des dirigeants de 1848 restés en France. S'ils admettent
qu'on soit candidat pour manifester l'existence du parti, ils
ne conçoivent pas qu'on prête serment. Il faut être élu pour
démissionner ensuite, ce qui réduit l'élection à une manifestation stérile. Mais, objectent-ils, que feraient d'utile une
demi-douzaine de députés républicains dans une Chambre
hostile ? C'est le tout ou rien. Au fond, ils désespèrent de
leur cause et en attendent un miracle qui retournera la
situation.

Parmi les jeunes avocats et les jeunes journalistes, un
certain nombre déplorent cette situation d'émigrés de l'intérieur. Ils voudraient agir, prêter serment pour siéger au
Corps législatif et y combattre le régime autoritaire dans le
cadre de la constitution, précisément pour changer cette
constitution. Ce sera la position d'Ernest Picard, d'Émile
Ollivier alors inconnus en dehors du Palais de Justice et des
salons républicains. C'est aussi la position d'Havin, directeur du puissant journal le Siècle. Il n'y a plus à Paris de
grand journal de gauche en dehors du sien. L'Empire, se
flattant de réaliser un rassemblement national, ne peut le
supprimer même après lui avoir infligé plusieurs avertissements, c'est également une affaire très prospère qu'on hésite
à faire disparaître. Très fin sous des dehors prudhommes-
ques, Havin s'installe dans l'ambiguïté : il n'est certes pas
républicain, mais démocrate, anticlérical et défenseur des
nationalités. Faute d'autre organe, c'est le journal que lisent
les républicains. Il a toujours défendu « l'union de la bourgeoisie et du peuple », et à l'occasion, soutient discrètement
des candidats républicains modérés ou des bonapartistes de

gauche. On sent qu'il attend l'entrée en scène d'hommes nouveaux. Emile de Girardin dans *la Presse* a une attitude comparable. Avec son collaborateur Nefftzer, cet homme à idées ne veut pas mener le deuil de la République pendant des décennies ; les temps sont mûrs pour qu'un jeune parti concurrence l'ancien, enfermé dans une déploration prophétique.

Les légitimistes, partisans du représentant de la branche aînée, le comte de Chambord, petit-fils de Charles X — « Henri V » — sont peut-être ceux dont l'organisation ressemble le plus à un parti. Mais un parti qui n'a de clientèle populaire que dans l'Ouest et le Midi ; ailleurs c'est un parti de cadres. Enfin, c'est un parti que l'espoir commence à abandonner ; vingt-cinq ans se sont écoulés depuis 1830 sans offrir de véritable opportunité. L'Empire lui a retiré l'appui de l'Église et a entamé ses bastions dans l'Ouest. Il faut encore attendre ; Henri V, d'ailleurs, semble s'accommoder de sa vie d'exilé décoratif. Féru d'autorité mystique, il a au fond admiré le coup d'État et se borne à interdire à ses fidèles l'exercice d'aucun mandat politique. De ce point de vue — et pour des raisons comparables —, son attitude est semblable à celle des proscrits républicains. Le même problème se pose aux chefs légitimistes, pour la plupart grands propriétaires ou notables des professions libérales : le risque de devenir des émigrés de l'intérieur. Beaucoup, après le coup d'État, se sont ralliés, au moins temporairement, au pouvoir de Napoléon III comme ils se sont ralliés à la IIe République. Ce sont des « compagnons de route » accueillis à bras ouverts par le nouveau régime. « Le cœur est à Frohsdorf [résidence autrichienne du comte de Chambord], le corps est aux Tuileries. » C'est une façon pour les hommes du vieux parti de se mettre au goût du jour.

Une autre solution s'offre pourtant à eux. Après la mort de Louis-Philippe en 1850, les orléanistes de droite, autour de Guizot, Molé et Salvandy, ont pensé qu'il y avait trop peu de royalistes en France pour soutenir deux prétendants. D'où l'idée d'une « fusion » monarchique : Chambord régnerait ; comme il n'a pas d'enfant, son successeur sera le comte de Paris, petit-fils de Louis-Philippe. De la sorte, les partisans des deux branches réuniront leur forces au profit d'une monarchie unifiée ; les légitimistes proches du libéralisme parlementaire, tels Berryer et Falloux, ont accepté cette idée. Reste à réconcilier les princes. Or, les Orléans ne peuvent accepter que leur père soit qualifié d'usurpateur, ni le mouvement qui l'a porté au trône de sédition et ne conçoivent de monarchie que parlementaire avec le drapeau tricolore, symbole des libertés modernes. Mais Chambord, au fond, ne voulait pas discuter et ne se réconcilierait avec ses parents que lorsque ces derniers se seraient soumis.

L'affaire n'avança donc pas. D'ailleurs, autour de la duchesse d'Orléans, mère du comte de Paris, du duc Victor de Broglie, de Thiers, les orléanistes impénitents restaient fidèles à 1830, pensant que des gains à droite seraient compensés par des pertes à gauche. Ils préféraient éventuellement une entente de circonstance avec des républicains modérés sur le terrain de la liberté. Cette entente, Thiers l'avait cherchée vainement contre Louis-Napoléon en 1851. Avait-elle de meilleures chance contre l'Empereur ? L'ancien et prestigieux *Journal des Débats* favorisait cette union libérale. Le commun dénominateur de ces opposants, si différents les uns des autres, était la liberté parlementaire : après la révolution et le socialisme, c'était la grande vaincue de coup d'État. Plus que Louis XIV, roi absolu, les légitimistes célébraient Saint Louis et Henri IV. Les républicains, qui n'avaient pas tous été légalistes, voulaient désormais unir démocratie et liberté puisque l'Empire donnait l'une sans l'autre ; de son côté, Thiers, tout en édifiant dans son *Histoire du Consulat et de l'Empire* un monument à la gloire de Napoléon Ier, songeait à s'accommoder du suffrage universel qu'il avait combattu en d'autres temps, à le concilier avec les « libertés nécessaires ». Tous comprenaient que leur politique de réaction sous la République avait fait la fortune de Louis-Napoléon. Pourtant, les querelles continuaient sur l'origine de la liberté. Les catholiques libéraux de Montalembert y voyaient une conséquence du christianisme. *Le Journal des Débats* la voyait naître en 1789, alors que *La Gazette de France* célébrait les franchises de l'Ancien Régime ; mais 1793 était unanimement tenu en défiance.

Napoléon III suspectait particulièrement les orléanistes, bleus parlementaires ; il n'aimait pas davantage les fusionnistes. Enfin, les républicains étaient toujours pour lui l'ennemi. La persistance de ces « anciens partis », considérée comme temporaire, était une source d'inquiétude plus ou moins avouée pour l'Empire triomphant. Orléanistes et fusionnistes n'avaient pas d'audience populaire. Ils possédaient cependant une réelle influence sur les milieux intellectuels, sans lesquels un gouvernement ne pouvait avoir de consensus. L'Académie française et l'Académie des Sciences morales étaient en leur pouvoir. Leurs élus depuis le début de l'Empire étaient tous des opposants, et les discours de réception abondaient en allusions déplaisantes pour le pouvoir. Dans le silence imposé à l'opinion, ces voix académiques prenaient un écho inusité. Les illustrations de la monarchie parlementaire y trouvaient un abri où narguer le régime. Une minorité de bonapartistes — Mérimée, Sainte-Beuve — s'encoléraient de voir cette institution transformée en club politique et le souverain, protecteur de l'Académie française, s'en dépitait. Par un décret du 25 avril 1855 l'Empereur et son ministre Fortoul procédèrent à un « coup d'État académique ». On créa à l'Académie des Sciences morales une nouvelle section de dix membres qui seraient non pas élus par leurs confrères mais nommés par le pouvoir. En définitive l'Empereur renonça toutefois à mettre l'Institut en tutelle, et les fusionnistes, menés par le vieux Guizot, continuèrent à diriger la maison du quai Conti, ou plus exactement l'Académie française, les autres compagnies montrant moins de mauvais esprit. Une sorte de contre-pouvoir officieux subsistait, témoignant de la dissidence d'une part importante de l'intelligence française.

V
La Crimée

Son pouvoir une fois stabilisé en France, Napoléon III voulut mettre ses idées de politique extérieure en application. Il devait y trouver d'abord un élément capital de son prestige et de son autorité, puis le terme de sa carrière dans un épouvantable désastre. Ses conceptions, il les a exposées maintes fois. Elles ne sont d'ailleurs pas originales. Ce sont celles de la gauche de son temps. Annuler les traités de 1815, fruit de la défaite de Napoléon Ier, des Bonaparte et de la France. Procéder à un grand remaniement européen qui défasse les conséquences de Waterloo. Comme le premier Empereur l'avait annoncé à Sainte-Hélène, cette remise en ordre devait s'opérer selon le principe des nationalités, méconnu par les diplomates du Congrès de Vienne. Il en naîtrait une Pologne ressuscitée, une Italie libérée des Autrichiens, une Allemagne réorganisée où la Prusse équilibrerait l'Autriche, peut-être même une Hongrie séparée des Habsbourg. Ce mouvement devait se faire par la force des choses, la mission d'un Napoléon serait de le réaliser sans les moyens révolutionnaires. Jusqu'alors la politique des nationalités était largement le monopole des rêveurs d'insurrection. L'Empereur, ici encore, se flattait de poursuivre les fins de l'extrême gauche sans recourir à ses moyens. Avec lui la politique des nationalités, fondée sur le plébiscite et le suffrage universel, remplaçait l'ancien droit public fondé sur l'hérédité patrimoniale. Le moyen de Napoléon serait, bien entendu, la guerre, mais une guerre limitée se bornant à donner l'impulsion. Ensuite des congrès réunissant les diplomates de l'Europe, se mettant d'accord pour mettre au point les nouvelles frontières, trouveraient toute leur efficacité. Finalement, il crut aux congrès plus qu'à la guerre, rêvant, à la fin de sa vie, d'un aéropage européen édifiant un nouveau droit international.

Mais pour donner cette impulsion initiale, il lui faudra affronter le bloc des monarchies du Nord : Russie, Autriche, Prusse, unies dans la défense des traités de 1815 ; à cette union se joint occasionnellement l'Angleterre pour reformer, comme en 1840, une coalition européenne contre la France. Napoléon III est bien décidé à conserver l'alliance des Anglais dont l'implacable hostilité a perdu son oncle. Il compte des amis dans cette nation qui lui a donné refuge à plusieurs reprises et pour les institutions de laquelle il éprouve une sincère admiration. Il est convaincu que l'alliance anglaise lui servira de bouclier ; grâce à elle, il pourra dissocier la coalition du Nord et réaliser son œuvre.

Il suffit de lire ses écrits, d'écouter ses discours et même parfois ses conversations pour connaître ses projets. « D'un silence mystérieux, l'Empereur passait à un excès de confidence et il s'engageait imprudemment par des programmes, sans penser que nul ne dispose du lendemain. » Le silence était plus fréquent que les confidences, d'où sa réputation de « sphinx ». Il n'avait pas de programme précis, mais quelques orientations très simples. Il attendait les circonstances pour les utiliser. Changeaient-elles, il s'arrêtait, quitte à reprendre sa démarche ultérieurement. Mais son pouvoir n'était pas plus absolu en politique extérieure qu'à l'intérieur. Le parti de l'ordre sur lequel il prenait appui, et auquel appartenaient presque tous les diplomates, était résigné au maintien des traités de Vienne, par peur d'une guerre qui entraînerait une révolution ou un appel aux forces révolutionnaires. Le programme des nationalités leur paraissait une utopie dangereuse et subversive. Ces conservateurs ne croyaient qu'à une politique d'équilibre européen entre les États et de stabilité des frontières. Ainsi avaient-ils forcé Louis-Napoléon en 1849 à occuper Rome pour protéger le pouvoir temporel de Pie IX et à y rester — lourde hypothèque qui devait peser sur tout le règne. Les ministres des Affaires étrangères successifs furent longtemps partisans de cette politique conservatrice. Drouyn de Lhuys, venu aux affaires sous Louis-Philippe, était un diplomate de tradition, partisan de l'alliance autrichienne, donc des traités de 1815. Son successeur, de 1855 à 1860, le comte Walewski était aussi un diplomate de carrière. Fils de Napoléon Ier et de la Polonaise Marie Walewska, il avait débuté sous la protection de Thiers et il en garda toujours des traces. Conservateur libéral et ennemi de la révolution, il ne peut qu'avec beaucoup de réserves être considéré comme favorable à la politique des nationalités. La diplomatie française voyait mal quel avantage la politique des nationalités pouvait apporter à la France. Aussi Napoléon III s'est-il « usé », selon l'expression d'Émile Ollivier, à lutter contre ses ministres. S'introduisant « de biais » dans les négociations diplomatiques, il préférait les missions secrètes de ses envoyés personnels. Parmi ces derniers, beaucoup d'Italiens : Arese, Pepoli, Vimercati, et aussi le Hongrois Türr, époux d'une Bonaparte de la branche de Lucien, le Saxon Vitzthum ; enfin, du côté français, le docteur Conneau et, aux moments décisifs, son cousin Napoléon-Jérôme. Le souverain aimait les entrevues plus ou moins secrètes « au sommet » avec les autres souverains ou les ministres étrangers. Il lui arrivait de s'exprimer en confiance, à l'insu de ses ministres, avec un ambassadeur ou un prince étranger ; ses propos, qui portaient sur les fameux remaniements, couraient ensuite les chancelleries. La plupart des diplomates français étaient pour l'alliance autrichienne, une minorité pour l'alliance anglaise ; Persigny, qui sera ambassadeur à Londres, était de ces derniers, et Morny souhaitait l'alliance russe.

Une question demeure : Napoléon Ier disait qu'il conquérait les nations pour les affranchir. Napoléon III prétendait les affranchir sans les conquérir. A-t-il voulu rendre à la France, dans le remaniement européen, ses frontières naturelles ? La tradition impériale, les propos de certains serviteurs du régime et ceux des proscrits ont poussé les étrangers et de nombreux Français à croire à cet aspect national du programme ; la réunion de la Savoie et de Nice milite aussi en faveur de la thèse. L'Empereur a-t-il voulu la rive gauche du Rhin ? Dans sa jeunesse, sans doute, mais il a progressivement compris que l'Allemagne n'avait pas de Savoie, qu'annexer un pays allemand serait attacher « une Vénétie » au flanc de la France et n'a plus projeté de ce côté qu'un simple remaniement de la frontière de 1814. En revanche, il semble bien que Napoléon III ait, de façon vague mais continue, rêvé d'annexer la Belgique qui lui semblait un territoire de civilisation française. Il ne pouvait pourtant ignorer qu'une semblable réunion était incompatible avec l'alliance anglaise. En fait, il semble bien avoir surtout envisagé le bénéfice moral que tirerait la France de son œuvre européenne, tout en profitant, le cas échéant, des opportunités. Jamais, en tout cas, aux dépens du principe des nationalités.

Le rétablissement de l'Empire, en dépit des assurances pacifiques de Louis-Napoléon, était en lui-même un défi aux traités de 1815. Il est vrai que le précédent de 1830 atténuait cette impression et que le nouveau souverain apparaissait comme le vainqueur de la révolution, ce qui ne pouvait déplaire aux monarques européens. Pourtant la formalité de la reconnaissance du régime n'alla pas de soi. L'Angleterre commença, les autres suivirent en dépit des réticences du tsar Nicolas Iᵉʳ. Ce dernier était accoutumé à jouer le rôle de protecteur des souverains du continent. Ses États avaient été les seuls épargnés par les révolutions de 1848 et ses troupes avaient apporté une aide efficace à l'Empereur d'Autriche pour triompher de la révolte de ses sujets hongrois. Récemment en 1850, il avait imposé sa paix à la Prusse et à l'Autriche. Il infligea au nouvel Empereur des Français l'affront de l'appeler « Bon Ami », expression qui était usitée pour le président de la République. Napoléon répliqua qu'on choisissait ses amis et non ses parents.

Cette affaire minime montrait déjà la mauvaise humeur du potentat russe. Elle fut accentuée par l'affaire des Lieux saints : Persigny assure que c'était une « coterie cléricale dans les réduits secrets du ministère des Affaires étrangères » qui l'avait créée. Les moines latins disputaient à leurs confrères orthodoxes la garde et la gestion de plusieurs sanctuaires. Le sultan turc, souverain de la Palestine, donna gain de cause aux Latins soutenus par la France. Au même moment, un vaisseau de ligne français mouillait dans le Bosphore et l'Empire était restauré en France : Nicolas Ier répliqua en demandant que lui soit accordé le protectorat sur les chrétiens orthodoxes de l'Empire ottoman, ce qui revenait à démembrer « l'homme malade » de l'Europe. Appuyé sur les ambassadeurs européens, le sultan refusa, et une explosion de loyalisme musulman vint à son secours. En juillet 1853, les troupes russes occupaient les provinces danubiennes de Moldavie et Valachie sous domination ottomane. Une guerre russo-turque s'ensuivit en octobre, dont l'issue n'était guère douteuse. Traditionnellement, l'Autriche et l'Angleterre secouraient les Turcs pour ne pas abandonner les Balkans aux Russes ; c'était aussi le cas de la France qui avait de nombreux intérêts dans cette région. Comme il avait promis que l'Empire serait la paix, Napoléon III hésita longtemps avant de s'engager. Mais l'opinion anglaise prenait feu contre les Russes : c'était une occasion de s'assurer l'alliance du gouvernement de Londres. En même temps, l'Autriche semblait prête, au cas où la Russie ne reculerait pas, à se joindre aux Franco-Anglais. C'était le moment de rompre le front des puissances du Nord. Après avoir épuisé les ressources de la diplomatie, Français et Anglais — dont les flottes étaient déjà sur les côtes grecques — déclarèrent donc la guerre au tsar en mars 1854.

Il ne s'agissait, en apparence, que d'appuyer les démarches de la diplomatie par une opération de moyenne envergure, où les effectifs des deux puissances étaient comparables. Aussi l'Empereur n'en prenait-il pas le commandement. Les généraux connus étant proscrits, Saint-Arnaud partit en Orient gagner le bâton de maréchal qu'il avait déjà reçu. Les Russes, au lieu d'attendre les Français, évacuèrent les provinces danubiennes sans combat. En revanche, le choléra commença à ravager les rangs de l'armée française ; Saint-Arnaud fut même atteint. Que faire ? Il était difficile de revenir sans avoir combattu et sans propositions de paix du tsar. Il semble bien que Napoléon III ait approuvé l'idée d'aller détruire le grand arsenal russe de la mer Noire, Sébastopol. En septembre 1854, les Franco-Anglais débarquèrent sans encombre dans la presqu'île de Crimée, et, marchant vers Sébastopol, remportèrent une brillante victoire sur l'Alma. Ils auraient pu sans doute, avec plus d'audace, surprendre la place démunie de fortifications sérieuses du côté de la terre. Mais Saint-Arnaud était mourant et le prince Napoléon, promu général de division au grand scandale de l'armée, après avoir fait bonne figure à l'Alma, quitta son poste, ce qui « donna lieu à de très mauvais bruits » qui devaient le suivre jusqu'à la fin de l'Empire. Les Anglais étaient sagaces, mais lents. Canrobert, promu général en chef, avait de beaux états de service, mais les qualités nécessaires au commandement suprême lui faisaient défaut. Déjà le manque de chefs capables se faisait sentir et l'Empereur se désespérait. L'hivernage sur le plateau glacial de Chersonèse fut très sombre. L'armée anglaise fondait à vue d'œil. Il en eût été de même pour les Français s'ils n'avaient reçu de substantiels renforts qui détruisirent toute proportion entre les effectifs des deux nations. Les Russes avaient improvisé des fortifications de campagne très efficaces et leurs armées de secours faisaient souvent des assiégeants des assiégés. D'ailleurs Sébastopol n'était pas encerclée totalement ; les Franco-Anglais furent sauvés par leur supériorité navale qui leur permettait d'être ravitaillés à plusieurs milliers de kilomètres de leurs bases. En janvier 1855, le petit Piémont s'allia aux Franco-Anglais et envoya sous Sébastopol un contingent de 15 000 hommes. En dépit des victoires remportées sur les armées de secours, aucun espoir de prendre la ville n'apparaissait. La guerre se résumait en une lutte gigantesque sur ce champ clos, et Napoléon III craignait un « grand désastre ». Quant aux négociations entamées à Vienne avec l'Autriche, elle n'aboutissaient pas. Les Autrichiens n'étaient pas riches, et maintenir les Russes hors des Balkans leur suffisait. Enfin leurs rivaux prussiens en Allemagne demeuraient dans une neutralité ouvertement favorable à la Russie. Napoléon III avait espéré faire basculer toute l'Europe centrale vers la France ; il mesurait son erreur. Dès janvier, il avait envoyé son aide de camp Niel à

Sébastopol pour l'informer. Enfin de nombreuses lettres de l'armée parvenaient en France. Alors, l'Empereur décida d'aller lui-même en Crimée afin de prendre la direction des opérations en appliquant le plan qu'il avait fait sien : détruire d'abord les armées de secours au lieu de rester fixé dans les tranchées devant la ville. Enfin, il forme un autre projet bien dans sa manière, comme le raconte Fortoul : « Il veut aller en Crimée pour y attirer l'Empereur de Russie et traiter directement avec lui, sans l'Autriche et l'Angleterre, de manière à tout finir seul et en quelques semaines. » Le projet prend forme en février 1855, alors que l'hiver désastreux se traîne à Sébastopol. Eugénie pense que le danger est le même partout et qu'il faut étonner les Français. Mais l'entourage civil et militaire traite ce voyage de folie. Persigny parle d'un nouveau Charles XII ! Le maréchal Vaillant craint que l'Empereur ne soit battu, et Fleury de dire : « L'édifice n'est pas encore si sûr. » Que deviendra la France s'il arrive malheur au souverain ? C'est au moment où la nation passe par une crise que l'on comprend que le régime repose sur la vie et les succès d'un seul homme. Mérimée écrit le 20 avril : « Je remarque depuis le commencement de l'année des symptômes assez mauvais dans tout le pays. Il n'y a pas jusqu'à ce tranquille Luxembourg, d'où je vous écris en ce moment, qui ne se montre un peu grognon, un peu critique, un peu désordonné. Dans les provinces du Centre, les socialistes commencent à relever la tête et à prêcher la défunte république. Ajoutez à cela la cherté du pain, du vin, des impôts de guerre et la dépense d'hommes... »

Dans ce climat, Napoléon et Eugénie partent, en avril 1855, pour rendre une visite officielle à la reine Victoria. Déjà le prince consort Albert était venu voir l'Empereur à Boulogne en septembre de l'année précédente ; il avait été charmé par l'accent allemand de l'Empereur et par sa connaissance de Schiller. La visite de 1855 fut importante pour l'alliance franco-anglaise alors mise à rude épreuve. C'était l'examen de passage de Napoléon et d'Eugénie devant des souverains d'une vieille monarchie. A Windsor et à Buckingham Palace, le couple impérial charma ses hôtes ; ils furent

conquis par la simplicité et la détermination de l'Empereur,
par la spontanéité et l'élégance de son épouse. Malgré les
craintes d'un attentat des proscrits contre les visiteurs, tout
se passa admirablement à Londres, où sa connaissance de
l'anglais servit Napoléon. Au cours des conversations privées rapportées par le Journal de Victoria, on voit que la
reine et Albert voulaient surtout faire renoncer l'Empereur
à son voyage en Crimée. L'entourage impérial — Fleury,
Vaillant — priait aussi Victoria d'agir en ce sens ; on voulait « la paix à tout prix » plutôt que cette aventure. Napoléon III avouait qu'un parti russe s'était formé, accusant le
gouvernement de faire tuer les Français au service des
Anglais : « C'est une grande difficulté pour moi. [...] J'ai
bien peur qu'on ne fasse la paix avant qu'on ait pris Sébastopol. » De retour à Paris, il écrivit à la reine qu'il avait
presque renoncé à son voyage ; « En France, tous ceux qui
possèdent sont bien peu courageux. [...] Quelle différence
avec votre pays où tout est solide et durable ! »

En mai, Walewski remplaça Drouyn de Lhuys aux
Affaires étrangères. Canrobert se démit de son commandement ; un autre Africain, Pélissier, peut-être pas meilleur
stratège mais caractère indomptable, le remplaça au poste
suprême. La mort assez inattendue du tsar Nicolas fit espérer la paix, mais son fils Alexandre poursuivit d'abord la
politique de son père. Les tergiversations autrichiennes
surprenaient péniblement Napoléon qui les taxait de
déloyauté. Pour aller en Crimée, il aurait fallu laisser le
gouvernement à Jérôme et à son fils qui n'inspiraient pas
confiance à un public inquiet. L'Empereur mesurait alors la
fragilité de son immense pouvoir. Le 18 juin, un assaut tenté
pour prendre Sébastopol s'étant soldé par un sanglant
échec, Napoléon III, furieux, rappela Pélissier ; de justesse,
Vaillant et Fleury arrêtèrent la dépêche en chemin. Disposant désormais d'un fil télégraphique, l'empereur harcelait
le général en chef de recommandations. Il fallait à Pélissier
une grande fermeté pour négliger ces admonestations du
maître.

En août, Victoria et Albert vinrent à Paris. C'était un
grand événement. Sous Louis-Philippe, la reine s'était arrê-

tée à Eu. Sa visite, cette fois-ci, ouvrait une série d'autres visites royales à Paris. La cité de la révolution était dédouanée à la faveur de l'alliance de guerre. Arrivée assez tard, la reine traversa Paris pavoisé dans une demi-obscurité. Elle résidait à Saint-Cloud, mais l'Empereur la conduisait lui-même *incognito* à travers les rues. Il y eut les habituelles revues, soirée à l'Opéra, et aussi une fête à Versailles dans la galerie des Glaces, une visite à l'Exposition universelle. Le moment le plus émouvant fut la visite au tombeau de Napoléon Ier sous un violent orage d'été, visite symbolique qui marquait une ère nouvelle dans les relations entre les deux pays.

Enfin, le 8 septembre 1855, la prise de Malakoff par Mac-Mahon entraîna la chute de Sébastopol. Le gigantesque duel avait pris fin, mais la guerre n'était pas finie. Pourtant, à grands frais — près de 100 000 hommes perdus, la plupart de maladie, et des millions prodigués —, le résultat moral était considérable. Les Franco-Anglais avaient bravé le tout-puissant tsar jusque dans l'une des citadelles de son empire ; à des milliers de kilomètres de chez eux, ils avaient pu assurer la maintenance de leurs armées. Enfin, à défaut de génie stratégique chez les chefs, les Français avaient montré de la débrouillardise et de l'élan. Leur armée pouvait encore paraître la première d'Europe. A l'imitation du premier Empire — et aussi de ce qui avait été fait pour Bugeaud, duc d'Isly —, Pélissier devint duc de Malakoff, le succès faisait oublier les querelles passées. Le nouvel Empire se targuait d'avoir fait marcher du même pas les succès de la paix et ceux de la guerre, l'Exposition universelle et la prise de Malakoff. Le 29 décembre 1855, quelques divisions retour de Crimée défilèrent, Canrobert à leur tête, de la Bastille à la place Vendôme, sous les vivats de Paris. Mérimée était là : « Ils sont entrés en tenue de campagne, avec leurs vieilles capotes déchirées, leurs drapeaux en loques et leurs blessés marchant en avant avec les vivandières. Il y a eu une nuée de larmes. Le général Canrobert pouvait à peine se tenir à cheval d'émotion. » Les victoires de Crimée allaient servir à baptiser les nouveaux boulevards et ponts timbrés du N impérial. L'Empereur n'avait pas d'illusions sur la valeur réelle de ses commandants en chef. Il n'aurait pas voulu faire Canrobert maréchal, mais Bosquet, superbe entraîneur d'hommes, voulait l'être. Il leur donna le bâton à tous deux et y ajouta Randon qui lui plaisait. Le Second Empire se faisait ainsi une pléiade d'étoiles militaires à assez bon compte.

Qu'allait-on faire après Sébastopol? Napoléon un moment rêva d'une entrée en guerre de l'Autriche. La guerre alors serait devenue européenne, et l'Empereur en espérait une résurrection de la Pologne après un appel aux nationalités. Mérimée s'était étonné qu'une guerre politique au XIXᵉ siècle ne devînt pas révolutionnaire. C'était sans doute aussi la crainte des dirigeants autrichiens. Satisfaits de voir les Russes écartés des Balkans, ils accentuèrent leur pression sans aller jusqu'aux hostilités et finalement, au printemps 1856, les Russes se décidèrent à faire la paix de crainte de voir la guerre prendre une ampleur qu'ils ne pouvaient plus envisager. Le tsar Alexandre II et ses conseillers avaient compris que l'archaïsme de l'Empire était la cause de son humiliante défaite ; il fallait moderniser la société et l'équipement de la Russie. Pendant la durée de cette transformation, la réserve s'imposait à l'extérieur. Les gouvernants russes se défiaient de l'Angleterre, rivale en Asie ; ils entretenaient une rancune tenace vis-à-vis de l'Autriche, qui reconnaissait bien mal le concours apporté en 1849 contre les Hongrois et qui se posait en rivale dans les Balkans. D'autre part, les combattants russes et français s'étaient estimés devant Sébastopol : aussitôt après la guerre, une politique de réconciliation s'esquissa. Le congrès de la paix se réunit à Paris dans le palais tout neuf des Affaires étrangères au quai d'Orsay. Le comte Walewski, fils de Napoléon Iᵉʳ, présidait ses travaux. Le petit Piémont, avec son ministre Cavour, participait au Congrès en tant que belligérant. Napoléon III, peu rancunier, fit admettre au congrès la Prusse dont l'attitude avait pourtant été constamment hostile à la France. Depuis le congrès de Vienne de 1815 aucun aéropage diplomatique comparable ne s'était réuni. C'était pour Napoléon III comme une revanche de Waterloo (qui coïncida d'ailleurs avec la naissance du prince impérial). Après les jours difficiles de la guerre, c'était vraiment un apogée ; l'Empereur victorieux apparaissait comme l'arbitre de l'Europe. Avec le retrait russe et les difficultés de l'Angleterre aux prises avec une gigantesque révolte dans l'Inde, une période de prépondérance française s'ouvrait à nouveau. Le traité de paix était en fait prêt depuis les négociations de Vienne. Signé le 20 mars 1856, il stipulait l'intégrité de l'Empire ottoman, la neutralisation de la mer Noire, la fermeture des Détroits, la libre navigation du Danube. Maintenues dans le cadre de l'Empire ottoman, les principautés danubiennes, Valachie et Moldavie, devenaient autonomes — restait pourtant à organiser les conditions de cette autonomie.

Mais Napoléon attendait davantage de cette imposante réunion des négociateurs de l'Europe. Il voulait qu'elle procédât à un tour d'horizon de tous les problèmes qui se posaient sur le continent pour éviter les difficultés futures. Ainsi Cavour put-il, le 8 avril 1856, exposer les revendications piémontaises sur l'état de l'Italie. En dépit de l'hostilité autrichienne à cette démarche, cela ne dépassait pas l'exposé de principe. L'Empereur voulait « faire quelque chose pour l'Italie ». En novembre de l'année précédente, il avait reçu le roi Victor-Emmanuel et Cavour. Le souverain de Piémont, dont la brusquerie gaillarde dissimulait la finesse, avait été reçu sans excès d'enthousiasme ; mais il laissa à Paris des agents comme Vimercati qui, avec l'aide du prince Napoléon, allaient constituer un véritable lobby italien.

Après le congrès, Napoléon III, avec la complaisance russe, et souvent au grand dépit des gouvernements de Vienne, déploya une intense activité dans les Balkans. Il fut le parrain de la nouvelle Roumanie, s'employant à favoriser l'union de la Valachie et de la Moldavie pour former un État unifié. Il facilita également l'autonomie du Montenegro et de la Serbie. Au même moment, Ferdinand de Lesseps, parent de l'Impératrice, entreprenait la grande œuvre de Suez. Les Rothschild et les Péreire (d'ailleurs rivaux) construisaient, avec des capitaux français, des chemins de fer en Autriche, en Italie, en Espagne. L'Europe avait le sentiment d'une France puissante rénovée par l'Empire.

Napoléon a le choix de ses alliances. Il entend conserver celle de l'Angleterre et y joindre une alliance avec la Russie. Un tel axe dominerait le continent. Mais cette triple alliance est-elle possible ? Morny est alors envoyé au couronnement du tsar Alexandre II en ambassadeur extraordinaire, entouré d'une foule d'attachés ; arrivé le premier, il est doyen du corps diplomatique. Le demi-frère de Napoléon déploie un faste extraordinaire ; une vraie maison militaire parade aux portières de sa voiture. Cependant, en France, le Grand Central s'est effondré après avoir été soufflé à plaisir par les coups de bourse. Délaissant une jeune Américaine longtemps courtisée, Morny s'éprend en Russie de la jeune Sophie Troubetzkoï qui a vingt-sept ans de moins que lui et l'épouse. La jeune femme est pauvre, mais on la dit fille naturelle de Nicolas Ier. Morny a désapprouvé la guerre de Crimée ; dès 1855, il est entré en relations avec le chancelier russe Gortchakov par l'intermédiaire d'un financier autrichien. Il pense que l'alliance anglaise a donné tous ses fruits et veut l'alliance russe lorsqu'il revient en France en juillet 1857. Persigny, ambassadeur à Londres, défend au contraire l'alliance anglaise. Les deux alliances sont malaisées à combiner puisque Russes et Anglais sont en défiance. Les Anglais préféreraient une entente Angleterre-France-Autriche pour le maintien du *statu quo* européen. Mais précisément, Napoléon ne veut pas conserver l'état de choses existant. Il a espéré faire sortir de la guerre de Crimée un 2 décembre européen, ce remaniement des frontières qu'il estime nécessaire à la paix et au bonheur de l'Europe. C'est partie remise. Il songe désormais à agir pour l'Italie.

Pourtant, sentant que l'amitié de Victoria et d'Albert se refroidit, il sollicite d'eux une entrevue intime qui aura lieu dans l'île de Wight, à Osborne, en août 1857. Les ministres des Affaires étrangères et les ambassadeurs entourent les souverains — ainsi qu'une nuée de policiers tant britanniques que français. Entre des promenades en mer et des visites à la ferme modèle du prince Albert, on cause politique (souvent sous la pluie). Napoléon reprend auprès d'Albert — qui n'aime pas cela — ses allusions à la révision des traités de 1815. Il esquisse même le plan d'un partage de la Méditerranée entre les puissances européennes, la France ayant besoin « d'un débouché pour ses esprits turbulents ». Albert le met en garde contre le tsar et lui conseille même de prendre un Premier ministre. Napoléon ne dit pas non, « mais où trouver l'homme ? » On se sépare avec des protestations d'amitié renouvelée, d'entente rétablie. En septembre suivant, Napoléon rencontre à Stuttgart le tsar Alexandre en visite dans sa belle-famille. Walewski et Fleury l'accompagnent. Au cours de cette entrevue avec un personnage essentiel, Napoléon a dû songer à Tilsitt... Cette entrevue ne pouvait plaire aux Anglais, il semble que les deux souverains soient convenus de s'entendre au cas « où une révision des traités de 1815 serait nécessaire pour conserver la paix ». Alexandre comptait sur Napoléon III pour regagner le terrain perdu en Crimée. Napoléon attendait du tsar qu'il attaque ou menace l'Autriche à l'est, tandis que lui-même l'attaquerait à l'ouest, en Italie. Enfin il souhaitait que le souverain russe pesât sur la Prusse et la Confédération germanique pour les empêcher de se porter au secours de l'Autriche. C'était beaucoup demander. Alexandre ne voulait pas gêner la Prusse ni laisser Napoléon tenter quelque chose sur le Rhin alors qu'il n'avait pas d'objection à une action en Italie contre l'Autriche. Le front des trois puissances du Nord était donc bien rompu.

VI
L'année 1857

En dépit de ces éclatants succès en politique extérieure, « c'est bien vers la fin de l'année 1856 que les premières critiques ont pris une consistance sérieuse ». Cette remarque de l'ancien ministre Maupas est reprise par d'autres observateurs. Tout en constatant le fait, il est assez difficile d'en préciser les raisons.

On songe d'abord aux problèmes économiques et démographiques — ainsi l'Empereur s'inquiète-t-il de la baisse de la natalité en France. Les lettres de Mérimée donnent une idée de ce climat, par exemple celle du 19 octobre 1856 : « Toujours même baisse des fonds et embarras pour le commerce. Les gens qui s'entendent à cela disent que cette crise n'a pas de fondement réel. Cependant on en souffre et l'hiver sera peut-être dur à passer. Le peuple se plaint de la cherté des subsistances et surtout des loyers. C'est un grand grief contre les démolitions faites à Paris. La faute en est aux propriétaires qui veulent se rattraper aussi vite que possible de leurs pertes en 1848. D'un autre côté, nos ouvriers ne veulent pas aller vivre dans les maisons que l'Empereur leur a fait bâtir. Ils disent qu'ils ne veulent pas être parqués. » Napoléon III avait acheté des terrains étendus pour y construire des maisons à bon marché, mais ces cités ressemblaient trop à des casernes et n'eurent que peu de succès. En novembre 1856, Mérimée écrit : « Je suis invité à Fontainebleau à la fin de ce mois. Il y a des gens qui disent qu'on reviendra à Paris en supprimant cette villégiature, parce que le respectable public ne voit pas d'un bon œil qu'on s'amuse et qu'on chasse lorsque les loyers sont si chers à Paris. [...] Les ouvriers trouvent que c'est la faute de l'Empereur si la récolte a été médiocre et si les vivres sont augmentés. Le fait est qu'on se plaint beaucoup. » Un an après, en novembre 1857, la crise est patente. Elle sévit en France comme en Angleterre ; Fould est à Londres pour discuter avec les financiers de la Cité de la crise monétaire : « Les gens de bourse blâment l'Empereur d'avoir fait dire dans *le Moniteur* qu'on ne rendra pas le billet de banque obligatoire, et que la mesure sera peut-être bientôt commandée par la nécessité. [...] Nous craignons que la fabrique de Lyon ne souffre beaucoup cet hiver par suite de la crise américaine. »

Derrière ces textes, les recherches modernes nous font percevoir une rupture de la tendance. Si l'acquis demeure, il va s'accroître moins vite. Les miracles de « l'économie du 2 Décembre » sont terminés. C'est la fin de la grande hausse des prix, c'est aussi le commencement des difficultés — difficultés très relatives pour nous qui avons d'autres expériences, mais auxquelles les contemporains sont très sensibles. Ainsi, les compagnies de chemins de fer ont abusé des emprunts obligatoires, et les obligations se vendent mal. Comme la construction du réseau dépend de leur écoulement, la Banque de France se charge de leur vente ; le mauvais pas est franchi. En 1859, on va plus loin : par des conventions avec les réseaux qu'il a négociées depuis deux ans, l'État donne sa garantie aux obligations au cas où les bénéfices ne permettraient pas le paiement de l'intérêt promis. Or les grandes lignes, celles qui donnent de gros bénéfices, sont maintenant construites. Mais les populations, par l'intermédiaire de leurs élus, continuent à réclamer toujours des chemins de fer, une localité que ne touche pas la voie ferrée étant par là même déclassée. Il s'agit le plus souvent de lignes dont on sait à l'avance qu'elles seront déficitaires, de ces lignes que la S.N.C.F. a abandonnées. En les construisant, les compagnies savent très bien que la garantie d'intérêt de l'État jouera, ce qui commencera à peser lourdement à la fin du règne. Ces négociations auront permis

l'extension du réseau avec toutes ses conséquences électorales bénéfiques pour le pouvoir et auront conféré au ministre des Travaux publics, Rouher, une grande importance : il
sera considéré comme un débrouilleur d'affaires de premier
ordre.

En politique, la même époque présente aussi des difficultés. Le mariage de Morny a déplu à l'Empereur. Il a provoqué la fin de la longue liaison du demi-frère avec la comtesse
Le Hon. Furieuse d'être abandonnée, celle-ci a réclamé à
son ancien amant le règlement de leur communauté financière, soit 4 400 000 francs dont il lui serait redevable. Voulant étouffer le scandale, Napoléon III charge Rouher d'ar-
bitrer le conflit. Ce dernier, que Morny accuse d'avoir été
gagné par Fanny Le Hon, estime qu'on peut transiger à
3 500 000 francs (sur lesquels le Trésor public paiera peut-
être un million et demi). Le demi-frère de l'Empereur se
brouille avec Rouher qu'il a poussé au début de sa carrière.
L'Empereur, mécontent, refuse dans un premier temps de
rendre à Morny la présidence du Corps législatif, puis se
laisse fléchir par Persigny et Fleury.

Au début de 1857 encore, une curieuse intrigue se noue. Il
s'agit d'un retour de Thiers aux affaires. L'homme d'État
est parvenu à la soixantaine et, négligeant la politique, se
consacre à l'histoire du Premier Empire. Toute l'élite française le lit et l'Empereur le qualifie « d'historien national » :
c'est peut-être la raison pour laquelle il passe sur leurs
anciens conflits. C'est Walewski qui aurait servi d'intermédiaire et aurait proposé les Affaires étrangères et la vice-
présidence du Conseil ; trois de ses amis seraient aussi
ministres. Mais Thiers voulait, avec les Affaires étrangères,
la présidence du Conseil. Les pourparlers furent rompus.
Napoléon III avait peut-être songé à changer la structure de
son gouvernement. C'eût été un vrai coup d'État ministériel
à la veille des élections de 1857. Il est difficile de savoir
jusqu'où furent poussées ces velléités. Elles furent en tout
cas sans lendemain. Un retour de Thiers au gouvernement
aurait signifié une libéralisation du régime. Si Napoléon a
délibéré, le résultat fut l'affermissement du régime autoritaire. Billault dirigeait l'Intérieur depuis 1854. Les amnis-

ties — par exemple à l'occasion de la naissance du prince impérial — diminuaient le nombre des proscrits. Ceux qui restaient deviendraient des émigrés, un état-major sans troupes. Mais la force des républicains croissait à l'intérieur grâce à ces retours. La guerre de Crimée avait montré combien le régime reposait sur la vie du souverain. « C'est le côté faible de notre situation, disait le prince Napoléon ; il n'y a rien de fondé en dehors de votre personne. Il faut donc rassurer sur l'avenir en le préparant et en l'organisant. » Depuis 1856, il est question d'un Conseil privé qui se trans-formerait en Conseil de régence le cas échéant. Comment le composer ? Jérôme et son fils ne veulent pas siéger aux côtés de Morny ; l'affaire n'avance pas. Chaque année voit un attentat contre l'Empereur se produire, et pendant toute l'année 1857, des bruits de conspiration, d'assassinat conti-nuent à circuler. Mazzini envoie ses sicaires en France ; le préfet de police Pietri y voit une « conspiration mons-trueuse, évidente, permanente ».

Dans ce climat survinrent les élections législatives de 1857, les premières depuis la fondation du régime. Billault ne négligea rien et n'autorisa ni réunions ni même comités pour les opposants. La presse fut tenue fermement. Le *Siècle* reçut un avertissement « pour excitation des esprits avant les élections » après avoir écrit que « la candidature officielle était une atteinte aux principes de 1789 ». Aucune polémique n'était tolérée, en province encore bien moins qu'à Paris. Finalement, l'Empereur se décida à désigner comme candidats officiels les députés sortants, à l'exception de Montalembert et de huit députés moins notoires qui avaient fait acte d'opposants ou s'étaient révélés si faibles que leur réélection était incertaine. C'était récompenser des fidèles, mais c'était aussi décourager de jeunes ambitieux désireux de faire carrière à l'intérieur du régime. Billault concevait ces élections comme une manifestation de loya-lisme : « Aujourd'hui, il y a toujours le même prestige popu-laire autour des Bonaparte, mais il y a de plus cinq années d'une administration féconde et glorieuse, les palmes de la guerre et les fruits de la paix, une immense prospérité matérielle rehaussée par un merveilleux sentiment de notre

grandeur nationale ; la réalité dépasse les espérances. »
Napoléon avait noté « très bien » en marge de la circulaire.
Le ministre comptait sur les préfets, les fonctionnaires et sur
les maires nommés par le gouvernement pour assurer la
propagande de ses candidats. Un maire défaillant devrait
être immédiatement suspendu.

Le danger venait des républicains : « Un petit nombre
d'hommes se porte exclusivement comme démocrates en
face d'un gouvernement assis sur la base la plus démocratique qui ait jamais existé. » Et « l'imperceptible minorité des
partis hostiles, si elle se produit, se noiera dans cette
immense manifestation populaire ». Les légitimistes, eux, se
confinèrent dans l'abstention ; seuls quelques-uns d'entre
eux affrontèrent le scrutin, et c'étaient des obscurs. Les
orléanistes les imitèrent : aucun de leurs chefs célèbres ne se
présenta. Le *Journal des Débats* du 8 juin 57, sous la plume
de Saint-Marc Girardin, donnait son point de vue « avec la
réserve que comportent non seulement nos institutions,
mais qu'impose aux écrivains l'incontestable tiédeur de
l'esprit public : il n'y a rien de si mauvais pour la presse que
de s'échauffer dans un pays froid : elle est alors à la fois
impuissante et ridicule. [...] Nous espérons fort peu des
élections de 1857 : le pays les fera parce qu'on lui demande
de les faire ; il s'en passerait tout aussi volontiers et sans
presque s'en apercevoir. » Toutefois, la situation encourageait à voter pour les quelques candidats libéraux, à secouer
l'indifférence du pays. « Lisez le dernier volume de
M. Thiers. [...] Partout éclate cette grande leçon que la
France a souffert affreusement à la fin de l'Empire parce
qu'elle avait remis trop complètement le soin de sa destinée
au grand homme qui la gouvernait. » Ce refus de l'abstention, si modestement formulé, mettait la légitimiste *Gazette
de France* en colère. Elle y voyait une manœuvre des adversaires de la fusion monarchique. Le Second Empire n'avait
rien à craindre de ce côté.

Chez les républicains, la perplexité était grande, mais il y
avait plus de dynamisme. C'est qu'il y avait dans les villes et
dans certaines campagnes un peuple resté républicain.
Parmi les ouvriers, la propagande de bouche à oreille suffi-

sait presque à tout ; presque, car l'influence du *Siècle*, lu chez les marchands de vin, demeurait essentielle. *La Presse*, de Girardin et Nefftzer, était lue par la bourgeoisie. Finalement les différents organismes républicains décidèrent de voter, donc de présenter des candidats. En province, il ne pouvait s'agir que de candidatures de principe ; on choisit soit des personnalités connues (puisque la candidature multiple était autorisée), telles Carnot ou Cavaignac, soit des hommes qui avaient fait partie du personnel de la IIe République. A Paris, plus exactement dans le département de la Seine, sur les dix circonscriptions, deux ou trois offraient de grandes chances aux républicains ; dans d'autres, le combat était ouvert. Une fois élu, siégerait-on en prêtant serment, ce qui serait revenu à implicitement reconnaître l'Empire ? En 1852, les élus républicains avaient refusé le serment. Le temps avait passé. Des jeunes, ambitieux sans doute, critiquaient l'opposition stérile des pontifes de 1848. Ils voulaient agir, être élus, siéger et entamer au Corps législatif une opposition systématique. La chance les servit. Havin, directeur du *Siècle*, voulait se porter dans une circonscription qui était chasse gardée d'un ancien de 1848. Il fut écarté. Alors Havin et Girardin firent une liste où ils inscrivirent un jeune avocat fils de proscrit, Émile Ollivier, et un journaliste, Darimon. Ce dernier était un disciple de Proudhon et un spécialiste des questions économiques et sociales. Ollivier, élevé au cœur du parti républicain, avait été à vingt ans commissaire de la République à Marseille. Grand orateur, pourvu d'une large culture, il répondait au désir de Girardin qui voulait des orateurs au Corps législatif, des orateurs et des jeunes. Un conflit de génération s'élevait à Paris dans le parti républicain. Pour la France entière, les républicains présentèrent une centaine de candidats, ce qui manifestait leur désir de ne plus se polariser sur leur désastre du 2 Décembre.

Les résultats, attendus avec un vif intérêt en haut lieu, montrèrent que les chiffres restaient les mêmes qu'en 1852. Les opposants emportaient 13 % des votes et les abstentionnistes représentaient un gros tiers du corps électoral. Dans l'Ouest, le régime gagnait du terrain sur les légitimistes,

mais les républicains remportaient des succès ; ils recueillirent de nombreuses voix dans les grandes villes et les centres
industriels. Mais tout cela n'aboutissait qu'à l'élection de
deux députés, un à Lyon et un à Bordeaux. Toutefois une
mobilisation s'était produite. Enfin, à Paris, après les deux
tours, les républicains enlevaient cinq circonscriptions sur
dix, tout l'est de la capitale ; Carnot et Goudchaux passaient
au premier tour, Cavaignac, Ollivier et Darimon au second.
Ollivier battait Garnier-Pagès, membre du gouvernement
provisoire de 1848. Il s'acquit ainsi la rancune durable des
anciens du parti républicain. Carnot et Goudchaux refusèrent le serment et ne siégèrent pas ; Cavaignac, qui les aurait
certainement imités, mourut subitement. Trois élections
complémentaires devaient donc avoir lieu à Paris. Deux
sièges seulement furent emportés par les républicains. Jules
Favre, un homme de 1848, grand avocat du barreau de
Paris, et Ernest Picard, un ami d'Émile Ollivier bien introduit au *Siècle*. Favre, Ollivier, Darimon, Picard et le Lyonnais Hénon allaient former au Corps législatif, après avoir
prêté serment, le célèbre groupe des Cinq ; huit députés
indépendants avaient, en dehors des républicains, réussi à se
faire élire. Montalembert dans le Doubs était lourdement
battu. Le clergé même l'avait abandonné et sa carrière politique était terminée.

Le régime n'était certes pas en danger, et l'Empire pouvait n'être pas mécontent du résultat. Pourtant, il avait
reculé dans les villes et surtout à Paris. C'était un signe
inquiétant, une fâcheuse surprise. Napoléon III était résolu
à combattre le mauvais esprit des grandes villes. Le maréchal de Castellane savait par Fould que « les élections de
Paris ont beaucoup effrayé l'Empereur. Il semble disposé à
agir à l'avenir avec plus de sévérité ». Dans un long rapport à
Napoléon, Haussmann, préfet de la Seine, ne cachait pas sa
déception ; Paris était à nouveau divisé en deux parties
égales comme au temps des barricades. Le préfet pensait
qu'il fallait pousser les travaux de Paris avec activité,
« œuvre éminemment stratégique » sous l'apparence de
vains embellissements. « Il n'est nul besoin que Paris, capitale de la France, métropole du monde civilisé, but préféré

de tous les voyageurs de loisir, renferme des manufact[...]
des ateliers. Que Paris ne puisse être seulement une v[...]
luxe, je l'accorde. Ce doit être le foyer de l'activité in[...]
tuelle et artistique, le centre du mouvement financier et
commercial du pays en même temps que le siège de son
gouvernement ; cela suffit à sa grandeur et à sa prospérité.
Dans cet ordre d'idées, il faut donc non seulement poursuivre, mais hâter l'accomplissement des grands travaux de
voirie conçus par l'Empereur, faire tomber les hautes che-
minées, bouleverser les fourmilières où s'agite la misère
envieuse et, au lieu de s'épuiser à résoudre le problème qui
paraît de plus en plus insoluble de la vie parisienne à bon
marché, accepter dans une juste mesure la cherté des loyers
et des vivres, qui est inévitable dans tout grand centre de la
population, comme un auxiliaire utile pour défendre Paris
contre l'invasion croissante des ouvriers de la province. »
Les ouvriers seraient repoussés en banlieue. Napoléon III
acquiesçait. Il écrivit à Billault : « Tout consiste à trouver les
moyens de diminuer de Paris à Lyon le nombre des mécontents [...] Il y a longtemps que j'aurais voulu [...] empêcher
la construction de toute nouvelle usine à Paris. »

Comme le disait Haussmann, « cent mille hommes se sont
reconnus et comptés autour de l'urne électorale ; ils compo-
sent l'ancienne armée, toujours au complet, de l'insurrection. » Les funérailles de Béranger en furent un témoignage.
Le chansonnier était mort le 16 juillet, après les élections. Sa
popularité était immense. On chantait un choix de ses chansons aux Tuileries. Il avait su, tout en restant républicain, ne
pas être mal avec le régime. Lui aussi était, dans sa modestie
un peu affectée, un personnage national. Il n'était pas
encore mort que ministres et préfet de police se préoccupaient déjà de la cérémonie. Le gouvernement craignait que
les républicains ne choisissent les obsèques comme l'occasion d'une « journée ». Le parti, ne pouvant organiser de
réunions publiques, choisissait les enterrements pour compter sa force. Les ministres décidèrent de prendre les devants
en organisant des funérailles aux frais de la liste civile. En
fait, Paris fut presque mis en état de siège et l'Empereur,
alors à Plombières, devait s'en plaindre au maréchal Vail-

lant. La journée se passa sans incident notable. Mérimée donne le ton : « Les démocrates qui, depuis leur succès dans les élections de Paris, ont repris du cœur au ventre, avaient essayé de profiter de l'occasion pour faire une manifestation ou quelque chose de plus. Ils avaient convoqué pour l'enterrement le ban et l'arrière-ban. [...] Tout s'est passé tranquillement. Mais les figures et les blouses qui fourmillaient dans les rues rappelaient les vilaines journées de 1848 et donnaient à penser pour l'avenir. [....] Pas d'ouvriers sur les chantiers, une énorme quantité de blouses dans les rues, dont un grand nombre dans des cabriolets, d'autres tirant des charrettes vides vers les lieux où devait passer le cortège. Mais la vue des troupes m'a complètement rassuré. » En somme, cinq élus républicains sur 267, ce n'était guère, mais des 665 000 voix attribuées aux opposants, la majorité était assurément républicaine. Le parti subsistait malgré la répression de 1852, et les amnisties successives ne faisaient que lui rendre des forces et de la cohésion. C'était un signe inquiétant que l'échec relatif des mesures sociales prises par le régime : pain à bon marché, soupes distribuées en hiver, presque plein emploi, logements ouvriers, asiles pour les « invalides du travail ». La masse des gens de métier demeuraient fidèle au souvenir de la République. Un sénatus-consulte du 17 février 1858 exigea dorénavant des candidats au Corps législatif un serment d'obéissance à la constitution et de fidélité à l'Empereur. Les opposants de principe devaient opter donc entre l'abstention ou le serment ; on ne pourrait plus, une fois élu, refuser le serment. C'était seulement casser le thermomètre. Paris demeurait une grave cause de souci, comme la réapparition du parti républicain. Des bruits de conspiration et d'assassinat circulaient toujours dans un climat d'inquiétude. Dans les milieux gouvernementaux, on parlait de supprimer le suffrage universel, de revenir à une politique de répression accentuée. Bref, une crise semblait imminente.

VII
Le temps des initiatives
(1858-1860)

Cette crise, l'attentat d'Orsini va la déclencher. Le 14 janvier 1858, le couple impérial se rend à l'Opéra, rue Lepeletier. On y donne une représentation au profit d'un vieux chanteur, et plusieurs vedettes célèbres doivent y paraître. Au moment où la voiture des souverains ralentit pour atteindre l'entrée réservée, trois bombes sont lancées. Les réverbères et le cordon de gaz s'éteignent. Les chevaux de l'escorte de lanciers s'affolent. Dans l'obscurité c'est la confusion. Cent cinquante-six personnes ont été touchées ; huit mourront, soldats ou spectateurs. Le chapeau de Napoléon III est traversé par un projectile, mais le couple impérial est indemne et fait son entrée dans le théâtre au son de *Partant pour la Syrie*, cette romance de la reine Hortense promue à la dignité d'hymme de l'Empire. Les dignitaires du régime se pressent bientôt dans le salon contigu à la loge. A leur arrivée, Billault, ministre de l'Intérieur, et le préfet de police, Pietri, sont fraîchement accueillis par l'Empereur, La représentation, où il n'est question que de conjurations et d'assassinat, se poursuit. Lorsque les souverains sortent, les taches de sang dans la rue sont recouvertes de sable. La foule couvre les boulevards dont les maisons sont illuminées. Bientôt, servie par la chance, la police arrête les coupables : quatre Italiens, dont trois comparses et un meneur, Orsini. Cet aventurier, ancien membre de la Constituante de la République romaine, conspirateur de vocation, avait été manipulé en Angleterre par un exilé français, Bernard. Orsini pensait que, Napoléon III disparu, la République était inévitable en France ; cette République aiderait l'Italie à s'affranchir.

Cet attentat venait après d'autres. Il fit une impression plus profonde parce qu'il avait été plus près de réussir et aussi par le nombre de victimes qui faisait ressortir la chance des souverains. Il ne pouvait pas ne pas susciter à nouveau des réflexions sur le caractère personnel du régime qui tenait à la vie d'un homme, vie toujours exposée, à la merci d'un hasard.

Une réaction se produisit, exprimant les alarmes du loyalisme. Le 16 janvier, les souverains reçoivent les grands corps de l'État aux Tuileries. Morny, président du Corps législatif, prononce un discours dont la violence a été concertée avec l'Empereur : « Les populations [...] s'inquiètent des effets de votre clémence qui se mesure trop à la bonté de votre cœur. Et lorsqu'elles voient d'aussi abominables attentats se préparer au-dehors, elles se demandent comment des gouvernements voisins et amis sont dans l'impuissance de détruire ces laboratoires d'assassinat et comment les saintes lois de l'hospitalité peuvent s'appliquer à des bêtes féroces. Votre gouvernement, qui est fondé sur deux principes, l'autorité et la protection des honnêtes gens, doit faire cesser à tout prix ces convulsions périodiques ; [...] vous n'êtes ainsi attaqué que parce que vous êtes la clé de voûte de l'ordre public. » *Le Moniteur* publie de nombreuses adresses ; on remarque celles qui émanent de corps de l'armée, qui menacent l'Angleterre et affirment le rôle des militaires en temps de crise. Napoléon, moralement touché, est triste et découragé : l'entourage, le personnel du régime prend peur ; leurs profitables situations sont à la merci d'un hasard. Napoléon, ouvrant la session du Corps législatif, annonce : « Le danger, quoi qu'on dise, n'est pas dans les prérogatives excessives du pouvoir, mais plutôt dans l'absence de lois répressives. [...] Vous m'aiderez à rechercher les moyens de réduire au silence des oppositions extérieures et factieuses. » La police redouble d'activité. Deux journaux, un républicain, la *Revue de Paris* et l'autre fusionniste, *le Spectateur*, sont supprimés. L'armée est conviée « à jouer un rôle politique dans les moments de crise ». Le territoire est réparti entre cinq grands commandements militaires confiés chacun à un maréchal de France. Tout cela rappelle le 2 Décembre à une opinion anxieuse.

Le prince impérial n'a que deux ans. Il faut prévoir une régence. On y songe depuis la naissance de l'enfant. Un sénatus-consulte confère la régence à l'Impératrice, ou, à son défaut, au roi Jérôme et au prince Napoléon. Un Conseil de régence est également prévu. Puis l'Empereur envisage la création d'un Conseil privé qui se transformerait éventuellement en Conseil de régence. Mais la composition de ce Conseil privé présente des difficultés, car le prince Napoléon pousse le roi Jérôme devant lui et voudrait en profiter pour saisir le pouvoir, ou au moins se faire désigner comme gouverneur d'Algérie avec pouvoir sur l'armée d'Afrique. Jérôme présiderait le Conseil des ministres. L'Empereur résiste à ces prétentions et place au Conseil privé les présidents des trois assemblées : Troplong, Morny, Baroche, ennemis de la branche cadette. Jérôme et son fils renoncent alors à faire partie du Conseil privé, mais ils seront du Conseil de régence. Il vaut encore mieux les avoir dedans que dehors. Napoléon a pu encore une fois mesurer les embarras que lui cause sa famille.

Le 1er février, date de l'institution du Conseil privé, est déposé au Corps législatif le projet d'une « loi de sûreté générale ». Pratiquement, il permet de punir de prison toute tentative d'opposition. Enfin, le gouvernement peut interner ou exiler tout individu condamné ou qui a été condamné, interné, exilé ou transporté à l'occasion des insurrections de juin 1848, juin 1849, décembre 1851. C'est une véritable loi des suspects qui légalise l'arbitraire. Morny quitte le fauteuil présidentiel pour la rapporter ; il insinue que les royalistes ne sont pas visés, mais les seuls républicains. Toutefois le sentiment d'un État de droit demeure vivant chez les hauts fonctionnaires et les parlementaires. Au Conseil d'État, le projet ne passe que par 31 et une voix contre 27. La commission du Corps législatif est réticente, et Émile Ollivier, le jeune élu de 1857, demande le rejet de la loi : 221

députés la votent de plus ou moins bon cœur ; 24 votent contre, 14 s'abstiennent. En fait, près de 50 députés étaient opposés à la loi. Au Sénat, seul le général de Mac-Mahon s'y oppose. Mais les séances du Sénat n'étant ni publiques ni publiées, son discours ne sera connu que par des indiscrétions.

Billault ne pouvait rester ministre de l'Intérieur. Napoléon demanda à Morny de reprendre le poste, mais il refusa. Le général Lebœuf, pressenti, déclina également la proposition. Finalement, le 7 février, le général Espinasse, un tapedur qui n'avait pas peur de se compromettre et l'avait montré lors du coup d'État, fut nommé « ministre de l'Intérieur et de la Sûreté générale ». L'Empereur lui écrivait : « Le corps social est rongé par une vermine dont il faut coûte que coûte se débarrasser. [...] Ne cherchez pas, par une modération hors de saison, à rassurer ceux qui vous ont vu venir au ministère avec effroi. Il faut qu'on vous craigne. » Le nouveau ministre reprenait la formule : « C'est aux bons à se rassurer, aux méchants seuls à trembler » ; il déplorait les amnisties successives des dernières années et reprit les traditions du coup d'État. Pour lui, les républicains attendaient la mort de l'Empereur pour déclencher un soulèvement général.

Avant que la loi de sûreté générale fût votée, les préfets reçurent l'ordre d'arrêter les républicains condamnés depuis 1848 et libérés ou graciés. Chacun d'entre eux devait procéder à un nombre déterminé d'arrestations. Le nombre exact pour la France n'est pas connu ; il doit être voisin de 350 à 400. Espinasse, plus tard, dans une lettre à l'Empereur, parlera de 40 pour Paris et 260 pour le reste de l'Empire. L'effet psychologique fut considérable. La détente relative qui s'était installée depuis 1853 semblait disparue. Le régime reprit ses couleurs sinistres de Décembre. « A mes yeux, Sire, la situation de 1851 et celle de 1858 ont bien plus d'analogie qu'on ne le suppose communément ; le danger de la société est le même, il vient du même côté ; et je ne crains pas de dire que la permanence même de ce danger est la raison d'être de l'Empire. [...] La France veut aujourd'hui exactement ce qu'elle a voulu en 1851. [...] L'attitude prise aux élections générales par la fraction démagogique a été le premier indice grave d'une situation dont l'odieux attentat du 14 janvier a donné le dernier mot, car l'attentat du 14 janvier n'a pas été un crime isolé, comme quelques-uns l'ont prétendu ; ce n'est pas un crime isolé que celui qui est connu, attendu, approuvé par tout un parti et que tout un parti se tient prêt à exploiter s'il réussit. »

On semble parti pour une longue période de répression lorsque la situation va brusquement changer grâce à Orsini lui-même. Dans sa prison, il reçoit les visites du préfet de police, P. M. Pietri, un bonapartiste de gauche, favorable à la cause italienne. Il convainc Orsini de son erreur : bien loin d'être l'obstacle à la cause de l'Italie, Napoléon III en est l'unique espoir. Sa mort, loin d'être le signal d'une révolution générale, aurait produit une réaction brutale. Le conspirateur s'est trompé sur sa victime. Par un revirement soudain, celui-ci écrit alors à l'Empereur, le 11 février, une lettre où il lui demande d'empêcher l'Allemagne d'appuyer l'Autriche dans les luttes qui peut-être vont bientôt s'engager : « J'adjure Votre Majesté de rendre à l'Italie l'indépendance que ses enfants ont perdue en 1849 par la faute même des Français [...] ; qu'elle se rappelle que tant que l'Italie ne sera pas indépendante, la tranquillité de l'Europe et celle de Votre Majesté ne seront qu'une chimère. » Jules Favre, l'avocat républicain d'Orsini, fait demander à son client l'autorisation de lire cette lettre à l'audience — autorisation qui est accordée. Le Moniteur publiera même la plaidoirie de Favre. De victime, Napoléon devient complice de la défense. Orsini et deux de ses complices sont condamnés à mort, le quatrième aux travaux forcés à perpétuité. Mais Favre a fait parler son client dans une sorte de prosopopée : « Prince, les racines de votre pouvoir tiennent à une souche révolutionnaire ; soyez assez fort pour assurer l'indépendance et la liberté, elles vous rendront invulnérable. » Par une troisième lettre à l'Empereur, le 11 mars, Orsini désavoue l'assassinat politique : « Que mes compatriotes, au lieu de compter sur le moyen de l'assassinat, le rejettent loin d'eux. »

Dans ces jours de février et de mars, l'attitude des souve-

rains change parallèlement à celle d'Orsini. La première
lettre du conspirateur fait de Napoléon III l'arbitre du sort
de l'Italie, l'espoir de ses patriotes. Elle flatte son ambition
de toujours : réaliser l'Europe des nationalités en déchirant
les traités de 1815. Le 20 février, l'Empereur assure l'envoyé
piémontais Della Rocca qu'en cas de conflit entre l'Autriche
et son pays, la France se rangerait aux côtés du petit
royaume subalpin. L'affirmation contient moins de nouveauté qu'on ne pense, la politique française depuis 1815
ayant constamment visé à empêcher l'écrasement du Piémont. Elle prouve cependant que l'attentat n'a rien changé
aux dispositions du souverain. Il y a mieux : l'Impératrice et
l'Empereur souhaitent gracier Orsini. Crainte de nouveaux
attentats ? A la vérité, Orsini n'est pas le premier, ni le
dernier. Tout de même, il a été plus près de la réussite que
les autres. En finir avec les attentats perpétrés par les Italiens en faisant ce qu'ils souhaitent, c'est-à-dire intervenir
en Italie ? On a dit que, *carbonaro* traître à son idéal, Napoléon craignait la vengeance de ses frères ; son aîné l'a été mais
lui a toujours nié l'avoir été, et les *carbonari* ne l'ont jamais
prétendu. Mais Orsini répondait par sa lettre à une de ses
pensées permanentes. Napoléon était fataliste, superstitieux. Il est possible que l'attentat lui ait paru un signe le
rappelant à sa vocation et qu'il ait songé à se concilier les
révolutionnaires italiens qui apparaissent comme ses assas-
sins virtuels. Quoi qu'il en soit, Napoléon III était décidé à
sauver Orsini et ses complices ! Le Conseil privé, consulté,
s'y opposa. Il y avait eu trop de victimes, le danger avait été
trop grand. Pianori qui, en 1855, n'avait tué personne, avait
été exécuté. Même l'archevêque de Paris, Mgr Morlot,
conseilla le rejet de la grâce. Le souverain n'avait comme
appui que le préfet de police qui devait bientôt quitter sa
charge. Orsini et un de ses complices furent donc exécutés le
13 mars. Napoléon et Eugénie avaient dû s'incliner devant
l'opinion.

Cependant, le nouveau cours pris par la politique intérieure ne rencontrait pas une approbation générale. Fleury
assurait que la nomination d'Espinasse au ministère l'avait
rendu « malade de chagrin ». La Bourse avait salué par une

forte baisse l'entrée du général en fonctions. Émile Ollivier notait, le 24 avril, dans son Journal : « Une inquiétude vague s'est emparée de tous les esprits ; la crise commerciale continue et s'aggrave. On ne sait plus que désirer et que vouloir. On craint un changement et on le prévoit, ce qui est une manière de l'amener. » Le lendemain avaient lieu les élections complémentaires de Paris. Jules Favre, le défenseur d'Orsini et Ernest Picard, un ami d'Ollivier, furent élus. La répression n'empêchait donc pas le vote républicain. Dès le 26 mars, le prince Napoléon adressait à son cousin une note qui dut être appuyée par ses conversations. Partisan de l'exécution des conspirateurs, il aurait voulu l'accompagner de mesures libérales. Le contraire avait été fait : « On a mis en suspicion le pays tout entier. [...] Tout le monde a vu là une sorte de mise en état de siège de la France ou du moins d'établissement de ce régime militaire qu'avec raison elle a dans tous les temps détesté. [...] En d'autres termes, on vient proclamer que sept ans d'une politique glorieuse et clémente n'ont servi à rien, qu'on est absolument au même point que le premier jour, et que tout est à recommencer, même le coup d'État.

L'Empereur écoute, réfléchit. Est-il possible de concilier une politique de répression en France avec une intervention en Italie qui sera odieuse aux conservateurs ? Depuis le coup d'État, le régime penche fortement à droite, manquant par là à son idéal de rassemblement national. Si Napoléon veut reprendre son rôle de champion des nationalités, de la politique démocratique, n'est-il pas temps de donner un coup de barre à gauche ? Le 25 mars, *le Moniteur* précise que le but proposé est atteint et que ceux mêmes qui se trouvent sous le coup des rigueurs gouvernementales n'ont rien à craindre s'ils ne se rendent coupables de faits nouveaux. La loi de sûreté générale va entrer en sommeil. Le souverain estime que « le ministre de l'Intérieur ne marche pas ». Le 11 juin, Espinasse est renvoyé et remplacé par un magistrat modéré, Delangle. En envoyant sa démission, le général rappelle à son maître que la restauration de l'Empire n'est pas due à une ferveur dynastique qui n'existait pas, mais à « l'horreur de l'anarchie républicaine qui a été, pour la

seconde fois, le sacre de la dynastie napoléonienne ». En
somme, il fait de l'Empereur la sentinelle du parti de l'ordre,
rôle que l'intéressé veut bien assumer temporairement, mais
qu'il déteste. Dans ce contexte, la nomination, le 24 juin, du
prince Napoléon comme ministre de l'Algérie et des Colonies prend une valeur de symbole. Le prince avait caressé
l'espoir de devenir gouverneur, vice-roi de l'Algérie. Ministre, il peut résider à Paris, ce qui lui convient. Enfin, il entre
au gouvernement. Avec lui, c'est le bonapartisme de gauche,
odieux au parti de l'ordre, qui arrive au pouvoir. Le prince
va devenir le confident, le complice du secret de l'Empereur
dans la politique italienne qui arrive désormais sur le devant
de la scène.

L'attentat d'Orsini a eu deux conséquences sur la politique extérieure de Napoléon III. D'abord une crise de l'alliance anglaise déjà moins étroite depuis les difficultés d'application du traité de Paris en Orient. Les adresses de
l'armée, les discours officiels eux-mêmes ont revêtu une
violence qui devait dresser l'opinion anglaise contre la
France. Bernard, l'inspirateur, le complice d'Orsini, a été
acquitté par un jury anglais. Palmerston, par égard pour les
représentations françaises, présente au Parlement un projet
de loi sur les conspirations destiné à réprimer les attentats
préparés sur le sol du royaume, mais le projet est repoussé et
le ministre renversé. Un cabinet conservateur lui succède,
moins bien disposé à l'égard de Napoléon III. Ce dernier
écrit à la reine des lettres conciliantes ; les souverains assistent à une soirée de l'ambassade britannique pour célébrer le
mariage d'une fille de Victoria avec l'héritier de Prusse.
Néanmoins, le climat s'est bien refroidi. En France, beaucoup pensent que l'alliance anglaise a donné tous ses fruits.
Napoléon y tient un peu par prudence, un peu parce qu'elle
flatte son amour-propre. Persigny quittant l'ambassade de
Londres, il y envoie le maréchal Pélissier, nullement diplomate, mais vivant souvenir des combats menés en commun
sous Sébastopol. Le vieux soldat, finaud, réussit dans sa
mission.

Les Anglais veulent le respect des traités de 1815. Or
l'attentat d'Orsini — c'est sa seconde conséquence — a mûri

les projets italiens de Napoléon. Il a espéré un moment que
la guerre de Crimée lui procurerait l'occasion de refaire les
frontières de l'Europe mais elle s'est égarée dans le duel long
et sanglant de Sébastopol. Occasion perdue que l'Italie
permet de retrouver. Bien entendu, ce projet de révision des
traités de 1815 selon le principe des nationalités appartenait
à la gauche révolutionnaire européenne. Il était plus que
suspect aux conservateurs du parti de l'ordre sur lesquels
Napoléon prenait appui depuis le coup d'État, entre autres
à la plupart des diplomates et à leur chef, le ministre
Walewski. Mais l'Empereur se flattait de rendre respectable
la politique des nationalités en l'enlevant aux révolutionnaires pour la confier à des monarchies modernes comme la
sienne. L'un des textes essentiels de l'Empire est une note
adressée par Napoléon à Walewski. La France, par la guerre
de Crimée, a divisé la coalition des quatre grandes puissances qui menaçait toujours de se reformer contre elle.
L'Angleterre est alliée, la Russie amie. Toutefois, pour l'essentiel, les frontières de 1815 subsistent. L'Empire doit
affronter l'épreuve de leur révision. « Tant que la crise
européenne prévue depuis quarante ans ne sera pas arrivée,
on ne jouira pas du présent, on ne croira pas à l'avenir. »
C'est dans cette crise que le régime démontrera sa vraie
nature. Un conflit avec l'Autriche pour libérer l'Italie n'en-
traînera pas de guerre générale en Europe. L'Autriche éli-
minée, le pouvoir temporel du pape protégé, la Savoie et
Nice faisant retour à la France, l'influence de l'Empire
napoléonien sera telle que, par crainte ou par sympathie, les
peuples voisins sur le Rhin, en Suisse, en Belgique, sollicite-
ront l'alliance de la France. Alors, sans nouvelle guerre, la
France pourra obtenir « tout ce qu'il est juste qu'elle
obtienne » et abolir les traités de 1815. En même temps, la
nation française se retrempera dans la lutte qui provoquera
l'union de tous les partis. Après une révolution, il faut la
guerre étrangère pour réconcilier la nation. L'Empereur
veut donc une guerre limitée pour donner l'impulsion à une
révision générale de la carte d'Europe. Il en espère aussi la
solution des problèmes intérieurs, peut-être le ralliement
des républicains. Ici, il faut préciser un point capital : Napo-

léon n'envisage nullement une Italie unifiée, mais une confédération d'États libérés de l'influence autrichienne — et par là même sensibles à l'influence française.

Pour répondre à son projet italien, l'Empereur a rencontré le roi Victor-Emmanuel et surtout son ministre Cavour. Ce Piémontais influencé par Genève est, par sa culture, français et anglais : un moderne, conscient des forces nouvelles qui demandent un changement dans les structures sociales et les frontières de l'Italie. Les partisans de ce changement ont souvent été et sont demeurés des républicains révolutionnaires comme Mazzini. L'habileté de Cavour est de « royaliser » au profit de son souverain l'idée du Risorgimento, de la mettre au service d'une monarchie constitutionnelle. Plus rassurante, celle-ci peut s'insérer dans le projet napoléonien qui veut réaliser sans révolution le programme des nationalités. L'intervention en Italie se présente donc comme une solution moyenne ; désarmer la révolution en réalisant ses objectifs et en lui enlevant toute raison d'être.

Après février 1858, les choses vont vite. Nigra, l'homme de confiance de Cavour, est à Paris en mai. Les intermédiaires, français et italiens, de la diplomatie secrète sont à l'œuvre. Diplomatie qui culmine dans l'entrevue — elle aussi secrète en principe — du touriste Cavour avec Napoléon en cure à Plombières, le 21 juillet 1858. L'entrevue a lieu le matin dans une maison de la ville d'eaux, l'après-midi, au cours d'une promenade en voiture dans la forêt voisine. Les sujets de ces entretiens nous sont connus par le seul compte rendu que Cavour adresse à son roi. Le petit Piémont est bien incapable à lui seul de battre les Autrichiens. Il lui faut un allié qui ait une puissante armée — ce que n'a pas l'Angleterre. Il est donc condamné à l'alliance française, et les dispositions de l'Empereur sont pour Cavour une chance inespérée. Napoléon, de même, trouve dans le Piémont complice son point d'insertion. Les deux hommes sont donc voués à s'entendre. De propos délibéré, une guerre contre l'Autriche est décidée ; il faudra seulement se faire attaquer pour ne pas avoir l'air d'être l'agresseur aux yeux de l'Europe. Après la victoire, le Piémont annexera Lombardie, Vénétie, Émilie, Romagnes, formant un royaume d'Italie du Nord de quelque 11 millions d'habitants. Toscane et Ombrie formeront un royaume d'Italie centrale qui pourrait être donné à la duchesse de Parme. Le pape perd, dans ce projet, une partie des ses États, mais conserve le reste avec la présidence de la future confédération italienne. Les Bourbons continueront de régner à Naples — le tsar s'intéresse à eux. Pourtant, s'ils avaient des difficultés avec leurs sujets, Napoléon verrait avec plaisir le prince Murat roi de Naples. En échange, l'Empereur demande la cession de la Savoie et de Nice — Cavour fait des objections pour Nice, ville italienne. Enfin au cours de la promenade en forêt, Napoléon exprime son vif désir d'un mariage du prince Napoléon avec la fille aînée de Victor-Emmanuel, la princesse Clotilde, âgée de seize ans. L'entrée dans la Maison de Savoie reprendrait la tradition des alliances des Bonaparte avec les souverains des États voisins. Plonplon a trente-six ans, et ses mœurs n'annoncent pas un mari idéal. Pourtant le ministre se laisse gagner, ne réservant que l'accord de son souverain. Napoléon a cherché un mariage princier en Allemagne pour son cousin. Cavour et son roi sont décidés à payer le prix d'une alliance aussi avantageuse. L'Empereur pense que son bénéfice ne sera pas moins grand.

Il lui faut s'assurer de la neutralité des grandes puissances. Napoléon invite Victoria et le prince Albert à Cherbourg aux grandes fêtes pour l'inauguration d'un nouveau port. Le 5 août 1858, la reine et son mari arrivent peu enthousiasmés par cette démonstration de force de la marine française. L'entrevue est froide, embarrassée. L'Empereur est contraint, silencieux. Albert est franchement hostile. Les souverains anglais ne s'attardent pas. Napoléon reste pour inaugurer une statue de son oncle. Son discours parle de guerre pour « les grands intérêts des peuples ». Pour préparer cette guerre, il ne peut compter sur Walewski, inquiet de cette « diplomatie thermale » ; il ne peut non plus s'en séparer puisque Marianne Walewska est alors sa maîtresse. Mais le cousin Napoléon est là, partisan forcené de la guerre. Il l'invite à Biarritz, le conduit de bon matin sur la plage et lui confie son projet en lui demandant le secret. En septembre, le prince est à Varsovie où il rencontre Alexandre II pour lui proposer une alliance. Que le tsar, au début des hostilités contre l'Autriche rompe avec elle les rapports diplomatiques et rassemble des troupes sur la frontière de Galicie pour retenir une armée autrichienne ; enfin, qu'il oblige la Prusse à rester neutre et à ne pas porter secours à l'Autriche. A la paix, la Russie accepterait la création d'un royaume de Haute-Italie, la réunion de la Savoie et de Nice à la France, la séparation de la Hongrie des États de Habsbourg. En échange, la Russie remilitariserait la mer Noire et acquerrait la Galicie. Mais c'était trop demander, Alexandre ne pouvait accepter ce bouleversement européen. Il voulait limiter le conflit, non l'étendre. Une neutralité bienveillante était tout ce qu'il voulait accorder. L'amitié française, oui, la complicité dans l'aventure napoléonienne, non. Ce que devait confirmer un traité secret du 3 mars 1859. Toujours en confidence, Napoléon fait valoir au prince-régent de Prusse, le futur Guillaume Ier, la possibilité de résoudre à son avantage la question de la prédominance dans la Confédération germanique et même de procéder à des annexions tandis que l'Autriche sera immobilisée en Italie. C'est déjà l'avis de Bismarck, alors simple envoyé à la Diète de Francfort. Le régent et ses ministres éprouvent encore un sentiment de loyalisme allemand vis-à-vis de l'Autriche. Et surtout ils se défient de Napoléon III, craignant qu'après l'Italie ne vienne le tour du Rhin. Les gouvernants de Berlin se lient donc à ceux de Londres dans l'espoir d'éviter la guerre en imposant une médiation.

A la réception du corps diplomatique du 1er janvier 1859, Napoléon s'adresse à l'ambassadeur d'Autriche : « Je regrette que nos rapports ne soient pas aussi bons que je désirerais qu'ils fussent... » La « petite phrase » fait sensation. De son côté, Victor-Emmanuel, ouvrant le 10 janvier la session du parlement piémontais, prononce un discours agressif dont les termes ont été revus par Napoléon : « Tout en respectant les traités, nous ne sommes pas insensibles au cri de douleur qui vient vers nous de toute l'Italie. » Le prince Napoléon part avec le général Niel pour Turin. Le 28 janvier, le traité d'alliance franco-piémontais est signé, prévoyant la libération de la Lombardie et de la Vénétie et la formation d'un royaume de Haute-Italie de 11 millions d'habitants. Le 30 janvier, le prince Napoléon épouse la princesse Clotilde, et le 3 février, les époux font leur entrée à Paris ; la foule est curieuse, mais froide, peu respectueuse. Le prince n'est pas populaire, et les nouveaux mariés sont des messagers de guerre. Le lendemain, paraît sous le nom de La Guéronnière, un des journalistes du cabinet impérial, un article, *Napoléon III et l'Italie*, dont l'Empereur a relu et corrigé le texte. Plus de 10 000 exemplaires de la brochure sont vendus en quelques heures. Le texte s'ouvre par une distinction entre le principe des nationalités (qui est bon) et la révolution (qui est détestable). La guerre en Italie « n'aurait d'autre but, le jour où elle serait nécessaire, que de prévenir les révolutions par des satisfactions légitimes données aux besoins des peuples ». La brochure conclut : « Faut-il faire un seul royaume d'Italie ? L'histoire comme la nature elle-même s'élève contre cette solution ; ce n'est pas l'union absolue qu'il faut poursuivre, c'est l'union fédérative... »

Le 7 février, dans la salle des États du Louvre, Napoléon ouvre la session du Corps législatif par un discours qui souffle le chaud et le froid. L'attitude des députés est glaciale. Le lendemain, Morny prononce un discours très hostile à l'entrée en guerre. Les catholiques sont alarmés du danger que va courir l'État du Saint-Siège. La Bourse s'oriente à la baisse, les grands financiers, engagés en Autriche et en Italie dans des constructions de chemins de fer, sont effarés à l'idée d'un conflit. Tous les ministres sont contre la guerre. Même les militaires ne sont pas enthousiastes. Enfin, Victoria écrit à l'Empereur qu'il lui sera impossible de le suivre dans cette voie.

Sentant son isolement, Napoléon fait alors marche arrière. En janvier, il marquait déjà quelque hésitation, écrivant à son cousin : « Je tiens surtout à savoir si le Piémont est obligé de faire la guerre cette année. » Et encore : « Niel me parle d'une conversation qu'il a eue avec le roi sur l'époque. Tout dépend de la mise en scène, c'est-à-dire de la légitimité des motifs. Dans tous les cas, il faut du repos aujourd'hui pour quelque temps, car la question est très mal emmanchée, et l'opinion publique en Europe se monte toujours davantage contre moi et surtout contre toi parce que l'on croit que nous voulons la guerre. » Le 5 mars, *le Moniteur* publie un long article inspiré pour démentir les bruits d'armement et rassurer les esprits. Furieux, le prince Napoléon démissionne de son ministère, accusant ses collègues et les fonctionnaires d'être contre la guerre : « Ce qu'il y a de pire dans votre gouvernement, ce qui l'affaiblit, ce sont les discussions intérieures et les directions différentes. Plus le pouvoir est fort et concentré entre les mains de l'Empereur, plus l'unité est indispensable dans ceux qui le servent. [...] Sire, il est évident que cette unité n'existe pas et ce qui est surtout fâcheux, c'est que la France et l'Europe le sachent. » Napoléon opère une retraite stratégique. Comment braver à la fois l'Autriche, la Prusse et la Confédération germanique ? Ses forces militaires ne le lui permettent pas. Alors il revient à l'idée de régler la question italienne par un congrès européen. C'est aussi une de ses idées permanentes. A sa demande, le gouvernement russe le propose aux puissances qui acceptent. Cavour, arrive, désespéré, à Paris, à la fin de mars ; il n'obtient rien. Napoléon écrit à son cousin le 22 et 25 mars : « Pour diviser mes ennemis et me concilier la neutralité d'une partie de l'Europe, il me faut témoigner hautement de ma modération et de mon désir de conciliation. [...] On ne peut pas m'en vouloir de chercher à désunir toute l'Europe coalisée contre moi. » Il remet la guerre à plus tard, dans de meilleures conditions. L'Angleterre propose un désarmement général avant le congrès.

La guerre semble s'éloigner ; Napoléon ne peut la faire à la fois sur le Rhin et en Italie. Quand tout à coup, le 20 avril, l'Autriche prend figure d'agresseur en adressant au Piémont un ultimatum brutal de désarmer dans les trois jours. Manquant d'argent, le jeune empereur François-Joseph doit faire vite ou renoncer à la guerre. Prenant ainsi figure d'agresseur, il décourage les médiateurs anglais et prussiens, et le traité franco-piémontais joue comme un traité défensif. Le 24 avril, les premières troupes françaises partent pour l'Italie. Le Corps législatif, décontenancé par l'imminence du conflit, se voit demander le vote d'une emprunt de 500 millions. Plusieurs députés interpellent Baroche sur la portée de l'expédition d'Italie. Plichon, indépendant du Nord, s'écrie : « On ne saurait être révolutionnaire en Italie et conservateur en France. » Fort embarrassés, les cinq républicains décident de s'abstenir, partagés entre leur sympathie pour la cause des nationalités et leur aversion de l'Empire. En réalité, la Chambre est largement hostile, beaucoup plus que ne le laissent supposer quelques interventions. Le 3 mai, Napoléon fait afficher une proclamation : « L'Autriche [...] a amené les choses à cette extrémité, qu'il faut qu'elle domine jusqu'aux Alpes ou que l'Italie soit libre jusqu'à l'Adriatique. [...] Nous n'allons pas fomenter le désordre ni ébranler le pouvoir du Saint-Père, mais le soustraire à la pression étrangère. » Walewski aurait voulu la suppression de « jusqu'à l'Adriatique ». L'Empereur a tenu à le maintenir. Il organise le gouvernement en son absence. L'Impératrice sera régente, et le roi Jérôme présidera le Conseil des ministres (qui prend ainsi une importance inédite). L'éloignement du souverain modifiait tout. Il avait tenu à prendre le commandement de son armée. N'était-il pas un Bonaparte ? A la vérité, malgré son expérience du métier militaire, il était loin de posséder les connaissances et sans doute les dons d'un chef d'armée. Son major général, Vaillant, aurait la lourde tâche de mettre en forme les intentions impériales. Le 10 mai, Napoléon quitta les Tuileries pour se rendre à la gare de Lyon. Ce devait être une des journées mémorables de l'Empire. Une foule enthousiaste acclamait le « libérateur de l'Italie » ; à grand-peine, sur les boulevards, on empêcha les ouvriers de dételer les chevaux pour traîner la voiture ; cet accueil venait des classes populaires — la bourgeoisie demeurait en majorité hostile —, et, bien entendu, de la population ouvrière des villes, celle qui en majorité avait voté deux ans auparavant pour les candidats républicains. Émile Ollivier fut stupéfait de cet accueil. « La passion de la démocratie française pour l'émancipation des peuples se manifestait une fois de plus. [...] Le peuple de Paris n'éprouvait pas nos scrupules et n'imita pas notre abstention : il approuva chaleureusement ; il se rangea der-

rière son Empereur et non derrière ses députés quoiqu'il les
eût nommés pour faire de l'opposition. Ce me fut un avertissement que je n'oubliai pas. » Napoléon pouvait penser qu'il
était toujours celui qui devinait le mieux les sentiments des
masses.

Serait-il à même d'exercer le commandement suprême ?
« La tâche est bien lourde, écrivait Fleury, pour un souverain
qui commence la guerre à cinquante ans. [...] Je ne crois pas
qu'il puisse longtemps continuer le métier de général et
d'Empereur dans ces conditions modernes. » Son major
général, le maréchal Vaillant, soixante-neuf ans, officier du
génie, n'avait d'autre titre à ses fonctions que de s'être
montré insuffisant comme ministre de la Guerre et d'avoir
sa familiarité. Il est vrai que le secret et les incertitudes
avaient entravé les préparatifs, mais l'armée n'était pas
prête ; le matériel, les services étaient déficients. Il était trop
tard pour que le maréchal Randon, successeur de Vaillant,
pût y remédier. Napoléon constatait : « Nous ne sommes
jamais prêts pour la guerre. » On manquait d'effectifs et de
réserves. L'armée comptait 104 000 hommes auxquels s'a-
joutaient 60 000 Piémontais. Le corps d'observation sur le
Rhin, confié à Pélissier, ne comprenait que cinq divisions de
conscrits. C'est dire qu'en cas de conflit généralisé, la
France ne pouvait résister à la fois en Italie et sur le Rhin.
Or, la neutralité de la Prusse et de la Confédération germanique demeurait fort incertaine. Dès le 1er mai, le prince
Napoléon (auquel un petit corps d'armée allait être confié)
exerçait ses facultés critiques dans une note à son cousin :
« Chose étrange, l'Empereur qui, le premier, a prévu la
guerre, est en ce moment pris au dépourvu par la guerre. [...]
La route de Paris est ouverte et plus de 200 000 Prussiens
peuvent s'y engager dans quinze jours. » Napoléon entamait
les opérations sans avoir l'assurance de localiser le conflit.
Une intervention allemande le forcerait à s'arrêter.

Sur six corps d'armée, deux passent en hâte les cols des
Alpes ; les autres arrivent à Gênes avec l'Empereur. Moins
lents, les Autrichiens auraient eu le temps de battre les
Piémontais et de prendre Turin avant l'arrivée des Français.
Mais, de part et d'autre, les commandements sont médio-

cres. Les Franco-Piémontais peuvent effectuer leur concentration autour d'Alexandrie. Dans son inexpérience, Napoléon a demandé des plans stratégiques à Thiers et au vieux général Jomini, un survivant des guerres du Premier Empire, expert en l'art de la guerre. L'armée descend le long de la rive sud du Pô. De l'autre côté du fleuve, le maréchal autrichien Giulay, craignant d'être tourné sur sa gauche, bat en retraite. Plutôt que de passer le fleuve en force (il manque de moyens), Napoléon se résout alors à appliquer le plan de Jomini. Son armée remonte vers le nord et, après une marche de flanc de plus de 100 km, se retrouve face à l'ennemi. Le théâtre des opérations le surprend : « C'est un pays bien difficile et dont on n'a aucune idée en France ; on ne peut presque nulle part se battre que sur les chaussées, le terrain intermédiaire étant couvert de rivières, de fossés, de canaux, de marais. » Son cousin occupe la Toscane et doit ensuite, par l'Émilie, remonter vers le nord. Une expédition maritime se prépare également dans l'Adriatique contre Venise. Napoléon est très surpris qu'il faille un corps de débarquement de 5 000 hommes. Giulay s'étant replié derrière le Tessin pour couvrir Milan, l'armée franco-piémontaise le poursuit. Elle est trop dispersée, et d'ailleurs sans beaucoup de renseignements sur la position de l'ennemi ; sauf qu'il est à Magenta, derrière le Tessin et un canal parallèle au fleuve, le Naviglio Grande. Mac-Mahon arrive par le nord. Napoléon, le 4 juin vers midi, entendant le canon du corps de Mac-Mahon tonner vers Magenta, ordonne à la Garde de forcer le pont sur le Naviglio. Grenadiers et zouaves engagent alors un combat disproportionné pour les passages du canal. Cependant Mac-Mahon a interrompu le combat pour regrouper ses divisions éparpillées. Tout l'effort de l'ennemi retombe sur la Garde qui semble sur le point de fléchir. Napoléon, « le regard vide », répète : « Ça va mal », et n'a point de réserves sous la main. Il en oublie de fumer ses éternelles cigarettes. L'héroïsme de la troupe permet pourtant d'attendre l'arrivée successive de quelques renforts ayant percé à travers des routes encombrées. Enfin, vers 6 heures, Mac-Mahon, ayant regroupé ses divisions, attaque Magenta, venant du nord. Espinasse est tué au cours du combat acharné, mais le bourg est pris, ce qui détermine les Autrichiens à battre en retraite. Bataille de soldats, où l'élan des subalternes a pallié les erreurs du commandement. Les Piémontais, restés en arrière, n'ont pas même participé à la bataille.

La victoire de Magenta ouvre la porte de Milan. Dans sa joie d'être vainqueur après s'être cru défait, Napoléon récompense largement Mac-Mahon, fait maréchal et duc de Magenta, ce qui semble enlever la victoire à l'Empereur. Des protestations s'élèvent dans l'armée, et Regnault de Saint-Jean d'Angély, commandant la Garde, reçoit, lui aussi, le bâton de maréchal. Le 7 juin, Mac-Mahon, promu maréchal la veille, entre dans Milan aux acclamations d'un peuple immense. Il passe le premier sous les arcs de triomphe; le lendemain, Napoléon et Victor-Emmanuel font leur entrée dans la ville pavoisée dans un véritable délire. De son quartier général, l'Empereur adresse « aux Italiens » une proclamation imprudente : « Mon armée ne s'occupe que de contenir vos ennemis et de maintenir l'ordre intérieur. Elle ne mettra aucun obstacle à la manifestation de vos vœux légitimes. Volez sous les drapeaux du roi Victor-Emmanuel. Ne soyez aujourd'hui que soldats, demain vous serez citoyens libres d'un grand pays. » C'est que les Italiens ne s'engagent guère dans l'armée. En revanche, dès que les Autrichiens se retirent, les émissaires de Cavour organisent un pouvoir favorable au Piémont. C'est le cas en Toscane, c'est imminent dans les duchés de Parme et de Modène, et dans les Romagnes, partie de l'État pontifical. La révolution suit l'avance de l'armée française. L'Empereur ne peut plus maîtriser ses progrès. En France, les conservateurs catholiques sont furieux des résultats de cette guerre qu'ils n'ont pas voulue. Si le régime perd la droite, gagnera-t-il la gauche ? Un parti de la paix apparaît en France, qui compte des représentants dans l'entourage même de l'Empereur. Fleury écrit à sa femme : « Le programme que l'Empereur s'est tracé, des Alpes à l'Adriatique, je crains qu'il ne nous tienne bien longtemps si Walewski ne trouve pas un moyen de hâter le dénouement. » Un appel à la négociation prend toute sa signification si l'on considère l'état de l'Europe. Le tsar se borne à une neutralité bienveillante, car les tractations de Napoléon avec les partisans de l'indépendance hongroise et polonaise lui déplaisent. Les Anglais sont alarmés à l'idée de conquêtes françaises sur le continent. Surtout, la Prusse veut imposer un arrêt des hostilités et commence à mobiliser son armée. Or, la guerre sur deux fronts dépasse les forces de la France. Le 23 juin, au cours d'une promenade à cheval, Napoléon lit à Victor-Emmanuel une lettre de l'Impératrice qui le presse de traiter ou de renvoyer en France une partie de l'armée.

Alors que l'issue des hostilités était déjà certaine, la bataille de Solférino va être livrée par surprise le 24 juin. François-Joseph, ayant reçu des renforts, s'est décidé à reprendre la marche en avant. De leur côté, les Franco-Piémontais avancent lentement vers l'est, mal ravitaillés, sous une chaleur écrasante : ils font 8 km par jour. On est loin de la rapidité du premier Napoléon ! Et les renseignements font toujours défaut. L'Empereur tient désormais l'armée bien groupée. La bataille de Solférino est une rencontre sans manœuvre. L'issue dépend de la maîtrise de collines au sud du lac de Garde, collines que domine la tour de Solférino. Les combats sont acharnés, incertains. Fleury revendique l'honneur d'avoir incité l'Empereur, spectateur passif, à faire donner sa Garde au moment voulu. La retraite des Autrichiens est protégée par un orage diluvien qui gêne la poursuite. L'armée française, d'ailleurs, demeure inerte une semaine. Sous la chaleur, le spectacle du champ de bataille est terrifiant. Napoléon ne peut s'endurcir à la visite des ambulances. Le typhus fait son apparition. Le quart de l'effectif est maintenant hors de combat, par maladie plus que par blessures. Fleury conclut : « Ces boucheries ne sont plus de notre temps. »

A Paris, on est tout à la joie des victoires. Le 3 juillet, un *Te Deum* est célébré à Notre-Dame pour Solférino. Eugénie, son fils à ses côtés, avance sous les acclamations qui couvrent les musiques militaires ; au retour de la cathédrale, les fleurs pleuvent dans la voiture. Avec le jour du baptême, ce sera le plus beau souvenir de l'Impératrice. La nation est fière de ses soldats. Le peuple croit naïvement que l'Empe-

reur « a les papiers de son oncle ». La situation réelle est
moins brillante. Les Autrichiens, défaits mais non détruits,
se sont repliés derrière l'Adige, à l'abri de leurs forteresses
du Quadrilatère. Il faudra entreprendre une longue guerre
de siège. Or la mobilisation de la Prusse continue. Moltke
écrira que « le 15 juilllet, les transports par chemin de fer
devaient commencer et en très peu de temps une armée de
250 000 hommes serait rassemblée ». Le tsar a envoyé un
officier prévenir Eugénie et Napoléon. Fleury note fin juin :
« Le moment me semble venu de préparer des armes diplomatiques si l'on ne veut pas voir l'orage fondre sur la
France. » Pour l'Empereur, l'enjeu est « trop grand pour le
résultat qu'il poursuit ». Et encore : « L'Empereur n'attend
qu'une issue possible pour sortir d'une entreprise dont les
risques et les difficultés matérielles l'effraient. » Le prince
Napoléon, déçu peut-être de ne pas être demandé comme
roi de l'Italie centrale, est « effrayé de la gravité et de l'étendue que doit fatalement prendre la guerre si on ne sait pas à
temps la limiter ». Il ne reste plus qu'à solliciter les bons
offices de l'Angleterre. Palmerston répond : « Si L'Empereur trouve la guerre assez longue et la besogne trop rude,
qu'il fasse ses offres personnelles, formelles, à l'Empereur
d'Autriche. » A Paris, Jérôme et les ministres songent à
mobiliser 300 000 gardes nationaux pour parer à la menace
prussienne, mais la régente refuse de signer cet ordre de
levée en masse, aveu d'impuissance militaire. Jérôme :
« Vous perdrez la France, vous nous exposez à l'invasion. »
   Napoléon n'a plus le choix. Le 6 juillet, Fleury va porter à
Vérone une lettre impériale proposant une suspension des
hostilités que François-Joseph accepte. Au fond, sa situation est désormais meilleure que celle de Napoléon, mais il
se défie de la Prusse et n'entend pas être sauvé par son
intervention. Napoléon est enchanté de sortir d'embarras
par une négociation directe. Le 10 juillet, c'est l'entretien
des deux empereurs dans le bourg de Villafranca. François-
Joseph renonce à la Lombardie ; il conserve la Vénétie et
demande que les princes régnant à Florence et Modène
soient restaurés. Ce n'est plus l'Italie « libre jusqu'à l'Adriatique ». Une confédération des États italiens sera présidée

par le pape. Un congrès européen réglera les questions en suspens. Victor-Emmanuel n'a pas été consulté ; indigné, Cavour démissionne. L'Empereur des Français s'est tiré d'embarras, mais renonce à Nice et à la Savoie, puisque les Piémontais n'auront pas tout ce qui a été convenu à Plombières. Napoléon III s'en excuse : « Il m'eût fallu trois cent mille hommes et je ne les avais pas. » Le retour du souverain est moins triomphal que l'aller. Il revient à Saint-Cloud sans passer par Paris. Les grands corps de l'État viennent le féliciter. Sa réponse est d'une franchise déconcertante : « Après une glorieuse campagne de deux mois, la lutte allait changer de nature. [...] Il fallait accepter la lutte sur le Rhin comme sur l'Adige. Il fallait partout, franchement, me fortifier du concours de la révolution. [...] Pour servir l'indépendance italienne, j'ai fait la guerre contre le gré de l'Europe ; dès que les destinées de mon pays ont pu être en péril, j'ai fait la paix. » Alors fallait-il faire la guerre ? De nombreux Français se le demandent. Fleury note qu'« une victoire inachevée ne peut entraîner que des difficultés après elle ». Mérimée : « Voilà la paix faite. Elle a été aussi mal ou encore plus mal reçue que la guerre. Le peuple était excité par les victoires et plein de confiance. Les bourgeois ne s'apercevaient pas que les affaires en souffrissent beaucoup et on avait fini par se croire au spectacle. »

Napoléon avait eu l'expérience directe de la guerre. Il avait mesuré son insuffisance comme commandant en chef. Émile Ollivier pense qu'il avait déjà décidé en lui-même de ne plus faire la guerre, du moins de grande guerre en Europe. En même temps, il sentait qu'il n'avait pas rempli ses promesses vis-à-vis de l'Italie. Il cherchera tous les moyens d'y parvenir sans faire la guerre. Son triomphe a quelque chose d'incomplet. En même temps, Anglais, Allemands, Belges sont pleins de crainte. Ils redoutent les initiatives belliqueuses de l'Empereur. Contraint à une paix de compromis, il fait peur à toute l'Europe.

C'est que son armée paraît la première du monde. Après les Russes, les Autrichiens en ont fait l'expérience. Les Prussiens ont éprouvé de sérieux mécomptes au cours de leur mobilisation ; il leur faut reprendre l'organisation de leur armée. Napoléon, alors qu'il veut la paix, épouvante tout le monde. Même en France, on le soupçonne de songer au Rhin après l'Italie, de vouloir envahir l'Angleterre. En fait, à la différence des Prussiens, il n'opère aucune réforme de l'institution militaire qui a pourtant montré son imperfection. Le 14 août, une partie de l'armée d'Italie rentre à Paris, Napoléon à sa tête. Après le défilé sur les boulevards, l'Empereur s'établit place Vendôme où des tribunes abritent l'Impératrice et les dignitaires ; le petit prince est campé sur la selle de son père. A trois ans, il est habillé en grenadier de la Garde et porte le grand cordon de la Légion d'honneur ; l'enfant le jettera aux soldats. L'armée défile, avec des uniformes en loques, les drapeaux noircis. La place des morts est laissée vide dans les rangs. Les zouaves, après les Kabyles, remportent un triomphe ; ils défilent avec leurs animaux, un chien savant habillé marche à leur tête. C'est le second et dernier défilé de ce genre. L'Empereur bénéficie de cette gloire militaire qui a été si mesurée à la France depuis 1815. La fierté nationale fait bon marché du coût de ces guerres qu'après tout rien ne rendait nécessaires. Napoléon aime à penser que les victoires ont opéré la réconciliation des partis, que le régime est plus fort que jamais. Pour sa fête, le 15 août, il signe une amnistie générale des proscrits. Presque tous rentreront ; le dernier exil ne se composera plus que de quelques dizaines d'émigrés dont les liens avec la France se desserreront avec le temps. Pourtant les conséquences de l'intervention en Italie vont bientôt apparaître.

VIII
Conséquences de l'initiative
en Italie (1859-1860)

Les clauses de Villafranca signifiaient un compromis entre la cause italienne et l'entente avec l'Autriche chère aux conservateurs catholiques. Pour respecter ce compromis, il fallait restaurer les anciens souverains en Toscane et à Modène et empêcher l'insurrection en Romagne, partie de l'État du Saint-Siège. Mais les agents piémontais avaient partout saisi le pouvoir derrière les troupes françaises et préparé des plébiscites préparatoires à l'annexion. Cavour, bientôt rentré au ministère, orchestrait le mouvement au profit de son roi. En même temps, personne ne voulait d'une confédération dont l'Autriche, détenant la Vénétie, serait maîtresse. D'ailleurs comment faire vivre ensemble le pape et Victor-Emmanuel, qui lui enlevait la Romagne insurgée ? Les stipulations de Villafranca se révélaient irréalistes. Ou bien, l'armée française étant toujours en Italie, fallait-il réinstaller les princes par la force ? Walewski et l'Impératrice étaient de cet avis. Mais pouvait-on faire la guerre contre ceux qu'on venait de libérer ? Les partisans des nationalités — le prince Napoléon, Pietri, le docteur Conneau — s'insurgeaient contre cette absurdité.

Pris entre les Italiens et l'ambassadeur Metternich, arrivé depuis peu pour réaliser l'entente avec l'Autriche, Napoléon ne savait que faire. Il avait déclenché un mouvement qui le dépassait et s'en remettait, une fois encore, à un congrès européen pour le tirer d'embarras. En attendant, il décon-

seillait sans interdire — position peu prestigieuse — et
subissait le chantage des Italiens. Il résumait ainsi la situation devant Metternich au début de septembre 1859 : « J'ai
arrêté la guerre parce que j'ai peur des sacrifices de sang
qu'elle me coûterait encore ; parce qu'il me répugnait
d'avoir la révolution à mes trousses, Kossuth et Klapka
comme auxiliaires. J'allais passer pour le chef de toutes les
canailles de l'Europe. Enfin je prévoyais tôt ou tard une
guerre générale et j'ai proposé à l'Empereur d'Autriche de
nous entendre et de faire la paix. [...] C'est une vraie gan-
grène que cet état de choses en Italie. La pente est tellement
rapide que je ne sais et ne puis arrêter l'élan de ce peuple. Je
vous assure que je suis bien malheureux de tout cela. Mais
que faire ? [...] J'ai tous les jours des lettres qui me prouvent
que ce n'est pas le parti révolutionnaire proprement dit qui
est à la tête de l'agitation. Ce sont des gens comme il faut et
ils ont l'adresse de mettre en place tous mes anciens amis qui
m'écrivent que le parti mazzinien n'a pas la moindre chance
de réussir, que l'ordre ne sera pas troublé et que tout serait
perdu si je les abandonnais. »

A la vérité, selon le mot du député Darimon, « l'Empire
marchait littéralement à la remorque du Piémont ». A peine
signés en novembre 1859, il est évident que les traités de
Zurich seront lettre morte. Alors Napoléon prend sa décision, il a compris qu'il aura toutes les grandes puissances
contre lui au futur congrès. La France se trouve sans alliés,
la Prusse et l'Angleterre étant désormais soupçonneuses et
hostiles. Le gouvernement de Londres fait de la surenchère
en Italie ; il lui est indifférent que le pape perde une partie
de son temporel. Le 22 décembre paraît une brochure anonyme, *le Pape et le Congrès*, issue du cabinet impérial, selon
laquelle le souverain pontifie doit conserver un État réduit à
Rome et à ses environs. Le pouvoir spirituel sera d'autant
plus grand que le pouvoir temporel sera réduit à l'essentiel.
Le prochain congrès consacrera cette mutation. Il est vrai
que cette détermination rend le congrès inutile. Le
31 décembre, Napoléon écrit à Pie IX pour l'inviter à « faire
le sacrifice de ses provinces révoltées et à les confier à
Victor-Emmanuel ». Pie IX répondra dans une allocution

publique : « L'Empereur n'est qu'un menteur et un fourbe. »
C'est la rupture. Napoléon n'a alors plus qu'une idée, rappeler ses troupes de Rome, en finir avec cette occupation qui
lui cause tant de mécomptes. Pourquoi la France serait-elle
la seule grande puissance catholique à prendre cette responsabilité ? Walewski, trop « clérical », est renvoyé. Thouvenel, peu favorable au pape, le remplace ; à l'Intérieur, Billault revient : on le sait lui aussi sourd aux revendications catholiques. Finalement, en mars 1859, Napoléon III cède à
Cavour : la Romagne, Parme, Modène, la Toscane sont
incorporés au Piémont après plébiscite. En compensation,
Victor-Emmanuel ayant désormais un État aussi peuplé
qu'il était prévu à Plombières, la Savoie et Nice deviennent
françaises, le tout après plébiscites ratifiés par des populations passives. Sur les Alpes, la France retrouve ses frontières naturelles perdues en 1815. C'est un indéniable succès, mais payé d'une complicité avec Cavour et son roi.
Moins que jamais Napoléon n'osera s'opposer à leurs entreprises, de peur de désavouer son initiative de 1859. Qui plus
est, il se sent redevable de la Vénétie et voudrait assurer la
réconciliation du pape et de Victor-Emmanuel. La question
romaine, véritable boulet aux chevilles de l'Empereur,
l'empêchera de récolter les fruits de sa politique italienne.

Enfin ses initiatives ont alarmé toute l'Europe. Les
monarchies du continent se tiennent à l'écart. On craint de
nouvelles hostilités. Le tsar veut « rester fidèle aux principes
conservateurs » que bafouent les plébiscites en Italie et en
France. Un nouvel âge de révolutions commence, contre
lequel les gouvernements traditionnels doivent s'unir. Pour
désarmer cette défiance générale, ce malaise universel,
Napoléon va chercher un coup d'éclat et le trouve dans
l'idée d'un traité de commerce avec l'Angleterre, début
d'une nouvelle diplomatie économique, celle du libre-
échange.

Depuis le début de son règne, il avait tenté d'atténuer la
législation protectionniste en obtenant des dégrèvements
successifs sur des produits essentiels tels que le fer ou le
charbon. Ces tentatives avaient, on l'a vu, soulevé l'opposition du Corps législatif et des patrons des industries tradi-

tionnelles, alors que les professeurs d'économie politique et les saint-simoniens étaient favorables au libre-échange qui leur paraissait un facteur de prospérité, mais aussi de paix. La Grande-Bretagne, au milieu du siècle, avait adopté le libre-échange. Le saint-simonien Michel Chevalier, ayant visité Cobden en Angleterre, incita l'apôtre du libre-échange à rencontrer l'Empereur. Avec l'accord de son gouvernement, Cobden vint en secret conférer avec Napoléon à Saint-Cloud. Rouher, Baroche, Fould furent au courant ainsi que Persigny, ambassadeur à Londres. Les frères Péreire appuyaient le projet, faisant valoir à l'Empereur que c'était un moyen de « renouveler les grandes entreprises qui avaient inauguré son règne ». Il s'agissait de retrouver les jours fastes de 1852, disparus depuis 1857. Napoléon était incertain, mais voulait prouver ses dispositions pacifiques, faire « quelque chose pour dissiper l'inquiétude et remettre l'industrie à l'œuvre » et pour cela réaliser un coup frappant l'opinion, rouvrir l'ère des travaux de la paix. Le traité de commerce franco-anglais fut donc signé le 23 janvier 1860. Valable pour dix ans, il remplaçait les prohibitions douanières par des droits modérés. Ce n'était pas un véritable libre-échange, mais c'était la fin du protectionnisme. Le Corps législatif n'avait pas été consulté pour ce coup d'État économique.

Peut-être pour compenser l'effet de surprise, une lettre du 5 janvier adressée par l'Empereur au ministre d'État avait paru au *Moniteur* quelques jours auparavant. Le document était comme un nouveau discours de Bordeaux ; le souverain déclarait la paix et mettait à l'ordre du jour le « développement de la richesse nationale par un système général de bonne économie politique ». Il ordonnait la poursuite de l'amélioration des transports de toute sorte, un abaissement de leurs tarifs pour « inaugurer avec moi une nouvelle ère de paix, en assurer les bienfaits à la France ». Ce serait aussi l'ère de la vie à bon marché. La Chambre se plut à croire que l'ère belliqueuse était close. Un député s'écria : « Le programme économique de l'Empereur est la confirmation du discours de Bordeaux. C'est une déclaration de paix. En même temps qu'il doit rassurer l'Europe, il dit au pays de compter sur l'avenir. » Pour leur permettre d'affronter la concurrence britannique, des prêts furent accordés aux industriels français. Tout était donc fait pour donner le sentiment d'une ère nouvelle ; de fait, le traité franco-anglais ayant été suivi de traités avec toutes les puissances voisines, il s'agissait bien d'un élargissement considérable du cadre de vie économique. Le traité de janvier 1860 ferait date.

L'opinion anglaise fut bien satisfaite, mais ne renonça pas à ses alarmes assez mesquines. La réunion de la Savoie et de Nice fut prétexte à de nouvelles difficultés. L'Angleterre appuya la Suisse, lorsque cette dernière demanda l'annexion du nord de la Savoie. Les Savoyards ayant repoussé ce démembrement, il fallut au moins concéder l'existence d'une zone franche douanière. L'Angleterre craignait pour la Belgique, les Allemands pour le Rhin, les Autrichiens s'attendaient à une attaque sur la Vénétie et sur la Hongrie. Jusqu'au gouvernement russe qui craignait pour la Pologne. La suspicion envers la France, le désir de limiter son ambition était devenu général. Napoléon ne cherchait qu'à calmer ces frayeurs. En juin 1860, il eut à Bade une entrevue avec le prince-régent de Prusse accompagné de trois rois allemands et d'autres petits princes ; en dépit de ses efforts, il ne put calmer leurs appréhensions. Il semblait puissant, prépondérant ; en fait, il était isolé.

D'ailleurs les difficultés italiennes allaient se manifester à nouveau. En mai, Garibaldi et ses mille chemises rouges quittèrent Gênes et firent voile vers la Sicile insurgée contre le roi de Naples. En un mois, il se rendit maître de la Sicile. L'Angleterre le soutenait. Napoléon III essaie alors des combinaisons pour conserver l'Italie du sud à son roi : alliance avec le Piémont, Sicile indépendante. Vainement ; Garibaldi passe le détroit, entre à Naples où une trahison quasi générale favorise son entreprise. L'Empereur ne désire plus que la fin de la question italienne et l'évacuation de Rome ; il est décidé à la non-intervention réclamée par l'Angleterre. Il dit ainsi à l'ambassadeur Metternich en juillet : « L'ancien état de choses ne pouvait revenir purement et simplement ; il fallait ou bien combiner adroitement le passé avec l'avenir, ou bien laisser les événements se succéder sans y mettre la main. On n'a pas fait l'un, j'ai dû faire l'autre. » En août, il est certain que Garibaldi, maître de l'Italie du Sud, veut ensuite marcher sur Rome où se trouvent les soldats français. Cavour élabore alors un plan audacieux pour neutraliser le héros : l'armée piémontaise, à travers la partie orientale des États pontificaux, gagnera le royaume de Naples et supplantera Garibaldi avant qu'il ait pu mettre ses dangereux projets à exécution. Mais le gros de l'armée de Pie IX est composé de volontaires venus de l'Europe catholique et commandés par Lamoricière, le célèbre chef d'Algérie exilé au 2 décembre. Enfin, il ne faut pas se heurter à la garnison française de Rome. Cavour, fin août, envoie deux émissaires, Farini et le général Cialdini, à Chambéry où ils sont reçus par l'Empereur. Celui-ci visite sa nouvelle province. Napoléon ne leur a sans doute pas dit : « Faites, mais faites vite » comme ils l'ont prétendu. Résolu à ne pas intervenir, il leur a laissé carte blanche.

Alors les événements se précipitent. En septembre, la très petite armée de Lamoricière dont les cadres comprenaient une partie de la noblesse légitimiste de France est écrasée par les Piémontais. En octobre, Garibaldi, devant l'arrivée des Piémontais, salue Victor-Emmanuel comme roi d'Italie. Après plébiscites, Italie du Sud, Marches et Ombrie sont réunies aux États du roi. L'unité italienne est faite, à l'exception de la Vénétie toujours autrichienne et de Rome et de sa campagne qui restent au souverain pontife. L'Europe a laissé faire, comme Napoléon qui écrit au pape : « Jamais mes troupes ne deviendront un instrument d'oppression contre les peuples étrangers. » Et au roi : « Je pense que l'unité aurait dû suivre et non précéder l'union. Mais cette conviction n'influe en rien sur ma conduite. Les Italiens sont les meilleurs juges de ce qui leur convient, et ce n'est pas à moi, issu de l'élection populaire, de prétendre peser sur les décisions d'un peuple libre. » Il précise toutefois qu'il n'abandonne pas le pape : ses troupes resteront dans la Ville Éternelle tant que l'Italie ne sera pas réconciliée avec le Saint-Siège ou, au moins, que des garanties n'assureront pas la sécurité du souverain pontife. Mais Cavour meurt inopinément le 6 juin 1861, alors que Thouvenel discutait avec lui un arrangement : le gouvernement italien s'engageait à respecter Rome que l'armée française évacuerait. La négociation ne progresse guère et la disparition de l'homme d'État ne facilitera pas son issue. Par ses interventions en Italie, en 1849 et en 1859, Napoléon s'est assuré une accumulation de soucis qu'il ne peut dissiper.

Cependant le régime continue à offrir des parades. Le 4 juillet 1860, les obsèques du roi Jérôme revêtent une ampleur extraordinaire — le dernier frère de Napoléon avait encore assisté au retour des troupes d'Italie. En août, le couple impérial part pour un grand voyage : la Savoie, Grenoble, Nice, Marseille, la Corse et Alger. L'Impératrice est la vedette de ce périple et conservera un souvenir enchanté d'une promenade nocturne sur le lac d'Annecy éclairé par les feux d'artifice : elle a cru assister « aux noces de la France et de l'Empire. » Puis ce sont les fantasias d'Algérie. Le voyage sera abrégé par la nouvelle du décès à Paris de la duchesse d'Albe, sœur aînée d'Eugénie. Il faudra revenir sur une mer déchaînée, qui contraindra les souverains à débarquer à Port-Vendres pour échapper à la tempête. Ces parades suivies d'un dénouement brutal sont à l'image de la situation. Derrière l'image de la prépondérance, les difficultés apparaissent pour le régime.

La guerre d'Italie, écrit Maupas, « cette substitution plus apparente encore que toutes les autres de la volonté personnelle du souverain à la volonté de la nation, vint provoquer une explosion de revendications libérales ». Quant au traité de commerce, il suscita dans les milieux industriels et au Corps législatif une vive opposition. Enfin les républicains, pour la plupart rentrés en France, ne se rallièrent pas et renforcèrent l'opposition de gauche. L'Empereur aurait rencontré tôt ou tard ce réveil de l'esprit libéral et parlementaire, les élections de 1857 l'avaient montré. C'est peut-être pour neutraliser ce réveil que Napoléon s'était lancé dans l'aventure italienne. Son initiative lui avait aliéné presque toutes les forces conservatrices sur lesquelles il s'était appuyé depuis le coup d'État. On disait dans les couloirs du Palais-Bourbon qu'il avait dépensé 500 millions, fait tuer

50 000 hommes pour ne pas tenir sa parole, puis venir se cacher à Saint-Cloud. Certes, les masses paysannes, le lest de la nation, n'étaient pas atteintes par ces propos. Les ouvriers pouvaient être séduits par la politique italienne. Enfin, les opposants préféraient encore l'Empire aux régimes concurrents, mais la pensée leur venait de contrôler les initiatives du souverain. Et comment contrôler, sinon par un retour au régime parlementaire ?

Pie IX avait répondu aux menaces pesant sur son pouvoir temporel en demandant aux évêques français de faire campagne pour son maintien, et la plupart obéirent. La question romaine prit une virulence inédite. On assurait que le pape, privé de ses États, n'aurait plus aucune indépendance spirituelle et tomberait au rang d'évêque italien. A la vérité, c'est Napoléon qui, souhaitant la réduction du pouvoir temporel à un reliquat symbolique et la réconciliation du pape et de l'Italie, avait conçu une solution d'avenir — nous le constatons aujourd'hui. Mais Pie IX considérait ses États comme un dépôt dont il ne pouvait disposer et se refusait à toute concession. La question romaine s'aggravait du fait que Cavour lui-même, avant sa mort, avait proclamé la nécessité pour la nouvelle Italie d'avoir Rome comme capitale. L'Empereur se trouvait pris ainsi entre ses protégés italiens et Pie IX qui était aussi son protégé, puisqu'il régnait avec l'aide de l'occupation française. Napoléon ne songeait plus qu'à la non-intervention et même à l'évacuation de Rome. En France, de puissantes forces catholiques exigeaient le maintien de la protection française sur la Ville Éternelle. On savait que l'Impératrice, Walewski, Drouyn de Lhuys étaient partisans de ce maintien. Par hostilité à la politique italienne, le protestant Guizot et des libres-penseurs comme Thiers défendaient le pouvoir temporel du pape. La gauche démocrate soutenait la politique de Napoléon sur ce point, mais elle était largement républicaine. Le régime perdait donc les catholiques militants sans gagner beaucoup à gauche, et ne pouvait compter que sur les impérialistes laïques. Veuillot qui, dans l'*Univers*, avait soutenu le régime depuis le coup d'État, devint opposant au point de faire supprimer son journal. De leur côté, les catholiques libéraux du *Correspondant*, partisans des libertés parlementaires, mal vus à Rome, s'empressèrent de soutenir le pouvoir temporel pour rentrer en grâce. Certes, la masse des curés de campagne et des fidèles ne fut pas vraiment touchée par cette opposition, tandis que dans les classes élevées la question romaine opposa violemment les esprits. Les légitimistes intransigeants prirent le parti du Saint-Siège ; leurs jeunes hommes s'engagèrent dans l'armée du pape commandée par Lamoricière. Plusieurs tombèrent à Castelfidardo sous les balles piémontaises. Leurs oraisons funèbres fournirent souvent des prétextes à des manifestations légitimistes : le parti retrouvait l'appui d'une partie de l'épiscopat. Ces militants politiques commencèrent à être qualifiés de « cléricaux ». Contre l'ultramontanisme, le régime essaya alors de protéger les gallicans, qui voulaient limiter l'influence du pape sur l'Église et chercha aussi un contrepoids chez les anticléricaux. Deux journaux furent ainsi fondés, *l'Opinion nationale*, favorable aux nationalités et qui suivait volontiers les directives du prince Napoléon, et *le Temps*, promis à une longue et brillante carrière. La pensée vint aux hommes de l'Empire d'opposer l'instituteur au curé. On entrait dans une période nouvelle qui ne permettrait pas la réconciliation générale attendue par Napoléon III de la guerre d'Italie.

La nouvelle politique douanière provoqua le même mécontentement. Depuis la Révolution, l'industrie nationale s'était habituée à vivre sous la protection des tarifs prohibitifs. Des groupes de pression avaient tenu les Chambres sous les régimes précédents et jalousement veillé au maintien du protectionnisme contre lequel s'élevaient les rares professeurs d'économie, les représentants des ports et des industries exportatrices comme la mode, la soie ou les vins. Les grands financiers représentant l'économie du 2 décembre, eux, souvent influencés par les idées saint-simoniennes, avaient fait jouer leur influence au profit du libéralisme douanier. Mais les patrons de la métallurgie et ceux du textile — en particulier du coton — redoutaient la concurrence anglaise et comptaient commme toujours sur les députés pour arrêter tout projet dangereux. Le nouveau tarif, instauré par décret, en dehors du Corps législatif, parut un coup d'État. De fait, souvent, la période d'adaptation fut dure pour beaucoup d'entreprises. Dès que le pouvoir personnel agissait à leurs dépens, ces patrons le trouvèrent plus discutable. Ils voulurent se mettre à l'abri de semblables surprises et rêvèrent de contrôle politique. A l'opposition cléricale s'ajouta l'opposition protectionniste.

Les budgétaires trouvèrent un climat favorable à leur traditionnelle lutte pour la réduction des dépenses par un contrôle financier plus strict. Ils se prononcèrent contre le programme du 5 janvier et les travaux publics annoncés. Puis ils firent porter les économies sur l'armée. Ici ils rencontrèrent l'appui du ministre Fould ; ce dernier fournissait des députés, ses créatures, en dossiers précis. On savait que c'était lui qui parlait par la bouche de ses amis lorsqu'ils demandaient qu'on en finît avec une politique dépensière qui n'était ni la paix ni la guerre.

Les libéraux parlementaires de la Monarchie de Juillet, dès 1859, avaient préparé une campagne de brochures et de pétitions au Sénat. L'une de ces brochures sur « les Anciens Partis », œuvre d'un jeune publiciste, Prévost-Paradol, fit sensation ; un jeune talent prenait la défense des partis parlementaires et les montrait toujours vivants. *Le Courrier du Dimanche* exprima bientôt les opinions de cette tendance qui favorisait, au-delà de leur différence, l'union de tous les partisans du libéralisme parlementaire.

Sans que le régime fût en danger, le climat n'était plus le même. Beaucoup souhaitaient que les institutions fonctionnent différemment. Le docteur Véron, ancien propriétaire du *Constitutionnel*, observateur délié sous une enveloppe épaisse, pensait que l'Empire était amoindri, que la désaffection envers lui était profonde et que la grande bourgeoisie revenait à ses « préjugés parlementaires ». En Normandie, les propriétaires et les manufacturiers critiquaient des guerres dont le pays ne tirait aucun profit. La session de 1860 du Corps législatif, sans qu'on eût changé le règlement de la Chambre, témoigna de l'émancipation d'une partie de l'Assemblée. Un candidat officiel proche de l'Empereur avait battu un candidat clérical dans une élection partielle ; son élection ne fut ratifiée par la Chambre que par 123 voix contre 109. Suivant une pratique inaugurée par les cinq républicains, les députés utilisaient la discussion de chaque article du budget pour se livrer à de véritables interpellations. Baroche devait chaque jour faire face aux oppositions de droite et de gauche, sans pouvoir s'appuyer sur ses conseillers d'État. Le compte rendu lui aussi s'étoffait, reproduisant à peu près textuellement les discours ; Darimon, l'un des Cinq, notait le 19 mai 1860, à propos d'une discussion sur quelques tarifs douaniers, combien l'esprit de résistance avait progressé dans la Chambre, ajoutant : « Je doute qu'aux plus beaux jours du régime parlementaire on ait été plus loin. » Les rapports entre « le Château » et la Chambre devenaient très tendus. On trouvait aux Tuileries que celle-ci donnait à ses discussions d'énormes développements et que la session se prolongeait par trop ; ce n'était plus qu'une longue série d'interpellations illégales. Le Corps législatif avait repris la parole.

Morny, président de la Chambre, et désormais bien installé dans son fauteuil, vieux parlementaire en dépit de son rôle dans le coup d'État, ressentit vivement cette évolution. Au fond assez nonchalant, accaparé par ses entreprises financières et ses plaisirs, il ne désirait pas faire barrage à ces tendances nouvelles, mais plutôt les canaliser. Trouvant « qu'il y avait trop de capucins dans la Chambre », favorable à l'Italie, il pensait que le mouvement avait quelque chose d'irréversible, que l'Empire autoritaire ne pouvait être qu'un régime transitoire. Il prépara une modification du règlement de la Chambre, conférant aux députés le droit d'amendement et même d'interpellation et prescrivant la publication du compte rendu sténographique des débats. Il travaillait avec les présidents des différents bureaux entre lesquels étaient répartis les députés et demandait qu'en attendant on ne le pressât pas trop. Au terme de son enquête, il adressa un mémoire à l'Empereur. Celui-ci montra le mémoire à Walewski, qui lui-même en parla à Thiers, son ancien patron dans la vie politique. C'est Thiers qui, sembla-t-il, suggéra de rétablir l'adresse, cette réponse au discours par lequel le souverain ouvrait chaque année la session parlementaire. Au cours du débat sur la rédaction de l'adresse, les diverses tendances pourraient s'exprimer librement. De toute façon, il s'agissait de régulariser une pratique qui s'était établie.

Le 22 novembre 1860, l'Empereur exposa aux ministres les réformes qu'il allait réaliser par décret. A l'exception de Walewski, tous furent défavorables ; Napoléon n'en persista pas moins. Les décrets du 24 novembre apportèrent une sensible modification dans le fonctionnement du Corps législatif. Le droit de répondre au discours du trône par une adresse était donné au Sénat et au Corps législatif ; une discussion sommaire des projets de loi en comité secret élargissait pour le Corps législatif le droit d'amendement ; la publicité des débats par la sténographie était rétablie. Enfin trois ministères sans portefeuille étaient créés pour soutenir devant les Assemblées la politique du gouvernement.

La sensation produite fut considérable. Les partisans du parlementarisme crurent — ou feignirent de croire — qu'un régime plus libéral allait suivre pour la presse, que le Corps législatif allait être dissous et qu'il serait procédé à de nouvelles élections. Mais l'Empereur en resta aux décrets du 24 novembre. Si ce n'était pas l'Empire libéral, c'était néanmoins un considérable assouplissement. Persigny, revenu en décembre 1860 au ministère de l'Intérieur, invitait les préfets à faire appel aux « hommes honorables » des anciens partis. L'opinion avait changé ; son atonie était dissipée, la vie politique reprenait. Le souverain, bon observateur de l'opinion, légalisait ce mouvement spontané avec les débats de l'adresse ; il lui offrait un exutoire institutionnel. Dans ce climat essentiellement politique, un fait devenait manifeste : les conseillers d'État ne pouvaient plus soutenir la discussion. Baroche, leur président, ne suffisait plus à lui seul à la tâche. D'où l'idée de le renforcer en lui adjoignant deux ministres sans portefeuille, Magne et Billault. Leur mission serait de se faire les avocats des ministres à portefeuille. Ces derniers, vrais ministres, ne paraissant pas devant les Assemblées, le régime n'en devenait pas parlementaire pour autant. Simplement on discutait politique, ce qui autrefois était interdit — une interdiction que l'Empereur n'avait pas pu faire respecter devant les inquiétudes soulevées par ses initiatives. Pour la première fois, les débats du Corps législatif allaient intéresser le public, et le Sénat, par l'adresse et la publicité de ses débats, allait jouer un rôle politique.

Les historiens contemporains ont souvent dit que rien n'obligeait l'Empereur à prendre ces mesures contre l'avis de la majorité de ses ministres — y compris les trois futurs ministres de la parole. C'est exact en ce sens que les oppositions naissantes, n'étant pas vraiment appuyées par les masses du suffrage universel, ne pouvaient contraindre l'Empereur à aucune mesure. Napoléon III a toujours pensé que le « couronnement de l'édifice » était le terme de l'évolution de son régime, avec l'introduction d'institutions analogues à celles de la Grande-Bretagne. Mais il attendait pour ce faire une évolution des mœurs politiques. A-t-il pensé qu'un début de transformation justifiait les décrets de novembre ? Il croyait que les libertés économiques, civiles, engendreraient à la longue la liberté politique. Mais il n'était nullement pressé de constater ce processus. La liberté, dans son esprit, était toujours pour plus tard. S'il a donné cette liberté au Corps législatif et, par voie de conséquence, au Sénat, c'est que la Chambre l'avait déjà prise en fait au cours de la session de 1860.

QUATRIÈME PARTIE

I
Les années incertaines :
les expéditions lointaines
(1861-1865)

Après 1860 s'ouvre pour Napoléon III une période de calme qui contraste avec les années agitées qui ont précédé. Pas de grande guerre, seulement des « expéditions lointaines » où l'existence nationale ne se trouve pas engagée. A l'intérieur, la vie politique renaît et le régime inauguré par les décrets de 1860 fonctionne normalement. L'Empereur jouit en Europe d'un grand prestige ; il semble être prépondérant, mais l'alliance anglaise n'est plus étroite et l'entente avec la Russie n'est plus totale. Bien que les ambitions cachées de Napoléon fassent peur et provoquent son isolement, le prince Napoléon pourra encore, en 1863, parler de « l'écrasante prépondérance de la France fondée par les guerres de Crimée et d'Italie ».

Ayant atteint la cinquantaine, l'Empereur vieillit vite. Il a grossi, et doit teindre ses cheveux gris. Sa démarche lasse s'accentue : il souffre de la goutte. En 1864, au camp de Châlons, il subit la première crise de la maladie de vessie qui causera sa mort huit ans plus tard. Il dirige le gouvernement peut-être de moins près. Toujours aux aguets de l'opinion, il s'efforce de la suivre tout en poursuivant ses desseins personnels. Prudent, il navigue à vue, s'inspire des circonstances sans abandonner ses idées. Sa tendance à repousser les décisions au dernier moment se précise. L'âge n'a point diminué son ardeur à « courir au premier chat coiffé », selon l'expression de la princesse Mathilde. C'est l'époque de Marguerite Bellanger — et beaucoup d'autres.

Enfin, c'est le moment où il se met à écrire une *Vie de César*, idée stupéfiante pour un homme aussi occupé. Comme le pensent Persigny et Mérimée, on aurait conçu qu'il écrive un essai, mais une histoire détaillée ! Sans doute, une équipe se constitue-t-elle pour faire les recherches, préparer le texte. Un membre de l'Institut, Alfred Maury, nommé bibliothécaire des Tuileries (où il n'y a pas de bibliothèque) est le factotum du groupe. Saulcy, mari d'une dame d'honneur, Longpérier, l'amiral Jurien de La Gravière en font partie. Le professeur d'histoire Victor Duruy sera ainsi connu de Napoléon qui le fera ministre en 1863. Hortense Cornu, brouillée avec lui après le coup d'État et réconciliée depuis la guerre d'Italie, reprend un rôle de conseillère pour le livre. Mérimée, tenu d'abord à distance par le maître, entre en grâce « en parlant de César à Auguste » ; il reverra les épreuves. Mocquard corrige le style du souverain. Deux volumes paraîtront en 1865 et 1866 en grand arroi, traduits dans les principales langues, envoyés aux notoriétés scientifiques. L'auteur, semble-t-il, aurait été heureux d'être élu à l'Institut ou à l'Académie française. La Compagnie avait choisi d'anciens ministres de Louis-Philippe dont les titres n'étaient pas plus évidents. Elle feignit l'indifférence. Faire un article sur l'ouvrage impérial devint une affaire politique. Puis les événements et la santé de l'auteur arrêtèrent la publication. De ces années vouées en partie à l'érudition naquirent des recherches sur « l'artillerie antique », la fondation du musée de Saint-Germain consacré aux Antiquités nationales, enfin les fouilles d'Alise-Sainte-Reine promue à la dignité d'Alésia. C'est en juin 1861, que l'Empereur vint les visiter avec Mérimée ; quatre ans plus tard, il fit ériger la grande statue en bronze de Vercingétorix qui aujourd'hui encore domine le site. Au cours de ces années, Napoléon III avait retrouvé le goût de l'érudition qui avait caractérisé ses années de Ham. En 1865 la revue jouée par les invités de Compiègne s'intitule *les Commentaires de César*. On y plaisante doucement ce que l'on considère comme la manie du maître de maison tout en suggérant un parallèle entre l'auteur et son sujet. Plus critiqué que lu, il ne semble pas que l'ouvrage ait été mauvais. Comme le pensait Persigny, on retient surtout aujourd'hui la préface où Napoléon reprend dans sa maturité les thèmes qu'il avait exposés dans sa jeunesse. Il parle de la « prééminence de ces êtres privilégiés qui apparaissent de temps à autre dans l'histoire comme des phares lumineux » et s'élève contre toute interprétation réductrice de leurs mobiles. La grandeur d'un homme se décèle dans « l'empire de ses idées, lorsque ses principes et son système triomphent en dépit de sa mort ou de sa défaite ». Ce dernier mot montre que c'est Napoléon Ier, le Messie du siècle, qui est derrière César : « L'ostracisme de Napoléon par l'Europe conjurée n'a pas non plus empêché l'Empire de ressusciter, et, cependant, que nous sommes loin des grandes questions résolues, des passions apaisées, des satisfactions légitimes données aux peuples par le Premier Empire ! » Cette préface, datée symboliquement du 20 mars 1862 (date anniversaire du retour de l'île d'Elbe) atteste que les idées du souverain n'ont pas changé à l'épreuve du pouvoir et des faits. Il demeure l'exécuteur testamentaire des volontés de Sainte-Hélène, l'homme de gauche de 1830, un homme du « mouvement » ; ce qui explique sa fidélité au prince Napoléon, en dépit des foucades de celui-ci, au docteur Conneau, à Hortense Cornu, à ses amis italiens Arese et Pepoli.

On ne peut dire que l'Empereur exerce un mécénat. Il subventionne des savants lorsque ces derniers sont bien patronnés. Ainsi Renan à ses débuts. Viollet-le-Duc, courtisan adroit, l'intéresse à la restauration du château de Pierrefonds. L'achat de la collection Campana pour le Louvre vient peut-être de ce que la marquise Campana était une amie de jeunesse connue en Angleterre, sa patrie d'origine. Napoléon III a laissé le ministère de la Maison de l'Empereur procéder à des achats éclectiques sans jamais l'influencer. Ce n'était pas là son souci essentiel.

Si l'Empereur a cinquante-deux ans — une cinquantaine assez lasse en dépit de ses aventures —, l'Impératrice n'en a que trente-quatre. Femme admirée, heureuse de cette admiration, femme irréprochable dans sa conduite, c'est

aussi une épouse bafouée. Elle sait qu'elle n'aura pas d'autre
enfant. Son ressentiment se traduit par des manifestations
épisodiques d'indépendance. En novembre 1860, à son
retour d'Algérie après la mort de sa sœur Pacca, elle part
avec quelques familiers pour un voyage en Écosse qui surprend l'opinion. En 1863, elle effectue une longue navigation autour de la péninsule Ibérique. L'année suivante, elle
va faire une cure dans la ville d'eaux allemande de Schwalbach. A son retour, elle confie à Mérimée qu' « il y a désormais l'Impératrice, il n'y a plus d'Eugénie ». L'intimité
conjugale a cessé, elle se voue désormais à l'avenir de son
fils. L'Empereur, mauvais mari, est un père affectueux,
mais sa bonté confine, comme souvent avec les gens qu'il
aime, à la faiblesse ; ce n'est pas un éducateur. Eugénie, au
contraire, assez sèche et autoritaire, compense. L'enfant
n'aura que neuf ans en 1865. Il est charmant, tôt élevé en
fonction de son rôle, admirant les soldats, dessinant bien
quoique assez peu doué pour les études. Sur lui repose
l'avenir de la dynastie. C'est pourquoi l'Impératrice s'intéresse à la politique : certes elle y trouve une diversion, mais
aussi elle en a toujours eu le goût. Et maintenant, elle veut
corriger les erreurs de son mari, assurer l'avenir de son
enfant, enfin se préparer à une éventuelle régence. En 1859,
pendant que Napoléon se trouvait en Italie, elle a été régente
deux mois. Elle le sera encore en 1865 lors du second voyage
de l'Empereur en Algérie. Un attentat peut, du jour au
lendemain, l'amener à assumer le pouvoir. Aussi travaille-
t-elle consciencieusement, lisant des ouvrages sérieux, assistant fréquemment aux Conseils des ministres, disant son
mot. On raconte que Napoléon III la laisse faire pour éviter
des scènes de ménage. Persigny prétend qu'il est mené par
sa femme. Il est certain qu'elle exerce une influence en
faveur des idées autoritaires et des thèses catholiques (sans
qu'elle soit cléricale); soutient certains ministres contre
d'autres et envenime les querelles d'influence dans le gouvernement. Elle aime parler politique avec les ambassadeurs ; d'abord avec Metternich, l'époux de son amie, et
aussi avec les Prussiens Reuss et Goltz, avec l'Italien Nigra
ou l'Anglais Cowley. Elle leur en dit trop, trahissant devant

ces observateurs professionnels ce qu'elle peut apprendre au cours de sa vie quotidienne avec l'Empereur. Aussi est-elle admirée plus qu'aimée. D'autant qu'il lui arrive par sa brusquerie de froisser des amours-propres. Au total, elle n'est pas populaire, à la différence de son mari qui saura conserver jusqu'à la fin quelque chose de l'aura de 1848.

Ces années furent celles des « expéditions lointaines », coûteuses, mais engageant relativement peu d'hommes. Ainsi l'expédition de Syrie de 1860. Au printemps, la guerre avait commencé au Liban entre Maronites chrétiens et Druses musulmans, ces derniers appuyés en sous-main par les autorités turques. D'affreux massacres étaient perpétrés. La vague de violence gagnait la Syrie. Des milliers de chrétiens étaient abattus, parmi lesquels des protégés de la France. A Damas, l'émir Abd-el-Kader s'honora en sauvant de la mort des Français et des chrétiens, les arrachant à la populace furieuse. L'influence de la France en Orient obligeait l'Empereur à intervenir. Il le faisait sans enthousiasme, craignant la dépense et aussi la jalousie de l'Angleterre. Le cabinet de Londres redoutait l'installation des Français en Syrie et au Liban alors que Lesseps creusait le canal de Suez. Les négociations furent longues, épineuses. Finalement, on convint de limiter l'occupation à six mois et de réduire le corps expéditionnaire français à 7 000 hommes. Ces troupes arrivèrent à Beyrouth à la fin d'août, puis se dirigèrent vers les montagnes du Liban. En même temps, les Turcs, puis une commission internationale, procédaient à la répression des excès. Une conférence diplomatique réunie à Paris plaça le pays sous l'autorité d'un gouverneur chrétien nommé par le sultan, un régime qui fit régner une longue paix dans ce pays fragile. Sur les instances britanniques, l'occupation française prit fin en juin 1861, après un peu moins d'un an. Napoléon III avait pu mesurer à cette occasion la profondeur des défiances anglaises contre celui que la reine Victoria qualifiait « d'agitateur universel ». A tout le moins, il avait satisfait l'opinion française, en particulier les catholiques que sa politique italienne alarmait.

Parlant davantage aux imaginations, l'expédition de Chine, la même année, n'engageait pas d'effectifs plus considérables. Et elle était faite en commun avec les Anglais et sur leur invitation. C'était un épisode de la pénétration blanche sur les côtes du Pacifique commencée avec la guerre de l'opium en 1840. La marche des Franco-Anglais vers Pékin fut interrompue par des pourparlers, des guet-apens les obligeant à avancer pour trouver une solution. Le corps français était commandé par un Africain, Cousin-Montauban. Napoléon aurait souhaité confier cette mission à Trochu qu'il voulait faire maréchal, mais celui-ci avait refusé, et il avait accepté Cousin-Montauban, énergique, débrouillard, mais toujours à court d'argent. A Palikao, avec quelques centaines d'hommes déterminés, il mit en fuite une cohue de Chinois. L'expédition atteignit finalement le Palais d'Été où de prodigieuses richesses étaient accumulées et qui fut mis au pillage. Des œuvres d'art en provenant seront offertes à l'Impératrice qui en ornera son salon à Fontainebleau. L'épisode ternit le lustre d'une expédition qui, en somme, avait été bien conduite et dont les résultats ne furent pas insignifiants : l'accès de nouveaux ports aux Européens était assuré ainsi que le libre exercice du christianisme dans tout l'Empire. Les commerçants français s'intéressaient à l'accès au marché chinois et le protectorat des missions catholiques incombait au gouvernement français. Désormais, la Chine était ouverte. Napoléon, heureux de ce dénouement, fit Cousin-Montauban sénateur et comte de Palikao. Il eût même voulu lui donner une riche dotation, mais le Corps législatif s'y opposa obstinément et le général reçut un apanage de 500 000 à 600 000 francs sur l'indemnité de guerre arrachée à la Chine. Une conséquence de l'expédition fut l'installation des Français en Cochinchine et au Cambodge. La marine poursuivait le projet depuis longtemps ; l'Empereur appuya le ministre Chasseloup-Laubat et les amiraux lorsqu'il fallut agir — et dépenser. Les explorations de l'officier de marine Francis Garnier présentaient — avec quelque exagération — l'Indochine comme un débouché possible pour le commerce de la Chine du Sud. Garnier fut invité à Compiègne, sans doute à la demande des ministres de la Marine ; assez dépaysé, il fut invité à prendre le thé chez l'Impératrice qui apprit sans doute beaucoup de choses sur cette nouvelle possession. La cellule initiale du futur empire indochinois était ainsi constituée.

C'est dans ce contexe d'expéditions lointaines que se situe l'intervention au Mexique. Elles occupaient l'armée tandis que la paix régnait en Europe, et Napoléon III était convaincu de la nécessité d'ouvrir au progrès des pays demeurés barbares. Au nombre de ces derniers se plaçait le Mexique : depuis son indépendance en 1821, ce pays n'avait pas trouvé la stabilité. Les États-Unis en avaient profité pour lui enlever — avec le Texas, le Nouveau-Mexique et la Californie — la majeure partie de son territoire. Conservateurs et libéraux s'affrontaient furieusement. La grande question était le sort des immenses biens d'Église dont les libéraux souhaitaient la nationalisation. En 1860, les libéraux, dirigés par l'Indien Juarez, l'emportèrent sur les conservateurs dont le chef Miramon s'enfuit à l'étranger. Sans argent, Juarez suspendit le paiement de sa dette aux créanciers étrangers, et ces derniers — Anglais, Espagnols, Français — demandèrent l'intervention de leurs gouvernements. C'était, pour ainsi dire, une procédure habituelle qui s'achevait par une démonstration navale et la saisie des douanes mexicaines ; il aurait dû en être de même cette fois encore et les choses furent préparées de façon traditionnelle. Par une convention du 31 octobre 1861, Espagnols, Français et Anglais convinrent d'une démonstration en commun. Les flottes ne portaient qu'un corps de débarquement réduit : 2 500 Français, 6 000 Espagnols et 700 Britanniques. Les Anglais réclamaient 85 millions, les Espagnols 40 et les Français 135 ; comment expliquer une telle disproportion, d'autant qu'il y avait seulement vingt-trois créanciers français ? En réalité, la dette française représentait 60 millions dus aux résidents français et 75 millions dus à un banquier suisse, Jecker, hâtivement naturalisé français. La créance Jecker était discutable ; pour une valeur nominale de 75 millions, 7 à 8 millions seulement étaient entrés dans les caisses du Mexique. Jecker s'était entendu avec Morny — auquel il cédait un tiers de ses bénéfices — pour incorporer sa créance à celle des Français ! Cette dernière devait donc soulever de ligitimes soupçons.

Il y avait en outre des arrière-pensées politiques. Le chef espagnol Prim entendait favoriser les conservateurs mexicains auxquels allaient ses sympathies. Pour Napoléon, son projet allait bien au-delà. A Ham, il s'était intéressé, on l'a vu, à une tentative de canal interocéanique en Amérique centrale. Au cours de son bref séjour aux États-Unis en 1837, quoique bien accueilli, il n'avait pas aimé les Américains. Il s'alarmait — comme d'autres responsables politiques européens — de les voir édifier une énorme puissance que seule celle de la Russie pourrait équilibrer et il avait vu avec regret démembrer le Mexique en 1848. Or, des événements considérables venaient de changer l'aspect de la politique des États-Unis : la guerre de Sécession opposant les Etats du Sud à ceux du Nord avait éclaté en 1861. Favorable au Sud — esclavagiste, mais producteur du coton nécessaire à l'industrie française, aristocratique et d'esprit militaire, dont les « belles » peuplaient sa Cour — l'Empereur crut à la victoire des tenants de la Sécession. Divisés, les États-Unis ne pouvaient plus faire respecter la doctrine de Monroe ; une intervention européenne dans la politique américaine devenait possible. Mais pourquoi intervenir ? Les découvertes minières de la Californie venaient de montrer la richesse de cette partie du globe. Sur les propos de son conseiller Michel Chevalier, l'Empereur se prenait à rêver d'un Mexique ami et client de la France qui exploiterait ses immenses ressources dormantes. En vérité, aucune documentation sérieuse sur le pays n'avait été réunie. Il s'agissait d'un pari. Il était évident que le développement économique du Mexique ne pouvait être envisagé qu'une fois la stabilité politique assurée. Or un groupe d'émigrés conservateurs mexicains étaient reçus aux Tuileries et à Biarritz, en particulier par l'Impératrice, toujours heureuse de parler espagnol. Depuis 1854, ces conservateurs négociaient à Paris, à Londres, à Vienne l'établissement chez eux d'une monarchie au profit d'un prince européen. Le frère de François-Joseph, l'archiduc Maximilien, époux de Charlotte, fille du roi des Belges Léopold Ier, avait été pressenti — sans résultat. Le « lobby » mexicain reprit l'idée auprès d'Eugénie ; il était dirigé par Almonte, représentant de Miramon, et par

Hidalgo, ami de jeunesse de l'Impératrice. Cette dernière s'enthousiasma à l'idée d'un empire catholique et latin du Mexique. On passait en revue les princes possibles. En fin de compte, on revenait toujours à Maximilien. L'Empereur lui trouvait un avantage : s'il procurait une couronne à son cadet, la Maison d'Autriche serait peut-être mieux disposée à rendre Venise à l'Italie. Les rêves succédaient aux rêves. Sans enquête sérieuse, un projet romanesque s'échafaudait qui allait coûter en vain à la France des hommes et des millions. Le ministre de France au Mexique, Dubois de Saligny, poussait à l'intervention tout comme les émigrés mexicains.

Les interventions conjointes aboutirent, le 19 février 1862, à la convention de La Soledad. La maladie menaçant le corps expéditionnaire, Prim, auquel se joignit l'amiral français, négocia avec Juarez. Reconnaissant la République mexicaine, il obtenait l'autorisation de cantonner ses troupes sur les hautes terres, plus saines, tandis que se discutait la question de la dette. Mais ce compromis ne convenait pas à l'Empereur : on ne faisait que parler, au lieu de renverser Juarez. Un renfort de 4 500 hommes arriva aux Français dont les effectifs se trouvaient maintenant à égalité avec ceux des Espagnols. Almonte, l'homme de Miramon, les accompagnait, qui s'opposa immédiatement à Prim. Fin avril, Anglais et Espagnols quittaient le pays, laissant le petit corps français de 7 000 hommes au pied de ce grand pays inconnu. Marchant sur Mexico, ces nouveaux conquérants rencontrent Puebla sur leur route ; l'attaque de la ville échoue. Il faut retraiter dans des conditions difficiles et constater l'hostilité de la grande majorité des Mexicains (mai 1862). Billault, ministre sans portefeuille, a déclaré au Corps législatif le 13 mars : « Nos troupes vont à Mexico. Parties le 20 février, elles doivent déjà y être. » On était loin de compte. Il faut demander des crédits supplémentaires au Corps législatif. Au nom des Cinq, Jules Favre dénonce les dangers du projet et soulève également le problème des bons Jecker. Billault, stylé par l'Empereur, invoque alors l'honneur national et reprend les paroles de Napoléon : « Il est contraire à mes intérêts, à mon origine et à mes principes

d'imposer un gouvernement quelconque au peuple mexicain ; qu'il choisisse en toute liberté la forme qui lui
convient, je ne lui demande que la sincérité dans ses relations extérieures, je ne désire qu'une chose, c'est le bonheur
et l'indépendance de ce beau pays sous un gouvernement
stable et régulier. » Ce débat édifia la Chambre qui dès lors
sera hostile à l'expédition ; le ministre de la Guerre, le
maréchal Randon, Thouvenel aux Affaires étrangères,
Fould aux Finances sont également en désaccord. Napoléon III persévéra néanmoins. Des renforts furent envoyés
au cours de l'été 1862. En septembre, le corps expéditionnaire comptait 30 000 hommes d'élite — en fait, un cinquième des effectifs disponibles de l'armée. Le commandement fut confié au général Forey avec Bazaine comme
divisionnaire. Forey passa l'hiver à s'organiser cependant
que les maladies décimaient l'armée. Il arriva devant Puebla
cinq mois après son débarquement ; le siège de la ville dura
deux mois. Elle fut prise grâce à Bazaine.

Le 3 juin, les Français entrent à Mexico — entrée triomphale machinée par le clergé et les conservateurs. Forey et
Saligny donnent le pouvoir à ces derniers qui gouvernent
grâce à la force française et procèdent à une réaction si
prononcée que Forey comprend qu'il n'existe pas de parti
modéré. L'Empereur lui a adressé le 3 juillet une lettre qui
éclaire sa position : « Le but à atteindre n'est pas d'imposer
aux Mexicains une forme de gouvernement qui leur serait
antipathique, mais de les aider dans leurs efforts pour établir, selon leur volonté, un gouvernement qui ait des
chances de stabilité et puisse assurer à la France le redres-
sement des griefs dont elle a à se plaindre. Il va sans dire que,
s'ils préfèrent une monarchie, il est de l'intérêt de la France
de les appuyer dans cette voie. » Napoléon ne veut pas que
les États-Unis s'emparent de tout le golfe du Mexique et
soient « seuls dispensateurs des produits du Nouveau
Monde ». Avec un Mexique stable et ami, « nous aurons
rétabli notre influence bienfaisante au centre de l'Amérique
et cette influence, en créant des débouchés immenses à notre
commerce, nous procurera les matières indispensables à
notre industrie ». En cette fin de 1863, il était temps encore

de quitter le Mexique après une expédition sans grande
utilité, sans s'être encore engagé trop à fond. De brillants
faits d'armes avaient montré la valeur de l'armée ; ainsi
l'héroïque résistance à Camerone d'un détachement de la
Légion étrangère, attaqué par des forces très supérieures.
Napoléon III était informé par des officiers du corps expéditionnaire, Galliffet, Douay et, en somme, par toute la
correspondance de l'armée. Ses ministres, on l'a vu, étaient
hostiles au Mexique. Il avait, dans le courant de 1863, tenté
de reconnaître l'État des Confédérés sudistes et de proposer
sa médiation entre les belligérants de la guerre de Sécession ;
en vain. Il rappela Forey, nommé maréchal en consolation,
et Dubois de Saligny. Bazaine, devenu commandant en
chef, loin de détourner Napoléon de l'idée d'une monarchie,
s'employa, dans ce pays où tout vote régulier était impossible, à enlever des suffrages favorables à Maximilien et à
légitimer ainsi l'idée de sa candidature. L'Empereur laisse
s'organiser cette pseudo-consultation nationale qui va dans
le sens de ses désirs.

Maximilien a trente-trois ans. Sans grand caractère, mais
poussé par sa femme, il accepte le trône mexicain en avril
1864, après un tour d'Europe où il apparaît comme un client
de Napoléon III auquel il adresse des lettres assez serviles.
Par une convention, l'empire du Mexique accepte de rembourser à la France 270 millions jusqu'à juillet 1864, puis
plus de 25 à 30 millions chaque année ; tout cela ne peut être
assuré que par des emprunts lancés surtout en France. Le
12 juin 1864, Maximilien et Charlotte font leur entrée à
Mexico. D'abord tout semble aller à souhait. Mais le nouvel
Empire n'a pas de finances. Napoléon III s'est engagé à
maintenir le corps expéditionnaire jusqu'en 1867 ; les effectifs sont toutefois insuffisants pour l'étendue du pays. Gué-
rillas et contre-guérillas éternisent une lutte qui prend un
aspect féroce. Les rapports entre Bazaine et Maximilien
deviennent vite médiocres. En 1865, le général, à cinquante-
quatre ans, épouse une Mexicaine de dix-huit, nièce d'un
ancien président du Mexique. Maximilien lui donne un
palais somptueux. Bazaine a-t-il rêvé du destin de Berna-
dotte ? En tout cas, il n'est pas pressé d'abandonner son

proconsulat. La guerre s'éternise sans résultat. En revanche, la guerre de Sécession s'achève au début de 1865 et les gouvernants des États-Unis somment Napoléon III de retirer ses troupes ; dès la fin de l'année, celui-ci envisage un repli méthodique. Il devient maintenant évident que l'affaire a échoué : l'empire du Mexique n'a guère de partisans ; Juarez, vaincu mais non anéanti, a l'appui des États-Unis. Il ne reste plus qu'à retraiter en bon ordre. L'Impératrice, qui a pris l'habitude de recevoir les officiers de retour du Mexique, cesse de les voir dès qu'ils n'apportent plus que de mauvaises nouvelles.

L'entreprise mexicaine n'est pas le premier échec de Napoléon III. Les affaires italiennes l'ont déçu, mais cette déception n'est que partielle. Au contraire, l'échec au Mexique est total, alors que rien n'obligeait le gouvernement impérial à aller plus loin qu'une simple démonstration navale. Ce que Rouher qualifiera de « grande pensée du règne » est un exemple typique du goût de l'Empereur pour créer des événements à partir d'idées romanesques puisées dans une idéologie de propagande, sans étude sérieuse des conditions et des moyens d'exécution. L'opposition des ministres, du Corps législatif s'est révélée fondée, mais inopérante. Le danger du régime personnel a été démontré.

L'Algérie n'était pas entièrement conquise en 1852. Un peu plus de 100 000 colons européens, pour moitié français, s'y étaient établis dans des conditions difficiles. Une colonie de peuplement se constituait donc. Quelles seraient ses relations avec la population arabe ? Quel départ ferait-on entre l'autorité militaire et l'autorité civile ? La IIᵉ République avait établi l'autorité civile, mais l'Empire replaça l'Algérie sous la direction de l'armée, au grand déplaisir des colons. La conquête s'étendit jusqu'aux oasis en lisière du Sahara. En 1857, sous le commandement de Randon, la Grande Kabylie fut à son tour soumise. A cette date, l'occupation du pays entier était effective. Le gouvernement en même temps poussait la colonisation, accordant de larges concessions en terres. En 1860, la population européenne atteint 200 000 habitants. Napoléon III s'était intéressé à l'Algérie. En 1852, il avait eu l'idée de se faire proclamer roi d'Algérie en même temps qu'Empereur des Français. A la naissance de son fils, il songea à le faire roi d'Alger. Enfin, en 1858, le prince Napoléon ambitionna de devenir gouverneur de l'Algérie, avec le commandement de l'armée dont les effectifs atteignaient plus de 60 000 hommes ; l'Empereur refusa de constituer à son cousin un semblable apanage.

La conquête achevée, il voulut revenir au régime civil avec trois départements, leurs préfets, leurs conseils généraux, et le prince Napoléon fut nommé en 1858 ministre de l'Algérie et des colonies. Au bout de cinq mois, le nouveau ministre démissionna pourtant sans avoir pris sa mission très au sérieux. Chasseloup-Laubat le remplaça mais occupa, dès 1860, le traditionnel portefeuille de la Marine et des colonies où il allait accomplir une œuvre remarquable. L'Algérie était placée à nouveau sous l'autorité d'un gouverneur général militaire, qui fut Pélissier, le vainqueur de Sébastopol. La colonie redevenait un fief de l'armée. En 1860, le couple impérial, après avoir visité la Savoie et Nice, passa en Algérie pour un bref séjour occupé par de nombreuses visites officielles. Eugénie fut invitée à un mariage musulman. Le clou du voyage fut une fantasia offerte « au sultan et à la sultane » : les guerriers avant de se ranger en bataille, vinrent mettre le genou à terre devant l'Impératrice.

De cette rapide prise de contact avec la terre algérienne, l'Empereur retira une impression favorable aux Arabes. On était alors en pleine vogue de l'orientalisme, et il appréciait l'aspect chevaleresque des grands chefs. Or un problème grave se posait. Les tribus se plaignaient que la distribution des terres aux colons limitât leurs terrains de parcours ; les officiers des bureaux arabes, spécialistes de la politique indigène, appuyaient leurs doléances. Les colons étaient, en général, opposés aux militaires et peu favorables à l'Empire. Napoléon, sans renoncer à la colonisation, conçut alors l'idée de faire de l'Algérie une entité distincte reliée à la France par l'intermédiaire d'une aristocratie indigène. Des chefs algériens furent invités aux chasses de Compiègne et figurèrent dans les cérémonies du régime. Le 6 février 1863, une lettre publique adressée à Pélissier exposa la ligne directrice de l'Empereur : « L'Algérie n'est pas une colonie proprement dite, mais un royaume arabe ; les indigènes ont, comme les colons, un droit légal à ma protection. Je suis aussi bien l'Empereur des Arabes que l'Empereur des Français. » Un sénatus-consulte du 23 avril 1863 prescrit la délimitation du territoire des tribus, leur répartition entre des douars qui aient la « jouissance permanente et traditionnelle de la terre ». Mais Pélissier était trop vieux pour donner l'impulsion à un tel programme ; quant aux colons et aux bureaux, ils ne favorisaient pas les opérations nécessaires du cadastre. En 1864, une grave insurrection éclata, démontrant la fragilité de la conquête. La répression devait demander plus d'un an, avec une armée renforcée comptant jusqu'à 85 000 hommes. Napoléon, qui avait annoncé plusieurs fois son voyage, arriva à Alger le 3 mai 1865, accueilli par Mac-Mahon, successeur de Pélissier, et demeura un mois dans le pays, recevant les notables arabes à sa table et procédant à une large amnistie. Il poussa jusqu'à Biskra. Le souverain mesura l'impossibilité de l'assimilation. Reçu avec un véritable enthousiasme au cours de fêtes, il assura aux Arabes qu'il voulait les faire « participer à l'administration du pays comme aux bienfaits de la civilisation ». Dès son retour, il adressa à Mac-Mahon une longue lettre de 88 pages pour exposer ses idées. L'Algérie était à la fois un royaume arabe, une colonie européenne et un camp français. Les Arabes, égaux des Français, continueraient d'être régis par la loi coranique et devaient en venir à occuper les plus hauts emplois. Ainsi on arriverait à diminuer les effectifs et le coût de l'armée. Les bureaux arabes s'attacheraient à réaliser cette œuvre de rapprochement. Enfin un grand programme de travaux publics réaliserait l'équipement du pays en routes, en chemins de fer, en ports.

Napoléon III a eu le mérite de mesurer les dangers d'une colonisation avide de terres pour le maintien de la société autochtone. Il a rêvé d'une association des deux populations sur un pied d'égalité et sous la tutelle de l'armée, de leur développement harmonieux dans un pays pénétré par le progrès matériel. On retrouve dans son programme algérien sa générosité, ses aspirations à la conciliation et à la synthèse des facteurs en présence. Il a indiqué des orientations qui corrigeaient des erreurs antérieures, mesurant la valeur et la force de la société arabe. Ici encore, les moyens n'ont pas été à la mesure des ambitions. Des fléaux accumulés au cours des années suivantes (choléra, sauterelles, sécheresse, famine) vont accabler l'Algérie en 1866 et 1867. Napoléon, accaparé par d'autres préoccupations, se décourage. On croit si bien vers 1870 « l'expérience manquée » qu'à la fin du règne, on songe à revenir au régime civil. D'autres insurrections couvent. Les problèmes ne sont pas résolus par la généreuse pensée du « royaume arabe ».

Les années incertaines :
Rome, Pologne, Danemark

De la fin de 1860 au début de 1866, la vie diplomatique de l'Europe paraît exempte de crise très grave. Pourtant une situation mûrit, dont les conséquences deviendront manifestes au cours de l'année décisive de 1866. A la suite de son intervention en Italie et des annexions consécutives, l'Empereur est en butte à la méfiance de toute l'Europe. Alors qu'il veut la paix, personne ne le croit. Les gouvernants européens sont persuadés qu'après la frontière des Alpes, il va s'attaquer à celle du Rhin ou à la Belgique pour retrouver les «frontières naturelles». L'alliance anglaise n'est plus guère qu'un souvenir et l'entente avec le tsar est gâtée par des soupçons. Les rapports avec l'Autriche restant mauvais à cause des affaires d'Italie, il ne reste plus guère que la possibilité d'une alliance prussienne à laquelle Napoléon a songé de tout temps : la Prusse, Piémont du Nord, rivale autant qu'associée de l'Autriche en Allemagne. Mais son attente a jusqu'alors été déçue, et l'hostilité prussienne s'est manifestée lors des deux guerres de Crimée et d'Italie. Le nouveau roi Guillaume Ier vient pourtant à Compiègne en 1861. Courtois, complimenteur, n'oubliant pas que Napoléon III a mis le point final aux révolutions de 1848, il recherche la sympathie de son interlocuteur. Mais il est évident qu'il ne sera pas un second Victor-Emmanuel. Pourtant l'isolement de Napoléon ne nuit pas à son prestige. Il apparaît en position de force dans une Europe au total assez peu armée. La Russie, depuis sa défaite en 1856, songe à se moderniser et tourne son expansion vers l'Asie. L'Autriche a mesuré, en 1859, son infériorité par rapport à l'armée française ; elle est en proie à de graves conflits intérieurs. L'Angleterre a une marine moins moderne que celle de la France ; elle est accaparée par l'Amérique (à cause du Canada) et par l'Inde. Tout au plus peut-elle mettre en ligne en Europe une vingtaine de milliers d'hommes. La Prusse, en 1859, a constaté la faiblesse de son organisation militaire et en commence la refonte. Relativement, Napoléon peut paraître le plus fort sur « l'échiquier » européen en dépit de la ponction opérée sur ses effectifs affaiblis par l'Algérie et le Mexique. Après l'Italie, il a réduit sa force armée, bien loin d'opérer la réforme dont le déroulement des opérations d'Italie avait montré le caractère indispensable. Il attend désormais de l'inéluctable évolution l'apparition de circonstances d'où sortira une nouvelle carte de l'Europe. En attend-il des annexions pour la France ? Toujours est-il qu'il s'en remet aux occasions, prêt à en profiter si elles sont propices.

Son souci le plus pressant, ce sont les affaires italiennes. Tout d'abord, il voudrait assurer à Victor-Emmanuel la possession de la Vénétie, qu'il a promise par sa déclaration de 1859. Ensuite, il veut vérifier que l'unité, si rapidement réalisée en 1860, sera durable et que l'Italie nouvelle ne s'effondrera pas. Il se préoccupe enfin du maintien de ce qui subsiste de l'État pontifical : Rome et sa campagne. Il veut pouvoir évacuer la Ville sans paraître abandonner le pape à une Italie unifiée malgré ses avis. Cavour a certes revendiqué Rome pour capitale, à condition que la réunion s'opère sans violence et avec l'accord de Napoléon III. Mais celui-ci n'a guère confiance dans ces assurances et pense que le pouvoir temporel sous sa forme actuelle est condamné. Il l'a dit dans la brochure *le Pape et le Congrès* ; il craint l'opinion catholique en France et voudrait faire durer le pouvoir temporel autant que le pontificat de Pie IX en espérant que son successeur fera les concessions nécessaires et s'entendra avec Victor-Emmanuel. Comment concilier cette obligation avec le désir d'évacuer Rome ? En obtenant de l'Italie l'engagement de ne pas entrer dans la Ville par la force et même d'empêcher, par exemple, Garibaldi de franchir les frontières de l'État du Saint-Siège.

Faisant confiance à Cavour, l'Empereur est sur le point d'évacuer Rome dans l'été de 1860 lorsque Garibaldi conquiert la Sicile ; l'évacuation est alors arrêtée. Cavour reprend simultanément les négociations avec la France et avec le Saint-Siège. Il échoue à Rome, mais avec Paris une convention est en bonne voie au moment de sa mort en 1861. Ses successeurs n'ont pas son autorité et l'évacuation de Rome est à nouveau remise. Pourtant, le prince Napoléon, gendre du roi d'Italie, et Arese, l'ami de jeunesse de l'Empereur, servent d'intermédiaires entre les deux gouvernements et négocient toujours avec le docteur Conneau. Petit à petit, le texte d'une convention prend forme — officieusement. Napoléon cherche un prétexte pour quitter Rome sans avoir l'air d'abandonner Pie IX qui d'ailleurs se refuse à toute négociation tant que Victor-Emmanuel ne lui aura pas rendu la portion de ses États conquise en 1859-1860. Le ministre des Affaires étrangères Thouvenel pense comme l'Empereur, mais l'Impératrice rallie le parti hostile à l'évacuation.

En 1862, la question est encore au centre de la politique française lorsque des événements graves se produisent en Italie. Garibaldi réunit en effet à nouveau en Sicile plusieurs milliers de chemises rouges au cri de « Rome ou la mort ». Débarquant en Calabre, il veut marcher sur Rome. Alors le gouvernement italien, pour ne pas s'aliéner Napoléon et empêcher un heurt entre Garibaldi et les troupes françaises aux portes de Rome, décide d'arrêter le révolutionnaire par la force. La rencontre entre l'armée italienne et les chemises rouges se produit à Aspromonte. Garibaldi est blessé au pied, capturé et emprisonné. Rattazzi envoie à Paris un de ses ministres, Pepoli, parent éloigné de l'Empereur par les Murat. Il voudrait obtenir l'évacuation. Napoléon la lui refuse : « Il ne peut pas trouver un moyen de quitter Rome. » Or le cabinet italien, par une circulaire aux gouvernements de l'Europe, assure que la nation attend de lui qu'il accomplisse la tâche que Garibaldi s'était fixée : Rome capitale, « le

mouvement qui pousse la nation entière vers Rome ». Napoléon se sent défié. Thouvenel est renvoyé, Drouyn de Lhuys
le remplace ; un moment, une crise ministérielle générale a
été envisagée. Désespérant de l'Italie, l'Empereur essaie
alors de gagner la confiance de Pie IX, mais en vain. L'année
1863 s'écoule sans que la question avance.

La lassitude gagnait les esprits lorsqu'en janvier et
mai 1864 Pie IX tomba gravement malade ; de fausses
rumeurs répandaient le bruit de sa mort tenue secrète. Alors
les gouvernements français et italien sentirent le besoin de se
concerter en vue de cette éventualité qui paraissait proche.
Les Italiens virent qu'il était plus sage de sérier les questions
et de demander l'évacuation française avant l'entrée à
Rome. Pepoli revint à Paris et fut invité à Fontainebleau.
Napoléon, depuis quatre ans, désirait évacuer Rome, mais
craignait que l'opinion, sachant que le royaume d'Italie
voulait la Ville, ne considérât l'évacuation comme un abandon pur et simple. Il lui fallait une garantie. C'est alors que
Pepoli eut l'idée d'invoquer un projet du gouvernement
italien qui était en discussion. Turin, depuis que la péninsule était unifiée, était situé de façon trop excentrique ;
plusieurs personnalités, dont Napoléon III lui-même et son
cousin, pensaient à Florence. L'Empereur trouva dans le
transfert de la capitale la garantie *apparente* dont il avait
besoin pour l'opinion française : les Italiens, adoptant Florence pour capitale, semblaient se désintéresser de Rome.
Finalement la convention fut signée le 15 septembre 1864.
La France évacuerait graduellement ses troupes de Rome
dans un délai de deux ans, soit septembre 1866. L'Italie, de
son côté, s'engageait non seulement à ne pas attaquer, mais à
défendre le territoire pontifical contre toute attaque venue
de l'extérieur. Un protocole secret et séparé obligeait le
gouvernement italien à transférer sa capitale de Turin à une
cité plus centrale d'ici à six mois. Il fallait que rien ne laissât
soupçonner le rôle de la France dans ce transfert. Pie IX fut
informé de la convention, si importante pour le sort de son
État, mais à laquelle il n'était pas partie ; il exprima son
mécontentement en termes sévères. L'Empereur s'était
débarrassé comme il l'avait pu de son obstination négative.

Le pape n'avait plus qu'à satisfaire ses 600 000 sujets et les empêcher de se révolter au moyen de sa petite armée. A vrai dire, en dehors de quelques bourgeois ambitieux, les Romains, qui vivaient de la présence du Saint-Siège, n'avaient aucune envie de se révolter. La « Convention de Septembre » avait donc une chance d'être respectée pendant quelques années. Toutefois, personne, en Italie comme en France, n'en attendait une solution définitive. Elle permettait à Napoléon de se tirer du guêpier romain avant la mort de Pie IX et sans provoquer de plaintes trop acerbes des cléricaux français. Pour les Italiens, il s'agissait d'un préalable, d'une première étape, d'une solution provisoire. S'il n'en fut sans doute pas la cause essentielle, le mécontentement du Saint-Siège contribua à la publication de l'encyclide *Quanta cura* et de son annexe, le *Syllabus* où étaient renouvelées les condamnations pontificales contre le monde moderne. La souveraineté populaire — c'est-à-dire l'origine du pouvoir impérial — se trouvait comprise dans les thèses condamnées. Heureusement pour le régime, l'effet du document sur le peuple fut à peu près nul. Mais la question romaine, avec l'occupation de Rome pour la protection du pouvoir temporel, après avoir été une cause de force pour l'Empereur, n'était plus pour lui qu'un souci lancinant dont il essayait de se débarrasser au meilleur compte.

L'insurrection polonaise allait lui occasionner de nouvelles difficultés. La Pologne, depuis les partages du XVIIIe siècle, avait disparu de la carte d'Europe. En 1815, les traités de Vienne avaient prévu que la Pologne russe formerait un royaume, avec des institutions distinctes, dont le tsar serait roi. Ce régime n'existait plus depuis l'insurrection de 1830. En 1861, à l'instigation de leur clergé, les Polonais commencèrent des démonstrations pacifiques, chantant des prières et des cantiques. Les Russes firent feu sur les cortèges, des églises furent envahies et profanées. En 1862, les Russes, sous prétexte de conscription, commencèrent à déporter les hommes en âge de porter les armes ; des centaines de milliers de Polonais préférèrent la guérilla à la

« conscription ». Les hostilités furent marquées, des deux côtés, par des atrocités et l'Europe fut horrifiée à la nouvelle de ces événements. L'opinion demandait l'intervention des puissances signataires des traités de Vienne — parmi lesquelles était la France. La Pologne tenait une place particulière dans le cœur des Français. Elle avait été une alliée traditionnelle ; les Polonais avaient joué un rôle en vue dans les armées napoléoniennes. Nation catholique persécutée par des orthodoxes, elle était chère aux fidèles de l'Église. Nationalité vivante et opprimée, leur cause intéressait les démocrates. Les Polonais avaient aussi été vaincus avec Napoléon III. Celui-ci, le prince Napoléon, l'Impératrice, l'opinion — des républicains à Montalembert — se passionnaient donc pour eux et demandaient que l'on fît « quelque chose ». Parmi les puissances, les gouvernements anglais, poussés par leur opinion, l'Autriche, pour ne pas rester isolée (quoique copartageante de la Pologne) envisageaient une intervention diplomatique auprès du gouvernement russe. Seule la Prusse, par la voix de son nouveau chancelier Bismarck, se rangea résolument aux côtés de la Russie. Il est vrai que la Prusse détenait aussi la partie occidentale de l'ancienne Pologne.

Né en 1815, Bismarck appartenait à une famille de hobereaux prussiens. Il menait la vie d'un gentilhomme campagnard lorsque la révolution de 1848 le jeta dans la politique. Représentant de la Prusse à la Diète de Francfort, organe de la Confédération germanique, il s'opposa avec persévérance à ce que l'Autriche en fût la présidente. Puis il devint ambassadeur à Saint-Pétersbourg — c'était, pour ainsi dire, une ambassade de famille, puisque le roi de Prusse était l'oncle d'Alexandre II. Il en fut rappelé en 1862. Les circonstances étaient graves pour la monarchie prussienne. Sur la question de la réorganisation de l'armée, les libéraux qui dominaient le Parlement s'opposaient au nouveau roi Guillaume Ier. Ce dernier songeait à abdiquer lorsque Bismarck lui apparut comme l'ultime ressource. En attendant de lui confier le pouvoir, il l'envoya, en juin 1862, auprès de Napoléon III comme représentant de la Prusse. Bismarck avait alors quarante-huit ans. Au physique, un géant aux yeux bleus, doté d'un appétit insatiable, aimant une vie simple et s'intéressant peu aux femmes ; en politique, il était réaliste, rusé, croyant à la force, peu sûr, mais voué au service de son roi. Il ne resta que trois mois à Paris mais y plut. Persigny assure qu'il lui conseilla, lorsqu'il arriverait au pouvoir, de lutter contre le Parlement, d'être un ministre de coup d'État à l'école de Napoléon III. Bismarck, en tout cas, fut un excellent disciple. Dès son arrivée au gouvernement en septembre 1862, il entra en conflit avec la Chambre, obtint sa dissolution et perçut les impôts sans l'accord de la nouvelle Assemblée. Il travaillait en étroit accord avec le ministre de la Guerre Roon et le chef d'état-major Moltke. La Prusse devait devenir une puissance militaire redoutable pour éliminer l'Autriche d'Allemagne et refondre la Confédération germanique à son profit. Le roi Guillaume faisait confiance à son ministre ; ayant pris part, dans sa jeunesse, aux guerres contre Napoléon Ier, il cachait derrière sa courtoisie de gentilhomme une défiance profonde pour les Bonaparte. En revanche, en dépit de l'hostilité entre son oncle et la Prusse, Napoléon III voyait dans cet État un Piémont du Nord à opposer à l'Autriche. Encore qu'elle l'eût arrêté en 1859, il persistait à penser qu'elle pourrait devenir son allié s'il favorisait son agrandissement territorial en Allemagne du Nord, allié qui pourrait peut-être même lui procurer des « compensations » sur la rive gauche du Rhin.

L'affaire polonaise embarrassait l'Empereur. Comme toute la gauche et comme les catholiques, il avait toujours souhaité la reconstitution d'une Pologne indépendante, mais il n'avait jamais envisagé de le faire par la guerre. Comment atteindre son territoire ? Il fallait envoyer un corps expéditionnaire en Baltique, ce qui ne pouvait guère se faire qu'avec le concours des Anglais, qui entendaient se borner à des interventions diplomatiques. Sur le continent, la Prusse couvrait la Pologne. Lui ferait-on la guerre ? En février 1863, le prince Napoléon songeait à un ultimatum à la Prusse qui conduirait à la guerre. Il fallait profiter de l'unanimité de l'opinion pour envisager une « solution générale ». L'Autriche céderait la Vénétie et sa part de Pologne,

la Galicie ; elle recevrait en échange la Saxe et peut-être la
Bavière ; la France aurait la rive gauche du Rhin. La Suède
prendrait la Finlande et peut-être le Danemark. L'Empire
ottoman disparaîtrait d'Europe au profit d'une confédération d'États, et Constantinople deviendrait ville libre.
L'Impératrice, se lançant dans la grande politique, énumé-
rait devant Metternich des remaniements analogues, ajoutant encore la Silésie prussienne aux compensations autrichiennes. Napoléon lui-même dans ses conversations se
montrait favorable à une telle révolution territoriale com-
portant toujours la réapparition d'un royaume de Pologne,
placé peut-être sous la souveraineté d'un archiduc autrichien. A la vérité, ces plans mirifiques auxquels se complai-
saient les Bonaparte exigeaient une adhésion autrichienne
qui ne vint pas : Vienne aurait dû céder des provinces qu'elle
possédait contre des espérances fort problématiques. Et
l'Angleterre n'était pas disposée à s'allier à la France pour
une guerre contre la Prusse, car elle craignait que Napoléon III n'annexe les territoires allemands de la rive gauche
du Rhin.

D'ailleurs les rapports des procureurs généraux sur l'opinion publique montraient tous que si les Français étaient
émus par les malheurs de la Pologne, ils entendaient bien ne
pas être entraînés dans une guerre pour qui que ce fût. Le
Sénat avait reçu quelque 4 000 pétitions en faveur de la
Pologne — certaines signées par des hommes politiques, des
évêques, des académiciens — qui furent discutées en mars
1863. Le prince Napoléon fit un violent discours — ses
discours n'étaient jamais modérés — pour soutenir les pétitions. Mais la virulence dissimulait mal une grande incertitude : il ne voulait en fait ni la guerre ni la paix : « Nous ne
donnons pas de conseils sur une situation que nous ne
connaissons pas. » Surtout pas de conseils de paix. En
réponse, Billault souligna le danger de partis pris excessifs.
Il ménagea la Russie et la Prusse et montra le danger d'une
politique tout en paroles et peu suivie d'actes. Problème
européen, la question polonaise ne pouvait être résolue que
dans le cadre d'une entente européenne. Le Sénat fit
confiance à l'Empereur par 109 voix contre 17. Au début

d'août 1863, le souverain consulta Morny et ses ministres à Saint-Cloud qui optèrent pour la paix. Tout s'était donc borné à l'envoi de notes diplomatiques au tsar. A la veille de la réunion du Corps législatif, le 4 novembre 1863, Napoléon adressa une lettre aux souverains d'Europe, leur suggérant la réunion d'un congrès à Paris : « Chaque fois que des crises profondes ont secoué les bases et déplacé les frontières des États, des pactes solennels sont intervenus pour coordonner les éléments nouveaux et consacrer, après une révision, les transformations accomplies. Tel a été l'objet du traité de Westphalie au XVIIe siècle et des négociations de Vienne en 1815. Ces dernières constituent la base sur laquelle repose aujourd'hui l'édifice politique de l'Europe ; un édifice, vous ne l'ignorez pas, qui croule de toutes parts. Si on considère attentivement la situation des divers pays, il est impossible de méconnaître que, sur presque tous les points, les traités de Vienne sont détruits, modifiés, méconnus ou menacés. Il en résulte des obligations sans règle, des droits sans titre, des prétentions sans frein. [...] Je vous propose donc de régler le présent et d'assurer l'avenir avec un congrès. [...] Appelé au trône par la Providence et par la volonté du peuple français, mais grandi à l'école de l'adversité, à moi moins qu'à tout autre il n'est permis d'ignorer les droits des souverains et les légitimes aspirations des peuples. [...] Si je prends une semblable initiative, ce n'est pas par un mouvement de vanité : mais comme je suis le souverain auquel on attribue le plus de projets ambitieux, j'ai à cœur de prouver par cette démarche franche et loyale que mon unique but est d'arriver sans secousse à la pacification de l'Europe. [...] Je vous prie d'accepter Paris comme lieu de réunion [...] Il n'échappera peut-être pas à l'Europe l'avantage que la capitale d'où tant de fois est parti le signal de la subversion devienne le siège de la conférence destinée à jeter les bases de la pacification générale. »

Un congrès ! Depuis celui de Paris, Napoléon III ne cesse de songer à ce moyen de réviser pacifiquement la carte de l'Europe. Il y pense d'autant plus qu'il sait l'opinion française résolument pacifique et que lui-même, peut-être, a renoncé à toute guerre en Europe. C'est le seul moyen subsistant pour réaliser par des moyens légaux cette révision des traités de Vienne qu'il croit inéluctable. En même temps, un congrès est aussi pour lui un moyen de se tirer d'embarras, de rejeter sur l'Europe des responsabilités qu'il sent trop lourdes pour ses épaules. Il y a dans tout cela une part d'utopie, de rêve. Les grandes assises européennes qu'il évoque ont mis fin à de longues guerres : comment les États du XIXe siècle accepteraient-ils de céder des provinces sans même avoir été vaincus ? Son initiative tombe dans le vide, les souverains font des réponses vagues : le cabinet de Londres affirme agressivement sa fidélité aux traités de 1815.

Depuis 1857, la politique française était fondée sur l'entente avec la Russie ; compromise depuis 1859, celle-ci est brisée par l'attitude du gouvernement de Napoléon III lors de l'insurrection polonaise. L'Empereur a manifesté sa sympathie pour la Pologne sans aller jusqu'à la guerre, suivant en cela la tendance de l'opinion publique en France, mais il s'est séparé de la Russie. Le tsar compte désormais sur la Prusse dont le territoire protège et couvre la Pologne à l'ouest. Il en vient à penser qu'un accroissement de puissance de la Prusse n'a aucun inconvénient pour son empire et peut même comporter des avantages : après la Crimée et la Pologne, avec la révolution sociale que constitue l'abolition du servage, la Russie est contrainte à l'abstention. Quant à l'alliance anglaise, elle s'est relâchée au point de disparaître depuis 1859 et l'annexion de la Savoie ; les gouvernants de Londres craignent pour la rive gauche du Rhin et redoutent que la Belgique le connaisse le sort de la Savoie. L'Empereur n'a pas non plus réussi à mettre l'Autriche dans son jeu. Reste la Prusse ; il y trouvera sa perte.

A la fin de 1863, un nouveau problème surgit, celui des duchés danois de Slesvig et de Holstein, qui avaient été donnés au roi de Danemark par le congrès de Vienne en 1815. Il devait les gouverner séparément de son royaume, et le Holstein était partie de la Confédération germanique. Le Holstein était peuplé d'Allemands, le Slesvig également, sauf dans sa partie nord qui était de population danoise ; le Danemark admettait la succession au trône par les femmes, mais pas les Duchés. En 1848, les Danois avaient tenté de réunir tout le Slesvig au royaume et de resserrer les liens du Holstein à la couronne danoise, mais la Prusse et les puissances européennes les en avaient empêchés. En novembre 1863, le nouveau roi Christian IX, héritier en ligne féminine, ce qui l'excluait des Duchés, signa une constitution unitaire qui réunissait les Duchés au royaume. La Diète de Francfort reconnut alors un collatéral éloigné, le duc d'Augustenburg, comme duc de Slesvig et de Holstein. La guerre menaçait entre Danois et Allemands, Napoléon envoya Fleury à Copenhague et à Berlin : « Sauver le Danemark de la guerre, tout en soutenant les prétentions d'agrandissement de la Prusse en Allemagne en échange des concessions promises à la France, telle était alors la politique de l'Empereur », assure le négociateur. A propos de la Pologne prussienne, Bismarck déclara à Fleury : « Plutôt mourir que de laisser discuter nos possessions de Posen. J'aimerais mieux céder nos provinces rhénanes. » Le Français écrivit à Paris : « Quant aux projets d'agrandissement, de prépondérance au détriment de l'Autriche, c'est entendu. Quant aux frontières du Rhin, le mot a été prononcé. Faut-il accentuer ? Napoléon de répondre : « Ne parlez pas du Rhin et tranquillisez sur Posen ». Bientôt la Prusse et l'Autriche — le Holstein était déjà occupé — sommèrent le Danemark d'évacuer le Slesvig. Sur son refus, les troupes des deux puissances envahirent alors le duché et bientôt, le territoire proprement danois, forçant le petit royaume à la paix, et lui faisant céder les Duchés à la Prusse et à l'Autriche qui se substituaient à la Confédération germanique. L'Autriche s'était jointe à la Prusse pour paraître prendre la défense de la nation allemande et ne point en laisser la direction à sa rivale prussienne. L'Angleterre avait envisagé une intervention navale, mais ne disposait que d'un corps de débarquement de quelques milliers d'hommes. Elle fit alors appel au concours du gouvernement français. Celui-ci invoqua l'absence d'aide britannique lors de l'affaire de Pologne et lors de la proposition d'un congrès. Les efforts anglais pour soutenir le Danemark furent donc inopérants. Les Britanniques étaient si conscients de leur impuissance qu'ils devaient décider de se retirer des affaires européennes. Leur retrait fut parallèle à celui de la Russie.

Au moment où la lutte allait s'engager entre la Prusse et l'Autriche pour la domination de l'Europe centrale, Napoléon III demeurait donc le seul arbitre du conflit. Or, dans les années décisives qui allaient suivre, il devait fréquemment répéter : « Je ne suis pas prêt à la guerre. » En cette année 1864, le Mexique et l'insurrection algérienne accaparaient la majorité de ses effectifs. Et même s'il avait les troupes disponibles, celles-ci auraient été trop peu nombreuses pour lui permettre d'affronter la Prusse et l'Autriche réunies. C'eût été retrouver la coalition devant laquelle il avait dû reculer en 1859. Il lui fallait donc laisser faire et gagner du temps, en attendant la rupture entre les deux puissances germaniques. Il avait, dans cette éventualité, déjà fait son choix. Tant que l'Autriche ne cédera pas la Vénétie à l'Italie, il ne pourrait former l'alliance avec elle. Puis l'alliance autrichienne, c'était, encore plus que l'alliance anglaise, celle du *statu quo*, du respect de ces traités qu'il s'était fixé pour mission de détruire. La Prusse, en quête d'agrandissements, de bouleversements, lui paraissait le partenaire souhaité. En espérait-il des « compensations » précises, ce n'est pas sûr. La Savoie était en effet française, alors que les populations de la rive gauche du Rhin étaient allemandes. Il devait dire à Mérimée : « Elles ne veulent pas de nous, et je ne sais trop ce que nous gagnerions de force en les annexant. » Et à Metternich en 1866 : « Les provinces du Rhin en perspectives lointaines m'ont longtemps fait hésiter à faire mon choix. Aujourd'hui, j'ai entièrement abandonné mes idées de ce genre. » Peut-être n'envisageait-il qu'une rectification des frontières de 1815 : la Sarre, Landau ? Alors pourquoi favoriser les audaces de Bismarck, se faire son complice ? Le ministre prussien voulait le conflit avec l'Autriche et donc rompre cette union germanique face à laquelle la France était impuissante : il recherchait l'alliance de la France. Napoléon croyait qu'il pourrait devenir un satellite de son Empire tout comme l'Italie.

Il méconnaît singulièrement l'homme et sa situation. Ne dit-il pas à Metternich en décembre 1865 : « Monsieur de

Bismarck est un homme fort intéressant comme le comte de Cavour. Cet homme d'État n'aura probablement pas le pouvoir nécessaire pour accomplir de grandes choses, n'ayant pas pour lui le parti libéral et révolutionnaire. Heureusement, Monsieur de Bismarck ne sait pas faire jouer les ressorts que savait si bien mettre à profit M. de Cavour, car sans cela, il y a longtemps que nous aurions eu à nous préoccuper du foyer qu'il aurait allumé en Allemagne. » Pour le moment, fin 1863, Napoléon, qui a mesuré l'esprit pacifique de l'opinion en France, déclare à l'ambassadeur prussien Goltz : « J'ai pour devoir de m'occuper maintenant de former mon système d'alliances et je souhaiterais beaucoup d'y faire rentrer la Prusse. » La Prusse, il la courtise depuis la visite de Guillaume Ier à Compiègne en 1861. Il dira : « J'ai surtout laissé s'avancer la Prusse, me disant que, le moment venu de s'assurer de moi, on me ferait un pont d'or. » Lorsque le ministre de la Guerre prussien Roon vient au camp de Châlons, le prince impérial (qui n'a que sept ans) lui remet la grand-croix de la Légion d'honneur. Bismarck parle des provinces du Rhin. A l'automne de 1864, il vient en France à son tour, et est reçu à Biarritz. Il ne parle plus du Rhin, mais de la Belgique et du Luxembourg, « tout ce qui ne lui appartient pas »... La Prusse et l'Autriche semblent sur le point d'en venir à la guerre pour le partage des duchés danois quand un compromis est signé au dernier moment à Gastein entre les deux puissances, en août 1865. L'union germanique semble refaite. Napoléon s'alarme, fait publier des circulaires par son ministre Drouyn de Lhuys. Au fond, partisan des nationalités, il admet que les Duchés soient allemands, à l'exception du Slesvig du Nord, peuplé de Danois. Il réclame, là comme ailleurs, un plébiscite. Inquiet, Bismarck fait à nouveau le voyage à Biarritz. De longues causeries sur la plage ou dans les jardins de la villa Eugénie préparent la future politique. L'Empereur veut surtout savoir si à Gastein la Prusse a garanti la Vénétie à l'Autriche ? Toujours la crainte du bloc germanique. Bismarck le rassure. De son côté, Napoléon affirme qu'une alliance franco-autrichienne est hors de vue. La Prusse annexera les Duchés et s'agrandira en Allemagne du Nord. Peut-être un jour la France pourra-t-elle réunir la Belgique et le Luxembourg. Sauf sur l'Autriche et la Vénétie, rien de précis n'est pourtant formulé. A la vérité, Napoléon n'envisage de compensations que limitées, pour satisfaire l'opinion. Il envisage pour la Prusse une neutralité bienveillante et ne se soucie que d'obtenir la Vénétie pour l'Italie. La compensation est là. Pour détourner les Italiens de Rome ? Les événements ne se feront plus attendre longtemps.

III

Le Paris d'Haussmann
A la recherche d'une relance économique

On l'a vu, la transformation de Paris est sans doute un des aspects de l'œuvre de Napoléon III qui lui aura été le plus cher. Il s'y est voué pendant toutes ses années de pouvoir, et sa collaboration avec Haussmann aura été étroite et continue. Le préfet s'est toujours présenté comme l'exécutant du « projet de l'Empereur » et, sans l'appui de son maître, il n'aurait jamais pu triompher des difficultés propres à sa tâche et surtout des oppositions féroces qui commençaient à son supérieur hiérarchique, le ministre de l'Intérieur, et s'étendaient à tous les ennemis du régime : attaquer Haussmann, c'était attaquer le souverain dans son favori.

La fameuse carte qui ornait le cabinet impérial a disparu et avec elle le tracé des voies adopté par Napoléon III. Il n'en reste qu'un double donné au roi de Prusse en 1867 lors de sa visite à l'exposition et une carte sur laquelle, en 1872, l'Empereur traça pour Merruau, ancien secrétaire général du préfet, les voies dont il revendiquait la paternité, qu'elles aient été réalisées ou non à l'époque. Mais les deux documents utilisent un fond postérieur aux débuts du règne : on ne sais quels étaient exactement les projets du prince-président en 1852 ; le bois de Boulogne et son avenue d'accès exceptés, il n'envisageait, semble-t-il, rien d'important dans le Paris de l'Ouest. Rive gauche, l'idée du boulevard Saint-Germain a été tardive. C'est sans doute progressivement, au cours des premières années du règne, que le plan d'ensem-

ble a été élaboré. Après la rénovation de la « croisée de
Paris » (rue de Rivoli rénovée, voie Nord-Sud, de la gare de
l'Est à l'Observatoire), appuyée sur la reconstruction des
Halles et l'aménagement de la Cité, apparaissent une longue
transversale de la place du Trône au bois de Boulogne, le
boulevard Malesherbes — pénétration vers la plaine Monceau —, l'avenue Daumesnil et le boulevard Mazas (Diderot) — pénétration vers les espaces vides du sud-est de la
rive droite —, la desserte des gares du Nord et de l'Est par
les boulevards Magenta et du Prince-Eugène (Voltaire) et la
rue de Turbigo ; la desserte de la gare Montparnasse par la
rue de Rennes qui devait descendre jusqu'à la Seine ; le
dégagement de la Montagne-Sainte-Geneviève jusqu'à la
place d'Italie et la relation directe entre les gares Montparnasse et d'Austerlitz ; enfin l'ouverture du centre de Paris
par l'avenue Napoléon (de l'Opéra). D'autres voies furent
ensuite conçues entre les Invalides et le Champ-de-Mars, et
encore dans les quartiers de Maillot et Passy. L'Empereur a
voulu les parcs et les squares, mais la construction des
égouts et les adductions d'eau reviennent à Haussmann, le
souverain ne semblant pas s'y être intéressé au début.

Il voulait rétablir la circulation dans une ville congestion-
née, une circulation d'ensemble dont la ville ressentait le
besoin sans en avoir jamais réalisé les conditions. Cette
circulation n'est plus seulement conçue en fonction de la
voie d'eau et des routes, mais des gares ; à l'échelle de la ville
agrandie, elle s'oriente sur de grandes places carrefours :
l'Étoile, Saint-Augustin, l'Alma, la Bastille, le Trône (Nation), le Château d'eau (République) et enfin l'Opéra. De
longues avenues droites, larges, aux amples trottoirs, bordés
d'immeubles cossus, souvent plantées d'arbres, relient les
grands carrefours entre eux. Dans sa perspective, l'avenue
découvre un monument. Ainsi est créé un modèle d'urbanisme qui prévaudra pendant un demi-siècle dans le monde
entier. Les grands centres générateurs de circulation seront
bien desservis jusqu'à la vulgarisation de l'automobile.
L'idée directrice était conserver l'ancien centre du Châtelet
avec la croisée de Paris tout en ouvrant une issue à la poussée
de la circulation vers la Bourse et la Chaussée-d'Antin : ce

fut le carrefour de l'Opéra à Saint-Lazare. Élargir sans déplacer, telle fut donc l'ambition de Napoléon et de son préfet. Puis il a fallu ouvrir à une population croissante des quartiers nouveaux rendus accessibles par des voies de pénétration. Ainsi le centre serait déchargé au profit des nouveaux arrondissements.

La ville est en effet agrandie. Dès 1857, Napoléon III et Haussmann sont décidés à en reporter la limite aux fortifications construites sous Louis-Philippe. La superficie de la capitale sera ainsi plus que doublée ; une « petite banlieue » peuplée d'usines et d'une population pauvre sera ainsi arrachée à la sous-administration. Il est vrai qu'elle sera aussi soumise à l'octroi parisien et à la vie chère de Paris, mais elle entrera dans la vie de la capitale. Sentant la nécessité d'en finir avec la banlieue anarchique, Napoléon a envisagé d'annexer tout le département de la Seine en créant huit arrondissements au-delà des fortifications. Mais les propriétaires d'usines refusent d'être soumis à l'octroi, malgré les conditions spéciales qui leur furent consenties. L'Empereur souhaite alors repousser les usines jusqu'à la périphérie de Paris, ce qui, à l'expérience, ne se révèle guère possible.

Le projet fut préparé pendant la guerre d'Italie, en l'absence de l'Empereur, et voté par le Corps législatif en mai 1859. Une nouvelle banlieue, ayant les caractères de l'ancienne, se reconstitua bientôt au-delà des fortifications et l'on déplore aujourd'hui la timidité de Napoléon III. Il faut pourtant mesurer l'audace de son initiative et les oppositions qu'elle souleva. 1860 vit la division de la capitale dans ses vingt arrondissemnts actuels, les anciens arrondissements étant ceux à un chiffre. Haussmann expliquait en 1866 : « Les travaux et percements exécutés dans l'ensemble de la ville ont précisément pour but de diminuer la densité de la population des anciens arrondissements et de rendre accessibles et partant habitables tous les points des territoires annexés qui forment les arrondissements nouveaux. » A cette date, la population des neuf premiers arrondissements (938 000 habitants) équivalait presque à celle des onze autres (887 000). Paris pourrait contenir plus de 3 millions et demi d'habitants.

Dans ce domaine comme dans les autres, Napoléon III a voulu réaliser une synthèse : ne pas favoriser la rive droite aux dépens de la rive gauche et l'ouest de la ville face à l'est. Ainsi a-t-il tenu à aménager le bois de Vincennes en émule du bois de Boulogne et aurait voulu faire de la place du Trône (Nation) le symétrique de celle de l'Étoile. Une décoration provisoire réalisée en 1862 pour l'ouverture du boulevard du Prince-Eugène donne une idée du projet : en avant des deux colonnes, un arc de triomphe aurait commémoré les victoires du Second Empire dans les différentes parties du monde. Une colonnade et une fontaine auraient complété le monument. L'ensemble ne devait toutefois être réalisé qu'en bois et en stuc, les victoires du régime ayant pris fin. En fait, un Paris de l'est plus populaire et plus pauvre se développa toujours face au Paris bourgeois de l'ouest. Les maisons du boulevard du Prince-Eugène n'eurent jamais le standing de celles du boulevard Malesherbes, en 1871 les « nouveaux arrondissements » étaient loin d'avoir un patrimoine immobilier comparable à celui des quartiers du centre. Il en fut de même pour les monuments. Le régime construisit plus de soixante-dix écoles rien que dans la zone annexée, quinze églises et synagogues, deux grands hôpitaux, sept marchés, neuf casernes (on les lui a assez reprochées), dont l'énumération emplit Haussmann de satisfaction dans ses *Mémoires*. Mais les grands monuments furent édifiés dans le centre ou dans l'ouest. La reconstruction des Halles sur leur emplacement traditionnel agrandi (une décision antérieure à l'Empire) fut poursuivie pendant tout le règne. Architecture futuriste de fonte et de verre célébrée par Zola dans *Le Ventre de Paris* et qui fut transposée par Baltard dans l'église Saint-Augustin. Quant au nouveau Louvre, surchargé, mais ingénieux et somptueux, il fut achevé pour l'essentiel en 1857. Il convient aussi de mentionner l'aménagement de la Cité, du parvis de Notre-Dame — restaurée — et la façade du Palais sur la place Dauphine.

L'Empereur tint aussi à ce que l'Hôtel-Dieu fût reconstruit sur son emplacement traditionnel, près de la cathédrale, ce qui fut sans doute une erreur, même dans une île transformée en cité administrative. Il voulait que les travaux de l'Hôtel-Dieu allassent d'un rythme égal à ceux de l'Opéra : il aimait ce genre de symbole. Enfin, s'il fallait ne mentionner qu'un monument Second Empire, sans doute serait-ce l'Opéra. Le « Nouvel Opéra » était prévu dès 1858, puisqu'à cette date l'ouverture des rues Auber et Halévy était au programme du « deuxième réseau » d'Haussmann et qu'elles devaient encadrer exactement l'édifice. D'ailleurs, il avait toujours été entendu que l'Opéra de la rue Lepeletier serait provisoire et l'attentat d'Orsini ne pouvait qu'augmenter la hâte de le voir remplacer. Les discussions sur l'emplacement de l'édifice auront donc été factices. Mais la place de l'Opéra avait été aménagée pour servir de cadre à un monument qui n'était pas celui qui fut finalement édifié. Walewski, nouveau ministre d'État, rouvrit le concours en 1860 ; c'est un jeune architecte de la Ville, Garnier, qui l'emporta. L'Opéra fut commencé en 1861. Avec son ornementation fastueuse, emphatique, ce fut bien comme l'avait voulu son auteur, le monument Napoléon III par excellence, au carrefour central du nouveau Paris. Par un paradoxe assez fréquent, l'Empereur ne devait jamais y assister à une représentation : les échafaudages dévoilèrent la façade en 1867, deux ans plus tard, tout l'extérieur était visible, et, en 1870, l'intérieur était encore vide. En revanche, le Palais de l'Industrie édifié pour l'exposition de 1855, à l'emplacement actuel des Grand et Petit Palais, était un monument géant, trop massif, cachant une armature de fer sous la pierre de taille ; il se révéla d'ailleurs trop petit bien qu'il ait été conçu pour abriter une garnison en cas d'émeute. Jusqu'à la fin du siècle, le Palais occupa le sud des Champs-Élysées. Il n'en subsiste plus aujourd'hui qu'un débris dans le parc de Saint-Cloud.

Les inaugurations de voies publiques et de monuments prirent place parmi les solennités familières du régime. Parfois un grand velum, comme un rideau de théâtre, était tiré, dévoilant la perspective de la nouvelle rue. L'Empereur passait, à la tête d'un brillant état-major, puis s'arrêtait pour prononcer une allocution. Les cérémonies les plus remarquées furent l'inauguration du boulevard Sébastopol le

5 avril 1858, puis, en 1861, celle du boulevard Malesherbes. L'année suivante, l'ouverture du boulevard du Prince-Eugène fut célébrée en grande pompe. Les victoires de Crimée et d'Italie serviront à baptiser rues, ponts et boulevards. Les dénominations dynastiques abondaient également. L'avenue Napoléon (de l'Opéra) ne fut pas ouverte sous l'Empire, pas plus que la rue du Dix-Décembre (élection présidentielle de 1848) ; la République la baptisa rue du 4-Septembre. L'avenue Foch était l'avenue de l'Impératrice, l'avenue Wilson (Henri-Martin Mandel), l'avenue de l'Empereur. Autour de l'Étoile rayonnaient les avenues du roi de Rome (Kléber), Joséphine (Marceau), de la reine Hortense (Hoche), du roi Jérôme (Mac-Mahon) — les malins remarquaient l'absence d'une avenue du Roi Louis ! La ville, transformée par le régime, était, pour ainsi dire, à son chiffre.

Rien ne montra mieux que le financement de la transformation de Paris la manière dont l'autorité du souverain permettait de tourner les contrôles constitutionnels. Haussmann estimait que, de 1851 à 1869 inclus, l'œuvre avait coûté 2 milliards et demi de francs-or. Dès son entrée en fonction, il avait été entendu que le préfet utiliserait les plus-values des recettes sur les dépenses pour gager les gros emprunts. Encore fallait-il que le Corps législatif autorisât ces emprunts. En 1855, il en consentit un de 60 millions qui fut souscrit par le public en vingt-quatre heures, sans l'intermédiaire de banques : le crédit de la ville valait celui de l'État. En 1857, l'État avait de son côté accordé 53 millions de subsides. Dès 1858, le préfet présentait le programme de son « deuxième réseau », vingt et une rues qui devaient coûter 180 millions ; on demandait le tiers de la somme à l'État. Les députés, furieux, auraient voulu n'en donner que 36 ; l'Empire était fort, ils en consentirent donc 50, de mauvais gré, et donnèrent à entendre que c'était pour la dernière fois : il ne faudrait plus compter sur les subventions d'État. Or Haussmann ouvrait maintenant partout des voies, et, en 1857, avait commencé l'exécution du réseau d'égouts et les adductions d'eau. L'annexion de la banlieue accrut les charges plus que les revenus. Et les devis, comme toujours, étaient largement dépassés. Prévu pour 180 millions, le deuxième réseau en coûta 410. C'est que la valeur de la propriété foncière à Paris s'élevait rapidement. Les jurys d'expropriation se montraient très favorables aux propriétaires ou aux locataires évincés. Enfin, une partie des terrains expropriés était revendue par la Ville, mais il fallait d'abord l'acheter, ce qui gonflait la première dépense.

En 1860, prétextant l'annexion de la banlieue, Haussmann obtint un emprunt de 130 millions. Les appels au crédit étaient si nombreux que l'emprunt se plaça mal, à prix réduit ; il fallut faire appel au concours du Crédit mobilier des Péreire qui assura un cinquième du total. En 1865, pour finir en cinq ans le programme entamé, un nouvel emprunt de 250 millions, auquel Napoléon joignit une autorisation pour 20 millions supplémentaires fut autorisé, ce qui provoqua des protestations des députés. Pourtant, ces emprunts légaux (et désormais placés grâce à l'appui du Crédit mobilier) étaient loin de suffire. En 1858, un décret impérial avait créé la Caisse des Travaux de Paris qui émettait des bons analogues aux bons du Trésor et gagés sur les terrains acquis puis revendus par la Ville. Il était malaisé de connaître exactement la valeur de ces terrains et donc le montant des bons à émettre, la Ville en émettait toujours trop et avait ainsi une dette à court terme. Puis, de 1861 à 1863, Haussmann, par le procédé des « bons de délégation » en vint à emprunter sans autorisation législative par l'intermédiaire des compagnies concessionnaires des travaux et par celui des banques, dont la principale et de loin fut le Crédit Foncier sur les dirigeants duquel Napoléon avait fait pression. A la fin de 1867, le Crédit Foncier avait près de 400 millions investis dans les bons de délégation ; d'autres banques en détenaient, beaucoup moins il est vrai. Avec l'appui et la protection de son maître, le préfet était parvenu à éluder le contrôle du Corps législatif et à emprunter « à la sauvette » les énormes sommes nécessaires à la poursuite de son programme. Du point de vue technique, ces procédés n'avaient rien de malhonnête. Ils n'étaient pas adaptés à la loi en vigueur et la transgressaient consciemment.

Par sa morgue brutale et sa ruse un peu épaisse, le préfet

collectionna les haines et les jalousies. Les travaux de Paris avaient toujours irrité le Corps législatif où les provinciaux, qui le composaient en sa majorité, comparaient le pactole se déversant sur la capitale en salaires, en profits, en somptueuses indemnités d'expropriation aux crédits toujours mesurés alloués à leurs circonscriptions. Certes, toutes les grandes villes de province se transformaient comme Paris, Marseille, Lyon, Lille, Rouen, et il serait difficile de trouver une cité de quelque importance qui ne doive quelque chose à l'urbanisme du Second Empire. Mais la France était principalement une nation de campagnards, sur lesquels le régime prenait appui. Il était périlleux de méconnaître la mauvaise humeur de la Chambre qui atteignait son comble lorsqu'il était question de l'Opéra. Les « budgétaires » y voyaient le symbole d'un régime dépensier. Que serait-ce lorsque l'on découvrirait le financement illicite avec le concours de banques qui n'étaient guère populaires ?

A la vérité, les agissements d'Haussmann n'avaient pas échappé aux initiés. En janvier 1865, le ministère des Finances exposait au souverain l'état des finances de sa capitale : « La Ville n'a pas de budget, parce qu'on ne connaît d'une manière exacte ni ses ressources ni ses besoins. » Trop de gens étaient au courant pour que le secret fût gardé : le Conseil d'État et la Cour des Comptes avaient aussi critiqué les procédés de la Ville, tout ceci parce que Napoléon soutenait Haussmann. La transformation de Paris servait, par élimination successives, à démontrer la nécessité du contrôle parlementaire. Contester publiquement le préfet, c'était découvrir l'Empereur. Comme le Conseil municipal, nommé, était à la discrétion d'Haussmann, seul le Corps législatif aurait pu s'opposer à lui. Mais en 1865, on n'en était pas là, l'opposition se limitait aux propos de couloirs et, parfois, à un vote réticent. Pourtant, les opposants s'enhardissaient. L'année 1865 fut médiocre pour Haussmann. Berryer fit allusion aux bons de délégation ; Léon Say, gendre de Bertin, le propriétaire des *Débats* et ami des Rothschild qui l'avaient placé au Conseil d'administration du Chemin de fer du Nord, commença ses *Observations sur le système financier de M. le Préfet de la Seine*, pour démonter le mécanisme des opérations, et *la Revue des Deux-Mondes* lui fit écho. Déjà on réclamait un Conseil municipal élu pour contrôler « Osman-Pacha ». Les monuments nouveaux étaient déclarés laids. On célébrait le souvenir du vieux Paris, ombreux, intime, poétique ; avec l'Empire, les pianos remplaçaient les rossignols.

L'exposition de 1867 approchant, Haussman accéléra le rythme de ses travaux. C'est à ce moment que le point d'attaque contre lui fut découvert. Les transformations par elles-mêmes avaient déjà soulevé des critiques : une ville en continuel chantier pendant dix-huit ans, c'était beaucoup. Les travaux achevés, les anciens locataires ne purent revenir dans leur ancien quartier et durent s'exiler dans les quartiers moins chers des nouveaux arrondissements où ils se sentaient étrangers, loin du centre où se trouvaient travail et amitiés (mais les propriétaires des quartiers où les chantiers n'étaient pas prévus en réclamaient). Une mise au point sur cette question est difficile. Un fait demeure : Paris, pour lequel l'Empire avait tant travaillé et dépensé, allait prendre la tête de l'opposition. Une affaire de peu d'importance en soi témoigna de l'évolution des esprits. Pour payer l'ouverture de plusieurs rues à l'ouest du jardin du Luxembourg, l'Empereur, en novembre 1865, autorisa la vente de l'ouest et du sud du jardin. La population du quartier voulait les rues, mais se révoltait devant l'amputation de cet espace vert ; il était absurde de réduire le Luxembourg alors que l'on créait ailleurs des parcs à grands frais, encore que le parc Monceau ait été réduit au tiers de sa surface primitive pour les mêmes raisons. Un soir où le couple impérial se rendait à une représentation de l'Odéon, une foule hostile (où les étudiants, usagers du jardin, étaient nombreux) insulta le souverain. Napoléon III visita les lieux et sauva l'ouest, mais non le sud du jardin. Les pétitions au Sénat, les interventions au Corps législatif continuèrent au cours des années suivantes. Anatole France devait encore en parler dans *Monsieur Bergeret à Paris* : « L'Empire détruisit la Pépinière. Ce fut une mauvaise œuvre. Les choses ont leur âme. »

Pour manifester ses intentions pacifiques, Napoléon III avait publié le « programme du 5 janvier 1860 » dont la

réalisation nécessitait beaucoup de travaux, donc d'argent.
On avait parlé d'un grand emprunt à cet effet, qu'on bapti-
serait « emprunt de la paix ». Toutefois, en France comme à
l'étranger, peu de gens étaient convaincus des dispositions
pacifiques de l'Empereur. Et, de toute façon, les circonstances ne s'y prêtèrent pas, ce qui tombait mal pour la mise
en vigueur du nouveau régime douanier. De plus, la guerre
de Sécession éclata en 1861, gênant les exportations de luxe
vers les États-Unis et provoquant la « famine du coton » du
Sud. Les récoltes furent mauvaises et le pain augmenta au
point de provoquer un début de panique. En septembre,
pour défendre son encaisse, la Banque de France songea à
élever son taux d'escompte à 7 %, mais Napoléon III, effrayé
par les conséquences pour le commerce et l'industrie, s'y
opposa et tint à Compiègne des conférences avec Fould, son
conseiller financier, le gouverneur de la Banque et Alphonse
de Rothschild. Le taux de l'escompte fut néanmoins porté 6 %.
L'argent était aussi cher que le pain ou le coton. Mérimée
écrivait le 16 octobre 1861 : « Tout le monde a fait depuis
quelque temps comme l'État, c'est-à-dire qu'on a dépensé
hardiment et en fils de bonne maison. Maintenant on
regarde en arrière ; on s'aperçoit qu'on est allé trop vite et on
a peur. [...] On demande quels sont les gens qui gouvernent
et qui dans un moment de pleine paix laissent venir des
inquiétudes semblables. Il y a un tollé général contre l'administration de la Banque et des Finances. » L'arrestation
du banquier Mirès, le 2 décembre 1860, parce qu'il faisait
peu de cas des conseils du ministère, fut le début d'une
longue et retentissante affaire. Mirès, propriétaire d'une
large part des grands journaux, avait joué à la Bourse avec
l'argent de ses clients. Il se défendit en insinuant que plusieurs personnages en vue du régime étaient associés à ses
entreprises. L'Empereur exigea que la lumière fût faite.
L'affaire s'acheva par l'acquittement de Mirès devant la
cour de Douai, mais elle avait suscité de gros remous. Elle
avait créé un climat défavorable aux lanceurs d'entreprises
du début du règne. Le saint-simonien Enfantin, administrateur de chemins de fer, écrivait à un ami : « Nous sommes
dans une crise de liquidation d'un passé d'affaires dont

Mirès et même Morny sont des types. [...] Tout cela tombera assez bas avant qu'on ait trouvé une nouvelle table entourée de nouveaux personnages. »

Les déficits couverts par l'emprunt à court ou à long terme avaient désormais mauvaise presse. Et d'abord auprès des membres de la commission du budget du Corps législatif. Composée depuis neuf ans à peu près des mêmes membres toujours réélus, celle-ci s'était vouée à la reprise du contrôle des dépenses par le Corps législatif et à la défense de l'orthodoxie budgétaire. Les représentants de la bourgeoisie traditionnelle détestaient les grandes dépenses pour la guerre ou les travaux publics qui semblaient constituer une des bases du régime. Ils craignaient les crédits supplémentaires, engagés en l'absence de la Chambre qui ne pouvait ensuite que légaliser leur affectation. Tout emprunt leur semblait gros d'un impôt nouveau ; ils redoutaient en particulier l'impôt sur le revenu, l'*income-tax* anglais. Le député Darimon devait écrire : « Ce sont les commissions financières qui ont repris en sous-œuvre après 1852 le travail de reconstruction du régime constitutionnel ; elles ont marché presque en silence [...] et sans qu'on se doutât au-dehors du progrès qui s'accomplissait. » Ces hommes avaient d'autant plus d'autorité que c'étaient des hommes d'ordre, dévoués à l'Empereur, qui voulaient le sauver de lui-même. Un membre du personnel gouvernemental, Achille Fould, partageait ces tendances : ancien parlementaire de la Monarchie de Juillet, il était en liaison avec la maison de banque de sa famille. Tôt rallié à Louis-Napoléon sous la République, il lui avait rendu des services d'argent et avait gagné sa confiance. C'est lui qui, ministre de la Maison de l'Empereur, avait fait régner un ordre rigoureux dans les comptes de la Cour. Il venait de démissionner parce que les décrets du 24 novembre 1860 ne lui inspiraient pas confiance. Napoléon avait alors voulu le faire duc ; il avait décliné cet honneur. Se méfiant de ce qu'il appelait « les antiquailles napoléoniennes », il voulait un régime suivant des règles fixes, voué à la paix, à l'économie et à l'ordre. Il était de ceux qui opposaient la discipline budgétaire aux « dépenses productives ». Peu aimé à la Cour, il jouissait de la confiance de

l'Empereur et surtout de celle des milieux d'affaires traditionnels, peu favorables aux innovations d'Haussmann, des
Péreire, de Mirès... et de Napoléon III. Les budgets se
réglaient à un peu plus de 2 milliards ; il y eut près de
200 millions de crédits supplémentaires en 1860 et 352 en
1861. Les budgétaires, et avec eux la bourgeoisie, eurent le
sentiment qu'on les bafouait. Une brochure d'un opposant,
Casimir-Périer, fils du ministre de Louis-Philippe, sur *les
Finances de la France* eut un grand retentissement. On s'élevait de toutes parts contre les « gros budgets » ; on se plaignait que les capitaux fussent accaparés par les démolitions
et les chemins de fer. Le ministre des Finances, assurait un
budgétaire, ne pouvait lutter contre les ministres « dépen-
siers » qu'en s'appuyant sur le Corps législatif, et un autre se
fâchait tout rouge lorsque les orateurs du gouvernement
parlaient des ressources « inépuisables » du pays. Fould prit
appui sur ce mouvement que l'Empereur, toujours à l'affût
de l'opinion, percevait fort bien. Il documentait les budgétaires pour leurs discours et on savait qu'il parlait par la
bouche de tel ou tel député. Il inspirait également des
campagnes de presse qui valaient des avertissements aux
journalistes. Finalement, il soumit à l'Empereur un mémoire
sur les finances où il dénonçait l'existence d'une dette flottante à court terme d'un milliard ; pour remédier à cette
situation, il demandait des impôts nouveaux et la fin des
crédits supplémentaires. Le « mémoire de Tarbes » était
daté du 29 septembre 1861 ; dès le 14 novembre, Napoléon III
le faisait publier au *Moniteur*, accompagné d'une lettre
impériale ; un mois plus tard, Fould était ministre des
Finances. Le mémoire avait produit, d'après Émile Ollivier,
« un effet foudroyant ». On disait que Fould serait fait archi-
trésorier ; on l'appelait le « syndic » de l'Empereur (ainsi
considéré comme en faillite). Un journal financier célébrait
« l'illustre homme d'État, dont la rentrée au pouvoir a presque la portée d'un changement dans le régime des affaires
publiques ». Par un sénatus-consulte du 31 décembre 1861,
Napoléon renonçait à la faculté d'ouvrir des crédits par
décret.

L'Empereur avait donc cédé au mécontentement du

Corps législatif et du monde des affaires. Il ne voulait pas qu'on crût qu'il pouvait disposer de la fortune publique — c'est pourtant ce qu'il avait fait. La conséquence était que l'initiative impériale s'effaçait devant l'initiative ministérielle. Fould, en arrêtant les dépenses, entendait démontrer à l'Europe que l'Empereur n'envisageait pas de guerre et que les travaux publics aussi bien que les dépenses militaires ne feraient plus obstacle à l'équilibre du budget. Morny expliquait à Darimon que le régime avait fait des travaux publics et la guerre en maintenant le budget à un chiffre ordinaire ; il avait donc fallu des crédits extraordinaires. Si désormais on ne voulait plus de guerre, alors qu'il ne restait plus que des « tronçons insignifiants » de chemins de fer à construire, la politique de Fould était possible. Et Darimon de conclure : « Les financiers reprennent le haut du pavé. C'est avec eux qu'il faudra désormais compter. M. Fould, qui est leur créature, ne permettra plus qu'on se lance dans les aventures qui ont si fortement compromis l'avenir de la dynastie. » Les « financiers » : entendez les financiers traditionalistes, les Rothschild et les régents de la Banque de France à leur tête. Désormais, les Péreire, en dépit des services qu'ils continuent à rendre au régime, perdent de leur influence. Un événement symbolique est, le 16 décembre 1862, la réception de Napoléon III par James de Rothschild en son château tout neuf de Ferrières. Les ambassadeurs d'Angleterre et d'Autriche sont présents et aussi le ministre conservateur Walewski. Les Rothschild s'étaient jusque-là tenus un peu à l'écart du régime ; leur geste prend la valeur d'une réconciliation. Napoléon III, vêtu « d'un costume de fantaisie de couleur sombre et ressemblant pour la forme au costume national breton », visite le domaine. Puis une énorme chasse à tir rassemble les invités. Le soir, lorsque l'Empereur regagna le chemin de fer, « tous les gens du château éclairaient les allées avec des torches » tandis que tous les quinze pas des ifs étaient « hérissés de lampions enflammés ».

Quelles seront les conséquences de ce nouveau cours de la politique financière ? En réalité, les budgets rectificatifs reprendront. Il y aura le Mexique. Et puis les populations, les électeurs, demandent sans cesse de nouveaux chemins de fer. Comment les leur refuser à l'approche des élections de 1863 ? Ces chemins de fer, personne n'a la moindre illusion sur ce point, seront déficitaires. L'État les construira-t-il alors avec ses propres fonds ? Ce serait gonfler le budget et augmenter les impôts. Alors les conventions de 1863 chargent les compagnies concessionnaires de la construction de ces voies ferrées, mais celles-ci le font en émettant des obligations garanties par l'État. La garantie jouera avec ces lignes déficitaires. Il s'agit donc d'un emprunt indirect de l'État, d'un emprunt par l'intermédiaire des grands réseaux. Lorsque l'exploitation de ces « lignes électorales » commencera, la garantie d'intérêt pèsera lourdement sur les finances de l'État. Le temps des miracles est passé. Fould aurait voulu consacrer un crédit budgétaire important à l'amortissement, non qu'il se flattât de rembourser la dette de l'État, mais parce qu'il aurait voulu, en rachetant la rente, en faire monter le cours afin que les rentiers puissent toujours vendre sans perte. Amortissement ou travaux publics ? Sans compter les « expéditions lointaines ».

Les Péreire souhaitaient déborder le ministre des Finances. Ayant pris le contrôle de la Banque de Savoie, ils voulaient lui maintenir le privilège d'émettre des billets, faisant ainsi échec au monopole de la Banque de France. Ainsi se seraient-ils assurés un moyen de financer leurs entreprises. Fould et la Banque de France obtinrent de l'Empereur le rejet de leur demande ; on suivit une voie moyenne. Ce n'était pas la paix et l'économie ; le plus lourd, du moins, avait été évité, à l'exception des travaux de Paris. Il paraissait de plus en plus que les efforts de Fould et des budgétaires seraient largement impuissants tant que le pouvoir personnel de l'Empereur ne serait pas entravé par un régime parlementaire. Seuls des élus — et des élus indépendants, pas des candidats officiels nommés en fait par le souverain — pourraient opposer une digue efficace au flot des dépenses. Mais, à supposer réalisé ce programme, l'Empire devenait une Monarchie de Juillet rénovée. Le suffrage universel avait attendu de lui des prodiges ; ces prodiges, réalisés dans une première période, il fallait les renouveler.

L'opinion demandait toujours des travaux publics pour exécuter le fameux programme du 5 janvier. Un Empire économe, était-ce toujours l'Empire ? Haussmann ne le représentait-il pas plus fidèlement que Fould ?

A la vérité, Napoléon, écoutant Fould, inspirant Haussmann, s'efforçait de concilier les deux. En 1864, ce fut l'emprunt d'État pour payer la guerre du Mexique. Si l'on ajoute les obligations de chemins de fer garanties (300 à 350 millions annuels), les obligations de la Ville de Paris (plus de 400 millions de 1861 à 1866), les bons de la Caisse des Travaux de Paris (quelque 100 millions par an) et les bons de délégations qui en 1865 devaient atteindre 200 millions annuels, on voit que de 700 millions à un milliard de francs étaient demandés au public chaque année. Au total, on ne peut pas évaluer à moins de 25 milliards nominaux les capitaux mis en mouvement par l'Empire. Rien d'étonnant à ce que l'argent ait encore manqué en 1863 et 1864 avec un taux d'escompte de la Banque de France à 6 % et de nouveaux bruits de cours forcé des billets. Pourrait-on, dans une semblable situation, lancer l'emprunt des « grands travaux », contrepartie du traité de commerce ? Persigny le pensait : « La France, s'écriait-il dans un discours à Roanne, n'a plus d'autre intérêt que les intérêts communs à l'Europe, c'est évidemment une ère de paix qui commence pour elle. Que fera l'Empire de cette paix ? La France civilisée est encore incomplète, il faut l'achever, il faut la finir ; le meilleur système de finances consiste à développer la richesse du pays. » Et de demander un emprunt à long terme pour les grands travaux. Napoléon III sentait bien la nécessité d'agir pour le régime. Il aurait voulu « l'emprunt de la paix » au moyen d'une Caisse des Travaux publics émettant des bons, car Fould ne songeait qu'à l'équilibre budgétaire. En 1865, il consentit un projet de loi aliénant 80 000 hectares de forêts domaniales afin de se procurer 100 millions pour les travaux publics. Cet expédient besogneux, évoquant les mauvais jours, fut écarté par le Corps législatif. Mais six ans après, on en était toujours à chercher le moyen de réaliser les promesses du 5 janvier 1860.

IV
Réveil de la politique

De 1861 au début de 1866, aucune modification n'est apportée à la constitution, mais la vie politique a repris après un long sommeil. Le temps du pouvoir personnel, de la « dictature », s'achève visiblement. Le temps du « couronnement de l'édifice » approche. Et pourtant Napoléon reste sourd aux avertissements qui lui viennent de toutes parts.

Les sessions parlementaires de 1861 et 1862 sont étrangement mouvementées. D'abord au Sénat, qui reprend vie, et où la discussion de l'adresse donne lieu à des débats, tout comme le vote du budget qui permet de passer en revue toutes les questions et le vote annuel du contingent militaire. Désormais, aux séances du Corps législatif (celles du Sénat n'étant pas publiques), les tribunes sont garnies de femmes élégantes. Des étudiants parmi lesquels on discerne plusieurs futurs notables de la IIIᵉ République essaient de s'assurer le monopole des dix-huit places réservées au public. On s'arrache les journaux qui publient le compte rendu de la séance. Les commissaires du gouvernement ont quitté leur uniforme. Les députés n'en reviennent pas de voir la politique prendre une telle importance dans leur hémicycle. Est-ce à dire que les mesures de 1860 doivent être suivies d'autres décisions capitales ? Certains, dans l'opposition libérale, attendent la dissolution de la Chambre et une loi rendant la liberté à la presse. Billault, ministre sans portefeuille, s'empressa de déclarer : « J'entends parler des conséquences du 24 novembre, la métamorphose prochaine du gouvernement fondé sur la constitution de 1851 en ce qu'on appelle le gouvernement parlementaire ; toutes ces choses ont été produites, proclamées, comme les conséquences directes, nécessaires, immédiates du décret du 24 novembre. N'en croyez rien, Messieurs, le gouvernement n'entend laisser entrer dans la citadelle dont la France lui a confié la garde ni ennemi déclaré, ni ennemi déguisé. Il est résolu à garder et à exercer les pouvoirs qu'en 1852 le pays tout entier et l'Empereur ont confiés à l'Administration pour assurer l'ordre, fonder la dynastie et continuer un état social assez solide pour qu'après soixante-dix ans de révolutions, la révolution ne soit plus que dans le passé. » Mais, à la fin de l'année, les mesures de Fould (qui pourtant avait démissionné en signe de désapprobation des décisions de 1860) rendirent au Corps législatif des prérogatives financières. L'espoir d'une évolution ultérieure n'était donc pas perdu. Ollivier avait raison d'écrire : « Dans aucune assemblée républicaine ou monarchique, les actes d'un gouvernement n'ont été discutés avec autant de liberté et un tel éclat de talent. » L'année 1861 ouvrit, paradoxalement, l'une des plus brillantes époques de l'histoire parlementaire française. Ce parlement, impuissant à orienter l'action du gouvernement, la discutait de plus en plus longuement. Les trois ministres sans portefeuille — Billault, Baroche et Magne — passaient leurs journées à répondre à de véritables interpellations. Mais c'étaient des interpellations sans sanction, d'abord parce que la constitution ne prévoyait pas le droit d'interpellation, puis parce que les opposants, dans cette Chambre de candidats officiels attentifs à leur réélection, n'arrivaient jamais à rallier une majorité. Mais on sentait bien que le Corps législatif (par exemple lorsqu'il s'agissait du Mexique) votait souvent pour le gouvernement en pensant comme l'opposition. En l'absence de responsabilité ministérielle, toutes les critiques du débat de l'adresse tombaient sur l'Empereur dont les ministres sans portefeuille apparaissaient comme les avocats. Cela développa un régime de critiques d'autant plus empressées que leurs auteurs savaient qu'ils ne seraient pas au gouvernement le lendemain. Ils s'efforçaient seulement d'influencer des ministres dont l'existence ne dépendait pas d'eux.

Les débats portent surtout sur les affaires d'Italie et sur le sort du pouvoir temporel de Pie IX. Les conservateurs du parti de l'ordre ont été hostiles à l'intervention dans la péninsule et veulent le maintien du pouvoir temporel et de l'occupation de Rome. L'Empereur, pour eux, doit conserver la ligne de 1852, se faire l'homme de la réaction. Au contraire, les « italianissimes », républicains ou bonapartistes de gauche, plaident la cause de l'Italie, la réduction du pouvoir temporel à une dimension symbolique — très voisine de celle qu'il possède aujourd'hui. Cléricaux et anticléricaux s'affrontent déjà. Au Sénat, le prince Napoléon prononce deux grands discours qui, étant donné la situation de l'orateur, sont des événements. On se demande si le prince exprime la pensée de l'Empereur mieux que le ministre sans portefeuille. Napoléon-Jérôme attaque les anciennes dynasties de droit divin, célèbre le bonapartisme héritier de la Révolution française et veut restreindre le pouvoir temporel au quartier romain de la rive gauche du Tibre, avec un budget et une garnison assurés par la catholicité. Ses discours enthousiasment les démocrates et exaspèrent les conservateurs ; et ce d'autant que, plein de verve et d'esprit, il manque de tact. En 1861, un amendement favorable au pouvoir temporel réunit au Sénat soixante et une voix contre soixante-dix neuf « et eût obtenu certainement la majorité sans la crainte de déplaire ». L'Empereur félicite son cousin, tout en marquant bien qu'il ne partage pas toutes ses idées. Au Corps législatif, les cléricaux disposent d'un orateur inspiré, Keller. Plein d'un zèle fanatique, il apporte la réplique au prince Napoléon : « Êtes-vous révolutionnaire ou êtes-vous conservateur ? Vous avez reculé pas à pas devant Garibaldi, tout en vous proclamant son plus grand ennemi, [...] d'une main, vous avez protégé le Saint-Siège, de l'autre dressé son acte d'accusation. La Révolution, incarnée par Orsini, voilà ce qui a fait reculer la France. » Ce discours fait date parce qu'il répond au sentiment profond de la Chambre. Ollivier : « Jamais, depuis que je suis au Corps législatif, je n'ai vu de discours ayant un tel succès. [...] A chacune de ses paroles, on entendait le grondement de l'Assemblée ; c'était celui du volcan qui va éclater. L'enthousiasme déborde lorsque, bravant les Cinq du regard, Keller s'écrie : " Il est temps de regarder la Révolution en face et de lui dire : tu n'iras pas plus loin. " Je n'ai jamais entendu un orateur exalter, remuer, fanatiser à ce point une réunion d'hommes, poursuit Ollivier. Si on avait voté sur-le-champ et librement, la politique gouvernementale n'eût pas obtenu plus de cinquante voix. » Après cette séance, Ollivier pense que l'Empereur est seul à s'opposer à la contre-révolution dans le monde : « Le bonapartisme a été jusqu'à présent le seul obstacle régulier que la révolution ait su opposer à la réaction, de là sa popularité. » Il décide de répondre à Keller le lendemain. « On allumait les lampes, je ne sais quoi de mystérieux et d'ému régnait sur l'Assemblée. Je me sens saisi d'un transport intérieur. » Et l'orateur de s'écrier avec une sorte d'ivresse oratoire : « Sire, quand on est acclamé par trente-cinq millions d'hommes, quand on est acclamé parmi les souverains, quand la destinée a épuisé pour vous toutes ses faveurs, il reste encore une joie ineffable à connaî-tre, c'est, repoussant les conseillers pusillanimes, d'être l'initiateur courageux et volontaire d'un grand peuple à la liberté. [...] J'en réponds, le jour où cet appel serait fait, il pourrait bien se trouver encore dans le pays des hommes fidèles aux souvenirs du passé ou absorbés par les espé-rances de l'avenir, mais le plus grand nombre approuverait avec ardeur. Quant à moi, qui suis républicain, j'admirerais, j'appuierais, et mon appui serait d'autant plus efficace qu'il serait complètement désintéressé. » Le succès de l'orateur est tel qu'il « l'épouvante » et que ses amis républicains sont mécontents ; c'est ce jour-là, le 14 mars 1861, que le futur champion de l'Empire libéral s'est annoncé.

Le ministre sans portefeuille, Billault, pris entre ces deux extrêmes, fait valoir la voie moyenne du gouvernement et somme les députés de se montrer à la fois fils des croisés et fils de 1789. Il n'est pourtant pas aisé de concilier les deux. Le président Morny a beau venir en renfort, 90 voix contre 161 se prononcent pour l'amendement clérical. Furieux, Persigny, ministre de l'Intérieur, menace les quatre-vingt-dix : « Nous nous retrouverons aux élections. » Mais le temps des victoires faciles est désormais passé. Le régime, outre l'opposition, classique, pour ainsi dire, des républicains, doit compter avec la défection des cléricaux (qui souvent se confondent avec les protectionnistes). Or, ces conservateurs catholiques ont compté depuis 1852 parmi les plus fidèles soutiens de Napoléon III. Certes, ils sont loin de représenter l'ensemble des catholiques, comme le disait avec désinvolture le prince Napoléon : « La classe bourdonnante aujourd'hui, ce sont les journaux légitimistes, orléanistes et quelques évêques déférés au Conseil d'État. » Mais, précisément, ces opposants peuvent, au nom de la liberté, rejoindre les anciens partis royalistes. Le pacte tacite du 2 décembre est rompu.

La session de 1862 ne sera pas plus facile. Les mêmes questions y sont discutées, et le Mexique s'y ajoute avec l'échec de Puebla. Enfin, le Corps législatif affronte Napoléon III dans l'affaire Cousin-Montauban. Après le succès de l'expédition de Chine, un succès terni par de honteux pillages, l'Empereur aurait voulu récompenser le général par une somptueuse dotation annuelle de 50 000 francs. Morny « était dans l'affaire », ayant reçu sa part du pillage sous forme d'objets d'art. Les députés accueillirent fort mal le projet de loi, et il devint évident qu'il ne serait pas voté. Cousin-Montauban écrivit alors à l'Empereur pour le prier de le retirer. Celui-ci répliqua qu'il n'en ferait rien et conclut sa lettre par ces mots très durs pour les députés : « Les grandes actions sont le plus facilement produites là où elles sont le mieux appréciées et les nations dégénérées marchandent seules la reconnaissance publique. » La lettre parut au *Moniteur* du 23 février 1862. La Chambre allait-elle s'incliner ? Il n'en fut rien, et un rapport défavorable fut même établi sur le projet. Napoléon « était acculé à une soumission ou à une dissolution ». Dissoudre pour Cousin-Montauban était impossible. Après que Morny se fut difficilement entremis, le projet fut retiré ; le comte de Palikao reçut sur l'indemnité de guerre chinoise une substantielle récompense occulte. Cette affaire, secondaire en soi, avait montré que, s'il le voulait, le Corps législatif pouvait devenir le pouvoir régulateur de l'État. Elle avait aussi montré les difficultés croissantes que rencontrait Morny dans l'exercice de ses fonctions de président.

Celui-ci conservait dans le régime une position exceptionnelle. Quand, en juillet 1862, la session close, le couple impérial partit pour un voyage en Auvergne, c'est lui qui les attendait à la tête du Conseil général du Puy-de-Dôme ; Rouher, apparemment réconcilié avec son ancien protecteur, était à ses côtés comme vice-président du même Conseil. En leur compagnie l'Empereur visita le plateau de Gergovie, cher à l'historien de César. Puis il gagna Vichy. Avant de partir, il conféra à Morny le titre de duc « pour les services qu'il a rendus à l'État ». C'était le premier duc civil créé par Napoléon III ; son demi-frère y trouva-t-il une compensation à ses regrets de ne pas faire partie de la famille impériale ? Mérimée commenta : « Le duché de Morny ne paraît pas faire un bon effet ; ce pays-ci est trop démocratique pour ces façons-là. »

Morny, en 1860, n'avait pas demandé le rétablissement de l'adresse, seulement le droit d'amendement et d'interpellation avec la faculté pour les ministres à portefeuille de venir défendre leur politique comme commissaires du gouvernement — sans qu'un vote de la Chambre pût les contraindre à se retirer, donc sans responsabilité ministérielle. En somme, pas de régime parlementaire, mais un Corps législatif fonctionnant de façon plus satisfaisante. En réalité, un ministre mis en minorité n'aurait-il pas vu sa situation diminuée ? Le futur duc distinguait entre libertés civiles et libertés politiques, estimant qu'il serait prudent de commencer par les premières. Ouvrant la session de 1861, il disait à la Chambre : « La liberté politique est le couronnement de toute société civilisée, elle grandit la nation et le citoyen, il est de notre honneur d'en favoriser la durée et le développement, mais elle ne s'implante définitivement qu'avec l'ordre et la sécurité. » Dans les mêmes circonstances en 1863, il devait encore parler de l'alliance de la dynastie et de la liberté et dire à la fin de la même session : « Un gouvernement sans contrôle et sans critique est comme un navire sans lest. L'absence de contradiction aveugle, égare parfois le pouvoir et ne rassure pas le pays. Nos discussions ont plus affermi la sécurité que ne l'eût fait un silence trompeur. » Rencontrant Ollivier en 1861, il lui aurait assuré : « Nous marchons au gouvernement parlementaire, j'y pousse. » Le pouvoir absolu était nécessaire pour sortir du gâchis, et les libertés civiles faisaient défaut. L'ancien ministre du 2 décembre avait compris qu'un coup d'État devait s'opérer dans les esprits avant d'être accompli dans la réalité. Depuis 1860, la situation était bien différente, un coup d'État n'aurait plus retrouvé l'adhésion de l'opinion. Restait donc à affermir la dynastie par l'établissement graduel de la liberté. D'ailleurs, la Chambre était de plus en plus difficile à conduire. Son président mesurait mieux que tout autre la nécessité d'une évolution et cherchait dans le Corps législatif des hommes capables de l'aider. Ne pouvant compter sur les partisans de l'Empire autoritaire qui maintenant le suspectaient, l'accusant de complaisance envers l'opposition, il s'enquit d'appuis au centre et dans la gauche. Il avait de longue date remarqué l'éloquence d'Émile Ollivier, mesuré peut-être les faiblesses de ce caractère enthousiaste et versatile. En 1862, il demanda au député de venir le voir à l'hôtel de la Présidence et, au cours d'une longue conversation, lui dévoila son projet. Conservateur et libéral, partisan de l'Italie, Morny envisageait de former le premier ministère d'un régime constitutionnel et comptait sur Ollivier pour l'aider. En même temps, Ollivier se lia avec le prince Napoléon qui avait toujours cru au triomphe de la démocratie ; un Empire libéral serait utile à ce triomphe, à condition qu'il eût un chef. Il est vrai que Napoléon-Jérôme ne s'entendait pas avec Morny.

Ollivier, à cette date, était bien sur la voie du ralliement. Il n'avait jamais aimé le vieux parti républicain au sein duquel il était né. Son exclusivisme s'était encore accru avec ses défaites. Le jeune député en était venu à l'indifférence en matière de régime et à n'espérer plus qu'en la liberté. Pourquoi l'Empire ne l'accorderait-elle pas à la suite d'un échec ou d'élections d'opposition, pourquoi ne deviendrait-il pas l'éducateur de la démocratie ? Les révolutions populaires n'aboutissaient qu'au despotisme. Avant d'avoir la liberté, on ne pourrait avoir la République. « Opérer dans la démocratie l'œuvre que saint Paul a opérée dans le catholicisme, voilà qui me tenterait. Être l'apôtre des gentils, écarter les vieux judaïsants. [...] Briser la vieille démocratie, étroite et hargneuse, et appeler la foule par la largeur et la beauté des doctrines. » Ollivier dès cette époque rêve d'être le Benjamin Constant d'un nouvel Acte additionnel. Il espère en Morny comme le nouveau duc espère en lui.

Napoléon III n'en est certainement pas là. Il s'est décidé à quelques concessions en 1860, se disant que ce serait pour lui un moyen supplémentaire de connaître l'opinion après l'initiative de 1859, et s'efforce de conserver l'équilibre entre les cléricaux et les italianissimes. La question romaine est au cœur de ses préoccupations. Évacuer Rome ? A quelles conditions ? Thouvenel, au quai d'Orsay, est favorable à l'Italie. Mais en 1862, après Aspromonte, les prétentions italiennes sur Rome s'affichent si ouvertement que l'Empereur décide à nouveau d'arrêter temporairement le gouvernement de Turin et de tenter à nouveau une négociation avec le pape. Pour cela, il songe à se séparer de Thouvenel, antipathique à Pie IX. A Biarritz, en septembre 1862, Walewski et l'Impératrice ont plaidé pour Rome, donc pour une politique conservatrice dans tous les domaines et dont Walewski prendrait la direction ; Drouyn de Lhuys remplacerait Thouvenel. Ce projet parut une concession aux cléricaux à l'approche des élections de 1863. Il intéressait la politique générale : Morny lutta contre Walewski, et surtout Fould, Baroche, Billault et Rouher assurèrent qu'ils ne feraient pas partie de la nouvelle formation. L'Empereur eut beau prétendre que ses ministres, sous son impulsion, pouvaient parfaitement changer de politique lorsqu'il le désirait, les quatre intéressés s'affirmèrent solidaires d'une politique à laquelle ils ne pouvaient renoncer. Finalement, Thouvenel fut seul à partir, et la rentrée en fonction de Drouyn fit sensation et apparut comme le signe d'une politique conservatrice, ce qui était excessif.

La crise avait montré que Napoléon ne pouvait plus faire absolument ce qu'il voulait de ses vieux serviteurs. Dans le pays aussi le climat avait changé. Dès 1862, Ollivier notait dans son Journal à la date du 20 avril : « Jamais l'inquiétude et la désaffection n'ont été plus générales. » Et le député mentionnait les « affaires nulles » pour conclure : « Tous les partis ayant été successivement trompés commencent à s'unir contre le maître. »

Les élections de 1863 allaient concrétiser ce climat. Persigny comptait toujours sur la candidature officielle, avec ses procédés désormais classiques, dans les villages et les bourgs. Dans les villes, elle était évidemment sans moyens, car les journaux y décidaient de l'opinion. Le ministre avait alors pensé se concilier les journaux démocrates à tendances républicaines ou bonapartistes de gauche, *le Siècle* et *l'Opinion nationale* : en somme, se donner l'air d'approuver ce qu'on ne pouvait empêcher. Mais Fould aurait inspiré à ces journaux des articles hostiles à la politique impériale au Mexique et l'essai d'entente aurait échoué. L'Impératrice n'approuvait pas cette attitude, et les querelles des ministres entre eux, auxquelles se complaisait le souverain, divisant pour régner, ne rendirent pas facile la tenue d'une ligne politique. Finalement à Paris les directeurs de journaux et les républicains s'entendirent sur une liste unique où figuraient Ollivier, les trois autres Parisiens des Cinq, et aussi Jules Simon qui avait longtemps refusé le serment. Les républicains entraient donc à la suite des Cinq dans l'opposition constitutionnelle. Surtout, Thiers, âgé de soixante-six ans, était joint à la liste. Les anciens libéraux de la monarchie constitutionnelle, nombreux dans l'Union libérale, comptaient sur l'appoint des suffrages républicains en province. Finalement, l'Union libérale — favorable à la royauté constitutionnelle — échoua, et le succès alla aux républicains. Thiers lui-même ne fut élu que grâce aux attaques maladroites de Persigny. Trente-cinq députés opposants n'étaient pas en eux-mêmes trop menaçants, pourtant l'opposition ne se comptait plus par individus mais par dizaines. Elle avait doublé ses voix, grâce aux villes. Et surtout, la députation entière de Paris était de l'opposition. L'Empire avait perdu sa capitale. Ne pouvant élire un Conseil municipal, les Parisiens avaient au moins élu des députés hostiles au régime. Ce dernier se consola en relevant la déroute des cléricaux, privés de la candidature officielle. Plus que jamais, le péril était du côté républicain. Enfin, la rentrée de Thiers prenait les allures d'un événement. Son grand passé politique, son prestige d'« historien national », sa rupture avec l'Empereur, concrétisée par son arrestation et son exil temporaire lors du coup d'État, tous ces traits faisaient du petit homme la vedette de la rentrée parlementaire. Morny ouvrit la session du nouveau Corps législatif : « Les dernières élections ont réveillé des aspirations politiques inassouvies depuis des années. Le mot de liberté est souvent prononcé et il le sera sans doute encore. [...] Les suffrages du peuple ont replacé parmi nous d'anciennes illustrations parlementaires ; j'ose dire, que, pour ma part, je m'en suis réjoui. » Réjoui est beaucoup, dit l'Empereur. Morny avait besoin de faire sa paix avec Thiers ; elle se fit dans la galerie de tableaux de la présidence de l'assemblée où il était prévu que se jouerait la scène de la réconciliation. Napoléon III lui, savait depuis les temps de sa présidence de la République qu'il n'accepterait pas de collaborer avec Thiers : « Je l'ai beaucoup connu ; il veut toujours imposer sa pensée. » Une sorte de dialogue implicite était toutefois renoué entre le souverain et Thiers, dialogue où finalement le politique triomphera.

Dans l'immédiat, il convient de remanier le gouvernement. Persigny, par sa brutalité et sa méconnaissance de certains détails, a soulevé contre lui des hostilités qui ne peuvent être apaisées que par son départ du ministère. L'Empereur lui adresse une lettre : « Je le dis avec regret, votre retraite provisoire peut seule ramener le calme dans l'opinion publique. » Le vieux compagnon s'est révélé impropre à l'administration en dépit de « son esprit supérieur ». L'hostilité de l'Impératrice n'a pas été étrangère non plus à son éloignement. Persigny sera fait duc, mais ne reviendra jamais aux affaires. Cette disgrâce dorée marque une date dans la vie politique de l'Empire. Le successeur du nouveau duc sera Boudet, conseiller d'État, un bleu de l'Ouest. Napoléon avait pensé placer Billault à l'Intérieur et nommer Morny au ministère d'État ; quelles auraient été les fonctions exactes de ce dernier, on l'ignore. Il préféra conserver la présidence du Corps législatif. Des trois ministres sans portefeuille de 1860, Magne était parti dès mars 1863, car il avait trop mal défendu Fould, son successeur aux Finances ; Baroche, fatigué, passa à la Justice et Billault, resté seul pour défendre devant les Assemblées la politique du gouvernement, reçut le titre de ministre d'État. Rouher lui fut adjoint comme président du Conseil d'État. Les deux hommes seront les avocats du gouvernement.

En 1860, les trois ministres sans portefeuille avaient été considérés au début comme ayant une situation plutôt inférieure à celle des ministres à portefeuille, mais le rôle croissant du Corps législatif avait accru leur importance. Et désormais le ministre d'État était comme un chef du ministère dont il devrait centraliser tous les dossiers importants ; sous ce titre ancien, une fonction nouvelle apparaissait au bénéfice de Billault. Enfin, Béhic, un grand industriel libéral, remplaça Rouher aux Travaux publics et surtout Victor Duruy arrivait à l'Instruction publique. Universitaire en vue, ce dernier était entré en rapport avec Napoléon par la *Vie de César*. L'homme avait de l'intelligence et du caractère. Le choix du prince le portait brusquement à un poste éminent où il craignait d'abord d'être dépaysé. Pénétré, peut-être grâce à Duruy, du désir d'apprendre à lire et à écrire aux Français, Napoléon l'encouragea, puis finalement le laissa assez seul dans le travail considérable où il se plongea. D'origine populaire, Duruy était nettement anticlérical, ce qui contribua peut-être à l'isoler de ses collègues. Même les italianissimes n'allaient pas aussi loin que lui. De son entrée au ministère date l'interruption des dîners hebdomadaires qui réunissaient les ministres (un vrai conseil de cabinet officieux). Mais l'entente était déjà loin d'être parfaite entre eux, et Napoléon ne dut pas déplorer la disparition de cette marque d'accord. Quant à Duruy, au cours d'un ministère de six années, il allait prendre le rang de précurseur de la République sous l'Empire.

Ce remaniement montrait quelle influence les élections avaient exercé sur la vie politique ; on était désormais à cent lieues des élections « administratives » conçues en 1852. Dans un cadre à peine modifié, une vie nouvelle bouillonnait. Un accident malheureux vint prolonger les échanges de postes. Billault venait d'entrer dans ses fonctions de ministre d'État, travaillant presque quotidiennement avec l'Empereur qui se fiait à lui pour coordonner les grandes affaires et lui faire rapport. Encore peu âgé — cinquante-huit ans —, il était néanmoins fatigué par les efforts considérable qu'exigeait de lui le souverain et tomba malade en octobre 1863 ; quelques jours après, il mourait. Tout naturellement, Rouher devint ministre d'État puisqu'il était pour ainsi dire l'adjoint de Billault comme président du Conseil d'État. A moins de cinquante ans, l'Auvergnat de Riom arrivait au premier poste du ministère. D'abord poussé par Morny installé dans le Puy-de-Dôme, il s'était fait connaître par sa réussite au ministère, essentiel à l'époque, du Commerce et des Travaux publics. Jusqu'alors, il avait fait figure de ministre technicien. La mort de Billault le poussait inopinément aux grandes responsabilités politiques. Il avait vis-à-vis de l'Empereur qui avait fait sa carrière un dévouement total. Sa puissance de travail était hors du commun comme sa dextérité à débrouiller les affaires et à manier les hommes. Au total un vrai politique. Bien que la IIᵉ République lui ait fourni l'occasion de débuter dans la carrière publique, il avait conservé de ces années une détestable impression des assemblées. Ce grand parlementaire, si apte à les manœuvrer, ne les aimait pas. Pourtant son éloquence efficace agissait sur elles. Ce qui lui manqua pour se situer au sommet, c'était une vaste culture générale, un esprit plus libéral au sens élevé du terme. Mais ses petitesses mêmes convenaient à Napoléon qui, plus éloigné sans doute du gouvernement qu'auparavant, avait besoin d'un homme de confiance qui fît la politique de l'Empereur et non la sienne. En tout cas, cet homme de confiance allait vite prendre la stature d'un ministre principal ; les plaisants en vinrent à parler du « rouhernement ».

Désormais, au lieu d'Ollivier, un peu compromis aux yeux de la majorité par ses origines républicaines, Rouher, va trouver un interlocuteur redoutable. Le 11 janvier 1864, Thiers prononce un grand discours-programme sur les « libertés nécessaires ». Si l'Empire les accorde, il se ralliera au régime ; ces libertés sont la liberté individuelle (contre la loi de sûreté générale), la liberté de la presse, la liberté de l'électeur (contre la candidature officielle), la liberté de l'élu (droit d'amendement et d'interpellation), enfin la liberté parlementaire (responsabilité ministérielle). En somme, un retour au régime parlementaire avec le suffrage universel. Et de conclure : « Qu'on y prenne garde, ce pays aujourd'hui à peine éveillé, ce qui permet aujourd'hui à peine qu'on demande pour lui du ton le plus déférent, un jour peut-être, il exigera. » La nouveauté de ces paroles fait sensation. Rouher réplique : « L'Empereur n'a pas relevé le trône pour ne pas gouverner et pour livrer le pouvoir aux ardeurs maladives du régime parlementaire. [...] Il ne laissera pas enlever ce droit par des fictions constitutionnelles surannées. » Ollivier, à part lui, s'oppose à Thiers. Ce dernier aboutit toujours à un souverain qui règne et ne gouverne pas. Ollivier, au contraire, désire que le chef de l'État, quelque nom qu'il porte, soit et reste responsable : « Je réclame la responsabilité des ministres sans exclure celle du chef de l'État. » De son côté, Morny poursuit son action et adresse à l'Empereur une note importante : « Les élections n'ont laissé en présence que deux forces, l'Empereur et la démocratie. Les forces de la démocratie grandissent sans cesse, il est urgent de la satisfaire si on ne veut être emporté par elle. »

Lui opposera-t-on un coup d'État ? Matériellement, ce ne serait pas impossible, mais après ? Comment se soutenir ? Il demande « sinon immédiatement toute la liberté politique, du moins la liberté civile ». A la fin de l'année, revenant à ses idées de réforme du règlement du Corps législatif, il critique l'adresse, interminable discussion d'un mois, accumulation d'objections stériles, laissant la Chambre avec un pouvoir subalterne et sans initiative. Il réclame pour le Corps législatif le droit de déposer des propositions de loi, le droit d'amendement, la venue des ministres à la Chambre pour les discussions de leur ressort. Pour retenir l'ambition des députés, il faudrait maintenir l'incompatibilité entre la qualité de ministre et celle de député. A la vérité, ces projets n'étaient qu'une transition vers le régime parlementaire.

Morny s'en rendait-il compte ? Il mesurait surtout les dangers du système en vigueur. Au début de 1864, il écrivait à Ollivier : « L'opposition a pris un caractère d'âpreté et de violence qui a excité le gouvernement et l'Assemblée et détruit ce que j'avais tant cherché à conserver, la modération dans les débats. J'ai bien peur que ce système n'ajourne tous mes rêves. »

A défaut de libertés politiques, Morny et son souverain semblent s'être décidés à développer les libertés civiles. Par ce terme, il faut entendre le développement de la libéralisation de l'économie amorcée par le traité de commerce de 1860 et aussi les mesures humanitaires comme l'abolition de la contrainte par corps en matière de dettes. Ainsi serait préparé un climat propice à la liberté politique. D'autres opposants diront qu'il s'agit de diversions. Plus intéressante est une orientation nouvelle vers la politique sociale afin de satisfaire le mouvement ouvrier. Napoléon III a toujours compris que son pouvoir, fondé sur l'adhésion des masses, sur le suffrage universel, devait apparaître comme celui des classes populaires. Déconcerté par l'adhésion des ouvriers organisés à la République, il a détruit, après le coup d'État, nombre d'associations ouvrières, voyant en elles, non sans raison, des centres de résistance. Puis il a favorisé la renaissance des sociétés mutuelles. Son bon-vouloir s'est aussi concrétisé par un mécénat social : création des asiles de Vincennes et du Vésinet pour les ouvriers âgés et malades, multiplication des institutions philanthropiques, édification de cités ouvrières. Si notables soient-elles, ces créations ne peuvent être que ponctuelles et n'ont pas toujours été bien accueillies à cause de leur caractère paternaliste. Il est toutefois indéniable que l'Empereur, par générosité et par politique, s'est toujours intéressé au peuple. Par là, il prend place dans la génération de 1848 et contraste avec les souverains antérieurs que le problème social n'a guère préoccupés. En fait, son régime a surtout créé le plein emploi et assuré un salaire en rapport avec la hausse des prix non pas à tous les gens du peuple, mais à une majorité d'entre eux. Une partie du monde ouvrier est retombée dans l'apolitisme. Il existe chez les militants une défiance assez rancunière vis-à-vis des politiciens de tous bords, une volonté de faire eux-mêmes leurs affaires en s'occupant de leurs intérêts, ce qui ne les empêche pas d'adhérer fréquemment à la politique des nationalités et de professer un anticléricalisme qui, sans être général, progresse dans les grandes villes.

Le mouvement ouvrier aurait besoin, pour se développer librement, d'un changement dans les lois. La grève, unique moyen d'action, est réprimée par les tribunaux ; les réunions publiques et les associations permanentes sont interdites aux ouvriers comme aux autres citoyens. Une réforme de la législation dépend de l'Empereur. Dans l'*Opinion nationale*, organe bonapartiste de gauche dirigé par l'ex saint-simonien Guéroult, un journaliste socialiste de 1848, Armand Lévy, remuant et déçu dans ses ambitions politiques par les républicains, commence, en 1861, une campagne pour rallier le mouvement ouvrier à l'Empire. Une série de brochures issues du même groupe demandent au souverain la satisfaction des revendications sociales. Puis c'est la constitution d'une délégation ouvrière pour visiter l'exposition universelle de Londres en 1862. A la demande du militant ouvrier Tolain, le prince Napoléon, président de la section française de l'exposition favorise, l'élection de 200 délégués, sous la direction d'une commission de présidents des sociétés de secours mutuels, au sein des métiers. Pendant quelques jours, le monde ouvrier est en ébullition dans Paris, au grand émoi de l'administration devant ce témoignage de vitalité. L'Empereur doit intervenir pour faciliter le fonctionnement de cette organisation qui se trouve ainsi reconnue *de facto* et va fonctionner plusieurs années. Le prince Napoléon n'a agi que par ses relations de gauche et sa position de président de la section française. Il ne semble pas avoir eu les mêmes préoccupations que son cousin, et c'est à tort qu'on lui a parfois attribué un rôle essentiel dans cette affaire.

La même année 1862, se produisirent des grèves qui retinrent l'attention de l'opinion. Ainsi celle des typographes parisiens : leurs meneurs ayant été condamnés en dépit des efforts de leur avocat, l'illustre Berryer, Napoléon reçut à Compiègne deux délégués et fit grâce. Le souverain était évidemment heureux de répondre à la démarche. Aux élections de 1863, des « candidats ouvriers » se présentèrent à Paris, soutenus par un manifeste dit des Soixante, du nombre des militants qui le signèrent. On y demandait une représentation ouvrière au Corps législatif pour obtenir l'égalité dans les mœurs et dans les faits. Ces candidats n'obtinrent que quelques centaines de voix et subirent un échec à peu près total, mais les républicains ressentirent vivement leur apparition. Ils étaient élus grâce aux classes populaires, et virent dans des candidatures ouvrières une manœuvre du régime pour détourner leurs électeurs. Aux Soixante, Émile Ollivier opposa un manifeste des Quatre-vingts publié par *le Siècle*, le grand journal démocrate qui s'opposait ainsi à *l'Opinion nationale*. Les républicains reprochaient toujours aux ouvriers d'avoir laissé s'établir l'Empire. Tolain et ses amis furent accusés d'être vendus au prince Napoléon. Comme c'était le moment où ils fondaient la Section française de la première Internationale, ils se tinrent à l'écart des hommes de l'Empire. Il n'y eut jamais parmi eux de « césarisme plonplonien », mais certainement une réserve vis-à-vis des élus républicains.

Depuis 1862, les principales revendications ouvrières étaient bien connues, et Napoléon III les avait mises à l'étude. Il avait bien reçu un rapport où l'on disait à propos du droit de grève : « Nous n'avons en cette matière ni les avantages d'une législation pénale empreinte de sévérité ni l'honneur d'une législation libérale. » Ouvrant la session du nouveau Corps législatif élu en 1863, l'Empereur annonçait un projet destiné à modifier la loi sur les coalitions. Ce projet de loi, Darimon l'avait déjà demandé ; Ollivier n'était donc pas le seul à suggérer à Morny « une loi sur les coalitions, sur les associations et sur les réunions ». Morny devait savoir que Napoléon accorderait une loi sur les coalitions (entente en vue de la grève) et rien de plus. L'initiative vint bien du souverain. Celui-ci connaissait la législation britannique et voulait répondre « à la capacité politique des classes ouvrières », selon le terme de Proudhon, par une avance explicite. Ce projet de loi pour légaliser le droit de grève fut imposé à un Conseil d'État réticent et à un Corps législatif encore plus opposé ; Ollivier, grâce à l'appui de Morny, fut nommé membre de la commission et aussi rapporteur. Napoléon III et Rouher désapprouvèrent ce choix : c'était la première fois qu'un membre de l'opposition républicaine obtenait le rapport d'un grand projet de loi. A vrai dire, cette désignation rendait manifeste le ralliement d'Ollivier au régime. Jules Simon, spécialiste des questions ouvrières et membre de la commission, ambitionnait d'être chargé de ce rapport et attisa la jalousie des républicains. A partir de 1864, Ollivier et Darimon cessèrent d'être invités aux réunions de la gauche. Ils n'eurent pas d'imitateurs parmi leurs collègues républicains. Ces derniers firent de la surenchère au projet de loi, affirmant que le droit de coalition sans celui de réunion et d'association était dangereux, ce qui n'était pas faux. Ollivier montrait l'avantage d'un début de libéralisation. La quasi-totalité de la Chambre était opposée à la mesure, au point que son retrait fut un instant envisagé. C'est l'appui impérial qui le sauva : la loi fut votée par 222 voix contre 36. Le loyalisme des candidats officiels était encore le plus fort. Désormais, la grève sans violence et sans attentat à la liberté du travail était légale. Une tolérance commença également à s'introduire pour les réunions et les associations qui ne prenaient pas de caractère politique. Les militants ouvriers n'en devinrent pas pour autant partisans de l'Empire, pas plus qu'Ollivier et Darimon n'avaient fait de recrues dans le personnel politique. C'était un mauvais signe pour le régime.

Au début de 1865, Morny reçut à nouveau Ollivier : il pensait que la situation pouvait durer encore une session. Après, il lui faudrait appliquer son programme : « Il est temps de donner la liberté pour qu'on ne nous l'arrache pas. » Le duc prétendait agir d'accord avec Rouher et demandait à Ollivier d'entrer au ministère dont il deviendrait l'orateur. Le député déclina l'invite ; il préférait soutenir le gouvernement des bancs de la Chambre. Peut-être comprenait-il mieux que son président la difficulté de réaliser un « coup d'éclat libéral » sans qu'une majorité libérale existât à la Chambre. Il conseilla à Morny de se réconcilier avec le prince Napoléon dont le programme était voisin du sien et que l'Empereur venait de nommer vice-président du Conseil privé. Le duc se plaisait à se remémorer le temps où, jeune député sous Guizot, il conseillait des réformes sans être écouté. Frappé par le médiocre fonctionnement du gouvernement alors que les ministres ne songeaient qu'à se disputer la faveur du maître, il rêvait d'un Empire libéral dont il serait l'inspirateur. Le projet était en cours, mais Morny était malade depuis la fin de 1864 et mourut le 10 mars 1865. Le régime lui fit de somptueuses funérailles nationales suivies par une foule immense. Dans l'opinion, l'idée se faisait jour que l'Empire avait perdu un homme d'État. Corrompu, paresseux, il possédait assurément une vive intelligence politique.

Le prince Napoléon se proposait de reprendre le projet de Morny, en l'élargissant : fin des candidatures officielles ; élection des maires par les conseils municipaux, les députés de Paris faisant partie d'office de la commission municipale ; par-dessus tout il envisageait un formidable changement de personnel : Fould et Haussmann destitués ainsi qu'une quarantaine de préfets. Le prince n'en restait pourtant souvent qu'aux paroles, où il excellait. Le 15 mai 1865, alors que l'Empereur était en Algérie et qu'Eugénie exerçait la régence, il prononça un grand discours à Ajaccio pour l'inauguration du monument à Napoléon Ier. Ses propos firent scandale. A vrai dire, il reprenait le mythe du Napoléon de gauche, celui de Sainte-Hélène que Louis-Napoléon dans sa jeunesse s'était efforcé de faire connaître. Il évoquait l'Empire libéral de 1815 et critiquait le Concordat, louait son oncle d'avoir supprimé le pouvoir temporel des papes : « La mission de Napoléon était de conduire par la dictature à l'émancipation » ; et encore : « Ceux qui voient Napoléon agent d'une réaction d'intérêts effrayés alors qu'il est l'initiateur de toutes les grandes idées et du progrès »... L'Empereur répliqua par une lettre sévère publiée au *Moniteur* : « Le programme politique que vous placez sous l'égide de l'Empereur ne peut servir qu'aux ennemis de mon gouvernement. [...] Pour savoir appliquer aux temps actuels les idées de l'Empereur, il faut avoir passé par les rudes épreuves et les responsabilités du pouvoir. » Vexé, le prince démissionna alors de toutes ses charges et se retira dans son domaine suisse de Prangins.

La tentative de libéralisation avait perdu ses deux promoteurs, et Ollivier était encore un trop mince personnage pour y suffire à lui seul. Le 22 mars 1865, il avait fait un nouvel acte d'adhésion au régime en votant l'adresse. Donnant aux élections de 1863 le sens d'une aspiration vers la paix et la liberté (ce qui n'était pas faux), il conjurait le pouvoir de céder à propos, ralliant ainsi les masses pour qui la forme du gouvernement était secondaire, assurant par les libertés politiques la seule garantie efficace des libertés civiles. Pendant sa régence, l'Impératrice l'avait invité avec Darimon et d'autres députés. On cherchait au Château un personnel de rechange, et Ollivier paraissait un ministre possible. Il s'était toujours refusé à voir l'Empereur en dépit des offres de Morny. Il fut invité, le 27 juin, chez l'Impératrice pour une question de jeunes détenus à laquelle s'intéressait la souveraine. L'Empereur arriva alors chez son épouse et se mêla à l'entretien. Ollivier lui parla du droit de réunion, complément du droit de coalition. Napoléon séduisit son interlocuteur qui, de son côté, lui plut, mais rien n'en sortit. Ollivier, ministre, ne serait qu'un prisonnier du système ; or c'est la règle du jeu qu'il entendait modifier. De son côté, Napoléon n'entendait pas céder un pouce de pouvoir. Le 13 septembre 1865, il fit insérer une note au *Moniteur* : « Les journaux s'évertuent depuis quelque temps à prédire un changement dans les hommes et les choses du gouvernement. Nous sommes autorisés à déclarer que ces bruits sont sans fondement et inventés par la malveillance. » Eugénie, dans sa vieillesse, dit au diplomate Paléologue que son mari ne croyait pas qu'il pût cesser d'être autoritaire et qu'il pensait qu'il reviendrait à son fils de rétablir les libertés publiques ; l'Impératrice, elle, ne croyait pas que l'Empire fût compatible avec la liberté. En décembre 1863, au journaliste Girardin qui lui parlait à Compiègne de la liberté de la presse, Napoléon répondit : « jamais » avec une énergie inhabituelle chez ce flegmatique. Une conversation du 19 juin 1865 entre le prince Napoléon et l'Empereur éclaire assez les pensées du souverain. « Personne ne doit faire de programme dans mon gouvernement en dehors de moi, fût-il bon. Il ne peut y avoir deux têtes dans un bonnet. » Mais il se rendait compte des limites de son action : « Le pays a déjà trop de liberté. Tu dis que j'ai le despotisme et je ne puis rien faire sans le Conseil d'État, les ministres, que sais-je ? Je ne puis rien. » Il avait conscience de la difficulté pour un individu de faire marcher la machinerie de l'État sans être digéré par elle : « Vois Morny ; on a cru que j'étais fâché de sa mort. C'est bien ennuyeux pour lui, car cela n'aurait pas été six mois, parce que, comme président de la Chambre, il voulait faire le libéral et se rendre populaire. » Il lui aurait enlevé la présidence du Corps législatif, conclut-il. En décembre 1865 le nouveau ministre de l'Intérieur, La Valette, le décrit ne travaillant qu'à ce qui lui plaît, n'aimant plus les détails et n'approfondissant rien, s'en tenant à des généralités, très doux et bon quand il cause, très rude quand il écrit.

Ouvrant la session législative de 1865, Napoléon III annonce des réformes civiles, mais aucune réforme politique : « Toutes nos expéditions touchent à leur fin. [...] En fermant le temple de la guerre, nous pourrons avec fierté inscrire sur un nouvel arc de triomphe : "A la gloire des armées françaises, pour les victoires remportées en Europe, en Asie, en Afrique, en Amérique." » On peut se demander à quoi ont servi ces victoires. Le ministre belge Beyens dès la fin de 1863 écrit à son gouvernement : « Les difficultés intérieures deviennent chaque jour plus évidentes dans la presse et les débats législatifs. Mais ce qu'on peut seulement discerner de près est le rapide déclin du prestige du gouvernement et la désaffection croissante. [...] Dans les cercles officiels et dans les rangs plus bas de l'administration, on discute avec une liberté inaccoutumée, avec amertume et découragement, la personne même du souverain, son entourage, ses dépenses, son arbitraire, le scandale des élections, l'incertitude quotidienne qui dépend d'une volonté impénétrable. Le souci du lendemain — toujours présent depuis plus de dix ans —, un vague sentiment de peur, un extrême découragement imprègne la situation. Presque d'instinct, on sent qu'on est au seuil des grands événements inconnus et de tous côtés j'entends répéter : "Si nous ne sommes pas en 1847, nous sommes au moins en 1845." » Dans *l'Avenir et les Bonaparte*, le saint-simonien Duveyrier fit quelque bruit à sa parution en 1864 en écrivant : « En face de l'Empereur, toujours fidèle à son dessein de fonder une dynastie, le pays se recueille, et la pensée impériale, qui devrait calmer les inquiétudes à l'égard de l'avenir, ne paraît pas provoquer un entraînement proportionné à la confiance que l'homme inspire. » L'année suivante, Rouher, le fidèle défenseur de la politique de son maître, avouait : « Les triomphes faciles ne sont plus possibles. » Le gouvernement subit un échec électoral dans le Puy-de-Dôme pour le choix du successeur de Morny et aux élections municipales de Marseille et de Toulouse. Le ministre demanda que l'on permît aux maires de se présenter aux élections municipales. Il s'agissait de faire naître la désignation du candidat à la députation au sein même des populations ; ainsi allégerait-on la responsabilité de l'administration en la laissant adhérer à une désignation populaire au lieu d'imposer un nom à des électeurs récalcitrants. C'est dans ce climat qu'apparut à la Chambre un tiers parti.

En principe, dans le système impérial, le député était un être passif. Candidat officiel, l'administration faisait sa campagne ; élu, il écoutait les critiques des rares opposants auxquels répondait encore le porte-parole du gouvernement. Cela fait, il ne lui restait plus qu'à voter dans le sens indiqué par le pouvoir. Les choses changèrent lorsque des candidats se mirent en tête de faire leur campagne en payant de leur personne puis de leur argent. Au lieu d'être les créatures du préfet, ces députés devenus rois de leur circonscription assuraient le recrutement et l'avancement des fonctionnaires et faisaient du préfet leur protégé. Ils tenaient à parler à la Chambre pour leur élection et se mirent logiquement à voter pour eux-mêmes et non plus pour les ministres. Le loyalisme envers l'Empereur devenait distinct de la langue de bois bonapartiste. Conserver l'Empereur, certes, et pour le conserver, le garder de ses propres erreurs en Italie ou au Mexique. Ainsi le 15 avril 1865, Buffet obtint une minorité de 83 voix contre 116 pour le pouvoir temporel

de Pie IX. Député des Vosges, c'était le type du conservateur libéral. Ministre du président sous la République, il
était passé à l'opposition au 2 décembre. Il prit la tête d'un
groupe bonapartiste mais libéral, dont les tendances cléri-
cales et protectionnistes étaient certaines. Thiers le voyait
avec plaisir. Il eût été son chef si son loyalisme avait paru
plus solide. Ollivier, libéral en économie, déiste agnostique,
se joignit à ce tiers parti. Au début de 1866, 44 signataires
déposèrent un amendement qui finalement fut voté par
63 députés : « La France, fermement attachée à la dynastie
qui garantit l'ordre, ne l'est pas moins à la liberté qu'elle
considère comme nécessaire à l'accomplissement de ses destinées. Aussi le Corps législatif croit-il être l'interprète du
sentiment public en apportant au pied de votre trône le vœu
que Votre Majesté donne au grand acte de 1860 les développements qu'il comporte. »

Les interventions explicitent le texte. Les signataires
demandèrent une presse libre, le droit d'interpellation, des
réunions libres pendant la période électorale, et la présence
des ministres à portefeuille au Parlement. De ce début de
mars 1866, il fut évident que le décret de novembre 1860 ne
resterait pas un acte isolé mais marquerait le point de départ
d'une évolution vers l'Empire libéral. Rouher reprit ses
critiques (qui commençaient à s'user) sur les dangers du
régime parlementaire, et la réponse impériale vint sous la
forme du sénatus-consulte du 18 juillet 1866. Seul le Sénat
avait qualité pour discuter la constitution : « Est interdite
toute discussion ayant pour objet la critique ou la modification de la constitution. » En guise de consolation, les députés
voyaient leur faculté d'amendement étendue et leur indemnité fixée à 12 500 francs par session. C'était une fin de
non-recevoir. Mais avant les échecs diplomatiques de 1866,
la question de l'évolution du régime était posée par la naissance d'un tiers parti. On achèvera par un beau texte
d'Émile Ollivier : « Le chef infaillible, impeccable, infatiga-
ble, renonçons à le trouver en France, pas plus qu'ailleurs.
Quelquefois, il est vrai, des chefs absolus ont étonné le
monde par la fécondité, la sûreté de leur initiative : c'est
qu'ils venaient au lendemain d'une révolution qui avait

préparé les solutions, remué les idées et formé les hommes. Cette première exubérance d'activité ne tarde pas à se ralentir ; la provision d'idées s'épuise et ne se renouvelle plus. On en est alors réduit aux petites réformes qu'on opère avec fracas, afin que le vulgaire, qui ne juge que sur l'enseigne, les croie importantes. Enfin survient la stérilité ; le mouvement des premiers jours aboutit à l'immobilité ou aux folies. »

V

1866, l'année décisive

En 1865, Napoléon observe la situation en Europe depuis trois ans, attendant une crise qui mûrira ses projets de remaniements. Mais tant que Prusse et Autriche sont unies et que l'Angleterre et la Russie pratiquent l'isolement, il ne peut rien. L'alliance des deux puissances germaniques l'a contraint de s'arrêter en Italie sans avoir délivré Venise. Aussi voit-il sans aucun plaisir le compromis de Gastein en août 1865, qui prolonge l'entente, au moins apparente, entre Berlin et Vienne, être conclu. Il craint que les concessions autrichiennes dans les duchés danois ne soient payées d'une garantie prussienne de la Vénétie. Lorsque Bismarck vient le voir à Biarritz, l'essentiel de leur conversation porte sur cette province d'Italie ; le chancelier l'assure qu'il ne garantit pas sa possession et Napoléon affirme qu'aucune alliance ne le lie à l'Autriche.

La perspective d'une guerre austro-prussienne inquiète les puissances conservatrices des traités de Vienne mais satisfait au contraire Napoléon III, car la dissociation de l'alliance germanique lui rendra sa liberté de mouvement. De son côté, Bismarck est rassuré de savoir que l'Empereur ne sera pas l'allié de Vienne : il pourra se lancer dans son entreprise de bouleversement du statut politique de l'Allemagne. Le 28 février 1866, le conseil de la Couronne prussienne se décide à la guerre contre l'Autriche, mais, pour diviser les forces de l'ennemi, et aussi pour se concilier

Napoléon III, il est décidé de rechercher l'alliance de l'Italie. Celle-ci hésite beaucoup, mais Napoléon III, consulté, lui conseille l'alliance pour obtenir la Vénétie en cas de victoire. Le traité italo-prussien sera signé le 8 avril. Pendant un délai de trois mois (jusqu'au 8 juillet), l'Italie sera contrainte de suivre la Prusse si cette dernière entre en guerre ; elle se lie donc les mains pour cette durée.

Dès lors le conflit paraît probable. Le 27 avril, la mobilisation autrichienne, très lente, commence. Or Napoléon croit à une guerre longue, qui se terminera probablement par une victoire autrichienne : il pense comme la plupart des observateurs. Le traité italo-prussien ne suffira donc pas à assurer Venise à l'Italie. Et la France, dans tout cela ? L'Empereur a toujours souhaité un agrandissement de la Prusse et sa domination sur les États au nord du Main. Mais n'y aura-t-il pas de « compensation » pour la France ? En mai, le prince Napoléon parle à Ollivier de l'annexion de la Bavière rhénane ainsi que de la constitution d'un « duché séparé » avec la rive gauche du Rhin, prussienne. D'autres parlent de borner les annexions françaises à la frontière de 1814. Persigny, par exception consulté, conseille de former sous la tutelle des princes dépossédés d'Allemagne un État-tampon en Rhénanie qui deviendrait, sans annexion, un satellite de la France : ce serait le moyen d'arriver aux frontières naturelles en tournant la difficulté de la nationalité. Napoléon laisse voir qu'il voudrait arriver à une solution sans faire la guerre pour son propre compte. Il est probable que personnellement il ne la désire pas. Surtout, il sait que l'opinion française est résolument pacifique. Elle a désapprouvé dans toutes ses couches sociales les « expéditions lointaines », de la Chine au Mexique ; Fould et le Corps législatif ne songent qu'à réduire les dépenses militaires. Toutes les sources de renseignement concordent : le pays craint la guerre et désapprouve l'Empereur de l'avoir rendue plus probable en se faisant le parrain de l'alliance italo-prussienne.

Et il y eut la séance du 3 mai au Corps législatif : à propos du vote annuel du contingent militaire, Thiers prit la parole dans une atmosphère d'attention passionnée et défendit les traités de 1815, critiquant la politique impériale.

Bien loin de favoriser les ambitieux desseins de la Prusse, il fallait les arrêter. La France ne devait pas travailler à l'achèvement de l'unité italienne, mais éloigner le gouvernement de Turin de l'alliance prussienne et laisser l'Italie à son sort : « Allez, allez partout en France, allez dans les petites villes et les villages, et vous verrez si cette politique qui tendrait à rétablir l'ancien Empire germanique en plaçant le pouvoir de Charles Quint dans le nord au lieu du sud de l'Allemagne, si ce pouvoir, aidé par l'Italie, serait populaire en France. » L'orateur, il est vrai, ne conseillait pas d'entrer en guerre. Son discours était une critique de la politique suivie par l'Empereur depuis 1859, critique qui rencontrait l'adhésion de la majorité de la classe politique. Rouher, avant lui, avait préconisé une politique de neutralité pacifique et de liberté d'action qui en soi n'était pas très inquiétante. Mais le discours de Thiers avait obtenu un tel succès, causé une telle impression, entraîné tant d'adhésion parmi les députés, sans parler de ministres comme Fould, que Napoléon fut bien obligé d'en tenir compte. Trois jours plus tard, il devait faire un discours à Auxerre. Il en profita pour répondre à Thiers, félicitant les habitants de l'Yonne de détester comme lui les traités de 1815 dont on voudrait faire la seule base de notre politique. L'Empereur se félicitait de rencontrer ces travailleurs des villes et des campagnes où il redécouvrait le vrai génie de la France, opposant ainsi le peuple aux notables. Le discours d'Auxerre fut très mal accueilli par l'opinion. Le pays voulait la paix tout en détestant la Prusse qui la troublait par ses ambitions. La paix, Napoléon la voulait aussi pour lui, mais il favorisait de propos délibéré les ambitions révisionnistes de la Prusse. Pour lui, elle faisait figure d'allié, de nouveau Piémont. Il en allait tout autrement pour la nation dont Thiers avait exprimé le sentiment de défiance envers Bismarck. Peut-on même dire que Napoléon envisageait pour la France des compensations en territoire allemand ? Cela paraît bien douteux. Autour de lui, on en parlait pourtant : l'Impératrice, le ministre Drouyn de Lhuys, le prince Napoléon peut-être. Toujours attaché au principe des nationalités, l'Empereur voyait que l'Allemagne « n'avait pas de Savoie » ; l'annexion des territoires allemands ne se ferait ni avec la complicité prussienne, ni par des plébiscites. A quoi bon attacher « une Vénétie » au flanc de la France ? Laisser se produire une inévitable évolution sans intervenir autrement que par la diplomatie était le meilleur parti.

A la fin de mai, l'Angleterre et la Russie ayant parlé d'un congrès, Napoléon en accueillit l'idée, comme toujours. Il espérait en retirer sans guerre les avantages recherchés. La Prusse accepta de mauvais gré, mais l'Autriche, voyant qu'on lui demanderait de céder la Vénétie, se décida pour la guerre qui, en cas de victoire, lui apporterait des compensations en Allemagne. L'Empereur avait pensé qu'un congrès permettrait d'atteindre la date du 8 juillet, au-delà de laquelle l'Italie redevenait libre et pourrait négocier sa neutralité contre la Vénétie. Il s'efforça donc de demander la Vénétie à l'Autriche comme prix de la neutralité française : quelle que fût l'issue de la guerre, l'Italie recevrait Venise. On peut s'étonner de cette fixation sur la Vénétie qui n'intéressait en rien la France, mais qui devenait ainsi le point central de la politique extérieure de Napoléon III. Le 6 juin, il s'adressa à l'ambassadeur autrichien Metternich : « Les provinces du Rhin en perspective lointaine m'ont longtemps fait hésiter à faire mon choix. Aujourd'hui, j'ai entièrement abandonné mes idées de ce genre et, en ayant fait le sacrifice, je me dis aujourd'hui que je n'ai qu'à gagner en m'entendant avec l'Autriche. Je ne voudrais pas faire la guerre et c'est pour m'assurer ce résultat que je vous dis franchement à quelles conditions je pourrais ne pas la faire. Si je suis sûr d'avoir un jour la Vénétie et si je puis dormir tranquille, sachant que vous ne toucherez pas au point d'honneur de l'armée française et du pays tout entier en effaçant tous les résultats de la guerre de 1859, je ne demande pas mieux que vous battiez les Italiens s'ils vous attaquent. » Le souverain aurait même ajouté que si l'unité italienne croulait, il ne s'y opposerait pas. Le 12 juin, un traité secret franco-autrichien, signé à Vienne, garantissait la neutralité française à l'Autriche ; de son côté, en cas de victoire, celle-ci céderait la Vénétie à Napoléon et ne formulerait pas d'objections à la constitution d'un « nouvel État allemand indépendant » sur le Rhin. Ainsi l'Empereur, sans intervenir, s'assurait de la Vénétie dans tous les cas et pensait bien obtenir lors de la négociation de la paix une nouvelle carte de l'Allemagne, conforme aux intérêts français. On notera qu'avec le temps, il était devenu plus favorable à l'Autriche qu'à la Prusse bien qu'il conservât toujours une option pour chaque éventualité. C'est ce qu'exprimait en termes assez sibyllins sa lettre à Drouyn de Lhuys, du 13 juin, trois jours avant l'ouverture des hostilités. Tout en parlant de « neutralité attentive », il n'excluait pas une intervention en cas de rupture de l'équilibre européen par des annexions de territoire. A la vérité, il gardait les mains libres, ce qui ne rassura pas l'opinion, ni surtout le parti de la paix qui était le plus puissant de beaucoup.

Les événements allèrent vite ; leur rapidité stupéfia les observateurs. On s'attendait à une lutte indécise, donc longue. Le 15 juin, les Prussiens envahissaient la Saxe, alliée de l'Autriche. Le 24 juin, l'armée italienne subissait une sévère défaite à Custozza. Le 2 juillet, l'Autriche demandait à Napoléon de s'entremettre pour un armistice en Italie ; il recevrait la Vénétie en contrepartie. Les Autrichiens pourraient alors tourner leurs forces contre la Prusse. Mais le lendemain 3 juillet, les armées prussiennes écrasaient celles de l'Autriche à Sadowa, en Bohême ; la route de Vienne était ouverte. Une bataille avait décidé de la guerre en quinze jours. Napoléon, comme toute l'Europe, fut pris au dépourvu par une décision aussi rapide, aussi totale. Il n'était pas prêt à faire la guerre. Une partie de son armée —la meilleure — se trouvait encore au Mexique. Enfin le moment décisif le trouva en pleine crise de santé. Le 7 juillet, Metternich écrivait : « Jamais, depuis que je connais l'Empereur, je ne l'ai vu dans un tel état de prostration complète. » Le maréchal Canrobert, l'ayant vu à la veille de son départ pour Vichy le 28 juillet, le trouva « navrant à voir ; à peine s'il pouvait se lever de son fauteuil et ses traits tirés traduisaient à la fois l'angoisse morale et la souffrance physique ». Sans aucun doute, c'était un homme pour la première fois atteint gravement qui devait prendre des décisions capitales au cours de ce mois de juillet 1866. Son état de santé peut l'avoir détourné des partis énergiques, il a préféré laisser aller. Il est aussi possible que son épuisement physique ait été exagéré par les adversaires du parti qui fut pris. Notons toutefois que cet état était bien réel. La nouvelle de Sadowa remplit les esprits d'étonnement et de crainte : « Nous devons habituer nos esprits à considérer la Prusse comme une des premières, peut-être comme la première puissance militaire en Europe » : ces mots du ministre anglais Stanley disent bien l'essentiel. Les Français jusqu'alors s'étaient considérés — et les autres nations pensaient de même — comme ayant la meilleure armée. Sadowa leur donna le sentiment d'avoir été vaincus sans avoir combattu.

Napoléon III d'abord réagit bien devant le fait accompli. Le 4 juillet, saisissant la demande autrichienne de médiation pour l'Italie, mais l'étendant à tous les belligérants, il fit paraître au *Moniteur* la note suivante : « Ayant sauvé l'honneur de ses armes en Italie, l'Empereur d'Autriche, accédant aux idées émises par l'Empereur Napoléon dans sa lettre à son ministre des Affaires étrangères du 11 juin, cède la Vénétie à l'empereur des Français et accepte sa médiation pour amener la paix entre les belligérants. L'Empereur Napoléon s'est empressé de répondre à cet appel et s'est immédiatement adressé aux rois de Prusse et d'Italie pour conclure un armistice. » La note à peine lue, Paris fut dans l'enthousiasme, la ville se couvrit de drapeaux, la Bourse monta. A la nuit, les maisons furent illuminées. Après l'alarme de la veille, on se félicitait que le souverain eût préservé la France de la guerre avant de rétablir la paix en arbitre du continent. L'Empereur fut même pris à son propre succès. Le public croyait la paix rétablie ; serait-il possible de lui expliquer ensuite que rien n'était résolu ? En effet, un conseil se tint à Saint-Cloud, au soir du 5 juillet. Drouyn de Lhuys posa la question ; la médiation serait-elle appuyée par une démonstration militaire ? Les Prussiens, renseignés sur la volonté de paix du pays et sur l'impréparation de l'armée, n'avaient laissé que deux régiments sur la frontière du Rhin. En dépit du Mexique, le ministre de la Guerre, le maréchal Randon, se faisait fort de mobiliser dans l'immédiat 80 000 hommes dans l'Est. Le Corps législatif, convoqué, voterait des crédits et des levées. L'Impératrice appuyait vivement Drouyn de Lhuys et Randon. Des mesures furent peut-être préparées, qui devaient être annoncées dans le *Moniteur* du lendemain. C'est alors que le ministre de l'Intérieur, La Valette, prit la parole et exprima un avis corroboré par Rouher et Baroche. L'Empereur n'avait-il pas encouragé Prusse et Italie ? Le pays voulait la paix plutôt qu'une politique d'aventure. Le prince Napoléon joignit peut-être sa voix à celle de La Valette. Toujours est-il que les mesures un instant envisagées ne parurent pas au *Moniteur* du lendemain. La France voulait la paix. Napoléon allait-il entreprendre une guerre pour l'Autriche contre l'Italie et la Prusse, deux puissances que sa politique avait tendu à promouvoir, alors que pour les favoriser il suffisait de ne rien faire ?

En réalité, l'Italie continua la guerre sans succès. Et le gouvernement prussien ne se pressa pas d'accepter d'armistice en indiquant ses conditions. Comme l'écrivait Stanley à son ambassadeur à Paris, Cowley : « L'Empereur doit choisir entre risquer une guerre ou se soumettre aux clauses d'une paix dictée par la Prusse. » Ayant choisi la paix, Napoléon était voué au second terme de l'alternative. Le 8 juillet, Bismarck fit connaître ses conditions : dissolution de la Confédération germanique, exclusion de l'Autriche des affaires allemandes, hégémonie prussienne sur l'Allemagne au nord du Main, cession de la Vénétie à l'Italie. Napoléon III acquiesça le 10 juillet : ces clauses, il les a toujours désirées. Les préliminaires de paix furent signés à Nikolsburg le 26 juillet. Les Italiens, abandonnés, continuèrent la guerre pour leur propre compte jusqu'à ce que l'Autriche leur impose la paix le 10 août. Ils devaient se contenter de recevoir la Vénétie des mains de Napoléon. Bismarck qui avait fait une carrière politique contre les libéraux devenait un héros du sentiment national allemand. Ce qui sortait de la guerre de 1866 n'était pas seulement une plus grande Prusse mais l'unité de la « petite Allemagne » autour de Berlin, ce que Napoléon, partisan des nationalités, semble avoir méconnu. Une plus grande Prusse : le 22 juillet, il accepta l'annexion par celle-ci de 4 millions d'âmes :

les États de Hanovre, Hesse-Cassel, Nassau et Francfort ; il ne demanda rien pour lui. A vrai dire, ce qu'il voulait, c'était une Prusse satisfaite et amicale envers la France. Après tout, sa politique était généreuse et témoignait d'un sens européen qui ne lui fit jamais défaut : sans rivalité franco-allemande, l'Europe aurait sans doute connu un destin différent. L'Empereur pensait avec justesse que c'était un résultat plus important que l'acquisition d'un lambeau de territoire. Il y avait les trois « États du Sud » — Bavière, Wurtemberg, Bade — qui acquéraient une existence internationale indépendante, se trouvant exclus de la Confédération du Nord constituée autour de la Prusse. Le sentiment national allemand demandait leur entrée dans la Confédération à laquelle ils étaient déjà liés par des conventions douanières et des traités militaires. Napoléon a peut-être cru à cette « troisième Allemagne », entre Berlin et Vienne ; il l'a vue peut-être comme un satellite possible de la France. Il y avait là une occasion possible de guerre franco-allemande ; que se passerait-il si la Confédération du Nord « passait le Main » ?

Puis il y eut les « demandes de compensation » françaises. Bismarck, semble-t-il, aurait accepté l'annexion de la Belgique : cela ne le concernait pas. Il n'avait jamais offert de pays allemand et il était sans doute imprudent de lui en demander alors que la guerre était terminée. Pourquoi, le 23 juillet, l'Empereur laissa-t-il Drouyn de Lhuys demander des compensations pour la France, ce qui envenimait la discussion ? C'est que l'opinion française avait changé dans la deuxième quinzaine de juillet (l'armistice prussien ne sera signé que le 22). Après les illuminations du 5 juillet, le public commença à s'inquiéter de voir les hostilités continuer sans avantage pour la France et en vint à envisager une guerre contre la Prusse (pays qui avait toujours été impopulaire) et, en tout cas, à penser que l'Empereur avait mal joué. Eugénie assura à l'ambassadeur prussien qu'elle voyait la situation comme « le commencement de la fin de la dynastie ». De l'état de l'opinion, une lettre à l'Empereur du 20 juillet de l'ancien ministre Magne, est un témoignage significatif. L'esprit public, disait Magne, n'était ni prussien, ni italien, ni autrichien, mais national. La nation voulait la paix, mais aurait souhaité que la voix de la France fût plus promptement entendue : « Les rapides progrès et les prétentions présumées de la Prusse inquiètent [...]. L'ingratitude injustifiable de l'Italie irrite les esprits, même les plus calmes. Le sentiment national serait profondément blessé si, en fin de compte, la France n'avait obtenu de son intervention que d'avoir attaché à ses flancs deux voisins dangereux par leur puissance démesurément accrue. Tout le monde se dit que la grandeur est une chose relative et qu'un pays peut être diminué, tout en restant le même, lorsque de nouvelles forces s'accumulent autour de lui. » Il fallait donc « déclarer nettement, clairement, ce que la France veut, ce qu'elle est résolue à faire prévaloir, ce qu'elle est au besoin en état d'imposer. Or il se dit beaucoup trop, depuis quelque temps, que la France n'est pas prête. Rien ne nous excuserait d'être pris au dépourvu au milieu de complications qu'il est si naturel de prévoir. » Rouher, de son côté, au début d'août, devait écrire : « Le sentiment public se prononce de plus en plus dans le sens d'un agrandissement à notre profit. » Le public raisonnait par analogie avec les événements de 1860, oubliant qu'à ce moment-là, les Français venaient de faire une guerre victorieuse.

En conséquence, Drouyn demanda comme compensation le Palatinat bavarois jusqu'à Mayence et la démilitarisation de Luxembourg. L'ambassadeur Benedetti rencontra Bismarck le 5 août, mais ce dernier refusa de céder un seul village allemand, puis fit publier son refus dans *le Siècle* de Paris : il était contradictoire de songer à faire un satellite de la Bavière tout en demandant l'annexion d'une partie de son territoire. Il est vrai qu'à l'instigation de l'Impératrice, on exigeait beaucoup, par exemple les frontières de 1814 avec la Sarre et Landau, quitte à rabattre ses prétentions. Comme le disait Rouher : « Pour demander beaucoup, il faut être au lendemain de grands succès, et ne rien obtenir aujourd'hui, c'est laisser en grande souffrance l'opinion publique. » Drouyn paya l'échec des compensations : il fut renvoyé et Rouher prit la direction de la diplomatie. Napoléon était parti pour Vichy le 28 juillet ; il n'en devait revenir que le

14 août. Deux jours avant son départ, l'Impératrice disait à Metternich que, depuis deux ans, son époux était dans un état de prostration complète, ne s'occupant plus du gouvernement et écrivant *Jules César*. Le 24 juillet, elle lui avait proposé d'abdiquer et de lui confier la régence : elle pensait qu'il vaudrait mieux que l'Empereur disparût subitement. L'Impératrice pensait comme la majorité des Français. Il est indéniable que l'état de santé du souverain était très médiocre et a pu contribuer aux incohérences de sa politique.

Quel que fût l'état de santé de l'Empereur, l'opinion commandait et devait commander de plus en plus. Rouher offrit l'arrangement suivant à Bismarck : la Prusse favoriserait l'annexion du Luxembourg et de la Belgique par la France. En contrepartie, les deux puissances s'alliaient en se garantissant mutuellement leurs possessions. Ce que Napoléon cherchait maintenant, c'était l'accord de la Prusse pour une compensation hors d'Allemagne. A la vérité, celle-ci avait déjà tout ce qu'elle voulait pour le moment. Il aurait fallu lui proposer l'extention de son hégémonie au sud du Main, ce que la France ne voulait pas. Bien loin d'avoir besoin, comme l'Italie, de l'alliance de Napoléon III, la Prusse était assez forte pour se protéger seule, elle ne l'avait que trop montré. Et d'ailleurs personne ne la menaçait, sauf éventuellement la France. Ces pourparlers traînèrent, puis n'aboutirent à rien.

Les gouvernants français, cherchant désespérément une compensation de prestige pour donner quelque satisfaction à l'opinion, s'orientèrent alors vers l'annexion du Luxembourg. On y voyait une étape vers la réunion de la Belgique qui fut, de façon un peu vague, le projet — ou le rêve — de ces années ultimes du régime : des notes du cabinet de l'Empereur traitent de cette question. Bismarck avait toujours orienté Napoléon III de ce côté. L'Empereur avait songé, dès le début de son règne, à une action en Belgique. Il n'existait pas de nationalité belge, pensait-il, et il ne se faisait pas scrupule d'attenter à l'indépendance d'une petite nation voisine, même si une telle action, bien dans la ligne de Bismarck, devait lui valoir l'inimitié déclarée de l'Angle-

terre. Enfin parler de la Belgique apaiserait les Prussiens et
leur montrerait que la France n'envisageait plus de compensations sur le Rhin : « Régler le sort ultérieur de la Belgique
de concert avec la Prusse, en prouvant à Berlin que l'Empereur cherche décidément ailleurs que sur le Rhin l'extension
nécessaire à la France depuis les événements dont l'Allemagne vient d'être le théâtre, nous vaudra au moins une
certitude relative que le gouvernement prussien ne mettra
pas d'obstacle à notre agrandissement dans le Nord. » Il n'y
avait d'ailleurs urgence que pour le Luxembourg. Rouher
pensait que « l'Allemagne n'en est qu'à la première des
oscillations nombreuses qu'elle subira avant de trouver sa
nouvelle assiette. Tenons-nous plus prêts, à l'avenir, à
mieux profiter des événements ; les occasions ne nous manqueront pas. Les États du Sud du Main, notamment, seront
d'ici à peu d'années une pomme de discorde ou une matière
à transaction. [...] Je tiens qu'à l'avenir nous pourrons stipuler pour notre alliance le prix que nous jugerons convenable ». Ce qui revenait à avouer qu'une occasion avait été
manquée, qu'il fallait guetter les opportunités que l'avenir
ne manquerait pas de présenter.

A son retour de Vichy, l'Empereur renvoya donc Drouyn
et nomma Moustier, l'ambassadeur à Constantinople, pour
lui succéder. Le ministre de l'Intérieur La Valette devait
assurer l'intérim en attendant l'arrivée de celui-ci. Le souverain voulut toutefois sans tarder exposer son attitude
vis-à-vis des changements survenus en Allemagne. Ce fut la
circulaire du 16 septembre appelée « circulaire La Valette »
du nom de son signataire mais écrite par l'Empereur et
Rouher avec la collaboration de Michel Chevalier. Ce texte
parut le 17 septembre en première page du *Moniteur*. Il est
important, car, rédigé pour répondre aux alarmes du public,
il fournit un exposé de la doctrine napoléonienne sous sa
forme ultime. Le public était partagé entre la joie de voir
détruits les traités de 1815 et la crainte d'une croissance
excessive de la puissance prussienne ; il hésitait entre le désir
de maintenir la paix et celui d'une guerre qui assurerait un
agrandissement territorial. A vrai dire, la défiance de la
Prusse l'emportait de beaucoup sur la joie de voir détruits

les traités de 1815. La circulaire assurait ensuite que la coalition des trois Cours du Nord — Russie, Prusse, Autriche — n'existait plus et que chaque puissance avait retrouvé la liberté de ses alliances. Ayant imité la nation française, l'Italie et l'Allemagne se rapprochaient de nous. La Convention de septembre assurait « les intérêts du trône pontifical ». Puis la circulaire se livrait à un exposé statistique : France et Algérie avaient plus de 40 millions d'habitants, la nouvelle Confédération de l'Allemagne du Nord 29, l'Allemagne du Sud 8, l'Autriche 35, l'Italie 26, l'Espagne 18. La distribution des forces en Europe ne devait donc causer aucune préoccupation. Il était souhaitable que le mouvement se dessinant pour la constitution de grands États nationaux aux dépens des États secondaires se développe. Si l'Europe voulait équilibrer la puissance montante de la Russie ou des États-Unis, il était désirable que l'Europe centrale ne fût pas éparpillée en petits États sans force ni esprit public. L'Empereur avait donc bien fait de se borner à un rôle de médiateur pacifique. La France ne pouvait désirer que les agrandissements qui n'altéreraient pas sa puissante cohésion (ce qui laissait la voie libre pour Luxembourg et Belgique). Les événements récents n'avaient donc rien qui fût de nature à alarmer les Français. Ici la circulaire tournait court et assurait que « les résultats de la dernière guerre indiquent que nous avons besoin d'améliorer sans délai notre organisation militaire pour la défense de notre territoire. La nation ne manquera pas à ce devoir qui ne peut menacer personne ». La destruction soi-disant tant attendue des traités de Vienne n'avait eu pour résultat que de contraindre la France à augmenter sa puissance militaire. La nation ne s'était donc pas trompée en détestant la Prusse et en voyant dans son agrandissement un danger qu'elle essayait de neutraliser par des « compensations » territoriales. Cela revenait à dire que l'accomplissement des « idées napoléoniennes », du programme de l'Empereur, mettait la France en danger, comme Thiers l'avait dit avec autorité au Corps législatif.

Il est intéressant de voir ce qu'en pensait Stanley au Foreign Office. La médiation avait subi les événements et ne s'était pas conformée aux préférences des puissances neutres. Napoléon s'était placé dans une position inquiétante : « En 1859, disait Stanley, il a encouragé la guerre en Italie, espérant établir une confédération italienne dépendant de la France. A la place, il a créé une forte Italie unifiée, pas même amicale pour la France. En 1866, il a laissé commencer une guerre en Allemagne, espérant différents résultats dont aucun n'a été atteint. Il a créé au flanc de la France un Empire germanique à la force compacte, pleinement l'égal de la France en puissance militaire. Personne a-t-il jamais été pareillement dépassé à deux reprises ? Il doit chercher à se tirer d'affaire, même au prix d'un sacrifice de prestige. » Et le ministre anglais continuait, en août 1866 : « La jalousie croissante de la Russie, et, je crois, de la France contre la Prusse est naturelle. Mais pour nous il n'y a pas de perte, plutôt un gain, dans l'interposition d'une solide barrière entre les deux grandes puissances agressives du continent. » Ayant seulement exprimé son souci pour la Belgique, Stanley poursuivait : « Je commence à penser que la révolution allemande peut aller plus loin et plus vite que ne le pensaient ses auteurs. Bismarck veut une nouvelle fédération allemande. Napoléon voulait une fédération italienne. Nous savons ce qu'il en advint : ce précédent ne peut-il être suivi ? En aucun cas les États du Sud n'accepteront de rester longtemps à l'écart ; et alors nous verrons si France et Russie toléreront un Empire allemand. Mais c'est une question pour 68 plutôt que pour 66. » A la Cour de l'Empereur, Fleury estimait que celui-ci, dont les deux antagonistes avaient convoité l'alliance en 1866, avait « méconnu sa puissance » et n'en avait pas tiré parti. Plus tard, captif en Allemagne, l'Empereur dira : « J'ai joué sur deux cartes, j'ai pris la mauvaise » — ce qui est exact : ses idées l'orientaient vers la Prusse, vers la mauvaise carte, vers les nouvelles puissances. Sans doute, l'évolution vers l'unité, en Italie comme en Allemagne, était-elle dans la nature des choses. Napoléon avait beaucoup accéléré cette évolution et en recueillait les conséquences et la France avec lui. Dans sa pensée, une Allemagne du Nord pouvait vivre en amitié avec la France, tout comme l'Italie nouvelle. Il n'acceptait pas la réunion de la « troisième Allemagne », celle du Sud, à la Confédération du Nord — union qui aurait accru le danger allemand — pas plus qu'il n'avait accepté une Italie unifiée. Aurait-il pu, pouvait-il laisser aller l'évolution en Allemagne comme il l'avait fait en Italie ? Envisageait-il, par l'annexion de la Belgique et du Luxembourg, de compenser l'accroissement des forces allemandes ? En fait, depuis Sadowa, il vivait sous la menace de la force prussienne qui pesait sur le continent, alors qu'il ne s'estimait pas « prêt à faire la guerre ».

Le dénouement de l'affaire mexicaine est contemporain des difficultés d'août 1866 relatives à l'Allemagne. « La grande pensée du règne » débouchait sur un échec cuisant. Maximilien n'était certainement pas un grand empereur, mais sa situation était impossible. Sans appui dans l'opinion, sans finances, sans armée, il ne se maintenait que par l'armée française. Bazaine, fait maréchal en 1865, avait pris goût à son proconsulat mexicain. Bon général, il luttait contre la guérilla avec des forces insuffisantes pour l'étendue et la nature du pays. Comme toujours, la guerre contre les partisans avait produit une contre-guérilla, source d'atrocités : tout individu pris des armes à la main était puni de mort. La haine grandissait contre Maximilien. Ce dernier, d'ailleurs, ne s'entendait plus avec Bazaine et souhaitait son rappel. Depuis la fin de la guerre de Sécession, au printemps de 1865, il était évident que jamais les partisans de Juarez ne pourraient être éliminés, et les États-Unis les soutenaient. Jamais ils n'avaient reconnu l'empire du Mexique. Désormais ils étaient en mesure de fournir à Juarez hommes et argent pour faire respecter la doctrine de Monroe et exiger le retrait de l'armée française. Napoléon prit la décision de faire revenir le corps expéditionnaire dès janvier 1866. Le 16 février, il écrit au maréchal : « Mes intentions se résument ainsi : évacuer le plus tôt possible, mais faire tout ce qui dépendra de nous pour que l'œuvre que nous avons fondée ne s'écroule pas le lendemain de notre départ. » Toute son ambition se bornait — dans l'espoir de minimiser son échec — à maintenir quelque temps cet empire de carton après le départ des Français. Le 5 avril, *le Moniteur* annonça que l'évacuation, commencée à l'automne 1866, s'achèverait un an plus tard. Aux Tuileries, on souhaitait maintenant l'abdication de Maximilien et son retour en Europe pour éviter quelque désastre. Devant l'échec des envoyés de Maximilien, sa femme Charlotte avait pourtant décidé d'aller à Paris solliciter l'Empereur, demander des soldats et des subsides ainsi que le rappel de Bazaine — d'ailleurs très critiqué par les officiers du corps expéditionnaire ; le moral était mauvais dans l'armée. Fould, ministre des Finances, ne voulait plus payer les frais de l'Empire mexicain sous forme de subventions ou d'emprunts. Napoléon III ne pouvait fournir aucune assistance à Maximilien sans convoquer le Corps législatif dont l'opinion n'était pas douteuse.

L'entrevue avec Charlotte à Saint-Cloud est pénible : Napoléon III ne peut que conseiller l'abdication. La jeune femme est alors victime d'une crise de nerfs qui annonce sa démence. De Paris, elle gagne Rome où la folie la saisira définitivement au cours d'un entretien avec Pie IX. Napoléon décide que l'armée quittera le Mexique au printemps de 1867, et un de ses aides de camp, le général Castelnau, est envoyé avec pleins pouvoirs pour assurer l'exécution des ordres. Bazaine ruse le plus possible, puis se résigne au départ et conseille à Maximilien d'abdiquer et de le suivre. Par fidélité envers ses partisans, le jeune empereur refuse, se vouant ainsi à une défaite certaine qui le met à la discrétion de Juarez. Bazaine évacue Mexico le 5 février 1867. A son arrivée en France, le maréchal est l'objet d'une demi-disgrâce. On lui en veut de son comportement incertain au Mexique, et peut-être surtout de rappeler le projet grandiose et fantaisiste dont l'échec total ne peut être reporté sur l'opinion, mais uniquement sur le couple impérial : le Mexique pèsera lourd auprès du public dans le passif du règne. Et ce poids s'ajoutera à celui des événements d'Allemagne, autrement décisifs.

A tout le moins, la Convention de septembre 1864 avec l'Italie s'exécute. Les Italiens ont transféré leur capitale de

Turin à Florence. Le corps français d'occupation quitte Rome à la fin de l'année 1866. Bien entendu, personne ne pense que les Italiens ont renoncé définitivement à avoir Rome pour capitale. Ici encore il s'agit d'un expédient temporaire permettant de partir et dont on espère qu'il durera autant que la vie de Pie IX. Les événements militaires de 1866 ont diminué la popularité du gouvernement italien, qui a subi trop de défaites. Napoléon III, pour sa part, espérait que l'acquisition de la Vénétie, en permettant le départ des étrangers d'Italie puis de Rome, serait propice à une réconciliation du Saint-Siège et du royaume et faciliterait l'application de la Convention de septembre : « Supprimer peu à peu tout ce qui empêcherait ces deux éléments de vivre de la vie commune que leur situation géographique et ethnographique leur impose. » Union douanière, fusion des banques d'État, accès des sujets du pape aux fonctions publiques en Italie, les revenus de l'État pontifical étant affectés uniquement aux besoins de cet État. En somme, préparer une fusion progressive. C'est ce que le gouvernement de Pie IX refuse, laissant entrevoir qu'en cas de crise le pape pourrait quitter Rome. En effet, de par la Convention de septembre, si ses sujets se révoltaient, établissaient un gouvernement provisoire et votaient leur rattachement à l'Italie, le gouvernement italien n'aurait aucune obligation envers lui : il ne doit protéger le Saint-Siège que contre les attaques venues de l'extérieur. Dans cette éventualité, Napoléon laisse toujours 20 000 hommes prêts à embarquer entre Toulon et Marseille. L'Impératrice, elle, veut aller à Rome au moment de l'évacuation pour donner au pape un témoignage de fidélité, mais les ministres français et le gouvernement italien la forcent à renoncer à ce projet qui montre la politique qu'elle entend jouer désormais devant le vieillissement de l'Empereur. Le seul succès de 1866 est finalement négatif : l'évacuation de Rome. Encore est-elle bien précaire. Les Italiens désormais ont tendance à regarder vers Berlin lorsque Paris se montre récalcitrant. D'ailleurs, à côté du gouvernement royal, lié malgré tout à Napoléon III, subsiste, à peine moins puissant, le « parti d'action », celui de Garibaldi, qui n'a pas renoncé à un coup

de main sur Rome. Ce succès a donc un caractère fragile qui
n'échappe à personne.

La coopération de Bismarck et de Napoléon III n'a
obtenu qu'un résultat : la désignation de Charles de Hohenzollern comme prince et futur roi de Roumanie. Celui-ci est
officier prussien mais, par son ascendance Beauharnais,
l'Empereur peut l'appeler son cousin. En fait, le jeune
homme est très allemand et fera régner l'influence germanique dans sa principauté.

VI
Les années perdues (1866-1869) :
Luxembourg, Mentana
Échec de la réforme militaire

Pour Napoléon III et Rouher, 1867 devait être l'année du Luxembourg, considéré comme une seconde Savoie. Bismarck se disait d'accord et il semblait que la population ne fût pas hostile. Restait à acheter le territoire à son souverain, le roi des Pays-Bas. Le grand-duché avait fait partie de la Confédération germanique et était membre de l'Union douanière prussienne. Mais il n'était pas entré dans la récente Confédération de l'Allemagne du Nord ; ancienne forteresse fédérale, la ville était occupée par une garnison prussienne qui gardait la citadelle. Les négociations traînèrent de novembre 1866 à février 1867. A Paris, on aurait souhaité leur conclusion avant l'ouverture de la session législative pour donner une satisfaction à l'opinion. Bien loin d'aider Napoléon, Bismarck et son roi multipliaient les difficultés. Finalement, la session redoutée s'ouvrit sans que rien fût acquis. L'Empereur lut son discours mal et vite, hésitant, répétant des mots. Députés et sénateurs restèrent de glace. Au cours de la session, Thiers fit encore un grand discours, adjurant l'Europe d'imposer la paix à la Prusse et conclut : « Il n'y a plus une faute à commettre. » Le 16 mars, Rouher répliqua qu'aucune faute n'avait été commise et reprit l'argumentation de la circulaire La Valette en parlant d'une Allemagne divisée en trois tronçons. Alors Bismarck publia les traités d'alliance offensive et défensive signés avec les États du Sud et les plaçant sous le commandement prussien. L'unité allemande était donc réalisée sur les plans douanier et militaire. Du coup, le mécontentement de l'opinion française s'accrut.

C'est dans ce climat que l'affaire du Luxembourg prit un nouvel aspect. Le roi des Pays-Bas, inquiet du silence prolongé de la Prusse, demanda son assentiment. Le 1er avril 1867, Bismarck se fit interpeller par un député ami sur la cession du Luxembourg à la France et répondit que la Prusse ne favoriserait pas une telle transaction sans l'accord des États et du peuple allemand. L'opinion allemande commença à protester contre l'aliénation d'un territoire qui avait appartenu à la Confédération germanique. Pendant quelques jours, la perspective d'une guerre franco-prussienne se dessina. Le gouvernement de Berlin prétendait que le grand-duché était englobé dans la neutralité belge. Devant ces difficultés, le roi des Pays-Bas retira son consentement à la cession du territoire. Napoléon hésita, le 7 avril, à prendre une décision. Son nouveau ministre de la Guerre, le maréchal Niel, l'informa qu'il était impossible de faire la guerre à l'Allemagne : huit mois seraient nécessaires pour que l'armée fût prête. L'Empereur décida donc d'accepter l'entremise des grandes puissances ; l'un de ses familiers trouva une porte de sortie : demander la neutralisation du grand-duché et l'évacuation de Luxembourg par la garnison prussienne, mais Bismarck fit encore des difficultés. Pourtant il ne semble pas avoir réellement résolu la guerre à ce moment. Ne voulant pas céder à la France seule, il accepta de mauvaise grâce la réunion d'une conférence internationale à Londres qui assura à Napoléon la neutralisation du grand-duché et l'évacuation de la forteresse par les Prussiens. Cet expédient ne réglait pourtant rien au fond. Il devenait manifeste que Bismarck ne faciliterait à la France l'acquisition d'aucune compensation. Le Luxembourg aurait pu être le prix d'une réconciliation franco-allemande ; désormais les deux puissances allaient s'affronter pour presque un siècle. Un diplomate comparait l'arrangement de Londres à celui de Gastein : une simple halte dans la marche vers la guerre.

En dépit des maladresses de Napoléon III, le grand responsable de cette situation est certainement Bismarck, en quête de succès pour le nationalisme allemand. A court terme, l'Empereur est perdant, car les Français lui en veulent de ses échecs ; mais à long terme, Bismarck a commis une énorme faute : il a manifesté, appuyé sur la force prussienne, une duplicité qui est ressentie par tous les gouvernements. Pour Stanley, « c'est un fait qu'on ne peut faire confiance à Bismarck, même s'il a promis, à moins que ce ne soit d'une manière qui puisse être rendue publique ». Le gouvernement français a montré une modération qui contraste avec son attitude en 1870. Mais les opinions des deux pays demeurent hostiles et susceptibles, malaisées à diriger pour les gouvernants. Désormais la politique française sera conditionnée par l'antagonisme franco-prussien. Les idées napoléoniennes ont trouvé leur perte dans leur triomphe même. Et l'Empire, affaibli, va plus que jamais suivre l'opinion.

L'Exposition universelle de 1867, avec ses visites de souverains, offrit à Napoléon des possibilités de conversations en même temps qu'un témoignage de prestige. Il « pleuvra des rois » selon l'expression des Goncourt. Tous les souverains ont été invités par Napoléon et Eugénie. Presque tous viendront ; de façon significative, Victor-Emmanuel sera le seul à s'abstenir ; au moins enverra-t-il son fils. Même le sultan visitera l'Exposition ! De ces augustes visiteurs, les plus importants sont certainement le tsar Alexandre II et le roi Guillaume de Prusse. L'autocrate russe a voulu venir avec son oncle prussien. Ce projet a pris naissance en mai 1867, alors que la crise du Luxembourg s'achevait. Napoléon écrit à Moustier : « Il faut tâcher d'éviter que ces deux souverains viennent ensemble si on ne peut empêcher complètement le voyage du roi de Prusse. [...] Autant l'Empereur de Russie sera bien reçu en France s'il y vient seul, autant son arrivée avec le roi de Prusse fera mauvais effet ; [...] d'ailleurs cela nous gênerait beaucoup de les recevoir en même temps. » Les deux souverains arrivèrent néanmoins au début de juin, Guillaume sur les talons de son neveu. Il n'eut droit qu'au pavillon de Marsan, le tsar occupant l'Élysée, mais Bismarck et Moltke l'accompagnaient. Le tsar,

peu aimable, suscita la curiosité du public, non l'enthousiasme. Pour les Prussiens, la foule ne fut que curieuse ; au
moins les manifestations hostiles furent-elles évitées. Des
fêtes somptueuses furent offertes au tsar aux Tuileries et à
l'Hôtel de Ville. Il visita Paris, mais aussi, avec l'Opéra, un
théâtre d'opérette (ce qui surprit beaucoup). Lorsqu'il visita
la Sainte-Chapelle, d'un groupe d'avocats partit le cri « Vive
la Pologne ». Le 6 juin, une grande revue était passée à
Longchamp : 30 000 hommes défilèrent. La cavalerie, en
grand uniforme, chargea, sabre haut, à fond de train, pour
s'arrêter face aux tribunes au cri de « Vive l'Empereur ! » Le
tsar et Napoléon revinrent dans la même voiture à travers le
bois de Boulogne ; la foule les fit ralentir. Un Polonais
voulut tirer sur le tsar, mais un écuyer à la portière détourna
le coup, son cheval fut blessé. On rentra à l'Élysée à toute
vitesse sans avoir très bien compris ce qui s'était passé.
Alexandre devait quitter Paris irrité.

Cette visite manquée marqua la fin de l'entente inaugurée
après la guerre de Crimée. On a écrit que le tsar était venu
avec l'intention de négocier et que l'Impératrice, s'introduisant dans la conversation des deux souverains, aurait empêché les propos d'aller plus loin. A vrai dire, la Russie était
déjà liée à la Prusse. Elle préférait une Prusse forte à une
Autriche qui l'aurait concurrencée dans les Balkans. Pour
gagner les Russes, Napoléon aurait dû leur faire de grandes
concessions en Orient sans obtenir d'autre garantie que ce
qui était déjà acquis : la Russie n'entrerait pas dans une
coalition contre la France. Dès son retour, le tsar accepta les
transformations de l'Allemagne et s'appuya plus que jamais
sur la Prusse.

Quant à Guillaume et à Bismarck, « ils étaient venus pour
voir la ville et s'amuser », comme devait le dire Napoléon. Il
y avait peu de chose à attendre d'eux, sinon un témoignage
d'entente avec la Russie. Cette diplomatie d'exposition
n'aboutissait donc à rien.

C'est le 30 juin, à la veille de la cérémonie de remise des
récompenses à l'Exposition que la nouvelle de la mort de
Maximilien frappe le couple impérial. Fait prisonnier par
les partisans de Juarez, le jeune empereur a été fusillé le

19 juin. Le lendemain, confirmation de la sinistre nouvelle arrive au cours de la cérémonie : le sultan est présent, le prince impérial, agé de onze ans, distribue les médailles ; l'Empereur en reçoit une pour un modèle de maison ouvrière. Les Metternich sortent discrètement, mais la fête est gâtée. Aucune conséquence désastreuse n'aura manqué à la « grande pensée du règne ».

L'hostilité de Bismarck est évidente : il refuse ainsi d'exécuter une clause du traité de Prague l'obligeant à organiser un plébiscite dans le Slesvig du Nord peuplé de Danois. Le nouveau chancelier de la Confédération du Nord feint de considérer que Napoléon cherche la guerre pour sauver sa dynastie. La Russie est désormais liée à la Prusse. L'Angleterre, sans grande armée de terre, s'oriente vers l'isolement des affaires d'Europe. Reste l'Autriche dont le chancelier Beust est un Saxon entré au service de François-Joseph après Sadowa et assurément hostile à Bismarck. Mais Beust comprend bientôt l'impossibilité d'une revanche. Les Allemands d'Autriche, pour beaucoup d'entre eux, sont favorables à la nouvelle Allemagne. Surtout, en 1867, a été signé un « compromis » qui fait de la Hongrie l'égale de l'Autriche dans l'Empire, et les Hongrois, par hostilité envers les Russes, s'appuient sur Bismarck. Il serait impossible d'entraîner la Double Monarchie contre l'Allemagne. Néanmoins on estime à Paris qu'il est nécessaire de rechercher l'alliance de l'Autriche. Que les choses ont tourné depuis 1859 ! Cette Autriche contre laquelle Napoléon III a tant lutté, cette Autriche dont les conservateurs français prônaient tellement l'alliance, voici que l'Empereur la courtise. Non pas pour des plans d'offensive contre la Prusse, mais pour la défense du traité de Prague, pour empêcher les Prussiens de « franchir le Main » — une alliance conservatrice en somme. La présentation des condoléances pour la mort de Maximilien sert d'occasion à rencontrer les souverains d'Autriche. L'entrevue se déroule à Salzbourg du 18 au 22 août 1867. Napoléon n'a pas vu François-Joseph depuis Villafranca ; Élisabeth est venue recevoir Eugénie qui d'ailleurs la délaissera un peu indiscrètement pour causer avec les empereurs. Fin octobre, François-Joseph vien-

dra seul visiter l'exposition de Paris. Il est parfaitement
reçu. Mais le développement de l'entente austro-française
resserre l'entente russo-prussienne. En cas de guerre
franco-allemande, Alexandre II envisage de concentrer une
armée sur la frontière autrichienne et attend la réciproque
en cas de conflit entre Autriche et Russie. Rien n'est signé,
mais le climat est peu favorable à une action de l'Autriche
concertée avec la France. On conçoit que les conversations
entre les souverains français et autrichiens n'aboutissent à
rien de précis. A son retour de Salzbourg, le couple impérial
fait, à la fin d'août 1867, un voyage de Strasbourg à Dunker-
que par Arras, Lille, Amiens. A Lille, Napoléon préside aux
fêtes du deuxième centenaire de la réunion de la ville à la
France. L'Empereur se laisse aller à parler de « revers passagers » et « des points noirs venus assombrir notre horizon ». C'est avouer, en une formule, la série d'échecs venue
s'abattre sur l'Empire. Autrefois, c'est lui qui déclenchait
les coups de surprise ; désormais, il est sur la défensive,
attendant quelque coup fatal de la Prusse.

Le coup suivant ne vint pourtant pas de la Prusse, mais
d'Italie. Contrairement aux espoirs de l'Empereur, l'acquisition de la Vénétie, bien loin de faire oublier Rome aux
Italiens, les poussa à adopter la conquête de leur capitale
comme prochain objectif. Rattazzi, chef de la gauche parlementaire et favori du roi, rêvait de reprendre la tactique de
Cavour en 1860 : laisser Garibaldi fomenter la sédition dans
les États du pape, puis envoyer des troupes pour y établir
l'ordre monarchique et procéder à l'annexion. Les Français
avaient quitté la Ville depuis la fin de 1866, en exécution de
la Convention de septembre. Pie IX n'avait plus qu'une
petite armée, de valeur incertaine. Un groupe de garibal-
diens tenta en vain de provoquer une insurrection dans les
populations de la campagne romaine. Garibaldi, pourtant
surveillé par le gouvernement italien dans son île de
Caprera, s'échappa et, regroupant quelque 3 000 Chemises
rouges à travers la Toscane, pénétra sur le territoire romain
sans que le gouvernement du roi fît quoi que ce fût d'appré-
ciable pour l'arrêter. Napoléon était audacieusement bravé.
Il n'avait pas d'illusions sur la durée de la Convention de

septembre, mais elle n'était pas en vigueur depuis un an ! En 1860, il était puissant, paraissait l'arbitre de l'Europe ; sept ans après, le climat était bien différent. Le 30 octobre, quelques régiments français rentrèrent dans Rome. Les « italianissimes » étaient désavoués par Napoléon. Son cousin, qui conseillait à son beau-père de « forcer la main de l'Empereur », allait mesurer le changement du temps. Victor-Emmanuel osa faire, à son tour, entrer ses soldats sur le territoire pontifical. Un instant, on craignit une guerre franco-italienne, mais les Italiens, finalement, se retirèrent. Garibaldi, resté seul après son succès, se heurta aux troupes françaises. Moins nombreuses, moins bien armées, les Chemises rouges furent battues à Mentana (3 novembre). Dans son rapport, le général de Failly précisa que les nouveaux fusils Chassepot avaient « fait merveille ». Le rapport devait rester confidentiel, mais le maréchal Niel le fit publier, contre la volonté de Napoléon, pour donner confiance à l'opinion. Beaucoup pensaient que la victoire de Sadowa tenait au fusil à aiguille de l'armée prussienne ; il s'agissait de montrer que le nouvel armement français n'était pas inférieur. La formule malheureuse enflamma les cœurs en Italie et fut exploitée par la gauche en France. Les soldats français étaient à nouveau à Rome ; allaient-ils y rester ? La Convention de septembre était bien malade. L'Empereur était fort inquiet de voir à nouveau ses troupes enfermées dans le piège romain. Il invoqua encore, pour se tirer d'embarras, la réunion d'un congrès, un vieux remède, mais le projet n'aboutit pas. Parmi les grandes puissances, seule la catholique Autriche rejoignait la France dans son souci du pouvoir temporel du pape.

Les Français restèrent donc « provisoirement » à Rome. Lorsque s'ouvrit la session parlementaire, l'Empereur parlait toujours de rapatrier les troupes de Rome et de remettre en vigueur la Convention de septembre. Au Corps législatif, Rouher se trouva pris entre la gauche soutenant l'Italie et la droite défendant le pouvoir temporel, dans lequel le parti clérical voyait la garantie de la liberté des consciences des catholiques. Rouher, poussé par Thiers et pris par l'ambiance, se laissa aller à une affirmation péremptoire qui allait plus loin que la politique de son maître : « Nous déclarons au nom du gouvernement français que l'Italie ne s'emparera pas de Rome ; jamais, jamais, la France ne supportera pareille violence à son honneur et sa catholicité. » Ollivier, présent, assure que jamais il n'avait encore vu le Corps législatif aussi entraîné. « Il semblait qu'il fût arrivé à chaque membre de la majorité un bonheur personnel, tant on allait et venait en entrecroisant les joyeuses exclamations et les chaudes poignées de main. » Chesnelong, de son côté : « La Chambre éclatait. » Ce fut sans doute avec le discours de Keller en 1861 et celui de Thiers le 3 mai 1866, la séance la plus mémorable de la Chambre. Napoléon III remarqua judicieusement : « Il ne faut jamais dire : jamais » — encore que ce « jamais » l'engageât. Promoteur de l'unité italienne, il devenait l'unique obstacle à son achèvement. Du point de vue du régime intérieur, la barrière avait cédé : pour ne pas être mis en minorité, Rouher avait dû se rallier à la thèse de la majorité. Si ce n'était pas le régime parlementaire, cela lui ressemblait beaucoup. Enfin Napoléon ne cessa de rêver à la réconciliation du pape et du roi comme la véritable solution de la question romaine. Une fois encore, ses vues avaient de l'avenir ; elles n'étaient pas adaptées à leur temps, ce qui en politique est sans remède.

Après la crise de 1867, les années 1868 et 1869 marquèrent un apaisement. Malade, face à de graves difficultés intérieures, l'Empereur ne songeait plus à une guerre contre la Prusse que d'ailleurs il redoutait, conscient que c'était se lancer dans une aventure risquée et sans retour. Pourtant, au cours de ces années, jamais la crainte d'une guerre franco-prussienne ne disparut complètement. Elle revenait toujours à l'arrière-plan. En 1868, le vieux Clarendon revint au Foreign Office. C'était le dernier des disciples de Palmerston, et comme tel assez enclin à intervenir dans la diplomatie européenne. Ami de la France, il rechercha une détente franco-prussienne en tentant de persuader les gouvernants français (qui y étaient tout acquis) du caractère quasi fatal de l'entrée des États du Sud dans la Confédération du Nord. Aux Allemands, il prêchait une longue patience. Guillaume convenait que son fils, peut-être son petit-fils verraient seuls l'achèvement de l'unité allemande. Mais un incident provoqué par la France survint en 1869. La Compagnie française de l'Est menait des pourparlers pour acquérir l'un des principaux chemins de fer belges ; craignant pour l'indépendance du pays, le gouvernement belge s'y opposait. L'alliance anglaise, en voie de reconstruction, s'en trouva compromise : la Belgique était la seule région d'Europe que l'Angleterre ne pouvait voir annexer. De plus, les intrigues françaises pour contrôler ce pays tombaient à merveille pour Bismarck. Dès mars, les avertissements anglais avaient contribué à améliorer les relations franco-belges. Clarendon, de son côté, soupçonnait Bismarck de pousser Napoléon à annexer la Belgique pour éloigner l'Angleterre de la France. Il voulait avertir l'Empereur, tout en invitant les Prussiens à faire confiance au temps et non à la force. L'affaire fut réglée en juillet 1869 sans provoquer de réelles difficultés internationales. Néanmoins elle avait montré combien le calme retrouvé dissimulait de dangers persistants. Le feu couvait sous la cendre.

La circulaire La Valette du 16 septembre avait annoncé une réorganisation de l'armée à laquelle l'Empereur voulait donner plus de puissance face au danger prussien. Il est étonnant que Napoléon III ait tant reculé devant cette démarche décisive. Les imperfections de l'organisation militaire étaient apparues dès la guerre de Crimée ; la guerre d'Italie, où l'Empereur commandait en chef, les avaient rendues plus manifestes encore, et Napoléon, à son retour, avait insisté sur sa volonté de rénovation. Il s'était heurté à la volonté pacifique du Corps législatif qui mesurait les crédits militaires. En temps de paix, c'est toujours une rubrique sur laquelle on est tenté de faire porter les retranchements. Et l'Empereur, qui devait maintenant faire face à des oppositions, n'avait guère insisté. L'armée française ne paraissait-elle pas la première d'Europe ? En 1859, la mobilisation prussienne avait trahi de graves imperfections. C'est Sadowa, « le coup de tonnerre », qui avait révélé une force nouvelle et l'urgence de rénover l'armée française.

De toutes les branches de la science de l'État, c'était certainement la militaire que l'Empereur connaissait le mieux. Il avait été officier, et ses recherches sur l'artillerie l'avaient initié à de nombreux problèmes. Chef d'État, il avait suivi avec un intérêt particulier les affaires de l'armée, et l'armement l'avait toujours intéressé. Il avait imposé le fusil Chassepot et fait travailler à la mise au point de mitrailleuses. Prisonnier à Ham, il avait publié dans *le Progrès du Pas-de-Calais* plusieurs articles sur l'organisation de l'armée, où il préconisait le système prussien du service militaire personnel et universel à court terme, avec une forte réserve. Cette organisation était bien différente de celle adoptée par la France à l'époque. Des lois échelonnées de 1818 à 1832 avaient défini les règles du recrutement. La loi fixait le chiffre du contingent annuel ; tous les Français âgés de vingt ans tiraient au sort, ceux qui tiraient un mauvais numéro étaient enrôlés pour sept ans, les autres étant libérés de toute obligation militaire. Le remplacement à prix d'argent était permis par le versement à une caisse de l'armée d'une somme déterminée. Enfin, les mauvais numéros ne faisaient pas tous vraiment le service. Pour des raisons budgétaires, une « seconde portion du contingent » était laissée en congé dans ses foyers. Elle reçut, à partir de 1859, une instruction de cinq mois dans les dépôts des corps. Pour les hommes soumis au service actif, la présence réelle sous les drapeaux n'excédait guère six ans par suite de congés illimités. Ce système avait suffi aux besoins. Sous le Second Empire, le contingent annuel de 100 000 hommes fut porté, au moment des guerres, à 140 000. Le Corps législatif fixait chaque année le chiffre du contingent ; c'était le vote le plus important avec celui du budget. L'effectif de l'armée atteignait en 1863 421 0000 hommes, dont 60 000 en Algérie, 30 000 au Mexique et 8 000 à Rome.

Ces chiffres devaient désormais être comparés aux effectifs de l'armée prussienne. Avec 22 millions d'habitants, la Prusse avait mis, en un mois, 700 000 hommes sous les armes. C'était un peuple en armes. En regard, en 1866, l'armée française comptait seulement 385 000 hommes *d'active* dont près de 100 000 étaient accaparés par l'Algérie, le Mexique et Rome. Après Sadowa, la France n'avait pas 200 000 hommes à mettre sur le Rhin. Cette faiblesse relative des effectifs, sensible déjà en 1851, devenait préoccupante. Dès juillet 1866, l'Empereur avait songé à augmenter la force militaire du pays, s'était heurté à une opposition redoutable. Randon estimait l'état actuel satisfaisant, moyennant des réformes de détail. Rouher et La Valette, éclairés par les députés et les préfets, savaient que le pays se refusait à supporter de nouvelles charges, ce que confirma l'enquête agricole menée à l'automne. Après son retour de Vichy, le 18 août 1866, Napoléon se mit au travail avec des chefs de l'armée comme le maréchal Niel et les généraux Castelnau, Lebrun et Fleury. Une haute commission où figuraient toutes les notabilités militaires, le prince Napoléon, Rouher, Fould, et des représentants du Conseil d'État se réunit, du 30 octobre au 12 décembre 1866, à Saint-Cloud, puis à Compiègne, sous sa présidence. Il voulait astreindre toute la classe de conscrits au service, diminuer les effectifs de l'armée active, en constituant des réserves correspondant à la force démographique de la nation qui, à cette époque, était équivalente à celle de l'Allemagne. Le maréchal Niel préconisait, à côté de l'active, une garde nationale mobile de 400 000 hommes. Le projet issu de ces travaux fut le suivant : armée de 884 000 hommes, service dû par tous les hommes d'une classe pour six ans soit dans l'active, soit dans la réserve. Enfin garde nationale mobile où les jeunes gens passeraient trois ans après leur service de six ans. Le remplacement était maintenu, mais les remplacés devaient servir dans la garde nationale mobile : l'armée active recrutée par un service de six ans coexistait avec une réserve. Personne ne pourrait échapper totalement à l'obligation militaire. Donc tous les numéros, inégalement, seraient mauvais. Enfin, toute la classe figurant sur les contrôles de l'armée, le Corps législatif perdait sa prérogative de fixer chaque année le chiffre du contingent. Le 20 janvier 1867, Niel remplaça Randon au ministère de la Guerre ; le maréchal incarnait la politique nouvelle, celle des réserves exercées, d'une « armée de civils ».

Le projet rencontra une opposition presque générale. Dès le 4 novembre 1866, le général Lebrun donnait une note pessimiste à son ami Darimon : « C'est une affaire ratée.

Cependant on ne peut pas ne rien faire. L'Empereur a manqué de coup d'œil dans l'affaire de la Prusse. Il faut réparer la faute. Mais de quelle façon s'y prendre ? » Beaucoup de militaires tenaient à l'armée de métier existante. Les économistes craignaient le manque de main-d'œuvre, la bourgeoisie s'effrayait de la garde mobile et les classes populaires regrettaient les bons numéros. C'est dans les campagnes que se manifesta la résistance la plus décidée. Des pétitions circulèrent : parfois des maires (nommés par le gouvernement) les appuyaient ; on écrivait aux députés. Ces derniers comprirent que leur sort était en question : dans deux élections partielles, les candidats officiels qui avaient pris la défense du projet de loi furent battus. Rouher, songeant surtout à sauvegarder sa majorité, défendait Niel à la tribune et le critiquait dans les couloirs. Les républicains combattaient les armées permanentes et voulaient seulement une milice à la suisse ; mais ils n'étaient qu'une vingtaine et ne comptaient guère. L'essentiel était que, pour la première fois, les députés « officiels » s'opposaient au gouvernement. Le régime avait perdu les villes, allait-il maintenant perdre les campagnes ? Napoléon songea à dissoudre la Chambre, Rouher l'en dissuada. Les élections suivantes risquant d'être pires, Niel se résigna, malgré l'Empereur, à laisser défigurer sa loi. Les bons numéros furent rétablis au lieu de l'appel entier de chaque classe et le remplacement autorisé dans la garde mobile. Certains seraient donc dispensés de tout service dans l'armée, soit dans l'active, soit dans la réserve ou la garde mobile. La discussion n'était pas terminée lors des vacances de 1867. Le 18 novembre 1867, ouvrant la session de 1868, l'Empereur annonça une modification du projet dans l'esprit de la loi de 1832, tout en réaffirmant sa pensée : « Réduire le service pendant la paix et l'augmenter pendant la guerre. » En fait, le gouvernement reculait devant l'opposition de la Chambre et du pays. La loi fut finalement votée en janvier 1868 après avoir occupé l'opinion plus d'un an. On revenait au tirage au sort, au vote annuel d'un contingent, au remplacement, c'est-à-dire à ce que Napoléon avait voulu supprimer. La garde mobile ne serait pas sérieusement organisée ; tous les hommes valides ne concourraient pas à la défense du pays. En revanche, la durée du service dans l'armée active passait de sept à cinq ans, ce qui ne remédiait pas à la crise des effectifs justement dénoncée. Niel, par ses déclarations optimistes, contribua à endormir l'opinion dans une fausse sécurité. Il ne resta du projet qu'une idée jusqu'alors négligée : celle de l'organisation des réserves. Mais elle était mal conçue, en dépit de l'exemple prussien. On vivait sur les préjugés tels que la valeur de la levée en masse, en vertu du précédent, mal compris, de 1793. Ou encore, comme Thiers, on croyait aux armées de métier forcément assez peu nombreuses. Presque tous les Français pensaient qu'à chiffre égal la supériorité de leur armée était indiscutable. Enfin, l'égoïsme et la routine jouèrent un rôle.

C'est l'Empereur qui avait eu la notion la plus exacte du danger et du remède. Il est significatif qu'il ait échoué dans son projet. Lui qui a changé tant de choses en France n'a pas réussi à réformer l'institution militaire. Il s'est heurté, en matière militaire comme en matière financière, à la volonté du pays exprimée par le suffrage universel et finalement s'est incliné. « Tout se passe comme si les années 1865-1870 n'appartenaient déjà plus, au point de vue économique et financier, au Second Empire. Une autre époque a déjà commencé. » Cette remarque pénétrante d'Alain Plessis éclaire la période. On y travaille et réalise beaucoup, pourtant le climat n'est plus le même. Une seule manifestation rappelle les moments glorieux du régime, l'Exposition universelle de 1867 ; d'avril à novembre, 15 millions de visiteurs se succéderont au Champ-de-Mars et les exposants seront deux fois plus nombreux qu'en 1855. C'est donc un grand succès. On vient maintenant admirer les merveilles d'une industrie développée par la science, d'un univers que l'Europe dirige encore. C'est le monde de Pasteur, de Jules Verne. C'est la force de Napoléon III, comme ce sera plus tard celle de la IIIᵉ République, de coïncider avec cette phase du progrès. Le régime fait « moderne » par beaucoup de ses aspects. La galerie des machines où l'on voit des usines en fonctionnement résume l'attrait de cette manifestation. On ne se lasse pas de contempler ce qui a encore la magie de la nouveauté.

La section d'économie sociale a été voulue par l'Empereur, en accord avec le commissaire général Le Play. Le souverain y contribue par des modèles de maisons à bon marché. Le côté « inventeur » de Napoléon, son souci de l'amélioration sociale se déploient dans l'Exposition. Enfin, c'est aussi l'occasion de visiter le nouveau Paris.

En 1855, l'œuvre en était encore à ses débuts. Désormais, sans qu'elle soit achevée — et de beaucoup — il est possible de l'apprécier. Détail significatif, le roi Guillaume de Prusse, en souvenir de sa visite, reçoit de Napoléon III son plan du nouveau Paris, indiquant les rues voulues par l'Empereur. L'exposition au Champ-de-Mars est d'ailleurs un signe de la naissance de la ville de l'Ouest qui veut rivaliser d'élégance avec le West End londonien. Les contemporains notent que seuls Londres et Paris sont d'assez grandes capitales pour servir de cadre à des manifestations de ce genre. C'est un signe de cette primauté que le défilé des souverains et des princes héritiers à Paris. L'Empereur reçoit l'Europe, l'arrivée du tsar et du sultan manifestent cette primauté de la « ville splendide » rénovée par l'Empire. Les fêtes se succèdent, plus éblouissantes les unes que les autres. De ces manifestations de prestige, la plus étonnante est peut-être la fête de nuit offerte à Versailles par l'Impératrice au modeste consort de la reine Isabelle d'Espagne : le parc est illuminé, des feux d'artifice éclairent le ciel. Les assistants n'oublieront pas cette vision.

VII

La grève du milliard
La libéralisation manquée

Malheureusement, l'Empereur assiste à ces splendeurs ennuyé et fatigué. Parfois il se farde pour avoir meilleur aspect. Toujours aimable et bon, il n'est plus le souverain encore jeune qui, en 1855, gagnait l'amitié de la reine Victoria. Les lumières de l'Exposition éteintes, l'atonie règne dans le monde des affaires. Jusqu'en 1864, l'argent, en dépit de son abondance, a manqué aux entreprises. A partir de 1865, c'est le phénomène inverse. L'encaisse de la Banque de France atteint un niveau confortable, puis grossit sans cesse : de plus de 500 millions en 1866, elle atteint 800 millions en juin 1867, passe le milliard en 1868 et se maintient à ce chiffre jusqu'en 1870. Le taux d'escompte tombe à 2,50 % en 1867 et se stabilise autour de ce chiffre. Certes, la monnaie fiduciaire, le billet de banque entrent dans les mœurs à cette époque. La concurrence de nouveaux établissements bancaires comme la Société Générale amoindrit le portefeuille de la Banque de France. Mais le bas prix de l'argent ne suffit pas à donner de l'animation aux affaires. « La morosité succède à une période où l'on avait l'impression d'avoir vécu au-dessus de ses moyens. » La stagnation des entreprises laisse en jachère des fonds considérables. L'opposition parle de « grève du milliard » à une époque où les grèves ouvrières se multiplient, et la formule fait mouche. La confiance en l'avenir fait défaut. On craint la guerre en 1866 et 1867. Thiers le rappelle le 1er juillet 1868 : « Vos finances reposent sur l'augmentation continue de vos recettes, et l'augmentation de vos recettes repose sur le maintien de la paix. » L'Exposition n'est qu'une trêve. Même les années suivantes, plus calmes, ne ramènent pas la confiance. On soupçonne Napoléon III de préparer une revanche de Sadowa. « L'on sent, écrit un publiciste, qu'il n'y a pas un contrepoids suffisant aux inspirations qui peuvent tout à coup entraîner le gouvernement. L'avenir des affaires est aujourd'hui lié à l'avenir de la liberté. » L'épargne, abondante, se réfugie dans les valeurs sûres : la rente, les obligations de chemins de fer, du Crédit foncier, de la ville de Paris. L'emprunt d'État de 440 millions émis en 1868 sert à liquider le déficit ouvert par le Mexique et à financer la réforme militaire. La Bourse dit que ce sera l'emprunt de la guerre.

Avec la crainte de la guerre, l'autre facteur de morosité réside dans l'impression causée par le désastre du Crédit mobilier et de ses animateurs, les Péreire. Jules Ferry donne la note : « L'année 1867 a commencé la liquidation de toutes les fautes du Second Empire. Les institutions financières qu'il avait créées, choyées, couvées avec le plus d'amour ont eu le même sort que sa diplomatie : après avoir fait beaucoup de bruit dans le monde, essoufflées et boursouflées, elles s'affaissent et tombent. La catastrophe du Crédit mobilier fait pendant aux échecs extérieurs. » Les frères Émile et Isaac Péreire avaient multiplié les créations, fusionnant les plus faibles avec les meilleures, aidant les faibles par les fortes. Le danger du système était de voir dans un moment de crise les entreprises faibles entraîner les plus fortes dans un désastre général. Dès 1866, la situation du Crédit mobilier, organisme central des affaires Péreire, n'était pas saine. L'Immobilière, une de leurs créations, avait construit beaucoup d'immeubles qui ne se vendaient ni ne se louaient rapidement. Ces immeubles constituaient un capital réel, malaisé à évaluer d'autant qu'ils étaient chargés d'un emprunt hypothécaire auprès du Crédit foncier. Pour se procurer des fonds, les Péreire avaient, on l'a vu, tenté, en 1864, d'obtenir pour la Banque de Savoie, l'autorisation d'émettre des billets. La Banque de France, appuyée par

Fould, les en avait empêchés. Ils firent alors les emprunts mexicains (opération funeste à l'épargne) et l'emprunt de Paris en 1865. En janvier 1866, pour sauver le Crédit mobilier, l'Empereur autorisa le doublement de son capital, de 60 à 120 millions. Il lui avait fallu faire pression sur le Conseil des ministres. Mais, jouant à la hausse, les Péreire furent brisés par l'orientation à la baisse de la Bourse. L'action du Crédit mobilier commença à décliner. Napoléon essaya de les sauver ; Rouher fut chargé de l'opération, joignant les Finances au ministère d'État. Les deux frères avaient trop lié leur sort à celui du régime pour être abandonnés par lui : à Paris, à Marseille, au Mexique, ils avaient soutenu les grandes entreprises de l'Empire. Mais les temps avaient changé, et l'Empereur n'était plus tout-puissant. Rouher essaya une fusion avec une filiale du Crédit foncier, mais le gouverneur Frémy refusa l'opération. Alors Émile Péreire réclama pour son emprunt de l'Immobilière la garantie de la ville de Paris. Haussmann lui-même était en position difficile. Restait une avance sur titres de 75 millions consentie par la Banque de France, qui aurait permis de gagner du temps : Rouher fit en vain le siège des régents. Ceux-ci accordèrent finalement plus de la moitié de la somme demandée, mais les Péreire durent démissionner. L'année suivante, la Compagnie transatlantique, autre création des deux frères, se trouva à son tour en difficulté : ils démissionnèrent en 1869. Il eût été possible de sauver ces sociétés de leurs difficultés, mais leurs fondateurs avaient soulevé des haines féroces dans les milieux conservateurs de la banque et des chemins de fer. On leur reprochait leurs méthodes aventureuses pour forcer le succès, méthodes que l'opposition, non sans raison, comparait à celles de l'Empereur. L'ère des miracles se payait dans les difficultés des années soixante ; l'envers du décor était révélé au public désormais défiant, parfois à l'excès.

Au cours de ces années, Napoléon essaie toujours, à l'approche des élections de 1869, de reprendre ces programmes de grands travaux qui ont assuré la popularité de son règne. Au Conseil des ministres du 28 novembre 1866, après Sadowa, il demande s'il ne serait pas possible de commencer les travaux publics d'une manière plus large dès 1867 et de faire les réductions d'impôts, avec d'autant plus de raison que la réorganisation militaire jettera de l'inquiétude dans le pays, d'où la nécessité d'un dérivatif. M. Fould reprend que « l'année 1867 représente la liquidation de mauvaises années. » Quand Magne succède à Fould l'année suivante, Napoléon lui dit : « Je voudrais emprunter pour faire des travaux publics et diminuer certains impôts. » En 1868, Persigny, fidèle à la pensée du régime, parle d'une caisse pour financer les travaux et achever l'équipement du pays. Napoléon le renvoie à Rouher qui enterre le projet. En réalité, on poursuit avec des émissions d'obligations — et des subventions d'État — la construction de voies ferrées déficitaires, de voies électorales. La garantie de l'État pèsera sur l'avenir. C'est déjà le début du plan Freycinet de la IIIe République. Ces travaux utiles, toujours trop peu nombreux et trop lentement exécutés, ne seront plus pour l'Empire une source de prestige. L'ère des prodiges est close ; d'ailleurs, on est las des prodiges. Alors à quoi bon un Empereur tout-puissant ?

En politique intérieure, la période séparant l'automne de 1866 des élections de mai 1869 peut être considérée comme celle des années inutiles pour l'Empire. Une libéralisation sans envergure, poursuivie sans franchise, aboutit à l'expression d'un mécontentement général. Les critiques antérieures étaient encore limitées. Après Sadowa, le climat se dégrade brusquement. Ainsi Ludovic Halévy, chroniqueur nullement hostile au régime : « La politique de l'Empereur a été folle, littéralement folle. Il n'a pas manqué une occasion de faire des sottises et les occasions d'autre part ne lui ont pas manqué. [...] Nous avons eu la guerre d'Allemagne, nous avons toujours le Mexique, le choléra ne veut pas lâcher prise et nous tient toujours, la Bourse a vu des désastres presque sans exemple, la récolte a été détestable, et voici pour comble des inondations qui ravagent et ruinent une bonne partie de la France » (septembre 1866). Et encore : « Les gens les plus affamés d'ordre et de repos commencent à perdre confiance et à ne plus voir où l'on va » (janvier 1867). La loi militaire augmente les doléances ; Ollivier dit à Walewski : « Une augmentation de l'état militaire de la France constitue une faute capitale. C'est fournir soi-même à ses adversaires le levier qu'ils cherchent en vain depuis dix ans pour soulever la masse populaire. » En avril 1867, un député de la majorité dit devant Darimon : « Je considère l'Empire comme flambé » ; en janvier 1868, un « million-naire » lui avance : « J'ai été un ardent bonapartiste ; je ne le suis plus — que voulez-vous ? Napoléon n'a plus de chance ; il ne réussit plus rien. » Quelques rapports du préfet de police J.-M. Pietri nous ont été conservés pour septembre et novembre 1867. Ils donnent une note très pessimiste : pain cher, grève du milliard, graffiti séditieux, crainte de la guerre. Un journal financier ose écrire : « Les désastres de Law sont dépassés. » L'auteur présente la politique du sou-verain comme « hautaine et provocante à Auxerre, résignée et satisfaite dans les circulaires de M. de La Valette, *toujours agissante et toujours imprévoyante* ». Pietri assure : « Partout c'est un débordement de critiques amères, de défiances injustes, d'appréhensions inquiètes [...] A quelques sources que l'on s'adresse, quel que soit le correspondant que l'on consulte, la situation actuelle apparaît toujours comme peu satisfaisante; de quelque côté que l'on regarde, on se heurte à des inquiétudes sincères ou à des défiances qu'inspirent des hostilités ardentes. » La « portion agissante de la société » est hostile ; les masses, encore fidèles, se deman-dent où veut aller l'Empereur. Un régime qui provoque de telles réactions est évidemment sur son déclin.

L'Empereur est malade. Il a une pierre dans la vessie. Son mal connaît des intermittences, des mieux même, mais ne guérira plus. Il n'a que six ans à vivre en 1866 et il a vieilli précocement puisqu'il n'aura que soixante ans en 1868. La période précédente avait vu de sa part un certain éloigne-ment des affaires. Désormais il est découragé, sans doute pessimiste sur l'issue des événements. Lorsque la loi mili-taire est modifiée, il laisse tomber sa tête dans ses mains et demeure quelques instants accablé. Lorsqu'Ollivier entre en contact suivi avec lui, au début de 1867, il remarque que « l'Empereur est évidemment ignorant des choses et ne s'en préoccupe pas. [...] C'est la confiance personnelle qui l'entraîne, et entraîné, pour le détail, il laisse faire ceux qu'il écoute. » D'ailleurs, plus que les mesures en elles-mêmes, « il cherche l'effet qu'elle produisent ». Le souverain étudie les hommes auxquels il peut faire confiance et les laisse gouverner. Il dira plus tard : « On m'a trompé. » Mais il s'abandonne désormais à des hommes de confiance, au premier rang desquels Rouher, le débrouilleur d'affaires. En juillet 1867, Bauer, l'étrange « aumônier » d'Eugénie, la montre accablée, en pleurs, et son époux encore plus frappé : « Nous sommes, dit-elle, comme dans une place assiégée ; nous avons à peine fini une affaire qu'une autre commence. Si le prince impérial avait dix-huit ans, nous abdiquerions. » Darimon remarque que depuis deux ans (toujours en 1866), l'Empereur n'a plus dans ses discours la même sûreté de débit, il comprend que ses propos rencontrent une appréciation critique. Il ne continue peut-être à régner que pour assurer un avenir à son fils tendrement aimé. L'enfant a dix ans en 1866, il n'atteindra dix-huit ans qu'en 1874. D'ici là, il faut tenir. Il va en 1866 avec sa mère présider aux fêtes du rattachement de la Lorraine à la France ; l'année suivante, il va en Corse. Sans annoncer de dons remarquables, il est formé au métier de souverain, sait se montrer sans gaucherie, avec parfois des mots heureux. Désormais, on envisage la possibilité de la mort de l'Empereur ou d'une longue maladie qui l'empêcherait d'exercer le pouvoir. Une régence serait nécessaire. L'Impératrice arriverait-elle à se maintenir ? Le prince Napoléon n'essaierait-il pas de s'imposer ? Les hommes politiques tiennent maintenant compte de ces éventualités.

L'Impératrice a un parti et, de son côté, cherche des dévouements sur lesquels elle pourrait compter. Depuis sa seconde régence, en 1865 (pendant le second voyage de Napoléon en Algérie), Eugénie assiste aux Conseils des ministres, dit son avis et prend parti. Lors des crises de 1866 et 1867, elle joue son rôle : pour la médiation appuyée par la force après Sadowa, pour le soutien du pouvoir temporel du pape, contre toute concession libérale à l'intérieur. Persigny, hostile à son influence, adresse à l'Empereur un mémoire en ce sens. Hélas ! l'Empereur est malade ; il fait lire ce texte à son épouse qui lui fait une scène. Napoléon III affirme alors sa volonté de la voir assister toujours au Conseil. Elle n'y vient plus que rarement, mais y reviendra dans des circonstances décisives. Cette action politique la rend impopulaire, on lui attribue un rôle dans les échecs du régime, ce qui, note Persigny « affecte l'élément de salut que l'État tient en réserve ». La future régente est discutée avant même d'exercer le pouvoir. D'ailleurs ce n'est pas elle qui a reçu la consécration du suffrage plébiscitaire. Un élément dynastique s'introduit ainsi dans le régime qui va mettre à l'épreuve son caractère héréditaire que jusqu'ici on n'avait envisagé que dans un avenir plus ou moins lointain.

Dans ce climat, un homme voit grandir sa situation. Rouher devient vraiment pour trois ans le metteur en œuvre de la politique de l'Empire, que le souverain ne dirige plus que de haut et à certains moments. Sa force est dans sa souplesse qui le rend commode aux deux souverains, même si parfois l'Empereur sourit des « rouheries ». Il leur est immuablement dévoué. Ce grand parlementaire se défie des Assemblées et reste fidèle à l'esprit de 1852. Mais, éloquent, et rompu à toutes les habiletés, il sait tenir une chambre sous son autorité, regrouper une majorité, séduire et effrayer les députés, éventuellement les émouvoir. Énorme travailleur, il possède une connaissance des dossiers devant laquelle Napoléon recule. Le ministre d'État, Ollivier a raison de le dire, avocat des ministres, est d'abord devenu leur conseil, puis leur directeur et aujourd'hui il est « non pas comme on l'a dit, Premier ministre, maire du palais ou grand vizir mais un vice-empereur sans responsabilité ». Il est devenu l'homme nécessaire vers lequel le souverain désormais velléitaire se tourne pour l'exécution des décisions, peut-être le futur ministre de la régence, si l'Empereur doit abdiquer. En fait, Napoléon ne pourrait plus régner sans lui. Rouher devient le défenseur du souverain. Mocquard, discret collaborateur et confident, est mort en 1864. Billault, Morny, Fould en 1867 ne sont plus, Baroche, Magne sont usés. L'avocat de Riom reçoit leur héritage. Il discute avec Napoléon du choix des ministres et fait vraiment figure de chef du gouvernement. Les journalistes ne parlent-ils pas du

« rouhernement » ? Et de fait, l'intéressé porte sans faiblir
un écrasant fardeau, passant de la diplomatie à la préparation des élections, des finances aux débats parlementaires.

Il a sa clientèle, la pousse et fait le vide autour de lui,
liquide tout rival éventuel. Rouher est peut-être pour quelque chose dans ce vieillissement du personnel impérial,
cette gérontocratie dont il arrive qu'on se plaigne. Au début
du règne, le personnel était jeune : Rouher avait trente-huit
ans, il a vieilli avec l'Empereur. Les jeunes hommes se
plaignent de voir les hautes situations accaparées par la
génération du coup d'État. Mais les tentatives pour introduire des hommes nouveaux ne seront pas toujours heu-
reuses. Peut-être que, sans vouloir généraliser, les jeunes
gens ambitieux pensent avoir plus d'avenir en se tournant
vers l'opposition.

L'année 1867 s'ouvre sur une surprise (Napoléon adorait
surprendre l'opinion) ; une initiative impériale libéralise le
régime. Il faut d'abord chercher ce qui l'a déterminé. Quoi
qu'il en ait dit, c'est certainement une tentative pour faire
diversion au mécontentement après Sadowa. Lorsqu'il rencontre Ollivier, il lui dit, parlant des réformes : « N'aurais-je
pas l'air de faire cela pour me faire pardonner mes échecs au
Mexique et en Allemagne ? » Lorsqu'on présente le projet
de loi militaire, il est bien entendu qu'on ne mentionnera pas
la victoire prussienne parmi ses causes. Pourtant, il y a autre
chose, qu'Eugénie évoque dans ses entretiens avec Paléologue : Napoléon III craint que sa santé ne lui permette plus
de diriger longtemps la politique du pays. Pour ménager une
transition, il se serait décidé à écouter ceux qui lui conseil-
lent des mesures libérales. En tout cas — besoin d'un coup
d'éclat rajeunissant le régime ou souci de santé —, les deux
motifs ont pu converger dans des proportions indiscer-
nables.

L'initiateur de la nouvelle politique fut Walewski. Cet
ami de Thiers avait toujours représenté la tendance conservatrice et traditionaliste dans le personnel impérial. Il avait
joué un rôle important dans la préparation des mesures de
1860. Écarté des affaires depuis 1863, il ambitionnait d'y
rentrer. A l'automne de 1866, à Compiègne, il présenta à

l'Empereur un programme reprenant celui auquel pensait
Morny dans les dernières années de sa vie. Au Corps législatif l'adresse, prétexte à déclamations dans le vide, serait
remplacée par le droit d'interpeller les ministres à portefeuille. Ces derniers viendraient répondre comme commissaires du gouvernement, ce qui diminuerait l'importance du
ministre d'État. Les journaux ne pourraient plus être supprimés que par le conseil d'État et non plus par un bureau de
ministre. Tout cela étant dirigé contre Rouher, l'Empereur
voulut quelqu'un capable de tenir son rôle au Corps législatif si le ministre d'État l'abandonnait. C'est alors que
Walewski, reprenant le personnage de Morny, songea à
Ollivier pour être l'orateur du ministère avec le portefeuille
de l'Instruction publique. La réforme se heurtait à une
difficulté ; plusieurs des ministres n'avaient pas la pratique
de l'éloquence parlementaire et on attendait d'Ollivier qu'il
les supplée. Mais, venu des rangs républicains, même s'il
approuvait toute mesure libérale, Ollivier n'était pas disposé
à adopter toutes les idées de l'Empereur. D'abord, il voulait
l'abandon de la réforme militaire, l'acceptation de l'unité
allemande, une loi sur la presse qui ne relèverait plus que des
tribunaux correctionnels. Enfin, il recommandait la liberté
de réunion ; ses ennemis lui avaient reproché en 1864 de ne
pas l'avoir assurée. A l'expérience, elle était nécessaire pour
l'organisation des coopératives et des syndicats. Les réunions non politiques seraient donc libres ; les réunions politiques seraient autorisées pendant les campagnes électorales, ce qui gênerait considérablement les candidatures
officielles. C'était demander sensiblement plus que Walewski ; notamment, l'abandon de la loi militaire ne pouvait
convenir à Napoléon III, puisque les mesures libérales
devaient servir de contrepoids à la réforme de l'armée.
L'entrevue du 10 janvier 1867 entre l'Empereur et Ollivier
— la deuxième dans la vie du député — fut donc sans
résultat apparent. D'ailleurs, pour sauver son indépendance, Ollivier voulait rester député en devenant ministre ;
ainsi conserverait-il une position lorsque son portefeuille lui
serait retiré. La mesure aurait été une voie vers le retour au
parlementarisme. Surtout, le député ne voulait pas devenir

ministre par la seule grâce du souverain. « Ces élévations soudaines, imprévues, écrira-t-il, sont précisément le propre du pouvoir absolu ; dans les gouvernements libres, les premiers emplois ne sont accessibles qu'à ceux qui, après un stage plus ou moins long, ont obtenu la confiance de l'opinion publique. » Il refusait d'arriver au ministère par un fait du prince, comme Victor Duruy, mais entendait y représenter un parti. Transfuge des républicains, en coquetterie avec le tiers parti, il se trouvait assez en l'air et ne voulait pas entrer sans conditions au service de l'Empereur. Ce dernier sentit sa réserve, l'apprécia peut-être. Il fut convenu qu'on se reverrait. Napoléon entendait, de son côté, ne pas être entraîné à des concessions plus étendues que celles envisagées à l'origine. Il voulait délimiter strictement le couronnement de l'édifice, ce qui montrait qu'il n'y consentait pas de gaieté de cœur. Il était pourtant décidé à sauter le pas, car il sentait combien le climat avait changé et combien s'accumulaient les difficultés. L'opposition décidée d'Eugénie et celle des ministres fut impuissante, ce qui montre bien que ce malade, après ses longues périodes de maturation et d'hésitations, pouvait encore vouloir.

Le 19 janvier 1867, il demanda leur démission à ses ministres et adressa à Rouher une lettre qui parut au *Moniteur* : « Aujourd'hui, je crois qu'il est possible de donner aux institutions de l'Empire tout le développement dont elles sont susceptibles, et aux libertés publiques une extension nouvelle, sans compromettre le pouvoir que la nation m'a confié. » Le moment était choisi par Napoléon. Des amendements comme celui des 44 n'étaient que des « demandes inopportunes » ; seul l'Empereur avait l'initiative de réformes utiles lorsque l'heure en serait venue. Ces réformes, ce sont le droit d'interpellation « sagement réglementé » des ministres présentés au Corps législatif en vertu d'une délégation spéciale ; ici le souverain rappelle que la constitution n'admet aucune solidarité entre les ministres et les fait « dépendre uniquement du chef de l'État ». Enfin, une loi attribuera exclusivement aux tribunaux correctionnels le jugement des délits de presse. Une autre loi réglera le droit de réunion « en le contenant dans les limites qu'exige la sûreté publique ». Ces mesures achèvent « le couronnement de l'édifice élevé par la volonté nationale ». Le fonctionnement amélioré du Corps législatif et deux lois importantes ne compromettent pas le pouvoir impérial. Mais la presse cesse de vivre sous la surveillance des ministres. On reverra des réunions publiques. Enfin les ministres vont paraître dans l'enceinte du Corps législatif (jusqu'alors ils parlaient au Sénat lorsqu'ils en étaient membres, ou avaient des contacts officieux avec les députés). Enfin — mesure symbolique —, Walewski, nommé président du Corps législatif, réinstalle une tribune : les députés ne parleront plus de leur place, ce qui empêche parfois de les entendre.

Plus peut-être que ces mesures en elles-mêmes, c'est leur esprit général qui est considéré. Cependant, pour un couronnement de l'édifice, l'ensemble manque d'ampleur, et il est bien précisé qu'on n'ira pas plus loin. Le 20 janvier, le remaniement ministériel est annoncé. Fould s'en va, mais Rouher joint les Finances au ministère d'État. Il s'agit de sauver les Péreire, et il apparaît toujours comme l'homme nécessaire. Enfin les ministres militaires changent ; c'est l'arrivée de Niel à la Guerre et de Rigault de Genouilly à la Marine. L'esprit du gouvernement change, le « rouhernement » continue. Le prince Napoléon, qui a d'abord salué le programme du 19 janvier, s'en étonne : « Vous changez les ministres spéciaux et vous conservez les ministres politiques. Vous conservez même les muets d'entre eux qui ne pourront pas aller à la Chambre. [...] A des choses nouvelles, il faut des hommes nouveaux. [...] Les ministres n'ont pas les immunités d'un souverain : s'ils se respectent, ils doivent servir l'Empereur avec leurs idées et tomber avec elles. » Napoléon de lui répondre : « Tes observations seraient justes si mon gouvernement était un gouvernement parlementaire comme celui de Louis-Philippe. Alors, quand on change de ministres, on change entièrement de politique. Les ministres responsables qui s'en vont emportent avec eux toute la responsabilité du passé. Aujourd'hui, il ne peut en être ainsi. Je suis jusqu'à un certain point responsable de tout ce que les ministres ont dit ou fait, et si je prends l'initiative des réformes, cela ne condamne en aucune façon

le passé. D'ailleurs, [...] n'ayant aucun homme soit à l'Intérieur soit aux Affaires étrangères qui puisse manier la parole
avec habileté, il était de toute nécessité de conserver à
M. Rouher la qualité de ministre d'État, afin qu'il fût autorisé à traiter toutes les questions. Enfin, je ne pouvais, en
prenant des hommes nouveaux, [...] abandonner la majorité
du Corps législatif qui m'a toujours montré un dévouement
absolu. » Ces propos, outre l'importance prise par l'exercice
de la parole (signe de parlementarisme), montrent la solidarité entre le ministre d'État et la majorité ; un pacte tacite les
lie. Un sénatus-consulte du 14 mars 1867 donna aussi au
Sénat la faculté de soumettre un projet de loi à une nouvelle
délibération du Corps législatif. La haute Assemblée se
rapprochait ainsi d'une Chambre des Pairs en régime
parlementaire.

Cet ensemble de mesures laissa l'impression d'une journée des Dupes. Devant l'attitude d'Ollivier, Napoléon III
gardait Rouher, mais le ministre avait le sentiment d'un
complot organisé par Walewski et par Ollivier pour l'écarter
du pouvoir. Ce dernier, à l'instigation de l'Empereur, vit
alors Rouher, mais les deux hommes étaient séparés par trop
de choses pour que leur collaboration fût efficace. D'ailleurs, Ollivier n'avait pas de majorité de rechange à apporter. Ce fut bientôt la guerre entre eux. Ollivier était représenté comme un chasseur de portefeuille mystifié et se
trouvait isolé entre la majorité acquise à Rouher et un tiers
parti qui ne le reconnaissait pas pour chef. Le ministre
d'État le fit écarter de la commission des lois sur la presse.
Ce fut le signe de la rupture entre les deux hommes. Un
Cercle de la rue de l'Arcade s'était organisé sous la direction
d'un ambitieux bien vu de l'Empereur et de la Cour, Jérôme
David ; Cassagnac était son journaliste. Les « Arcadiens »
étaient hostiles à toute concession libérale en matière de
presse et de réunions. En politique extérieure, c'était un
parti de la guerre contre la Prusse. Cassagnac proclamait la
nécessité d'annexer la rive gauche du Rhin : « Une grande
nation comme la France n'a que deux arbitres, elle-même et
Dieu. » Le Corps législatif subissait à la fois l'influence de
ces ultras du bonapartisme et celle de Thiers ; il était à la fois

hostile à la loi militaire et inclinant vers la guerre. Walewski, comme président, manquait d'autorité, et l'hostilité de Rouher le gênait. Le 29 mars 1867, il dut démissionner et fut nommé sénateur. Schneider, le grand industriel du Creusot, le remplaça. Assez ondoyant, il soutenait mal la majorité qui s'irritait, aux prises avec la loi militaire, de sentir qu'elle n'était plus d'accord avec la volonté impériale. Le 12 juillet, Ollivier fit sensation par son discours sur le « vice-empereur » : il retournait à l'opposition.

La session s'acheva dans un mauvais climat. Au Sénat, Persigny, ennemi de Rouher, relevait que toutes les critiques tombaient jusque-là sur l'Empereur : la responsabilité des ministres placerait un écran entre le souverain et l'opinion ; le système actuel de libre discussion sans sanctions avait tout l'inconvénient du régime parlementaire sans ses avantages. Dans une note à l'Empereur du 27 septembre 1867, Rouher estimait que la liberté donnée à la presse avait causé une véritable révolution du régime politique. A l'extérieur il fallait opter pour la paix ou pour un duel redoutable avec la Prusse, ou bien « prendre résolument autour de nous des compensations nécessaires ». A l'intérieur, beaucoup d'amis dévoués du gouvernement demandaient le retrait du projet de loi de réforme militaire, des dégrèvements d'impôt puis la dissolution de la Chambre élue en 1863. Si les députés étaient réélus, les réformes seraient condamnées et il faudrait reprendre le régime de presse de 1852. Napoléon III refusa de se déjuger. Au reste, le régime de presse de l'Empire autoritaire n'avait plus d'influence, il ne protégeait plus le régime. Napoléon consentit au démantèlement de la loi militaire, et Rouher parvint à faire voter le projet modifié en faisant valoir que la Chambre ne pouvait montrer que le gouvernement n'avait plus la confiance du pays. Il assurait dans les couloirs que la Prusse et l'Italie, dans cette éventualité, attaqueraient la France à la fin de 1866, que le pays aurait l'invasion et la révolution — il n'était que d'attendre trois ans. La loi sur l'organisation de l'armée fut votée par 199 voix contre 60, une dizaine de députés s'étant abstenus. Beaucoup s'étaient fait porter absents par congé. Darimon concluait : « La plu-

part des membres de la droite ont voté cette loi en gémissant.
[...] La loi qui vient d'être votée sera des plus impopulaires.
On s'en servira pour démolir le gouvernement impérial. »

Puis vint le projet de loi sur la presse qui allait aboutir
dans les départements à la création de journaux d'opposition
qui combattraient les candidats officiels. La droite était
décidée à voter contre si le gouvernement marquait une
hésitation. Et il était évident qu'il manquait d'entrain. Cassagnac proposa le rejet de la loi ; il exprimait la pensée intime
de l'immense majorité. Le ministre Baroche laissa entendre
que liberté était laissée à la Chambre. La crise ayant éclaté
en février 1868, Napoléon III réunit le Conseil des ministres, le Conseil privé et les présidents des Assemblées. Rouher, soutenu par l'Impératrice, optait pour le retrait de la loi
suivi d'une dissolution à brève échéance. Napoléon, hésitant, revint à l'idée de faire voter la loi ; alors Rouher présenta sa démission. Schneider, président du Corps législatif,
assurait que seul ce dernier pouvait faire voter le projet.
L'Empereur n'avait plus de ministre ! Il l'avait dit au prince
Napoléon peu auparavant : « Je suis attaqué de tous les côtés
[...], je n'ai plus d'amis [...]. C'est pour me défendre maintenant qu'il faut du courage. » Le souverain fit venir Rouher :
« Vous aussi, vous voulez m'abandonner ! » On assure que le
ministre se jeta dans les bras de son maître et se présenta au
Corps législatif, le visage défait par l'émotion qu'il venait de
ressentir. Pourtant, il fut rarement mieux inspiré : « Ne nous
séparons pas, faisons ensemble cette loi. Restons ensemble
dans la voie libérale. [...] Sur la liste électorale qui est la base
de notre droit public, les quatre millions d'hommes inscrits
en 1852 n'ont pas les souvenirs et l'expérience que vous
avez, ils ont dans le cœur des ardeurs nouvelles. [...] Ne les
imitons pas, ne cherchons pas à les contenir, marchons avec
eux pour les guider et les modérer. » Le ministre ajouta :
« Des huit millions et demi de citoyens qui ont voté l'Empire, qui l'ont créé, il y en a à l'heure actuelle près de quatre
millions couchés dans la tombe. » Le régime devait s'adapter pour ne pas devenir une chose du passé. Néanmoins, sept
Arcadiens votèrent contre l'article 1 du projet — « les sept
sages de la Grèce », s'exclama Cassagnac. La loi sur les

réunions publiques était encore moins bien vue que celle de la presse ! On en attendait la renaissance des clubs. Elle fut pourtant votée elle aussi, mais le vote des trois lois sur l'armée, la presse et les réunions avait été singulièrement difficile, sans compter la séance du « jamais » de Rouher à propos de Mentana.

Le ministre d'État avait beaucoup perdu de son prestige. On lui en voulait d'avoir violenté la majorité. Il devenait certain que de telles pressions ne s'exerceraient pas indéfiniment. La Chambre voulait désormais pouvoir imposer sa volonté au ministre et donc à l'Empereur. Pour que celui-ci ne fût pas vaincu dans son duel avec la Chambre, il fallait que le ministre s'interposât. On en arrivait à la responsabilité des ministres, donc au système parlementaire : il était mûr dès ce premier semestre 1868. Les débats du Sénat sur les deux lois relatives à la presse et aux réunions le montrèrent également. La haute Assemblée, dans sa quasi-totalité, était hostile aux projets et voulait user de son droit récent de provoquer une seconde délibération du Corps législatif. Les commissions étaient hostiles, et il fallut que le président Troplong exerçât toute son autorité pour faire passer les projets. Il ne put toutefois empêcher Maupas d'interpeller. L'ancien ministre du 2 Décembre souhaitait que désormais les ministres, au lieu d'invoquer toujours le souverain et son prestige, le couvrent de leur responsabilité. Persigny soutenait la même thèse. Ces conversations montraient combien la situation avait changé : c'était aux serviteurs de protéger le maître dont l'ascendant déclinait. D'ailleurs, notait Darimon, vers 1858, on acceptait sans gêne d'être un gouvernement personnel ; maintenant, même à la Cour, le gouvernement impersonnel, anonyme, avait ses partisans.

L'été de 1868 fut très mauvais pour le pouvoir. Au mois d'août eut lieu l'incident de la distribution des prix du concours général à la Sorbonne. Le prince impérial remettait les prix aux lauréats dont l'un était le fils du général Cavaignac. Il refusa d'être couronné par le fils de l'Empereur. L'incident fit du bruit. Duruy pensait que le lycée Bonaparte [aujourd'hui Condorcet] était un nid d'orléanistes. L'Impératrice était en pleurs : elle n'avait pas l'habitude des affronts. Napoléon, lui, prit la chose avec plus de philosophie, mais il est significatif qu'on ait beaucoup hésité à convoquer la garde nationale (pourtant triée) à la revue du 15 août, conjointement avec l'armée. On craignait des cris hostiles. Après enquête des commissaires de police, la revue fut décidée au dernier moment. Aux Tuileries et aux Champs-Élysées, elle se passa sans accroc, et les journaux officieux manifestèrent un soulagement maladroit. On racontait pourtant que la troupe était munie de cartouches alors que la milice citoyenne n'en disposait pas. Le gouvernement n'avait plus confiance en lui-même.

1868 voit parallèlement une opposition révolutionnaire se développer. Après 1867, le mouvement ouvrier ne se réclame plus du socialisme proudhonien, mais du blanquisme qui veut le coup de force, l'insurrection. Revendications sociales et politiques se mêlent désormais. Les hommes qui dirigeront la Commune de 1871 apparaissent alors. Ce mouvement est favorisé par les lois sur la presse et sur les réunions publiques. Après des années de répression, elles provoquent un immense mouvement de décompression. Le libéralisme raisonnable de 1863 est bien dépassé. Les réunions deviennent les grand-messes de l'Utopie retrouvée ; le peuple s'y grise de paroles et de fumée, il se défoule en acclamant des thèses d'un extrémisme simpliste. On pourrait en dire autant de la presse. Il ne faut pas oublier que, théoriquement, l'Empereur est seul responsable et que la constitution, pour l'essentiel, n'a pas changé depuis 1852. La France se voue au plaisir de la fronde. On veut « embêter l'Empereur » sans désirer une révolution. Il est amusant de brûler ce qu'on a adoré. C'est dans cette atmosphère que se comprend l'immense succès de *la Lanterne* de Rochefort. Ce fonctionnaire à l'Hôtel de Ville, passé vaudevilliste et publiciste, incarne la « blague » du boulevard. Ses satires sont violentes et médiocres. On explique leur faveur parce qu'il donne des nasardes à des personnages qui furent longtemps quasi sacrés. Il doit d'ailleurs très vite fuir en Belgique ; son pamphlet a été lu par tous les Parisiens, y compris la Cour. Voici pourtant qui est plus sérieux, sinon plus efficace : le journaliste républicain Ténot, qui a publié antérieurement sans grand succès une enquête sur *la Province en 1851*, donne en 1868 un livre symétrique très remarqué : *Paris en 1851*. Bien documenté, il insiste sur la fusillade des boulevards et sur l'effet de terreur qu'elle a produit. L'époque est favorable, et les mêmes faits, dans un éclairage différent, en reçoivent une résonance inouïe.

Le 2 Décembre avait d'abord été célébré par la propagande du régime comme un « acte sauveur », bien que Napoléon ne voulût pas qu'il fût commémoré. Dans sa vie politique, c'était le moment décisif où il avait enfreint son serment solennel. Il est peut-être excessif de croire qu'il y pensait constamment, mais il sentait que c'était le point faible de sa carrière. On n'avait donc plus parlé du coup d'État. Picard avait dit à la Chambre que « le 2 Décembre était un crime ». Ténot replaçait le criminel face à son crime. Les exilés du 2 Décembre étaient restés au second plan, malgré eux. L'événement les replaçait sous les feux de l'actualité. *Napoléon le Petit, les Châtiments* reprirent vie dès que l'Empire parut faible et menacé. C'est alors que le représentant Baudin, tué sur une barricade du faubourg Saint-Antoine, réapparut dans la mémoire collective. Il avait été bien oublié et sa modeste sépulture n'avait pas été visitée. Un journal d'extrême gauche, *le Réveil* de Delescluze, disciple de Ledru-Rollin et de Blanqui, ouvrit une souscription pour lui élever un monument, et les autres journaux républicains s'associèrent à cette initiative. Les exilés, de Victor Hugo à Edgar Quinet, souscrivirent, et aussi ceux qui s'opposèrent au coup d'État, tel le vieux Berryer, patriarche du légitimisme. La souscription devint une grosse affaire. On nota qu'Ollivier avait refusé, que Polytechnique et l'École centrale souscrivirent en masse, que ces étudiants refusèrent toute invitation impériale à Compiègne. Le gouvernement eût été sage de laisser passer l'orage ; c'était l'avis de Rouher et de Baroche. On accusait d'ailleurs cette vieille garde de volontiers laisser faire pour faire peur aux modérés. Girardin, lui, désapprouvait la souscription, et le ministre de l'Intérieur, Pinard, un ancien magistrat, appuyé par Napoléon, réclama des poursuites. Les directeurs de quelques journaux républicains furent poursuivis en vertu de l'odieuse loi de sûreté générale. Les inculpés choisirent comme défenseurs deux anciens de 1848, Crémieux et Emmanuel Arago, et deux jeunes, Laurier et son ami Gambetta. Ce dernier avait d'ailleurs été pris par Delescluze avec réticence. Agé de trente ans et né à Cahors de père génois et de mère française, Gambetta était monté à Paris faire son droit et était devenu avocat. Il avait d'abord fait partie des admirateurs d'Émile Ollivier, puis l'avait abandonné pour suivre les chefs républicains du Corps législatif. Borgne et barbu, ce fidèle du Palais, des tribunes du Corps législatif et des brasseries du Quartier Latin, avait de la finesse et de l'ambition. Sans le savoir encore peut-être, il était un de ces êtres rares : un grand orateur. Le procès Baudin le révéla. Protégés par l'impartialité de magistrats peu bonapartistes, les avocats dirent ce que les journaux n'avaient pas encore exprimé — et surtout Gambetta. Le 6 novembre 1868, il fit en phrases sonores une philippique contre le coup d'État : « Le 2 Décembre, autour d'un prétendant se sont groupés des hommes que la France ne connaissait pas, qui n'avaient ni talent ni honneur, ni rang, ni situation, de ces gens qui, à toutes les époques, sont les complices des coups de force. [...] C'est avec ce personnel que l'on sabre, depuis des siècles, les institutions et les lois. » Et encore : « Paris était soumis ! soumis ! Il était assassiné ! soumis ! On le fusillait, on le mitraillait ! » Les journalistes furent condamnés. L'Empire avait gagné son procès devant le tribunal ; il l'avait perdu devant l'opinion. Il était inquiétant pour lui de dépendre d'une magistrature que Rouher jugeait « faible et intermittente » dans la répression.

Walewski meurt subitement, Niel va bientôt disparaître. Rouher profite de l'affaire Baudin pour se défaire du ministre de l'Intérieur, Pinard, nommé en novembre 1867 sans son approbation. Mais Persigny et Maupas s'opposent à lui. En novembre 1868, Darimon écrit : « On ne croit plus à la durée ni à la solidité de l'Empire. [...] L'Empereur s'est complètement désintéressé des affaires publiques. [...] Les ministres se combattent entre eux. Vienne une guerre malheureuse, un incident grave dans la politique intérieure et l'Empire sera enlevé, il n'en restera rien. » Le journal de l'extrême droite impérialiste, *le Pays* concède : « L'opposition prend tout, ramasse tout, réunit tout. » Le 5 janvier 1869, c'est le premier grand bal de la saison aux Tuileries ; ce premier bal était toujours froid, il est glacial. Peu d'officiels, quelques sénateurs, quelques conseillers d'État, douze à quinze députés tout au plus.

Napoléon III, pourtant, poursuit sa politique sociale. Il laisse faire campagne pour l'enseignement primaire obligatoire et gratuit, organiser des cours secondaires pour les jeunes filles, et ce malgré l'opposition du clergé et du Sénat. Les délégations ouvrières élues pour visiter l'exposition de 1867 continuent de se réunir avec l'autorisation du gouvernement, qui tolère aussi l'organisation de syndicats ouvriers. En août 1868, l'inégalité de témoignage entre le maître et l'ouvrier est supprimée. Des caisses d'assurances contre les accidents du travail et sur la vie sont organisées, des retraites ouvrières sont préparées — tout cela étant facultatif. Un projet de loi de 1870 crée un corps d'inspecteurs du travail et la suppression du livret ouvrier est mise à l'étude en 1869. L'Empereur — chose rare — préside le Conseil d'État et y prononce un discours pour imposer la mesure à une assemblée réticente. La guerre empêchera la mise en vigueur de plusieurs de ces décisions, mais Napoléon montre ainsi le sentiment très vif qu'il a des questions sociales. Probablement plus vif que celui des députés républicains, bourgeois confortables qui craignent toujours de voir l'Empire leur enlever leurs électeurs.

Napoléon avait toujours eu le goût d'écrire, ou de collaborer à des écrits qu'il inspirait. Au sommet de son pouvoir, les billets du *Constitutionnel* signés Boniface étaient célèbres. Il aurait voulu réagir contre le déluge d'imprimés déferlant sur lui, encore qu'il ne le connût que par les revues de presse que ses collaborateurs mettaient sous ses yeux. Personnellement, il ne lisait que le *Journal des Débats*, fort bien rédigé, libéral centre gauche et dans l'ensemble assez imbu de cet esprit parlementaire que les fidèles du régime taxaient d'orléanisme. A la fin de son règne, il subventionnait trois journaux : *le Peuple, le Dix-Décembre* et *l'Époque*, dont aucun n'atteignit un tirage considérable. Il leur adressait parfois des plans d'articles. Trois entre eux ont été conservés et montrent que la pensée impériale n'avait pas changé. D'abord l'idée que l'Empire seul représentait le peuple contre les partis. Chacun de ces derniers poursuivait des objectifs différents et souvent opposés : « Que le peuple sensé réfléchisse à ce dilemme : ou soutenir l'Empire, ou l'anarchie. » L'Empereur avait conservé sa popularité dont son gouvernement ne profitait pas : c'est que les administrations, « hautaines et routinières », ne s'occupent pas des populations : « Le gouvernement de l'Empereur est le plus honnête qui ait jamais existé, mais il s'est laissé contaminer par des hommes qui, sans être au pouvoir, étaient en relation avec le gouvernement et qui le compromettaient par leurs spéculations. La presse, au lieu de contrôler les actes de tous les agents du pouvoir, a été servile ou rebelle. » Il faut être dévoué à l'Empereur et le servir « non en aveugle, mais avec les yeux ouverts ». Il existe aussi de la main de Napoléon III un plan de roman destiné au feuilleton d'un journal et dont voici le thème. Benoît, « honnête épicier de la rue de la Lune » est parti en 1847 pour l'Amérique. Il revient en France en avril 1868, croyant ce que les exilés disent de la France et s'étonne du spectacle offert à ses yeux : progrès matériels, réformes utiles se succèdent. Vingt ans ne s'écoulent jamais sans résultats. Il est certain que ce bilan romancé, même légèrement embelli, était impressionnant. Le roman de l'épicier Benoît ne fut jamais écrit, semble-t-il, mais était une protestation contre l'avalanche de critiques dont le régime faisait maintenant l'objet. Les journaux d'opposition étaient beaucoup plus lus, à Paris du moins, que les journaux gouvernementaux.

La santé du souverain avait été mauvaise pendant toute l'année 1868. Ollivier la déclarait « chancelante ». A plusieurs reprises, il n'avait pu présider le Conseil. A soixante ans, l'Empereur, épaissi, tassé, blanchi, « faisait vieux ». Il attendait la fin de la session législative pour partir aux eaux de Vichy. Le maréchal Vaillant, son familier, notait dans son carnet : « Il me parle de son âge avec mélancolie et découragement, il me dit nettement que si on l'ennuie trop et si on lui fait trop de difficultés, il... » A soixante ans, il parlait d'abdiquer comme Louis-Philippe à soixante-quinze. On pouvait tout dire et tout écrire sans influencer le pouvoir qui restait concentré dans la personne du souverain. On en voulait à ce pouvoir personnel qui n'avait plus la force de s'imposer.

Dans ces conditions, il eût sans doute mieux valu avancer par une dissolution la date, désormais proche, des élections de 1869. Il s'agissait d'élire le Corps législatif qui verrait la majorité du prince impérial. Pourtant Napoléon laissa courir l'échéance. Entre autres raisons, il voulait régulariser la gestion d'Haussmann par une Chambre qui lui paraissait encore sûre. Le préfet avait accéléré le rythme de ses travaux afin d'accumuler les réalisations pour l'Exposition de 1867. Il était très loin d'avoir fini, et même il était certain que ses ressources s'épuiseraient avant que la liste des travaux, quasi infinie, soit close. De grandes percées avaient débloqué le centre de Paris et valorisé le terrain pour de nouveaux quartiers : l'eau, les égouts, le gaz avaient été largement pourvus. Mais les « nouveaux arrondissements » étaient bien loin d'être équipés comme ceux du centre. Darimon disait au préfet qu'il négligeait l'ancienne banlieue annexée en 1860. Il existait autour de la capitale « une véritable ceinture de faubourgs Saint-Antoine », qui fournirait de redoutables recrues aux partis hostiles à l'Empire. Haussmann répliquait qu'il faudrait « dépenser des milliards » pour mettre la banlieue annexée au niveau de l'ancien Paris. De cela, Napoléon III ne semblait pas s'être rendu compte, ce qui indiquerait qu'il suivait même les travaux de Paris sans précision : « Comment, vous n'avez pas fini ? Je vous croyais au bout de vos travaux », aurait-il dit à son préfet. Toujours est-il qu'il avait hâte de se débarrasser de ce qui devenait une mauvaise affaire. En 1865, dans le *Journal des Débats,* Léon Say avait exposé le mécanisme des emprunts clandestins de la Ville de Paris. En 1866, le député Ernest Picard reprit la question au Corps législatif. L'année 1867 fut encore plus mauvaise : à la Chambre, Jules Favre et Picard reprirent leurs critiques et Berryer releva que, depuis le début de l'année, la Chambre avait autorisé 35 millions d'emprunts des communes ; le Crédit Foncier avait vendu

291 millions d'obligations communales. Paris avait emprunté irrégulièrement 256 millions. Il était évident que les
efforts des députés pour contrôler et réduire les finances de
l'État demeureraient sans effet si la Ville de Paris continuait
à emprunter et dépenser sans tutelle. L'absolutisme impérial, circonscrit dans tous les domaines, demeurait presque
total dans cet important secteur, car Napoléon avait pesé sur
le gouverneur du Crédit Foncier pour lui faire accepter cet
arrangement fort avantageux pour son établissement mais
formellement irrégulier. Sans sa caution, les dirigeants du
Crédit Foncier ne se seraient pas risqués à l'opération.
Attaquer Haussmann, c'était attaquer l'Empereur, ou du
moins son pouvoir personnel. Rouher sentit le danger. Il
n'aimait d'ailleurs pas le préfet avec lequel il avait eu de
fréquents conflits. Devenu ministre des Finances, il
contraignit la Ville et le Crédit Foncier à signer un traité, le
8 novembre 1867, par lequel la dette à court terme que
constituaient les bons de délégation était transformée en
dette à long terme payable en soixante ans. Le montant
atteignait 398 millions : Haussmann, dans un rapport, exposait tout le mécanisme de ses opérations, feignant d'avoir
attendu pour le faire un état d'avancement donné de ses
travaux. En gage de sa bonne foi, il demandait qu'à l'avenir
le budget de Paris fût voté par le Corps législatif. C'était se
donner la stature d'un ministre tout en acceptant le contrôle
d'un *corps élu,* ce que n'était pas son Conseil municipal. Le
jeune Jules Ferry répliqua dans *le Temps* par une série
d'articles sur les *Comptes fantastiques* d'Haussmann titre qui
lui avait été fourni par le directeur du journal, Nefftzer, et
qui fit la fortune de l'œuvre en cette époque friande de
calembours. Ferry, quant au fond, reprenait Léon Say, mais
raillait le Corps législatif pour s'être si longtemps laissé
duper. En avril 1868, les députés devaient approuver le
traité entre la Ville de Paris et le Crédit Foncier. La commission élue se montra si tatillonne que Napoléon et Rouher,
craignant un débat épineux, le reportèrent jusqu'à la session
de 1869. Il n'en fut pas meilleur. Le 22 février, les républicains ouvrirent le feu. Thiers les relaya, assurant que le
vice-empereur n'était pas Rouher, mais Haussmann. Après

quatre jours, le climat de la Chambre devint tel que Rouher dut avertir l'Empereur que le projet risquait de ne pas passer. C'eût été une périlleuse défaite peu avant les élections. Il fallait sacrifier le préfet à l'Empire ; le souverain dut s'incliner. Le lendemain, Rouher admit devant les députés non pas l'illégalité, mais « l'irrégularité » des emprunts d'Haussmann qui aurait dû obtenir au préalable l'assentiment du Corps législatif. Finalement, le 2 mars, un premier vote donna 141 voix pour le gouvernement et 97 voix contre lui ; les réfractaires étaient nombreux. La Chambre devenait incommode à l'approche des élections. Une fois encore, le gouvernement l'emportait, après avoir complètement changé sa position. Haussmann était sauvé, mais se trouvait affaibli. Les plaisants disaient qu'il était devenu « préfet constitutionnel ». La Caisse des travaux de Paris, instrument de sa dette flottante, disparut en 1869. D'ailleurs la formidable dette contractée commençait à peser sur le budget municipal ; un tiers des revenus ordinaires était absorbé par le service de la dette à partir de 1869. Bien que le crédit de la Ville demeurât intact, Haussmann convenait que l'ère des grands travaux était close. Ces grands travaux avaient constitué la raison d'être du régime. Paris était son enseigne. Haussmann à la préfecture, sans travaux, c'était inconcevable, et pour l'Empereur c'était un complet changement de cap : les élections de 1869 allaient le précipiter.

VIII
L'Empire libéral (1869-1870)

Les élections de 1869 marquent, après vingt ans d'interruption, la renaissance de la vie politique avec une presse libre et des réunions publiques dans les grandes villes, surtout à Paris. Deux faits les caractérisent : les oppositions ont emporté en 1863 un quart des suffrages ; en 1869, elles en ont 40 %. Ensuite, pratiquement toutes les grandes villes passent à l'opposition après Paris. L'opposition, cela signifie surtout les républicains et même, dans les villes, les républicains révolutionnaires, les radicaux. Dans la Seine, pour 76 500 abstentions, les officiels n'ont eu que 77 000 suffrages et les républicains 234 000.

L'Empire est menacé, la république est candidate à sa succession. Elle fait sa rentrée officielle. Delescluze a voulu poser dans toutes les circonscriptions parisiennes la candidature symbolique du frère de Baudin, mais l'idée a échoué. Émile Ollivier, le transfuge rallié à l'Empire, mène à Paris une campagne difficile : une de ses réunions publiques au Châtelet tourne à l'émeute. Il sera largement battu à Paris et élu dans le Var. Mais à côté de la poussée républicaine et même radicale des villes importantes, une tendance l'emporte de beaucoup. C'est celle qui se qualifie « indépendante dynastique » ou « conservateur libéral ». L'opinion a tellement évolué, un tel dégel s'est produit que rares sont désormais les candidats officiels classiques. Désormais un candidat favorable au régime se borne à n'être pas combattu ; il est

« agréable » et assure son élection tout seul. Le patronage gouvernemental sous sa forme classique est devenu compromettant. Plus que de dévouement au souverain, on parle de liberté. La plupart des candidats ne sont pas hostiles à Napoléon ; ils veulent contrôler son pouvoir personnel. Et la responsabilité politique des ministres, le retour au régime parlementaire leur paraît le seul moyen d'exercer ce contrôle. En ce sens, les élections de 1869 marquent une sorte de réveil équivalant à une révolution pacifique. Dans une note à l'Empereur, le prince Napoléon relève l'échec quasi total des orléanistes ou des légitimistes. Ces ennemis de la dynastie comptent au plus quatre ou cinq élus. De même, les « cléricaux », ceux qui préfèrent le pape à l'Empereur, sont sept ou huit. Le seul « parti de renversement » considérable est celui de la République ; mais, divisés en modérés et révolutionnaires, ses partisans ne savent quel régime instaurer. « La queue du parti en conduit et en conduira la tête, au lieu de la suivre. » Et au total, cette « opposition de renversement » ne comptera qu'une trentaine d'élus. Le tiers parti aura trente à quarante députés. Sur 292 élections, le gouvernement peut en revendiquer environ 200. Sur ces 200, à peine 30 sont celles de partisans de l'Empire autoritaire ; les autres se rattachent à des idées libérales. L'Empereur doit donc changer d'hommes et de système. Le flot monte : « Il faut se résoudre non à vouloir arrêter le mouvement mais à le contenir par des digues latérales dans un lit d'où il ne déborde pas et ne submerge pas tout. » L'heure de l'Empire libéral n'est pas hostile à la dynastie ; elle veut de sa part un acte additionnel — le « couronnement de l'édifice » tant retardé.

Napoléon III n'avait pas le choix. Fleury, Persigny, Maupas parlaient dans le même sens que le prince Napoléon. Et surtout il y eut les faits. A Paris, les élections furent suivies de désordres. Des « blouses blanches » descendaient sur les boulevards, réclamant Rochefort, chantant *la Marseillaise*, cassant des vitres. A La Ricamarie, dans la Loire, la troupe tira sur des grévistes ; il y eut treize morts. L'Empereur écrivit au député Mackau : « Un gouvernement qui se respecte ne doit céder ni à la pression, ni à l'entraînement, ni à l'émeute. » Il s'était exprimé en termes aussi énergiques au camp de Châlons, mais l'état de l'opinion rendait à présent la résistance impossible. Presque tout le monde voulait la fin de l'Empire de 1852. En quelques jours, un parti nouveau apparut. Rouher était le grand vaincu des élections. Au lieu d'attendre pour la réunion du nouveau Corps législatif la date légale d'octobre, il décida de convoquer une session extraordinaire dès le 28 juin pour la vérification des pouvoirs. Il voulait faire cesser l'incertitude sur la validité des opérations électorales — un souci récent. Mais les nouveaux députés, menés par des hommes du tiers parti comme Brame, Chevandier, Plichon, Segris, Louvet, Buffet, tinrent des réunions auxquelles ils convièrent Ollivier. Ce n'étaient nullement des ennemis de l'Empereur, et certains d'entre eux avaient même été candidats officiels. Ils étaient tous adversaires des républicains. On pourrait dire qu'ils voulaient gouverner à la place de l'Empereur pour sauver la dynastie nécessaire à l'ordre social. Ils préparèrent un texte d'interpellation qu'ils convièrent leurs collègues à signer. Le texte parlait de la nécessité d'associer le pays d'une manière plus efficace et plus complète à la direction des affaires publiques. Les signataires voulaient à l'extérieur la paix, à l'intérieur l'abrogation de la loi de sûreté générale, l'interdiction du cumul des gros traitements, une réforme électorale sauvegardant la liberté des élections, l'attribution aux jurys des délits politiques commis par la presse. Le 3 juillet, il fut décidé de mentionner la responsabilité politique des ministres et l'indépendance du Corps législatif qui ferait son règlement et élirait son bureau. Le 30 juin, quarante-deux députés avaient signé ; beaucoup hésitaient à les rejoindre lorsque la signature du duc de Mouchy, allié à la famille impériale par sa femme Anna Murat, et celle de Mackau, le destinataire de la lettre impériale, semblèrent indiquer, à tort ou à raison, que l'Empereur n'était pas hostile à ce qu'il signe. Alors on s'empressa. La gauche ne signait pas pour ne pas gêner un mouvement que Thiers favorisait de son côté dans la coulisse. Rouher lança un texte rival qui rallia peu de monde. Le 6 juillet, cent seize députés ayant signé, la collecte des signatures cessa. Les Cent Seize,

avec la gauche républicaine et quelques indépendants, formaient une majorité de neuf voix, trop hétérogène pour
gouverner mais capable de mettre en minorité tout ministre
hostile aux réformes.

Face à cette révolte parlementaire, Napoléon n'avait plus
de politique de rechange. Il préférait, pour éviter une capitulation, que l'interpellation ne fût pas déposée. Et de fait,
elle ne le fut pas. Le 12 juillet, Rouher parut à la tribune
pour lire un message impérial — ce devait être son dernier
acte de ministre. Le message exposait les réformes envisagées par un prochain sénatus-consulte : le Corps législatif
élirait son bureau, aurait l'initiative des lois de concert avec
le souverain, le plein droit d'amendement et d'interpellation. Les ministres pourraient être députés et seraient responsables devant l'Empereur de qui ils dépendaient. En
fait, il était bien entendu qu'ils auraient besoin de la
confiance de la majorité de la Chambre. Les tarifs douaniers
seraient soumis au Parlement : concession significative à
l'esprit de la nouvelle majorité. Le lendemain de la lecture
du message, les ministres remirent leurs démissions. Sur le
conseil du président Schneider, le Corps législatif était pro-
rogé sans échéance déterminée alors que cinquante-cinq
élections restaient à vérifier. L'Empereur ne voulait pas, en
brusquant l'évolution, avoir l'air de capituler. L'initiative
passait donc du Corps législatif au Sénat. D'autre part, les
Cent Seize ne pouvaient devenir ministres qu'en cessant
d'être députés tant que la constitution ne serait pas modifiée ; aussi préféraient-ils attendre. Un sénatus-consulte
pouvait en corriger un autre. Agir de la sorte donnait à la
procédure le caractère d'une expérience. Napoléon III
cédait à la nécessité, sans nul enthousiasme, devant cette
sorte de coup d'État parlementaire. Il eût été assez normal
que Rouher prît à la Chambre la tête de la droite autoritaire,
mais l'ex-ministre d'État préféra la somptueuse présidence
du Sénat que le décès de Troplong laissait opportunément
vacante. A ce titre d'ailleurs, il restait dans les hautes
sphères de l'État et conseiller du souverain quoique discrédité dans l'opinion, « orateur pour tout dire et serviteur pour
tout faire ». Puis, l'Empereur ayant transféré au Sénat le

pouvoir constituant des auteurs de l'interpellation, qui l'avaient usurpé, Rouher allait présider à la naissance du nouveau régime.

Restait à constituer un ministère de transition jusqu'à la mise en vigueur du nouveau cours des choses. Ce ministère rédigerait le projet du sénatus-consulte présenté au Sénat. Napoléon fit un ministère avec les débris de l'ancien. Par l'intermédiaire de Schneider, il offrit un portefeuille à Émile Ollivier ainsi qu'à Talhouet et à Segris, deux des membres les plus en vue du tiers parti, mais ceux-ci déclinèrent l'invite. Ollivier attendait mieux qu'un ministère de transition ; Forcade La Roquette restait à l'Intérieur pour défendre les élections, de même que Magne aux Finances et Gressier aux Travaux publics. Finalement, un peu au hasard, c'est l'ancien ministre de la Marine Chasseloup-Laubat qui, comme président du Conseil d'État, assuma, avec son chef de cabinet Kratz, la principale responsabilité politique du ministère de transition. Le maréchal Niel, maintenu à la Guerre, allait bientôt mourir ; le 21 août, le général Lebœuf, bon artilleur et aussi courtisan apprécié, le remplaça.

Ce gouvernement assez faible s'acquitta bien de sa tâche. Heureusement, car le Sénat, dans sa majorité hostile à la réforme, se révélait plutôt un danger qu'un appui pour le pouvoir. La discussion, qui dura du 5 août au 8 septembre, démontra par sa faiblesse l'urgence de réformer également la haute assemblée. Seul le prince Napoléon salua avec vigueur l'arrivée de « cet Empire libéral qui est le rêve de toute ma vie et le but de toutes mes facultés ». Le prince préconisait un Sénat élu à deux degrés par le suffrage universel, seule source d'autorité. Le nouveau Sénat deviendrait une seconde chambre, le pouvoir constituant appartenant à l'Empereur et aux deux chambres. Enfin, Napoléon-Jérôme voyait dans le sénatus-consulte seulement l'amorce d'une série de réformes considérables portant notamment sur les rapports de l'Église et de l'État et l'instruction primaire gratuite et obligatoire. Le sénatus-consulte, daté du 8 septembre 1869, contenait tout ce qui avait été promis par le message du 11 juillet. Une rédaction ambiguë concernait les ministres : « Article 2. — Les ministres ne dépendent que de l'Empereur. Ils délibèrent en Conseil sous sa présidence. Ils sont responsables. » Il était entendu qu'ils étaient responsables à la fois devant le souverain et devant le Corps législatif. Les séances du Sénat devenaient publiques ; l'Assemblée du Luxembourg prenait donc progressivement le caractère d'une deuxième Chambre. Désormais la réforme pouvait entrer en vigueur.

A vrai dire, cette révolution parlementaire n'agita guère la nation. C'était une entrée pacifique dans un aspect nouveau du règne. Pourtant le pays demeurait inquiet. Après les élections, certains s'étaient demandé si Paris, passé à la république, n'était pas à la veille d'une révolution. Les entreprises des meneurs suscitaient dans la population une indifférence voisine de la complicité. Les grèves se succédaient, avec encore une tragédie à Aubin : quatorze ouvriers tués. La presse radicale usait d'une violence inconnue jusqu'alors, traînant les souverains dans la boue. Napoléon allait très mal. Traité à l'opium pour atténuer ses douleurs, il tombait dans une sorte de coma. Il fallut le porter dans un fauteuil pour présider le Conseil du 7 septembre. Dès qu'il alla mieux, l'Impératrice l'obligea à se montrer aux Parisiens : l'accueil fut des plus froids. L'entourage redoutait sa disparition subite. Lui-même se préoccupait des conditions d'une régence. Dans une telle éventualité, un gouvernement d'hommes nouveaux face à une tâche aussi immense paraissait bien faible. C'est dans ce climat que tombait la célébration du centenaire de la naissance de Napoléon Ier, le 15 août 1869. Une amnistie fut proclamée, les Champs-Élysées furent transformés en un grand parc d'attractions, l'Arc de Triomphe fut illuminé du nom de Napoléon ; un feu d'artifice fut tiré quai de Bercy. Pourtant, « il y avait de la tristesse dans l'air, des espaces vides ; le peuple paraissait indifférent et sombre ». La dernière grande célébration de l'Empire, après l'Exposition de 1867, serait l'inauguration du canal de Suez par l'Impératrice, le 16 novembre 1869. Accompagnée d'une petite Cour, Eugénie se rendit en Italie du Nord, visita le champ de bataille de Magenta, puis gagna Venise. Là elle s'embarqua sur son yacht, l'*Aigle*, pour

Athènes, puis fut fêtée à Constantinople par le sultan. Enfin, elle atteignit l'Égypte où le khédive Ismaïl la reçut avec un faste fabuleux. Eugénie, avec son parent Lesseps, passa la première dans le nouveau canal, suivie de l'Empereur François Joseph, de plusieurs princes héritiers. La protection parfois intermittente, mais enfin efficace, que Napoléon et Eugénie avaient consentie au « grand Français » justifiait cet ultime hommage.

Restait à mettre un terme à la prorogation du Corps législatif. Les députés républicains n'étaient pas révolutionnaires en actes et se crurent obligés d'appuyer un instant une idée radicale : réunir la Chambre le 26 octobre et la transformer en Constituante. Ce n'était pas sérieux. Finalement, le Corps législatif fut convoqué le 29 novembre. Les voitures de cortège furent parfois huées ; on leur jeta de la boue. Les députés n'avaient plus leur uniforme, les sénateurs portaient toujours le leur. Napoléon avait retrouvé son énergie pour dire : « La France veut la liberté, mais avec l'ordre. L'ordre, j'en réponds ; aidez-moi, Messieurs, à fonder la liberté. » Le ministère Forcade-Chasseloup ne correspondant pas à la majorité du Corps législatif, l'Empereur devait mettre sur pied un nouveau ministère. Il avait commencé ses démarches dès le mois d'octobre et fait pressentir Émile Ollivier. Pourquoi Ollivier ? C'est qu'il le connaissait depuis plusieurs années ; déjà Morny et Walewski avaient songé à lui. En janvier 1867, Napoléon lui avait déjà offert un portefeuille et pensé à lui pour remplacer éventuellement Rouher devant le Corps législatif. Son talent oratoire hors de pair, son expérience des Assemblées, sa vaste culture et sa hauteur de vues l'en rendaient capable. Sous ce rapport, il avait peu d'égaux. Venu de la République, Ollivier était un démocrate sensible aux intérêts populaires. A cet égard, il différait des membres du tiers parti qui souvent conservaient la mentalité étroite du régime censitaire et rappelaient au souverain le vieux parti de l'ordre de 1850. Ollivier se trouvait en réalité sans parti. Transfuge, nouvel allié du centre parlementaire, c'était un prestigieux isolé dont l'Empereur pouvait espérer achever la conquête. Thiers, au contraire, accaparante personnalité, aurait apporté un appui parlementaire plus assuré, mais aurait voulu contraindre Napoléon à régner sans gouverner. Enfin, si on recherchait du nouveau, Ollivier, âgé de quarante-quatre ans, était plus indiqué.

Le député du Var avait exposé dans un livre récent, *Le 19 janvier*, sa conception des rapports entre l'Empereur et ses ministres : « La responsabilité de l'Empereur porte sur la direction de l'ensemble, celle des ministres sur la part qu'ils ont prise à cette direction, et en outre sur l'exécution et le détail. La responsabilité de l'Empereur, ne pouvant être mise en action que par un plébiscite ou par une révolution, est la reconnaissance constitutionnelle de la souveraineté populaire ; la responsabilité ministérielle, qui ne s'impose que par des coups de majorité, est la reconnaissance des droits politiques des Assemblées. » Le souverain pouvait donc changer de politique, sans quoi il n'aurait plus le choix qu'entre l'abdication et le coup d'État. Ces idées convenaient mieux à l'Empereur que le parlementarisme classique.

En cet automne 1869, Napoléon, tout comme Ollivier, sentait que le député du Var était l'homme nécessaire : son tour était venu. Aussi n'entendait-il pas entrer au gouvernement comme un ministre parmi d'autres, mais comme un principal ministre avec la promesse d'une dissolution du Corps législatif pour triompher d'une éventuelle opposition. Napoléon, fidèle à son intention de maintenir la continuité, aurait voulu l'insérer dans le ministère Chasseloup-Laubat. Il semble même avoir pensé qu'Haussmann pourrait être fait ministre de Paris, ce qui montrerait qu'il saisissait mal toutes les exigences de la situation. Ollivier, au contraire, entendait que l'Empereur le chargeât de former un ministère : il conserverait Magne et Chasseloup, leur adjoindrait Buffet, représentant le tiers parti, et « la partie sensée des Cent Seize ». Napoléon voulait conserver Forcade parce qu'il avait fait les élections et aussi parce qu'il faisait partie de l'ancien personnel ; Ollivier n'en voulait pas, précisément pour ces raisons. Si l'ancien personnel l'emportait sur le personnel nouveau, le ministère pouvait être constitué avant la réunion du Corps législatif, le 29 novembre. Dans le cas contraire, mieux valait attendre la réunion de la Chambre,

apprécier la force respective des tendances qui la composaient et choisir les ministres en fonction de la majorité ;
c'est ce qui décida finalement Ollivier.

Ce dernier était dans sa propriété de Saint-Tropez. Les
émissaires officieux, Kratz, Duvernois, servaient d'intermédiaire entre la Provence et Paris. Ollivier posait ses conditions : paix à l'extérieur, réformes libérales à l'intérieur.
« Dans quelques mois, les irréconciliables se seront mangés
entre eux ; la presse se sera discréditée, usée par ses excès ;
le gouvernement se sera accru de ce que ses ennemis auront
perdu, et, s'il est contraint de réprimer une émeute, il pourra
le faire sans péril, car il n'y a que les gouvernements libres
qui ne soient pas affaiblis par une répression même nécessaire. [...] En présence des conservateurs inertes et décon-
certés, il y a deux courants ardents, celui de la révolution,
celui de la liberté. S'ils s'unissent définitivement, le péril
commencera. La sagesse est de les opposer l'un à l'autre, et
de vaincre le premier par le second, les conservateurs devenant la réserve qui décidera de la journée. » Dans ces conditions, Ollivier se déclarait prêt à prendre la révolution corps
à corps. Napoléon III résista pied à pied : il voulut même
revenir à un ministère Rouher-Ollivier ! Le 1er novembre,
Ollivier, « déguisé » avec son cache-nez et sans lunettes, eut
une entrevue nocturne avec lui. La conversation autour
d'un thé fut confiante. L'Empereur ne voulait voir accéder
au pouvoir ni son cousin Napoléon, ni Girardin, ces « esprits
faux » et accepterait tout, jusqu'à l'émeute qu'il écraserait.
Rien ne fut encore décidé. On cherchait des noms dans le
tiers parti. L'Empereur constatait avec mélancolie qu'il
avait commencé avec la vieille rue de Poitiers et qu'il finissait avec la nouvelle. « Je veux pour ministres, disait-il, des
hommes qui aiment le peuple et qui soient désireux de
soulager ses misères. » Désir sincère, qui n'avait pas dû être
souvent exaucé.

Le Corps législatif se réunit. Une droite autoritaire groupait une cinquantaine de députés, les républicains n'étaient
que trente-sept. Il existait donc une énorme majorité pour
soutenir un gouvernement de l'Empire libéral ; dans cette
majorité pourtant, le centre gauche, une trentaine de dépu-

tés dirigés par Buffet et Daru, tenait à se distinguer. Pour eux, les Cent Seize n'étaient que des ralliés tardifs au programme du tiers parti. Le centre gauche était de passé orléaniste. Beaucoup de ses membres étaient cléricaux, peu favorables à l'Italie et protectionnistes. Ces libéraux sincères étaient soupçonnés d'orléanisme par l'Empereur envers lequel ils avaient une « involontaire défiance et point d'affection personnelle ». Entre eux et les anciens candidats officiels le courant ne passait pas. On les appela bientôt les « pointus ». Pourtant, il était difficile d'exclure ces précurseurs de l'Empire libéral.

Il fallait en finir. Le 27 décembre, l'Empereur écrivit à Ollivier : « Les ministres m'ayant donné leur démission, je m'adresse avec confiance à votre patriotisme pour vous prier de me désigner les personnes qui peuvent former, avec vous, un cabinet homogène, représentant fidèlement la majorité du Corps législatif et résolues à appliquer, dans sa lettre comme dans son esprit, le sénatus-consulte du 8 septembre. » Ollivier recevait ainsi en fait la position de principal ministre qu'il avait voulue. Pourtant, en dépit de longues réflexions préparatoires, il ne mit pas facilement sur pied son ministère. Le centre droit, fort de 137 députés, lui fournit aisément le noyau de son équipe avec Chevandier, Segris, Louvet. Quant au centre gauche (qui ne groupait que 37 députés) il récusa d'abord sa participation. Ollivier pensait donc adjoindre à son ministère Chasseloup et Magne, membres de l'équipe démissionnaire. Y eut-il des intrigues de Thiers, resté à l'écart avec une quinzaine d'indépendants, ou du président Schneider, toujours est-il que Magne exigea tout à coup la participation du centre gauche. Il pensait peut-être qu'Ollivier ne l'obtiendrait pas et qu'il devrait renoncer. Mais, précisément, le centre gauche venait de se raviser. Il était exigeant : avec Buffet et Daru, il fallut encore deux portefeuilles pour les « pointus ». Ollivier abandonna alors Magne et Chasseloup. Le centre gauche exigeait qu'il n'y eût pas de ministre prépondérant, vice-président du Conseil. Ses représentants n'allaient pas de départir vis-à-vis d'Ollivier d'une jalousie tatillonne.

Le ministère du 2 janvier 1870 s'appuyait donc sur une

majorité considérable, ne laissant en dehors que les autoritaires à droite et, sur la gauche, les républicains. Thiers lui-même salua l'arrivée au pouvoir de la nouvelle formation. Néanmoins, une fêlure existait dès l'origine entre le centre gauche et les autres. Le ministère ne comprenait aucun sénateur, ce qui allait causer l'hostilité du Palais du Luxembourg. Enfin Ollivier avait conservé les ministres militaires, Lebœuf et Rigault de Genouilly. Il en aurait préféré d'autres (Trochu et Jurien de La Gravière), mais l'Empereur tenait à conserver les hommes de son choix. De ce point de vue, le ministère n'était pas absolument parlementaire. Le souverain se réservait le domaine des forces armées. En droit, Ollivier, garde des Sceaux, n'était qu'un ministre parmi d'autres. En fait son éloquence et sa personnalité lui donnaient la primauté. La Cour dans son ensemble n'était pas favorable aux nouveaux ministres qui désapprouvaient son luxe et sa frivolité. L'Impératrice, qui devait cesser d'assister aux Conseils, s'était opposée aux concessions libérales et n'avait pas confiance en ce nouveau personnel. Rouher demeurait influent, à son haut poste de l'État, sur sa clientèle de naguère, et les fonctionnaires de l'Empire autoritaire demeuraient à leur poste. Mais une révolution pacifique avait été effectuée. Désormais les ministres étaient responsables devant la Chambre aussi bien que devant l'Empereur. Les notables sauvaient l'Empire en le contrôlant.

Le régime perdait « son aspect d'établissement puissant, mais viager ». On attendait la paix, de bonnes finances, le dévouement aux intérêts religieux. Thiers disait : « Nos opinions sont assises sur ces bancs. » A la vérité, un grand parti conservateur et libéral conférait un nouveau printemps à l'Empire. Ollivier devait dire : « Nous ferons une vieillesse heureuse à l'Empereur. » La droite autoritaire était maussade, mais craignait une dissolution de la Chambre. Puis, comme le disait un ami de Fleury : « Nous étions très malades. Ayant en face de nous les démagogues, nous n'avions pas le soutien des classes moyennes. L'arrivée au ministère des hommes dits des anciens partis nous a apporté le salut. Il faut leur en savoir gré et prendre notre parti de

payer très cher l'appui qu'ils nous donnent. » De fait, beaucoup d'anciens orléanistes se pressaient aux réceptions
d'Ollivier et des nouveaux ministres. Prévost-Paradol allait
aussi se rallier à l'Empire libéral. Les survivants du régime
de Louis-Philippe rencontraient les hommes du 2 Décembre. Guizot, Odilon Barrot reprirent le chemin des salons
officiels et l'Académie française élut Ollivier triomphale-
ment ; c'était la conclusion d'une longue période opposante.
Napoléon dut sacrifier Haussmann qui, en dépit de sa rare
supériorité, s'était fait trop d'ennemis ; il quitta l'Hôtel de
Ville en grande pompe ; à la vérité, depuis un an, son
« règne » était fini. Le préfet de police Pietri demeura en
fonctions. C'est qu'il répondait de beaucoup de choses et
qu'il fallait s'attendre à ce que la révolution relève le défi. En
revanche, les députés républicains de Paris, Gambetta en
tête, affirmèrent leur hostilité à la nouvelle forme prise par
l'Empire : « Si [...] vous comptez sur notre concours, il faut
vous attendre à ne le rencontrer jamais. [...] Entre la république de 1848 et la république de l'avenir, vous n'êtes
qu'un pont et ce pont nous le passerons. » Ces députés
républicains de Paris étaient obligés d'être d'autant plus
violents en paroles qu'en réalité, ils étaient légalistes et aux
prises avec la concurrence des radicaux qui se voulaient,
derrière Rochefort et les hommes de la future Commune, un
parti d'action. Un accident allait les jeter dans la rue.

Le 10 janvier 1870, le prince Pierre Bonaparte tua, en
effet, le journaliste Victor Noir. Fils de Lucien, cousin de
Napoléon III, c'était un homme violent, à la mentalité
d'aventurier subalterne, vivant toujours armé, dans une exaltation permanente. L'Empereur lui donnait 100 000 francs
par an (au total, pendant l'Empire, Pierre reçut près de
2 millions et demi de francs). Il avait deux enfants d'une
liaison obscure. L'Empereur lui refusait de légitimer sa
liaison et ses enfants ; ne voulant pas non plus l'employer, il
lui avait interdit d'être candidat aux élections de 1863.
Après une polémique de presse, le prince provoqua en duel
un journaliste. Ce dernier lui envoya ses deux témoins dont
Victor Noir. Pierre Bonaparte se prit de querelle avec eux et,
sortant son revolver, il abattit Victor Noir. Le soir, il se

constitua prisonnier. Rochefort, patron de la victime, écrivit un article d'une violence incroyable : « J'ai eu la faiblesse de croire qu'un Bonaparte pouvait être autre chose qu'un assassin. [...] Peuple français, est-ce que décidément tu ne trouves pas qu'en voilà assez ? » Le 12 janvier, les obsèques de la victime eurent lieu à Neuilly ; les radicaux y virent l'occasion d'une « journée ». Cent mille personnes étaient là, pleines de colère contre le pouvoir. Rochefort et Delescluze (les députés de Paris étaient absents), préférèrent ne pas tenter le sort en promenant la dépouille dans Paris. D'ailleurs l'armée barrait les Champs-Elysées à la hauteur du rond-point. Aux Tuileries, Napoléon III était « en pantalon rouge ». La foule se dissipa dans le soir d'hiver... Ollivier demanda à la Chambre la levée de l'immunité parlementaire de Rochefort. Beaucoup déconseillaient la mesure ; les membres de la majorité ne tenaient pas à voir leur nom figurer dans un scrutin qui pourrait, dans l'avenir, devenir une liste de proscription. Ollivier tint bon, et les poursuites furent autorisées par 222 voix contre 34 : Rochefort, condamné à six mois de prison, fut arrêté le 7 février. L'agitation révolutionnaire et les grèves diminuèrent dès lors. Le gouvernement avait relevé le défi et gagné la partie.

Ollivier réunit trois grandes commissions extra-parlementaires sur le régime municipal de Paris, la décentralisation et la liberté de l'enseignement supérieur, les deux dernières étant présidées par Odilon Barrot et Guizot. De grandes réformes s'annonçaient, et visiblement on n'en resterait pas au sénatus-consulte de 1869. Fin février, un débat depuis longtemps attendu eut lieu sur les candidatures officielles. Ollivier intervint pour les désavouer : « Le parti ministériel n'a pas le droit de demander à ses chefs [....] de mettre à son service la puissance administrative. » La droite manifesta alors son opposition et manqua d'entraîner la majorité, mais le vote final fut de 185 voix contre 56. Le parti autoritaire, avec Cassagnac, Forcade, Pinard, s'était compté et venait de déclarer la guerre au ministère, tandis que certains républicains avaient voté pour lui. Napoléon voulait le maintien des candidatures officielles. Il fit grise mine à ses ministres. Ollivier songeait à démissionner, mais ses collègues le retinrent. L'union des bonapartistes autour des ministres était néanmoins rompue ; même le centre droit soupçonnait Ollivier de vouloir prendre appui sur le centre gauche et la gauche. Conti, du cabinet de l'Empereur, disait que le garde des Sceaux ne savait plus où il allait. Il craignait, de fait, d'être condamné à prendre appui sur des majorités changeantes.

Un nouveau problème surgissait. Parmi toutes les réformes entreprises (il y en avait beaucoup, trop peut-être) figuraient l'élection des maires et le retour de l'Algérie au régime civil. Or ces deux points figuraient dans la constitution. Procéderait-on par voie d'abrogation d'un sénatus-consulte par un autre ? Napoléon III, d'autre part, s'inquiétait des projets de réforme qui naissaient l'un après l'autre. Il aurait préféré un inventaire complet des modifications envisagées, dont le résultat eût été condensé dans un ultime sénatus-consulte équivalent à une constitution nouvelle, car on ne pouvait laisser une partie du pouvoir constituant à un Sénat nommé. Progressivement, on se trouvait entraîné plus loin qu'on ne l'aurait pensé en juillet 1869. Au cours de nombreux entretiens, le garde des Sceaux avait pourtant convaincu son souverain. Le 28 mars, au nom du gouvernement, il lut au Sénat le texte du projet du sénatus-consulte mettant en forme ses propres idées constitutionnelles. Le droit parlementaire était consacré : les ministres étaient responsables tout en restant dépendants de l'Empereur. Ollivier commentait : « L'Empereur nomme et révoque les ministres, mais il ne peut choisir que ceux désignés par la confiance du Parlement et il ne peut les révoquer tant que cette confiance persiste. » Le partage égal du pouvoir législatif entre les deux Chambres était établi. Puis le droit plébiscitaire : le souverain peut toujours faire appel au peuple ; il le doit lorsqu'il s'agit de modifier la constitution. Ainsi peut-on éviter « la plus terrible tyrannie, celle d'une majorité législative qui n'est plus en conformité d'opinion avec la nation ». D'ailleurs, s'il fallait demander l'assentiment des Chambres pour procéder à un plébiscite, ce dernier n'aurait jamais lieu. Ollivier se félicitait d'avoir introduit le plébiscite dans le mécanisme constitutionnel libéral ;

grâce à lui, le citoyen était susceptible d'intervenir à tout instant dans la vie politique de la nation. Ainsi, il n'y avait plus d'omnipotence nulle part. Le chef de l'État était contenu par le Parlement, le Corps législatif par le Sénat, les deux Chambres par la nation. On a souvent remarqué que ce régime monarchique pouvait se transformer en république par la substitution d'un président à un monarque héréditaire. Le Sénat perdant son pouvoir constituant, l'Empereur le partageait avec le peuple. Le titre II traitait de la dignité impériale et de la régence, montrant que dans l'immédiat on était bien toujours en monarchie. Le sénatus-consulte sanctionnait la révolution du régime. L'Empereur avait réussi la conversion délicate d'un régime personnel et autoritaire en régime libéral.

Il y eut une surprise. Le centre gauche, comme les républicains, n'admettait pas le plébiscite, d'autant que ce dernier n'avait lieu qu'à l'initiative de l'Empereur. Il craignait qu'un futur plébiscite ne défasse l'œuvre édifiée en 1870. La fêlure du ministère s'aggrava. Le 9 avril, Buffet démissionna, suivi deux jours après par Daru. Désormais la majorité à la Chambre était incertaine, puisqu'Ollivier ne pouvait compter ni sur les républicains ni sur la droite, ni maintenant sur le centre gauche. Et surtout l'idée d'un plébiscite *immédiat* sanctionnant le sénatus-consulte se trouvait mise en avant. Plus tard, Ollivier accuserait Daru d'en avoir été à l'origine. En réalité, très tôt, La Valette avait pensé que toute modification constitutionnelle devrait être sanctionnée par un plébiscite. Le prince Napoléon, dès le mois de février, en parlait dans une note à son cousin. Napoléon Ier avait soumis l'Acte additionnel de 1815 au suffrage des Français : c'était un moyen de retremper la dynastie dans le suffrage populaire. « Puisqu'en fait nous tâchons d'appliquer un régime constitutionnel, donnons-lui une base légale. [...] L'Empire libéral séparé de l'Empereur n'a qu'une portion importante de la bourgeoisie, les gens instruits [...]. Avec l'appui de l'Empereur qui lui apporte l'armée et les paysans, la liberté constitutionnelle s'établira et triomphera aisément des forces révolutionnaires ; séparée de l'Empereur, la liberté ne peut pas grand-chose. » Au Sénat, la commission chargée de l'examen du projet était composée d'ennemis d'Ollivier : Rouher, Baroche, Magne, Chasse-loup-Laubat, qui virent dans le plébiscite un moyen d'ébranler leur rival heureux. L'Empereur fut gagné à l'idée de reprendre d'un coup le terrain perdu. Ollivier fut finale-ment séduit par la perspective de faire approuver sa politi-que. Il avait jusqu'alors été retenu par la crainte d'engloutir le règne dans un désastre électoral ; devant tant d'insistance, il fut convaincu après son maître. Puis il était logique, puisqu'on avait maintenu le plébiscite dans les institutions impériales, de le faire jouer en cette circonstance solennelle d'une modification de l'esprit des institutions, et même de leur lettre.

Le 20 avril, le Sénat ayant voté le sénatus-consulte, l'Em-pereur annonce que « le peuple français est convoqué dans ses comices, le dimanche 8 mai, pour accepter ou rejeter un projet de plébiscite ainsi rédigé : " Le peuple approuve les réformes libérales opérées dans la constitution depuis 1860 par l'Empereur, avec le concours des grands corps de l'État, et ratifie le sénatus-consulte du 20 avril 1870. " » Le sort en est jeté, l'Empire se met aux voix. Il ne l'a pas fait depuis 1852 — sinon sous la forme, différente, des élections. Une proclamation impériale accompagne le décret : « En appor-tant au scrutin un vote affirmatif, vous conjurerez les menaces de la révolution ; vous assoierez sur des bases solides l'ordre et la liberté, et vous rendrez plus facile, dans l'avenir, la transmission de la couronne à mon fils. Vous avez été presque unanimes, il y a dix-huit ans, pour me confier les pouvoirs les plus étendus ; soyez aussi nombreux aujour-d'hui. » Un trait s'impose : la sanction des réformes libérales n'est plus que l'accessoire, l'essentiel, c'est de préparer la transmission de la couronne au prince impérial. L'enjeu, c'est la dynastie. Par la transformation libérale, on s'efforce de recueillir l'éventail de voix le plus large possible. Avant les élections de 1869, le ministre Pinard opposait « l'union dynastique » à « l'union libérale » et à « l'union démocrati-que ». Cette fois-ci, la tactique est la même : regrouper tous les libéraux derrière la dynastie. En ce sens, les adversaires de l'Empire ont parlé de question-piège. Ce n'est pas absolument faux, et c'est presque toujours la règle dans la forme plébiscitaire.

Comment répondraient les différentes tendances ? Le sénatus-consulte contenait dans son titre II, « De la dignité impériale et de la régence », une affirmation de l'Empire héréditaire. Ne fût-ce que pour cela, les républicains se partageaient entre l'abstention et le *non*. Il en allait de même pour les légitimistes, qui cependant votèrent souvent *oui* malgré les consignes de leur prince, par crainte du péril social. Les libéraux hostiles à l'Empire étaient les plus embarrassés. Ils ne voulaient pas s'opposer à l'évolution libérale, mais ne voulaient pas appuyer l'Empire. Ils se divisèrent : Thiers s'abstint, Buffet vota *oui*, d'autres *non*. Tous souhaitaient que les votes affirmatifs ne soient pas trop nombreux pour ne pas rendre trop de force à l'Empereur. La droite autoritaire était aussi perplexe, pour des raisons inverses : elle voterait *oui* en pensant *non* et voulait réduire le plébiscite à une lutte entre l'Empire et « l'anarchie ». Seuls les Cent Seize apporteraient sans réticence leurs voix à l'Empire libéral. La campagne plébiscitaire, parfaitement libre, fut d'une animation touchant parfois à la violence. Un comité plébiscitaire s'était constitué, dirigé par des parlementaires et des journalistes. Paris avait quatre-vingts sous-comités, les départements trois cent cinquante. Les autoritaires y voisinaient avec les partisans d'Ollivier, car le gouvernement craignait qu'ils ne constituent leurs propres comités. Ils jouèrent un grand rôle dans la campagne contre la gauche, qui avait aussi ses comités, car les autoritaires étaient doués pour ces luttes. Ainsi, pour la première fois se structurait un parti bonapartiste réunissant toutes les tendances au service de la dynastie. Ollivier, « toujours prompt à pousser à l'extrême ses impressions », se jeta dans la lutte avec fougue. Dans son ardeur, il revint aux méthodes de la candidature officielle : « Dites à tous les juges de paix et à tous les magistrats que je les verrais avec plaisir dans les comités plébiscitaires. » Les évêques, dans leur ensemble, étaient favorables à l'Empire. La répression s'efforçait de répondre à la violence des attaques, qui d'ailleurs rejetaient vers le régime beaucoup d'indécis. On savait bien qu'on ne retrouverait pas les chiffres de 1852. Mais quels seraient-ils ? La victoire de l'Empire était certaine. Toutefois un plébiscite réussi implique une nette supériorité des votes affirmatifs. Le libéral Rémusat aurait été satisfait avec 5 millions de *oui*, 2 de *non* et 3 de billets blancs et d'abstentions. Il représentait les espoirs de ces libéraux qui approuvaient les réformes sans pour cela se rallier à l'Empire.

Arriva le grand jour du 8 mai. La nuit du vote, les résultats de Paris et des grandes villes furent connus les premiers. Ils étaient défavorables. La Seine donnait 138 000 *oui*, 184 000 *non*, 83 000 abstentions. Lyon, Marseille, Bordeaux, Toulouse étaient hostiles. La Cour était atterrée, l'Impératrice exaspérée. Puis arrivèrent les résultats des campagnes. Le résultat global était : 7 350 000 *oui*, 1 538 000 *non*. On pouvait évaluer les abstentions à 1 900 000. Si l'on compare ces résultats avec les chiffres espérés par Rémusat, on voit la différence en faveur de l'Empire. Napoléon III, en somme, avait « retrouvé », contre tout espoir, son chiffre de 1852. Même à Paris, une soixantaine de milliers d'électeurs ayant voté pour l'opposition en 1869 avaient cette fois accepté le régime. Ce mouvement intéressait un cinquième des votants. Au total, le plébiscite était un succès pour l'Empire. Les républicains en furent très découragés. Il devenait évident qu'ils ne renverseraient pas le régime de sitôt. Pourtant, on relevait le vote assez mauvais de l'armée et de la marine : 47 757 *non* contre 278 644 *oui* ainsi que la faiblesse des effectifs : quelque 325 000 hommes. Finalement, Napoléon III estima que le plébiscite sacrait son fils, encore que les motifs du *oui* fussent très divers, très complexes ; ces simplifications sont inhérentes au vote plébiscitaire. Le 21 mai, l'Empereur fit proclamer les résultats du vote en grande pompe, dans la salle des États du Louvre. Tous les dignitaires de l'État et de la Cour étaient présents. Les souverains étaient — détail significatif — assis sur deux trônes égaux, et le prince impérial — âgé de quatorze ans maintenant — se tenait aux côtés de sa mère, en uniforme de sous-lieutenant, incarnant l'avenir de la dynastie. Napoléon, radieux, interpréta sa victoire : « Le plébiscite n'avait pour but que la ratification d'une réforme constitutionnelle.

Dans l'entraînement de la lutte, le débat a été porté plus haut. Ne le regrettons pas. Les adversaires de nos institutions ont posé la question entre la révolution et l'Empire. Le pays l'a tranchée. Mon gouvernement ne déviera pas de la ligne libérale qu'il s'est tracée [...] Nous devons plus que jamais envisager l'avenir sans crainte. » Une grande fête aux Tuileries — la dernière du règne — célébra la victoire : six mille invités, jardins illuminés, fontaines lumineuses, feux de bengale par milliers éclairant les arbres et les bosquets. On dansa jusqu'à l'aube. Puis la Cour partit pour Saint-Cloud.

Ollivier, toujours présomptueux, estimait que le plébiscite, au succès duquel il s'était consacré sans compter, était sa victoire. Il n'avait pas tort. Toutefois il méconnaissait deux faits. Tout d'abord, le grand vainqueur était Napoléon III. Au 2 janvier, Ollivier secourait l'Empereur, désormais, la situation était inversée. Fort de son succès, c'est le souverain qui assurait le maintien de son ministre affaibli. Affaibli parce qu'il avait perdu l'appui du centre gauche et surtout parce que la droite autoritaire, associée à la réussite du plébiscite, entendait reprendre de l'influence. Ses chefs, Forcade et Pinard, anciens ministres qui voulaient revenir au pouvoir, Cassagnac, Duvernois, journalistes qui polémiquaient contre « l'Empire clérical et parlementaire », avaient trouvé un leader en Jérôme David. Fils naturel du roi Jérôme, assure-t-on, ce dernier, pensionné sur la cassette impériale, est fort bien vu à la Cour et, notamment, de l'Impératrice. Pour Ollivier et sa jeune femme, c'est le contraire. On accuse le ministre de vouloir assouplir l'étiquette et démocratiser la Cour : n'a-t-il pas introduit le pantalon à pied au lieu de la culotte ? Des robes montantes ne se glissent-elles pas dans les salons voués jusqu'alors à un cérémonial rigoureux ? La jeune Marie-Thérèse Ollivier n'aime pas Eugénie qu'elle trouve fantasque, sans naturel, comme une reine de théâtre. Seul l'Empereur appuie ses ministres dans un milieu qui leur est hostile. La droite se prend à rêver d'un « Empire libéral autoritaire », qui conserverait vaille que vaille les formes libérales vidées de leur esprit. Haussmann assure que Napoléon, dans le parc de Saint-Cloud, lui aurait dit sa volonté de changer le ministère et lui aurait offert le pouvoir à la fin de la session. Ce passage des Mémoires du préfet sera démenti par l'Impératrice : il est probable qu'Haussmann a exagéré les propos du souverain. Le climat était changé. Les autoritaires avaient gémi avant le plébiscite : « Les ennemis de l'Empire ont trop l'air d'être chez eux et les amis les plus éprouvés, même les plus libéraux, sentent trop qu'ils sont moralement des étrangers. » Désormais, aux réceptions ministérielles, pas un seul de ces hommes politiques qui se pressaient dans les salons au lendemain de leur arrivée aux affaires. Les hommes de l'Empire autoritaire ne venaient pas les relayer. Ollivier avait dû remplacer trois ministres centre gauche démissionnaires. Il avait assuré l'intérim de Daru aux Affaires étrangères ; à la place de ce dernier, il s'accorda avec l'Empereur pour choisir le duc de Gramont, ambassadeur à Vienne. C'était un choix normal, Gramont avait occupé de grands postes, et sa parenté avec le comte d'Orsay, l'ami de Napoléon, le recommandait aux yeux de l'Empereur. Enfin Ollivier se flattait de jouer en fait le rôle d'un véritable chef du ministère. La droite, pourtant, aurait voulu profiter du remaniement pour faire entrer Magne aux Finances et Bourbeau à l'Instruction publique et commencer ainsi la reconquête du pouvoir. A la fin de mai et au cours du mois de juin, le ministère dans deux scrutins fut sauvé par la gauche. Dans le troisième, il n'échappa aux oppositions unies qu'en adoptant leur thèse. Le cabinet subsistait parce que le Corps législatif ne voulait pas le renverser. Il n'avait plus de majorité stable et les observateurs ne lui accordaient guère d'avenir. Il est vrai qu'on voyait mal quelle formation pourrait le remplacer. L'Empire libéral avait perdu de son élan après le plébiscite. Une crise politique couvait.

A la Cour également le climat était à la morosité. L'hiver 1869-1870 n'avait pas été gai. Après la joie du plébiscite, on était retombé à Saint-Cloud dans une sorte de mélancolie. L'Empereur était taciturne et préoccupé. On notait une sorte de laisser-aller dans les façons du personnel. La fête impériale était finie. L'état de santé de Napoléon justifiait les inquiétudes. Les crises violentes étaient intermittentes ;

on continuait à parler de « rhumatismes », ce qui justifiait le désir du souverain de vivre devant de grands feux. Il ne montait presque plus à cheval, sa démarche était lente, assurée souvent par une canne. Depuis 1869, ses crises urinaires étant soignées à l'opium, il avait des accès de somnolence apathique. Le 7 octobre 1869, il avait remis à Rouher, président du Sénat, ses instructions dans l'éventualité de sa mort. Son écriture était difficile, sa voix assourdie. Au printemps de 1870, son ami anglais Malmesbury, qui ne l'avait pas vu depuis deux ans, le trouva « terriblement changé et comme très malade ». Au début de juin, Eugénie et lui convinrent d'abdiquer en 1874. La soixantaine atteinte, Napoléon est un vieillard valétudinaire. Finalement, à la fin de juin, un jeune spécialiste, Germain Sée, fut demandé. Son examen conclut à l'existence d'une pierre de la vessie. Le 2 juillet, quatre notoriétés médicales — Nélaton, Ricord, Fauvel et Corvisart — remirent ensemble un rapport confirmant le diagnostic de Sée ; mais ils reculèrent devant l'opération à cause du risque et de la qualité du patient. D'ailleurs, le lendemain, éclatait la crise politique qui en une douzaine de jours conduirait à la guerre (il n'est pas certain que le docteur Conneau ait remis le rapport à l'Impératrice). « L'incident Hohenzollern » survenait avec un ministère ébranlé et un Empereur gravement atteint.

IX
Vers la guerre :
l'incident Hohenzollern (1868-1870)

Après l'affaire du Luxembourg, Napoléon a l'impression d'avoir été dupé par Bismarck. Sans renoncer absolument à un agrandissement en Belgique, il abandonne l'idée de faire de la Prusse son allié. Ouvrant — tardivement — les yeux sur le danger prussien, il mesure son isolement et cherche à en sortir. L'Angleterre ne se sent pas menacée par la montée de Berlin et s'enferme de plus en plus dans son isolement vis-à-vis du continent ; on ne peut éventuellement attendre d'elle qu'un appui diplomatique. Les Autrichiens, au contraire, vaincus de Sadowa, peuvent nourrir des pensées de revanche. On en crédite le chancelier Beust et même l'Empereur François-Joseph. Malgré le résultat assez négatif de l'entrevue de Salzbourg, un climat d'entente persiste, bien différent de l'hostilité qui avait régné depuis la guerre de Crimée. Mais si les gouvernants de Vienne sont désireux de maintenir l'indépendance des États allemands du Sud, ils sont désormais tournés vers les Balkans et ne méditent aucune offensive contre la Prusse. De plus, ils ne veulent pas d'une guerre sur deux fronts comme en 1866. Aussi la France doit-elle s'assurer du concours ou au moins de la neutralité de l'Italie. A Florence, Victor-Emmanuel redoute pour l'Italie une entente franco-autrichienne et préfère en faire partie : il demande aux Autrichiens le Tyrol du Sud et à Napoléon l'évacuation de Rome. Les négociations traînent de décembre 1868 à septembre 1869, sans aboutir. Sans l'Italie les Autrichiens ne feront rien, et Victor-Emmanuel ne signera rien tant que les Français restent à Rome. Mais face à la majorité cléricale du Corps législatif, Napoléon, si peu de temps après Mentana, ne peut songer à évacuer Rome. Déclarant aux Autrichiens qu'il regarde l'alliance comme « moralement signée », il écrit à François-Joseph le 24 septembre 1869 que « si l'Autriche était menacée par une agression, il n'hésiterait pas un instant à mettre toutes les forces de la France à son côté ». François-Joseph laisse tomber cette promesse et se borne à répondre qu'il ne formera pas d'alliance sans en avertir Napoléon. Rouher estime, le 10 décembre, que l'alliance est conclue et que l'engagement pris dans les lettres des empereurs aura la même force qu'un traité international. En réalité, rien n'est conclu, et l'Autriche n'a promis qu'une neutralité bienveillante. François-Joseph veut seulement, dans l'éventualité d'une guerre franco-prussienne qui se terminerait par une victoire française, s'associer au succès de nos armes : « Si l'empereur Napoléon entrait en Allemagne du Sud non en ennemi mais en libérateur, je serais forcé de faire cause commune avec lui. » Un échange de lettres autographes entre les trois souverains évoque l'idée d'une triple alliance dont l'union « présentera une puissante barrière à d'injustes prétentions ». On attend la mort de Pie IX pour aller plus avant.

Les négociations ont été menées en dehors des ambassadeurs, par les souverains, leurs Premiers ministres — ainsi Rouher — et des intermédiaires officieux, le Hongrois Türr pour l'Italie, le Saxon Vitzthum pour l'Autriche ou l'Italien Vimercati, établi de longue date à Paris. En 1870, l'archiduc Albert, chef de l'armée autrichienne, vient conférer avec les généraux français. Puis le général Lebrun, un des hommes de confiance de Napoléon, part pour Vienne continuer les conversations d'état-major. Compte tenu de la lenteur de la mobilisation autrichienne, les armées de François-Joseph ne pourraient entrer en campagne que six semaines après la France. Mais François-Joseph avertit le général : « Je ne ferais la guerre que si j'y étais obligé. » Pourtant Napoléon reste convaincu qu'en cas de conflit, il peut compter sur l'Autriche. Seul le ministre de la Guerre, le maréchal

Lebœuf, est au courant de la mission de Lebrun, les autres ministres n'en savent rien. Gramont, ambassadeur à Vienne, ne sera averti, à la demande de Beust, que lorsqu'il deviendra, en mai 1870, ministre des Affaires étrangères. Napoléon se ménage jalousement un domaine réservé à son autorité personnelle. L'Impératrice, elle, partage le secret et semble en être arrivée à considérer les documents de la négociation comme une propriété personnelle. Entichée de l'Autriche, elle croit l'ambassadeur Metternich qui, partisan de l'alliance, lui fait espérer une heureuse issue. Son ennemi, le prince Napoléon, italianissime et très anticlérical, assurera plus tard que seule la volonté de défendre le pouvoir temporel a empêché la France d'avoir pendant la guerre de 1870 le concours de l'Autriche et de l'Italie. C'est fort exagéré : l'Autriche se savait en effet surveillée par sa rivale dans les Balkans, la Russie. Dès mars 1868, le tsar Alexandre II, inquiet du rapprochement entre France et Autriche, a resserré son entente avec son oncle le roi de Prusse, offrant même en cas de guerre entre la France et la Prusse de mobiliser une armée sur la frontière autrichienne. En septembre 1869, Beust a rencontré en Suisse le chancelier russe. Ils sont convenus de ne prendre aucune initiative dans les Balkans et de laisser France et Prusse vider leur querelle seules.

Napoléon III devait bien sentir que l'alliance de Vienne n'était pas assurée lorsqu'en novembre 1869 il envoya comme ambassadeur en Russie son ami le général Fleury. A vrai dire, Rouher se plaignait que le favori jouât le rôle d'un deuxième ministre de la Guerre, critiquant le véritable et ruinant son crédit. C'était en fait un moyen d'éloigner Fleury en lui donnant une compensation. Il s'agissait aussi de montrer au tsar le danger d'une trop grande puissance de la Prusse et de l'éloigner de cette alliance de famille si favorable à Berlin. De fait, Alexandre II trouvait parfois son oncle « un peu ambitieux » et rappelait à Bismarck que le traité de Prague prévoyait dans le Slesvig septentrional un plébiscite qui n'avait jamais été organisé. Fleury réussit bien personnellement. Le tsar l'invitait à prendre place « sur une fesse » dans son traîneau personnel. D'ailleurs Alexandre voulait surveiller l'Autriche et non la France contre laquelle il n'avait aucune intention hostile. Mais il était attaché à la paix et soupçonnait Napoléon de vouloir la troubler. Enfin, après l'arrivée au pouvoir des hommes de l'Empire libéral, le 2 janvier 1870, Daru, ministre des Affaires étrangères, renonça à toute négociation poussée avec le tsar. Fleury, qui exagérait les résultats de sa diplomatie, déplorait que, comme sous Louis-Philippe, « toute la politique extérieure se résumât dans le désir extrême de ne laisser se produire aucune difficulté ».

Le nouveau ministre songeait plutôt à un rapprochement avec l'Angleterre. D'ailleurs, il voulait la paix avec la Prusse et, par l'intermédiaire de Londres, proposa à Berlin un désarmement bilatéral qui, bien entendu, échoua. Au cours de son bref passage aux affaires, Daru fut préoccupé par le concile du Vatican, où il voulait intervenir contre les thèses ultramontaines, alors que l'Empereur et Ollivier étaient bien d'accord pour ne pas agir au concile ; ces questions ne les préoccupaient que de façon seconde. Le problème qui dominait la politique extérieure française était le suivant : que faire si la Confédération du nord de l'Allemagne « passait le Main » et voulait réunir les États du Sud ? Napoléon III réservait sa réponse, y voyant un cas de guerre possible. Ollivier et Daru, au contraire, étaient d'avis de laisser faire, surtout si les États du Sud désiraient l'union. Après la démission de Daru, Ollivier aurait voulu passer de la Justice aux Affaires étrangères. Napoléon lui fit accepter Gramont qui, venant de l'ambassade de Vienne, était très hostile à Bismarck. Mis au fait des négociations menées par l'Empereur, il crut l'alliance autrichienne certaine en cas de conflit, et son assurance s'en accrut.

Pourtant, si un gouvernement solide à l'intérieur est mieux placé pour conduire sa politique extérieure, on ne peut dire que le gouvernement d'Ollivier fût en bonne position fin juin 1870. N'ayant plus de majorité fixe, il en était réduit, pour ne pas dépendre de la gauche, à céder parfois à la droite autoritaire qui, puissante à la Cour, favorisait les ambitions de Rouher. Selon Metternich, l'ancien ministre d'État rêvait de revanche, pensait que lui seul sauverait l'Empire « le jour où les expérimentateurs actuels n'auraient plus de carte entre les mains » et nourrissait l'arrière-pensée d'un grand acte comme la déclaration de guerre à la Prusse. C'était la suprême pensée du parti, car alors le « cabinet des avocats » s'effondrerait ou se subordonnerait. Ollivier ne se cramponnait au pouvoir que dans la crainte de voir Rouher le remplacer et l'Empire libéral disparaître comme un rêve. Dans cette situation, Napoléon III était l'arbitre ; le ministère ne subsistait que grâce à son appui. L'Empereur était loyal vis-à-vis de ses ministres ; était-il totalement confiant, c'est loin d'être sûr. Il ne partageait pas les illusions généreuses d'Ollivier sur la Prusse, voyait la France mal préparée militairement et craignait une mauvaise surprise. C'est dans ce climat que se déroula le vote annuel du contingent. On sortait à peine d'une discussion à propos du tunnel du Saint-Gothard où des ambitions prussiennes s'étaient encore manifestées. Nefftzer constatait dans le Temps : « Le plébiscite, qui devait tout rajeunir, a tout écrasé, et l'Empire libéral, qu'il devait tremper pour de longues années, en est sorti usé jusqu'à la corde. » Le gouvernement était « aplati par la trombe plébiscitaire. » La discussion du contingent militaire annuel fut l'occasion de parler surtout de la Prusse. Thiers fit un discours alarmant, rappelant que l'état de l'Europe, sans être inquiétant, méritait de profondes réflexions : Sadowa était un malheur irréparable ; lors de l'affaire du Luxembourg, la France n'était pas sur un pied militaire qui lui permît de se faire respecter. Thiers demandait une paix armée contre l'avis d'Ollivier qui avait réduit de 100 000 à 90 000 hommes le contingent. Le 30 juin, ce dernier avait répondu que le « Sadowa français » était le plébiscite qui avait montré la force du régime ; d'ailleurs, « à aucune époque, le maintien de la paix n'a paru plus assuré. » Napoléon désapprouvait cette initiative. Il avait préparé un brouillon de lettre à chaque député pour lui demander de ne pas voter la réduction du contingent. Par scrupule de souverain constitutionnel, il n'envoya pas la lettre, mais on disait que Thiers avait parlé à la requête du ministre de la Guerre. En réalité, le débat avait montré l'inquiétude sous-jacente de la nation.

L'alerte allait venir d'où on ne l'attendait pas, d'Espagne. En 1868, la reine Isabelle, discréditée, avait dû quitter son pays et chercher asile en France. Napoléon, et surtout Eugénie, étaient liés avec elle et s'intéressèrent vivement à son sort. La frontière commune, l'importance des intérêts français dans ce pays rendait normale l'attention avec laquelle Napoléon suivit l'affaire. Les Espagnols cherchaient un nouveau roi. Il fut d'abord question du duc de Montpensier, fils cadet de Louis-Philippe et mari de la sœur de la reine Isabelle : Bismarck semble avoir favorisé cette candidature à laquelle s'opposa Napoléon. Il ne voulait pas d'un Orléans régnant de l'autre côté des Pyrénées et assurait que Montpensier répéterait en Espagne l'usurpation de 1830, « la sœur détrônant sa sœur ». La candidature Montpensier finalement tomba ; il en fut de même de celle d'un prince portugais qu'aurait pourtant admis l'Empereur. Dès février 1869 fut mise en avant celle de Léopold de Hohenzollern, et il semble bien que Bismarck l'ait appuyée. Le prince appartenait à la branche catholique des Hohenzollern. Par les femmes, il descendait des Beauharnais et des Murats et avait épousé la sœur du roi de Portugal. Son frère Charles, depuis 1866, était prince de Roumanie. En dépit de ses ascendances françaises, Léopold, comme son père Antoine, était très prussien de cœur. A l'automne de 1868, le maréchal Prim, qui dirigeait le gouvernement espagnol, avait poussé sa candidature, mais le prince hésitait ; l'Espagne était divisée, agitée par des courants divers : la perspective d'y régner n'était pas très engageante.

Bismarck reprit l'affaire en février 1870, sachant déjà que la France verrait la candidature Hohenzollern d'un très mauvais œil car, l'année précédente, l'ambassadeur français à Berlin, Benedetti, le lui avait assuré formellement. Le chancelier passa outre et poursuivit son dessein en se cachant de Napoléon. Le 15 mars, au cours d'un Conseil auquel assistaient, avec le roi Guillaume, les princes Antoine et Léopold, Bismarck, Moltke et Roon, il fut décidé d'accepter la candidature. Le 12 mars, la princesse héritière de Prusse avait écrit à sa mère la reine Victoria pour l'informer et lui demander d'en parler avec Clarendon. Elle lui disait que personne dans la famille royale n'était très enclin à accepter la proposition parce que le trône d'Espagne avait un prétendant légitime. Léopold abandonna ; puis, travaillé par Prim, par Bismarck et par son père, il donna fin juin son assentiment avec l'autorisation du roi Guillaume, chef de la famille. Désormais Prim n'avait plus besoin que de l'autorisation des Cortès. De son côté, Napoléon avait son projet. Pensant que la république n'était pas possible dans ce pays, il souhaitait l'abdication d'Isabelle suivie d'une régence exercée au nom de son fils, le prince des Asturies, par les chefs de la révolution espagnole, notamment par Serrano et Prim qu'il connaissait bien. Ce serait comme une république de sept à huit ans : « Le prince des Asturies ne serait que l'enfant chargé d'occuper un poste auquel aucun ambitieux ne peut prétendre. » Cette solution n'agréait cependant pas à Prim ; aussi se cacha-t-il de l'Empereur, pensant lui faire accepter sa décision au début de l'été à Vichy où il comptait se rendre. Le 2 juillet la candidature de Léopold fut rendue publique.

Le procédé était parfaitement incorrect vis-à-vis de la France. Napoléon III avait autant de raisons que Victoria d'être averti ; aussi bien Prim que Bismarck avaient tort. D'autre part, il n'était nullement certain que Léopold réussirait à se maintenir sur le trône (le prince italien qui finalement fut couronné ne le resta pas longtemps). Et quel serait exactement le pouvoir du roi ? Pourrait-il imposer à son gouvernement des mesures hostiles à la France ? Tout cela était bien problématique. Comme disait le *Journal des Débats*, on ne s'intéressait plus aux dynasties. Mais tout s'était tramé en cachette du gouvernement impérial. Il y avait lieu de demander des informations à Madrid et à Berlin. Dans cette dernière capitale, en l'absence de Bismarck, un subordonné joua l'ignorance ; la réponse était peu satisfaisante. Ce qui décida de tout fut la réaction de l'opinion à Paris. Elle atteignit une violence dont on doit chercher la raison. Non seulement les opposants républicains ou royalistes étalèrent avec complaisance le rôle de dupe de la diplomatie impériale, mais les journaux favorables à l'Em-

pire ne leur cédaient guère. Edmond About dans *le Soir* :
« Nous sommes trente-huit millions de prisonniers si la
nouvelle n'est pas fausse. [...] Elle le sera si on le veut, mais le
gouvernement est-il encore capable de vouloir ? » Le grave
Temps : « Si un prince prussien était placé sur le trône
d'Espagne, c'est jusqu'à François Ier que nous nous trouve-
rions ramenés. » *Le Constitutionnel* était le seul journal
gouvernemental, et à ce titre, il attirait l'attention. Or il
parlait, le 4 juillet, « d'un événement dont la gravité
n'échappera à personne. [...] Nous ne pourrions réprimer
un mouvement de surprise en voyant confier le sceptre de
Charles Quint à un prince prussien, petit-fils d'une princesse de la famille Murat, dont le nom ne se rattache à
l'Espagne que par de douloureux souvenirs. » C'était une
allusion à la fameuse répression de 1808 à Madrid. Quant au
Pays de Cassagnac, organe de la droite autoritaire, il parlait
d'un roi prussien à Madrid et affirmait que l'Empereur ne
permettait pas « qu'un prince prussien ceigne la couronne
de Charles Quint ». On peut dire que la presse parisienne
fut unanime. Seuls les *Débats* et bientôt *le Temps* firent
exception.

Il est significatif que la réaction des journaux, et sans
doute de l'opinion, ait négligé l'Espagne pour se fixer sur la
Prusse. On pourrait parler de « complexe de Sadowa »,
complexe entretenu par le conflit du Luxembourg, puis par
une suite de petites affaires. Depuis 1814, la Prusse n'avait
jamais été populaire, mais depuis 1866, comme le disait
John Lemoinne dans les *Débats*, « l'aigle noir est devenu la
bête noire de nos rêves et M. de Bismarck le bouc émissaire
de tous nos mécontentements ». L'Impératrice le dit encore
à Paléologue en 1906 : « Reculer, transiger, nous ne le pouvions pas, nous aurions soulevé contre nous le pays tout
entier ! [...] On accusait déjà notre faiblesse ; un mot terrible
arrivait jusqu'à nous : "La candidature Hohenzollern, c'est
un second Sadowa qui se prépare !"... Oh ! ce nom de
Sadowa ! Nous ne pouvions pas exposer l'Empire à un
deuxième Sadowa ; il n'y eût pas résisté. » Ce complexe de
Sadowa, Thiers avait puissamment aidé les Français à en
prendre conscience. Dans un célèbre discours du 3 mai

1866, c'est lui qui avait évoqué la résurrection de l'Empire de Charles Quint au profit de la Prusse. Il le voyait réalisé par l'alliance de la Prusse et de l'Italie. Les Français se voyaient encerclés sur plusieurs frontières par les intrigues de Bismarck. Et toujours revenait l'allusion au trône de Charles Quint bien que l'Espagne de 1870 n'évoquât plus guère l'empire où le soleil ne se couchait jamais. Thiers avait donc donné une forme aux craintes de la nation. L'expression symbolisait les désastres qui résultaient de la politique impériale. Enfin une demande d'interpellation de Cochery fut déposée au Corps législatif. Mais Cochery, c'était Thiers. Le petit homme se cachait derrière son homme de paille.

Déjà stupéfaits par cette machination qui se dévoile subitement, les gouvernants doivent répondre sans beaucoup d'éléments d'information à la réaction indignée de l'opinion. Le 6 juillet au matin, un Conseil se tient à Saint-Cloud. Encore que ni l'Empereur ni Ollivier ne soient atteints du complexe de Sadowa, ils veulent répondre à l'opinion et aussi à la menace obscure qui se profile. Le maréchal Lebœuf assure que l'armée est prête : « La lutte était inévitable, on peut saisir sans crainte cette occasion. » On admet que les forces françaises sont supérieures à celles de l'ennemi potentiel. Ici Ollivier est ignorant, et la responsabilité de Napoléon III est lourde ; il connaît la disparité des effectifs, de l'ordre du simple au double. Mieux, il tire de son bureau les lettres de François-Joseph et de Victor-Emmanuel, ne doutant pas que ces lettres ne se transforment en traité d'alliance. Eugénie dira : « Les pourparlers avaient été menés dans un esprit si confiant, Metternich et Nigra nous avaient prodigué de si belles paroles que ni l'Empereur ni moi ne doutions que l'accord des trois puissances se réaliserait de lui-même, instantanément, si la guerre éclatait à l'improviste. » En réalité, les deux puissances étaient prêtes à prendre leur part d'une victoire française ; encore fallait-il que de grands succès initiaux la laissent prévoir. Tout était lié à la force de l'armée et aux premières victoires, victoires obtenues sans aucune alliance. En somme, ce Conseil fut superficiel. On s'y préoccupa beaucoup d'arrêter les termes d'une déclaration à faire l'après-midi au Corps législatif. L'après-midi, au lieu d'écouter l'interpellation et d'y répondre, Gramont lut la déclaration : « Nous ne croyons pas que le respect des droits d'un peuple voisin nous oblige à souffrir qu'une puissance étrangère, en plaçant un de ses princes sur le trône de Charles Quint, puisse déranger à notre détriment l'équilibre actuel des forces en Europe et mettre en péril les intérêts et l'honneur de la France. Cette éventualité, nous en avons le ferme espoir, ne se réalisera pas. [...] S'il en était autrement, fort de votre appui, Messieurs, et de celui de la Nation, nous saurions remplir notre devoir, sans hésitation et sans faiblesse. » La déclaration fut accueillie avec enthousiasme ; une double salve d'applaudissements salua la phrase sur l'équilibre ; elle redoubla sur le coup de clairon final. Visiblement le parti de la guerre venait d'acquérir une influence prépondérante. Ollivier écrit que la phrase sur l'équilibre des forces était de l'Empereur, que lui-même avait ajouté « en plaçant un de ses princes sur le trône de Charles Quint », ce qui révèle qu'il était hanté par les critiques de Thiers, son rival. La déclaration était trop rude, trop militaire, plus propre à répondre à l'opinion qu'à amorcer une négociation. Elle ressemblait fort à un ultimatum. D'ailleurs, l'ultimatum s'adressait à la Prusse qui, disait le Constitutionnel, « croyait notre patience éternelle et à tous ceux qui voyaient dans les réformes constitutionnelles un affaiblissement de l'Empire, une abdication de l'Empereur ». Il s'agissait de hausser l'Empire libéral à la hauteur des rodomontades de la droite autoritaire, d'enlever son monopole à cette dernière. Le journal reconnaissait que le péril espagnol n'était sans doute pas bien grand, qu'il s'agissait d'un échec moral plutôt que d'une menace. On cherchait un succès de prestige. Ollivier fut pris à son propre piège. « Le mouvement a dépassé le but », assurera-t-il à l'Empereur. Il s'efforça de tempérer par quelques paroles l'effet de la déclaration.

Restait à attendre le résultat de la négociation dont le gouvernement avait promis d'informer les députés. Gramont envoyait à Benedetti des instructions très raides pour que le roi Guillaume révoque l'autorisation donnée au prince. Cependant, *le Pays* jetait feu et flammes. Cassagnac annonçait la guerre, prédisant la revanche de 1814 et de Waterloo. Ou la France irait jusqu'au Rhin ou la Prusse irait jusqu'aux Pyrénées : « La France n'est pas à ce point dégénérée, abêtie, ravalée, qu'elle subisse plus longtemps ces lois hautaines qu'elle avait seule jusqu'à présent le privilège d'imposer aux autres. » *La Liberté* de Girardin était aussi violente, réclamant l'achèvement de l'unité française par l'annexion de « tout le territoire compris entre ses frontières actuelles et ses frontières naturelles tracées par la rive gauche du Rhin et la mer du Nord ». Le journal n'était pas alarmé par la candidature du « médiocre Léopold », mais voulait en finir avec « la situation équivoque créée par Sadowa ». Tout le monde envisageait la guerre. Napoléon était de cet avis. Il disait à l'ambassadeur espagnol Olozaga : « Pouvez-vous penser que le comte de Bismarck, qui a machiné tout ceci de longue main pour nous provoquer, laissera passer cette opportunité ? » Néanmoins, selon son habitude, l'Empereur entama une négociation avec l'Espagne du côté de Serrano. Olozaga mit en campagne l'agent de la Roumanie Stratt pour obtenir le retrait de la candidature. Napoléon écrivit au roi des Belges, l'assurant de son désir de paix si Léopold se désistait. Benedetti échoua auprès du roi Guillaume, ce dernier alléguant qu'il avait agi comme chef de famille seulement et non comme souverain. Il est certain que le roi n'avait pas vu cette candidature avec plaisir et ne favorisait pas son succès. Toutefois, il se refusait à agir officiellement pour la faire retirer. En revanche, le prince Antoine faisait pression sur son fils pour obtenir son désistement. Tous les gouvernements européens, en particulier la Russie et l'Italie, intervenaient.

Entre le 6 et le 11 juillet, les jours s'écoulèrent lentement. Le gouvernement français commençait à songer aux préparatifs militaires. On dérivait vers la guerre. *La Liberté* pensait : « 1866 a détruit à notre préjudice l'équilibre qui existait à cette époque ; 1870 peut le rétablir et le rétablira certainement si nous n'avons pas l'humilité d'élever une habile reculade à la hauteur d'une satisfaction suffisante. » Cassa-

gnac saluait « la veillée des armes ». Le prince impérial
« poussera son cheval dans les eaux du Rhin. Nos humilia-
tions passées ne sont rien à côté de celles qui menacent la
Prusse si par hasard elle venait à reculer ». Dès le 10 juillet se
révélait le dessein d'aller bien au-delà de la candidature :
« L'affaire du trône d'Espagne commence même à disparaître devant des points de vue plus grandioses et plus considérables. N'oublions pas que ce n'était que la goutte d'eau qui
fait déborder. [...] Qu'importe que cet incident s'arrange.
Profitons de l'occasion, soldons le passé et garantissons
l'avenir quand nous le pouvons. [...] Nous ne pouvons plus
vivre de cette façon. Nous sommes gouvernés par des avocats. » Et d'exiger de la Prusse « une satisfaction publique
et solennelle ». Déjà la droite autoritaire se prémunissait
contre un retrait de la candidature : elle voulait élargir le
conflit et en faire sortir, avec la guerre, la chute du ministère.
Ollivier avait bien saisi la pensée de ses adversaires : « Se
flattant de la victoire que les généraux leur promettaient, ils
voulaient une guerre dont nous ne voulions pas, afin de nous
débusquer du gouvernement, de le reprendre et de jeter au
ruisseau, comme une loque, le régime libéral. » Napoléon et
Eugénie, soucieux de la dynastie, voulaient surtout suivre
l'opinion. Ollivier, assurément pacifique, était néanmoins
désireux de montrer à l'Empereur que le régime libéral
n'était pas moins zélé pour son prestige que les ministres de
l'Empire autoritaire. Et il était conduit par la volonté de
maintenir son gouvernement face aux attaques dont celui-ci
faisait l'objet.

Les choses en sont là lorsque, le 11 juillet, Stratt arrache
enfin à Antoine le désistement de la candidature. Bien
entendu se sont additionnées de multiples interventions
parmi lesquelles celles du roi Guillaume, modérées mais de
poids. Antoine aussi a dû faire pression sur son fils qui ne
voulait pas renoncer ; des scènes pénibles les ont opposés,
ce qui explique le communiqué un peu étrange publié par
les agences allemandes le 12 juillet : « Le prince héritier de
Hohenzollern, pour rendre à l'Espagne la liberté de son
initiative, décline la candidature au trône, fermement résolu
à ne pas laisser sortir une possibilité de guerre d'une affaire

de famille, secondaire à mes yeux. » L'auteur du communiqué n'est pas Léopold, mais Antoine. Bismarck, furieux, parle de démissionner et rentre à Berlin. Le 12 au matin, Napoléon III, averti par Olozaga, ne dit rien au Conseil des ministres, et c'est l'après-midi qu'Ollivier, en arrivant au Corps législatif, reçoit copie de la dépêche puis confirmation d'Olozaga. Tout joyeux, il en fait part aux groupes dans les couloirs, puis s'écrie : « Nous tenons la paix, nous ne la laisserons pas échapper. » Il ne dit rien à la tribune, n'ayant rien reçu d'officiel ni de Madrid ni d'Ems, la ville d'eaux rhénane où réside le roi Guillaume. Mais le but est atteint : un Prussien ne régnera pas à Madrid. C'est un vrai succès diplomatique. Resterait désormais à prouver que le gouvernement veut la paix, que l'Empereur n'est pas le jouet du parti belliqueux auquel il obéirait pour des raisons dynastiques.

Dans sa joie, Ollivier est troublé lorsque l'ancien ministre Gressier lui dit : « Ne vous y méprenez pas ; c'est votre chute. Le pays ne se contentera pas de cette satisfaction. » Clément Duvernois dépose une interpellation « sur les garanties que le gouvernement compte stipuler pour éviter le retour de complications successives avec la Prusse. » L'offensive du parti autoritaire se précise : le *Pays*, du 12 : « L'affaire Hohenzollern n'existe plus ; elle a disparu pour faire place à l'affaire franco-prussienne ! » Le ministère est un liège entraîné par les courants ; une reculade succède à sa déclaration violente. Le 13 : il faut la guerre, Napoléon III doit déblayer le règne de Napoléon IV. La droite veut relancer la question pour en faire sortir la guerre estimée nécessaire au salut de la dynastie et du régime. Elle a un moyen : exiger des garanties de la Prusse.

Ollivier trouve aux Tuileries l'Empereur soulagé. Ce sont ses négociations qui ont réussi, et il ne peut que s'en féliciter. Mais il est « inquiet à cause de la déception qu'allait éprouver le pays de ne pas vider définitivement sa querelle avec la Prusse. » La droite et l'opinion de Paris l'influencent. Il craint une conjonction des oppositions de droite et de gauche et croit que « l'opinion publique aurait préféré la guerre ». C'est une erreur, car il confond l'opinion de Paris avec celle de la province. A Nohant, George Sand écrit qu'on est consterné. Le souverain est victime du tintamarre politique de la Chambre, des journaux et des boulevards qu'il prend pour la voix de la France. Que l'opinion fût profondément antiprussienne, c'était vrai et très compréhensible. Arrivé à Saint-Cloud, l'Empereur se heurta au mécontentement de la Cour et à celui de l'Impératrice. Depuis que des bruits de guerre s'étaient manifestés, Eugénie paraissait à Metternich « rajeunie de dix ans ». Eugénie n'a pas dit : « C'est ma guerre », mais sans doute, elle attendait ou un triomphe politique ou une guerre victorieuse ; dans tous les cas, un éclatant succès où se retremperait la dynastie. La renonciation s'étant passée entre « le père Antoine » et Madrid, ni la France ni la Prusse n'apparaissaient : le conflit recherché était donc escamoté.

Il n'est plus question d'un grand succès diplomatique. Les journaux de droite parlent de la « paix foireuse », du « rameau d'Ollivier » : « On n'a à nous donner que la dépêche d'un vieillard. » Gramont partage ce point de vue. Dans l'après-midi, en présence d'Ollivier qui a laissé faire, il a suggéré à Werther, l'ambassadeur prussien, une lettre du roi à l'Empereur par laquelle Guillaume s'associerait au retrait de ses parents. Les termes en sont hautement imprudents : « Le roi ne croyait pas porter atteinte aux intérêts et à la dignité de la nation française. Sa Majesté s'associe à la renonciation du prince et exprime son désir que toute cause de mésintelligence disparaisse désormais... » Werther refusera, mais informera son roi qui en gardera un vif ressentiment. Arrivé le soir à Saint-Cloud, Gramont confère avec Napoléon et Eugénie. Sans consulter Ollivier ni aucun ministre, il obtient de demander au roi des garanties pour l'avenir et d'envoyer à Benedetti des instructions en ce sens. Eugénie dira plus tard que son époux « n'a fait aucune objection ». Ainsi cette décision capitale a été prise entre les souverains et leur ministre, interprétant l'opinion à leur guise. Gramont agissait comme un ministre de l'Empire autoritaire. La diplomatie, comme les affaires militaires, demeuraient en fait l'apanage de l'Empereur. Et même, après avoir reçu Jérôme David et Cassagnac, Napoléon III ordonne à Gramont de durcir les instructions à Benedetti.

Le 13 au matin, le Conseil trouve qu'on est allé trop loin, et il est décidé de se contenter au besoin du désistement tout en ratifiant les malencontreuses instructions données à l'ambassadeur. Ollivier, inquiet, ne songe néanmoins pas à démissionner (à la différence de Bismarck). L'après-midi, la Chambre « est à l'orage ». Une partie de la gauche s'entend avec la droite qui visiblement entraîne la majorité des députés. Thiers adjure les ministres de ne pas se laisser gagner, mais ces avertissements portent peu. Jérôme David demande à interpeller sur « la lenteur dérisoire des négociations avec la Prusse ». Cassagnac parle du « ministère de la honte », dénonce le gouvernement des avocats, le gouvernement parlementaire : « La France, une fois lancée vers l'ennemi, ne saurait être arrêtée, et si vous, ministres du 2 janvier, persistez à lui barrer le passage, elle saura bien vous passer sur le corps. » Le gouvernement lit une déclaration assez vide où l'on présente comme officielle la communication d'Olozaga, ce qui est faux. Mais les événements décisifs, ce jour-là, se passent en Allemagne. A Ems, Benedetti se heurte au refus du roi de s'engager, puis à deux refus d'audience. Toutefois Guillaume lui fait savoir qu'il a reçu la nouvelle du désistement et qu'il l'approuve pleinement. Il n'y a donc rien d'irrémédiable, même si toute demande de garantie a été écartée. Mais désormais le roi renvoie les négociations à ses ministres. Bismarck entre en scène à Berlin le soir du 13 : il résume de façon tendancieuse la dépêche reçue d'Ems et racontant la journée : « L'ambassadeur de France a prié à Ems Sa Majesté de l'autoriser à télégraphier à Paris que Sa Majesté s'engageait à ne jamais permettre la reprise de la candidature Hohenzollern. Sa Majesté a refusé de recevoir à nouveau l'ambassadeur et lui a fait dire par l'aide de camp de service qu'elle n'avait plus rien à lui communiquer. » Le texte condense les événements et fausse le climat psychologique dans lequel ils se sont déroulés. Télégraphié aux légations de Prusse, il sera lu aux représentants des gouvernements étrangers. Enfin, il est publié le soir du 13 mars dans un supplément de la *Gazette de l'Allemagne du Nord* distribué gratis. C'est la première réponse écrite de la Prusse dans cette négociation dont elle révèle le secret.

Le 14 au matin, Gramont reçoit le texte de la dépêche et considère qu'il a « reçu une gifle ». Un Conseil se tient l'après-midi aux Tuileries. Le rappel des réservistes est décidé, mais les ministres sont divisés sur la question de paix ou de guerre. Une dépêche de Benedetti donne une version exacte de ce qui s'est passé à Ems. Gramont propose alors l'expédient d'un congrès. Napoléon approuve avec des larmes de joie. Comme précédemment, un nouveau Conseil est improvisé le soir à Saint-Cloud, auquel deux ministres partisans de la paix ne sont pas convoqués et où Eugénie, qui est mécontente de l'idée du congrès, s'introduit. Elle assure que l'honneur du pays exige la guerre. Napoléon se laisse entraîner, puis Ollivier qui, le matin, proposait au souverain de démissionner. Le ministre et son maître ont subi la pression des partisans d'une revanche sur la Prusse et sur l'Empire libéral. Paris est, il est vrai, en mouvement. Jamais de mémoire d'homme, écrit le Constitutionnel, « Paris n'a offert un tel coup d'œil ». La population couvre la chaussée, criant « la guerre, à bas Bismarck, au Rhin » ; il faut détourner les omnibus dans les rues latérales. La renonciation de Léopold n'a pas entièrement satisfait, le refus de recevoir Benedetti fait le reste.

Le 15 au matin, un nouveau Conseil se tient à Saint-Cloud. L'Impératrice y assite comme la veille. La guerre est confirmée à l'unanimité, le motif étant l'insulte publique qui a terminé la négociation secrète. L'Empereur seul ayant le droit de paix ou de guerre, Napoléon III est donc l'arbitre suprême. En l'occurence, il joue mal son rôle. Il a bien réagi au début, provoquant les négociations qui aboutiront au retrait de la candidature. Ensuite il est influencé par la droite autoritaire et accepte la demande de garanties, se laisse emporter par le mouvement de colère de l'opinion. S'il agit ainsi, c'est parce que ses échecs antérieurs lui ont donné un sentiment d'infériorité. Il ne peut plus rien laisser passer : mieux, il lui faut un grand succès de prestige. Pourtant, c'est un homme pacifique ; il est sans doute l'un de ceux qui mesurent le mieux le mortel danger qu'il faut affronter, mais il n'ose pas contrarier un mouvement qu'il appelle l'opinion. L'après-midi du 15, c'est au Corps législatif la très longue séance, où, par une chaleur terrible, la Chambre va voter les crédits nécessaires. Les députés sont portés par un élan presque général d'enthousiasme. La France a demandé satisfaction, en réponse, elle a été insultée. Thiers, par son obstination à demander la paix, irrite. Il demande communication des dépêches de la négociation ; on ne les montrera pas entièrement parce que le gouvernement cache que ses exigences sont allées croissant. On ne peut même pas lire à Buffet la dépêche de Bismarck aux Cours étrangères puisque Gramont n'en connaît que ce que ses agents de Berne et de Munich lui en ont dit. Il est vrai que les gens perspicaces vont la lire dans les journaux. Gramont, en commission, répond évasivement sur les alliances. Les députés se fient au gouvernement et à l'Empereur, et ces derniers les suivent. C'est au cours de cet interminable débat — la séance sera levée aux premières minutes de la journée du 16 — qu'Ollivier, épuisé, sur les nerfs, dit qu'il accepte la guerre « d'un cœur léger ». Devant les murmures, il corrigera aussitôt cette assertion qui lui collera au corps après le désastre.

Il n'en reste pas moins que de toutes parts une grande légèreté — relevée par Thiers — a présidé à cette affaire. Napoléon et Ollivier se sont laissé entraîner contre leur conviction profonde. Le ministre, pour conserver son pouvoir et l'Empire libéral, a adopté la politique de ses adversaires. Le souverain, après le Mexique et le Luxembourg, a craint par une reculade de s'effondrer dans l'opinion. Plus tard, Napoléon a fait remarquer qu'il pouvait renvoyer les ministres, que les ministres pouvaient démissionner et que le Corps législatif pouvait mettre le cabinet en minorité. Tout cela est juste, mais théorique. Les structures assez ambiguës de l'Empire libéral ne permettaient guère de telles décisions en pleine crise. Tel qu'il était défini depuis quelques mois, le régime ne répondit pas aux exigences de la situation. Ollivier d'ailleurs le sentait bien lorsqu'il voulait toujours mettre sa conduite en parallèle avec celle des ministres de l'Empire autoritaire. Maupas n'avait pas tort lorsqu'il pensait qu'il eût été meilleur de demander la confiance du Corps législatif au début : la négociation aurait été dégagée de complications parasites. Si le ministère avait été mis en minorité, un cabinet nouveau aurait été libre d'hypothèque. En fait, on n'avait pas appliqué le régime parlementaire. Dans ces conditions, « la moindre oscillation de la partie superficielle de l'opinion devenait la seule boussole de ce navire sans pilote ». D'ailleurs, une fois décidée la guerre, le second acte de la campagne s'ouvrit : la chute du cabinet. Au Sénat, Gramont avait lu la déclaration gouvernementale qui fut votée sans discussion. Puis, sans avertir les ministres ni le président du Corps législatif, Rouher se précipita à Saint-Cloud avec les sénateurs. Il y parla d'une revanche préparée pendant quatre ans, ce qui achevait de poser Napoléon en agresseur et conclut : « Que notre auguste souverain redevienne dépositaire du pouvoir impérial ! » Cassagnac parlait du « jour de la justice », et la Liberté se demandait si « le ministère pouvait même survivre à ses fautes ». Le 19 juillet, la déclaration de guerre fut remise à la Prusse qui, faisant figure d'agressé, rassemblait autour d'elle tous les États allemands. Bismarck était résolu à la guerre. Napoléon et ses ministres avaient été légers en la décidant avant de savoir ce qui s'était réellement passé à Ems (où après tout Benedetti n'avait pas été si bien accueilli). Mais le chancelier, plutôt que de subir atteinte au prestige prussien, était résolu à risquer un coup de théâtre. Après son brutal défi, on ne pouvait attendre — au mieux — qu'un raccommodement provisoire, envenimé plus que jamais par les souvenirs du passé. Il est possible que Bismarck, qui avait reculé devant la guerre en 1867 à propos du Luxembourg et qui attendait à juste titre de l'Empire libéral une politique de laisser-faire en Allemagne, ait été impressionné par le succès du plébiscite et par la nomination de Gramont. Il s'était persuadé que l'unité complète de l'Allemagne ne pouvait être réalisée rapidement qu'au prix d'une guerre victorieuse contre la France.

Napoléon III avait rendu à la France une prépondérance sur le continent perdue en 1814. Cette prépondérance, il l'avait exercée de 1856 à 1866. Depuis Sadowa, elle était contestée par la Prusse. La déclaration de guerre était « le grand acte » par lequel l'Empire régénéré par le « Sadowa français » du plébiscite, pensait reconquérir à l'extérieur une primauté perdue.

CINQUIÈME PARTIE

I
Le désastre (juillet-septembre 1870)

Les douze jours qui s'écoulèrent entre le 15 et le 28 juillet, date de son départ pour l'armée, furent tristes pour l'Empereur. Il était mélancolique, assurant que ce serait « long et difficile », disant au général Lepic : « Qui sait si nous nous reverrons ? » et au maréchal Randon qu'il se sentait bien vieux pour faire campagne. La session législative avait été close le 24 juillet. Eugénie prenait la régence tandis que l'Empereur était commandant en chef de l'armée. On reprenait donc la solution adoptée pendant la guerre de 1859. Elle se révéla mauvaise. Eugénie, passionnée, fantasque, trop engagée dans la politique, était impopulaire dans de larges couches de la population. Avec les meilleures intentions, elle risquait d'être inférieure à la situation dès que celle-ci deviendrait périlleuse — ce qui ne s'était pas vraiment produit onze ans plus tôt. Si fatigué fût-il et parfois diminué par la maladie, Napoléon aurait sans doute mieux fait. Il se crut obligé, étant un Napoléon, d'exercer un commandement suprême pour lequel il n'avait pas montré un don éclatant et qu'en tout cas son état de santé aurait dû le dissuader d'assumer. Il est vrai qu'en face, le roi Guillaume, à soixante et onze ans, se trouvait dans la même situation. Mais il laissait le commandement à Moltke. Dans l'armée française, Napoléon III a pu penser jouer un rôle d'arbitre entre les prétentions diverses des généraux. Ce rôle, il n'était plus capable de l'exercer. L'intérêt dynastique

a conduit à des décisions malheureuses. Depuis 1866, Eugénie désirait exercer le pouvoir : elle saisit l'occasion, et Napoléon se laissa persuader que son prestige exigeait qu'il fût à
l'armée. Le même intérêt dynastique suggéra que le prince
impérial, âgé de quatorze ans, parût en uniforme au milieu
des soldats, où il ne pouvait être qu'un embarras supplémentaire. A l'armée, Napoléon continua à s'entourer d'un
équipage fastueux de cuisiniers et de laquais galonnés qui,
en tout état de cause, était déplacé et deviendrait dérisoire en
cas de défaite.

En dépit des cris de « à Berlin », ce n'était pas un pays
moralement uni qui entrait en guerre. Pour stimuler son
tonus, on jouait *la Marseillaise*. Le jeune prince la chantait
avec ses camarades dans les allées de Saint-Cloud. Mais,
comme l'avait dit le ministre Plichon au cours du Conseil
qui s'était décidé pour la guerre, le roi de Prusse pouvait
perdre plusieurs batailles ; pour l'Empereur, la défaite,
c'était la révolution, il était condamné à la victoire. En
France et même en Europe, presque tout le monde croyait à
une victoire française comme à celle de l'Autriche en 1866.
Les républicains la redoutaient même, car elle renforcerait
le régime. Au moment du péril, on mesurait la différence
entre l'Empire et une vieille dynastie liée séculairement à la
nation. Paris surtout était bien peu sûr. Le ministère Ollivier, loin d'être renforcé par la guerre, était provisoirement
sauvé par la fin de la session. En fait, l'autorité à l'intérieur
aurait eu grand besoin de la présence du souverain. Il semble qu'il y eut, vers le 10 juillet, des offres de concours de
Thiers : Napoléon eut peut-être une vélléité de le placer au
ministère de la Guerre en remplacement de Lebœuf — qui
l'accompagnait comme major général —, mais rien de tout
cela n'arriva à la surface. Le régime affrontait en état de
moindre résistance le plus grand danger qu'il eût rencontré.
Quel contraste entre le départ pour l'Italie en mai 1859, la
tempête d'enthousiasme populaire autour du souverain et le
départ de la petite gare de Saint-Cloud le 28 juillet ! Pour
s'épargner des fatigues, le souverain a évité Paris. Peut-être
craint-il aussi d'affronter sa capitale, où il a réalisé une
œuvre si considérable et qui lui est ennemie ?

Entrant en guerre, la France se retrouve sans alliés. Napoléon espérait, la question de l'unité n'étant pas en jeu, la neutralité des États allemands du Sud. Mais ces derniers, conformément au traité, marchent derrière la Prusse avec l'Allemagne du Nord. L'Angleterre, sans allié continental, ne peut rien d'efficace et se soucie seulement du respect par les belligérants de la neutralité de la Belgique. Bismarck, à cette occasion, communique au cabinet de Londres un brouillon de traité par lequel Napoléon prenait la Belgique, laissant les États du Sud de l'Allemagne à la Prusse, puis il fait publier la pièce dans le *Times* du 25 juin. Les gouvernants anglais, depuis le début du siècle, redoutent de voir la France s'installer sur le Rhin, mais n'y croient guère. De son côté, le tsar désire que le conflit soit localisé. Il n'a pas lieu de redouter une victoire française (à laquelle il croit) si elle n'a pas de conséquences pour la Pologne ; une victoire allemande ne le gênerait pas davantage. Il ne s'alarme que lorsqu'il est question de débarquer une armée française au Danemark — mais le projet, rendu possible par la supériorité navale française, n'aboutit pas. Ce qui préoccupe le gouvernement russe, c'est l'attitude de l'Autriche : il redoute de la voir entraînée dans la guerre par Napoléon et se montre amical envers François-Joseph auquel il garantit ses frontières. Les dirigeants de Vienne, quant à eux, en dépit de l'entente qui régnait entre Napoléon et François-Joseph, n'auront pas la moindre envie d'entrer en guerre aux côtés de la France, ce qui décevra beaucoup Napoléon : ils déclarent la neutralité de l'Autriche et préparent sans hâte quelques armements. Contre l'avis de l'archiduc Albert qui estime qu'il faut être prêt au moment de la bataille décisive qu'il situe début de septembre aux frontières de la Saxe, Beust pense que la guerre sera longue et qu'il a le temps. Ce que veulent les Autrichiens, c'est voir venir et être prêts à s'associer à une éventuelle victoire des Français. Victor-Emmanuel, lui, serait désireux d'intervenir, mais ses ministres ne le sont pas. Il ne bougera qu'avec les Autrichiens, et demande toujours, comme cadeau d'entrée dans l'alliance, l'évacuation de Rome. Ollivier et Gramont seront d'accord avec la régente pour estimer que la « France ne peut défen-

dre son honneur sur le Rhin et le sacrifier sur le Tibre ».
Pourtant, le 19 août, Napoléon, qui envoie son cousin en
Italie, évacue le territoire pontifical, ce qui permettra l'occupation de Rome par les Italiens le 20 septembre. Tout cela
demeure sans conséquence, car les premières défaites françaises ont tout changé. La France sera seule face à l'Allemagne et cet isolement, qui ne fait pas honneur à la clairvoyance des gouvernements, illustre aussi le résultat négatif
de la diplomatie du Second Empire.

Quoi qu'en pense l'opinion, les perspectives militaires ne
sont pas meilleures. Le grand point, c'est d'abord la disparité des effectifs. Les Français arriveront vers la fin d'août à
aligner quelque 300 000 hommes. Au début du mois, ils n'en
ont guère que 250 000. Les Allemands en ont 450 000 sous
les armes, plus leur *Landwehr*. Leurs réserves sont plus
disponibles que les nôtres, leur artillerie est supérieure, leur
organisation du ravitaillement l'emporte également sur celle
des Français. Ces derniers ont vécu sur l'idée que la valeur
individuelle de leurs soldats était incomparablement supérieure à celle des combattants allemands. Ils vont s'apercevoir de leur erreur : le nombre a retrouvé sa prépondérance.
Enfin, le commandement français se révélera inférieur. Les
généraux ont tendance à s'immobiliser sur de bonnes positions défensives et ne se soutiennent pas mutuellement en
« marchant au canon ». Les Allemands, plus mobiles, savent
mieux regrouper leurs forces et agir par masses.

Le 12 juillet, Napoléon se targue « d'avoir dix jours
d'avance sur la Prusse ». Cette avance est perdue lorsque,
épuisé de fatigue, il arrive le 28 juillet au soir, à la préfecture
de Metz. La formation, puis la concentration des troupes, se
sont réalisées dans un grand désordre. Il faudrait (les Allemands s'y attendent) déboucher sur le territoire germanique
entre Rhin et Moselle. Au contraire, attendant qu'une
alliance se déclare, les sept corps d'armée français s'alignent
en équerre le long de la frontière, laissant l'initiative à
l'ennemi. Il est évident qu'aucune stratégie n'a été conçue
du côté français, et de cette carence, l'Empereur, commandant suprême, est coupable.

Le 2 août, une petite opération est tentée contre Sarrebruck, peu défendu. Elle réussit, mais n'est pas exploitée. Napoléon ne peut plus demeurer longtemps à cheval ; souffrant le martyre, il descend de sa monture et s'appuie à un arbre devant son entourage consterné. Le jeune prince a fait bonne contenance ; inutile de dire qu'il n'était pas en première ligne. La dépêche de Napoléon à Eugénie raconte que son fils a ramassé une balle qui tombait à ses pieds. Ollivier, par courtisanerie, fait publier le message, et les Parisiens parlent de « l'enfant de la balle » ! La vraie guerre commence, le 4 août, à Wissembourg, quand une division française est surprise et vaincue ; puis, le 6, c'est la double bataille de la frontière. A Frœschwiller, Mac-Mahon, débordé par des forces supérieures, perd l'Alsace. Son voisin et subordonné Failly ne l'a pas secouru et se trouve entraîné dans une retraite qui prend des allures de déroute jusqu'au camp de Châlons. A Forbach, Frossard ne reçoit pas d'aide de son voisin Bazaine et finalement subit une sévère défaite. Les conséquences de ce premier choc sont presque décisives. Napoléon, malade et inerte, ne songe plus qu'à rallier Châlons pour couvrir Paris, Lebœuf, devant la montée des critiques, veut démissionner. Le prince Napoléon, les généraux Lebrun et Castelnau font avertir Eugénie de la nécessité du retour de l'Empereur dans la capitale après avoir remis le commandement à Bazaine. La cote de ce dernier est au plus haut. L'opposition l'a célébré parce que les souverains l'ont tenu à l'écart après son retour du Mexique — on loue « notre glorieux Bazaine ». Et puis, Mac-Mahon une fois battu, qui d'autre choisir ? Canrobert, beau soldat, a montré en Crimée son inaptitude à commander en chef.

L'heure de Bazaine a donc sonné, sans qu'il l'ait peut-être beaucoup désiré. Très brave, l'homme manque de caractère. Sentant sans doute que sa fortune passe sa capacité, il a tendance à s'enfermer dans des détails ou dans des combinaisons tortueuses. Militairement, il n'est pas préparé à commander en chef dans une guerre moderne. Mais la régente télégraphie à Napoléon : « Avez-vous réfléchi à toutes les conséquences qu'amènerait votre rentrée à Paris sous le coup de deux revers ? Pour moi, je n'ose prendre la

responsabilité d'un conseil. Si vous vous y décidez, il faudrait au moins que la mesure fût présentée au pays comme
provisoire ; l'Empereur revenant à Paris réorganiser la
deuxième armée et confiant provisoirement le commandement en chef de l'armée du Rhin à Bazaine. » Déjà surgis-
sent les difficultés mises par le gouvernement au retour de
Napoléon à Paris. Au cours de la journée du 6, le bruit d'une
grande victoire de Mac-Mahon a couru dans la capitale en
liesse, mais dans la nuit arrive à Saint-Cloud la dépêche qui
annonce la double défaite. Eugénie quitte sa résidence d'été,
accompagnée de Metternich, sans faire appel à son service
d'honneur. Un Conseil des ministres se tient. Les membres
du Conseil privé et les présidents des deux Chambres s'y
joignent, ainsi que le général Trochu. Ce dernier va devenir
l'un des protagonistes de cette histoire : fort intelligent,
d'une intelligence plus critique que constructive, titulaire
de beaux états de services ; Napoléon avait voulu le nommer
maréchal, mais son esprit critique lui avait inspiré des soupçons, et le général se trouvait sans commandement en 1870.
On avait parlé de lui pour l'expédition au Danemark qui
n'eut pas lieu. Les malheurs le replaçaient au premier plan.
Le Conseil convoqua les Chambres pour le 9 août. La
régente estimait leurs concours nécessaire dans la conjoncture et devant la réaction escomptée de la capitale. Ollivier
aurait souhaité arrêter tous les chefs de l'opposition et les
faire embarquer sur un navire de guerre. Il souhaitait auparavant le retour de Napoléon pour lui servir de caution.
Eugénie refusa au nom de l'honneur de la dynastie. Ollivier
répliqua : « L'Empereur est un obstacle à la victoire. Il ne
peut pas commander et il empêche qu'un autre ne commande. » La régente se résigna, mais au Conseil, Persigny,
Rouher et Baroche, vieux du régime, insistèrent pour que le
souverain restât à l'armée et partageât sa victoire finale.
D'ailleurs Jérôme David et Duvernois demandaient à
Eugénie le renvoi du ministère. Le 9 août, devant le Corps
législatif, le cabinet Ollivier, rendu responsable du désastre,
fut balayé. Pour prendre sa place, un ministère s'improvisa :
Cousin-Montauban, le général de l'expédition de Chine
(aussi le désignait-on souvent de son titre de comte de

Palikao) inspirait confiance aux bonapartistes par son audace, en dépit de ses soixante-treize ans. On lui confia la Guerre et la direction du gouvernement. Jérôme David et Duvernois étaient là pour attester qu'il s'agissait bien d'un ministère de l'Empire autoritaire retrouvé. Eugénie supplia le préfet de la Seine, Chevreau, et Magne, qui entrèrent dans la combinaison sans entrain. La régente venait de constituer un gouvernement sans l'Empereur, ce dont elle n'avait pas le droit. Il s'agissait d'une véritable usurpation. Eugénie s'était saisie du pouvoir, pensant sauver la couronne de son fils.

Dans l'Est, l'armée s'est concentrée autour de Metz. La régente, maintenant, demande la nomination de Bazaine comme commandant en chef. Le 12 août, Napoléon dit à Lebœuf : « Nous sommes destitués tous les deux », et remet le commandement au maréchal ; vers lui se tournent tous les espoirs du pays. Napoléon, privé du pouvoir civil et du pouvoir militaire, n'est plus qu'un roi fainéant. Son règne est terminé. Pourtant, il gêne tout le monde, avec l'étiquette et le luxe qui, entourant ce malade vaincu, prennent un aspect dérisoire. Probablement ne sachant que faire, il ne quitte Metz que le 14 août, laissant à Bazaine la consigne de rejoindre le camp de Châlons avec son armée. Napoléon III voyage en landau, avec son fils, entouré de la troupe de parade des Cent-Gardes. A l'aube du 16, il est encore dans la région de Metz où Bazaine vient le saluer. Depuis le 6, une dizaine de jours ont été perdus, mais pas pour Moltke dont l'armée, d'un côté, fixe les Français à l'est de Metz et, à l'ouest, tâche de les enfermer dans la zone fortifiée de la ville. Napoléon part peu avant le début d'une bataille dont il aura l'écho. En une bataille de trois jours, du 16 au 18 août, Bazaine se laisse encercler dans Metz, n'ayant pas exécuté l'ordre impérial de rejoindre Verdun. L'Empereur, lui, y arrive. Pour rejoindre Châlons, il doit se contenter de wagons de troisième classe sur le bois desquels on jette des coussins. Il est, le 16 au soir, à Mourmelon où, de son côté, le général Trochu vient d'arriver.

Le 17, l'Empereur tient un Conseil avec le prince Napoléon, Mac-Mahon, les généraux Trochu, Schmitz et Bertaut. Le prince mène le débat devant le souverain et Mac-Mahon, silencieux. L'Empereur, dit-il, ne commande pas, mais il empêche de commander. Schmitz ajoute qu'il ne commande plus et n'est plus sur son trône. « C'est vrai, dit Napoléon, j'ai l'air d'avoir abdiqué. » Le prince demande alors que Trochu, populaire, soit nommé gouverneur de Paris où rentrera Napoléon, puis expose son plan : l'Empereur demandera la dictature au Corps législatif ; si on la lui refuse, il abdiquera en faveur de son fils et le pouvoir sera exercé... sans doute par le prince Napoléon. En tout cas, on décide la nomination de Trochu qui part pour Paris où Napoléon doit le suivre. Mac-Mahon, avec l'armée de Châlons, couvrira la capitale que ses fortifications mettent à l'abri d'un coup de main. Pourtant, l'Empereur s'attarde à Mourmelon, attendant des nouvelles de la bataille conduite par Bazaine. Le malheureux souverain dit à son cousin : « Je ne puis rentrer à Paris. L'Impératrice m'a répondu que ma situation ne serait pas tenable. [...] La vérité est qu'on me chasse. On ne veut pas de moi à l'armée, on n'en veut pas à Paris. » Déchéance ! L'infortuné reste avec Mac-Mahon parce qu'il se trouve là et que, moins tortueux que Bazaine, il accepte sa présence. Victor Hugo a oublié ce châtiment-là... Le soir arrivent les réponses de Paris. Eugénie écrit : « Ne pensez pas à revenir si vous ne voulez déchaîner une épouvantable révolution. [...] On dirait ici que vous quittez l'armée parce que vous fuyez le danger ». Et Palikao : « L'Impératrice me communique la lettre par laquelle l'Empereur annonce qu'il veut ramener l'armée de Châlons sur Paris. Je supplie l'Empereur de renoncer à cette idée qui paraîtrait l'abandon de l'armée de Metz. [...] Ne peut-on pas faire une puissante diversion sur les corps prussiens, déjà épuisés par plusieurs combats ? L'Impératrice partage mon opinion. » Le lendemain 18, Napoléon de répondre : « Je me rends à votre opinion. »

Trochu, arrivé à Paris, reste seul, mal reçu par la régente et par Cousin-Montauban qui ne l'ont pas choisi ; il demeure gouverneur de Paris sans pouvoirs bien définis, populaire et suspect au gouvernement. Palikao a conçu un plan audacieux : lancer Mac-Mahon au secours de Bazaine, débloquer Metz et rendre ainsi leur liberté de mouvement aux armées. Cette stratégie suppose chez Bazaine une activité (qu'il ne montrera pas) pour attirer sur soi le maximum de forces ennemis, et chez Mac-Mahon une audace manœuvrière sans doute impossible avec l'armée hétéroclite et démoralisée dont il dispose. Couvrir Paris en attendant une négociation serait plus sûr. La régente et son ministre s'obstinent à tenter un rétablissement total désormais bien chanceux. Si malade et diminué qu'il soit, Napoléon III mesure, tout comme Mac-Mahon, l'imprudence du gouvernement. Il se laisse pourtant imposer une manœuvre dont il a senti tous les dangers : lucide mais passif, il se laisse conduire à l'abîme. Le retour sur Paris ne pouvait avoir de pires conséquences. Sera-t-il possible de faire accepter une paix négociée sans provoquer la chute du régime ? Au moins Napoléon se débarrasse-t-il de son cousin en l'envoyant en Italie, où il est trop tard pour obtenir quelque chose.

La situation de Mac-Mahon à Châlons devient précaire. Les Prussiens avançant vers l'ouest, il lui faut prendre une décision. Comprenant que Bazaine, dont il est toujours sans nouvelles, est bloqué, il quitte, le 21 août, le camp de Châlons pour Reims, d'où il peut encore prendre l'une ou l'autre voie. Il hésite encore en effet à secourir Bazaine en découvrant Paris. C'est alors qu'arrive Rouher. Depuis la chute d'Ollivier, il a repris son influence (qu'il n'a à vrai dire jamais perdue) et vient pousser le maréchal à secourir Metz. C'est lui que Mac-Mahon et Napoléon convertissent à l'idée du retour sur Paris. Napoléon signe un décret nommant Mac-Mahon « général en chef de toutes les forces militaires composant l'armée de Châlons et de toutes celles qui sont réunies sous les murs de Paris ou dans la capitale » : Rouher sert de secrétaire à l'Empereur pour une lettre à Mac-Mahon destinée à la publication : « Pour moi, qu'aucune préoccupation politique ne domine, autre que celle du salut de la patrie, je veux être votre premier soldat, combattre et vaincre ou mourir à côté de vous au milieu de mes soldats. » Deux projets successifs de proclamations du maréchal sont préparés. Il y est dit que secourir Bazaine était « impossible » : « Je vais vous conduire sous les murs de Paris qui forment le boulevard de la France contre l'ennemi. » Le 22, Rouher est mal accueilli au Conseil des ministres. Palikao et la régente persistent dans leur projet. Mac-Mahon reçoit un message de Bazaine annonçant qu'il se portera vers Montmédy, sans mentionner qu'il est bloqué. Un deuxième message, moins affirmatif, ne parviendra pas à destination. Le maréchal décide de se porter vers Montmédy ; Napoléon le suit passivement. Il s'efforce de faire les étapes à cheval, harcelé par la douleur que son médecin endort à force d'opium. Il parle peu et se retire après dîner. Les Allemands ayant appris le mouvement de Mac-Mahon, l'armée qui marchait vers Paris oblique vers le nord pendant qu'une autre, détachée des troupes bloquant Metz, va vers l'ouest à la rencontre des Français.

Les deux armées allemandes contraindront Mac-Mahon à retraiter vers l'ouest ou elles le cerneront. Le 27 août, il est en Argonne, au Chêne Populeux. Informé des mouvements ennemis, il veut abandonner l'avance vers Metz et se dérober vers Mézières pendant qu'il le peut encore. Palikao lui répond : « Si vous abandonnez Bazaine, la révolution est dans Paris et vous serez attaqué vous-même par toutes les forces de l'ennemi. » Et encore : « Au nom du Conseil des ministres et du Conseil privé, je vous demande de porter secours à Bazaine en profitant des trente heures d'avance que vous avez sur le prince royal de Prusse. » Trop discipliné, désespéré peut-être, le maréchal avance désormais vers un désastre. Napoléon le comprend sans réagir, se bornant à donner son avis au commandant en chef. Il est d'ailleurs désormais mal vu des troupes qui n'ont plus de respect pour lui. Tout ce qu'il peut faire, c'est éloigner vers Mézières et Avesnes son fils qui s'est trouvé mêlé à une guerre tout autre que celle qu'on attendait. La marche de Mac-Mahon a été beaucoup trop lente pour la manœuvre risquée qu'on lui impose. Le 30 août, un de ses corps, qui d'ailleurs se gardait mal, est surpris et battu à Beaumont. Son chef, Failly, en est discrédité, et Paris le remplace par un général arrivé d'Algérie, Wimpffen. L'armée de Mac-Mahon est déjà rejointe et battue. Pour reconstituer ses forces, il décide de s'arrêter autour de la vieille place forte de

Sedan. Napoléon pourrait encore quitter l'armée comme l'a fait son fils. Arrivé à Sedan par le train, il refuse de continuer sur Mézières, car il veut rester avec ses soldats. Le maréchal croit pouvoir réorganiser ses troupes, puis se retirer sur Mézières vers l'ouest. En réalité, il est affronté vers l'est à une armée allemande ; une autre le poursuit et va lui barrer la route de l'ouest, le menaçant d'encerclement. Sedan, au fond d'un creux, est dominé par des hauteurs où l'ennemi arrive dès le 31 août et qu'il va achever d'occuper le 1er septembre. Mac-Mahon a perdu la journée et la nuit du 31 août.

Le lendemain, à 5 heures du matin, il reconnaît les positions lorsqu'il est grièvement blessé par un éclat d'obus. Sans consulter Napoléon, il remet le commandement à Ducrot, son meilleur lieutenant. Ducrot veut chercher le salut dans une rapide retraite vers Mézières. Il a donné ses premiers ordres lorsque Wimpffen exhibe une lettre de service par laquelle le gouvernement de Paris lui confie le commandement en cas d'indisponibilité du maréchal. Wimpffen, lui, croit à la possibilité d'un succès. A Napoléon III qui erre sur le champ de bataille suivi d'une petite escorte, il assure qu'il va rejeter les Prussiens sur la Meuse. Il n'en sera rien. De glorieux épisodes signalent toutefois la résistance française : ainsi la défense de Bazeilles par l'infanterie de marine, et aussi les charges héroïques de la cavalerie de Margueritte et Galliffet qui tentent d'arrêter les forces ennemies finissant d'encercler Sedan. Mais tous les combattants ne sont pas de cette valeur. Nombreux sont les fuyards qui cherchent abri dans Sedan qui devient le réceptacle de la débâcle. Vers 2 heures après-midi, il devient évident que la bataille est perdue. De 8 heures à midi, l'Empereur parcourt un peu au hasard le théâtre du combat. Souffrant sans relâche, il va d'un endroit à l'autre, le plus souvent au pas de son cheval, sous les obus. Un officier de son escorte est tué, deux autres sont blessés. Napoléon III a décrit ses sentiments à ce moment-là : « Témoin impuissant d'une lutte désespérée, convaincu que, dans cette fatale journée, sa vie comme sa mort était inutile au salut commun, il s'avançait sur le champ de bataille avec cette froide résignation qui

affronte le danger, sans faiblesse mais aussi sans enthousiasme. » Ce texte de l'exil le montre sans espoir, cherchant
la mort comme issue de l'impasse où il est enfermé. Impassible, il affronte le feu qu'il subit sans doute pour la première
fois. A la fin de la matinée, il regagne la sous-préfecture de
Sedan où le bombardement a commencé. Épuisé, il ne peut
plus se tenir à cheval.

Vers une heure, écœuré par l'inutile boucherie qui commence, le souverain sort de sa passivité pour prendre une
grave détermination : il ordonne de hisser le drapeau blanc
sur la citadelle ; mais celui-ci ne sera pas aperçu, et l'état-
major le fera abattre. La troupe bat en retraite ; Sedan est
plein de fuyards criant à la trahison. Les généraux se querel-
lent. Wimpffen veut se démettre de son commandement
après l'échec d'une ultime tentative. Napoléon n'a plus
qu'une idée : faire cesser le feu, rencontrer le roi Guillaume
dont il espère des conditions généreuses de reddition. Après
4 heures, le roi de Prusse fait cesser le feu et envoie deux
officiers pour sommer la place de se rendre. Ils sont mis en
présence de l'Empereur qui leur adjoint le général Reille,
porteur d'une lettre impériale : « Monsieur mon frère,
n'ayant pu mourir à la tête de mes troupes, il ne me reste
qu'à remettre mon épée entre les mains de Votre Majesté. »
Reille est conduit devant Guillaume, stupéfait d'apprendre
la présence de Napoléon III à Sedan. Moltke, le soir même,
dicte ses conditions à Wimpffen que Castelnau accompagne
comme délégué de l'Empereur. Ce dernier espérait que
l'armée serait autorisée à passer en Belgique : elle sera prisonnière de guerre comme son souverain. La joie des Allemands vient aussi de ce qu'ils espéraient le début de pourparlers de paix avec l'Empereur. Mais celui-ci persiste dans
l'attitude qu'il a adoptée depuis son arrivée au camp de
Châlons ; il n'est plus qu'un soldat parmi d'autres soldats.
Une éventuelle négociation de paix revient à l'Impératrice
régente et à son gouvernement. La logique eût été, en dehors
de sa mort au feu, une abdication plutôt qu'une souveraineté
mise en sommeil.

Car Napoléon continue à revendiquer les prérogatives de
sa position personnelle. Comme il a imposé la capitulation, il

pense arracher des concessions au roi. Le 2 septembre, à 6 heures du matin, en petite tenue de général, accompagné de quatre généraux de son état-major, il part en calèche dans l'espoir de rencontrer Guillaume. En fait, il rencontre d'abord Bismarck. Pour causer, les deux hommes s'abritent dans la pauvre maison d'un tisseur. Le chancelier voudrait entamer des négociations de paix, l'Empereur ne songe qu'aux clauses de la capitulation. Après avoir tout sacrifié à l'intérêt dynastique, était-il habile d'éluder ces propositions de paix ? La passivité avec laquelle Napoléon s'abandonnait à son destin semble avoir repris le dessus. Le pays d'ailleurs aurait-il accepté un Empire vaincu, contraint de signer une paix désastreuse ? Malgré le dévouement de l'armée — qui avait subi de rudes atteintes —, la réponse reste incertaine. Le régime avait vécu de prestige, il ne pouvait guère survivre à une catastrophe. Une rapide entrevue avec Moltke acheva de détruire les illusions quant aux conditions d'une capitulation. Dans le petit potager du tisseur, Napoléon, fumant cigarette sur cigarette, attendit l'arrivée d'une escorte de cavaliers allemands. Le prisonnier fut conduit au château de Bellevue. C'est seulement vers 2 heures, la capitulation une fois signée, que le roi vient faire à l'Empereur (qui avait revêtu la grande tenue, ses fourgons étant arrivés au château) une visite de vingt-cinq minutes. Guillaume se montra courtois, vaguement compatissant. Napoléon assura qu'il n'avait pas voulu la guerre, que l'opinion l'avait contraint. Le roi ajouta que l'opinion avait été forcée par le ministère. Il avait évidemment une piètre idée de l'Empire libéral. L'Empereur fut averti du séjour qui lui était assigné : le château de Wilhelmshöhe, près de Cassel en Westphalie ; il choisit de s'y rendre par la Belgique (peut-être pour ne pas rencontrer les colonnes de ses soldats captifs) et désigna les officiers et les serviteurs qui partageaient son sort. Il avait envoyé à l'Impératrice le télégramme contenant la nouvelle officielle du désastre : « L'armée est défaite et captive, moi-même je suis prisonnier. » Il entra en Belgique, où quelques officiers prussiens et belges l'accompagnèrent, et coucha à Bouillon.

Il écrivit à Eugénie. Déjà la veille, de Bellevue, après la

visite du roi, Napoléon avait adressé une première missive à
Eugénie : « Il m'est impossible de te dire ce que j'ai souffert
et ce que je souffre. [...] J'aurais préféré la mort à être témoin
d'une capitulation aussi désastreuse, et cependant, dans les
circonstances présentes, c'était le seul moyen d'éviter une
boucherie de soixante mille personnes... Je pense à toi, à
notre fils, à notre malheureux pays. [...] Que va-t-il se passer
à Paris ? » La lettre de Bouillon reprenait les doléances sur
les opérations et la bataille de Sedan ; elle commençait ainsi :
« Après les malheurs irréparables dont j'ai été le témoin, je
pense aux dangers que tu cours, et je suis bien inquiet des
nouvelles que je recevrai de Paris. » Connaissant le caractère
d'Eugénie, il craignait qu'elle n'admît pas la capitulation.
Sans dîner, il remonta dans sa chambre, et, après avoir fait
allumer du feu et pris du thé, demeura dans une triste
méditation. Le 4 septembre, il gagna la petite gare de
Libramont d'où le reste du voyage devait s'effectuer en
chemin de fer par Liège et Verviers. A un arrêt, son cousin
Pierre Bonaparte vint le saluer. A Verviers, où il passa la
nuit, Napoléon apprit les événements de la journée : la
révolution parisienne, la République, l'Impératrice en fuite.
Le 5 septembre, à la nuit, il atteignit Cassel. Treize personnes l'accompagnaient. Le général de Monts, gouverneur
de Cassel, vit ainsi celui qui allait être pendant six mois son
prisonnier : de petite taille, trapu, gros, lourd, la tête et
l'épaule penchant presque toujours du côté droit. La
démarche était lente, traînante, à petits pas. Les cheveux
étaient blond foncé, cendré, des yeux bleus, le regard las,
l'expression douce : « Toute l'attitude de l'Empereur se
caractérise par une certaine lassitude, dont il ne se départit
que lorsque, dans la conversation, il est question de choses
qui l'intéressent particulièrement. » Le prince impérial,
accompagné des officiers de sa Maison, Duperré et Clary,
avait, de Mézières et d'Avesnes, gagné la Belgique à l'annonce du désastre. A Verviers, son père avait reçu de ses
nouvelles. Avec ses mentors, le jeune homme allait passer en
Angleterre.

Depuis le 2 septembre, des bruits d'une grave défaite
circulaient dans Paris. En dépit du bourrage de crâne de

nombreux journaux et malgré l'espoir tenace, on ne croyait plus guère à la victoire. Beaucoup d'habitants quittaient la capitale. Mérimée, l'ami d'Eugénie, écrivait : « Je pense que l'Empereur veut se faire tuer. Je m'attends dans une semaine à entendre proclamer la République, et dans une quinzaine de jours, à voir les Prussiens. » Depuis la chute d'Ollivier, les ministres de la régente partageaient en fait le pouvoir avec le Corps législatif. La nouvelle de Sedan connue (elle fut officielle au soir du 3 septembre), la perte du régime n'était plus douteuse. Le lendemain 4, le Corps législatif fut envahi et dispersé. Personne ne voulait plus tirer sur des manifestants pour défendre l'Empire. Eugénie, prisonnière des Tuileries, « ce piège à souverains », disait-elle, vivant sur ses nerfs, abattue par la nouvelle de la capitulation, vit arriver le moment où il lui fallut fuir. Avec sa lectrice, Mme Lebreton, elle fut mise hâtivement dans un fiacre par les ambassadeurs d'Autriche et d'Italie devant la colonnade du Louvre. Ayant erré de maison en maison, où personne ne lui offrit refuge, elle finit par trouver asile chez son dentiste américain, Evans. Cet homme fut le seul à secourir la souveraine abandonnée dans Paris. Il la conduisit à Deauville et obtint de l'embarquer sur le yacht d'un officier anglais, Sir John Burgoyne. De nuit, par une mer démontée, les fugitifs atteignirent la côte anglaise, où ils abordèrent le 8 septembre. Le lendemain, Eugénie retrouva son fils. Un long exil anglais commençait. Le prince Napoléon, revenu d'Italie où il n'avait rien obtenu, s'installa dans son domaine de Prangins, sur le lac de Genève.

L'Empire avait cru assurer son avenir par une guerre victorieuse qui lui ferait regagner son prestige compromis. C'était jouer le tout pour le tout. Le désastre survenu, il ne trouvait plus de défenseurs. Au 4 septembre, les assaillants avaient la voie libre. L'Empire était somme toute peu enraciné ; Napoléon abattu, le loyalisme envers la dynastie n'existait pas. Régime trop récent et trop contesté ? Peut-être l'époque des fondations d'une dynastie était-elle passée. Ce que tendrait à démontrer l'abandon de l'Impératrice, sauvée par un Américain et un Anglais.

II
La captivité, l'exil et la mort
(septembre 1870-janvier 1873)

Dans les environs de Cassel, le château de Wilhelmshöhe avait servi de résidence aux électeurs de Hesse puis au roi Jérôme Bonaparte pendant un très court règne. Il était entouré d'un beau parc avec un vaste étang. Louis-Napoléon y était passé à cinq ans ; il y retrouva dans un salon un portrait de la reine Hortense devant lequel il médita longtemps. Une centaine de domestiques ou d'ordonnances, quatre-vingts chevaux étaient arrivés par un second convoi. La plupart des chevaux furent vendus et une partie du personnel congédiée. Treize personnes composaient la suite immédiate de l'Empereur : le prince Achille Murat, son parent, les généraux Castelnau, Ney, Reille, Pajol, Waubert de Genlis, des écuyers ou officiers d'ordonnance, parmi lesquels le commandant Hepp qui connaissait parfaitement l'allemand, enfin le secrétaire Pietri et les docteurs Conneau et Corvisart. Napoléon III disposait d'un appartement de six pièces. La reine de Prusse avait envoyé des domestiques et un cuisinier. D'ordre du roi Guillaume, la captivité n'était pas très contraignante ; les prisonniers pouvaient s'habiller en civil, écrire et recevoir des visites, se promener dans un vaste périmètre. La table était largement servie, surtout pour l'Empereur qui avait toujours été sobre. Bref, Napoléon vivait à Wilhemshöhe à peu près comme aux Tuileries. Sauf une brève promenade après déjeuner et un séjour au salon après dîner, il demeurait dans son bureau, lisant et écrivant jusqu'à une heure avancée de la nuit.

Au cours de ces six mois, sa santé s'améliora. Lisant de nombreux journaux français et étrangers, il connaissait le sort de sa famille. Mais il avait besoin d'être rassuré sur les sentiments de l'Impératrice. Passionnée, à bout de nerfs, celle-ci avait d'abord accueilli avec violence la nouvelle de la capitulation, clamant que la mort était préférable au déshonneur. Le ménage était désuni, mais le malheur resserra les liens. « Quand elle connut ce que l'Empereur avait souffert, non seulement elle lui rendit son respect, mais en vraie femme qu'elle était, elle lui rendit son amour, qu'elle lui avait retiré depuis six ans. » Les lettres d'Eugénie, retardées par des incidents de transmission, arrivèrent le 16 septembre : « Des grandeurs passées, il ne reste rien de ce qui nous séparait. Nous sommes unis plus que jamais parce que nos souffrances et nos espérances se confondent sur cette chère petite tête de Louis. Plus l'avenir se rembrunit et plus se fait sentir le besoin de s'appuyer l'un sur l'autre. » Napoléon répondit : « Les expressions tendres de ces lettres m'ont fait grand bien, car j'étais très peiné de ton silence. »

L'Empereur, dès lors, devint moins triste, plus communicatif. Un correspondant allemand du *Times*, Mels-Cohn, se fit son modeste Las Cases. Napoléon lui parlait volontiers, sachant que le journaliste préparait un livre sur sa captivité. Lui-même se retrouvait publiciste, écrivant des brochures sur Sedan, sur les relations franco-allemandes et sur l'organisation militaire de l'Allemagne du Nord. Devant Mels, il regrettait la vieille Allemagne de sa jeunesse. Il revenait sur le 4 Septembre et sur le coup d'État. Du 4 Septembre, sa vue était superficielle ; il attribuait la chute du régime à un complot où le général Trochu avait joué le rôle du traître. Croyant que la nation dans sa masse lui restait fidèle, il déplorait l'événement et se persuadait que, même vaincu, il aurait signé, grâce à l'intervention de l'Europe monarchique, un traité moins désastreux. Il comparait encore l'attitude des Français à celle des sujets du roi de Prusse après Iéna, sans que cela le conduisît à mesurer la différence des temps et des dynasties. Sur le coup d'État, lui, toujours si calme, devenait véhément. Le roi Guillaume n'avait-il pas fait un coup d'État lorsqu'il avait gouverné plusieurs années sans budget voté par le Parlement ? Lui, Napoléon, avait représenté le pouvoir légitime, faisant « un appel loyal à la France, destiné à lui épargner des années de trouble et de malheur ». Puis, parlant de la situation actuelle : « Croyez-moi, pas un an, pas six mois ne s'écouleront après l'inévitable dénouement de la guerre sans que des millions de Français jettent des regards désespérés dans toutes les directions pour voir si un coup d'État ne se prépare pas, qui vienne rendre au pays la tranquillité, l'ordre et la paix. Des choses horribles se passeront en France, on les réprimera, on les punira, mais on n'en détruira pas les racines. Et alors on demandera un coup d'État. » Ces propos montrent qu'il se croyait seul en mesure de dompter « l'anarchie » dans laquelle il voyait la France se dissoudre, et aussi les limites de son libéralisme.

L'Empereur avait décliné l'offre d'Eugénie de venir partager sa captivité et avait écarté de même la visite du prince Napoléon. Ce dernier se remuait beaucoup, et Napoléon lui écrivait le 25 novembre : « Nous n'avons pour le moment rien à faire. La réaction en notre faveur viendra d'elle-même, car l'anarchie qui règne en France ne peut durer. » Une visite de Palikao fut également refusée ; son souverain tenait apparemment rancune à l'auteur de la marche sur Sedan. En revanche, Frossard et Galliffet furent reçus. Il fallut écarter les visiteurs anglais ou américains mus par la seule curiosité. Très vite, les préoccupations politiques réapparurent. Napoléon reçut dès septembre la visite d'un envoyé officieux de Bismarck, nommé Helwitz. Ce personnage aurait été chargé de proposer une paix immédiate contre une cession de territoire. L'armée de Metz aurait ensuite été débloquée. En même temps, l'Indépendant rémois du 11 septembre publiait un article inspiré par Napoléon : « Les gouvernements allemands n'ont pas reconnu jusqu'à présent d'autre gouvernement en France que celui de l'Empereur Napoléon et à leurs yeux le gouvernement impérial est le seul, jusqu'à nouvel ordre, qui soit autorisé à entrer dans des négociations d'un caractère international. [...] Il est impossible de comprendre à quel titre les gouvernements allemands pourraient traiter avec un pouvoir qui, jusqu'à présent, ne représente qu'une partie de la gauche de l'ancien Corps législatif. » L'Empereur reçut Helwitz plusieurs fois en septembre et octobre. Les conditions étaient trop dures. Napoléon rompit et avertit Eugénie de ne rien faire avant la chute de Paris qui pût laisser croire qu'ils plaçaient l'intérêt dynastique avant celui de la nation et surtout de ne pas accepter de conditions défavorables. Mais en même temps, il pensait que l'armée de Bazaine permettrait de rétablir l'ordre et que le chancelier pourrait être sensible à cet argument. En fait, Bismarck cherchait de quel côté il pourrait signer un traité avantageux ayant des chances d'être exécuté.

C'est à ce moment que se présenta la combinaison Régnier. Un aventurier exalté s'était présenté à Hastings à l'hôtel où logeaient Eugénie et son fils. Reçu par Filon, le précepteur du prince, Régnier lui avait exposé un plan ; l'Impératrice, à bord d'un vaisseau de guerre resté fidèle, devait débarquer en France, convoquer les Chambres et signer la paix. La régente refusant de le recevoir, Régnier obtint de Filon que le jeune prince écrivît quelques mots à l'intention de son père sur une carte postale. Muni de cette introduction, il rencontra Bismarck, puis réussit à traverser les lignes allemandes et à pénétrer dans Metz où il rencontra Bazaine le 23 septembre. Il lui proposa d'obtenir un armistice et de défendre la cause de l'Empire. Le maréchal reçut chaleureusement cet inconnu ; tandis que Régnier regagnait Versailles où le chancelier l'attendait, le général Bourbaki, frère de la lectrice d'Eugénie, partait pour l'Angleterre afin de rencontrer l'Impératrice-régente. Cette dernière refusa de discuter d'un traité avec Bazaine. Bourbaki d'ailleurs n'eut pas l'autorisation de rentrer dans Metz ; désespéré, il se mit au service du gouvernement de la Défense nationale. A Metz, le maréchal continua à discuter d'un armistice. Régnier avait reparu à Chislehurst, où résidait maintenant Eugénie, lui expliquant que Bazaine capitulerait avec les honneurs de la guerre. Ravitaillée, son armée occuperait une zone neutralisée où les Chambres seraient convoquées pour ratifier la paix au nom de la régente. Les clauses seraient dures, mais l'Empire serait sauvé. Eugénie, qui l'avait cette fois reçu, lui répondit que les Français ne pardonneraient jamais une cession de territoire, qu'ils penseraient que si la lutte continuait, elle serait victorieuse, que la paix ne serait pas acceptée et pourrait bien aboutir à une guerre civile devant l'ennemi entre armée de Metz et armée de la Défense nationale. Régnier ne réussit pas à voir ensuite l'Empereur. Mais Bazaine négociait avec les Allemands sur la base des propositions de Régnier. Son aide de camp, Boyer, alla de Versailles, quartier général de l'ennemi, voir l'Impératrice puis l'Empereur. Eugénie envoya deux émissaires à Bismarck pour connaître ses conditions de paix, mais elles étaient telles qu'elle arrêta les pourparlers. Le 23 octobre, Bismarck avertit Bazaine que les propositions de la régente étaient inacceptables et qu'il interrompait les négociations. Le 27, le maréchal acceptait à son tour une capitulation désastreuse. Il était compromis par ses tentatives pour rétablir l'Empire et les souverains se trouvaient liés à son sort. Après l'incident Bourbaki, Persigny et le prince Napoléon eurent aussi des pourparlers avec l'ambassade allemande à Londres. La régente aurait signé la paix aux conditions de Bismarck, puis confié la régence à Bazaine qui rétablirait l'ordre... et l'Empire. Eugénie refusa et en sut mauvais gré à ses ennemis Persigny et Plonplon. Ce dernier était d'ailleurs brouillé avec elle.

Après la capitulation de Metz, Eugénie partit incognito pour Cassel, en compagnie de Clary, et y arriva le 30 octobre. Les époux ne s'étaient pas vus depuis le départ de Napoléon III de Saint-Cloud. Devant son entourage, celui-ci reçut la voyageuse avec un calme absolu, « mais quand nous fûmes seuls... », dit-elle ensuite. La tactique restait la même. Eugénie dit au gouverneur de Cassel : « Si le roi de Prusse nous avait rendu l'armée française, nous aurions pu faire une paix honorable et rétablir l'ordre en France ». La duchesse de Hamilton, fille de Stéphanie de Bade, une Beauharnais, venue le 1er novembre, promit de demander au roi Guillaume l'internement de la Garde impériale près de Cassel. Le soir même, Eugénie repartit pour l'Angleterre.

De son côté, l'Empereur fit distribuer aux soldats prisonniers un journal de propagande imprimé à Bruxelles, *le*

Drapeau, et demanda aux maréchaux captifs de le rejoindre. Mac-Mahon déclina l'invitation. Canrobert, Lebœuf et Bazaine arrivèrent à Cassel, affichant leur mésentente. Lebœuf, le ministre de la Guerre de juillet, pris comme bouc émissaire du désastre, repartit bientôt, Canrobert, trop bavard, se répandant en critiques, le suivit. Bazaine resta, plus gênant désormais qu'utile. Le roi de Prusse refusa de regrouper la garde près de l'Empereur. Ce dernier restait en contact avec Bismarck, espérant toujours qu'il serait préféré aux hommes du 4 Septembre pour signer une paix honorable et assurait ses vainqueurs qu'il voulait « rétablir l'ordre, comprimer l'esprit révolutionnaire, faire renaître la prospérité qui seule peut permettre de payer les frais de la guerre et assurer la paix ». Le captif s'intéressa au projet d'élection d'une Assemblée, puis, en décembre, ce projet abandonné, prit espoir à l'idée de réunir les conseils généraux en Assemblée nationale dans une ville du Midi. Bismarck acceptait l'idée. Élus en juin 70, ces conseils devaient être favorables à l'Empire. Mais Gambetta vit le danger et prononça le 25 décembre leur dissolution immédiate.

A Londres et à Bruxelles, les bonapartistes s'agitaient. Napoléon relevait trois courants : l'Empire avec l'Empereur, la régence de l'Impératrice, le prince impérial sans l'Impératrice... et sous la tutelle du prince Napoléon. Ce dernier, en décembre, songeait à une régence du vieux général Changarnier, réconcilié avec l'Empire à soixante-dix-sept ans. Il le voyait prenant la tête d'une armée de 150 000 prisonniers ! Avec l'illusion des exilés, Napoléon marchait à l'appât, songeait à nommer Changarnier lieutenant général de l'Empire sous les ordres de l'Impératrice : il ne manquait que l'adhésion de Changarnier. Il était plus réaliste lorsque, poussée par son entourage, Eugénie rêvait de se rendre à Amiens, entourée du Corps législatif et du Sénat, et d'y traiter au nom de Napoléon III : « Te voilà à Amiens ; la moitié de la France est occupée par les Prussiens, l'autre est entre les mains de démagogues énergiques qui empêcheront que le pays réponde à ton appel. [...] Tu te trouveras dans la dure nécessité de repartir pour l'étranger ou de réclamer l'appui de la Prusse. » Il voyait le danger de se mettre entre les mains de Bismarck : « On prétend que les conditions que le roi de Prusse nous ferait seraient meilleures que celles qu'il imposerait à la République, mais pour que cela fût évident pour tout le monde, il faudrait qu'il eût d'abord formulé ses prétentions vis-à-vis du gouvernement de la Défense nationale, et tant qu'il ne l'aura pas fait de manière ostensible, les républicains diront toujours que leur programme était ni un pouce de notre territoire, ni une pierre de nos forteresses. » Pourtant, en janvier, plusieurs émissaires de Wilhelmshöhe vinrent encore à Versailles : Clary, Clément Duvernois et, en février, l'ex-préfet Farincourt. Traitant, à la fin de janvier, avec Jules Favre de la capitulation de Paris et de l'armistice, Bismarck lui déclarait : « Vous venez trop tard. Nous avons traité avec votre Empereur. » Le chancelier n'en était pas à un mensonge près, pourvu qu'il gardât deux fers au feu. Pourtant, après le 28 janvier et la conclusion de l'armistice, les chances de négocier avec Napoléon devenaient infimes ; Bismarck avait fait affaire avec la République. L'Empereur reconnaissait « qu'il ne pourrait se maintenir huit jours sur le trône après une paix conclue sur ces bases ».

L'attention se reportait sur l'élection de l'Assemblée nationale. Napoléon écrivait à Eugénie : « Je t'avoue que je me laisse aller aux événements sans faire de vœux bien ardents pour qu'ils tournent à notre profit. » Mais Fleury et l'ex-préfet de police Pietri vinrent à Cassel secouer l'apathie de leur maître. Le 3 février, Bismarck avait exigé le retrait du décret frappant d'inéligibilité le personnel impérial. Napoléon pensait que l'Assemblée aurait cet avantage d'endosser des conditions de paix très lourdes et qu'ainsi l'Empire en serait dispensé. Le danger était toutefois qu'élue pour voter la paix, l'Assemblée s'érigeât en Constituante. Néanmoins, il souhaitait que les bonapartistes y eussent quelques orateurs, ne fût-ce que pour protester, quelques anciens députés du Corps législatif. Le 4 février parut à Bruxelles une proclamation de l'Empereur prisonnier : « Toute chance raisonnable de vaincre à disparu. Il est temps de demander compte à ceux qui ont usurpé le pouvoir du sang répandu sans nécessité, des ruines accumulées sans raison, des ressources du pays gaspillées sans contrôle. [...] Quant à moi, meurtri par tant d'injustices et d'amères déceptions, je ne viens pas réclamer les droits que, quatre fois en vingt ans, vous m'avez conférés. [...] Mais mon devoir est de m'adresser à la nation comme son véritable représentant et de lui dire : " Tout ce qui a été fait sans votre participation directe est illégitime. Il n'y a qu'un gouvernement issu de la souveraineté nationale qui, s'élevant au-dessus de l'égoïsme des partis, ait la force de cicatriser vos blessures, de rouvrir vos cœurs à l'espérance... et de ramener au sein du pays le travail, la concorde, la paix." » Ce manifeste, dont l'Empereur attendait beaucoup, eut très peu de retentissement. Aux élections du 8 février, cinq bonapartistes déclarés furent élus. Ce désastre manifestait la colère du pays contre les auteurs de cette guerre perdue. La proclamation contenait pourtant tous les thèmes utilisés par la suite par le parti bonapartiste : l'Empereur « trahi par la fortune », les responsabilités reportées sur les hommes du 4 Septembre, l'exigence de l'appel au peuple. Le 1er mars, l'Assemblée vota la déchéance de l'Empereur. Napoléon protesta dans une lettre au président de l'Assemblée, Jules Grévy : « L'Assemblée, nommée pour la paix, outrepasse ses pouvoirs en subsituant sa volonté à celle de la nation. » Comme les républicains, l'ex-souverain niait le caractère constituant de l'Assemblée nationale. Cette lettre demeura ignorée. Le 3 mars, l'Assemblée vota les préliminaires de paix acceptés par Thiers. Désormais Bismarck n'avait plus d'intérêt à causer avec les émissaires de Wilhelmshöhe. Les bonapartistes avaient fait signer des pétitions par les soldats prisonniers ; le procédé révéla que l'armée était loin d'être unanime. Et les élections avaient montré le sentiment du pays.

Il ne restait plus qu'à s'installer dans l'exil lorsque la captivité aurait pris fin. Napoléon conservait, en mars 1871, l'espoir d'un appel au peuple, ce qui se révéla inexact. Eugénie avait songé à Trieste comme lieu d'exil. L'Empereur avait un instant envisagé une installation à Arenenberg, mais craignit des difficultés de la part des puissances. Finalement, il opta pour l'Angleterre, « dans un petit cottage

avec des *bow-windows* et des plantes grimpantes ». Il avait
expérimenté l'hospitalité britannique dans sa jeunesse. Restait la question financière. En septembre 1870, l'ex-souverain ne disposait que de 260 000 francs. Au cours de sa
captivité, il vendit 600 000 francs un palais qu'il possédait à
Rome. Généreux et même prodigue, il sortait du pouvoir
sans beaucoup d'argent. Lors de son décès, sa fortune sera
estimée à 3 millions de francs, mais sujette à des réclama-
tions qui la réduiraient de moitié. La fortune d'Eugénie était
plus considérable : des maisons à Paris et un domaine dans
les Landes, biens de grande valeur mais grevés d'emprunts
au Crédit foncier et d'une réalisation immédiate difficile. A
l'automne de 1871, elle vendit des propriétés en Espagne, et
surtout, elle négocia avantageusement ses bijoux. A la nouvelle des premières défaites, sa cousine Malakoff et sa
femme de chambre Pepa les avaient portés, enveloppés dans
des journaux, chez la princesse Metternich, et un diplomate
autrichien les avait ensuite déposés à la Banque d'Angleterre. A la veille du 4 Septembre, elle aurait, selon André
Castelot, transféré une douzaine de millions en Espagne.
Les soucis matériels furent certainement réels jusqu'à la
vente des diamants, mais par la suite, les ex-souverains
vécurent dans une large aisance sans avoir jamais l'énorme
fortune dont les gratifiait la propagande adverse.

Le 19 mars 1871, l'ex-Empereur quitta Cassel. Appre-
nant, sur le quai de la gare, les débuts de la Commune, il
murmura : « Deux révolutions devant l'ennemi », ce qui
ancra sa conviction d'une France plongée dans une anarchie
durable. A la frontière belge, sa cousine Mathilde vint l'embrasser mais il opposa son impassibilité coutumière aux
expansions de sa parente. Le train l'emmena à travers la
Belgique. D'Ostende, le yacht du roi des Belges le conduisit
à Douvres où il retrouva sa famille le 20 mars.

Le village de Chislehurst, à une demi-heure de Londres
par train, possédait une petite église catholique. Depuis le
20 septembre 1870, Eugénie et son fils y habitaient la résidence campagnarde de Camden Place, dont le propriétaire,
M. Strode, avait été le fondé de pouvoir de Miss Howard. Et
Louis-Napoléon avait fréquenté la maison lorsqu'il courti-

sait la fille du propriétaire d'alors, Emily Rowles, future marquise Campana. M. Strode louait très bon marché, quelque 5 000 francs. La maison, de style georgien, en brique et pierre, était abritée par de beaux cèdres. L'avenue d'entrée, le jardin, les communs en faisaient un véritable manoir. M. Strode avait meublé richement les trois étages ; on remarquait un beau hall et une longue galerie. Une petite Cour s'était vite reformée autour d'Eugénie. Le grand chambellan des Tuileries, le duc de Bassano, continuait son service, tout comme la demoiselle d'honneur, Marie de Larminat. Le docteur Conneau était arrivé, avec son fils, camarade du jeune prince. Derrière Pepa, plusieurs domestiques étaient venus servir leurs maîtres en exil. Dans les dépendances ou le voisinage vivaient plusieurs familiers réfugiés Outre-Manche : les Clary, les Aguado, Mme de Saulcy, Mme Davillier dont le mari était à Wilhelmshöhe. A Londres ou dans ses environs, le duc et la duchesse de Mouchy, Louis-Lucien Bonaparte, Rouher, Jérôme David empêchaient l'Impératrice de se sentir isolée dans une Angleterre où les sympathies allaient plutôt à l'Allemagne. La reine Victoria avait repris ses relations avec Eugénie. Cette dernière était pleine de rancune envers les hommes du 4 Septembre et disait à la reine : « Quelle paix peut-on faire ? Il n'y a pas de gouvernement. » Ou encore : « S'il n'y avait pas eu la révolution, la paix se serait faite le lendemain parce que nous ne pouvions plus résister. » Le prince Napoléon était venu à Londres en octobre : il s'était heurté sans utilité avec l'Impératrice et était parti furieux. En fait, il désirait voir Eugénie dessaisie de la régence dans l'espoir de l'assumer à son tour. Il en venait à choquer l'Empereur.

L'arrivée de Napoléon III suivi de quelques personnes suffit à remplir la maison. La famille impériale et son entourage comptait une vingtaine de personnes. La domesticité comprenait quelque vingt-cinq serviteurs, français en majorité. Dès le 27 mars, Napoléon fut invité à Windsor par Victoria qui le trouva « très gros et gris ». Elle ne l'avait pas vu depuis 1857, et l'entrevue ne dura qu'une demi-heure. Lorsqu'elle vint en avril à Chislehurst, Napoléon lui dit, parlant des Français : « Je ne vois pas comment ils peuvent

payer. » La pièce était surchauffée, ce qui mit Victoria mal à
l'aise... La vie à Camden Place s'organisa avec un protocole
et un emploi du temps réglé. Les visiteurs étaient reçus à
déjeuner ou l'après-midi. Napoléon parcourait avec eux la
galerie, fumant cigarette sur cigarette. Ou bien il travaillait
dans son petit bureau surchauffé, relisant les papiers laissés
par la reine Hortense. Il avait pour secrétaire La Chapelle.
Après avoir beaucoup voyagé, ce dernier était devenu correspondant de presse pendant la guerre et avait écrit un livre
qui avait plu à l'Empereur. Aussi celui-ci agréa-t-il ses
offres de service. C'est sous le nom de La Chapelle que parut
une brochure sur *Les forces militaires de la France*, où l'Empereur voyait la nation, sous le choc de la défaite, réaliser
cette réforme de l'armée qu'il accusait les partis de l'avoir
empêché de faire en 1867. La pensée qu'il aurait dû procéder par un coup d'autorité le hantait. Il aimait aussi se
consacrer aux rêves qui avaient animé sa vie : il caressait le
projet d'un Conseil international réuni à intervalles réguliers qui assurerait la paix de l'Europe en élaborant un code
de droit international. La vieille idée du Congrès reparais-
sait dans sa vieillesse. Il manifestait aussi son goût de la
technique comme ses préoccupations sociales en mettant au
point un poêle économique, chauffant davantage avec moitié moins de combustible.

Napoléon adorait son fils âgé désormais de quinze ans. Il
le mettait au courant des questions politiques. L'Empereur
ne ressassait pas ses griefs comme le faisait Eugénie. « Pas
une plainte ne lui échappait. Sa dignité calme et tranquille,
une absence complète de toute nervosité et de toute irrita-
tion donnaient un magnifique exemple de courage moral. »
Chaque dimanche, la famille impériale allait à la messe. De
nombreux amis, français et anglais, venaient passer l'après-
midi. Gladstone parut à l'automne de 1871 ; la venue
d'Arese, l'ami d'antan, fit un plaisir particulier à l'exilé.
Celui-ci faisait une promenade quotidienne, appuyé sur le
bras d'Eugénie, le jeune prince à son côté. Sa santé s'étant
améliorée, il put mener une vie assez active pendant l'été
1871. Il fit avec son fils un certain nombre d'excursions,
visitant des casernes, des écoles, des usines et même le *Great*

Eastern. Il passait à ses anciens clubs londoniens. On le voyait sur les quais de gare, à Chislehurst, ou à Charing Cross. A l'automne, Eugénie séjourna en Espagne pendant deux mois ; elle désirait voir sa mère et régler des questions d'intérêt. Napoléon et son fils allèrent en vacances à Torquay dans l'ouest. Ils visitèrent Exeter et Bath, toujours accueillis avec distinction, souvent acclamés. Napoléon mit pourtant fin au séjour, car « la vie d'hôtel était chère », ce qui montre qu'à cette date il devait encore compter. A la rentrée de 1871, le jeune prince entra à King's College. Il allait chaque jour à Londres avec Filon, heureux de se mêler à la vie de la ville. Il avait été un élève très moyen, et la langue dut ajouter à ses difficultés. Il ne se fit guère d'amis dans ce milieu de classes moyennes où il ne devait passer qu'un an.

Pendant l'été de 1872, la santé de Napoléon commença à donner à nouveau des inquiétudes. Un de ses interlocuteurs dans un club londonien — qui le trouva d'ailleurs un « très agréable causeur » — le décrivait « fort malade, la figure grise de cendre et ses yeux ternes signifiant la douleur par laquelle il avait été torturé depuis des années. Sa silhouette était vieille et inclinée ». Voici une note du journal de Filon : « L'état de César empire de jour en jour. Le tremblement des membres nous fait craindre que la paralysie ne couve. Il souffre à nouveau de la vessie comme l'an dernier. [...] Sans doute la France regrette-t-elle son homme, mais lui, vieilli, malade, tout juste encore en possession d'une intelligence jadis vantée, reste inerte et n'écoutera pas la voix qui le réclame. » Il fallut, pour raison de santé, renoncer à une saison à Carlsbad. Après un rapide voyage en Ecosse, Eugénie et le prince impérial retrouvèrent Napoléon et Conneau à Cowes. En septembre, sa santé empira. Il renonça à sortir en voiture, se promena de moins en moins et n'accompagna pas sa famille dans les nombreuses invitations auxquelles ils devaient répondre. A l'automne, le jeune prince entra comme cadet à l'Académie royale militaire de Woolwich où l'on préparait les officiers de l'artillerie et du génie. Les élèves portaient l'uniforme bleu foncé à bandes et revers rouge. Le jeune Louis fut enchanté de cette initiation à la vie militaire, mais avait beaucoup de mal à suivre l'enseignement. Il avait un appartement dans l'école. Filon, avec trois domestiques, le surveillait dans une maison voisine. Et le jeune homme venait à Camden Place pour le week-end, ce qui mettait un peu d'animation dans une maison fort triste, enveloppée par l'hiver dans la pluie et le brouillard. L'Empereur avait renoncé à monter à cheval ou en voiture et même à sortir. Souvent il lui fallait garder le lit.

Cependant la politique conservait ses droits. Napoléon semblait convaincu que son retour n'était qu'une question de temps. Le jeune prince disait qu'il n'achèverait pas son année à Woolwich. En février 1872, l'Empereur écrivait à son cousin : « J'ai préparé un manifeste, mais je ne le lancerai que dans l'occasion. Les choses vont bien et il faut nous garder de compromettre la bonne situation que les événements nous ont faite. » Il y avait des illusions d'exilé dans cette appréciation. Thiers avait fait la paix, écrasé la Commune et réussi des emprunts pour payer l'énorme indemnité de guerre. Mais il était exact que l'avenir demeurait obscur. Rouher, qui restait en liaison étroite avec l'ex-Empereur, s'était fait élire en Corse au début de 1872 et avait regroupé autour de lui une vingtaine de députés qui pouvaient, le cas échéant, jouer à l'Assemblée le rôle de minorité d'appoint. Enfin, tout l'ancien personnel du régime, des anciens maires aux fonctionnaires civils et militaires, existait toujours et agirait en cas de plébiscite ou, comme on disait désormais, d'appel au peuple. En fait, l'alternative semblait être : République ou Empire. Elle se précisa lorsque Thiers, en novembre 1872, opta nettement pour la République conservatrice. L'Empereur certes, était vieux et malade, mais son fils approchait de sa majorité. Comme il était normal, Thiers faisait surveiller Camden Place par sa police, mais les rapports étaient communiqués à Napoléon !

Le prince Napoléon vint voir l'Empereur en novembre et décembre. Il est probable que les deux hommes discutèrent d'un projet que Fleury avait étudié. La complicité de plusieurs chefs militaires, entre autres de Bourbaki, commandant à Lyon, aurait été assurée. L'Empereur et son cousin auraient, de Prangins, propriété du prince, gagné Thonon où les attendaient des dragons. Tout dépendrait de la prise de contact. En cas de succès, les deux Napoléon comptaient sur le « mécanisme de l'île d'Elbe » pour gagner Lyon, puis progresser sur la route de Paris. Il semble que le mouvement ait été prévu pour mars 1873, anniversaire du retour de l'île d'Elbe. A cette date, Napoléon III n'était plus. Jusqu'à quel degré de préparation le projet fut-il poussé, quel stade fut atteint entre le rêve et la réalisation ? On ne peut le préciser.

De toute manière, il était impossible de présenter aux Français un Empereur infirme. L'état du malade empirait visiblement. Un voyage en voiture à Woolwich avec son cousin s'était terminé par plusieurs jours de fièvre et de douleurs. Napoléon se décida à se mettre entre les mains de Sir William Gull, médecin de la reine qui l'avait déjà soigné à plusieurs reprises, et de Sir Henry Thompson, le meilleur spécialiste des maladies de la vessie. Une première opération pour briser et expulser la pierre se déroula le 2 janvier 1873, mais il en fallait plusieurs. Thompson était très inquiet. Une seconde opération eut lieu le 6. La troisième devait être faite le 9 vers midi. Mais, au matin de ce jour-là, Conneau entendit le patient murmurer : « N'est-ce pas, Conneau, que nous n'avons pas été des lâches à Sedan ? » Ce furent les derniers mots cohérents qu'il prononça. Les médecins, alarmés, firent donner les derniers sacrements par le prêtre de Chislehurst. L'Impératrice était près de son lit. Le prince impérial, arrivé de Woolwich, ne trouva pas son père en vie.

Pendant deux jours, l'Empereur fut laissé sur le petit lit où il était mort, veillé par les membres de la maison et deux religieuses. Puis une chapelle ardente fut installée dans le hall et la foule fut admise à défiler. Des milliers de Français avaient fait le voyage. Les funérailles eurent lieu le 15 janvier. Plusieurs milliers de personnes y assistaient, dont 4 000 Français, dignitaires de l'Empire comme gens du peuple. Une délégation ouvrière était placée en évidence. Le prince impérial fut entraîné après la cérémonie pour que cette dernière ne se transformât pas en manifestation politique. C'est en mai 1873 que Louis assista officiellement à un Conseil présidé par la régente. On y décida de joindre à l'Assemblée les voix des députés bonapartistes à celles des monarchistes pour renverser Thiers. Dans l'été 1873, le

prince et sa mère firent un séjour à Arenenberg. La rivalité
entre l'Impératrice et le prince Napoléon s'était manifestée
une fois encore. Par un testament de 1865, Eugénie recevait
la fortune de l'Empereur et le titre de régente, mais le prince
Napoléon revendiqua la direction politique du parti et la
garde du futur Empereur. Napoléon était à peine mort que
les divisions de sa famille s'affichaient violemment après de
touchantes funérailles.

En 1888, l'Impératrice, ayant acheté une propriété à
Farnborough dans le Hampshire, fit construire une église
que devait desservir une communauté de religieux français.
Elle y fit transférer la sépulture de son mari, et celle de son
fils, mort en 1879. En 1920, elle-même y eut son tombeau.
Depuis, ces trois êtres, associés dans une extraordinaire
destinée, reposent dans cette Angleterre où Louis-Napoléon
avait toujours aimé trouver refuge aux moments difficiles de
son aventureuse existence.

Conclusion

L'historiographie du Second Empire traduit l'évolution des opinions et des sentiments à l'égard de Napoléon III. Elle fut souvent dominée par les opposants. A la fin de l'Empire, les deux volumes de Ténot et l'*Histoire* de Taxile Delord, rédacteur au grand journal démocratique *le Siècle*, sont des œuvres d'inspiration républicaine. C'est à la fin du siècle que Pierre de La Gorce, contemporain de la fin du règne, publie son *Histoire du Second Empire*. Avec lui, on sort du journalisme pour entrer dans l'histoire véritable ; le sérieux de l'auteur n'empêche pas que ses opinions ne colorent son travail. L'inspiration en est catholique, libérale et conservatrice ; c'est l'Empire jugé par les « honnêtes gens » de 1870, acceptant le régime sous bénéfice d'inventaire.

Au même moment que La Gorce, Émile Ollivier commence son œuvre importante, *l'Empire libéral*. A la fois Mémoires, apologie, histoire, sa contribution est irremplaçable, mais il n'est pas bonapartiste orthodoxe. Libéral démocrate venu des rangs républicains, converti au régime, Ollivier déteste l'Empire autoritaire qu'il a combattu. Pour lui l'Empire a sa finalité : l'arrivée de l'auteur au pouvoir pour un ministère de sept mois. Ollivier se montre sévère pour le personnel autoritaire — Morny, son bienfaiteur, excepté —, mais aussi pour les républicains devenus ses ennemis, et surtout pour Thiers qui a finalement réussi ce que lui-même avait ambitionné. Napoléon III, toutefois, est présenté avec sympathie et perspicacité. Finalement, cette œuvre considérable, en dépit de ses partis pris, demeure vivante. Documentée par des personnalités du régime impérial, elle est devenue une source. Au tournant du siècle, le tome de l'*Histoire socialiste* de Jaurès rédigé par Albert Thomas ne pouvait méconnaître l'accueil fait par l'Empereur aux premières revendications sociales, son aspect « présocialiste ».

On remarquera le caractère relativement tardif des travaux universitaires sur le Second Empire. C'est après la guerre de 1914 que paraissent les deux tomes de Seignobos dans l'*Histoire de France* dirigée par Lavisse. L'ouvrage est de qualité, mais sa tonalité critique retrouve l'écho des passions républicaines ; l'Empire est surtout considéré comme le régime du coup d'État. Il est visible que l'auteur, fils d'un républicain protestant de 1848, voit l'Empire sans sympathie. Il faudrait encore mentionner la fortune de l'historiographie de Napoléon III en Angleterre. Depuis Blanchard Jerrold — qui a connu l'Empereur à Chislehurst — en passant par Simpson dont les travaux paraissent peu avant 1914 jusqu'à nos contemporains Theodore Zeldin et William Smith, il est certain que l'homme qui fut si longtemps l'hôte admiratif de l'Angleterre et y dort de son dernier sommeil intéresse les historiens d'Outre-Manche. Peut-être les Anglais sont-ils séduits par l'aspect aventureux de la biographie de Napoléon III, si proche et si dépaysante pour eux, si différente de celle de leurs hommes d'État contemporains.

Entre les deux guerres, l'historiographie de l'Empereur connaîtra une nouvelle fortune. La victoire de 1918, avec le retour des provinces annexées en 1871, levait l'hypothèque la plus lourde qui ait pesé sur le régime impérial. Le temps passant, la République n'avait plus à craindre de danger « bonapartiste ». Les deux ouvrages de Jean Maurain, *La politique ecclésiastique du Second Empire* (1930) et son *Baroche* (1936), ouvrirent pour ainsi dire la voie aux travaux universitaires. En même temps, l'apparition dans presque toute l'Europe de régimes dictatoriaux faisait de Napoléon III, pour des auteurs anglais ou américains, un « précurseur », un « proto-fasciste », tous les régimes personnels et autoritaires ayant un fonds commun. Lorsque la IIIe République eut, elle aussi, disparu dans un désastre militaire, précisément à Sedan, la voie était libre pour des recherches réellement indépendantes.

Napoléon III est entré dans l'histoire après la Seconde Guerre mondiale. Les conséquences de sa politique, à l'intérieur ou à l'extérieur, étaient érodées par le temps. L'intérêt nouveau porté à l'histoire économique et sociale, à l'urbanisme, lui était favorable. L'étude de Morizet sur Haussmann, œuvre d'un administrateur républicain, montre comment chez l'auteur, la détestation du régime politique entre en conflit avec l'admiration pour l'efficacité et la grandeur des réalisations. On s'intéresse aussi au souverain saint-simonien : le perspicace essai de Marcel Blanchard date de 1950. Mais déjà une pléiade d'historiens américains (Lynn Case, Pinkney), anglais (Zeldin), italiens (Valsecchi), rejoignent les Français. On rend justice à l'homme en le plaçant dans son temps sans renoncer pour autant à une appréciation critique. Des ouvrages comme ceux de Guériot, d'Octave Aubry, d'André Castelot touchent un public étendu. Comme toute réaction, celle-ci eut ses ultras qui célèbrent volontiers le « génie » de l'Empereur, le placent au-dessus de tous ses contemporains. Les livres récents d'Adrien Dansette (1972) et d'Alain Plessis (1973) donnent avec une sage critique la tonalité actuelle de la recherche sur le deuxième Napoléon.

Et d'abord, que fut l'homme ? A première vue, un prince parmi d'autres, des façons de gentilhomme, de la bravoure, le culte de l'honneur. L'ascendance de Joséphine et d'Hortense est manifeste. Un libertin sans mœurs, mais aussi un caractère plein d'une délicate sensibilité, avec des côtés de romantisme à l'allemande, généreux jusqu'à la prodigalité, bienveillant, parfois timide. Un mondain amoureux d'amusements et de plaisirs, mais possédé aussi du goût d'écrire et d'étudier, passionné par les techniques et les inventions, volontiers séduit par l'utopie sociale ; ici se montre le prince

« éclairé », type fréquent chez les Bonaparte. De formation, un Européen instruit en Allemagne et en Italie, un Français de l'étranger qui en conservera toujours certaines particularités d'élocution, au point qu'on a pu dire qu'il pensait dans une langue et s'exprimait dans une autre.

Ce qui le sort du commun des princes, même des Bonaparte, c'est sa certitude d'être désigné providentiellement pour reprendre le flambeau du premier empereur et pour réaliser ce que son oncle n'a pu achever : César et Auguste. Hortense l'a élevé dans la perspective d'une royauté. Mais il a été le premier converti de l'évangile de Sainte-Hélène, le premier de tout un peuple. Il aurait pu vivre aisément, croyant qui ne risque rien pour sa foi. Il a voulu la vivre, engager son existence, la consacrer. Napoléon veut traduire ses opinions dans la réalité. Il serait intéressant de savoir ce que représentait pour lui la religion : certes, les obligations d'un souverain concordataire « pratiquant », mais surtout d'obscurs dialogues avec la puissance supérieure qui l'assiste dans sa prodigieuse carrière et dont l'Histoire en se déroulant dévoile les desseins. A sa manière, il est l'élu du Seigneur ; c'est cette élection que sanctionne le suffrage universel. Ce sont ces convictions qu'il exprime encore dans la préface de sa *vie de César* : des élus se manifestent pour faire avancer le progrès. La France de la Révolution est l'instrument de sa mission historique. S'appuyant sur elle, lui, Napoléon changera l'Europe et même le monde. D'où son lien avec la nation française, nation élue elle aussi. Ce sentiment d'une élection l'a-t-il suivi tout au long de sa carrière ? A-t-il eu le sentiment qu'ayant réalisé ce qu'il était appelé à faire, l'histoire désormais l'abandonnait ? Après 1866, il se sent trahi par ses forces et par les événements qu'il ne dirige plus. D'où vient la passivité avec laquelle il s'abandonne à son destin en 1870 ? Croit-il toujours en sa mission ? Pourtant, la foi en son avenir reparaît par intermittence, peut-être par habitude. A Chislehurst : « Lorsque je serai revenu », dit-il à Rouher stupéfait. Dès que son cousin ou Fleury le raniment, la vieille ardeur renaît. Le caractère absolu de sa foi en sa destinée implique qu'au besoin, à son service, il use de tous les moyens. L'homme bienveillant et délicat fait alors place à un machiavélien qui n'hésite pas, lorsqu'il le juge nécessaire, à enfreindre ses serments, à rompre la morale. Tout comme le débauché qu'il est dans l'ordinaire de la vie.

Cet homme simple, ennemi de toute affectation, use de procédés. Sa célèbre impassibilité, son regard atone, sont peut-être nés d'une timidité première mais ont été cultivés par le conspirateur puis par le souverain excédé. Et encore son goût de la surprise, du coup de théâtre pour conserver l'initiative : ce sont les moyens de sa légende. Ce qui l'a fait entrer dans l'Histoire, c'est son élection plébiscitaire de décembre 1848. Sans le suffrage universel, sa carrière ne se concevait pas. Les quatre votes plébiscitaires — le premier et le dernier absolument libres — constituent à ses propres yeux la reconnaissance de sa légitimité. Comme son oncle, il règne par la volonté du peuple, par « son chiffre » de suffrages et il interprète le quatrième plébiscite comme le vote légitimant le pouvoir de son fils. Après sa chute, il demande inlassablement un plébiscite, un appel au peuple sur la question du régime. Mais le plébiscite acquis, la délégation de la souveraineté populaire est totale tant qu'un nouveau vote ne vient pas la révoquer. Après 1852, les plébiscites disparaissent ; le dernier est tardif, et, dans une large mesure, inattendu. Napoléon III a vécu dix-huit ans sur l'effet des premiers plébiscites, et surtout du premier : noces du peuple, des masses et du Bonaparte, personnage prédestiné. La nation voulait sortir d'une situation désastreuse ; elle n'avait pas élu Louis-Napoléon par hasard. Entre une royauté morte et une république repoussée, il offrait la solution. La France s'en est remise à lui.

Dans l'exercice de son pouvoir, Napoléon peut-il être considéré comme un précurseur du fascisme contemporain ? Tous les pouvoirs personnels ont un fonds commun : la concentration de l'autorité sur un personnage qui prend pour la masse un caractère quasi sacré, que dénie avec fureur une opposition impuissante. L'Empereur a toujours raison. Son prestige, son charisme empêchent les critiques de se formuler ; sa volonté devient la loi. On retrouve chez Napoléon III la volonté de regrouper derrière lui la nation entière, les assemblées parlementaires servant de refuge aux partis et comme telles étant *a priori* suspectes. L'idéal est un pouvoir à la fois interprète et guide des masses, noyant sous l'avalanche des votes plébiscitaires les divergences des partis. Enfin un État policier, répressif, faisant bon marché des obstacles juridiques. Par son aspect personnel, combinant autorité et démocratie, le Second Empire apparaît bien comme ancêtre des fascismes. Napoléon III n'a jamais envisagé la démocratie autrement que s'incarnant dans un chef. Stade encore primitif de la politisation d'une nation qui éprouve de la difficulté à concilier suffrage universel et régime parlementaire. L'Empire se veut un rassemblement national contre les partis auxquels il ne reconnaît pas d'existence régulière.

Mais — ici on se reportera à la pertinente analyse d'Alain Plessis —, Napoléon est aussi fort différent des dictateurs du XXᵉ siècle. D'abord, il se réclame de la Révolution française et des principes de 1789 que les dictateurs contemporains traitent avec mépris. Ensuite, la notion de parti unique diffère du rassemblement national rêvé par Louis-Napoléon. Il n'existe pas de parti bonapartiste sous l'Empire, il y a des hommes qui ont prêté serment à la constitution et à l'Empereur. Ces personnalités appartiennent rarement à la bande originelle, aux compagnons montés derrière leur maître à l'assaut du pouvoir. Venus souvent des groupes orléanistes ou légitimistes, parfois même républicains, ils ne partagent pas la foi bonapartiste. Pour eux, l'Empereur, à son tour, n'est qu'un moyen. La répression policière est sans merci aux époques de crise, au début et en 1858. En temps « normal », l'historien américain Payne a montré que la police a suivi la routine du passé. Le Second Empire, en moyenne, est resté loin derrière les régimes totalitaires d'aujourd'hui. La surveillance de la presse n'a pas empêché l'Empire d'être l'une des plus brillantes époques du journalisme français — surtout, il est vrai, après 1860. Enfin, le plus souvent, un dictateur durcit son régime avec le temps ; l'Empire, au contraire, a concédé des réformes en 1860 et 1867 avant de devenir en 1870 franchement libéral, autant que le régime de Louis-Philippe, mais avec le suffrage universel. Napoléon l'a fait pressé par la nécessité de s'adapter à une vie politique renaissante, mais enfin il l'a fait.

Alors Napoléon III libéral ? Certains auteurs n'hésitent pas à franchir le pas. Encore faut-il s'expliquer. L'Empereur a vécu à une époque portée par les valeurs du libéralisme. Ayant passé sa jeunesse en Suisse, il a longtemps vécu en Angleterre et n'a jamais caché son admiration pour les institutions anglaises. Enfin, il a trouvé dans la littérature de Sainte-Hélène l'affirmation que l'Acte additionnel de 1815 représentait l'aboutissement de la pensée napoléonienne : un régime constitutionnel et libéral. Lui-même est resté depuis sa jeunesse un libéral de la Restauration, prince de gauche parce que le peuple et sa famille ont été vaincus ensemble à Waterloo. Il ne conçoit pas un gouvernement sans constitution, chambres et élections. Mais les circonstances l'ont opposé à la Monarchie de Juillet, à son parlementarisme censitaire et bourgeois ; Louis-Napoléon en a appelé à la démocratie du suffrage universel et pris figure de démocrate plébiscitaire. Toutefois, il n'a jamais renoncé à rallier les classes élevées et n'a pas voulu les accabler. Ainsi, l'impôt sur le revenu n'a pas été établi, et le ralliement de Napoléon aux projets de Fould en 1861 montre qu'il n'a pas voulu être accusé de disposer à sa guise de l'argent public. De même, en 1867, la quasi unanimité de l'opposition le fait renoncer à la réforme militaire. L'Empereur exerce librement son autorité dans un domaine largement délimité, mais n'en peut franchir les bornes et est très attentif à ne rien faire qui l'oppose à l'opinion. De même, l'Empereur règne sur un État de droit, souvent qualifié d'orléaniste par ses adversaires bonapartistes autoritaires. Cet État inspire les réticences et les résistances des fonctionnaires et des magistrats aux initiatives impériales ; découragé, ce dernier estime alors « qu'il ne peut rien », que ses initiatives d'autodidacte sont vouées à l'échec.

A côté de ces limites de fait à son pouvoir, le fond de ses opinions est bien libéral. Il se propose d'arriver aux institutions anglaises, mais seulement lorsque les mœurs du pays le permettront. La France est le pays de la Révolution ; il serait imprudent de favoriser les querelles politiques tant que l'affrontement des partis les rendent inexpiables. Un régime parlementaire suppose un fond d'idées communes aux partis ; tant que ces derniers s'opposent sur des questions de principe, le débat politique prend l'aspect d'une guerre civile larvée, ce qui se produisit sous la IIe République. L'apaisement des conflits permet seul la libéralisation du régime.

Mais comment concevoir un parlementarisme sans partis, puisque ces derniers sont le moteur de ce régime ? Il est difficile d'apprécier si le stade requis pour des concessions libérales est atteint. Dans sa pensée, Napoléon reportait toujours à plus tard le moment d'accorder la liberté. Ce moment, il le voyait sous le règne de son fils. Il vint plus tôt parce qu'il y fut contraint et parce que son tact politique était fin. L'émancipation du Corps législatif, celle de l'opinion le contraignirent à des concessions successives. Le temps de l'autorité indiscutée était passé. Il faudrait parler de libéralisation forcée, négociée d'ailleurs avec adresse, de préférence au dernier moment. L'initiative du souverain ne fut jamais à l'origine d'une phase de libéralisation. C'était au total un libéral parce que la gauche du XIXe siècle était libérale, mais non un fervent de la liberté politique ; sa défiance persistante de la presse et des assemblées en est la preuve.

Napoléon III s'est proposé d'agir en France pour changer ensuite l'Europe. Pour lui, la France est la Grande Nation, l'initiatrice des peuples. Comme le dit bien Émile Ollivier, les idées de l'Empereur sur ce point sont celles de la gauche patriote de sa jeunesse et de l'évangile de Sainte-Hélène ; la politique des nationalités, c'est le remaniement de la carte d'Europe modelée par les traités de Vienne ; une Italie indépendante et reconstituée, une Allemagne rajeunie et réorganisée, une Pologne ressuscitée, une Hongrie séparée de l'Autriche. Napoléon III allait plus loin. Il parlait volontiers d'Union scandinave, ibérique. Il a aussi présidé à la naissance d'une Roumanie. Il attendait de ce triomphe des nationalités une ère de paix assurée par des congrès périodiques des puissances, une sorte de Société des nations d'Eu-

rope. Il espérait la réalisation de ce programme de nouveaux
gouvernants, hostiles également à l'Ancien Régime et à la
Révolution, capables de réaliser les aspirations modernes
sans être entraînés par des mouvements anarchiques.
Attendait-il pour la France autre chose que le prestige moral
d'avoir été le modèle et l'initiatrice du mouvement ? Il ne le
semble pas. Napoléon III n'admettait d'annexion que sanctionnée par un plébiscite reconnaissant l'identité nationale.
Et, sans se refuser la réunion de pays français et consentants,
il n'a jamais voulu attacher de « Vénétie » au flanc de la
France.

Ces vues avaient de l'avenir puisque l'Italie et l'Allemagne se sont unifiées, et que la Pologne a réapparu. Mais la
politique impériale, face à ces mouvements sans doute inévi-
tables, fut-elle heureuse et adroite ? Pour l'apprécier, il faut
préciser les solutions envisagées par Napoléon ; il n'a jamais
voulu une Italie ou une Allemagne unifiées. Pour l'Italie, il
souhaitait une confédération dont l'Autriche serait exclue,
où Nord et Midi s'équilibreraient, l'État pontifical, réduit,
occupant le centre. En Allemagne, de même, il a désiré une
division du monde germanique en trois parties : l'Autriche,
le Nord confédéré autour de la Prusse, enfin entre le Main et
la frontière suisse et autrichienne, une troisième Allemagne
(Bavière, Wurtemberg, Bade), sensible à l'influence française. Il n'a pas réellement envisagé l'annexion de pays
allemands, sauf peut-être un retour à la frontière de 1814.
En revanche, de façon assez vague, l'Empereur a semblé
songer à une annexion de la Belgique considérée comme un
pays français. Par respect sans doute pour sa terre d'asile, il
n'a en revanche, jamais pensé à des conquêtes en Suisse
romande.

Les moyens mis en œuvre pour atteindre ces objectifs
sont toutefois très discutables. Napoléon III a voulu déclencher la grande crise de la transformation européenne.
Autriche et Prusse ont contrarié son dessein pendant la
guerre de Crimée, l'alliance russe lui a permis de réaliser son
projet en 1859. Il est contraint de faire la guerre pour
amorcer le processus, mais sait s'arrêter à temps dès que la
possibilité d'une intervention allemande menace les intérêts

français. Son programme de libération des Alpes à l'Adriatique n'est toutefois pas réalisé entièrement. Le mouvement
unitaire italien l'entraîne et constituera pour lui un problème qu'il n'arrive pas à résoudre, pris qu'il est entre les
exigences nationales des Italiens et son désir de conserver un
État pontifical. Pour procurer Venise aux Italiens, il favorise
leur alliance avec la Prusse et adopte une neutralité en fait
favorable à Berlin. Napoléon a vu venir la guerre de 1866
sans déplaisir ; il en attendait la fissure du bloc germanique,
trop massif pour les forces de la France, et des possibilités
d'arbitrage. En fait, il a méconnu la force prussienne. Il
aurait fallu appuyer l'Autriche et ne pas craindre de faire la
guerre, lui qui l'avait entreprise sans nécessité en Crimée et
en Italie. Le pays était pour la paix ; Napoléon n'a pas
montré beaucoup de vigueur ni de clairvoyance en l'occurrence.

Outre-Mer, il a été favorable au Sud pendant la guerre de
Sécession. Son idée d'une action au Mexique n'était pas
absurde en soi, mais ici aussi, dans l'exécution, que de
décisions prises à la légère sans documentation ni étude
sérieuse !

D'une façon générale, la force militaire paraît trop limitée
pour les buts poursuivis. Par constraste avec les régimes
précédents qui en fait acceptaient la défaite de 1815, Napoléon III a recherché le prestige de la gloire militaire ; ce
prestige, il l'a obtenu. De Sébastopol à Sadowa l'armée
française est apparue comme la force dominante en Europe
et même dans le monde, au point qu'en 1870 encore de bons
observateurs croyaient à la victoire française. Qu'on songe à
la légende des zouaves ! De ce point de vue, Napoléon a bien
atteint longtemps son but ; il apparaît comme l'arbitre de
l'Europe. Pourtant, dès le début, les effectifs sont insuffisants, l'organisation laisse à désirer et le commandement est
médiocre. Le Second Empire n'a pas les moyens militaires
de sa politique extérieure. L'Empereur dès le début en a
conscience et ne tentera de réforme militaire que trop tard et
sans pouvoir l'imposer. Ainsi dérive-t-il vers cette guerre
franco-allemande qu'il craint à juste titre, mais qu'il n'a pas
préparée. En somme, Napoléon n'a pas pu diriger cette crise

des nationalités qu'il prévoyait. Il a ouvert la digue à des forces qui l'ont emporté ; lui aussi n'a pas voulu cela.

Ici une objection vient à l'esprit. Napoléon Ier aussi a disparu dans un désastre militaire comparable à celui de 1870, et la nation dans son ensemble s'est solidarisée de lui. Il n'en a pas été de même pour son neveu, qui l'a vivement ressenti. Certes il ne faut pas s'illusionner : comme son neveu, l'oncle avait conclu un pacte avec le bonheur ; c'est ce qui distingue, selon Benjamin Constant, les usurpateurs (dictateurs) des souverains légitimes. Sur le coup, Napoléon Ier fut contraint à l'abdication. Mais la gauche patriote allait se solidariser avec lui jusqu'à la restauration de l'Empire. Rien de tel après 1870. Après Waterloo, les Bourbons étaient restaurés par les alliés vainqueurs contre la volonté de la Chambre de 1815. La République du 4 Septembre laissa un souvenir contesté. Mais Thiers sut faire la paix, vaincre la Commune, et, sans renoncer à la revanche, fonder une République légale et conservatrice. Lorsque Napoléon III, à Chislehurst, parlait de rétablir l'ordre puis la prospérité, il reprenait sa recette traditionnelle. Mais tout cela désormais pouvait se faire sans lui : il n'était plus l'homme nécessaire. Et Sedan avait installé au pouvoir les vaincus du 2 Décembre. Thiers lui avait confisqué la légitimité du suffrage universel.

Si l'on cherche à résumer l'œuvre de l'Empereur, on trouve à l'extérieur l'Italie unifiée, la réunion de la Savoie et de Nice. Il a conçu la solution moderne de la question romaine — c'est Mussolini qui l'a réalisée. Ses relations avec la Prusse furent désastreuses. Il est vrai que l'Alsace et la Lorraine annexées ont fait retour à la France, après de nombreuses péripéties dont il serait injuste de faire peser la responsabilité sur le seul Empereur, mais il en a sa part. Il est vrai que l'unité allemande a elle aussi disparu. Une Pologne existe, mais Napoléon III n'y est pour rien, et d'ailleurs les relations de cette Pologne avec les Russes font toujours problème.

A l'intérieur, on bute d'emblée sur le problème du coup

d'État. Le 2 Décembre a donné naissance à une légende noire qui a rejailli rétrospectivement sur le 18 Brumaire. Le coup d'État a réussi, selon la remarque d'Émile Ollivier, parce qu'il était dans la majorité des esprits avant d'être réalisé dans les faits. A preuve, qu'il ne fut jamais répété. Mais le coup d'État s'est heurté à une opposition minoritaire ardente, résolue, qui se préparait à « l'échéance » de 1852 et prit les armes. Enfin, sa réalisation a outragé le sentiment du droit enraciné dans la bourgeoisie française. Même s'il a évité une crise grave et peut-être même une guerre civile — la République dérivait, il fallait que d'une façon ou une autre, la difficulté fût tranchée — Napoléon ne s'est jamais fait honneur du 2 décembre. Il avait conscience d'avoir enfreint son serment et s'en justifiait par la nécessité, espérant « l'absolution » du suffrage universel. Au prix d'une répression plus que sévère, l'ordre fut rétabli. 1852 se place entre juin 1848 et la Commune de 1871. Les républicains ont préféré parler du coup d'État qui les trouvait unanimes alors que les deux autres dates manifestaient leurs divisions. L'ordre rétabli, la prospérité allait de soi. Elle fut gérée de main de maître, le régime impérial reprenant le mouvement d'expansion inauguré vers 1839 sous Louis-Philippe et interrompu par la révolution de 1848. En dépit du choléra et des mauvaises récoltes, les années allant de 1852 à 1857 compteront dans les annales de la France ; après un passage difficile en 1858 et 1859, le pays finalement aura atteint un palier supérieur entraînant une certaine hausse du niveau de vie. Les Français eurent le sentiment d'avoir réussi leur révolution économique, avec les conséquences sociales qu'elle impliquait. Les chemins de fer, les villes rénovées, les échanges multipliés, les hauts prix des denrées agricoles, le plein emploi, tout cela assura la popularité de l'Empereur dont on connaissait la préoccupation pour le peuple, sur lequel il avait fondé son pouvoir.

Avec la libéralisation de 1870 sanctionnée par le plébiscite, le régime semblait avoir réalisé sa mue. Intégrant la liberté parlementaire à ses institutions, Napoléon pouvait défier l'opposition révolutionnaire toujours puissante à Paris et dans les grandes villes. La confiance, ébranlée depuis 1866, était revenue. On reprenait confiance en l'avenir. Quel avenir, à vrai dire ? La vie de l'Empereur devait être brève. Une régence aurait sans doute fait réapparaître des difficultés. Il est impossible de savoir en quel sens le régime aurait évolué puisqu'il y eut la guerre.

Napoléon III ne croyait pas à la nécessité d'un choc, mais à la possibilité d'une Allemagne réorganisée par la Prusse, et poursuivant son développement en paix avec la France ; le seul moment dangereux était le « passage du Main » par la Prusse, l'incorporation dans la Confédération des États du Sud. Mais Guillaume Ier ne pensait pas que l'événement fût imminent. C'était compter sans Bismarck et ses intrigues. Depuis 1870, le chancelier, sans vouloir peut-être positivement la guerre, était bien décidé à l'accepter si l'occasion s'en offrait. En France, on était las de vivre sous la menace prussienne. L'existence du régime était liée au sentiment d'invincibilité retrouvée, de gloire garantie par l'Empire. L'Empire ne pouvait escompter d'avenir bien assuré s'il acceptait une humiliation diplomatique ; et encore moins l'Empire libéral encore novice. L'Empereur dès le début eut le sentiment que la guerre était inévitable à moins d'un grand succès diplomatique remporté sur la Prusse, succès auquel il ne croyait pas. Il voulut relever le défi pour sauver son régime encore affaibli devant l'opinion.

C'était sortir d'un hasard pour en affronter un autre, plus douteux encore. Napoléon III était comme un homme traqué, pour lequel toutes les issues sont fatales. Il en avait le sentiment, sachant, mieux que la plupart de ses contemporains, combien les chances d'une victoire française étaient réduites. La guerre avait été mal préparée par une armée inférieure. Les militaires avaient en fait opté pour une armée de métier, peu nombreuse mais pleine d'allant, d'expérience du feu, contre une armée de civils recrutés par la conscription — l'armée qui allait dominer l'époque jusqu'à 1919. En sus, l'organisation des services était déficiente. Finalement, on verra qu'un soldat français ne valant pas mieux en moyenne qu'un soldat allemand, le nombre devait l'emporter. Napoléon III avait vu clair, mais n'avait pu imposer ses vues. Il dira plus tard : « On m'a trompé. » L'excuse ne vaut pas pour un souverain qui maintenait son droit de choisir son ministre de la Guerre et qui, en cas d'hostilités, voulait assumer le commandement en chef. Ce commandement, il était physiquement incapable de l'exercer ; il pouvait tout au plus jouer le rôle du vieux Guillaume auprès de Moltke. Mais l'armée n'avait pas de stratège capable d'assurer ce grand commandement. L'Empereur, après s'être démis auprès de la régente, puis de Bazaine, était politiquement fini avant le coup final de Sedan.

Au total, non un « génie » extraordinaire. Rien du grand chef de guerre que fut son oncle ; un civil intelligent. Ses idées viennent, elles aussi, de Napoléon Ier. Comme publiciste, il les met adroitement à jour, sans rien de très original. En revanche, un politique important. Son audace, servie par les circonstances, lui a permis d'être élu à la présidence de la République. Ici le suffrage universel, cette innovation, a presque tout fait. Mais il a su se maintenir au pouvoir. Il a risqué le coup d'État, deux guerres et est devenu pour plus de vingt ans l'homme qui savait parler à la France, l'homme qui donnait à son pays le premier rang sur le continent. Cette éblouissante carrière prend fin en 1860. Désormais, en dépit de l'établissement de l'Empire libéral et du plébiscite, la fortune l'abandonne. L'homme, vieilli, malade, a perdu l'initiative. Ce ne sont plus les années napoléoniennes. Il finira dans une épouvantable catastrophe, mais après avoir représenté, une génération durant, un régime de prestige qui satisfaisait la grande Nation retrouvée.

Chronologie

1808   *2 avril.* Naissance de Louis-Napoléon Bonaparte à Paris.

1815   Après Waterloo, Hortense est englobée dans la proscription des Bonaparte.

1817   Fixée à Augsbourg, Hortense achète en Suisse le château d'Arenenberg.

1825   Hortense quitte la Bavière et se partage entre Arenenberg et Rome.

1831   Louis-Napoléon participe à l'insurrection de Romagne. Mort de son frère aîné. Fuite d'Ancône à Paris.

        Mai-août. Premier séjour en Angleterre.

1832   *22 juillet.* Mort du duc de Reichstadt.

        Novembre-mai 1833. Deuxième séjour en Angleterre.

1834   *Manuel d'artillerie.*

1835   Louis-Napoléon fait la connaissance de Persigny.

1836   *30 octobre.* Tentative manquée de Strasbourg.

1837   *30 mars.* Louis-Napoléon débarque à Norfolk (Virginie).

12 juin. Louis-Napoléon quitte les Etats-Unis.

4 août. Retour à Arenenberg.

5 octobre. Décès d'Hortense.

1838   *14 octobre.* Louis-Napoléon quitte Arenenberg.

25 octobre-4 août 1840. Quatrième séjour en Angleterre.

1839   *Des idées napoléoniennes.*

1840   *6 août.* Tentative manquée de Boulogne.

28 septembre-6 octobre. Procès devant les Pairs.

7 octobre-25 mai 1846. Captivité au fort de Ham.

15 décembre. Retour des cendres.

1844   *Extinction du paupérisme.*

1846   *27 mai-23 septembre 1848.* Cinquième séjour en Angleterre.

1848   *25-29 février.* Retour manqué à Paris.

4 juin. Louis-Napoléon élu représentant par quatre départements.

16 juin. Il démissionne.

18 septembre. Louis-Napoléon élu par cinq départements.

25 septembre. Il prend séance à l'Assemblée constituante.

10 décembre. Election de Louis-Napoléon à la présidence de la République.

20 décembre. Ministère Barrot-Falloux.

1849   *18 août.* Lettre à Edgar Ney.

31 octobre. Ministère d'hommes du président.

1850   *Juillet.* Voyage dans l'Est.

Septembre. Voyage en Normandie.

1851   *3 janvier.* Destitution de Changarnier.

Février. La Législative refuse les crédits de représentation du président.

Printemps. Pétitions en faveur de la révision constitutionnelle.

1ᵉʳ juin. Discours de Dijon.

19 juillet. La législative repousse la révision.

2 décembre. Coup d'État.

21 décembre. Plébiscite.

1852   *23 janvier.* Nationalisation des biens d'Orléans.

29 février. Election du Corps législatif.

Septembre-octobre. Voyage dans le Centre et le Midi.

21 novembre. Deuxième plébiscite.

2 décembre. Rétablissement de l'Empire.

1853   *20 janvier.* Mariage de Napoléon III.

1ᵉʳ juillet. Haussmann préfet de la Seine.

1854   *27 mars.* Déclaration de guerre à la Russie.

30 septembre. Bataille de l'Alma.

1855   Projet de voyage en Crimée.

16-21 avril. Visite à Londres.

28 avril. Attentat de Pianori.

Mai-novembre. Exposition universelle de Paris.

10 septembre. Prise de Sébastopol.

1856   *26 février-30 mars.* Congrès de Paris.

16 mars. Naissance du prince impérial.

1857   *21-22 juin.* Elections au Corps législatif.

Septembre. Entrevue de Napoléon III et d'Alexandre II à Stuttgart.

1858   *14 janvier.* Attentat d'Orsini.

7 février. Espinasse ministre de l'Intérieur et de la Sûreté générale.

19 février. Loi de sûreté générale.

11 juin. Espinasse quitte le ministère.

21 juillet. Entrevue de Plombières.

15-19 août. Voyage impérial en Bretagne.

1859   *9 février.* Brochure *Napoléon et l'Italie.*

18 février. Les Français occupent Saigon.

25 avril. Début des travaux du canal de Suez.

4 juin. Victoire de Magenta.

24 juin. Victoire de Solférino.

11 juillet. Entrevue de Villafranca.

15 août. Décret d'amnistie.

22 décembre. Brochure *le Pape et le Congrès.*

1860   *1ᵉʳ janvier.* Extension des limites de Paris. Numérotation des arrondissements actuels.

23 janvier. Traité de commerce avec l'Angleterre.

24 mars. Traité cédant Nice et la Savoie à la France.

Été. Les Français en Syrie.

13 octobre. Les Franco-Anglais entrent à Pékin.

24 novembre. Décret accroissant le rôle des Assemblées. Création de ministres sans portefeuille.

1861   *13-14 janvier.* Au Corps législatif, discours de Keller. Réponse d'Ollivier qui annonce son ralliement à l'Empire.

1ᵉʳ mars. Discours du prince Napoléon sur la question romaine.

31 décembre. Sénatus-consulte accroissant les pouvoirs du Corps législatif en matière de finance.

1862   *5 mai.* Echec de Puebla.

15 octobre. Drouyn de Lhuys remplace Thouvenel.

1863   *11 avril.* Protectorat sur le Cambodge.

30-31 mai Elections législatives.

18 octobre. Rouher remplace Billault décédé au ministère d'État.

1864   *11 janvier.* Discours de Thiers sur les libertés nécessaires.

17 février. Manifeste des soixante.

25 mai. Loi donnant le droit de grève.

15 septembre. Convention franco-italienne sur l'évacuation de Rome.

1865   *10 mars.* Décès de Morny.

Octobre. Les États-Unis demandent le rappel de l'armée française du Mexique. Entrevue à Biarritz de Napoléon III et de Bismarck.

1866   *3 mai.* Discours de Thiers sur la politique étrangère.

12 juin. Convention franco-autrichienne sur la Vénétie.

3 juillet. Sadowa.

Juillet-août. L'Empereur malade.

Août. Demandes de compensations.

13 décembre. Les derniers Français quittent Rome.

1867   *19 janvier.* Lettre impériale annonçant des réformes libérales.

20 janvier. Niel ministre de la guerre. Projet de réforme militaire.

Février. Les Français évacuent le Mexique.

Avril-novembre. Exposition universelle à Paris.

19 juin. Exécution de Maximilien.

12 juillet. Discours d'Ollivier contre le « vice-empereur ».

3 novembre. Mentana. Les Français réoccupent Rome.

1868   *14 janvier.* Vote de la loi Niel.

11 mai. Loi sur la presse.

30 mai. La Lanterne de Rochefort.

6 juin. Loi sur les réunions publiques.

13 novembre. Plaidoirie de Gambetta dans l'affaire Baudin.

1869   *23-24 mai.* Elections législatives.

Juin. Emeute des « Blouses blanches ».

16 juin. Grève à La Ricamarie (14 morts).

12 juillet. Message impérial annonçant des réformes. Démission de Rouher.

8 août. L'Empereur malade.

8 septembre. Sénatus-consulte sur les réformes libérales.

Septembre. Négociations avec l'Autriche et l'Italie.

16 novembre. Inauguration du canal de Suez.

26 novembre. Projet d'interpellation des 116.

8 décembre. Ouverture du concile du Vatican.

1870   *2 janvier.* Ministère Émile Ollivier.

5 janvier-10 janvier. Révocation d'Haussmann. Meurtre de Victor Noir.

8 mai. Plébiscite.

21 mai. Sénatus-consulte instituant l'Empire libéral.

5 juillet. Déclarations de Gramont au Corps législatif sur la candidature Hohenzollern.

12 juillet. Retrait de cette candidature.

13 juillet. Dépêche d'Ems.

19 juillet. Déclaration de guerre à la Prusse.

6 août. Défaites de Frœschwiller et de Forbach.

9 août. Chute d'Emile Ollivier.

12 août. Napoléon se démet du commandement en chef.

17 août. Napoléon tient conseil au camp de Châlons.

30 août-1er septembre. Bataille autour de Sedan.

2 septembre. Napoléon prisonnier.

4 septembre. La République à Paris.

1871   *5 septembre-19 mars.* Captivité à Wilhelmshöhe.

20 mars. Napoléon en Angleterre.

1873   *9 janvier.* Mort de Napoléon III.

Cartes

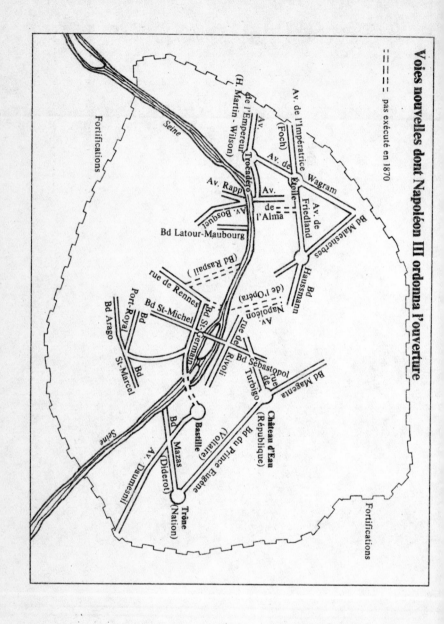

Voies nouvelles dont Napoléon III ordonna l'ouverture

= = = = pas exécuté en 1870

Fortifications

Fortifications

Fortifications

Seine

Seine

Av. de l'Impératrice (Foch)

Av. de l'Empereur (H. Martin - Wilson)

Av. du Trocadéro

Av. de l'Étoile

Av. Wagram

Av. Rapp

Av.

de l'Alma

Av. Bosquet

Av. de Friedland

Bd Malesherbes

Bd Latour-Maubourg

(Bd Raspail)

Bd Haussmann

rue de Rennes

(de l'Opéra)

Av. Napoléon

Bd Port-Royal

Bd St-Michel

Bd St-Germain

rue de Rivoli

Bd Sébastopol

rue de Turbigo

Bd Arago

Bd St-Marcel

Bastille

(Voltaire)

Bd du Prince Eugène

Château d'Eau (République)

Bd Magenta

Av. Daumesnil

Bd Mazas (Diderot)

Trône (Nation)

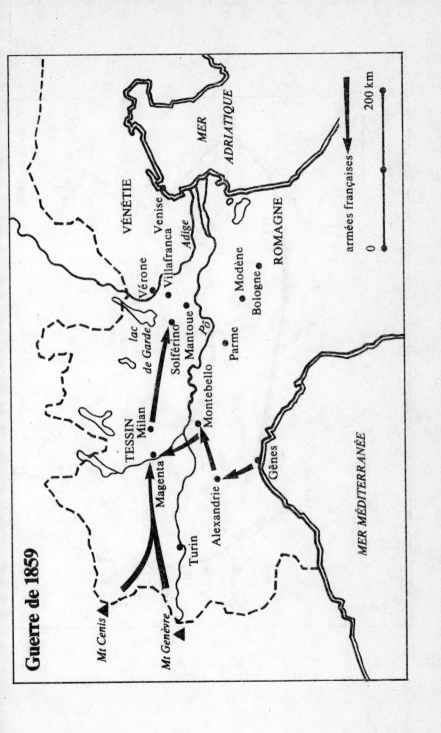

Guerre de 1859

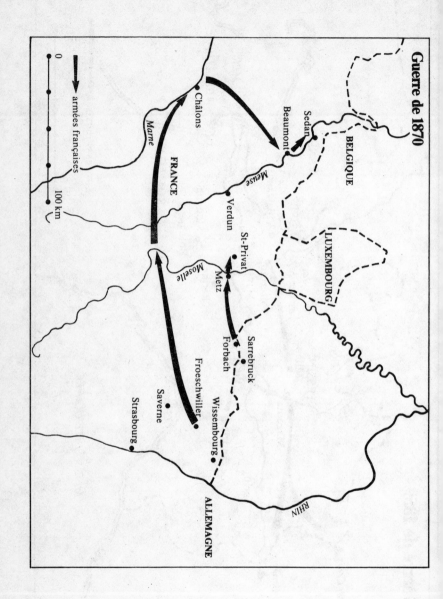

Guerre de 1870

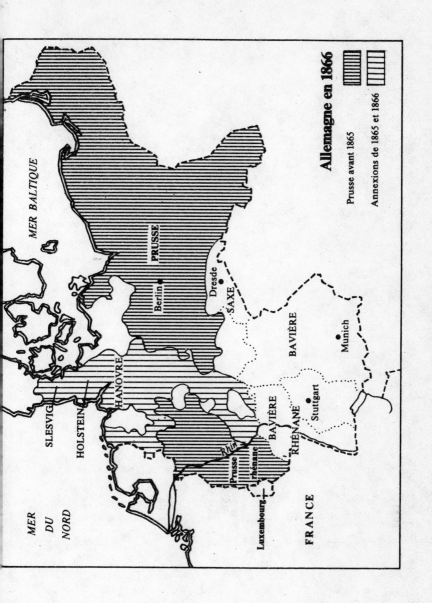

MER BALTIQUE

MER DU NORD

SLESVIG

HOLSTEIN

HANOVRE

PRUSSE

Berlin

Dresde

SAXE

BAVIÈRE

Munich

Stuttgart

BAVIÈRE RHÉNANE

Prusse rhénane

Rhin

Luxembourg

FRANCE

Allemagne en 1866

Prusse avant 1865

Annexions de 1865 et 1866

Bibliographie

I. SOURCES D'ARCHIVES

Les archives Napoléon, conservées aux Archives nationales, comprennent les archives de la reine Hortense et du roi Louis, celles du prince Napoléon-Jérôme et ce qui subsiste des archives de Napoléon III. Les Archives nationales conservent en outre les papiers de ministres, tels Rouher et Fortoul, ainsi que ceux de nombreuses personnalités contemporaines (série AP). D'autres papiers sont conservés dans les Archives départementales, ainsi ceux de Billault en Loire-Atlantique.

II. OUVRAGES GÉNÉRAUX SUR LE SECOND EMPIRE

Jerrold (Blanchard): *Life of Napoleon III*, 4 vol., Londres, 1874-1882.

La Gorce (P. de): *Histoire du Second Empire*, 7 vol., 1894-1904.

Ollivier (E.): *L'Empire Libéral*, 17 vol., 1895-1915.

Thomas (A.): *Le Second Empire* in *Histoire socialiste* de Jaurès (V. 1900).

Simpson (F.A.): *The rise of Louis Napoleon*, Londres, 1909, réédit. 1968.

— : *Louis Napoleon and the recovery of France*, Londres, 1923, réédit. 1965.

Seignobos (Ch.): *Révolution de 1848 et Second Empire. Le déclin de l'Empire et l'Etablissement de la Troisième République,* t. VI et VII de *l'Histoire de France contemporaine* de Lavisse, 1921.

Guériot (P.): *Napoléon III,* 2 vol., 1933, réédit. 1980.

Sencourt (R.): *Napoleon III, The Modern Emperor,* Londres, 1933.

Aubry (O.): *Le Second Empire,* 1938.

Blanchard (M.): *Le Second Empire,* 1950, réédit. 1966.

Dansette (A.): *Louis-Napoléon à la conquête du pouvoir,* 1961.

— : *Du 2 décembre au 4 septembre,* 1972.

Ces deux ouvrages offrent une mise au point complète et une bibliographie approfondie.

Dansette (A.): *Naissance de la France moderne,* 1976.

Roux (G.): *Napoléon III,* 1969.

Gérard (A.): *Le Second Empire, innovation et réaction,* 1973.

Plessis (A.): *De la fête impériale au Mur des fédérés (1852-1871),* 1973. Analyse très informée, bibliographie utile.

Smith (W.H.C.): *Napoléon III,* 1982.

Bluche (F.): *Le Bonapartisme (1800-1850),* 1980.

III. ŒUVRES DE NAPOLÉON III

Napoléon III : *Œuvres,* 5 vol., Plon, 1869.

— : *Histoire de Jules César,* 2 vol., 1865-66.

— : *Œuvres posthumes,* édit. La Chapelle, 1973.

— : *Manuel d'artillerie à l'usage des officiers d'artillerie de la République helvétique* par le prince Napoléon-Louis Bonaparte, capitaine au régiment d'artillerie du canton de Berne, Zurich, Füssli, 1834.

— : *Études sur le passé et l'avenir de l'artillerie,* continué par Favé à l'aide des notes de l'Empereur, 1846-1871, Paris, J. Dumaine, 6 vol.

Lettres à une Française (« Revue de Paris », 1894).

Lettres à Peauger (« Nouvelle Revue », 1894).

Émerit (M.): *Madame Cornu et Napoléon III,* 2 vol., 1937.

D'Hauterive (E.): *Napoléon III et le Prince Napoléon. Correspondance inédite,* 1925.

Molinari (G. de): *Napoléon III publiciste,* Bruxelles, 1861.

IV. JEUNESSE

Laity (A.): *Relation historique des événements du 30 octobre 1836*, 1838.
[Persigny]: *Lettres de Londres. Visite au prince Louis*, 1840.
Briffault: *Le prisonnier de Ham*, 1849.
Hanoteau (J.): *Mémoires de la reine Hortense*, 3 vol., 1927.
Bernardy (F. de): *La reine Hortense*, 1968.
Castries (duc de): *La reine Hortense*, 1984.
Duval (G.): *Napoléon III, enfance, jeunesse*, 1894.
Thirria (H.): *Napoléon III avant l'Empire*, 2 vol., 1895.
Pol (Stéphane): *La jeunesse de Napoléon III*, 1904.
Guest (Ivor): *Napoleon III in England*, Londres, 1952.
Charles-Roux (F.): *Rome, asile des Bonarparte*, 1952

V. IIᵉ RÉPUBLIQUE

Agulhon (M.): *1848 ou l'apprentissage de la République* (bibliographie), 1973.
Girard (L.): *La IIᵉ République* (bibliographie), 1968.
Lebey (A.): *Les trois coups d'État de Louis-Napoléon Bonaparte*, 1906.
Guillemin (H.): *Le coup du 2 Décembre*, 1951.
Tudesq (A.J.): *L'élection présidentielle de Louis-Napoléon Bonaparte*, 1965.
Ténot (E.): *Paris en décembre 1851*, 1868.
Hugo (V.): *Histoire d'un crime*, 2 vol., 1878.
Ducasse: *Les dessous du coup d'État*, 1891.
Morny: *La genèse du coup d'État* (« Revue des Deux Mondes », 1ᵉʳ décembre 1925).
Kerry (Lord): *Le secret du coup d'État*, traduction française, 1927.

De nombreuses notations dans V. Hugo: *Choses vues*, Tocqueville: *Souvenirs*, Ch. de Rémusat: *Mémoires de ma vie*, Falloux: *Mémoires d'un royaliste*, Odilon Barrot: *Mémoires*, Fleury: *Souvenirs*, Castellane: *Journal*, Simone André-Maurois: *Miss Howard*, Apponyi: *De la révolution au coup d'État*, Genève, 1948.

VI. Second Empire

La famille impériale

Giraudeau (F.) : *Napoléon III intime,* 1895.

Sencourt et Wellesley : *Conversations with Napoleon III,* Londres, 1934.

Desternes (S.) et Chandet (H.) : *Napoléon III, homme du XXe siècle,* 1961.

Gooch (B.G.) : *Napoleon III, Man of destiny, Enlighted statesman or protofascist,* New York, 1962.

Boilet (G.E.) : *La doctrine sociale de Napoléon III,* 1961.

Filon (A.) : *Souvenirs sur l'impératrice Eugénie,* 1920.

Bac (F.) : *Le mariage de l'impératrice Eugénie,* 1928.

Paléologue (M.) : *Les entretiens de l'impératrice Eugénie,* 1928.

Dufrasne (C.) : *L'impératrice Eugénie,* 1986.

Desternes (S.) et Chandet (H.) : *L'impératrice Eugénie intime,* 1969.

Ridley (J.) : *Napoleon III and Eugénie,* Londres, 1979.

Desternes (S.) et Chandet (H.) : *Louis, prince impérial,* 1957.

Melchior-Bonnet (B.) : *Jérôme Bonaparte ou l'envers de l'époque,* 1979.

Castillon du Perron (M.) : *La princesse Mathilde,* 1953.

La Cour

Girard (L.) : *La Cour de Napoléon III,* (bibliographie) in « Hof, Kultur und Politik im 19. Jahrhundert », *Pariser Historische Studien,* Bonn, 1935.

Fleury (général) : *Souvenirs,* 2 vol., 1897.

Tascher (Ctesse de) : *Mon séjour aux Tuileries,* 3 vol., 1893.

Metternich (Princesse P.) : *Souvenirs 1859-1871,* 1922.

Barthez (docteur) : *La famille impériale à Saint-Cloud et à Biarritz.*

Carette, née Bouvet (Mme) : *Souvenirs intimes de la cour des Tuileries,* 3 vol.

Des Garets, née Marie de Larminat (Ctesse) : *Souvenirs d'une demoiselle d'honneur auprès de l'impératrice Eugénie,* 1928.

Verly (A.) : *De Notre-Dame au Zululand,* 1896.

Baroche (Mme Jules) : *Second Empire. Notes et souvenirs de seize années (1855-1871),* 1921.

Decaux (A.) : *La Castiglione,* 1964.

Le personnel politique

Nombreuses notations dans les œuvres des ministres : *Journal* de Fortoul, de Pinard, d'E. Ollivier. *Mémoires* de Persigny, Maupas, Randon, Duruy, sans oublier les *Mémoires* d'Haussmann.

Presque tous les ministres ont fait l'objet d'études :

Sur Morny : Grothe, Parturier, Dufrasne ; sur Persigny : Farat ; sur Baroche : J. Maurain ; sur Billault : N. Blayau ; sur Walewski : F. de Bernardy ; sur Thouvenel : Case ; sur Rouher : Schnerb ; sur Magne : Durieux ; sur Duruy : Rohr. Enfin, récemment, sous la dir. d'A. Troisier du Diaz, *Regards sur Emile Ollivier,* 1985.

Sur les militaires : Général du Barail : *Souvenirs,* 3 vol., 1984 ; et Bapst : *Le maréchal Canrobert,* 4 vol., 1909.

Souvenirs de diplomates étrangers : Hübner : *Neuf ans de souvenirs,* 1904.
Beyens : *Le Second Empire vu par un diplomate belge,* 2 vol., 1926.

VII. L'ÉPOQUE

Halévy (L.) : *Carnets.*
Mérimée : *Correspondance,* éd. Parturier.
Filon (A.) : *Mérimée et ses amis,* 1894.
Madame R.K. : *Une saison à Paris,* 1863.
Vielcastel (H. de) : *Mémoires sur le règne de Napoléon III,* 6 vol., 1883.
Bac (F.) : *La Cour des Tuileries sous le Second Empire,* 1930.
— : *Intimités du Second Empire,* 3 vol., 1931.
Du Camp (M.) : *Souvenirs d'un demi-siècle,* 2 vol., 1949.

Sources publiées :

Papiers et correspondances de la famille impériale, 1870.
Les papiers secrets du Second Empire, 2 vol., Bruxelles, 1870.
Papiers secrets des Tuileries, 3 vol., 1870-71.

VIII. Politique intérieure

Ollivier (E.) : *Le 19 janvier*, 1869. .

Darimon (A.) : *Histoire de douze ans (1857-1869)*, *1883*. Repris de 1885 à 1887 par une série de cinq volumes qui reproduisent les notes de l'auteur. Important : *Les Cinq sous l'Empire (1857-1860)*. *L'opposition libérale sous l'Empire (1861-1863)*. *Le Tiers parti sous l'Empire (1863-1866)*. *Les irréconciliables sous l'Empire (1867-1869)*. *Les cent seize et le ministère du 2 janvier*.

Maurain (J.) : *La politique ecclésiastique du Second Empire*, 1930.

Zeldin (Th.) : *The political system of Napoleon III*, Londres, 1958.

— : *Emile Ollivier and the liberal Empire of Napoleon III*, Oxford, 1963.

Dansette (A.) : *L'attentat d'Orsini*, 1964.

Payne (H.C.) : *The police state of Louis Napoleon Bonaparte (1851-1860)*, Seattle, 1966.

Bellet (R.) : *Presse et journalisme sous le Second Empire*, 1967.

Wright (V.) : *Le conseil d'Etat sous le Second Empire*, 1972.

Wright (V.) et Le Clère (B.) : *Les préfets du Second Empire*, 1973.

Granier de Cassagnac : *Souvenirs du Second Empire*, 2 vol.

Victor Hugo : « Napoléon le Petit », *les Châtiments*.

IX. Économie et urbanisme

Plessis (A.) : *op. cit.*

— : *La politique de la Banque de France de 1851 à 1870*, Genève, 1985.

Girard (L.) : *La politique des travaux publics du Second Empire*, 1952.

Morizet (A.) : *Du vieux Paris au Paris moderne. Haussmann et ses précédesseurs*, 1932.

Pinkney (D.H.) : *Napoleon III and the rebuilding of Paris*, Princeton, 1958.

X. Politique extérieure

D'Harcourt (B.) : *Les quatre ministères de Drouyn de Lhuys,* 1882.

Thouvenel (E.A.) : *Le secret de l'Empereur,* 2 vol., 1889.

Rothan (G.) : *La politique française en 1866,* 1884.

Salomon (H.) : *L'ambassade de Richard Metternich à Paris,* 1931.

Scheffer (C.) : *La grande pensée de Napoléon III. Les origines de l'expédition du Mexique,* 1939.

Case (L.M.) : *French Opinion on war and diplomacy during the Second Empire,* Philadelphie, 1954.

Armengaud (A.) : *L'opinion publique en France et la crise nationale allemande en 1866,* 1962.

Valsecchi (F.) : *Italia ed Europa nel 1859,* Florence, 1965.

Mosse (W.E.) : *The European Powers and the German question 1848-1871,* Cambridge, 1958.

Les origines diplomatiques de la guerre de 1870-1871, 29 vol., 1910 et suiv. Donne les documents de la diplomatie française de novembre 1863 à la guerre.

Taylor (A.J.P.) : *The struggle for mastery in Europe (1848-1918),* Oxford, 1954.

Renouvin (P.) : *Histoire des relations internationales,* t. V (1815-1871), 1954.

Julien (Ch. A.) : *Histoire de l'Algérie contemporaine,* t. I, 1964.

XI. Guerre de 1870 et exil

Casevitz (J.) : *Une loi manquée, la loi Niel (1866-1868),* Paris, s. d.

Lebrun (général) : *Souvenirs militaires (1866-1870),* 1895.

Bonnin (G.) : *Bismarck and the Hohenzollen candidature for the Spanish Throne,* Londres, 1957.

Jaurès (J.) : *La guerre de 1870-1871,* réédit. 1970.

Guillemin (H.) : *Cette curieuse guerre de 1870,* 1972.

Les souvenirs de compagnons de l'Empereur pendant la campagne :

Docteur Anger : *Notes de guerre.*

Général de la Moskowa : *Notes intimes sur la guerre de 1870.*

Général Castelnau : *Journal.*
Des Garets (Ctesse) : *L'impératrice Eugénie en exil.*
Guériot (P.) : *La captivité de Napoléon III en Allemagne,* 1926.
Guest (Ivor) : *op. cit.*
Giraudeau (F.) : *La mort et les funérailles de Napoléon III.*

Index *

* Les Bonaparte sont rassemblés à la rubrique Bonaparte, à l'exception du prince
Napoléon-Jérôme, de la princesse Mathilde et du duc de Reichstadt qu'on trouvera
respectivement aux lettres N, M et R. Pas de rubrique Napoléon III ou Louis-Napoléon.

Table des matières

— ACHEVÉ D'IMPRIMER —
LE 20 OCTOBRE 1986
SUR LES PRESSES DE
L'IMPRIMERIE
CARLO DESCAMPS
CONDÉ - SUR - L'ESCAUT
POUR LE COMPTE
DE LA LIBRAIRIE
ARTHÈME FAYARD
75, RUE DES SAINTS-PÈRES
PARIS VI°

35-65-7592-01

ISBN 2-213-01820-0
Dépôt légal : novembre 1986.

N° d'éditeur : 2895

Imprimé en France